Basil H.Liddell Hart

1895-1970

李德·哈特｜作者｜世界著名军事理论家、战略学家，与克劳塞维兹并称为西方战略思想史上的两位现代战略大师。生于法国巴黎。早年就读于英国剑桥大学。第一次世界大战期间服役，任步兵团军官，曾在战斗中负伤。后加入英国皇家军事教育协会。一战结束后，先后服务于《英国每日电讯报》（1925–1935）和《英国泰晤士报》（1935–1939），从事军事记者工作。在军事学上提出了“间接路线”的观念以及涵盖军事以外领域的“大战略”概念，也是现代战争“装甲兵”作战的鼓吹者。1966年被英国皇家授予爵士勋章。主要著作有：《战略论——间接路线》、《第一次世界大战战史》、《第二次世界大战战史》、《山的那一边》、《沙漠之狐隆美尔》等。

HISTORY OF THE FIRST
WORLD WAR

BASIL H.
LIDDELL HART

李德·哈特
经典作品

第一次世界大战战史

[英] 李德·哈特 著
林光余 译

上海人民出版社

1914年6月28日，萨拉热窝，奥匈帝国皇储弗兰茨·菲迪南德遭塞尔维亚民族主义分子射杀。照片显示皇储顺着市政厅台阶往下走，前面停着的是他的轿车。

1

2

3

4

1　一名士兵正看守着英国飞机。一战中，飞机和飞艇主要用于侦察，或者用于从空中往地面投一些手榴弹，以骚扰密集的敌军。

2　英国军医给受伤的德军战俘分发朗姆酒。一战期间，朗姆酒成了最有名的麻醉剂、治病药。

3　1914年10月，伦敦的公共汽车充当输送英国远征军的车队。

4　1914年末，佛兰德战壕里寒冷潮湿，一名德国士兵力图避免患上“战壕病”。该病会致脚趾甲脱落，所以得让脚保持干燥。常换袜子是个好办法。

1

2

3

1　烟从刚刚发射过的法国220毫米迫击炮口冒出。在西线战壕战条件下，这种老式武器是可用来向敌方阵地发射循高弧线弹道的重型炮弹。

2　战壕战中，一名法国狙击手用潜望镜观察炮弹发射落地爆炸效果。

3　1915年5月和6月，英法军队发起几次反攻，6月的那次进攻沿梅辛公路展开，照片中可见英军在展示信号旗，示意部队回到战壕，他们已经占领了德军的前沿阵地。

1

2

1 几名奥匈士兵在一条已攻占的原俄军战壕里从尸体身上收集步枪。

2 1915年5月7日，英国皇家海军“卢西塔尼亚”号战舰被德国 U–20 潜艇击沉。战舰在短短18分钟内就全部沉没，1000 多人丧生，其中有128人是美国人，结果在美国激起反德情绪。

1

2

3

4

5

6

1 英国火炮在西南亚的底格里斯河湿地上渡运。
2 日德兰海战中，3艘英国战斗巡洋舰成纵列航行。离镜头最近的那艘军舰是英国皇家海军的“玛丽女王”号，在中了德舰7发炮弹之后，于16点26分爆炸，所中的7发炮弹中有1发显然是引爆了前弹药库。
3 1915年秋季，在向库特挺进期间，英国皇家炮兵第82炮兵连的前方观察队的一名军官在查看炮弹落地情况。
4 两名澳大利亚士兵看守一名伪装起来的土耳其狙击手。
5 凡尔登战役中的一条破战壕里，一名德国步兵身旁是一名法国士兵的尸体和他的钢盔。
6 一名英国士兵在一条从敌方夺来的战壕里警戒，他的战友睡在他身旁。

1

2

1 “福克尔·艾因德克尔”是一战中最有影响力的战机。从1915年夏季至1916年初，接连击落协约国的飞机。协约国的飞行员把这段经历称为“福克尔灾难”。

2 1916年9月15日，坦克第一次出现在索姆河攻势中。

1

2

1　1916年，一艘德国潜艇在地中海用鱼雷攻击一艘商船。

2　一支英国船队在大西洋呈“之”字形摆开。

1

2

3

4

1 俄国食物短缺和军事失败刺激了一场以苏维埃为领导力量的革命运动。11月，布尔什维克在列宁领导下夺取了国家政权，让俄国走出战争。

2 英国和澳大利亚士兵在意大利港墨西拿山脉周围的地面研习战地模型。这是一次精心计划的出击目标有限的战役，大炮长时间地轰击，在12天里发射了350万发炮弹。甚至在发起进攻前，就将地底下的敌军工事炸掉，这是人类历史上最大规模的人工爆炸，远在伦敦的人都听到其爆炸声。

3 1917年7月7日，伦敦中央电报局遭空袭后起火。德军对伦敦的空袭行动从1917年初持续到1918年5月，等英国防空体系完全建立之后，才把目标转移到巴黎。

4 1917年4月在法国阿拉斯附近的一次作战中，一支前方观察队在查看炮弹轰击情况，并用野战电话报告给炮兵。

1

2

1　印度士兵在美索不达米亚用步枪发射手榴弹。

2　1918年春季，德国突击队快速前进。他们轻装行进，仅携带攻击所需的武器。这种战术是二战中德国人采用的闪电战术的预兆。

1

2

1　对比利时泽布吕赫袭击的后果是，英军的3艘战列舰在运河中沉没，成了障碍船。

2　漆成斑马伪装线的英国皇家海军“百眼巨人”号有一条与舰身一样长的飞行甲板。它的斑马伪装线是为了不让自己轻易被敌潜艇发现。

1918年10月，英军在法国里尔行进。

1

2

1　1918年11月8日，停战谈判在贡比涅森林的火车车厢内举行。右二为协约国最高司令福煦。
2　1919年7月14日，法国在巴黎凯旋门下庆祝一战结束。

译　序

李德·哈特的一次大战史，首版于1930年。照此推算，当初动笔时间当在更早的20年代中期。这距离一次大战结束尚没几年。如今这本中译本则是根据他多次修订后的最终版本所译。虽然最终版本出版的时间距离初版相隔一甲子，但其至今仍是研究一战历史的经典之作。我曾在国外书店与图书馆中见过其原始版本，名为《大战真相》(*The Real War*)。至于原作者在早期为何将他的一次世界大战史定名为《大战真相》，请见李德·哈特的《大战真相》原序。

李德·哈特是20世纪的军事史学巨擘，笔意锐利深刻，读其史，宛如小说般传神。李德·哈特才学渊博，但在行云流水般的思维与笔触之间，仍会将一些战事细节、人、地名等轻轻带过。再加上一般读者对于第一次世界大战的情节，究竟不如对第二次世界大战那般熟悉。因此在翻译过程中，本书的某些细节必须细查其根源，并予加注，否则译文文意无法连贯。另外在地名方面，八九十年来，不少一战前后的重要地点，如法国村镇乡野、东欧、巴勒斯坦地区，乃至两河流域的山岳河川等，在今日地图中，不是更名，便是沧海桑田般消失。因此，单为求证这些地点之今日位置，就颇费功夫。所幸国外图书馆的一战资料充足，求证不难。翻译过程另一难处是对人、地名译音的斟酌。我虽对于意、德文人地名发音较不担心，对于法文人、地名则小心翼翼，深怕译出笑话。由于不愿囫囵吞枣拿英文发音来译法文，因此书中每一法文人、地名，均用法文辞典对照过。到了翻译后期，我甚至找到一本由刘毅先生编著的《KK音标专有名词发音辞典》，此书对本书译名的确定，助益甚大。但这并不表示在最后出版时，书中所有人地译名都正确。审稿者为配合约定俗成的一般念法，对译名作出了最后修正。

有关一次大战的两大阵营——同盟国与协约国，简单说，中文译名所称的“同盟国”，约来自“三国同盟”(Triple Entente)。而书中所谓的Allies，则泛指所有参加“三国协约”中的盟国，加上塞尔维亚、比利时、日本、意大利，以及后来的美国等诸国，甚至连未放一枪的中国都是协约国一员。这就是广义的协约国。协约国既可称之 Allies(盟国),Allied Forces 自然就是盟军或联军了。然而混淆的是,中文的盟国与盟军,在一次大战中,可不是指“同盟国”与“同盟军”。附带一提,二次大战的 Allies,中文正式名称也是“同盟国”,不过此时是指以美、英为首的盟国阵营。

至于中国与一次大战的关系,中国其实是另一种形式的一战受害者。一次大战发生前后,正值清末民初。局势之混乱,无以复加 ,因此这刚诞生的共和国无暇兼顾世局。中国对世界大战,非但无兵可出,尚被列强藉大战之名,进行另一次的侵略,特别是来自日本的侵略。

1914 年(民国三年)大战爆发之后,日本随即以日俄战争模式为据,要求中国将黄河以南划出,为日、德交战区。继之登陆山东,准备取代德国的势力。1915 年秋,胶州湾德国势力被日本逐出之后,德国即以支持袁世凯帝制为饵,引诱中国加入同盟国。英、法、俄等协约国见状连忙反制,也开出条件,答应借款给中国,企图让中国扩充兵工厂,以便将军火供应协约国作战。

袁世凯为疏解庚子赔款之苦,阻止日本对中国的扩张,当然想加入协约国。不过在他在世之时,并未做到。到了大战第三年,也即 1917 年 3 月 14 日,段祺瑞政府继袁世凯的想法与政策,宣布与德断交,并在当年 8 月 14 日正式对德宣战,占据停泊在中国港口的德舰,发起反对无限制潜艇示威。不过,这时大战已快进入后期了。

中国尽管宣战,却苦于内战而不曾派兵。不过根据 1992 年出版,菲利普·J. 海索恩思韦特(Philip J. Haythornthwaite)编著的《一次大战史料》的说法,派兵似有其事,唯数量甚少。该书指称,有少量身着中国军队制服,头戴法式阿德里安式头盔(Adrian helmets)的中国战士,曾在欧战前线值勤。

中国参战过程中,最应强调的则是对欧劳工的输出。该书称,所谓劳工(coolies)一词,当时颇具欺敌涵意。中国劳工其实也包含若干兵工厂的工程师与技师在内。中国劳工团赴欧始于中国宣战前。1916 年 5 月,中法即组成惠民公司,专司招募劳工赴欧助战。等中国加盟协约国之后,赴欧劳工人数剧增。到 1918 年初,西线的英、法军阵前已各有 10 万中国劳工服勤;美军部分也有 5 000 名中国劳工。其他中国劳工尚有被派赴东非、美索不达米亚战区者;英军中,更出现过中国医务人员。总之,单在英帝国军队(British and Empire forces)中服勤的中国劳工的总数,即达 17.5 万人。中国劳工勤奋乐观,颇受盟军欢迎。中国除输出劳工之外,对于协约国的支援,还包括粮食等物资。为此,当时中国政府的农商部,曾设置战时粮食出口筹备处。

1919 年 1 月，为一战善后的巴黎和会对中国影响尤大。除了日本在和会中，对于中国所提出的包括收回德国在山东省的权利等要求加以阻挠之外，英、法、美更屈从日本，同意在对德和约中，将山东的前德国租借地等权利一概让予日本。此举立即激起中国知识分子与青年的爱国怒潮。5 月 4 日，爱国怒潮转变为学生与群众的爱国运动。这就是影响中国近代思潮至巨的“五四运动”的开端。中国后来并未在对德和约上签字，而对奥的和约则在 1919 年 9 月签订，自此取消了《辛丑条约》中奥国在中国的权利。中国一直到 1921 年 5 月才与德国订约恢复邦交。

此书匆匆译毕，疏失、谬误与译辞不达原意之处尚多，尚盼专家学者不吝指正，但愿此书能为国内的一战论述园地尽一分心力。

林光余　谨识

序　　言

《大战真相》(*The Real War*)①出版至今已超过四年。当时选择此书名的理由即如其书,是要揭露这场战争的真相。此书名算是达到了这个目的。但随着时间的消逝,这样的目的已成过去。作为这场战争的重大纪事摘要而言,此书内容从未受到过严重挑战。对战事的解析,甚至受到各国核心层军事观察者的支持,其所受肯定程度甚令我惊喜。现在,开战以来二十年过去,战时出生的一代已成长,但战争对他们则无个人记忆可言;这场战争俨然成为历史。因此,不论在时间上或道理上,该是挑选一个新书名的时候了。我要采用一个不再带有当时性,暂时性口吻的书名。改变书名的另一理由是,书中的内容比前更充实。尽管本书的完整性与我的理想尚有距离,至少可称为一部第一次世界大战史('a history' of the World War),同时它也可为第一次世界大战史终极版(the history of the World War)的催生与成长有所贡献。

从《大战真相》扩增到《第一次世界大战战史》,一如从论述第一次大战特定事件的一系列专题论文,演进到《大战真相》初稿一样。依我个人的经验,我不认为以缓慢渐次搜集与分析资料方式能编撰出一部令人满意的第一次大战史。但现在当我突然面对大量史料,我认为同样会使我的观点不易保持清晰,思考与写作模式更会被大量涌现的记录所扭曲。其实我已找到一种有效的写史方法。长久以来,这种方法可以将一件件零星事证,拼凑成一副更充实的史实架构。

从《大战真相》演变到现今这部书,一些章节内容不但得到修正,扩充之处则更多。原有的"各方实力与计划"一章,如今已分成两章叙述;两章都加入了新的史料。1914 年的战争肇始部分,由于加入两篇新"节"而愈见完整。其中一节论述奥地利与俄罗斯军队的最初冲突,另一节则探讨该年秋天的伊普尔(Ypres)与伊塞尔运河区(Yser)战事。这些战事后来决定了海峡港口的命运。我另外以"空战篇"(Panorama)为名,专辟一节作为空战概述。但是书

① 本书原名。首次出版于 1930 年。

中大部分的增订,是以既有章节为基础,结合一些新事证扩充而成。这些新事证已让人注意到某些战争期间的人物的想法与感觉。确实如此,个人想法在从事与决定这场战争的过程上重于实质冲突。但是这些决定性影响力,当时仅及各国内阁与军事司令部,而未及士兵或饱经战争伤害的孤寂家庭。

书名演变为《第一次世界大战战史》的更重要意义是,如今撰述一部第一次大战“真相”史(a ‘real’ history of the war)已无困难。各国政府的档案已陆续公开,大战时期的政要与将军们也呈现出前所未有的善意。我有把握说,战时绝大部分的事证记录已然刊印,或可供学者研讨。只是这些事证记录目前尚未与公众所拥有的资讯对照过。

大量第一次世界大战文件、日记与回忆录的公诸于世,至少有一好处。由于亲身见证过大战危机,参与过重要会商的人士现仍健在,因此在时机上这些资料正可供他们检验。再过一些岁月,也许太晚了。这种检验是使大战史更接近事实的惟一机会。任何大战史家愈接近史实,或对制造战争者接触愈多,愈觉得纯粹以官方文件为依据所撰写的历史,必然太过草率。因为这样的历史,常会无意间助长无稽之谈。

《大战真相》原序

值此书完稿之际，我已觉察到此书的缺陷。不过我想，值得阅读的书都是有缺陷的。我即以此聊以自慰。相比大多数所谓战史（war “histories”），本书至少有一与众不同之处——就如同不想掩饰本书的缺点一样，我从不隐瞒书中人物的缺点。因此在写作时，我的求真精神从未被所谓“得体”（good taste）的、伪善而虚饰的写法所干扰。我的价值观是：与其掩盖令人困扰的真相，以生灵二度涂炭的代价来保全个人名声，不如为真相的判定提供资料，为历史而远瞻未来。我不认为少数人的名声，比国家与这一世代人的命运更具价值。

另一方面，我也不愿哗众取宠而过度强调战争中的个人缺点，或将整体上应由其国家民族承担的愚蠢与错误，转嫁于他们。

史学家该做的是，如同发出健康警示一般，为后世撷取历史经验，而非为后世炼制药剂。当我为此尽心尽力之后，即已达到写史目的。我若相信，后世会为历史警示意义的理解而操心，我就是过头的乐观主义者了。历史至少教了我如此一课。

本书的名称具有双重意义。这容我作简短解释。可能有些人说，书中所描述的并非“大战真相”（the real war），大战原貌应从碎裂的尸骸及个人的心思上发掘出来。其实我完全无意忽视或否定真相中的这一层面。但如同我所寻索的目标一样，对于将这场战争视作人类历史片断者而言，这只是次一层面的事。理由是，这场战争曾影响无数个人生命，他们的命运犹深植于过去的历史经验。因此我们不应视这场战争为人类惨痛的意外事件，应以放眼未来看待它。也许这样更合乎近年战争文献的写作趋势。因为这些作品不只强调战争中的个人，更将焦点置于过去 4 年出现的事据。因此，在本书“章”的纲要中，我对于下列部分作出更详尽的讨论。这包括：1914 年德军入侵法国；1915 年德奥军进攻俄罗斯与巴尔干半岛情势；1916 年巴勒斯坦情势；1917 年西线春季会战，以及 1918 年德国发动攻势前的协约国会商。然而，我对主要内容的扩充，以及全新资料的大部分，读者可自各“节”，特别是在叙述凡尔登、索姆河、巴斯青达、“最初的突破”、“弗兰德斯地区的突破”等篇幅中见到，其次，对于布鲁西洛夫其人，阿拉斯、梅西纳与康布雷攻势，以及第二次马恩河之战的论述，我也加进了一些新的发现。

本书需要修正之处不多。但过去4年新事证的出现，使我修正了对某些问题的观点。这些部分包括凡尔登战役中的德军战略、攻奥对策、1917年倪维尔失败的原因、凡尔赛委员会与1918年针对德军攻势所进行的预备工作。我发现在许多情形中，由于了解愈多而扩大了我的视野。虽然这会显出当时我的错误，却也有助于说明当时我为何出错。我同时修正或删除了我对某些事件的原始评论，并增加对某些事证当事人说法的引述，而让真相作出结论。

目 录

地 图 目 录

第一篇　战 争 缘 起

让欧洲走向爆炸，花费了 50 年。引爆它，却仅需 5 天时间。我们所要研究的这套爆炸材料的制造，也即形成冲突的基本原因，其实在这段短暂的第一次世界大战史范围中是找不到的。事实上，一方面，我们应当回顾普鲁士对于开创德意志帝国(Reich)的影响，俾斯麦的政治构想，德国思想深刻的个性倾向，以及当时的经济状况——德国曾企图以商业出口为主，不过目的并未达成；此外，加上一些其他理由，使德国从原本的商业大国理念改变为世界强权观。我们还应分析蕴含各色各样中世纪遗风的奥匈帝国，认识其复杂的种族问题，做作的统治机制，暗藏在肤浅野心底下、令其烦扰不堪的内部崩解的恐惧，以及其狂乱寻求苟延残喘的行径。

另一方面，我们应检视那令人称奇的，支配俄国政策的野心与理想主义的混合物。它致使靠近俄国边界的邻国，特别是日耳曼邻邦间，弥漫着一片恐怖感。这也可能是最终引爆战争的因素中最重要的一种。我们还应了解自 1870 年以来，法国因遭受侵略而对新侵略所发出的持续警报；我们更应研究法国重建的自信心。它强化了法国抵御进一步外侮的力量。还有，我们应牢记德国攫取阿尔萨斯——洛林(Alsace-Lorraine)对法国所造成的伤害。最后，我们应回顾英国从孤立政策转变为参与欧洲，成为欧洲系统成员的做法，以及当它面对德国的敏感现实时，所展现的缓慢觉醒。

在对半世纪欧洲历史作出上述的研究之后，我们所获得的整体认知，应比绝大部分记载巨细靡遗的历史更详实。这场战争发生的基本原因可归纳为三点：恐惧、饥饿与傲慢。除此之外，发生在 1871 年至 1914 年之间的国际事件，也是征兆。

总之，要找出点燃这次战火蛛丝马迹当中最重要的转折点，是有可能，而且容易看到的。这些蛛丝马迹事实上贯穿了 1871 年之后俾斯麦所建立的同盟结构中。讽刺的是，俾斯麦原本并非将这同盟结构当作火药库，而是将它视为保护伞，以便他所开创的德意志帝国能和平成长。虽然俾斯麦的想法，早浓缩在他 1868 年的一句话——“弱国终被强国吞噬”之中，而他自己的胃口，却在 1870 至 1871 年战争①的三顿饱餐之后，得到满足。所以，我们不能谴责他，认为他的野心比胃口大；就像他所说，他感觉德国现今是一个“心满意足”的国家。他的统治理念自此之后并非是扩张，而是团结。为了争取足够的时间与和平，使新德国保持稳定，他企图抑制法国国力的发展，使法国维持在无法

① 即普法战争。

进行复仇之战的局面。但是结果证明这些做法对德意志帝国并无好处。

俾斯麦并未对法国实施经常不断的直接胁迫。他只准备切断法国与友邦或支持者之间的关系,以便间接打击令人困扰的法国快速复苏。俾斯麦首先拉拢奥地利与俄国,使他们和德国结为普通的结盟关系;同时努力促成巴尔干半岛的和平,以防后者对结盟关系造成任何危机。有好几年时间,他的政策是,在欧洲外交利益交换上,不对任何一方作出承诺,仅做一名"忠实的经纪人"。然而,他与俄国首相戈恰科夫(Gortchakov)之间的不和,以及由于1877年俄土战争(Russo-Turkish War)的纷扰,使他不顾年老的德皇威廉一世的反对,与奥地利在1879年订定了防卫联盟。德皇原本将这种做法视为"出卖"俄罗斯,甚至曾威胁说自己要退位。不过这纸明确的承诺,后来并无明确的结果。尽管如此,俾斯麦在1881年以巧妙的外交手段,经由俄、奥、德三国所签订的"三帝同盟"(Three Emperors Alliance),暂时取回主导地位。这著名的"三帝同盟",原先目的在于干预所有巴尔干半岛事务。虽然该同盟稍后在1887年废止,德国与俄国之间的关系,则另以秘密订定的"双重保障条约"(Reinsurance Treaty)作为补偿,并获加强。经由该约,两强同意除非德国攻击法国,或俄国攻击奥地利的情形发生,双方各自与第三国交战时,彼此将维持善意的中立。在这两次巧妙的、具有惊人欺瞒效果的外交手法下,俾斯麦避免了当时迫在眉睫的俄法联盟。

同时,德奥之间的结盟,由于1882年意大利的参与而扩大。其结盟的目的是:如果德国与俄国作战,可以提防俄国从背后暗算奥地利;意大利如遭法国攻击,德奥将出兵相助。不过意大利为保护与英国老友的关系及其本身海岸线的安全,却在条约上附加一段特别协议,阐明绝不直接与英国冲突。1883年,罗马尼亚(Rumania)经由该国国王个人与一些秘密运作过程,也加入了这新的"三国同盟"(Triple Alliance)。后来甚至连塞尔维亚(Serbia)与西班牙也分别短暂与奥地利及意大利,以另缔条约的方式结盟。

对于英国,俾斯麦的目标似乎企图使英国仅与德国保持友好,而与法国保持不友好的关系。他对英国的感觉,在友好与轻蔑之间摇晃不定。其态度转变的关键点,在于英国不同政党的轮替执政。对于"老犹太"迪斯雷利(Disraeli),他由衷敬重;但他无法了解格莱斯东自由党(Gladstonian Liberals)的观点,同时也瞧不起自由党政策摇摆不定的行径。当迪斯雷利当权时,俾斯麦大谈拉拢英国为其同盟的想法;虽然维多利亚女王曾低调表示,"确信德国在任何一方面都将是最安全的盟友",她却不敢肯定俾斯麦是否能值得信任,迪斯雷利的看法亦同。因此俾斯麦继续玩弄藉由英俄、英法之间不和,使自己渔翁得利的政策。几经精心的评估,他赞成英国占领埃及,因为英国占领埃及会使英法不和。在另一方面,由于德国的极端殖民主义,在未来具有与英国发生冲突之虞,所以他反对国内渐起的殖民扩张声浪。他曾说,“我们极端殖民主义者的贪婪,大过我们所需要的,或能满足的”。他以支持英国占领埃及,企图逐渐换取英国在海外的小让步。经由这些小让步,他缓和了德国利益团体强大的,连他都无法忽视的殖民要求。然而英国保守党的重新执政,以及英法之间与日俱增的摩擦,使英德建立起新的紧密关系。俾斯麦提出的正式结盟,受到索尔兹伯里爵士内阁(Lord Salisbury's Cabinet)的热烈欢迎;不过后者似乎因担心国会反对与外国牵扯而退缩。然而,俾斯麦从这非正式的协议中,以微不足道的代价取得了英国对黑尔戈兰岛(Heligoland)的割让。黑尔戈兰岛在后一世代,对德国海军具有举足轻重的地位。

于是到了1880年代末,俾斯麦伟大的政治架构似乎已斐然成形。德国受到“三国同盟”的支撑;而英俄若即若离的态势,对它有利而无弊。在这样稳定的基础上,德国为商业扩张做好了准备。而且俾斯麦已将法国驱入一个孤独而局限的政治隔离圈内。

但自1890年代初开始,俾斯麦规划的政治架构出现了一道裂痕;后继者几乎到要赶走这架构缔造者的地步。年轻的德皇威廉二世于1888年即位。他与沙皇亚历山大三世素不友好,后者既不喜欢德皇的“侵略性友善”,也怀疑他的意图。然而对俾斯麦的政治架构来说,问题并非来自沙皇,而是威廉二世。俾斯麦的掌权方式,向为德国参谋本部与军队所诟病,如今也令威廉二世厌恶不已。由于威廉二世几乎在参谋本部与军队中成长,所以他很自然发现这些人与他站在一边。但他未觉察,这种关系也束缚了自己。

第一个效应是,赶走“亲俄”的首相之后,继任者拒绝与俄续订“双重保障条约”。第二效应则是第一效应的必然结果。沙皇忍下对共和主义的嫌憎,于1891年与法国签订了协议。这协议并于一年之后发展成军事协定。双方希望在遭敌攻击时,彼此相助。这协定中的重大要点是,倘若“三国同盟”中任何一方进行动员,法俄将立即动员。由于法方谈判人布瓦代弗尔将军(General Boisdeffre)曾费心向沙皇解释,“动员意味宣战”,所以沙皇至少无法说他不懂这其中的涵意。

沙皇在害怕英德即将结盟之余,喝下了这剂俄法结盟的汤药,而这后来却一直苦恼着沙皇。因此在俄法签约后,长期未对法国产生任何外交价值。

尽管如此,法国还是跳出了政治"隔离圈"。从此时起,欧洲并非仅只有一个政治集团,而是两个政治集团。虽然其中一个关系较松散,另一个却较紧密。这两个集团形成了均势,即使各方势力尚未全然均衡。

对于德国废止德俄秘密条约,尚有要点值得一提。柏林的议会在早先复审这项条约内容时,曾反对订约。理由是该条约不但对奥国不忠,而且对英国不诚。其实,不论德皇的缺点如何,他的性格比俾斯麦要真诚;他在相互矛盾的发言中所显现的伪善外表,似乎是因为过度坦率与经常快速转变心意。他们两人的根本不同之处在于,一个是以始终如一的欺骗,来寻求国家安全;另一个则是在突发式的真诚态度下行事,得到的仅是不安稳的保障。英国方面对此的看法与德皇一致。虽然德皇对待俄国的态度与俾斯麦迥异,他却维持俾斯麦对英的友好态度,这也许是因为他的性格中多了一分真诚,较少政治动机之故。但英德两国间却有一件缘起于私人因素的不睦。原来德皇与他的舅父威尔斯亲王①,也就是后来的英王爱德华七世彼此交恶。妙的是,这私人裂痕是被俾斯麦家族弄得愈来愈糟的。

不过这私人之间的不和,如果没有更大的问题介入其中,是不会酿成国际友谊的裂痕的。事实上,英德不睦出自于一个主因,以及附加的许多小因素。这一切都需自德国的政策从重视内部转变为向外扩展说起。当德国的商业与影响力,扩展到世界级的规模时,其利益无可避免地会与英国在多方面发生冲突。但经俾斯麦式老奸巨滑手段处理之后,这类冲突不会造成一触即发的摩擦,因为英国的政治手腕原本就相当不迟钝。而这时期英国最关心帝国疆土的政党,碰巧就是最同情德意志帝国的政党。然而,现在俾斯麦已走,却无圆通练达者取代其位。有一种情形时常发生在像俾斯麦这类伟人身上:他的门徒忘记主子的行事原则,却只记得他的方法——武力威胁。不过,德皇此时自己已可运用魅力达到目的了。尽管他屡犯众怒,但他不仅成功地维持了在英国的名望,而且在俄国新即位的、软弱而友好的沙皇尼古拉二世心目中,占有重要地位。曾经有一度,他还无条件拥有对沙皇的影响力。

德英之间第一次较大的摩擦是为了土耳其。此事件的阴影影响了未来。1892 年,当时英国自由党重新执政;就像格雷(Sir Edward Grey)②所说,"突然间,从柏林送来一封像最后通牒的文件,要求我们为土耳其的铁路,终止与德

① 威廉二世的母亲是英女王维多利亚的长女。

② 1905 年至 1916 年任英国外交大臣。

国人竞争”。并且在此后数年，德皇从未忘记强调，在德国所扩展的商业网中，“坐镇着一只牙齿锋利的蜘蛛”。1895年，由于他的干预，使俄国自日本手中夺得了与中国作战所攫取的战利品。1896年，他再次与英国发生冲突。这回就比较严重了。讽刺的是，起因是由于某英国人士对俾斯麦式霸业的狂热钦佩。这位名叫罗德斯(Cecil John Rhodes)的英国人，不但对俾斯麦式的霸业推崇不已，而且对威廉二世也曾作出相等的赞誉。但德皇却不领情，并对罗德斯所拟订的英国南非扩张计划深感愤怒，甚至像是自己受挫似的。经过几回酸溜溜对英国的批评，以及在南非德兰士瓦的布尔人(Transvaal Boers)的甜蜜怂恿下，德皇对于詹姆森(Sir Leander Starr Jameson)①率兵入侵德兰士瓦之举，发现了一个诱人的借口。1896年1月3日，德皇在议会中提出构想，他认为德国应声明为德兰士瓦的保护国，然后派兵前往该地。首相霍亨洛埃(Hohenlohe)闻言，则以“这等于与英国宣战”为由，反对此种做法。德皇却直率答道：“是的，但这只是在陆地上作战。”不过，有人提出稍微缓和的办法。建议他不如拍发贺电给南非德兰士瓦总统克鲁格(Kruger)，但电文言词间不但要高度冒犯英国，而且要否认英国对德兰士瓦的宗主权②。

这下，由于一方有着压抑不住的妒忌，一方则惊见传统老友骤变为新敌，于是两国人心都鼎沸了。德国人自认恼恨有理。他们认为，已占据许多殖民地的英国，如今又要开疆辟土，但这块新殖民地，正是另一位迟来者想要的。然而英国人拓展殖民地已习惯成性，他们竟平静地以为这样做才符合英国约翰牛形象。他们无法理解，除了传统的对手俄国与法国外，居然还有人如此挂念此事。所以在一般的交往上，不论德国做出如何的不自觉挑衅，英国始终保持冷静的自信。这种态度也成为这次危机的一帖镇静剂，而且几乎是成功的。原来德国曾下令采取战争手段，建议法俄联合攻击英国。但后来，一者由于法俄缺乏兴趣，一者英国索尔兹伯里政府的冷静，使德国自觉海军不够强大而有所克制，一触即发的危机因此而消失。

然而，危机因欠缺实力而避开，并不表示危机已解除。德国海军的野心，即在此时开始萌发。这股野心明显体现在1897年威廉二世的一段话上，“三叉戟应握在我们手中”，以及他对铁毕子将军(Admiral Tirpitz)所下达的命令。

---

① 英裔南非政治家。

② 此贺电事件史称“克鲁格电报事件”，指德国电贺克鲁格击退英国殖民者詹姆森来犯的军队。惟英国否认参与该事件。

他要求建造这支三叉戟。翌年，德国海军的扩建计划开始进行。并且，据说在德皇访问大马士革期间，曾宣布他是全世界伊斯兰教徒的保护者。这简直是对英法的直接挑衅。不仅如此，由于他明确声称要担任土耳其的守护神，也造成与俄国的严重不和，因为他阻碍了俄国觊觎君士坦丁堡的美梦。就像被拿破仑嘲弄的对手一样，德皇因"眼中有太多事务"而将外交章法打乱，致使这些曾被俾斯麦耍弄过而相互攻击的列强，现在在任何地方只见到一件事——德国的拳头，而未见其他。尽管如此，1898 年，英国张伯伦(Joseph Chamberlain)①为英国介入南非纷争之事，向德国提出俾斯麦曾寻求过的结盟建议，却遭德国的侮慢。原来张伯伦的提议，现在轮到德国存疑了。事实上英国作出这样提议，是因为英国有了新的顾虑。英国正考量本身所受的孤立与弱点，尽管在观点上基于一种旧意识——与德国有其天生的密切关系。但这提议现在看来，却像是自己在招认弱点。至少是部分如此。而以弱点为由的提议，对于新德国并非上策。俾斯麦遗留给继任者的几种遗风之一，就是低估英国实力，高估俄国的实力。

德国自 1898 年至 1901 年之间，几度拒绝张伯伦的建议，主要竟与个人因素有关，也就是与隐身在后的荷尔斯坦因(Friedrich von Holstein)有关。荷尔斯坦因是一位性格晦涩、狐疑、贪婪的外交部官员，喜深藏不露，作默默无闻状。因为他以为唯有如此，方能增强其在追求"真正政策"方面的实权。荷尔斯坦因虽然堂而皇之地利用官方知识，秘密进行相当冒险的事情，却也不愿替自己缝制一套掩遮外表的新衣。虽然他表态说是俾斯麦的门徒，却曾密谋让他师父下台。现在则以俾斯麦精神继承者的姿态，令人肃然起敬，虽然他所传承的，只是师父的一些旁门左道。最重要的是，他欠缺俾斯麦的胆识。

结果，尽管他愿意接受英国的建议，却害怕变成英国的爪牙，成为英俄冲突的避震器。在另一方面他认为，若现在将英国置于若即若离的范围，英国的弱点正好可加以利用，并可逼迫其让步；而与此同时，仍需让英国心存与德国保有较密切关系的期望。这样，他至少可以获得首相比洛(Bülow)的支持。德皇更将他的观点，笼统表述在给比洛的信上。他写道："尽管他们想扭身挣脱，我现在已经抓住了英国。"然后，德国在 1900 年再次扩建海军，成为扭紧英国的工具。

---

① 1895 年任英国殖民大臣。是二次大战前夕英国首相尼微尔·张伯伦〔Neville Chamberlain〕之父。

此后数年，特别在南非危机与战争期间，英国政府为德国的态度付出很大的代价。这段时期，英国并不期待德国为南非战争伸出援手，只求德国不将威胁与侮蔑付诸行动。于是，无论在葡属殖民地、在萨摩亚、在中国，英国索尔兹伯里政府所表现的软弱，几乎印证了德皇所说的，"十足的笨蛋"。这几年间的外交档案所揭露的，也都是读来令人可鄙的文件。从外交档案，可追溯出索尔兹伯里政府对于后来的冲突，应负间接责任。因为很自然的，德皇与其顾问的思维，必然可从他们的武力威胁(mailed-fist method)想法证实。不过，德皇可以不负将武力威胁推及真正战争之责。这不仅是因为他曾有不喜欢武力威胁的证据，而且他有从肤浅外表断事的倾向。他推断，对英国有限的威胁，很明显在未经风险下，即可为德国带来战争利益。这种过于浅显的推论，是与他个性契合的。

德皇对于大战的责任，是这几年才被认定的。这是一件重大的责任。事实上他被认为应负最大的战争责任。他的好战言论与态度，在国际间制造了不信任感与警讯，使当时欧洲到处都沾染了他的火药。然而，若将主要战争责任归咎于最后点燃战火者，犹如为调查战争的缘起，却将焦点集中于战火点燃后最初一个月一样不合理。

对于毫无历史依据地将德皇描绘成是这场战争的寻求者或策划者的宣传，现在英国人的反应是很极端的。不过，我们如果要承认德皇反复无常的善意，就不能低估他的坏效应。这种坏效应基本上来自对自己，以及对自己行为过分的自满。他以为自己穿戴着华丽的盔甲，实际上这套盛装，只是一袭顽皮精灵装。他证明了一点：制造恶作剧是会带来战争的。

德皇与比洛在延后接受英国的建议后，安心不少。他们蔑视结交伙伴时，常见的不安与局促。两人挟着过度的自信，声称"鲸鱼与熊之间"没有真正的婚姻，并且以行动强行摆布这个结合。回顾这段历史，最特殊之处在于德国数度拒绝英国，而将英国驱入"两国同盟"(Dual Alliance)的怀抱。德国至少曾接获张伯伦完整的警告。后者分别在1898年与1901年警告过德国，"英国坚苦卓绝的孤立时代已过去……我们期待与德国以及'三国同盟'结盟。不过如果这点做不到，我们也考虑与法俄恢复友谊"。①

德国却认为英国不可能与法俄结盟。但结果证明这想法是错误的。这种

① "两国同盟"在此指1894年签订的法俄密约，旨在抵制德奥意"三国同盟"〔Triple Alliance〕。英国于1907年加入"两国同盟"，成为另一个"三国协约"〔Triple Entente〕。

想法概略出现在荷尔斯泰因的字里行间,“英国这次警告要与法俄结盟的威胁,纯粹是一种英国的诈术……依我看来,应等到英国愈加感觉非与我们结盟不可时,我们才与英国订定合适的协定”。他太聪明了。所谓“合适的协定”,并非指地位相当的结盟,而是指一种主从的关系。英国政府曾表现得优柔寡断,荷尔斯泰因却因受“铁与血”哲学的影响而愈信其软弱。这所谓软弱,尚不足以解释荷尔斯泰因上述令人惊讶的推测。这种推测,确实是一种实例,也就是德国的真正麻烦以及造成问题的起因,其实并非出于精心设计的权谋,而是来自怨愤——一种如同学生在自大与骄矜性格下滋生的不满。

英国则期望以另一种方式强化本身地位。它最先是在 1902 年与日本结盟。这结盟的意义对欧洲来说,英国不会自德国身边出走,却会使英国与“两国同盟”之间筑起新墙。这做法的原意起自张伯伦的英、德、日结盟建议,张伯伦并且准备与美国紧密接触。不过英国这一招,德国犹豫,日本也差点不愿意。日本政治家伊藤侯爵①原本寻求与俄国结盟,只因为在他抵达圣彼得堡之前,日本驻英大使林男爵(Baron Hayashi)②与英国外相兰斯当爵士(Lord Lansdowne)已在伦敦抢先进行日英结盟磋商。日本议会在接受日英结盟之前,甚至也因伊藤施压而一度态度不定。日英结盟间接导致了日俄战争。这一结果完全出乎英国意料之外,而且也不乐见。

到了 1904 年,欧洲态势发生了剧变。仅 5 年前,法国曾为法绍达(Fashoda)事件,几乎与英国大动干戈,也几乎忘掉了阿尔萨斯—洛林的往事。但由于根深蒂固的德国情结,法国政治家就在 1901 年张伯伦警告德国的时候,与英国开始接触。第一步是兰斯当爵士与法国大使保罗·康邦(Paul Cambon)就去除双方摩擦中,最敏感的海外殖民地问题举行磋商。其中最大的障碍是埃及。它到目前为止仍是法国心中的最爱。不过,这是一次手段高明的外交会谈。他们事后决议,如果法国能占领摩洛哥,英国以承认法国对摩洛哥的占领,来换取对英国实际占领埃及的承认。英法协定后于 1904 年 4 月签订。一般认为这协定的签订,与英王爱德华七世有关,而且说法很传神。传说是由于他访问巴黎,在制造气氛之后,方使协定的签订成真。不过对于爱德华七世更神奇的说法来自德国。德国人认为他制造了一张政治权谋网,将德国团团围住,使德国困守愁城。事实上他初到法国时,所受接待甚为冷淡。然而由于他的练

① 原文 Marquis Ito,疑是伊藤博文。

② 应是日文的林董伯爵〔Count Tadasu Hayashi〕。

达与对法国人的了解,加上法国人由衷爱戴英国王室的态度,一如对待他们自己的共和国。于是双方冰释前嫌,使接下来英王的访问,为两国的共同利益基础扎下根基。因此,即使他并未促成新协定的诞生,也无疑使两国关系充满诚意。

不过,德皇事实上也促成了这件英法和好的美事。德皇对于这位曾向德国求爱却未遂的情人,如今竟另结新欢,自然大为懊恼,于是变本加厉地制造恶作剧。他的目标当然是想破坏英法协定。而此时爆发的日俄战争正好也替他制造了机会。然而他的第一个行动失败了。他曾劝告沙皇派遣黑海舰队通过达达尼尔海峡,以示对英国的挑战,却被爱好和平的沙皇拒绝。但随后的行动却有斩获。当俄国最后一张王牌——波罗的海舰队驶向远东时,舰队竟收到日本鱼雷艇正在北海(North Sea)守株待兔的情报。事后俄国坚称这情报必然发自德国。就因为这份假情报,使得俄国人严重误击英国拖捞渔船,而且不愿认错,导致英俄一时之间几乎兵戎相见。有好些日子,英国海峡舰队跟踪着俄国舰队。直到后来沙皇不顾俄国好战派的期待,拍发了一份道歉函,双方剑拔弩张的气势方戢。现在令德皇兴奋的是,苦于屈辱的沙皇,提议结合俄、德、法的力量,"以消除英国与日本的自大与傲慢"。德皇闻言立即发送一份俄德条约的草稿给沙皇,但叮咛不可向法国泄露。他说,"条约一旦成为事实,我们联合的力量将对法国发挥强烈吸引力";又说,"有一种冷却英国傲慢与作威作福的好办法,就是到波斯—阿富汗前线去举行军事演习……"不过,沙皇的反应并不积极。

德国下一步的动作就更过分了。而且德皇也不应负全责。事实上对法国而言,现在德皇如果不以威吓,改以动之以情的方式来拆散法英关系已嫌太晚。于是,比洛与荷尔斯泰因说服德皇走访北非丹吉尔(Tangiers)。在丹吉尔的演讲中,德皇说"要向法国抛下手套"①,以对法国独霸摩洛哥的行径挑战。比洛接着要求召开一次会议,来检讨摩洛哥的前途。这次挑战的时机对法国很要命。此时法国军队恰好遇上一次危机,俄国与日本也正闹得不可开交,使法国总理鲁维埃(Rouvier)怀疑英国对法国支持的保证与价值。因此,法国外长德尔卡塞(Delcassé)让步,接受了德国的要求②。这表示德国的"武力威胁"又下了一城,但也等于对英法发出一次警告,进而使英法更加靠拢。

① 威胁动武之意。

② 维持摩洛哥主权完整。

第三个动作则是德皇自己发动的。1905年7月,当德皇在比耶库(Bjorko)乘坐沙皇的游艇时,他突然拿出了条约的草案,用他夹杂法文的英语问沙皇道:“你希望签吗?这会是一件我们之间很好的见面礼。”事后德皇说,当沙皇尼古拉回答“是的,我会签的”时,“我眼里充满了兴奋的泪水。一阵悸动闪过我的脊梁”。他感觉他的所有祖先,包括“老祖父”与“老普鲁士神”,都在向他祝福。这种皇家外交,不论有多么错综复杂,言词间竟不失其幽默的轻松感。他给他“最亲爱的尼基”①的一封信中,就有一段颇可喜的,富有商业味的笔触——“现在,你的舰队翻新计划书已印妥。我希望你别忘记提醒有关的权责单位,请他们记得我们在斯德丁(Stettin)、基尔(Kiel)等地伟大的造船事业。我可以确定这些造船厂会提供精美的样品战舰。”此外,在他给比洛的一封充满苦恼的信中,字里行间尽是肥皂剧式的夸张味。当比洛发现在摩洛哥即将签订的条约,与他的反法目标背道而驰的时候,便威胁要辞职。威廉二世却这样回答:“在你的辞呈到达的早晨,我已不在人世间矣!想想我可怜的妻子儿女吧。”

但是当沙皇的大臣看到条约的时候,他们表示反对。他们认为这条约与俄法结盟的原则不一致。他们并且将内容大量透露给法国,引起法国强烈的抗议。于是这篇外交“杰作”就静静地丢进了外交废纸篓里了。

对德皇,平心而论,有一点必须提到的是,他曾因某些个人因素,对英国心生不满。但即使如此,这些不满主要也是他长期以威吓手段寻求其目标的结果。具有强烈冲动性格的德皇有一对手,此人是刚担任英国海军大臣(First Sea Lord)的约翰·费希尔爵士(Sir John Fisher)。他经常谈及如何预防战争;并且率直地公开发表言论说,如果德国不限制其海军扩张,它的舰队终将在纳尔逊的“哥本哈根模式”下被消灭掉②。如此言论,在柏林自然比伦敦更耸人听闻。导致德皇怨愤性格的各种原因中,爱德华七世对待他的方式,与其说是政治性的,不如说是社交性与私人性的。其实,如果爱德华七世对这位外甥的古怪个性稍加容忍,可能会使双方关系好一点。兰斯当爵士如此记录道,“吾王在谈到与写到他的外甥德国皇帝时,所使用的字眼令人毛骨悚然”。这些私人之间的憎恶与不快,对英国这一边并不重要。因为英王是一位天生统治者,又充满幽默感。但对于北海边上的德国,就有较强烈的反应了。其统治者虽能拍板定案,却是一个毫无幽默感的人。由于这些个人憎嫌,鼓舞德皇进一步搞恶

① 尼基是尼古拉二世,也即沙皇的昵称。

② 原文 Copenhagened,指丹麦舰队在哥本哈根,被英国纳尔逊将军歼灭的史实。

作剧式的阴谋与威胁，激起了英国极大的反应。这种情况就连坎贝尔-班纳曼(Campbell-Bannerman)的新自由党政府也不敢忽视，于是被迫更接近法国了。

尽管英国政府后来拒绝与法国签订正式同盟，英国政府却抱着另一种希望。他们估计英国人民对于法国遭受攻击的反应，可能是希望英国介入的。法国自然辩称这种紧急支援一无是处，除非想出一套实际运作办法才有用。于是坎贝尔-班纳曼授权双方参谋本部进行讨论。虽然这些讨论对于战争并无最终决议，却对战争的进行具有极大的影响。同时重要的是，1905 年的德国新战争计划，就曾估计英国将派遣 10 万远征军至法国。这正是法国所要求的数目。

德皇撮合法俄打击英国的企图失败之后，重新构思打击占领摩洛哥的法军。然而，他认为"从军事技术观点"，当时情况并不适宜，还不如与土耳其结盟，"在普鲁士领导下，可以将伊斯兰教的力量发挥到极致，供我驱使"。只是第一步先要安内，然后才能攘外。这段对于他不平衡的心智具有阐释性的例子，印证在 1905 年 12 月 31 日他给比洛的信里。他在信中如此论述道，"首先，射倒社会主义者，砍他们的头，使他们无能为力——如果必要，来个血洗——然后到国外去搞战争！战争不能先发动，也不能照原来步调进行"。

但是欧洲情势次一步的改变，不但未强化他的政治基础，反而削弱他在沙皇面前对俄国的影响力。原来这个情势的转变，极讽刺地转到一条几乎想不到的路——新英国政府竟与其向来所厌恶的、专横的俄国靠拢了。这是基于情势所逼。其中部分原因在于英国的和平主义，部分原因则基于英国对德国威胁的本能反应，使自由党政府在兰斯当的推动下，继续致力去除与俄国之间摩擦的传统根源。于是到了 1907 年，双方几度接触后，歧见在协商下化解。他们之间虽然并未签订肯定协议，却很自然地为欧洲合作打开一条路。尽管英法或英俄之间无正式协定存在，英国与法俄却以彼此诚信为本而结合在一起。因此，英国日后再对法俄事务提出批评，就很难不被视为对此结合不忠。英国原先在紧要关头的中立性影响力，也已悄然溜走。

这种成真的窘局，被英国外相爱德华·格雷爵士详尽记载在其 1906 年 2 月 20 日的便笺上：

> 我想，各国都有一种普遍的感觉，我们的行径卑劣，置法国于危机中不顾；美国会看轻我们；俄国在亚洲事务方面，将认为不值得与我们订定友好协定；日本将向其他国家重新寻求保障；我们将失去朋友，也无力再

> 结交朋友;德国将高高兴兴地利用整个对我不利的情势……在另一方面,欧战发生的前景,以及我们被拖入的可能性,都是蛮恐怖的。

从此,名副其实的强权国家,事实上已概分为两个敌对阵营。换言之,此后数年,德国在其侵略性与欠考虑的政策下,制造了一个与之对抗的集团。说来其成员真可算是绝配。奥地利与德国彼此相互倚仗,结盟程度就像雪球挤压之后,愈变愈坚固。然而德国也将被自己创造的环境所拖累。英国加入新集团之举,使原来德奥意结盟中的意大利变成一个靠不住的伙伴。因此德国被迫加倍靠拢以前被它牵着走的奥地利了。如果德国希望卷入战争,这样的束缚倒对其有利,但是如果它想要和平,这样的结盟将使它有如英国不能行动自如般碍手碍脚。

新欧洲的重组,并非是势力之间旧有的平衡与消长,而是在势力相互之间制造壁垒。更严重的是,这座壁垒已装上了炸药——几个国家与其说是因为野心,不如说是因为恐惧,军费与武器只好急遽地增加。另外一个致命的结果是,由于害怕战争突然爆发,使专制强权们有了放手使用这些武器的机会。这种惧怕,在 1914 年 7 月之前许久,就已成为导致后来战争的原因。

战争的第一颗火花于 1908 年出现在巴尔干半岛。保加利亚抓住土耳其革命的机会,摆脱了土耳其这个宗主国;奥地利也同样藉机并吞波斯尼亚和黑塞哥维那(Bosnia and Herzegovina)这两个早从 1879 年就被它治理的省份①。这并吞的行动,曾经由奥俄两国外长埃伦塔尔(Aehrenthal)与伊兹沃利斯基(Isvolsky)的商讨。伊兹沃利斯基原是为回报奥地利支持俄国取得达达尼尔海峡的开放而同意此事。但就在伊兹沃利斯基通知英法两国之前,兼并之事就已宣布了。这事件对意大利而言,感觉被公然侮辱似的;对塞尔维亚是一种威胁,然而在俄国的情形就更糟了。德国驻俄大使竟以咄咄逼人的语气要求俄国承认此事,不然就会遭受德奥的联合攻击。

俄国则囿于势单力薄,不敌德奥联手,只好愤愤不平地感觉它在巴尔干半岛到口的地位又要吐出了。伊兹沃利斯基更感觉他不仅被威逼,而且简直被戏弄一顿。于是顿时辞去外长职务,前往巴黎大使馆做一名反德势力的健将。这又是一件与个人有关的战争因素。至于奥地利,则因仿效德国武吓外交成功而受到鼓舞,准备继续这类勾当。

---

① 即原奥匈帝国的省份。

埃伦塔尔的波斯尼亚式诡计在第一次世界大战的直接起源中,地位重要而显著。这样的手段是相当不幸的,因为在1906年至1914年之间,德国至少与英法的官方关系已见改善。然而,德国海军所持续增加的恶兆,更令人注目。现在很容易了解,德皇之所以鼓励铁毕子将军所主张的反英海上武力企图,主要出自虚荣。但当时看来却是经过设计,且是动作前后一致的挑战。所以纵使德皇尝试与英国修好关系,却不满自己的方法。德皇在1909年一次著名的《每日电讯》专访中,曾想赢得英国的人心。他的方法竟是宣称英国人"像三月野兔那样莽撞",不愿承认他的友善;他并说自己是居住在一块"对英国不友善"的土地上的少数派。他愈说,愈不能消除英国人的忧虑,还引发了由比洛发起的德国大众的强烈抗议,同时也削弱了德皇自己对国内主战派的制约力。

但是这样的结果,导致德皇撤换首相比洛。这好意的点子原是贝特曼-霍尔维格(Bethmann-Hollweg)①提出的。他比较期望和平,即使维持和平不大可能。他立即为英德结盟展开磋商,英国自由党政府反应热烈。自由党已在1910年的大选之后重新执政。然而,实质的决议并未达成。其因:第一,铁毕子反对对德国海军军备作出调整;第二,德国要求任何协议文件上,都应明文禁止英国援助法国。

德国这样做,动机未免太战略性了。于是外相爱德华·格雷爵士只好这样答复,"舍老友而交结新友,未免太不值得了"。

尽管如此,紧张气氛倒纾解了些。德国民意、新闻界与德皇,就像德皇自己在公文上批示的一样,仍然患有恐英症。主要原因来自自己目标未达成的受挫感,以及一种众所周知的构想——英王爱德华七世已计划将德国围堵在一个范围广大的包围圈里。也许最明显的反应,就是相信英王基于拆散奥德的动机,于1908年访问弗兰茨·约瑟夫(Francis Joseph)皇帝。虽然现在我们从奥地利档案中得知,英王实际上是要求弗兰茨·约瑟夫皇帝协助减轻英德之间的不和,并且将结盟视为一种共同的连系。不过,英德之间的讨论,倒促进了两国外长的关系,使他们合力将几个争议性议题定案。此外,法德在摩洛哥的殖民问题上的和解,也有助于双方的关系。

很特别的,这趟和解之后,跟着又来一次新摩洛哥危机。更妙的是,这趟新危机是被另一位讲求和平的外长,基德伦-韦希特尔(Kiderlen-Wächter)挑

---

① 比洛的后一任首相。

起的。但德皇曾加以反对。这是另一件德国领导阶层因双马车，导致政策摇摆不定的例子。它显示了德国在政策制定中，存在危险性。1911年6月，基德伦派遣一艘炮艇前往阿加迪尔（Agadir），要求法国对非洲有所让步。英国内阁的主要和平主义者，前波耳战争反对者劳合·乔治（Lloyd George）闻讯之后，则以一篇公开演说谴责德国威胁和平。结果，英国以备妥支援法国的架势明确表态，浇灭了点燃战争的火花。不过德国的舆情却比前更加激愤，狂热地支持另一次海军增加军备的政策。尽管如此，德法两国因随后摩洛哥问题的解决，消除了彼此之间严重龃龉的根源。也因此间接为1912年霍尔丹（Richard Burdon Haldane）①前往德国的任务，营造了较佳的官方气氛。然而，即使霍尔丹也承认他的“精神屋”（spiritual home）②已经变成了“弹药库”，虽然他只跟内阁同事谈起他的忧虑。但就在德国国内主战派成长的同时，和平分子也正在进行大结合，他们大部分出现在社会主义团体。此外，德国现任首相也心存和平，所以，这为进一步的和平磋商打开了一条路。

就在这一刻，一条新的火药引线已埋定。地点就在巴尔干半岛。土耳其的虚弱，加上意大利占领的黎波里（Tripoli）的事实，鼓舞了保加利亚、塞尔维亚与希腊三国支持马其顿独立（Macedonia）③，其目的只是将土耳其驱离欧洲。土耳其很快就被打垮④。塞尔维亚分得了北阿尔巴尼亚。但是对塞尔维亚野心已心存忧虑的奥地利，决不希望一个斯拉夫国家将疆域触及亚得里亚海（Adriatic）沿岸。于是动员军队威胁塞尔维亚，却引起俄国反奥的相同动员准备。幸好德国联合英法化解了危机。比较不幸的是，他们的和解，造成了另一次新危机。他们为了维持阿尔巴尼亚为一个独立国家，不愿见到它被瓜分。塞尔维亚现在要求部分的马其顿领土，保加利亚不但以言辞拒绝，而且干脆起兵⑤，后来却在塞、希联手之下屈服。同时，罗马尼亚也在混乱中企图分一杯羹，土耳其则趁机收复失地。

于是，塞尔维亚成为主要赢家，保加利亚则是最大输家。这样的结果奥地利自然不愿见到。到了1913年夏，奥地利向德国建议立即进攻塞尔维亚，被

---

① 英国律师、政治家、哲学家，1905年任陆军大臣。

② 原文指他的哲学领域上的德国。

③ 马其顿当时属土耳其。

④ 此为第一次巴尔干战争。

⑤ 塞、保、希三国先为瓜分马其顿相持不下。俄国未及调停，保加利亚即率先将马其顿抢到手，引起塞尔维亚对保加利亚宣战。

德国制止，并劝其稍安勿躁。但德国自己却因加强对土耳其军队的控制，再次引发俄国的不快。俄国留意到，自己的达达尼尔海峡美梦已悄悄消失，因此俄国大臣们作出结论，只有一场遍及全欧的战争，才能使一切恢复旧观。不过这可是一种危险的心态。如今他们第一目标就是要重振在巴尔干的影响力，并且以击败罗马尼亚为建立新巴尔干同盟的第一步。这一想法等于向奥地利当头示警。奥地利此时则已被内部的多民族问题①搅得头昏眼花。

奥地利除了向被它并吞省份中的塞尔维亚人、克罗地亚人，以及在特兰西瓦尼亚地区（Transylvania）的罗马尼亚人动用武力之外，别无他法。奥地利并且准备以同样方式，对付集所有不满种族、不满分子之大成的塞尔维亚。奥地利领袖们以为，仗在国界外打，才是弭平内乱的最佳办法。其实持这种想法的，不只奥地利。在俄国，骚乱四起，皮鞭与放逐只遏阻了其中一半；在德国，要求全民参政的呐喊声响彻云霄，使这几个国家的主战派，视战争为宣泄民怨的安全汽阀。

这一年来，国际间各种煽动诱因倍增。好战演说、文章、谣传以及边界纠纷等尽皆出笼。美国威尔逊总统的好友豪斯上校（Colonel House）在离开柏林时，就深信德国军方会找最适当时机发动战争；而且他认为，如果德皇反对，他们会逼迫德皇逊位。此时，法国为了因应德国陆军的最新发展，通过了“三年役期法案”，以便解决基层单位的人力问题。德国好战派闻讯更是兴奋不已。但是德国驻法大使却向贝特曼-霍尔维格报告：“法国除了许多社会圈子的沙文主义心态，以及梦想收复失去的省份之外，整个法国可以形容为渴望和平”。最明显的，即使普恩加莱（Poincaré）总统自己也这样说：“法国不希望战争，但不怕战争。”然而，整个欧洲其他地方都硝烟四起，论调都充满了宿命论。

致命的火花终于在波斯尼亚首都萨拉热窝（Serajevo）被点燃，时间是1914年6月28日。最先的牺牲者显现了命运的反讽。激情的斯拉夫民族主义分子竟以谋杀弗兰茨·斐迪南大公（Archduke Franz Ferdinand），也就是奥皇弗兰茨·约瑟夫的王位继承人，来增加起事的筹码。这位在奥国拥有权势的皇储，其实还是他们的友人。因为斐迪南有一个梦想，他企图以联邦方式，将几个民族松散地结合在一起，来重建其王国。但是对绝大部分居住在波斯尼亚的塞尔维亚人而言，皇储是压迫者的象征；对于企图使他丧命的极端民族主义分子而言，他尤其可恨。因为他的民族和解大梦，会阻碍他们脱离奥地利

① 包括斯拉夫族。

加入塞尔维亚，开创包容性较宽广的南斯拉夫国（Yugoslav state）的理想。

有少数的年轻阴谋分子，从一个叫做“黑手社”（Black Hand）的塞尔维亚人秘密社团获得奥援。“黑手社”成员主要为陆军军官。他们对既存的塞尔维亚文人政府官员采取集团式的对抗。塞尔维亚政府官员似乎风闻有人要行刺斐迪南大公，于是下令边界拦截阴谋分子。但由于边界的守备也是“黑手社”成员，预防措施自然落空①。另一不确定说法是，有一含糊不明的警示曾送到维也纳。肯定的是，奥地利官方对于保护斐迪南，粗心得令人讶异。他们对降临在这位不甚受欢迎的皇储身上的命运，竟冷漠以待。至于说到波斯尼亚的军事总督，也就是未来攻击塞尔维亚的指挥官波提奥列克（Potiorek），他一直被怀疑共谋暗杀斐迪南。

斐迪南车队通过萨拉热窝市政厅时，杀手曾企图开枪，但未成。波提奥列克立即笨拙地指示车队回头，致使斐迪南的座车必须暂停。就在这时，两声枪声响起，斐迪南与其受王室轻视的平民王妃，瞬间遭受重伤。斐迪南死于上午11时——这像是充满恶兆的时刻。

除了奥地利与塞尔维亚，暗杀的消息造成各国人心恐慌与义愤。塞尔维亚的新闻则毫不掩饰其兴奋之情。塞尔维亚大众更开怀欢庆。另一方面，饱经巴尔干战火的塞尔维亚政府，为了巩固所获土地，原正在竭力谋求和平。可惜塞尔维亚政府并未抓住这次机会，表示其查缉共谋者的意愿。

奥地利警察在调查上也并未尽力。事发两星期，调查工作执行人维斯纳（Wiesner）报告，虽然塞尔维亚社团与官员脱不了干系，但“未发现塞尔维亚政府参与此事的证据……相反，毫无疑问有理由相信，塞尔维亚政府与此事无关”。

但是奥国立即作出了决定，虽然这决定的行动，外表看来拖延了很久。奥匈帝国外交大臣②贝希托尔德伯爵（Count Berchtold）除了保有前任外长埃伦塔尔诡诈的传统之外，还青出于蓝地添加一丝优雅的气息。贝希托尔德伯爵暗自庆幸逮到了挽回奥地利与他自己威望的机会。暗杀事件发生的隔日，他向参谋总长宣布，一次彻底解决塞尔维亚问题的时机已到。这句话对总长康拉德·冯·贺岑道夫（Conrad von Hötzendorf）而言，如同是自己一再强调的发动战争论的回响。但贝希托尔德伯爵的说法遭到蒂萨伯爵（Count Tisza）③的

① 斐迪南此行为改善王室与斯拉夫人关系，而走访波斯尼亚首都萨拉热窝。

② 1867—1918年，奥地利与匈牙利达成协议，建立奥地利-匈牙利君主国，通称奥匈帝国。

③ 匈牙利首相。

强烈反对。理由则是为了权宜手段的运用,而非关道德。蒂萨伯爵说:"不论在何时,要找一个适合的开战藉口都不难。"康拉德也考虑到手段运用问题,于是告诉贝希托尔德,"我们必须先问德国,看它愿不愿意做我们攻击俄国时的后盾"。其实贝希托尔德自己也一样,不想重蹈覆辙,像两年前那次令他名声大损那样,再吃德国的闭门羹。因此他们说服了年迈的奥皇,签了一纸备忘录给德皇,还附带一封私函。

然而德皇根本不需奥国开口。因为德国大使奇尔施基(Tschirschky)在6月30日已向德皇提出一份报告。内容显示他在先前与贝希托尔德的会谈中,已警告奥地利,反对任何轻举妄动。德皇的反应,只是在报告上潦草地加上几句批示。他批道:"谁授权他这样干?他简直是个蠢蛋。这与他无关……奇尔施基少再胡说。我们必须解决塞尔维亚问题,而且要立刻。"可怜的奇尔施基,他跟不上主人所玩的把戏了。由于他曾经积极鼓吹战争,他或许还记得两年前,主人制约他的声音。所以这次他原想一改口气,以附合德皇的意愿,却不知皇帝的心意已改变。这如何解释呢?最可能的情况是,德皇除了唯恐再被人非难软弱之外,皇室流血,以及一种更值得称赞的动机——朋友被杀,才是他改变心意的原因。

因此,德国首相贝特曼-霍尔维格于7月5日向奥地利信使奥约什伯爵(Count Hoyos)保证,奥国"可以完全倚仗德国的支持"。"德皇的看法是,绝不可延迟……倘若奥匈帝国与俄国非开战不可,德国保证,德国会站在奥匈这一边的。"不过首相又加上一句,俄国此时"不可能完成备战"。德国已完成备战——这是他有把握的。首相并与陆海军顾问经过仓促讨论之后,随即下达各种预警命令。同时,德皇仍照计划前往挪威访问。几天之后,也就是17日,助理参谋总长瓦德西(Waldersee)向外交部长报告道:"我将留驻在此,准备发动攻击。我们都准备妥当。"

这张由德国首相背书,对后果获得充分认可的空头支票,在战争的近因中地位显著。奥地利急于兑现,而奇尔施基则急于弥补先前的过失。德国做出这个战争决定的过程,并不像后来所作的决定那样。虽不能说这个决定是在冷静气氛中做出,但出自相当平静的过程是毋庸置疑的。其中并具有评估发动战争意愿的特殊意义。尤有甚者,德奥还小心翼翼地企图淡化使人感到急于开战的感觉。就如康拉德所言,"必须假装有和平的意愿"。之后,德国既未劝告奥国对各种需索保持节制,自己更急于寻求意大利、保加利亚、罗马尼亚、土耳其对开战的支持。德国虽未将有关的军事行动暗示意大利,但通知奥地利，一旦战争来临，准备好支付德国支持它的代价。

奥匈帝国外交大臣贝希托尔德在取得德国保证之后，下一个问题是拟写一份塞尔维亚不会接受的最后通牒。经过一番思索，到了7月10日，贝希托尔德向奇尔施基承认，他仍在考虑“什么样的要求，是塞尔维亚完全不可能接受的”。现在唯一反对的，只剩下蒂萨了。有人告诉蒂萨，“外交上的成功，是毫无价值的”。他仍威胁不支持。等贝希托尔德警告他，“如果再拖延，军事手段就很难达成了”，并且强调，“德国不会了解我们居然有人忽视这次可以痛击对方的机会”。蒂萨听了这才突然转舵。事实上，奥地利这次如果表现得软弱，它可能会被德国一脚踢开。

最后通牒起草完成，奥地利老皇帝听了内容之后说：“俄国不会接受……这等于要打一场大战。”不过最后通牒仍等到各种战争准备完成之后，方才送交。这时，正在俄国访问沙皇的法国总统普恩加莱，已从圣彼得堡启航返国。奥国政府则以和平保证，说服在维也纳的俄国大使去休假。不过德国各轮船公司已接到警告，奥地利最后通牒送出那一天，他们必须准备好，以便为快速的“发展”做出应变。

7月23日下午6时，最后通牒终于送交塞尔维亚政府。当时塞尔维亚总理并不在场。通牒条件中除了压制所有反奥宣传之外，还规定奥国有权下令任何塞尔维亚官员离职，并以奥地利官员取代。这根本直接侵犯塞尔维亚作为独立国家的主权。通牒要求塞尔维亚在48小时之内接受。翌日，德国政府向圣彼得堡、巴黎、伦敦发出外交照会，表示奥地利在最后通牒上的要求“适当且正确”。其实，当德国政府轻率地写上这些话的时候，未曾见过这最后通牒一眼；外交照会上，并且加了一段威胁，“任何干涉……将会导致无法估计的后果”。这最后通牒令英国大惊，俄国大怒。

但就在最后通牒截止前两分钟，塞尔维亚的复函交到奥地利大使手中。妙的是，奥地利大使为了遵照指示，竟未及拆信，就径自宣布与塞尔维亚断交，并从贝尔格莱德(Belgrade)跳上火车返国。3小时之后，奥地利对塞尔维亚边界地区正式下达局部动员令。同时，德国与俄国都开始进行动员前置作业。

然而，塞尔维亚在答复奥地利最后通牒的函件中，除了对于绝对侵犯塞尔维亚自主权的两点之外，其余照单全收。当7月28日德皇看过塞尔维亚的答复之后，他批道：“只48小时就有这等成绩……是维也纳一次重大的精神胜利；但这样一来，所有战争藉口都飞了。”对于奥地利的局部动员，他则写道：“单靠这个，我就不必下令动员了。”对德皇来说，是又一次武力威吓成功。虽然德皇已在那些怀疑他软弱的人士面前，露了一手强人姿态，却对当前成就已心满意足。他认为皇家荣誉已然彰显。但他竟不智地建议奥地利不妨先占领一部分塞尔维亚领土，等到塞尔维亚完全实现奥地利的要求为止。这点俄国是绝不会同意的。贝特曼-霍尔维格却赞同德皇的看法；于是在28日早上，这个建议送到了维也纳。但加上一句，“如果奥地利再拒绝一切调停建议，德国人民会非难政府，认为政府该负大战之责”。

但是这改了调的建议，受到要命的耽误。德国就在最佳的时机，自己搞砸了这些建议。早先，当24日德国发出外交照会之后，俄国立即得到法国的支持；英国外相格雷则受到盟邦的压力，它们要求他宣布英国与它们团结一致。由于在英国，这样的声明除了必须说服国会，内阁也会有不同的意见，民意也不一定支持这种做法。因此格雷并未按照盟邦的要求作出宣布。同时他害怕任何这类行动，都可能加强俄德两国的主战派声势。于是他设法打通调停之路。24日，他先通过柏林，敦促延长奥地利的最后通牒时限。柏林不支持这要求，并且拖延转达维也纳的时间。直到期限终止前两小时，才将他的要求送达奥地利政府。但立即遭到奥地利拒绝。格雷锲而不舍，分别在25日与26日两天又主张由德、英、法、意进行联合调停，要求奥、俄、塞尔维亚节制军事行动。巴黎与罗马立即接受建议。在圣彼得堡的萨佐诺夫（Sazonov）①原先也提出过这样的看法，现在他当然原则同意，但希望先与维也纳直接讨论再说。柏林则明确拒绝。德皇在看过有关的调停报告后，照例在上面作出一阵火辣的涂鸦：“这又是英国式傲慢的大手笔。我又不是来开一张格雷药方给奥皇陛下（HM the Emperor），教他如何保住面子的。”有许多证据显示，德国曾受英国态度影响，准备在战争一旦爆发时保持中立。但英国政府在27日报纸上，刊登了这么一段消息：“为演习而集结的舰队，已接获命令不准解散。”这样的暗示，加上塞尔维亚答复函的本意，使得柏林政府口气改变。其实，柏林的参谋本部在一天前，已向外交部提出最后条件（ultimatum），表示他们已征兵完毕，准备向比利时开拔。

因此，就在7月27日稍晚，德国政府决定将格雷的建议转达给维也纳。德国转述了格雷的话，表示联合调停“如你所期望，为你结合了相当程度的力量”。但是当奥地利大使见过德国外交大臣之后，发现事有蹊跷，于是发电给维也纳，“德国政府所提之保证极不允当。德国不可能支持他们的调停，并与

① 俄国外交家，时任俄外交大臣。

诸国的想法全然相反。德国与他们沟通的唯一目的，是为了让英国满意……德国政府如此做，是因为他们认为有一点非常重要——英国现阶段不应与俄法采取一致行动”。所以，28 日当德皇看完塞尔维亚的复函之后，就出现我们在前文见到的冷却语调。而贝特曼-霍尔维格在那天给维也纳的首次“忠告”，也可说太晚，而且缺乏热忱。

于是，又是 11 点！奥地利政府就在 7 月 28 日上午 11 时，向塞尔维亚宣战。同一天，贝希托尔德拒绝萨佐诺夫的直接会谈建议，理由是已经宣战。奥地利轻率决定了战争，其起因与方式的背后，蕴涵着冷酷的事实。在军事上，尽管 28 日已宣战，但部队要到 8 月 12 日才能集结完毕。但是德国一味催战，使贝希托尔德与康拉德害怕因耽搁而失去德国靠山，以及难逢的战争机会。于是贝希托尔德于 7 月 27 日，像在挖苦似的，向奥皇作出形势判断。他说：“我想，宣战只要未造成新情势，协约国仍可能再度尝试和平解决的办法。”为了获得皇帝在宣战书上的签字，他将事实描述成奥地利军已遭塞尔维亚攻击，以消弥皇帝疑虑。等他目的达到之后，他就将文中有关这段想像中的攻击字句删除了。

现在，在“军事需要”驱使下向战争深渊狂驰的冲力，速度已快到无法控制的地步。欧洲各国的参谋本部为了建设他们巨大且笨重的战争机器，都忘了战争的首要原则——适应力与融通性。整个欧洲大陆为了进行相似的动员与征兵，几陷于失控。结果很快显示，各国战争车队都可以开动，却都无法导入正确方向；原来它们的方向盘角度都不够。这些正危及和平的缺陷，显示掌握现今庞大军队，与控制过去小型专业军队的方法是截然不同的。

在这关键性几天，这些将军们只一心一意希望开动战争机器。盼望战争，却害怕被不利的因素绊倒。这种心境大家都有。于是，就像在奥地利一样，政治家们在德国与俄国主张和平的一切行动，都受到将军们求战的掣肘。将军们扬言，如果政治家不听他们的技术性忠告，大祸即将降临。在奥国，将军们与贝希托尔德都为启动战争而狠下心来。

将军们的这一套，在下一步对军事上了无创意的俄国，也奏效了。在此，奥国宣战的消息造成了一个决定性的转变。到目前为止，萨佐诺夫始终牢牢掌握俄国将领的动向。现在，他开始向不可避免的事实低头了。他建议俄国应当实施局部动员——他指的是奥地利边境的俄国军队。但参谋本部除了辩称在“技术上”，这样做并不符合实际之外，并指出唯有全面动员，才能避免战争机器失灵。萨佐诺夫不想让步，但也不想压制他们，他选择了折衷。他拟妥两道敕令等待沙皇签字，分别是局部动员令与全面动员令。至于介于其间的任何决定，也就不谈了。

俄国参谋本部企图实施的是第二种，也就是颁布全面动员令。翌晨，动员部门的主管就收到沙皇暂签的全面动员令。这份命令必须经过政府各部门大臣签字后生效。其中有一位大臣遍寻不着，直到傍晚方才找到。同时，德国大使在下午6时左右晋见萨佐诺夫。大使转达了一封贝特曼-霍尔维格的信。内容表示，“如果俄罗斯继续动员，德国也将动员。动员即表示战争”。但德国保证，传达这则讯息“不是一项威胁，只是善意”。不过对萨佐诺夫，这讯息听来更像是威胁，似乎想阻止俄国在奥国边境的任何动员，即使是局部动员。于是他不再反对喧扰不堪的参谋本部意见，在与参谋总长亚努什克维奇（Yanushkevich）会商之后，他显然同意全面动员，并得到沙皇的准许。

现在，我们暂且回头看一看同一时刻的柏林。柏林同样充满紧张，也一样有战与不战的两边人马在作意志的拔河对决。但是德皇与他的政治顾问现在严重警觉到，奥地利的行动将使奥德有如犯罪党羽一样，不但会失去意大利的支持，而且会招致英国的反对。因此，参谋本部要求立即动员自然被拒。傍晚过后，贝特曼-霍尔维格探访英国大使。他讨价还价，试图说服英国保持中立，并承诺德国将不兼并任何法国领土；但加了一句，有关法国的殖民地部分，他“不能作出这样的保证”。英国大使则告诉他，这种建议英国似乎很不可能接受。事实证明他有先知之明。利赫诺夫斯基（Lichnowsky）①从伦敦发来的警告表示，英国的看法正趋于强硬。这使得德皇暴怒起来。他又信手在纸上涂鸦，以难听的诨名，大骂“英国伪善主义”。他称格雷是“卑鄙的骗子”；更妙的是，一想到贝特曼-霍尔维格的建议，他就骂英国人是“一群低贱的贩夫走卒”。但是，利赫诺夫斯基报告中所谈到的格雷的新调停建议，至少促使贝特曼-霍尔维格向维也纳发出一连串电报，规劝奥地利人别再搞堂而皇之的拒绝，以免拖德国下水。德皇则发电给沙皇，表示他正试图说服维也纳同意参与“坦率的磋商”。沙皇也拍发了语调相似的安抚性电报给德皇。两电交错而过。德皇更复电建议：“将奥国—塞尔维亚问题提交海牙会议较为正确。我信任你的智慧与友谊。”事实上，德皇在沙皇来电电文上批的是“废话”两字，表示怀疑后者的诚意。然而，德皇的第二封电报同时要求停止军事行动，因为它“会突然造成灾难……”这封电报倒有实效。

① 德国驻英大使。

到了晚上10时,沙皇打电话给参谋总长。尽管亚努什克维奇激烈辩称全面动员令已下达,沙皇仍指示取消全面动员命令,代之以局部动员令。

不过,俄国参谋本部虽然被沙皇搞得有点狼狈,但他们毕竟非省油的灯。第二天早上,为了扳回一城,他们带了新的理由,挑起一切责任,试图晋见沙皇。沙皇为逃避他们的压力,竟拒绝接见陆军大臣。于是,亚努什克维奇只好退而求其次,去找萨佐诺夫;并向萨佐诺夫坚决表示,全面动员行动上的任何耽误,将使军事组织陷于混乱,且危及俄国的安全。他又说,局部动员将使法国感觉战争一旦发生,俄国无力协助它抵御德国的猛袭。对战争爆发的确定性已认命的萨佐诺夫,答应于下午晋见沙皇。沙皇一脸苍白与忧心,经萨佐诺夫一番安慰,保证战争发生与他的道义无关之后,沙皇方才让步,并下令全面动员。萨佐诺夫随即以电话转达命令给亚努什克维奇,劝他在"这天剩下的时间躲起来",以防沙皇反悔。萨佐诺夫的第一念头是,尽量为全面动员行动保密,不发任何宣战文告,但发现技术上不可行。于是沙皇的敕令(ukase)于翌晨,7月31日上午正式公布。同一天,只晚了几小时,奥地利也下令全面动员。自此,"政治家"们照常拍发电报,折冲尊俎,却形同废纸。战争机器已完全主导一切。

其实,不仅是俄国,30日那天,战争机器也在其他国家启动。下午2时,德国参谋总长小毛奇(Helmuth von Moltke)①透过奥国武官向奥国参谋本部发出讯息,表示俄国的军事措施,"将与德国发展成一种约定(casus fœderis)……谢绝大英帝国为和平所作的新进展。一次欧洲的全面战争,将是拯救奥匈帝国的最后机会。德国已毫无保留地准备成为奥国的后盾"。之后,他拍发电报直接对康拉德说:"立即动员抗俄。德国即将动员。向意大利提出补偿办法,说服它履行同盟义务。"因此,毛奇等于废掉了贝特曼-霍尔维格欠缺决断力的那份电报。其实,奥国军民领袖一体,毋须别人强调什么;对他们而言,一份德国支持的保证就已足够。他们根本不愿接受任何和平调停,除非德国威胁要撤回支持。"德国"两字,现在就是他们"参谋本部"的意思了。

俄国动员的消息传到柏林之后,德国立即宣布进入"战争状态"(state of danger of war)。其中包括动员第一阶段,是一套为取得优势,不露诡计的简洁军事策略。同时间,最后通牒分别紧急递交圣彼得堡与巴黎。在给俄国的最后通牒中,德国要求俄国"必须在12小时内,中止一切反奥反德的战争措施",并且"将结果明确正式通知我们"。萨佐诺夫答复说,技术上已不可能对动员

① 后文一概译为"毛奇"。

喊停，但只要和平协商未中止，俄国就不会发起攻击。沙皇为加强这种说法，另电德皇："我了解你有义务不得不动员，但希望你能给我如同我给你的保证，也即，这些军事措施并不表示战争。而且我们将继续磋商……"然而，德国政府不等俄国的答复，于 8 月 1 日傍晚最后通牒期限过后，向驻圣彼得堡的大使发出一份正式宣战文件，然后由这位德国大使转交俄国。几乎同时，德国开始动员。

虽然海留斯将军（General von Chelius）曾以敏锐的观察力，从圣彼得堡发回报告说："这里的人，因害怕即将来临的战事而动员。其实并无攻击性目的，而且已经为这种结果惊惶不已。"德皇也曾眉批道："对，这就是事实。"不过，现在同样惊吓不已的德皇，已无法停止他自己的战争机器了。因为毛奇坚持这是一个"千载难逢的好情势，应该用来攻击"，并指出，"法国现在军事情况正处尴尬，俄国则独缺信心；尤其是，在一年当中的这段时间开战对我们非常有利"。俄国参谋本部的鲁莽做法，至少可视为"紧张"的结果，但毛奇的参谋本部就不是这么一回事了。个人因素有时关系全局。如果，此时需要挑选三人为这场战争负主要个人因素之责，这三人就是贝希托尔德、康拉德与毛奇。但毛奇实际上只是一家有限责任公司（a limited company）的代表。这家公司名叫"大参谋本部"（Great General Staff）。

然而，如果说他们的行动是经过深思熟虑，在他们想法的背景中，除了军国主义的野心之外，真正重要的应是恐惧。奥国参谋本部恐惧塞尔维亚因巴尔干战争获得新领域，而使军队实力倍增。德国参谋本部则惧怕从 1905 年以来，在苏霍姆林诺夫（Sukhomlinov）领导下积弱颇深的俄国陆军，突然间起死回生。毛奇就像在重负下的莽夫，先要把奥国拉进战火，然后自己再跳进战火中去拯救它，同时要求后者的协助作为回报。

德国在对法国的最后通牒中，要求了解法国是否在"一次德俄战争中"，能保持中立。除要求法国在 18 小时内答复，并威胁"动员将无可避免表示战争"。德国驻法大使并已按照指示，如果法国维持中立，他将提出法国不可能办到的要求。那就是要求法国交出凡尔登（Verdun）与图勒（Toul）的要塞作为担保。毛奇的作战计划原本就是要打一场两条战线的战争①。如果仅出现一个目标，他的目的就会搅乱！但这样的军事愚行能进一步发展吗？

德国大使要求在 8 月 1 日得到答案。法国人的回答倒很简单，就是要"以

① 指东西线同时作战。

法国利益行事”。当日下午,法国下达动员令。不过在共和体制下的法国,文人政府的层级高于参谋本部;并且,自7月30日以来,为表示善意,以及防止边界小冲突变成战争的藉口,法国边防军已向后撤退10公里至一条新防线上。这样后撤,在军事上自属不利,在政治智慧上也不高明。德军哨兵在官方允许下,分别于7月30日与31日越过边界进入法国。因此,当8月3日德国向法国宣战时,德国唯一的明确藉口是,一名法国飞行员“在卡尔斯鲁厄(Karlsruhe)与纽伦堡(Nuremberg)附近的铁路上投掷炸弹”——其实这是一个在德国宣战之前,即被德国否认过的谣传。

这里我们可以看到,德国实际的宣战日被拖延了两天,这是为何?第一,格雷的新建议曾表示,只要俄奥之间尚存任何达成协议的机会,德国与法国应抑制任何攻击行动。事实上,在文字上这项建议显得有些模糊。而渴求和平的利赫诺夫斯基却将它扩大解释,并致电柏林表示:“这将意指,倘若我们不攻击法国,英国将保持中立,英国并保证法国也会中立。”这倒使德皇与首相不知所措。因此德皇告诉毛奇:“我们只好把军力全部指向东方啰。”毛奇则如其回忆录上所写,答道:“百万大军的进军计划……是经年累月费尽心机的成果。一旦计划成形,不可能说变就变。”德皇狠狠顶回去:“你的伯父就不会给我这样的答复。”于是,毛奇遂了心愿,继续集中力量进攻法国,但被命令对法国、卢森堡的越界行动暂停24小时。后来毛奇悲伤地写下当时心境:“这对我是个极大震撼,我的心犹如被重击一般。”不过他的心痛不久就好了。当晚夜深时分,从伦敦发来最新电报,英国不想承诺中立了。这下刹车松开了。即使这事曾对毛奇的安排造成阻碍,他的先头部队在当天已比预定时间提早进入卢森堡。

尽管如此,英国内阁的意见仍犹豫不决,大多数成员非常渴望和平。由于不确知民意情况,他们未对德国发出清晰的警告。这警告原本说不定可以强化贝特曼-霍尔维格对抗国内主战派的微弱努力。现在说来为时已晚,战争机器已控制一切。7月31日以后,战争显然已无从挽回。因此,英国继续维持态度不明的做法,尽管看来自然,也值得赞许,却只会增加法国的焦虑,因为他们惧怕被英国遗弃。

德国已就定位。它老早准备了一份给比利时的最后通牒。这份最后通牒要求比利时答应德国部队借道通过。其实这是长期拟议的作战计划的一部分。最后通牒于8月2日晚送交比国。比利时政府为确保中立地位不受侵犯,严辞拒绝了这项最后通牒。接着德国军队就在8月4日清晨入侵比利时。

这一威胁性举动对英国具有决定性影响。即使正式军事行动尚未出现,它在强化英国国内对于介入战争的意见上,是非常重要的。其实德国参谋本部早已估算,英国介入战争是不可避免的事。英国随即向德国递出最后通牒,要求德国必须尊重比利时的中立立场。贝特曼-霍尔维格在接下通牒时,尚令人可鄙地抱怨道:“英国竟以一张废纸进入战争。”德国时间晚上 11 时,最后通牒到期,英国已进入战争,意大利仍在圈外。因为它已在 7 月 31 日决定保持中立。

战争前的最后阶段,犹如早先一些行动,也由“技术性军事理由”挂帅。德国陆军非穿越比利时不可,即使这样做必使英国加入反德阵营。军事技术如何带来战争,如何使战争致胜;这些,不久就展现在我们面前了!

第二篇　各 方 实 力

这些国家是以传统观点挟带着18世纪的制度而进入冲突的。只是，18世纪制度受到19世纪某些事件影响，稍作修改而已。在政治上，他们认为这是一种敌对的两个结盟之间的抗争。两个结盟的基础都是传统外交联盟。在军事上，他们认为是专业军队之间的角逐。所谓专业军队，确实因为受到欧陆征兵制度影响，而变得大而无当；但基本上，这些专业军队之间的角逐，是由士兵打拼出来的。他们是在大量人群争相围观他们奋战的情形下，进行搏斗的。德国人曾瞥见真理——一两种不同的，具前瞻性的想法。其中，由19世纪德国发展而来的"国家武装论"，是将国家设想成一座贮水池，它能将后援人员物资挹注于军队之中。另一种则相反，他们不认为国家是一条包容众多支流的巨河，军队只是其中一股力量。他们的概念是"全民武装"（Nation in Arms），而非"全民战争"（Nation at War）。即使今日，这所谓"全民战争论"的基本理念，尚未被全面认同。随着1914年至1918年战争的进展，参战国家获得了各种力量的支持。这些力量包括科学家的研究成果、工程师的创意与科学技术、产业的人力，以及宣传家的文笔。然而，长期以来，这股聚集着许多力量的综合力，犹如一个杂乱无章的大漩涡。旧秩序瓦解，新秩序尚未发展成形。实用性的合作后来的确慢慢出现了。不过，令人争议的是，即使到战争最后阶段，这种合作是否达到过更高层次的协调——不同力量的整合，就很难说了。

1914年的德国陆军，其实诞生于拿破仑战争时代。幼年期受格耐森瑙与沙恩霍斯特的培育，青少年期受教于老毛奇与罗恩①，德国陆军的成熟，则是在1870年的战争时期。德国以法军为目标，进行新陆军尝试，结果成功地战胜法军。当时法军装备差，领导统御欠佳，服役期限亦长。德国要求每一位体能合格的平民，有责任服役；国家则掌控所要求的服役人数，训练这些人在短期内，以常备武装卫国；然后遣返他们，让他们回复平民生活。这种制度的特色，也即其目标，是要产生巨量的后备军力，以备战时扩充为实际陆军之需。平民根据他的役别，最先服常备役2或3年，接着是4或5年的正规后备役。然后调至地方国民兵（Landwehr）服役12年；最后，从39岁至45岁，转入地方民兵团（Landstrum）服役。另外，由于当时规定不同肤色者不得进入正规军，故有一种后备部队（Ersatz reserve，暂编军）是由未被征召服正规役者所组成。

① 格耐森瑙〔Gneisenau〕为军制改革家，沙恩霍斯特〔Scharnhost〕，近代参谋本部体制的发展者，战略家克劳塞维茨即为其学生。至于老毛奇与罗恩〔elder Moltke and Roon〕，前者曾官拜德国元帅、参谋总长，并受封伯爵。对近世德军变革影响重大。后者曾任德国陆海军大臣、首相，也是普鲁士军制的重要改革者。

这样的组织，以及完整的训练，堪称大战中第一桩伟大的奇迹。这当中，含有一项后来证明对战争具有决定性的秘诀。虽然一般认为，担任辅助性工作或守备任务的德国后备部队的素质有问题。然而，德国进行动员时，却能为每一个第一线的军（corps），安排同等数量的一个预备军（a reserve corps）的增援。而且，德国人也有勇气在任何作战的最初冲突中动用他们。这一惊人举动不但搅乱了法国的计划，进而使法国整体作战计划为之脱序。

德国人曾因许多失算而为人所诟病，但对于德国许多正确的直觉判断之举，批评却欠公正。我们都知道，领导干部需接受高度训练，方能在短期征召行动中，使征召者如同钢液入模一般，迅速使军力完成部署。这种今日已成定律的观念，当时仅有德国人了解。所谓德国人的铸模模子，其实就是长期任职的军士官团。他们的科技知识与战技水准，在欧陆无人能与匹敌。但是，军队如果仅靠训练是不够的，它需要其他途径与过程来促进其团结。心理因素在所谓“全民”军队中的重要性，应大过在专业军队中的。军队仅谈团队精神（espirit de corps），并不足以代表一切。军队需要倚靠庞大的精神激荡力来运作。也就是，国家有关政策中，必须树立一种根深蒂固的信念，以便号召国民作战。德国的领袖们以国家至上的爱国信念，来鼓舞人民士气。他们在这方面已下了数代的工夫。所以当1914年，敌对国家因濒临危急而匆促点燃的爱国风潮，与德国经过长期培育凝聚而成的“结合体”——淬炼过的军事组织，以及人民的爱国情操是无法相比的。因此，尽管德国军纪刚硬严酷，德国人民对待其军队却较亲切，并以其军队为傲。这是其他地方所见不到的。

德国这种独特的“结合体”，是由一批经过精选与严格训练的参谋本部人员所掌握的。然而，如果参谋人员按部就班地去执行这些独特“结合体”的运作，就谈不上是什么专门知识与技术了。其实，不断地执行，方有实施技巧的产生；但是，执行者经常以相同手法执行，并且反复地做，则最终无可避免地会僵化执行者心理上的创造力与容忍力。同时，任何一个专业团体的工作，原本就应由高层官员来推动。但德国军队趋向实施一种由参谋人员掌权的制度，使年轻参谋本部军官握有实权。根据所披露的大战时各种传记与文件，我们发现德军各军团与军参谋长，时常连假装向司令官请示都不愿，就径自作出重大决定。然而，这样的制度却有许多重大目标待其完成；于是，原本运作顺畅的德国战争机器，就因这种制度而迭遭困局。

在战术上，德国人藉由两种重要工具之优势而发动战争。第一，他们比其他国家较先评估出重榴弹炮的潜能，并且为部队装备了足够数量的重榴弹炮。

第二，比起其他国家，他们下了更多工夫了解机关枪乃"步兵之本"的原则。他们尽力发展这种压倒性的火力，并比他国更早利用机枪主宰战场。其实，在预估重炮与机枪的价值上，德国参谋本部似乎深受德国驻中国东北日军的一位年轻武官——霍夫曼上尉(Captain Hoffmann)敏锐判断的影响。在战略上，德国对铁道交通的研究发展，也比对手花费更多工夫。

至于奥匈帝国部队，虽然是模仿德国军制，却是一支大而无当的次级军队。问题不仅在于它有胜少败多的传统，而且与它的盟友——德国军队相比，它的组成复杂。多民族的杂处，使其军队精神不能划一。因此，为取代旧有的职业军队，帝国在建立一支能执行一般任务的新军时，其部队工作效率竟是降低而非提升。帝国边界守军经常与边界外的守军是同一种族。奥地利为避免同族互攻，被迫以政治目的配置军力，而非以军事目的着眼。奥地利军队除了具有人性难以克服的缺陷外，另有一地理上的弱点。奥地利的疆界过于辽阔，防守不易。

奥地利的领导阶层也一样，除了极少数以外，在专业上是无法与德国人匹敌的。此外，比起协约国之间多驾马车式的行动，即使奥地利与德国在一致行动方面更易取得相互间的了解，奥地利也并非真的乐意接受德国领导。

然而，尽管奥地利有许多明显的缺点，它松散的民族结合形态，却经得起4年大战的冲击与压力；这在某种程度上，颇令它的对手吃惊与沮丧。对于这种现象，我们只能说，这复杂的民族结构，是由强韧的日耳曼与马扎尔(匈牙利)民族所构成。

我们的话题现在要从同盟国(Central)转到协约国(Entente Power)。法国仅拥有德国百分之六十的有效人力(594万人对975万人)。这种人力的不足，迫使法国征召几乎所有体能合格的男性服役。男性最先于20岁时入伍，经过3年的常备役，即是11年的后备役；最后是两阶段各7年的役期，分别在地方自卫队与地方后备队服勤。这种兵役制度使法国在开战之初，相较德国的500万人，拥有近400万经过训练的战斗力。但是法国并不信任后备军人的作战能力。法军指挥系统仅依赖半职业性的100万第一线兵力，作为他们期待中短暂且决定性一搏之用，并且已经准备妥当。此外，他们以为敌人也持相同作战态度。当然，这种想法的结果是不堪设想的。但是撇开法军在德军最初奇袭下所受的严酷打击，更深层的缺陷是，由于法国人口(不到4 000万)比德国少(6 500万)，进而出现兵源扩充能力比德国差的现象。后来很出名的芒然上校(Colonel Mangin)曾倡议到非洲开发兵源，训练数量庞大的土著部队;然而法国政府考虑到,这种政策可能未蒙其利先受其害;而且战争经验显示这样做,军事与政治危机皆有。

虽然法国参谋本部在军事技术上不如德国完美,却培育出一些欧洲最具名望的军事思想家,其智慧水平可以经得起考验。然而,法国军人的心智愈谈逻辑就愈丧失创造力与弹性。法国在军事思想上,在大战爆发多年前就出现派别壁垒森严,行动不一致。更糟的是,以精神因素为主的法国新军事哲学,自不可分的物质因素中逐渐抽离。但充沛的意志力是无法克服品质极差的武器的。一旦武器品质问题成为现实,必然影响意志力。在物质方面,法国原拥有一种了不起的七五毫米野战快炮,是当时世界的顶尖武器。不过它的优越性却造成法军在作战上的过分自信,导致后来法军对这类型的作战,忽视装备与训练。

能见到的俄国资产,仅限实质方面。俄国军队欠缺心理与精神层面。然而,即使它在开战之初的力量不及德国,它的人力资源却极其庞大。俄国部队的勇气与耐力尤其著称于世。但是腐化与无能侵蚀了俄军的领导阶层,一般成员亦缺乏智慧与对科技战争的进取心。他们形成一个缺乏弹性但庞大团结的实体。他们的武器与装备制造远不及先进工业国家。这些缺陷更因俄国地理条件恶劣而雪上加霜。俄国与盟邦之间横亘着冰冻的海洋或敌国。俄国的陆地疆界辽阔。此外,俄国缺乏更重要的铁道交通建设,俄国必须依赖铁路交通,方能成功地发挥大国总体国力与影响力。俄国的精神层面情形不明确。俄国国内问题则严重到远近皆知,而且必然阻碍其对建设的努力。但有一种情形除外,它将不会对俄国的建设产生阻碍。那就是,为改进俄国的原始,与各自为政的现象所进行的圣战式改革诉求。

其实,德、奥、法、俄的军事制度有着密不可分的关系。其差别在于枝节而不在于根本。它们之间的同质性,与欧洲另一强权——英国的军事架构比较起来,差异极大。近世以降,英国基本上是一个海上强权,它是基于传统外交政策与经援盟邦的政策而介入陆地的。它在军事方面的成果,深受专业陆军风格的影响。英国维持这支正规陆军的主要目的,在于保护与控制海外属地——特别是印度;而且,为此经常将军力保持在最低水平限度。以英国决心保有超强海军,却极度忽视陆军观之,造成这种奇特对比的部分理由是它的岛国性地位:它使英国视海洋为基本生命线与主要防卫圈。部分原因则是,一般对陆军存有体制上的不信任,这是一种非理性的偏见,缘起于难以考据的克伦威尔(Cromwell)时代的军政府。英国陆军规模虽小,比起欧陆国家的陆军,却有无法比拟的实战与各种形式的作战经验。其明显的专业性缺点，则是由于领导阶层惯于掌控小规模纵队式的殖民地远征军，却从未有过在大规模会战中，领导大编队作战的经验。

其实，这种领导大规模作战的意义，也即英国缺点所在，很容易被外行人高估。因为经验似乎显示，兵力愈庞大，指挥空间就愈小（the larger the force, the smaller the scope for generalship），发号施令的次数就愈少。马尔伯勒公爵（Marlborough）①与拿破仑战争中的指挥官，在作战时有许多五花八门，以个人意志为主的冒进行为。相较之下，第一次世界大战的军团司令所作出的决定，显然少，但富概略性。第一次世界大战军团司令的角色颇类似大型百货公司的总经理。一场战争如果所有领导者都感到束手无策，复原缓慢，这时，经验所累积的敏锐洞察力，比演习中所获得的理论性军事技术来得重要。在这种情形中，特别是法国军队，经常自欺欺人地误认远距离下达命令，等同现场发号施令。

原本善战的小型英国陆军中，个人性格一度有较多发挥的空间，在战时也颇依赖这种空间。不幸有人认为，经过挑选所产生的军官，实际领导时并不成功。很重要的是，当英军在开赴法国途中，黑格（Haig）就曾经对他在南非时的左右手查特里斯（Charteris）②谈到他对于总司令约翰·弗伦奇爵士（Sir John French）的疑虑。后来查特里斯记下了这段谈话内容："黑格今天痛快说出了心中的疑虑。他非常担心英军总司令部（GHQ）的组成分子。他认为，在危机发生的时候，弗伦奇很不适合担任高层领导……他说，弗伦奇的军事理念不正确，又从未研究过战争，人又顽固，容不下指出其错误的部下，即使自己是明显犯错。黑格认为，弗伦奇有不错的战术能力，非常有胆量与决心。但他不认为默里（Murray）敢做什么，默里只会赞同任何弗伦奇的建议。在任何情形下，他觉得弗伦奇不会听默里，却会倚重威尔逊（Wilson），这是非常错误的做法。黑格认为威尔逊是个政客，不是军人。而黑格的所谓'政客'，就是骗术与错误价值观的同义字。"这种判断，与另外一位以军史学家著称的将领的说法相同："简直不可能遇到比我们开始打南非战争与1914年战争时候，更差的总司令部人选了。"

但撇开指挥官错误的遴选问题不谈，有一个问题倒是，军官是否被摆错了

① 18世纪初英国名将兼政治家。

② 海格的秘书，未来的英军情报首长。

位置,而与他们的实际角色不符。1912 年,弗伦奇自己曾表示,黑格,也许还有格理尔森(Grierson),确实会“常常炫耀自己,使人感觉比起担任指挥官,他们更适合担任更高层级的参谋长”。由于格理尔森对德国军队有无人可及的知识,与弗伦奇的私谊也佳,同时又能与下级人员打成一片,所以格理尔森变成了弗伦奇手下的一位特别称职的参谋长。然而,“当格理尔森向弗伦奇指出,他有些方案不够实际的时候,格理尔森的职务立即被默里爵士(Sir Archibald Murray)所取代”。格理尔森就被调往法国,担任某军团司令。格理尔森仪表堂堂,但不勤于活动;55 岁的年纪,已因生活舒适与案牍劳累而身体日衰,最后病倒并逝世于赴前线上任途中。但即使这是英国陆军的一大损失,尚不比默里在法国勒卡陶(Le Cateau)情况吃紧的 1914 年 8 月 26 日那天,因连日劳累而病倒来得危急。更糟的是,默里在充分休息之后,自以为仍可担当大任,其实已不堪负荷重责。这些只是两起最出名的例子,显示由于制度关系,当军官经年累月爬升到高位时,已感到岁月不饶人,对于作战的压力也愈敏感。不过敌人方面也存在同样严重的问题。德军统帅毛奇在开战前,刚刚接受过治疗。开战第一天,毛奇身边的侍从,曾因为毛奇抱病上阵而严加警戒。

英国的军长黑格则由于过分健康而无任何上述的作战焦虑。以 53 岁的人而言,黑格的身体是够好的。南非战争时期,由于黑格做事设想周全与条理分明,使他成为弗伦奇理想的参谋。但是,之后在担任一支机动纵队的指挥官时,他的优点就不足应付一切了。值得回味的是,被誉为“无以伦比的情报官与战斗侦察员”的桑普森上校(Colonel Woolls-Sampson)在听到黑格担任纵队指挥官的任命时所说的一段话:“他很不错,但是他太——谨慎了。他会非常坚决地不给波尔人一次机会,他连自己的机会也不会给。”13 年之后,桑普森的看法被证明是正确的。因为,在多年后出版的“1914 年政府纪要”修订版中,透露了黑格担任军长后,所遭遇的第一次严重考验。当时他在夜间的一次小小遭遇战中,竟慌了手脚。他报告“状况非常紧急”,并重复请求本身也正遭受强烈攻击的邻军支援。这份报告中还指出,由于黑格向埃纳河(Aisne)推进时过分谨慎,丢失了宝贵的机会,致使敌人在埃纳河外的据点占领了 4 年。不过即使黑格不具指挥部队的天赋,他却拥有别人欠缺的优秀才能。一旦战场转为平静,他的指挥官角色即因环境改变,而成为一位超级参谋军官。

因为观念上的错误而付出的代价将大于任何执行上的错误。曾被忽视的南非战争的教训,其实远比指挥官的遴选重要。根据后来第一次世界大战的情形来看,“皇家委员会南非战争资料”提供了惊人的例证,显示专业眼光也可能只见树木不见森林。有南非战争经历者,后来不少参与了一次大战。然而从南非战争的资料中,不易看出这些后来在一次大战担负领导重责者,是否当时已经认知未来战争的基本问题,例如火力防御的重要威力,以及如何穿越高难度机枪扫射区等。文件中,只有伊恩·汉密尔顿爵士(Sir Ian Hamilton)一人强调这些问题的重要性。即使他对克服这些问题似乎过于乐观,他建议的解决办法是很正确的。他坚称不仅要善用奇袭与渗透战术,不侈谈防卫的优点,而且强调野战重炮支援步兵的必要。他更以预言口吻建议,可提供步兵"加装钢质护盾的车辆",使步兵能越野如入无人之境,在敌人阵地上建立据点。

《时代》战争史杂志出版的作者埃默里(Amery)从时尚的欧洲理论中发现一个缺陷。他强调,优势技术的重要性,现在已胜过优势数量。优势技术的价值,也随物质进步而增加。巴登-鲍威尔将军(General Baden-Powell)也持同一说法。他强调发展优势技术的方法是,军官需要从年轻时被赋予责任。他曾透过军队以外管道,如从童子军而非军中活动来佐证这种说法。

有两位将军,佩吉特(Paget)与亨特(Hunter)率先预测在未来战争中,汽车的使用价值与前景。同时黑格也曾说,与其让步兵骑马(mounted infantry),不如让步兵乘机动车(infantry "on motors")。证明1903年到1914年之间的汽车发展,汽车在一次大战开头,或甚至直到终战期间,其使用量之小委实令人称奇!

不过在这些皇家委员会文件中最突出的部分,则是弗伦奇与黑格对于骑兵最高价值的说法;他们暗示只要骑兵继续挑大梁,战争就会进行顺利。在黑格的预见中,尚有同样对于火炮威力的惊人低估。他说:"炮兵似乎只对新兵有效。"在他自信满满的说法中,他开头即表示:"骑兵在未来战争中将有更大的运作空间。"他继续说:"迄今,骑兵除了运用在作战前,作战之中,以及作战后之外,我们预期,它将运用在比以前规模更大的战略用途上。"在理想与实际之间,这是一个多么强烈的对比!法国、德国、俄国及奥国确实在开战前夕,备妥史无前例的庞大骑兵阵容。但是各国骑兵在战争开始阶段对己方造成的困扰,比对敌人还大。自1915年以后,骑兵除了增加本国的补给压力之外,效果乏善可陈。在这方面,英国的骑兵数量尽管很小,运往海外的补给品中,粮草饲料却占最大宗,甚至超过军火,并因此使德国潜艇的威胁加剧。同时权威看法认为,后勤运输问题是俄国退败的重要因素,原因就是俄国需要喂养数量庞大的骑兵马匹。

英国陆军也一样，在这种骑兵至上论的错觉下，导致了不幸的后果。就在开战前几年，当骑兵派到达巅峰时，常见的人性真面目毕露了。有人想藉此打击那些讲实话的军官的前途。因此使相当数量的一批人噤若寒蝉。这实在是一件憾事，因为骑兵机动观念高涨之时，正是骑兵机动工具的黄昏；于是在过分强调旧式工具重要性之下，工具创新的机会为之受阻。

但在另一方面，南非战争的苦涩教训却也有所教益。它的影响，在某种程度上抵消了心智的僵化与方法的形式主义。这两种毛病本已随军队专业化程度的提升而增加。在1914年之前，英国陆军多因霍尔丹爵士①的努力，其组织方有改革与演进。也因为他，英国发展出由受过部分训练的平民担负第二线工作的本土防卫队（Territorial Force）。罗伯茨爵士（Lord Roberts）则主张对平民实施强制军事训练，但志愿从军的观念已深入英国人心，于是霍尔丹很聪明地以传统观念为本，改进英国陆军的效率。结果，1914年，英国成立了一支拥有16万人的远征军力。它在各国当中，算是训练最佳，攻击力最强的军力。是镰刀堆中的一把利剑。为了维护这种军力，旧式的地方民团已转变为征兵制度下的特殊后备兵源。在第一线后面，就是这支本土防卫队兵力了。虽然它只征召本土防卫性质的兵源但却异于其前身——一个无固定组织的志愿部队。它现在是一支具有常设性质的作战军队。其实，英国陆军在战争军备上并无了不起的资产，只是它成功地发展出一支各国陆军罕见的步枪射击的标准形式。

英国陆军经过改革，其部队与欧陆模式的陆军渐趋一致。这当中，英法两国参谋本部也因“协约国”的结盟，而出现日趋密切的关系。不过，这种关系竟引发英国陆军的一个观念问题。原来英国陆军参谋本部在此时弥漫起“欧陆陆军主义”想法，它影响到英国陆军对角色的认知。其实，英国陆军单薄的实力，并不适合与盟邦军队并肩作战。因为这样做有损英国陆军在两栖作战上的传统运用。英国陆军机动力的运用，原可由海军指挥下获得，一支小而精悍部队的打击力，可在重要地点突然浮现，其战略效益与其兵力大小全然不成比例。

最后我们要对各国海军做一比较，也就是英国与德国在舰队实力上的均衡问题。长久以来无人质疑的英国海上霸权，近年却迭遭德国挑战。德国已认定，建立一支强有力的舰队，是奠定殖民霸权的不二法门。德国这样认定的

① 黑格曾是霍尔丹的热心助理。英王爱德华七世曾极力支持霍尔丹担任陆军大臣。

起因是，它期望以殖民地作为其商业与日益增加人口的出口地。此一野心，在充满威胁性的天才铁毕子将军的推动下得以成长。英国人终于在海军竞赛刺激下有了反应。英国决心以任何代价维持其海上霸权与贸易的基准。即使这种反应是出自直觉而不是道理，这种潜意识的判断，其实比认为理由正当的口号，甚至比藉需要加强防卫，以便抵抗德国入侵的理由更好。工业发展的结果，使英伦三岛需要依赖海外的食物供应；英国尤其为着工业的存在而需要可靠的，以海运为主的进出口贸易。对海军本身而言，英德海上竞争有精益求精的作用，使海军专注于基本的问题。舰炮射击技术因此精进；舰上光耀夺目的铜饰，在价值上也相对变得不重要；战舰的设计与武器改良了。“无畏级”战斗舰的设计，带领新一代大口径战舰的问世。英国在 1914 年，已建成的这类主力舰有 29 艘，另有 13 艘正在建造；而德国此时拥有 18 艘主力舰，兴建中的有 9 艘。此外，英国海军军力此时已大为扩充，主要集结地则是北海。

从一些英国海军当局的预测数据来看，令我们更容易接受一种看法，英国相当忽视潜艇的潜在威胁。英国对德国海军实力的看法，在于正在建造中的船舰数量，而非已服役数量。值得赞许的是，德国海军尽管欠缺海上传统，但其舰队堪称一支经过刻意训练，而非自然成长的武力，其操舰术令英国感到棘手，其枪炮科技也可能优于英国。

但是在第一阶段的交手中，英德海军军力之比较，远不如陆上军力问题受到重视。这是因为舰队有其先天条件的限制——它受限于海洋，无法对敌国作直接打击。因此，海军的基本目的仅在于确保本国对外海上交通，以及破坏敌国海上交通。虽然海上求胜仍是作战的第一步，其终极目的却是封锁。由于封锁不易收立竿见影之效，因此它的影响力，唯有在众所倚赖的陆军的速战速决无法达到时方才凸显。

在这打一场速战速决的短期战争的想法中，另有一点就是大家都相当轻忽经济力量。很少人相信，一个现代国家可以忍受长期的大规模冲突。各国对于食物与资金的供应，以及械弹军需的供应与制造等问题仅作短期估算。在各交战国中，除了英国与德国，所有国家的粮食都能自足。德国国内的物资供应问题将在争战经年之后，方才转趋严重，但英国只要外援被切断，3 个月之内即会发生粮荒。

在军需品与其他战争物资方面，英国的工业力量居各国之冠。虽然将工业力转变为战争物资生产，是进入战争的必要开端，不过所有这些问题需视英国海上交通的安全性而定。法国工业力不强，俄国更弱；但是法国与俄国情形不同，法国可以倚靠外援，只要英国掌控海洋。英国在协约国中居工业龙头的地位，德国则在另一批结盟国家中居工业枢纽。德国是一个巨大的工业制造国，同时国内原料丰裕，特别在1870年的普法战争中，并吞洛林铁矿区之后。然而，德国外援若遭断绝就不利于长期作战。战争时间不但会延长，而且一开头就会遇上热带产品如橡胶之类严重欠缺问题。此外，德国主要煤矿与铁矿区都太接近边界，易遭攻击；譬如东部的西里西亚（Silesia），以及西部的威斯特伐利亚（Westphalia）与洛林皆是。因此，同盟国比协约国更需要以速战速决的攻击性战争手段，奠定局面。

相同的，欧陆各国财源筹措都是以短期战争为基础来筹计，主要是靠大量囤积黄金以应战争之需。这当中，独英国不具这样条件，但它后来证明了它的银行制度的力量，与分布在广大商民身上的财富，都能够作为军费。经济专家在战前鲜有人能了解这一点。

如果在战争估算上，列强忽视了经济的力量，对于心理力量，除了在纯军事方面有所探讨之外，其他也一点都未加探索。相比对物质的探讨，精神研究工作做得太少了。曾参加过1870年战争的大兵哲学家阿尔当·迪皮克（Ardant du Picq）曾以文字褪去战争的英雄主义色彩，仔细道出平常人遇到作战危险的反应。有好几位德国战地评论家曾描述了1870年战争中作战士气的真相；并曾推论，制定战术应参酌经常存在的恐惧与勇气等因素，以及两者之间的平衡点。到了19世纪末，法国军事思想家福煦上校（Colonel Foch）更指出了高层指挥系统在精神上，对于部队的重大影响力。但他的教学方向主要在强化己方，而非搅乱敌方指挥官的意志力。其实福煦对这一问题只触及表层。至于民众心理方面则无人探究。所以在开战之初的几个星期，从法国政府迫使新闻界保持缄默，即显示当局不懂民众心理。英国也一样，是由于基钦纳（Herbert Kitchener）①的行动所致。同时，法国政府在发布正式公报上，也做了类似笨事。由于公报极力隐瞒战争真相，使民意不相信一切官方的新闻。于是谣言蔓延到严重地步。政府在做出多次失策的举动之后，才了解刻意的宣传，以及利用宣传作为武器的真正价值。

① 当时的英国陆军大臣。

第三篇　各方战争计划

依据史实,德国的作战计划必定恰如其分地比别人先行一步。它不仅像是时钟的发条,掌控了1914年战争发生的节奏,甚至可以说,它左右了此后战争进行的路径。从1914年秋天以来,这条路径在表面上,似乎显示了同盟国被围攻的情况,只是这现象与我们经常的说法并不相容。但是将日耳曼联盟视作为一个被围攻体,虽然从经济层面而言说得通,却也暗示日耳曼联盟丧失了主导权。这与日耳曼联盟的战略表现也是相矛盾的。虽然德国的最初计划执行失败,然而,即使失败,德国仍主导其后作战的大趋势。从战术上来说,绝大部分战斗类似包围战,但是长久以来错误的陆战战略,与其说是配合战术,不如说是忽视战术。

德国面对的问题是,它与奥地利相结合的力量,明确比不上法俄结合的力量。不过这种不利的条件,却被一些因素抵消。这包括,它们位于欧洲中央,以及对于俄国行动的预估。德奥认为,由于俄国动员较缓慢,俄国在最初几星期将无法全力应战。虽然这样的假设,似乎表示他们可以在俄国完成备战之前就予以重创,但俄国也可能在远离德国军力所及之处集结力量。而且,拿破仑的经验显示,别轻易深入俄国腹地。因为一来战地将远离德国,再者俄国本身道路交通状况较差。因此德国所采取的计划是,先以速战速决对付法国,同时牵制住俄国攻势,等法国被击垮之后,再对付俄国。但是这个计划也有问题,因法国边界上有专门对付入侵者的重大屏障,包括自然的与人工的。事实上,法德这段边界相当狭窄,仅150英里宽,不利于作战,容不下德国部署准备发动对敌攻击的大批部队。这条边界的东南端邻接瑞士,在名叫贝尔福隘口(Gap of Belfort)的平坦旷地作短暂伸展之后,就沿着孚日山脉(Vosges)迤逦70英里。在这条自然防线之后,就是一条以埃皮纳勒(Epinal)、图勒(Toul)、凡尔登(Verdun)为主的连续要塞体系。而在凡尔登之外20英里,不但是卢森堡与比利时边界,而且还有地形险要的阿登(Ardennes)地区。撇开在贝尔福与凡尔登所建立的坚强防御线之外,防线上可能的缺口,只有埃皮纳勒与图勒之间的沙尔姆隘口(Trouée de Charmes)。但在战略上,法军本来就将此处视为生擒德军,然后迎头反击的陷阱。

德军面临如此一道"有碍身心"的大障碍,合理的军事行动自然是绕道而行;也就是借道通过比利时,作较宽大正面的运动。从1890年至1905年,德国参谋总长史里芬(Graf Schlieffen)就构思发展这个计划。计划中,法国将会受困,而使德国达到速战速决之效。史里芬自1905年起就开始推动这个计划。为了达成目的,"史里芬计划"准备在面对法国边界的右翼上,集中大量兵力,作大车轮式回旋进攻,并冒险减少左翼兵力到最低限度。在以要塞区梅斯-蒂永维尔(Metz-Thionville)为主轴的大回旋运动中,德国准备动用53个师的兵力,并希望后备军与暂编军尽速支援。同时间,在左翼的另一支德军仅有8个师兵力。其实,这兵力薄弱的左翼,可能给主力攻势进一步的助力。因为一旦法军攻势逼迫左翼德军朝莱茵河撤回,就很难躲过比利时之德军右翼对其后方的攻击。这好像是一扇旋转的大门一样,若是法军重重地压迫这一面,那么另外一面就会倒转过来,打在他们的背上。这就是史里芬计划的妙处所在,并非仅仅地理上的绕道而已。

德军大编队的包夹式回旋运动,准备在通过比利时与法国北部之后,继续以大弧面绕向东边横扫。等其右翼尖端通过法国南部,穿越鲁昂(Rouen)附近的塞纳河(Seine)之后,即自法军背后朝摩泽尔河(Moselle)方向挤压法军。预计法军将被推挤到如铁砧般的洛林要塞区与瑞士边界上,接受德军狠狠锤击。

史里芬计划希望在击溃法军的同时,以10个师兵力钳制俄军。他清晰的眼光即使不算远大,后来仍被证明是正确的。他算计到英国会介入,并说英国的远征军将有10万人,并"与法国并肩作战"。此外,他计划动用后备军与暂编军积极参战,融合国家资源投入军中。据说,他的临终遗言是:"假如战争不可避免,不要忘记增强右翼!"

但对德国而言,史里芬的继承者毛奇虽然与史里芬一样忽视国际伦理,却缺乏史里芬的道德勇气。毛奇维持史里芬的计划,但放弃了基本理念。1905年至1914年之间,德国军队另外新成立了9个师,毛奇却将其中8个师分配到左翼,仅留1个师给右翼。后来,虽然他曾自俄国前线抽调一些部队增援右翼,却为这样微不足道的兵力,付出了严重的代价。因为俄国陆军自1914年以来,威胁力已远比史里芬计划开始实施时可怕。情况到后来演变成,德国在8月会战危机期间,为加强东战场实力,只得从法国战区抽调两个军前往东战场支援。所以,史里芬的临终遗言,其实继承者并未遵守。

毛奇同时大幅改变了史里芬计划中的政治涵意。史里芬打算右翼不仅经过比利时,而且应经过荷兰边界,北边应远至克列菲德(Crefeld)。在荷兰境内穿越以"马斯特里盲肠"(Maastricht Appendix)闻名的狭长地带之后,史里芬认为德军应绕过列日(Liége)要塞的侧翼——这一部分正好阻碍位于阿登以北,通往狭窄的比利时入口的通道。他希望德国或许能够运用外交手段使荷兰同意借道。其实,如果他有办法另觅途径,避开道德谴责,他并不想侵犯比荷两国的领土。他打的算盘是，部分兵力在此大张旗鼓部署后，自然会引起法国严重警觉，诱使法军跨越比利时边界，占领那慕尔（Namur）以南，默兹河谷（Meuse valley）的天然防御位置。如果法军这样做，就等于给他进入中立国地域的藉口。史里芬估计，即使这个巧计失败，他仍有办法准时拿下列日，以免妨碍主力攻势。他并且愿意削减宝贵时间，以配合德国对外政策，避开被人扣上侵略他国的罪名。

如此富有想像力的手法，是超出毛奇能力所及的。毛奇则决定列日必须在战争爆发后，立即以突击的方式占领。但他唯恐军事目的不成功，于是另加一段奇想式办法。他一面故意去招惹中立国，激起比利时的反抗，一面拖英国下水来反对他的军事行动。毛奇"诱敌"的方式正好与史里芬的相反。所以，这是一个很明显的制造危机的实例，只要允许军事战略操控国家政策，这种侵略他国的危险事情就会不断发生。

如果德国最后计划的缺点是欠缺勇气，法国的计划就是勇气过头了。法国方面也一样，就在战争发生前几年，一种令人困惑的思想逐渐侵入领导阶层。法军在1870年战争挫败之后，统帅部以边界要塞为主，拟妥一套先防御，后猛烈反击的计划。为了达成目的，法国创建了惊人的要塞系统。他们将有些地方如沙尔姆隘口腾空，以便让入侵部队长驱直入，然后准备瓮中捉鳖，加以反击。然而在1914年之前的10年间，法国出现一个新的军事学派。他们主张，攻击才符合法国的个性与传统，并且认为已拥有的高机动性、能快射的七五毫米野战炮，即可在战术上实现这种想法。此外在战略上与英俄结盟，也可使这种理念成真。由于他们忘了1870年战争的教训，他们想像勇气可使部队刀枪不入。拿破仑有一句话经常被人引述，"精神与肉体之比是三比一"，这句话即可解释这种想法的由来。它导致士兵认为精神与肉体虽然相互依存，但两者有别。武器若欠缺勇气则无效；这句话也可以变成，有勇气的军队，毋须拥有充分的武装来保护他们的身体与士气。当士兵对武器失去信心时，勇气就会很快展现。

其结果自然很悲惨。这个新学派奉格朗迈松上校（Colonel de Grandmaison）为先知。他们发现，1912年被任命为参谋总长的霞飞将军（General Joffre）堪为这种理论的推动者。于是在霞飞的权威掩护下，所谓"攻到极限"（offensive à outrance）的倡议者，掌控了法国军事结构。他们抛弃旧教条，订定现今已出了名，但却是恶名昭著的"十七号计划"。事实上，这个计划基本出自对于历史经验与常识的否定，以及双重错误的计算。双重错误是指兵力与地点。他们对后者的失算,其严重性尚大过对前者。由于他们接受在战争爆发之初,德国可能利用后备军力的说法,他们认为德国在西线的兵力,最高约 68 个步兵师。德国事实上包括后备军与暂编军在内,部署了相当于 83 个师的兵力。然而,法国始终认为这只是临时性的。以致敌军集结兵力朝法国推进的关键时刻,法国情报单位估计敌军兵力仅为 45 个现役师。这等于少实际兵力一半。即使当时法军攻击计划拟定时,此一失算不曾那么离谱,人们在认知上仍不会饶恕这种过错,因为这凸显了法军基本观念之谬误。所谓认知就是,攻击者放弃了本身任何优势,并且在敌人以其边防要塞区作为后盾下,企图发动攻击,其攻击自然无法成功。法军所拟的攻击计划,自然经不起历史考验。

第二个失算是错估地点。虽然法国认为德军可能通过比利时,但全未料及德军扫掠范围如此之广。法国竟以为,德军因为害怕法军打击其交通线,将会悄然沿着阿登地区的困难地形路线而行。法军拟订的攻击计划,基本以直接总攻击为理念。计划中,由第一与第二军团经萨尔河(Saar)方向进入洛林。在他们的左方,分别是面对梅斯与阿登的第三军团与第五军团。在此,这两军团可以从梅斯到蒂永维尔之间发起攻击,或者,如果德军经过卢森堡与比利时,他们也可以朝向东北方向攻击德军侧翼。第四军团则在中央地带附近当作战略性预备队。其中预备师的两个群配置在两个军团侧翼的后方。法军将预备兵力置于如此消极地位,显示法军对于预备部队实力的看法。

英国远征军在这份计划中所承担的分量,少于英国军事机构在十多年以前推行“欧陆化”计划的估算。由于受到这欧陆化政策的影响,英国在不知不觉中,默默接受了担任法军左翼辅助角色的建议。英国远征军摆脱了具有历史性的,由其海权所赋予的机动性运用。8 月 5 日的一次军事会议中,即将指挥远征军作战的约翰 · 弗伦奇爵士,即提出对于这种“预设立场式计划”(the prearranged plan)的疑虑。他另提一案,建议远征军应迅速开往比利时。他认为这样才可以强化比利时的抵抗力,并对正在进行迂回运动的德军部队侧翼产生威胁。黑格似乎持相同的看法。但是计划已无从改变,因为英国参谋本部在亨利 · 威尔逊(Henry Wilson)领导下,实际上不论在任何情况下,都会保证与法国直接合作。原来两国参谋本部自 1905 年以来即做过一些非正式磋商,为废除英国具有数世纪历史的战争政策预先铺路。这是任何英国人从未想到过的。

陆军大臣基钦纳爵士此时在情势紧急下刚上任。他对德国的计划具有非凡的正确直觉感。他为避免英国远征军遭遇危险,提议远征军应集中在比较隐蔽的亚眠(Amiens)附近地区。无奈弗伦奇现在与威尔逊已取得了一致的看法;而威尔逊全力支持法国计划的做法,使基钦纳放弃说服弗伦奇。事后基钦纳叹息自己的同意是一项错误。然而,基钦纳为减轻英军危机,当时给弗伦奇的指示曾招致争议,并被认为不但使危机复杂化,甚至增加了危机。原来弗伦奇所得到的任务指示是"支援,并与法国陆军合作",但这个任务又受限于另一段含意混淆的指示:"参与作战时,应对部队集结地点作最慎重考虑……你的兵力很可能过度暴露……"弗伦奇进一步获得这样指示:"在任何情形下,绝不能听命于任何盟军将领"。

如果在德军的短视上再添上一笔,那就是,英国远征军是在顺利与秘密情形下进入法国的(主要部分在8月12日至17日之间进入)。这可以证明英国的运输与反间谍工作做得好。德国情报单位不仅搜集英国远征军的消息失败——直到后来实际遭遇时方知,而且高层指挥官也不在意英军的动向。当毛奇被问到是否希望动用海军阻挠英军的运输,他却表现得漫不经心。他说,"如果西线陆军在与其他敌人作战时,可以摆平16万英国部队的话,就很好"。德国参谋本部与海军参谋本部都迂腐地拘泥于集结兵力的原则,却忽略分头作战,分散敌人注意力的重要性。彼此都封闭在自己的斗室内,对他人的动向则漠不关心,也不想提出自己的意图与对方沟通。

德国参谋本部一心一意只求一场决战,从未思考过英吉利海峡的港口会有什么状况;所派出的分遣舰队的成效甚差,目的仅在保护自己军队的进军,而非打击敌军。德国海军参谋本部的主要想法是将舰队集结在北海,目的为应付临时状况,却不关心如何影响大局。他们的积极作为仅限于派遣少数潜艇而已。德国海军似乎从未想过在英国海岸登陆,甚至进行一次牵制行动,尽管不太可能迟滞英军的主力。德国参谋本部也从未以羞辱英国为目的,制定过煽动英国人民骚乱的长程计划。德国参谋本部对于解决他们所有"外侮"的办法是,在主战场上迅速击败主要敌国陆军,他们难以被指望能够以较宽广的角度去思考战争。

德国在俄国前线的作战计划,虽然与西战线计划一样,如万花筒般地变幻无常。然而,变动性虽更大,发展上却较不够精密也少费心思。可算计的条件只有地理上的;主要不可测知的,则是俄国兵力集结的速度。俄属波兰(Russian Poland)的领域,像一大块"舌头"自俄国本土突出。领域中,有三面与德国或奥国领土接壤。其中北面邻接东普鲁士,隔着东普鲁士就是波罗的海。南面与奥国的加利西亚(Galicia)为邻,加利西亚的南方为喀尔巴阡山脉

(Carpathian mountains),它镇守着通往匈牙利平原的通道。西面则为德国的西里西亚。在德国边界省份已具备战略性铁道网的同时,波兰以及俄国本身仅有粗略的交通系统。所以日耳曼联盟在抗拒俄国进军上,享有极大的兵力快速集结优势。但德国陆军如果采取攻势,愈深入波兰或俄国领土,就愈失去交通上的优势。因此,德国的最佳战略是引诱俄军进入有利于德军反击的位置,而非寻求有利于发动攻势的位置。然而德军这种战略的缺点,犹如迦太基战略(Punic strategy)。它充分给予俄国军队集结兵力的时间,以启动其累赘无能的战争机器。

就从这一点,德国与奥国在见解上出现了最初的分歧。双方同意在战争最初的6个星期中必须先稳住俄军,让德军有时间击溃法国。然后德军调头东进与奥军会合后,挥师俄国作决定性一击。歧见在于方法。由于德国决心打垮法国,故只希望在东战场上保留最低限度的兵力;尤其德国是因为基于政治原因,不愿见到国土暴露于俄国入侵军手中,方才未完全从东普鲁士撤出,而据守于维斯瓦河(Vistula)战线。然而,奥军在其参谋总长康拉德影响下,急于立即发动一次攻势,以图一举击溃俄军。由于这个行动可以在牵制俄国全部军力的同时,进行法国会战,所以毛奇赞同这个战略。

康拉德的计划是,以两个军团兵力向北攻入波兰。这两个军团在计划中,将受到位于右方靠近更东边的两个军团的保护。并且,采取主攻的两个军团在进入波兰之后就向东转;待与其他两军团会合后,联手朝黑海方向驱退俄军。按照原始设计,在东普鲁士的德军将朝东南方向出击,以作为这个计划的补强。两国军队并将会师,斩断留置在波兰"舌头"中的俄国攻击部队后路。但问题是,毛奇无法为这样的攻势提供充分的兵力。

不过,康拉德本身的攻势,因经常改变主意而削弱。其主因是部队行动缺乏弹性。奥国军队区分为三部分:"A梯队"(Echelon A,含28个师)部署于俄国前线,"小巴尔干"(Minimum Balkan,含8个师)部署于塞尔维亚前线,以及"B梯队"(Echelon B,含12个师)将依据实际状况动用。从纸上作业来看,奥军比其他国家部队更具弹性。然而,康拉德手头的军队并不能配合他的目的。康拉德为了打败塞尔维亚,不顾俄国介入的可能,决心调遣B梯队前往塞尔维亚边界。到了7月31日,他却改变主意,决定不这么做了。但是,"野战铁道军司令告诉他,如果要避免状况全面混乱,他必须让B梯队先开赴多瑙河边界预定地点,然后从那里,B梯队才有可能运往加利西亚"。结果,B梯队撤出多瑙河,不但削弱了对塞尔维亚的攻势,也无助于对俄军的攻击,因为B梯队太晚抵达前线。奥军指挥阶层目标不明确所引发的相互抵触现象，后来加深了奥国与其盟友之间的利益冲突。

在敌对阵营，盟邦之间也同样有一方的作战意图严重影响另一盟邦战略的情形。俄国的指挥阶层不论在军事或种族动机上，都希望集中兵力，先向尚无后援的奥国下手。至于德国，俄国则准备等全部陆军动员后再来收拾。但是法国为了急于解除德国的军事压力，要求俄国与它同时发动对德攻势。俄国此时虽然兵力数量与组织未臻完备，却在法国的游说下，发动额外攻势。在西南战线，俄国有两组各含两个军团的兵力，准备集中对付在加利西亚的奥军；而西北战线上则另有两个军团，准备集中对付在东普鲁士的德军。以缓慢与粗糙闻名的俄国军事大本营，对于战略指令的下达，一向小心而慎重。现在则准备突破传统，作一次赌博，一次只有高机动性与组织精密的陆军才敢期望的豪赌。

然而，当所有指挥官的计划接受实地考验时，才发现计划都不可行。表面上，这些错误似乎起于领导阶层的目的分歧。也就是，由于无法守住教条般的“兵力集中”原则，以致出错。我们很容易指出为何他们犯下这样错误——许多军事专家的著作已都指出过。只不过这样的看法太学术化了。如果我们认为这些错误，交战各方都会犯，倒是比较深入的解释。其实，领导阶层都是“兵力集中论”的衷心拥护者。麻烦在于他们将这个理论应用到现实状况时，就出问题了。所谓现实，是指战略运作中的政治与战术层面。他们之所以无法依据实际情形调适计划，原因或可溯及平时训练所形成的心态。特别是在军事演习上，由于作战是演习的重心，于是习惯上都过于唯军事独尊，有关价值也都太纯数字化。他们常以集结优势数量，来解释“兵力集中”；至于另外两个关键因素——如何分散敌人注意力与避开外界干预，则通常被忽视了。

和平时期训练所教导的解决办法，都倾向理想而不重实际。所谓战争，其实一如政治，其过程是一连串的折衷与妥协。因此，计划与实际状况配合与否，必须在战前准备阶段中厘清，调整计划的能力也必须事前培养。这些洞悉力与能力，是不容易在1914年战争中，从接受过指参训练的军事领导者身上发现的。他们都是在一些“原则”的菜色，配以历史残渣佐料，烹煮成适合流行的口味下培育出来；他们从未研读过真实历史中的经验。因为如果要达到这一步，第一要件必须具有穷究事理的心态；但是，19世纪军事传统并不欢迎这种能力，虽然18世纪许多伟大军事领袖都明显具备这些特质。

第四篇　1914 年——情势胶着

德国准备以有系统的扫掠，进军法国；任何意外都不能搅乱其原定时间表。德国的铁道系统早已在军事监督下完成发展。其原则之严谨，甚至到未经参谋总长允许，不得铺设任何窄轨路线的地步。结果，从 1870 年至 1914 年，铺设到西战线的双轨铁道，自 9 条增加到 13 条。当 8 月 6 日庞大兵力部署展开时，一天就有 550 列列车越过莱茵河各桥梁；到了 12 日，有 7 个军团的 150 万人已完成进攻准备。战争开始的最初两星期，科隆附近的霍亨索伦桥(Hohenzollern bridge)每 10 分钟就有一班火车通过。这样庞大的铁道运输计划，在组织管理上堪称伟大杰作。然而等到 8 月 17 日部署完成之后，部署即并入朝前推进的行动中。战事的阻力，迅速将德国军队与其管理上的缺陷展露无遗。

经过毛奇修改过的德军进攻计划，针对比利时的抗阻，派出一支可立即动用，并由埃米希将军(General von Emmich)指挥的分遣队。该分遣队目的在清出一条通道，以便主攻军团穿越默兹河进入阿登北方比利时平原之用。这些已奉命进攻的军团，目前集结在德国边界后方。虽然这段进攻通道上有列日的要塞圈(ring fortress)阻挡，但德军在 8 月 5 日最初受阻之后，即有一旅德军自要塞之间越过，并占领列日。这一切要归功该单位所属的一位参谋军官鲁登道夫(Ludendorff)；此人不久之后就举世闻名。列日要塞曾负隅顽抗，迫使德军的行动受阻，德军等到重榴弹炮到达之后才有所进展。这批重榴弹炮的破坏能力，无疑是第一次世界大战中，第一件收到战术性奇袭功效的武器。

比利时早期的抵抗行动非常成功。不但迟滞了德军主力部队的攻势，也误导了同盟国的情报。比利时野战军守在盖铁河(Gette)后方，以保护布鲁塞尔(Brussels)；其实在列日要塞陷落之前，德国第一、二军团的先头部队已逼近这条防线。比利时由于受到错误的法国计划的影响，以及英国对法国的附和，而丧失支援。因此比利时军决定退守四处掘壕的安特卫普(Antwerp)，来保存他们的实力。安特卫普在位置上，至少对德国交通线构成潜在的威胁。8 月 20 日，德军已扫清最直接进入比利时的通道，于是进入了布鲁塞尔。德军并于同一天到达那慕尔前方附近。那慕尔是阻挡德军沿默兹河进入法国的最后要塞。德军尽管受到比利时军的抵抗，攻击进度大致按照时间表进行，但也可能超过进度四五天。然而，如果比军暂时撤向一侧的行动加速，比军终将阻碍德军的进展。这个动作，远较比利时军在战争中所作之任何牺牲有效。

同时，位于另一侧的法军，已于 8 月 7 日率先朝上阿尔萨斯(Upper Alsace)展开攻势。这个行动部分为了军事，部分则为了政治。军事上是为了吸引敌人的注意力，真正的目标则是破坏德国巴塞尔（Basle）车站，以及莱茵河上的桥梁。不过不久攻势就停了下来。大批法军在波将军（General Pau）指挥下，于 19 日重新发起攻势，并抵达莱茵河。但是由于损失惨重，迫使法军放弃进一步攻击的念头。这些单位随即奉命朝西前进，担任其他部队的支援。同时，从 8 月 14 日开始，由法国第一军团（杜伯勒〔Dubail〕指挥）与第二军团（卡斯泰尔诺〔de Castelnau〕指挥）所部，共计有 19 个师的主力，开始进入洛林。不过到了 8 月 20 日，这些兵力在莫朗日—萨尔堡（Morhange-Sarrebourg）一役中被击溃；在

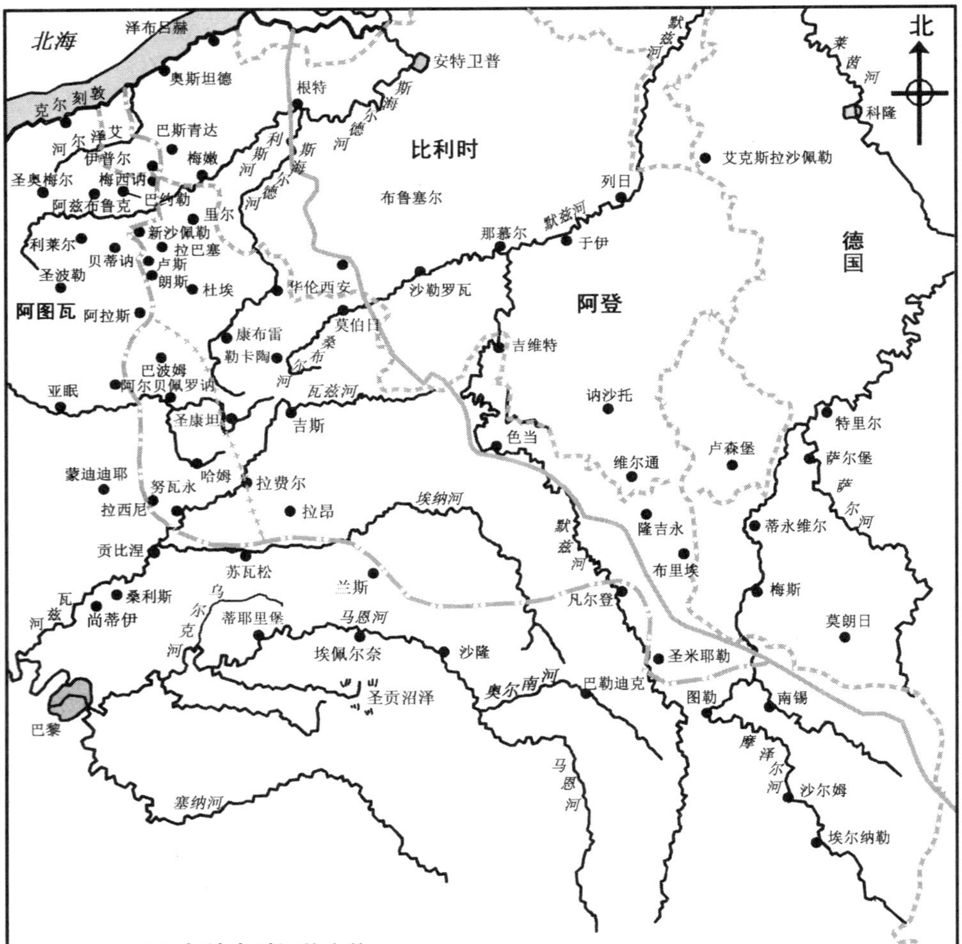

图 1　西战场

此，法军终于发现物质是胜过精神的。他们在攻击的狂热中，无视现代化防御武器之存在，徒然蒙受严重的损失。然而，平心而论，法军这种失败的攻势，也间接影响了德国的进军计划。只是，此时的德军统帅部，若不是在犹豫不决的机会主义者毛奇手中，而由史里芬或鲁登道夫掌控，这种情形就很难发生了。

事实上与史里芬的计划相较，毛奇对于德军左翼几乎增加了一倍兵力。这表示，虽然德军尚欠缺击溃法军逆袭的必要优势，却已坚强到不必进行所谓"诱敌"式防御战。史里芬曾构思过能随环境应变的"诱敌"防御战。但是当毛奇知悉法军打算自边界要塞化的屏障中走出，发起对洛林①的攻击时，一度使他拖延右翼的攻势，企图改朝洛林发动主力攻击。这股冲动，使他调动原本用于增强右翼的 6 个新暂编师至左翼。然而到了 8 月 16 日，他又将计划改回史里芬的"旋转门"式进军法。其实，到他放弃新计划为止，他一直未对新计划审慎评估过。

同时，他却以语意不明的口吻，要求左翼指挥官必须尽可能牵制法军。巴伐利亚王储鲁普雷希特(Crown Prince Rupprecht of Bavaria)则说，如果要牵制，他唯有采取进攻一途。毛奇闻言竟叫他自行决定。我们可以猜想，大概是鲁普雷希特不愿见到德国王储(German Crown Prince)正在抢攻，自己却后撤而坐失漂亮一战的机会，但这些都比不上统帅部愚蠢暧昧的态度严重。鲁普雷希特曾扬言，除非有更明确的命令，否则拒绝自制。毛奇的副手斯坦因(Stein)即以电话通知鲁普雷希特的参谋长克拉夫特・冯・狄尔门辛根(Krafft von Delmensingen)："不，我们不会禁止你们进攻。你们自己负责就好。照你们的良心作出决定。"良心对战略而言，似乎是一项令人称奇的原则。狄尔门辛根听了回嘴："我们已经做好决定了，我们要进攻。"斯坦因则大嚷一句笨话："我看还没有！攻吧，希望上帝与你们同在。"

于是，鲁普雷希特在 17 日下令他的第六军团停止后撤诱敌，准备迎战。鲁普雷希特这时发现法军攻势进展很慢，于是他抢先发动攻势。他于 20 日与位于他左方的第七军团(希林根〔Heeringen〕指挥)同时发动攻击。虽然法军的确受到奇袭，并从莫朗日—萨尔堡防线退却，但德军反击并不具备优势兵力(两军团合计只有 25 个师)，或具有足以进行决定性攻势的战略位置。而且，穿越孚日山脉包围法军右翼的行动开始太晚，导致失败。因此，这次攻势的战略价值，仅将法军逼回一处要塞化屏障。在此，双方军队开始对自己的御敌兵

① 以德军进攻方向而言，洛林位在左翼。

力进行整补。之后,双方方能派出部队增援他们的西侧。这是一次兵力重新配置的做法,影响远及未来的马恩河决战。

且说位居关键性的德国第五军团,目前位于梅斯与蒂永维尔之间。其司令官德国王储也同样有不理会上级命令的情事。尽管他奉命滞留原地防守,却也径自发动攻势。在此我们可以发现,德国失败的一个重大原因,就是欠缺福煦上校所谓的"理智性纪律"(intellectual discipline)。将领们的企图心与妒忌心,应为失败负大部分责任。

正当洛林拉锯战进行之际,西北方面发生了更重大的战事。由于德国攻打列日,使法军霞飞将军误以为德军进攻比利时,只是为了借道通过,而非在右翼进行决定性的包围战。而列日的顽强抵抗,使他更相信德军右翼企图从列日南方的默兹河与阿登之间通过。当然,法国的"十七号计划"老早料到这一着,并已准备了反击办法。但法军司令部却是再次像着魔似的,对这个办法兴起了狂热,将反击行动想像为对德军的"最终一击"(coup de grâce)。于是,法军第三军团(卢弗里〔Ruffey〕指挥)与后备第四军团(戴朗格勒〔de Langle de Cary〕指挥)向东北进军,穿过阿登,打击攻入比利时的德军后方,打乱德军的攻势。而位于左翼的第五军团在朗雷扎克(Lanrezac)指挥下,更朝西北推进到吉维特(Givet)与沙勒罗瓦(Charleroi)之间的一块由桑布尔河(Sambre)与默兹河所形成的夹角地带。就在这时,英国远征军已推进至其左方。朗雷扎克接着准备与默兹河以北的敌军作战,并企图结合穿过阿登的攻势,集中力量痛击假想中的德军主力。这是一幅多么美妙的景象——联军即将以钳形攻势,夹击毫无警觉的德军!妙的是,德军也有相同的夹击想法,虽然角色颠倒,执行这个想法的理由则比法军更充分。

法军计划的基本问题是,德军部署的兵力比法军情报所估计的超出一倍。且所进行的是比想像中更大的包围运动。法军的情报来源主要依赖 10 万骑兵。然而,"这样大量的骑兵,对敌人的进攻什么也没发现……法国陆军只是到处遭受奇袭"。无论如何,法国第三与第四军团共 20 个师盲目朝向阿登推进;并于 8 月 22 日,在大雾中对想像中布满军队的德军中心地带发起攻击。结果失算,法军在维尔通—讷沙托(Virton-Neufchâteau)附近的会战中大败。法军盲目上刺刀冲锋,却遭德军机枪狠扫。幸运的是,德军也在打糊涂战,而未善加利用情势。

不过,在西北边的法军第五军团(计 10 个师)与英军 4 个师则在霞飞命令下,几乎自投罗网。当时德军第一、第二军团的大批兵力正从北接近,第三军团则从东方掩至。总兵力达34个师。但法军方面,仅朗雷扎克独自担心德军的动作,必包藏未知的危机。他始终怀疑德军演习的广度以及正面进军的目的为何。于是在他坚持下,他的军团获准深入西北。不过还好由于:一、他迟疑未渡越桑布尔河;二、德军情报不知英军已在他左侧;三、德国第二军团提前攻击,致使联军能及时脱逃。

撤至马恩河

第一批英军4个师在莫伯日(Maubeuge)附近集结之后,于8月22日推进至蒙斯(Mons),准备担任联军左翼攻势的一部分,以便进入更远的比利时。然而,英军总司令约翰·弗伦奇爵士刚到蒙斯,就听说朗雷扎克曾在21日被袭,而且不准备渡越桑布尔河了。于是他同意英军留在蒙斯,以便掩护朗雷扎克的左翼,虽然这时英军的位置,是在一个暴露的前进据点上。但等到第二天23日,朗雷扎克接到通知说,那慕尔情况也很危急,德国第三军团(豪森〔Hausen〕指挥)也已逼近他暴露的右侧翼,也就是默兹河岸的迪南(Dinant)附近。朗雷扎克见状只得下令当晚撤军。至于英军方面,他们在当天抵抗德军6个师的攻击后,于24日也配合联军一齐撤出。此时,德军第一军团的剩余兵力正进一步朝西推进,准备包围英军的左翼。依照这种情形来看,英军撤离的时机,其实并不快①②。

但虽然英军比其他盟友迟撤,但随后却加速撤退。英军这种不高明的做法,主要由于弗伦奇突然改变主意所致。弗伦奇曾急于完成基钦纳所赋予的指示。然而他为了某些耿耿于怀的心事而打消念头。问题其实与德军无关,而是出在法军朗雷扎克的态度。原来朗雷扎克正为霞飞轻率下令攻击情况未明的德军恼怒不已。就在这时,弗伦奇与随行的于盖(Huguet)到访,朗雷扎克

① 所幸,从8月20日至25日,德军为了攻下那慕尔,动用了6个师与500门炮,直到最后一批要塞被攻陷为止。这支德军分遣兵力,加上先前已抽调准备围攻安特卫普的部队,严重削弱了德军在关键时刻的右翼兵力。所谓关键时刻,就是指德军准备在沙勒罗瓦与蒙斯作战中,一举击溃联军左翼的关键性几天。不过德军的进攻,由于那慕尔的防卫设施陈旧,防务怠忽,仅受些微耽搁。这耽搁使同样疏于防务的莫伯日法军要塞增加了抵挡力量;此处一直到9月7日方才失守,并且吸引了德军在马恩河战场的两个半师的兵力。比较不幸的是,这支德军分遣兵力后来准时到达埃纳河以北的贵妇之路〔Chemin des Dames ridges〕,以填补克卢克与比洛部队之间的缺口。时间是9月12日,正当英军攻击兵力抵达前几小时。

② 克卢克与比洛分别指德军第一、二军团司令。

遂调转矛头,将无法出在他上级身上的怨气,发泄在他们新到的友军身上。于盖后来描述了当时的情形——朗雷扎克的参谋长先对他说:“你们终于来了!时间不顶快嘛。如果我们吃败仗,账都要记在你们头上啰。”之后,当弗伦奇听到德军已出现在默兹河的于伊(Huy),就探询朗雷扎克德军下一步可能的动向。朗雷扎克躁急答道:“他们为什么去那里?对了,到河里来钓鱼。”弗伦奇听到这段讽刺的话时,已经过翻译的修饰。即使弗伦奇不懂法语,也不会不懂朗雷扎克在双方讨论中,所表现的不耐烦与无礼。于是当弗伦奇发现法军已经后撤,让他落单,他很快怒从中来。他对法国人由愤怒转变为不安和厌恶。从此之后,他固执地认为,法国人是要他好看,于是他一心一意与他们划清界线。往后几天的经验,使他更坚决想独自撤至哈佛(Havre),打算在半岛上的哈佛建立一条现代版的托里什韦德拉什防线(Torres Vedras)①,以强化英军。由于他所萌生的意图伤害性很大。除威尔逊好言哄劝,基钦纳也介入此事。只是基钦纳劝阻他的态度急迫,不讲究方法。而且,随着情势的变化,基钦纳后来对弗伦奇事务的介入,就更多了。

法军左翼的急速后撤,至少使霞飞惊觉情势的真相。他发现十七号计划根本不可行。于是从残局中,准备拼凑出一个新计划。他决定以凡尔登为轴心,将中央与左翼兵力调回,同时撤出在亚尔萨斯的部队,然后在左翼成立一个全新的第六军团,以促使后撤兵力转退为进。

他的乐观想法很快就消失。只是这回起因是德国人出错,让他空欢喜一场。德军第一个错误是,毛奇舍弃史里芬原先动用后备与暂编部队的计划,而以7个师兵力投入莫伯日与吉维特等地的战斗,以及对安特卫普的围攻。更糟的是,毛奇复于8月25日决定派遣4个师,前往东普鲁士准备阻碍俄军的进攻。这些兵力也是从右翼抽调的②。事后他提出的理由却是,德军统帅部以为德军已赢得“决定性胜利”,所以才派遣这些部队出去。另一错误是,德国统帅部与前进部队失去联系③,使所有行动变成一片混乱。

---

① 威灵顿公爵于1810年在里斯本城外所建堡垒式防线,使当时法军围城失败。

② 实际是围攻那慕尔的兵力。

③ 这个影响重大的失误,基本上起因于德军高层指挥官不了解战场通讯必须畅通的重要性。有关统帅部的位置,中层指挥官甚至从未征询过战地电讯指挥官。德军也无意利用曾在德国民用电报与电话单位中服务,许多训练有素的电讯员。德国官史对此有一段记载。当德军进攻时,“对于卢森堡与右翼部队之间不足的通讯,从未设法及时延伸,或以各种辅助设施如无线电,电线,汽车,飞机等通讯工具加以改善”。此外,领导进击的骑兵都目中无物,“毫不经意摧毁了通讯线与机具”。

此外，德军无法进行包围攻势尚有两个原因。一是，由史密斯-多林(Smith-Dorrien)所指挥的英国第二军违背了上级意愿，在勒卡陶与德军对阵起来；二是，位于吉斯(Guise)的朗雷扎克部队——也即遭弗伦奇禁止英军第一军协助的朗雷扎克部队，闻声也立即响应。而这两件事对后来形势的发展，具有很大的间接影响。由于德国第一军团司令克卢克(Kluck)认为歼灭勒卡陶的英军没有问题，加上第二军团司令比洛(Bülow)为了吉斯的情势向他请求支援，克卢克于是领军朝内回旋，意图卷死法军左翼。其实，攻下色当(Sedan)本是德国人的宿愿，现在这一来，使他们过早摘了果实。德军在未到达巴黎就提前大回转之举，表示德军已放弃史里芬计划，这样反而使德军右翼陷于反包围的局面。

在德军贸然行动的同时，毛奇另有一套以牺牲史里芬观念，在不同地区实现攻占色当模式的梦想。他下令德军中央与左翼，对凡尔登两侧作钳状靠拢；同时右翼朝外转向，面对巴黎，以作为钳形攻势的后盾。这突然的转向，与各军的角色对调，就如同笨司机干的要命事——在油腻的路上一面煞车，一面猛打方向盘。另外值得一提的，而且可能对德军最具影响的是，德军进攻过速，超越原定进度，使得德军补给无法跟上，以致士兵饥乏交迫①。于是等作战状况一出现，士兵战力即因体力不济而大减。这种情形尤其等到法军见德军退却而发动猛攻时益趋恶化。因此，简言之，德军的运作齿轮中，早存砂砾，稍有不顺，就足使机器停顿。德军这种问题稍后在马恩河之战中即暴露无余。

形势逆转

法军中，现在有人认为扭转乾坤的机会来了。此人倒不是霞飞。霞飞只一味下令继续撤退。此人是巴黎军区司令加列尼(Galliéni)。而新成立的第六军团已在掩蔽处集结。9 月 3 日，加列尼看出克卢克将攻势调向朝内回转，遂指示第六军团(莫努里〔Maunoury〕指挥)准备攻击掩蔽不足的德军右侧翼，自己则向霞飞提出构想。翌日，经过一番工夫，终获霞飞许可。霞飞一旦被说服，就断然采取行动了。9 月 6 日，法军左翼全体获令转向，回到总攻击态势。

---

① 在一份常见的德军的团级单位史料中，提到德军为了加速行进，竟将野战炊具弃置，乃使士兵四天无面包可食。于是部队必须自行在无粮的荒野打食。当时每人在 48 小时“只吃一片面包，或一杯汤，或一杯咖啡，或生果生萝卜”。在这种情形下，等抵达马恩河时，人困马乏并不足为奇。

莫努里则早在 5 日就已起跑,对德军暴露的右翼展开攻击。克卢克则被迫自军团中,先抽调部分兵力,不久更以剩余兵力悉数支援他受威胁的侧翼。这时,就在克卢克与比洛两军团之间,出现一个 30 英里宽的缺口。这缺口区域目前只有一些骑兵掩护着。克卢克之所以敢这样冒险,是因为英军正以反方向,静静地快速撤离缺口区域。即使 5 日那天,当两侧翼的法军正转向之际,英军仍继续朝南行进了一天。不过,英军这种"失踪",竟导致意外的胜利。英军于 9 月 9 日折返时,比洛即获报告,指出英军纵队正朝缺口前进。比洛闻讯即下令他的部队撤退。而克卢克的第一军团虽然表面上击败莫努里,却也因为过分暴露,使战果变得毫无意义。于是他也在同一天撤退。及至 9 月 11 日,全体德军有的受到毛奇命令,有的自行撤退,后撤行动延伸至西战线所有部队。

德军以凡尔登为轴心的部分包围攻势自此瓦解。由第六、第七军团所形成的螯钳,则因遭遇法国东部边界的防卫力量而断牙折齿。鲁普雷希特的第六军团,为掩护南锡(Nancy)而对大库罗讷(Grand Couronné)的攻击,损失更是惨重。我们很难理解,德军指挥阶层如何能随心所欲地改变既定计划。事实上,战前的冷静估算,即显示走这条路完全无成功可能。也因此使当时德军高层作出重大决定——以借道比利时进攻为唯一可行的替代方案。

因此,简言之,马恩河之役决定于一个如瓶口般的区域,以及一道裂缝。瓶口是由莫努里对德军右侧翼攻势所形成,却因此造成德军全线最弱接合处的裂缝。而联军在突破此裂缝之后,也连带突破德军指挥阶层的精神裂缝。

这场战役对德军是战略性,而非战术性的失败。不过德军后来仍能够在埃纳河重新整顿,并固守埃纳河战线。联军之所以不能扩大战果,部分原因是法军莫努里的侧面攻势太弱;另一方面由于英军与法国第五军团(如今由弗朗谢·德斯佩雷〔Franchet d'Esperey〕指挥)无法快速穿越缺口。原因除了他们进军的方向必须经过许多河川纵横交错的区域外,更因部分部队指挥者欠缺冲劲,彼此都盼望邻军进攻,却害怕暴露自己的侧翼。这些部队指挥者的心境,被一首打油诗生动道破:

查汉爵士军刀飞舞,
只等理察爵士动手:
"我期盼进攻望眼欲穿,
我等您也等,等谁?"
"等查汉爵士。"

不过，如果联军稍加努力，并且照加列尼的要求做，获取更重大的战果不是不可能。加列尼主张攻击德军的后侧翼，而不作正面进攻。为达成此目的，必须将增援军调至巴黎的西北方作战。这样的看法有无成效，可从德军统帅部的紧张举动加以证明。德军统帅部曾接获联军将在比利时海岸登陆的报告。他们反应敏感。因为联军如果这样做，会威胁到德军的交通线。由这些报告所引发的警讯，甚至使德军统帅部在马恩河战役发生之前，就考虑将右翼后撤。当德军正为错觉疑心不已之际，实质问题更影响了他们骚动的军心。由于德军在比利时境内的战事胶着，因此害怕比利时军乘虚从安特卫普发动突击。此外，德军判断，英国远征军很可能一改从旁介入战争的姿态，而变成直接介入战争；英国对于战争的决定性，将从消极转为积极。这种情势的演变，其实很接近弗伦奇向英国政府提出过的试探性建议。

但事实上依照马恩河作战的大势来看，为对抗德军在关键性侧翼的 13 个师兵力，联军投入了 27 个师。这证明了第一，毛奇已将史里芬的意图忘得一干二净；第二，霞飞在沉重压力下，彻底整顿了他的军力；第三，联军应当有充分机会作出比实际范围更大的包围。

正面追逐战在埃纳河停顿之后，9 月 17 日，霞飞看到莫努里攻击德军侧翼并无实效，于是决定成立一个新的，由卡斯泰尔诺指挥的军团。他并且下令这个军团迂回至德军侧翼，攻击其背面。这时候，德国各军团之间的结合力已恢复，德军统帅部也正预测法军攻势，并准备妥当，因为他们认为，这过程如今已是必然的。联军各指挥官即使行动谨慎，预测工作仍不够精准。批评家或许会说他们做法不够灵巧（ingenious），其实他们还真粗率（ingenuous）。威尔逊与贝特洛（Berthelot）这两位分别是弗伦奇与霞飞的首席军师，早在 12 日商量了他们要越过德国边界的时机。威尔逊谨慎估计时间应在四周之后，而自认为较悲观的贝特洛，却认为到达边界的时间应提早一星期。

变动与僵持

不幸，他们都失算了。在埃纳河，这失算再次强调了防御力胜过攻击力。与以后几年的战壕规模相比，这里的战壕防线是够原始的。然后，双方除了朝向对方西侧翼进行绵延不绝的攻击与包围之外，别无他法。这种方式后来成为出名的“向海岸竞走”（race to the sea）①，尽管字意与实际不符。这种平淡

① 看谁先赶到欧陆西侧的海岸。

无奇的构思，却产生一种新的重要战略性特色——以铁道将预备兵力从防线的一端，横向转运到另一端。但就在兵力调动出现合理结果，也即在他们调入合理的西侧面位置之前，新情况出现了。比利时野战军掌控下的安特卫普，对德军仍如芒刺在背。所以当 9 月 14 日法金汉(Falkenhayn)①接替毛奇职务之后，决定对比军加以攻击。同时，德军另以一支骑兵扫过比利时海岸，作为德军在法国境内包围边翼的延伸。其实，德国在这次战争中最大失策之一是，联军全员撤退时，虽然毛奇拥有对海峡港口予取予求的优势，竟未占据。接着，英军撤至加来(Calais)、布洛涅(Boulogne)，与远及哈佛的全部海岸线；甚至将基地转移至比斯开湾(Bay of Biscay)的圣纳泽尔(St. Nazaire)。这不但显示了英军的悲观，而且英军还命令增援的第六师延期到达。后来德军埃纳河防线转趋强固，英军行动也就愈见困难。此外，当联军撤退之际，德军枪骑兵(Uhlans)曾在法国西北部漫无目标的任意巡游；并像要永久留驻似地，在亚眠安顿下来。尽管如此，他们却不理会重要海峡港口。德军统帅对克劳塞维茨的教义——"战争的唯一手段就是：战斗"着迷之至。也即他们认为，在赢得"决定性战斗"之前，不得有攫取战利的动机。德军曾有机会在毋须付出代价之下，赢得胜利。但由于当时他们应赢而未赢，一个月之后，他们就必须为此牺牲成千上万的生命。

及此，我们应稍停，以检视比利时野战军撤至安特卫普之后，比利时境内所发生与主要战事脉络不同的战况。8 月 24 日，比军曾对德军右翼后方发动一次突击，试图减轻德军对英法军左翼的压力。然后在蒙斯及沿桑布尔河地区的初期作战中，与德军交锋。这趟出击到 25 日就中止。原因是有消息指称英法军已撤至法国境内。不过，比利时军团(6 个师)的压力，曾迫使德军增兵以加强实力。德军除增援 3 个后备旅之外，另加派 4 个预备师，旨在阻挡比军的攻势。9 月 7 日，比军司令部获悉；德军正准备将这批兵力的一部派赴法境前线。于是国王阿尔贝一世(Albert)于 9 月 9 日发动新攻势——这一天正好是马恩河战役的关键日子。比军这一仗，霞飞曾不请自来。很奇怪，霞飞对于自己直接战区之外的任何输赢一向少有兴趣，这次却肯破例。比军的出击，使德军取消原先调遣一个师兵力前往法境的计划，并将另两个师的赴法时间延后。但是比军不久即被击败。对于德军统帅部，尽管这样的好消息似乎有明显提振精神之效，但不巧这事与其第一、二军团从马恩河后撤同时发生。此

① 曾任前清陆军教练，参加过八国联军。

外，由于安特卫普具有靠近德国交通线的威胁性，使德军决心攻占联军要塞，以及沿比利时海岸线的英军可能登陆地区。德军此举的主要目的，在于破坏联军任何新的决战企图。

如果海峡港口真陷落了德军之手，对英国的威胁是显而易见的。不过英军高层也步德军后尘，犯了同样的错误。尽管海军部大臣温斯顿·丘吉尔(First Lord of the Admiralty, Winston Churchill)在马恩河会战前，即指出应防德军冒险，英军高层对此却置若罔闻。于是当 9 月 28 日德军开始炮轰安特卫普时，英国方才大梦初醒，并对丘吉尔的战略灼见，作马后炮式认同。丘吉尔获准调派陆战队一旅，以及新成军的海军志愿军两旅，开赴安特卫普增援。同时，由罗林森(Rawlinson)指挥的正规第七师与骑兵第三师在奥斯坦德(Ostend)与泽布吕赫(Zeebrugge)登陆，越野行军，预备对包围安特卫普的敌军发起突围战。在英国本土，更有 11 个本土防卫师准备就绪。不过基钦纳的想法与德军的强势姿态相反，他认为这批防卫师的实力尚无法投入战场。因此，英国实力薄弱的增援，虽然拖延了安特卫普的战斗，但无可避免地，安特卫普仍于 10 月 10 日开城投降。罗林森的援军则过晚驰抵现场，仅能掩护比利时野战军撤往弗兰德斯(Flanders)海岸①。

然而，以历史展望前景，协约国这是第一次，也是最后一次在西线动用英军的登陆行动，对于德军沿海岸而下的攻势，确实具有煞车作用。事实上，德军刚中止在西线二度夺取战争主导权的行动。英军的登陆，让英军主力部队获得较多时间从埃纳河转至联军战线的新左翼。此时，法比军曾沿着艾泽尔河(Yser)至海岸之间地区部署，以协助英军。不过，即使英军在法比军协助下，英勇在伊普尔(Ypres)组织人墙(human barrier)，我们必须说，英国远征军攻打安特卫普的行动，才是这次险胜的因素。

然后，我们不禁要问，主战场是如何从法国转移至弗兰德斯的？在马恩河之战后的一个月，敌对双方都明显的有一连串击败对方西侧翼的企图。德军方面，刚开始打的是追逐战，不过很快代之以更精密的计划。令人好奇的是，法军坚持其率直的，与他们原来计划类似的老路子。9 月 24 日，卡斯提劳的侧翼包围计划在索姆河(Somme)附近停顿。接着，新成军的第十军团在迪莫都伊(de Maudhuy)指挥下，于 10 月 2 日开始向北作些微推进。然而，事与愿

① 弗兰德斯地区，包括现今比利时西北部的东西法兰德斯两省，与法国北部面临北海的一部分，是一次大战重要战区。

违。他们不但无法绕过德军侧翼，而且为守住阿拉斯（Arras）而苦战不已。这时，英国远征军为了缩短与英国本土间的交通线，正从埃纳河向北转战；霞飞藉机决定，以此作为联军第三次侧面包围德军的一环。为了协调这次新行动，他指派福煦将军担任其掌管北边战事的副手。

福煦贯彻霞飞的意图，企图说服比利时参与这场兵力大转向行动。但是比利时阿尔贝国王不仅谨慎，而且明察现实。他认为向内陆进军是轻率之举，于是拒绝为此放弃海岸地区。事实也确实如此。10 月 14 日，安特卫普失守之后四天，法金汉显见联军将再发动包围战而布下战略性陷阱。他下令两批部队行事。一个包含了从洛林调集来的兵力组成的军，他们任务是钳制预计中的联军攻势；另外一个军则负责扫荡比利时海岸线，以及击破联军攻势的侧翼。这个军团的组成，包含原先围攻安特卫普的部队，另加四个新成立的军。法金汉为了不过早惊动联军高层，甚至下令追击比军的部队停止前进。

同时，联军的新攻势正逐渐成形。他们先以火车将各“军”载运至南边卸下，然后向东回旋，形成一个兵力逐渐转向东方延伸的“大镰刀”态势。英国远征军中，现今拥有足额的三个军①，依次在拉巴塞（La Bassée）与伊普尔之间展开部署，以便与罗林森的兵力接合。法国第八军团即将成军；比利时部队则继续沿艾泽尔河到海岸构筑防线。虽然英军位于右方，以及中央的“军”早已迟滞不前，弗伦奇却不认为英军欠缺实力，甚至低估情报单位所提供有关德军实力的讯息，命令他的左翼军（黑格指挥）从伊普尔向布鲁日（Bruges）发动攻势。这次行动后来遇上 10 月 20 日德军的攻势而无法遂愿。不过，一两天以后，虽然部队几已守不住阵脚，弗伦奇却坚持攻击。等他醒悟后，态度却作一百八十度转变。他焦急地指示要在布洛涅附近构筑一处巨型战壕式营地，“以便容下整支远征军”。然而，他再次出现的撤军想法，旋即被更强的意志力所压制。但他也可能受福煦影响，而始终处在自我妄想阴霾中。福煦凭其讨喜的谦恭态度，以及强烈的个性，现在对弗伦奇深具影响力。然后，福煦竟私下告诉弗伦奇，基钦纳已提议由伊恩·汉密尔顿爵士接替他的职务。弗伦奇当然心中愈发不安。其实所谓私下，仅是他的一种想像。在这场战争中，有太多这种情形——前方士兵奋战，后方将领相争。

由于高层指挥官无法掌握情势，战事只好由海格与他的师长们挑大梁。

---

① 此时，英军的一个军包括有两个师。但到后来一个军拥有三个，甚至四个师的兵力。

由于缺乏预备队，他们除了从其他部队中搜括一些预备队，激励困乏不堪但坚不屈服的士兵守住阵脚，巩固破碎的防线之外，别无他法。所以在基本上，伊普尔之役就如英克曼之战①，是一场“大兵之战”（a soldier's battle）②。自从 18 日以来，在艾泽尔河畔的比利时军已受到德军次第增加的压力。但到了月底，比军却演出一场“水攻法”——打开艾泽尔河水闸，使海岸区泛滥，消弭眼看将至的灾祸。在伊普尔，危机晚来了一些，德军重演同样的情形。尽管如此，31 日与 11 月 11 日则是这场拼斗的转折点。联军的防线虽然遭到德军猛击，承受极大的压力，最后并未被突破。这全归功于英军顽强的抵抗与法军及时的增援③。

伊普尔的防御战对英国正规军而言极具意义。他们将士用生命展现无与伦比的高昂士气与出众的射击技术；两者都是长期训练的成果。然而，此地却也是他们的葬身之地。“他们用颤弱的手，举起火炬”，照亮了应国家之召唤而崛起的英国“新军”（New Armies）。以欧陆强权来说，将一般性军队合并为国民军（national armies），原是他们人人皆兵政策下的自然产物。但对英国，这样做不仅是改进，而且是革命。虽然基钦纳的想法，与英国政府以及参谋本部的想法相反，却在灵光闪现下，他领悟到这场战争大约需要长期抗战了。但比较有疑问的是，他认为这样做，可以抛弃英军传统的半超然运作方式。他以欧陆式思维，认为英国唯有整建庞大陆军，方能对情势有所决定性影响。英国人民响应他的号召而从军，民众大量拥入征兵站。到了这年年终，将近 100 万人征召入伍，而全大英帝国此时已拥有 200 万武装部队。

在这样庞大的兵力扩展计划下，基钦纳选择建立全新的国防架构，而不使

① Inkerman，克里米亚战争中的一役。

② 也可解释为“勇敢与军技的较劲”，相对于“战略与战术之较量”〔general's battle〕。

③ 高夫将军在这次作战之后不久，曾与弗伦奇有过一段对话。根据高夫所记，我们了解弗伦奇易于妄想的原因。弗伦奇此时理应因经验而更认清事实。——“弗伦奇想像战争应会在三个月之内结束，德国不可能再担负得起压力……这似乎显示，弗伦奇的想法起于一种期盼，而非如所有伟人常见的，基于实际状况的深思熟虑。这种情形以我的看法，在某种程度上，似乎显示他欠缺精力。他简直不想干了。不论智慧与毅力，他不想再出力。他只希望战事因俄国出兵而近尾声，虽然此时我军仍在西线呈被动状态。于是，他的期待变成了他的想法。”其实，弗伦奇精神不济的另一个原因是，他已 62 岁，刚发过严重心脏病，并且在医师指示下，正小心翼翼过活。他的参谋长默里在早先蒙斯撤退中，即在勒卡陶的节骨眼病倒。原第二军军长格里尔森更在赴法途中突然去世。这些事实，皆表示英军升迁制度的问题；根据这种制度，一个人当晋升到高层的时候，年龄已很可观。

用既有的“本土防卫”基础。客观而言，本土防卫队原为保卫乡土而设，其成员愿意接受更广泛任务与否，则出自志愿。但如果重复兵力的培训与机构的建立，自然会导致行动延误与事倍功半的情形。基钦纳另外受到的谴责是，有人指他不愿在原先架构下，以征兵制直接替换志愿制。这种批评其实忽视英国兵役制度中，志愿制原是根深蒂固的事实。彻底铲除原先制度将缓不济急。与其认为基钦纳的改革方法是他本人性格的表现，不如说这是英国人的性格表现。即使基钦纳的方法不讲章法，却预计能深深打动英国民心，使英国人知晓，旧式“格斗型”(gladiatorial war)战争与现今即将进行的全民战争是迥然不同的。但以驻法英军总部来举例，说动英国军方则花费更长时间。像亨利·威尔逊就写道，基钦纳所提“荒谬不堪的 25 个‘军’计划，是在欧洲的每一士兵心中的笑柄……这些乌合之众，在两年之内决不可能训练成可用之兵。那么这些人又有何用呢?”以威尔逊的计算，英国现有军队两年之后几乎已经打到柏林了。

伊普尔之战不但是英军心理上的里程碑，而且在军事上也具指标意义。在击退德军突破防线的企图之后，起自瑞士边境，终于欧陆海岸边的联军战壕防线得以巩固。现代化的防御力已战胜来犯的攻击力。于是僵局上演了。往后四年的法英结盟军事史，其实就是一部企图突破这种胶着状态的故事——一篇强攻这条障碍或夺路绕过这条屏障的战史。

然而在东战场上，由于敌我地理距离较宽阔，各国军队武器装备差异较大，于是产生了西战场少见的流动性。在东战场，战壕防线不是不能形成，只是像无际水面上的一层薄冰。要破冰并非难事。战壕防线一旦突破，老式的，可以任意驰骋的机动战即成为可能。这种自由行动是西战场冀求不到的，但由于德国位于欧洲中央位置，它有机会这样做。于是从 1914 年 11 月开始，法金汉虽然满心不愿意，却也不得不在法国采取守势，准备击溃俄国了。

俄国前线

在东战场开头的遭遇战中，各方胜败互见，机会明显转变快速，却未见任何一方获得决定性胜利。奥地利司令部曾抽调部分兵力袭击塞尔维亚，但未成功。奥军原本准备发动攻势，切断如舌头般突出于德奥之间的俄属波兰地区，也因助攻的德军“螯钳”未发生作用而失败。事实上，取代这对德国螯钳，而对同盟军产生威胁的却是俄军螯钳。因为俄军总司令尼古拉大公(Grand

Duke Nicholas)不等部队集结完成,就已命令第一、二军团进攻东普鲁士,藉以纾解法国盟友所遭受的压力。由于俄国军力在数量上占有二比一的优势,两个军团的夹击力具有在任何情形下,击溃德军的能力。8 月 17 日,芮南坎普(Rennenkampf)的第一军团(有 6 个半师与 5 个骑兵师)越过东普鲁士边界;8 月19 至 20 日间在弓宾仑(Gumbinnen)遇上并击退由德国普里特维兹(Prittwitz)所率领的第八军团(有 7 个师与 1 个骑兵师)。8 月 21 日,普里特维兹听说俄国第二军团(有 10 个师与 3 个骑兵师)在萨姆索诺夫(Samsonov)指挥下,已越过东普鲁士的南方边境,此时他自己背后却仅有 3 个师的兵力。于是在惊慌之下,他立即以电话通知所部撤至维斯瓦河;毛奇闻讯除派遣一名已退休的将军兴登堡(Hindenburg)接替他的职务外,另派攻击列日的英雄鲁登道夫担任兴登堡的参谋长。

鲁登道夫接获命令后,拟订并执行一套计划。其实,这项计划先前在第八军团军情紧急时,参谋霍夫曼上校已经执行。鲁登道夫集中约 6 个师的兵力准备攻击萨姆索诺夫的左翼。由于攻击的力量不足,再加上发现芮南坎普仍旧停留在弓宾仑附近。于是鲁登道夫决定除了担任掩护的骑兵部队外,冒险将其余部队从前线撤出,然后转攻萨姆索诺夫的右翼。这一大胆行动,更因为俄军指挥官在无线电中,使用明码下达指令,使内容被德军听得一清二楚。这对俄军情况自然是雪上加霜。

萨姆索诺夫的侧翼在饱受德军集中攻击之后溃败。他的中央部分被围,整个军团几近歼灭。对德军而言,即使机会是送上门来,而非自己创造的,这次短暂的会战,与其后续动作——坦能堡会战(battle of Tannenberg),是运用军事技术上称为“内线作战”(interior lines),或说得更简单,运用“中央位置”战术的绝佳例子。

然后,德军司令官等到从法国前线调来的两个军到达后,即缓慢向芮南坎普的部队进攻,并将之逐出东普鲁士。这些会战的结果是,俄国丧失了 25 万人,以及俄国迄今仍嫌不足的无数战争物资。然而,由于俄国进军东普鲁士,至少导致德军自西线抽调两个军的兵力,前往东线支援;这等于协助法军收复了马恩河地区。更讽刺的是,这两个军太晚到达坦能堡而未派上用场。

但是坦能堡的效应,却因同盟国部队在南边的加利西亚前线失利而减退。奥地利第一、四军团在进入波兰的行动中,起先颇有进展。但是当戍守奥军右侧翼的奥国第二、三军团遭受俄国第三、八军团猛攻之后,波兰行动也就变得一无是处。这些奥国军团在 8 月 26 日至 30 日之间遭到严重挫败后,经过

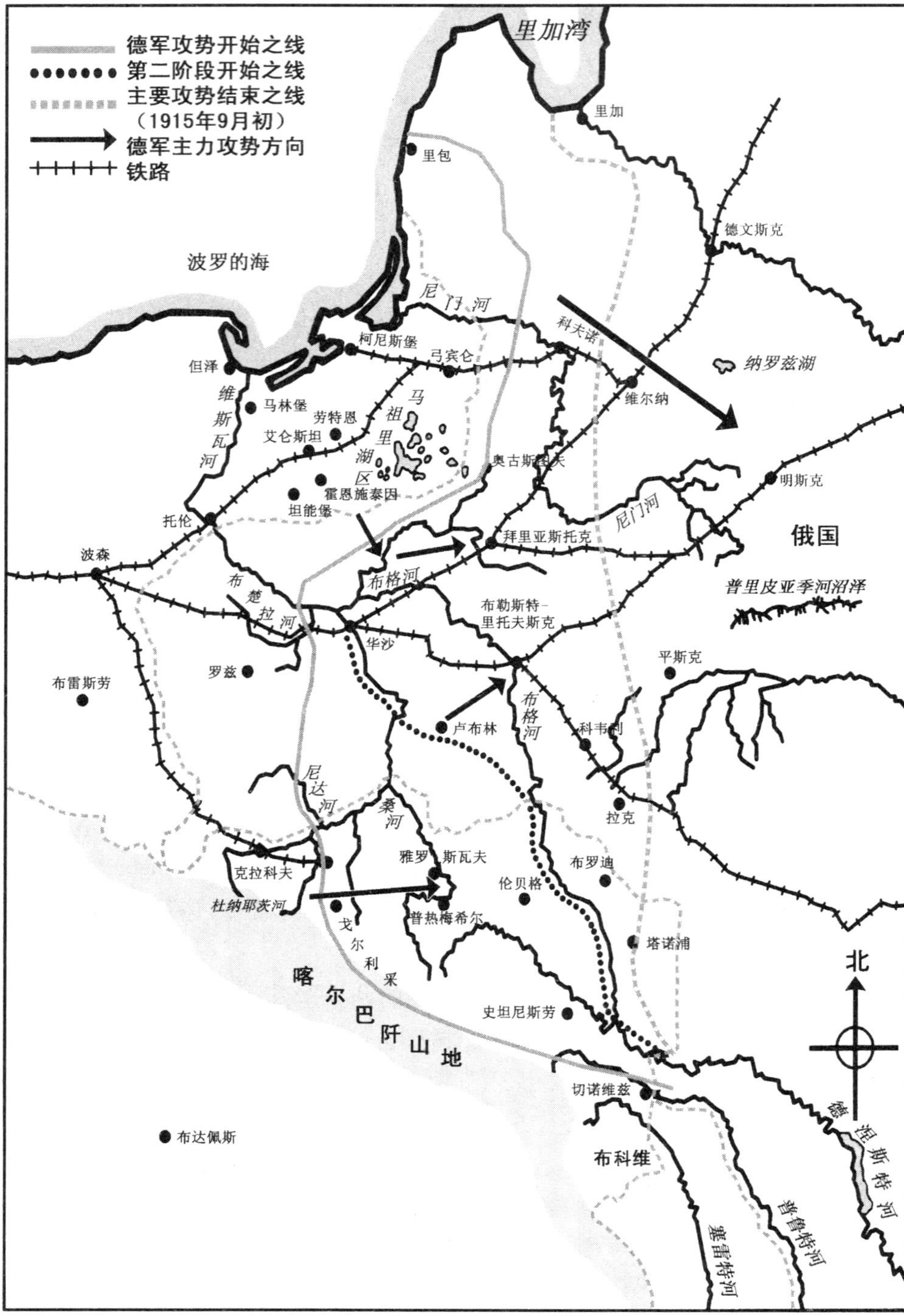
德军攻势开始之线
第二阶段开始之线
主要攻势结束之线
（1915年9月初）
德军主力攻势方向
铁路
里加湾
里加
里包
德文斯克
波罗的海
尼门河
科夫诺
柯尼斯堡
弓宾仑
纳罗兹湖
但泽
维尔纳
维斯瓦河
马林堡
劳特恩
马祖里湖区
艾仑斯坦
奥古斯图夫
明斯克
霍恩施泰因
坦能堡
托伦
拜里亚斯托克
尼门河
俄国
波森
布格河
布楚拉河
布勒斯特-里托夫斯克
普里皮亚季河沼泽
华沙
平斯克
罗兹
布雷斯劳
卢布林
布格河
科韦利
尼达河
桑河
拉克
克拉科夫
雅罗
斯瓦夫
布罗迪
伦贝格
杜纳耶茨河
戈尔利采
普热梅希尔
塔诺浦
北
喀尔巴阡山地
史坦尼斯劳
切诺维兹
德涅斯特河
布达佩斯
布科维
普鲁特河
塞雷特河

图 2　东战场

伦贝格(Lemberg)被驱赶回奥境。俄军左翼的进攻因此威胁到先前获胜的奥军左翼。康拉德也曾试图迂回部分左翼,以图袭击俄军侧翼,却被俄军避开。此时由于奥军失序,因此再次被俄军右翼重新发起的攻势击败。到 9 月 11 日,康拉德只好以总撤退来使自己抽身。但是到 9 月底,奥军几乎一路溃败到克拉科夫(Cracow)。奥军的惨况,迫使德国派兵支援。德军将东普鲁士境内的庞大军力整编为第九军团之后,从南转入波兰西南角。从此处,第九军团结合奥军重新发起的攻势,进军华沙(Warsaw)。然而,此时俄军几乎已具全面机动力;部队经重新整顿后,随即发起反攻,击退德奥军的攻势,并且接着就进军西里西亚。

俄国尼古拉大公将其部队编组成含 7 个军团的巨型方阵,3 个军团在前,两个保护两边侧翼。另外第十军团则已入侵东普鲁士的东侧角落,并正与兵力薄弱的德军交锋。联军在得悉久闻楼梯响的俄国"压路机"——60 个师的庞大兵力终于发起沉重的攻击后,军心大振。德国为了抗拒这个攻势,下令东战线由兴登堡统一指挥。鲁登道夫与霍夫曼并献绝计一着,他们建议,作战应利用在德国边界内侧通过的铁路系统,以及应尽量模糊己方状况。由于连续监听俄军参谋本部所拍发的无线电讯,使德军指挥官对于"敌军如何看待情势,以及他想干什么,都了然于心"。这证明信息优势可以抵销劣势兵力,并且是大胆行动的无价保证。

在俄军进击下撤退的德国第九军团,以有系统破坏波兰境内稀少的铁路交通网而迟滞了俄军的攻势。第九军团从容不迫抵达自己边境之后,先转北开往波森—托伦(Posen-Thorn)地区;然后在 11 月 11 日,朝东南进发。这时,第九军团的左侧翼已到达维斯瓦河,藉以攻击维护俄军右侧翼的两个俄军军团的接缝处。

至此,这两个俄国军团的接缝处,像是被鲁登道夫的锤子敲入楔子一般一劈为二。德军除迫使俄国第一军团回到华沙,并在罗兹(Lodz)几使俄国第二军团陷入另一个坦能堡式的围困。结果使俄军方阵前方的第五军团回头过来驰援,过程中,竟使部分德军反被包围;不过稍后他们设法突围并重返其原部队。即使德军在东战场并未获得决定性战果,这次军事行动却是利用机动性,击中了敌军的致命点,堪称以小搏大的典范。于是俄国"压路机"失灵,并且自此之后,再未威胁过德国领土。

德国在一星期之内,从西线调遣到东线的有四个军之多。在西线,德军的伊普尔攻势已在失败中落幕。虽然,以德军企图重新抓住丢失的决胜机会来说，这四个军的兵力到达东线嫌太晚，12 月 15 日，鲁登道夫仍利用这批兵力将俄军驱回华沙前面的布楚拉—拉夫卡河（Bzura-Ravka）防线上。俄军这一挫败，加上弹药耗尽，使尼古拉大公决心打破在克拉考附近仍进行中的拉锯战僵局。他将部队撤回到延着尼达河（Nida）与杜那耶茨河（Dunajec）的避寒战壕防线，将波兰“舌头”（Polish ‘tongue’）尖端拱手让给了敌人。因此，现在东战场一如西战场，变成了战壕僵局。然而战壕不能保护一切。几经交手，俄军耗费的军需弹药，已使他们这个欠缺工业化的国家穷于应付。

海上与海外霸权

虽然我们将海上作战放在最后讨论，但以时间顺序而言，第一次世界大战各种冲突中，海战实际上发生得最早。放在第三顺位讨论的理由是，海上武力是在最初陆战计划失败之后，方被用来主导战争，而且结果还真是如此。其实，军事将领所期盼的速战速决如能提早出现，我们怀疑海上武力是否真能影响大局。德国究竟以多少些微差距失去决胜机会，和他们难以想像的失策是如何结合的，根据史实现在都已真相大白。虽然英国可能在无奥援的情形下，能够也愿意打这场仗，我们必须回顾 1914 年 8 月。当时态势是，英国要打一场民众支持的专业性战争（a professional war），而非真正的全民战争（a truly national war）。当时英国介入欧战，与其说为自身生死存亡而战，不如说是仗义救援被敌侵犯的比利时与法国。当朋友陷入虎口时，如果有任何机会可以将老虎引开，就应设法引开老虎。如果只在虎口下抢人，非朋友之道。

幸运的是，1914 年的时候，老虎曾被困住。英国在喘息之间，获得运用它传统武器——海上武力的机会。这种做法对战争的影响，不像是突然间以闪电击倒对手，而像是慢慢以持续稳定的热流，鼓舞那些受惠者，消耗敌人的资源。

但如果这种效应得以扩充与蓄积，其好处是可以立即展现的；其作用几乎像是打开电源开关一般。这样简单的，但也可能是这场战争中最具决定性的动作，曾发生于战争实际爆发前一刻。1914 年 7 月 29 日早上 7 时，不列颠大舰队（British Grand Fleet）从波特兰（Portland）驶向位在斯卡帕湾（Scapa Flow）的作战位置①。少有人见到其航行，更少人知道它的目的地，是在如此北边的

① 几从英国最南驶向最北。

奥克尼群岛(Orkney Isles)。此处控制着英国北部与挪威之间的水道。然而从这一刻开始,德国对外交通大动脉就受到这无形压力的支配。并且直到1918年11月21日为止,也就是德国舰队驶入同一水域,将自己移交给英国舰队监管之前,这股压力从未解除过。其实,在过去四年半摸不着边的争战中,德国舰队对于这支英国舰队只浮光掠影般看过几眼。

这种前所未见的冲突形式,基本成因在于新近发展的武器——水雷与潜艇。它们使海战重现了陆战成功的主要关键,也即防御力支配了攻击力。其近因则是德国海军司令部所采取的战略,部分出自对英国战略的误判。德国察觉到,面对战备充分的英国舰队,本身实力既比不上,又不可能发动奇袭,而且明知敌人笃信寻找决战的纳尔逊式传统。于是德国海军以"费边战略"来对付英国海军。德国海军准备先不与敌人正面接战。他们认为,等到布雷艇与潜艇削弱英国海军的实力,密集封锁的压力开始对这支优势舰队奏效之后,也许就会出现奇袭的机会;然后,等英国的陆上盟友被击败,英国舰队处境就更岌岌可危矣。

这项计划至少具有正确的地理基础。德国海岸的自然地貌与轮廓适合这种战略。距离不长的德国北海海岸线弯曲若锯,外海的岛屿更可作为海湾附近蛛网般河道的最佳屏障。海岸线上有德国的威廉敏娜港(Wilhelmshaven)、不来梅港(Bremerhaven),以及库克斯港(Cuxhaven)海军基地。而外海的海利哥兰岛,正是这些海军基地坚强的堡垒化屏障。在这种海岸地形中,最佳者莫过于基尔运河。它是德国从易北河(Elbe)河口的海湾,进入波罗的海(Baltic Sea)的后门。基尔运河可使北海作业的德国舰艇取得快速增援;当敌人攻击兵力进入这处被陆地封闭的海面时,不仅受阻于这片中立国领域的入口处,同时,在穿越丹麦群岛间狭窄的水道时,将遭德国潜艇与驱逐舰的袭击。德国海疆前线所拥有的天然防御资源,几乎使外来攻击成为不可能;相反,它却为德国对外发动突击提供一处绝佳基地。相比缺陷十足的大不列颠海岸线,后者简直像一条漫长的防波堤,可供海军执行外海任务的出口不多。

德国"费边战略"下的一个明显缺点是,它迫使德国即刻放弃对外贸易,减少对英国与盟国海上运输可能的干预。此外,德国原本对英采渐进消耗战的盘算,也遭英国海军部的战略破坏。英国海军部放弃原有的积极求战训令,代之以攻击"眼前敌舰"(the fleet in being)的消极作战教条。但当英国海军部了解德国如何将布雷、潜艇战术与其天然海湾地形等有利条件结合为一体后,即冒险对德实施密集封锁。英国海军部采取一种远距离监视策略,一面使战斗舰队(battlefleet)始终维持在控制北海的位置上,对于敌舰可能的出现,做好立即行动的准备,一面则使用轻型船舰进行较近,但非近距离的观察。这种战略对于批评大众而言,并非如想像中是一种被动策略;事实上,英国民意这时正殷切期待另一回特拉法加会战的到来。但英国民众了解,英国的制海权将是联军致胜的关键;如果因冒进而使海军出现无法弥补的损失,将与掌握制海权的原则相违背。因此,英国海军部在策划作战与备战的同时,已悄悄将海军主要任务置于保障海路安全上,处理少数海路威胁事件,以及确保英国远征军前往法国的安全通道等作业上。

至于利用海权形成经济压力,此时仍属萌芽。直到战争后期,这种策略方才正式成形。所谓“封锁”,此时方有一种新而较广泛的定义。由于攻击敌人海运贸易的想法,原本植根于英国海军的传统中。因此,当英国海军将这种攻击传统,转变为另一种间接攻击,也即攻击敌人维生物资,包括食物与原料时,过程几乎无人察觉。英国人民并不知道,也无法体会其中的过程。所以当英国自己感受到这种崭新战争形式与新武器——潜艇所造成的压力时,英国舆论就发出谴责,说这是一种恐怖行径。这样谴责虽不理性,但在人情上说得通。这是因为当时英国有许多人仍陶醉于克劳塞维茨学派的口号——“战斗到底”(fight to the finish)——一种意义不很明确的骑士精神符号。因此当英国从国与国之间的政府政策之战(a war of government policies)转变为全民战争时(a war of peoples),思想保守者并不容易理解,这种只谈“战斗到底”而不谈其他的观念,必须被松绑的全民求生存的原始本能所掩藏。但是时值 1914 年,这种“真正”(absolute)战争,仍旧是一种理论,它对战争肇始时的海军作战,发生不了什么影响。

第一次世界大战的海军冲突史,必须从 1914 年 7 月 26 日说起。当时英国海军部有鉴于国际间战云密布,下令舰队在波特兰集结接受检阅,并且事后不予解散。如果说,这是一次令人愉快的检阅,利用这次检阅,却是这次战争中最具决定性的行动与最明智的判断之一。虽然英国海军此举未受任何陆军动员的刺激,却使英国自动对相关海域进行监控。海军部接着于 7 月 29 日,下令舰队在不知不觉中航向北海作战位置。并发电海外所有舰队,警告情势的发展。对于研究战争与政治的学者而言,这里有一个不能忽视的道理存在。一支专业性军队不论其他的能耐如何,它应具有非挑衅性的备战力。这一点,全民性军队是必然欠缺的。“动员”即是一种威胁,它会创造一种气氛,让人感觉和平处理争议的方式已告罄。和平协商与军事动员是两回事;而动员与战争之间的差距则几乎无法察觉;任何欠缺责任感的人,很容易将国家从动员拖向战争。

新任不列颠大舰队司令官杰利科(Jellicoe)海军上将上任后,部队有一问题亟待他克服。他在斯卡帕的基地无法抵御鱼雷的攻击,而在罗赛斯(Rosyth)新修建的,设有防御工事的基地又尚未完成。过去英国海上武力的集结地,一向在英吉利海峡的海岸。这里的港口都具有最佳备战与防御力的条件。然而,英国政府现在并未因舰队集结地区的改变,而加速拨款建设北海附近的基地。

不列颠大舰队在远征军赴法期间,曾南下远至福斯湾(Forth)。当时,大舰队由一批海峡舰队中,较旧型的战斗舰直接护卫着。另外,在北海南方海域则实施了层层的巡逻任务。尽管如此,斯卡帕附近无法抵御鱼雷攻击的危险状况,迫使杰利科上将将他的舰队移至奥克尼群岛的西侧。海军为远征军建立的安全运输通道,是战争中第一件直接的成就。下一桩事则发生在8月29日。当时有比提(Beatty)所指挥的战斗巡洋舰队与台惠特(Tywhitt)的驱逐舰分队突袭黑尔戈兰湾(Bight of Heligoland),击沉几艘德国轻巡洋舰,并证实德国正在实施严格的防御战略,这是一项很成功的间接战果。但德国实施防御战略并非纯粹好事,因为这使得德国海军集中力量发展潜艇攻击战术。除了这次接敌之外,1914年在北海所发生的冲突,都是一些不起眼的记录,包括英国实施连续不断的警戒,或德国进行少量潜艇与布雷,各有胜败的记录。

地中海地区的战事,是在一项误会中拉开序幕的。其结果对于政治影响深远。当时在该地区的两艘德国最快速军舰——战斗巡洋舰“哥本”号(Goeben)与轻巡洋舰“布勒斯劳”号(Breslau)在柏林命令下,驶往君士坦丁堡(Constantinople)。英国舰队曾对它们加以追踪,企图将它们一分为二,却被它们脱逃。德舰之所以能脱逃,部分原因是因为英舰在执行英国海军部的指示时不够灵活,造成对命令的误会。

大洋追逐战延宕多日。德国此刻已来不及自本身周边的海域,派遣军商两用驱逐舰(commerce-destroyers)出战。但有几个月时间,德国在海外的少量巡洋舰对英国海军造成了威胁。事实上,英国海军并不容易将北海集结的动作,与巡逻及保护漫长的补给海路任务结合在一起。所谓补给海路,是指从印度以及其他大英帝国自治领(Dominions)载运物资与军队输往母国的运输海路。及至1914年11月9日,英国海军击沉德国军舰“恩登”号(Emden)后,印度洋始得平静。但这次成功的出击,却被另一件发生在太平洋的事件所抵消。在太平洋,英国克拉多克将军(Admiral Cradock)的巡洋舰队被德国施佩将军(Admiral von Spee)所指挥的重装甲巡洋舰"香霍斯特"号(Scharnhorst)与"格耐森瑙"号(Gneisenau)击溃。然而这一挫折很快的就被英国海军部扳回。海军部在事件后,立即命令斯特迪将军(Admiral Sturdee)率领两艘战斗巡洋舰"坚决"号(Inflexible)与"无敌"号(Invincible),快速进击南大西洋,同时,另外一艘战斗巡洋舰"澳大利亚"号(Australia)则从斐济(Fiji)出发,准备夹击施佩舰队的后方。施佩的舰队终于在 12 月 8 日,在福克兰群岛(Falkland Isles)附近被精心策划的英国突击行动所击沉。与施佩将军一齐沉入海底的,竟是德国海军武力中的最后王牌。

从此,英国与盟邦的海上交通畅行无阻。贸易、补给与运兵皆无安全之虞。然而,与所有海路一样,总有终点(陆地),船舰总会被潜艇遇上。潜艇的发展,似乎在斯特迪将军的胜利过后,一夕之间就使海路不安全起来。

海战的性质,到 1915 年初,整个为之一变。在战争第一阶段,英国曾忙于清除海路,维持海路安全,非常关注如何利用制海权作为打击德国经济的武器。但是无论如何,英国海军武力受到 1909 年伦敦宣言中,所谓"封锁设限"的虚伪意涵的掣肘。对于此一宣言,英国政府曾以罕见的无知,在战争爆发前夕宣称英国将遵守宣言,以作为处理海事的基础。不久,此一自我设限的后果,即因德国的行动而愈加严重。

1914 年 11 月 2 日,一支德国战斗巡洋舰队突击英国诺福克(Norfolk)海岸,以刺探英国海军防卫力。到 12 月 16 日,德国海军另外发动对约克郡(Yorkshire)、斯卡伯勒(Scarborough)、惠特比(Whitby)以及哈特尔浦(Hartlepools)海岸的炮击。每一次炮击过后,德国军舰都安全逃脱。但到了第三次,也即 1915 年 1 月 24 日,英国战斗巡洋舰在比提指挥下,将德国军舰围困于多格浅滩(Dogger Bank),击沉"蒲留歇"号(Blücher),严重毁损"戴福林格"号(Derrfflinger)与"席德里兹"号(Seydlitz)。德国海军在这几次攻击中,虽几获全胜,却使德国人相信,他们的消耗战略是徒劳的。于是,他们更换了公海舰队(High Seas Fleet)司令官,由波尔(Pohl)接替英格诺尔(Ingenohl)。波尔上任后,即向法金汉建议攻击性潜艇作战计划。为了成功,他认为潜艇必须无限制使用。

结果,德国在 1915 年 2 月 18 日宣布环绕英伦诸岛的水域为战区,所有敌国与中立国船舰,碰见即予击沉。这一招倒使英国摆脱了伦敦宣言的牵制。

英国也回应声称，他们将拦截任何可疑的、载运物资输往德国的船只，并且要将船只带回英国港口检视。英国扭紧封锁尺度，却严重为难了中立国，特别是美国。然后，德国竟在 1915 年 5 月 7 日，以鱼雷将大型客轮“露西塔尼亚”号(Lusitania)击沉。这事件倒解决了英国与中立国之间的纠纷。在随船溺死的 1 100 人当中，有一些是美国人。而德国击沉商船的野蛮行为，着实震撼了世上人们的良知；与比利时遭受德国入侵事件相比，这事件尤其吸引了美国舆情的关注。德国在此之后，尚发生其他类似事件。于是德国等于为美国进入战争铺路，虽然美国的参战，并非在悲剧过后立即付诸行动。

英国在稍早掌握制海权时，曾有机会占据德国的海外殖民地，所受抗阻则极轻微。这些战果很有价值，因为这使协约国在遇到不利于己的战争议题时，握有重要的谈判筹码。1914 年 8 月底，一支新西兰远征军攻占了萨摩亚(Samoa)，9 月，澳大利亚远征军攻克新几内亚岛(New Guinea)；澳大利亚海军同时清除了太平洋岛屿的几处重要德国无线电站。与英国站在一边参战的日本，派出一个师团与一支舰队的兵力，围攻中国海岸青岛的德国要塞。9 月 2 日首次进行登陆。一支小型英国舰队则于 23 日抵达。不过德国的防御工事建筑得很现代化，接近路线又狭窄，所以实际围城要到 10 月 31 日才开始。先进行七天的炮击，然后猛攻。经过一番微弱的抵抗，要塞守军投降。

在非洲，多哥兰(Togoland)于 8 月被英法联军占领。但英国为了攻击德属喀麦隆地区(Cameroons)，就必须通过一片赤道森林，这片森林却是一道极严酷的障碍。所以直到 1916 年初，英法联军经过一番延宕，以及场面不算大的作战，方使喀麦隆地区的德国军队降服。曾经以武力攻击英国的南非总理博塔将军(Botha)，如今则与英国站在一线上。他组织一支兵力攻克了德属西南非(German South West Africa)。几乎同时，博塔为英国作出更大的贡献。他敉平波尔人不满分子的叛乱。这使大英帝国在艰苦的 4 年大战中，未遇重大叛乱。唯一的抗争事件只有 1916 年复活节的爱尔兰人暴动。

德属东非(German East Africa)如今成为德国仅剩的殖民地。也是德国所有殖民地中最大最富庶的一块。它之所以未被英国征服，一方面是英国目前困难重重，另外则是德军司令官莱托-福贝克将军(General von Lettow-Vorbeck)具有卓越的领导能力。以致该地一直到 1917 年尾，方才完全被英国占领。1914 年 11 月，英国先派遣一支远征军前往该地，支援当地的英国东非军团作战，却在坦噶(Tanga)遭致败绩。稍后，德军司令官福贝克将军有感自己兵力不足，转向当地非洲人寻求结盟，并组成一支联合军①。这支联合军在福贝克巧妙的战术运用下，曾造成英军印度军团的恐慌。这样一直到 1915 年底，英国政府在为攻占东非费尽时间与气力之后，方才出现一些成绩②。

1915 年是战争展现新页的一年。人们彻底了解军队战争(the war of armies)已演变为全民战争(the war of peoples)的新事实。从 1 月份以来，齐柏林飞船开始对英国海岸展开空袭。到 1916 年夏末，飞船空袭达到高潮。接着就是飞机的空袭。由于从空中不易分辨军事与平民目标，为此，几经争论，演变出一种新的战争观念。初时无人愿意实说，到后来不得不坦承，本国若要在战争中存活，作战目标不仅在于敌国军队的肉体，真正目标则是敌国总体意志力。虽然齐柏林飞船从 1915 年起，持续空袭到 1916 年，由于方向失了准头，对英国仅造成少数物资的破坏，总共伤亡人数不到 2 000 人。所以估计，由于齐柏林飞船效果不彰，使英国“正常军品生产约损失六分之一”。

第一次世界大战发生后的第一个心理征兆，似乎如同许多战争一样，使人们大大舒了一口气，感到宽慰不已。是否欧洲人坐在安全阀门上太久了？今日的厌战心态，已无法重现当时的激动与焦急——多年来，似有似无的和平，使人们心生期待与不安，进而化为压力与紧张。这种心态或可解释为：一、人们对日常事物的单调与琐碎已厌烦不堪；二、当过去战争记忆渐褪之后的一种完整心理循环；三、或是正在为人类原始“狩猎”本能的重现与复苏而铺路。

这种第一阶段的战争狂热过后，出现的是激情。一种受到暴民心理强化的战争凶残本质；这种暴民心理，事实上来自“全民武装”政策。在这方面，英国陆军由于原具有专业本质，所以未被沾染这种气息。然而德国陆军就不同了。德国陆军绝大部分由平民组成，这种激情就因“参谋本部论”(the general staff theory of war)的冷血逻辑而发扬光大。随着秋季的降临，第三阶段的心理征兆趋于明显，特别是在战斗人员身上。这是一种暂时相互容忍的情绪；主要以圣诞节期间，敌我因节庆所出现的友好为其表征。但过后，当重新感受到战争的压力，以及为生存奋战的现实感，深深地影响作战双方时，这种心理现象即再次消逝无踪。

---

① 当时攻击德属东非的英军，以及其殖民地部队总共达 25 万人；而德军与土著的联合军则计 1.2 万人，其中德军仅 4 000 人。

② 事实上到 1916 年，英国曾结合南非与葡萄牙三国军力，联合对付福贝克的杂牌联合军。

第一章　改变情势的马恩河会战

没有一场战争比马恩河会战更具争议性，在如此短时间之内，引起更多人的论述，激发更广泛的兴趣，以及造成更多的传说。另一方面，这段 1914 年 9 月危机，使德国作战计划走上崩溃之路，并改写了历史。可以说，德国马恩河败北之日，真的等于输掉了整个战争，事实上在某方面也确实如此，很自然地，自认为打赢这场仗而应获殊荣者，必然不少。

第一件传闻是，福煦因将德军中央部分驱入圣贡（St. Gond）的沼泽地而赢得这场会战。甚至到现在，除了法国，其他国家的一些著名历史学家仍不顾事实与时间，让这种说法流传着。

尽管这种说法有如投石于水，涟漪不断，法国却另有一些有见识的看法，对于谁该接受这项殊勋，功劳应记在总司令霞飞，抑或在加列尼身上有着激烈争论。加列尼曾是霞飞的上级，大战时则是部下。加列尼曾自巴黎，朝德军克卢克军团所暴露的侧翼发动猛击。德军的这部分侧翼，当时正准备从巴黎前方朝内回旋通过。有一学派坚决认为，霞飞曾有对德军发动反攻的构想。但这些人绝大多数相信，霞飞这一构想起因于加列尼。由于加列尼主动发现反攻机会，使霞飞感受压力而决定反攻。另一派学者则认为，当霞飞沿索姆河一线进行首次反攻失败后，很早即放弃一切新攻势。如果不是加列尼这一火爆决定与坚定的却敌信心，当时法军的撤退还会继续。时至今日，学者都已能作冷静的判断。即使我们认为此一决定与霞飞有重大关系，事实显示，不论攻击位置的确认，还是攻势的发起，皆出自加列尼的指示。此外，这样的论调也驳斥了霞飞拥护者的另一看法。他们说，加列尼匆促行动搅乱了大局。我们知道，加列尼的行动如果拖延 24 小时，将使德军有机会完成先前被加列尼搅乱的防御性兵力的配置。

其实德国也风行相似的争议——下令德军撤退的举动是否错误？谁应该负这要命的决定之责？是一军团的克卢克，二军团的比洛，或是统帅部代表亨奇（Hentsch）中校？

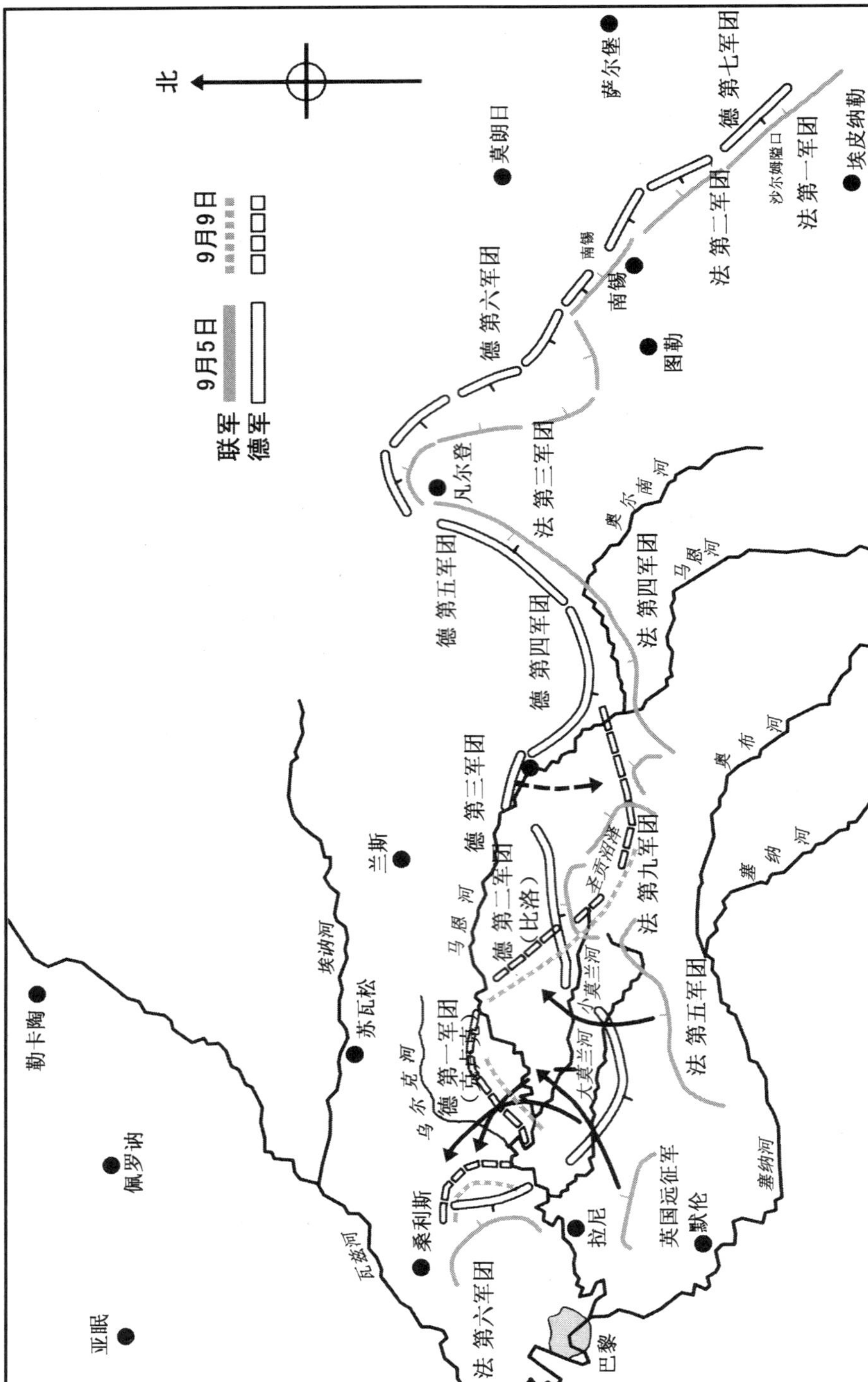
北
联军
德军
9月5日
9月9日
萨尔堡
德 第七军团
埃皮纳勒
法 第一军团
沙尔姆隘口
莫朗日
法 第二军团
南锡
南锡
图勒
德 第六军团
凡尔登
法 第三军团
奥尔南河
马恩河
德 第五军团
法 第四军团
德 第四军团
奥布河
塞纳河
德 第三军团
法 第九军团
圣贡沼泽
兰斯
德 第二军团
（比洛）
马恩河
埃纳河
勒卡陶
苏瓦松
乌尔克河
德 第一军团
（克卢克）
小莫兰河
大莫兰河
法 第五军团
英国远征军
塞纳河
默伦
拉尼
桑利斯
佩罗讷
瓦兹河
亚眠
法 第六军团
巴黎

图3　马恩河（1914年）

不过，各种争议至少足以显示，马恩河会战若说是肉体的胜利，不如说是联军赢得一场心理战。其实，大多数名垂青史的胜利亦复如此——实际作战并非致胜之首要，重要的是，战事的关键取决于交战双方指挥官的心态。战史应论述双方人员的思维与情绪，配上一些事件的背景叙述，以凸显真相即可。然而，典型的军事史，却往往反其道而行，易令人产生错觉。这些军事史经常巨细靡遗地描述战斗，然后以统计数字来评估致胜的原因。

由于马恩河之战有明显心理议题需探讨，所以有人已对当时各方指挥官的心态详加分析。即使如此，由于分析者充满“战斗情结”，使分析方向仅限于军队正面冲突时的情形。然而，某个富于联想意义的事证未被放上台面检视。这件事可能变成一则耸人听闻的问题。马恩河会战胜利的主因，与一名英国火车服务员兴奋的想像力，以及与前往奥斯坦德的一群临时访客有关？或至少可问，我们可以将这些卑微的“杰出人士”的行为，与加列尼的事，一并构成胜利的主因？

等我们研究德国指挥官心态，发现这些联想并不很离谱。在这次会战发生之前与发生之际，德军指挥官经常忧心忡忡地瞻前顾后，回头察看他们后方的状况。他们害怕联军攻击他们在比利时与北法之间漫长的交通线。事实上，德军指挥官的紧张有些道理。话需从头说起。英军副参谋长亨利·威尔逊曾有一套想法。他希望将英国远征军如典当品一般押在法军左翼，像盲肠一样将英国远征军与法军左翼绑扎在一起。因此，当盟邦要求英军在比利时海岸登陆，不论提出的时间是否过迟，都被威尔逊这项政策所否决。但另一方面，此时比利时野战军的行动，虽然受到安特卫普德军的监视，德军却为了监视他们，使得兵力严重分散。更有甚者，比利时野战军使德军陷于长期的苦恼。

丘吉尔先生在此刻也动起他富有创意的脑筋。虽然他手头的资源缺乏，他派遣了一旅陆战队，在阿斯顿准将指挥下前往奥斯坦德。丘吉尔并下令尽量公开报道他们的行动。这支部队遂于 8 月 27 日登陆，停留在岸边一直到 31 日为止。

现在我们要转到另外一边来看。9 月 5 日，也就是法国军队朝向克卢克军团进击的那一天，德军统帅部代表亨奇中校赶来探视这个正遭受法军威胁的军团。他劈头一句满是不好兆头的泄气话，“坏了！第六、七军团被堵住了。第四、五军团正遭遇强烈抵抗……英国新到的军队正在比利时海边上岸。另外听说有一支俄国远征军也在同一批部队当中。我们撤退是免不了了”。不过我们从其他资料中得知，这 3 000 人的陆战队，其实被德军统帅部想像成 4 万人，俄军则被说成 8 万人。

因此，德军侧翼兵力相信自己的后方正受到严重的威胁，这倒面临了严重考验。于是统帅部开始考虑撤退；至少在这段紧张的日子里，这样的认知必定悄悄地侵蚀德军的士气。即使统帅部曾怀疑过英军在比利时的消息不实，但他们已满脑子都是撤退的念头。当 9 月 9 日亨奇再度前往前线全权处理此事时，他说："撤退应该开始了。"其实德军不仅已开始后撤，同时遇上从比利时传来的恼人消息。当天比利时野战军从安特卫普突围，只是，战斗在短时间内就已结束。但这项威胁性消息的心理影响是难以估量的。现在德军已"归心似箭"，而且迅速弥漫，战局随之逆转。

历史应公正评价丘吉尔先生的巧计，以及阿斯顿将军的少数"闲逛的陆战队员"。不过惊人的"俄国迷思"对此也有所帮忙。这迷思从何而来，为何扩张至此，简直不可思议。就我们所知，丘吉尔先生曾建议以秘密方式将俄国远征军运入西战场。是否建议案曾泄漏风声，然后使过程加油添醋般过分渲染起来？然而，长久以来的一般看法，是将有关的传闻归因于一名铁路服务员的兴奋想像力。此人曾在一列运兵夜车上工作，车上尽是说盖耳语（Gaelic-speaking）①的士兵。如果确是如此②，耸立在伦敦白厅（Whitehall）上的一座刻着"献给不知名的火车服务员"的塑像，就兴建得太晚了。

我们且先将上述外在因素搁在一边，回顾实际战区所发生的一连串事件。德军决定撤退的许多关联性近因的开头，是法英军从边界陷阱中撤出并逃脱。法英军本是依照霞飞的计划，才走进陷阱的。不过，从边界德军各军团司令部发回的第一批电讯，显然将状况过度渲染。致使德军统帅部以为已打了一场决定性胜仗。也基于这一错觉，毛奇在 8 月 25 日很高兴地，且毫无必要地派遣 4 个师兵力前往俄国前线。这一行动损害了他右翼的打击力。更糟的是，这股右翼打击力，先前就因为被他抽调出 7 个师兵力去包围那些困守不降的要塞而削弱不少。而且那次包围显然是个得不偿失的投资，因为仅俘获一小撮联军。于是毛奇疑心大起，使他对情势作出更审慎的估算。德皇轻易浮现的乐观主义，现在开始令他恼怒不已——"我恨透了他那种嘻哈狂喊的乐观"。不过，尽管毛奇萌生新悲观，却在悲观中搀入了一丝新乐观。原来他手

---

① 苏格兰高地及爱尔兰的塞尔特语言；在此应指英军。

② 指铁路服务员的小道消息影响全局。

下的军团司令提出一套改弦更张的新计划。只是其中蕴含了重挫的因子。

位于德军最右或最外侧的克卢克军团，在进袭英军后部时，因过于接近“外侧”英军史密斯-多林的第二军，使后者被迫暂停，准备应战。同时，克卢克军团的左侧邻军比洛军团正在追逐朗雷扎克的法国第五军团。8 月 26 日，英军左翼在勃卡陶因被痛击而向南后撤。这时，克卢克已再度向西南前进。虽然克卢克采取这个方向的部分原因，是因为误判英军将朝海峡港口撤退，但他倒是遵照大回旋式进攻中，他的部队应担任的角色行事。克卢克以大回旋式进攻途中，必需经过亚眠—佩罗讷（Amiens-Péronne）地区。这地区此时恰好有新成立的法国第六军团从亚尔萨斯乘火车调来，而且第一批部队正在下车。法德两军一遭遇，打乱了霞飞的盘算。霞飞原希望第六军团加速撤往巴黎防线，然后及早恢复攻势。

但是克卢克在被引诱再次转向前，他已朝西南进军了，因此，霞飞为了纾缓英军的压力，曾命令朗雷扎克停止前进，往回攻击德军的追兵；比洛被这记回马枪打得全军撼动，于是电告克卢克求助。就在比洛支撑不住，需要协助之前，朗雷扎克的攻势在 8 月 29 日就停止了。不过比洛仍要求克卢克向内旋转，以便切断朗雷扎克的交通线。克卢克则在应允之前，将这情势请示了毛奇。当请示到达毛奇手里的时候，毛奇正为法军要从他包围中开溜慌张着。特别是法军行进路线将要通过他的第二军团（比洛）与第三军团（豪森）之间的缺口。此时，第三军团已从西南方向转朝南前进，以协助该军团另一侧翼的邻军第四军团。因此，毛奇批准克卢克向内旋转的请示。这表示克卢克非放弃原先绕过巴黎以西的大迂回计划不可。现在德军的轮型攻击线的侧翼将自巴黎以东的地区通过，并且从巴黎守军的面前通过。这一为了安全而将计划缩水的动作，使毛奇牺牲了原先更具前瞻性，以宽阔的回旋进击法为主的原始计划。同时也证明，尽管毛奇设法减少当前危机，却将自己暴露在致命的联军逆袭上。

9 月 2 日夜里，毛奇向右翼各军团司令官们发出讯息，证实计划有所改变，并预示新计划。讯息表示，“我军的意图是想从西南方，把敌人赶出巴黎。第一军团应以梯队跟在第二军团后方，并负责保护我军的侧翼”。但是第一军团的行军，一整日都在第二军团前方。这也就是说，如果克卢克要执行命令的第二部分，就要忽视第一部分。他决定前进，同时派出一支编制不完整的后备军，与一支实力耗尽的骑兵师作为侧卫。从侧卫未配置飞机，以及未对西方下达空中侦察的命令来看，就知道克卢克何等忽视来自巴黎方向的任何威胁。

同时,毛奇愈发忧郁起来。9 月 4 日,他终于下定决心放弃原有计划。他以缩小对法军中央与右翼的包围,取代原有计划。他要求德军中央的第四、五军团向东南进军,同时,下令正向西南进逼的左翼第六、七军团,设法突破图勒与埃皮纳勒之间的要塞障碍,也就是向内钳制住凡尔登两侧的颚口。此时,毛奇右翼的第一、二军团正准备向内旋转,然后改向西,以便挡开法军来自巴黎附近的任何反击。而正在朝南赶路的克卢克,则是走在比洛前面,并且已经渡过马恩河。但毛奇的命令至今不提这些问题。这等于告诉克卢克"继续面向巴黎东侧"(也即面朝西),并且应继续留在马恩河以北行军,同时,比洛军团也朝西回转,进入马恩河与塞纳河之间。因此,当比洛赶上并超越克卢克的时候,后者为了完成任务,也几乎未作停留。因此他们两批部队像玩了一次体操特技的后翻斤斗。这样动作,搅乱了一个大军团行军时原本应有的均衡性。毛奇原先企图挡住法军反攻的计划,在未奏效前,法军已经开始反攻了。更有甚者,不想失去抢胜利头功的克卢克,9 月 5 日继续朝南直奔塞纳河。声称"朝西的行军,可以在有空的时候再说"。

此刻,克卢克仍仅以兵力薄弱的 3 个旅与少数骑兵部队护卫他的侧翼。而翌日,克卢克就遭到从巴黎出发的法军第六军团的攻击。

过去这段时间里,法英军队一直不停地撤退。法国政府因霞飞的后撤具有放弃首都的意图而曾引发恐慌。霞飞有感政府的压力,遂于 8 月 30 日派莫努里的第六军团增强巴黎的守备。霞飞将第六军团调离战场,增防巴黎,其实就有放弃进行侧翼反攻的想法。因为他成立第六军团的本意就是用来实施反攻。此外,他在同一天的训令上显示,他已有信心对德军中央发动反攻,"以便完成……破茧而出的攻势。这是以前我们曾企图做的,面朝东北,从默兹河跃出的攻势"。9 月 1 日,霞飞下令联军继续后撤到塞纳河以南的奥布河(Aube)与奥尔南河(Ornain)。这不仅有将各军团从巴黎调开,远远调到巴黎的东南方的意义,而且表示,曾考虑不久要发动反攻的他,无视横亘于他与敌人之间的河道障碍。次日,霞飞再度向几位军团司令官发出训令。他补充道,他意图要"设置这条防线,并予以要塞化"。因此,他并不准备立刻发动反攻,而计划在稍后发动一次大规模的反攻。同一天,他就陆军部的意见,以及在答复弗伦奇爵士有关在马恩河进行抵抗的建议时表示:

> 我不相信有这种可能——以我们所有兵力对马恩河发动全面攻击。但是我认为,英国陆军合作防卫巴黎倒是唯一可以有所获利之道。

不论是陆军大臣还是加列尼，他重申相同的决定。后来热心的辩护者认为霞飞心里始终存有反攻的想法。关于这一点我同意。但是这些事证足以摒除传闻中，霞飞心存在马恩河进行会战的意图，或曾计划发动剧烈改变情势的反攻。

9月1日，朗雷扎克军团的一名参谋从一名阵亡的德军军官身上，发现德军改变进攻方向的命令。这份命令于翌日清晨送达霞飞总部。霞飞在上述答复中的确切原意，如今就更具意义了。及至3日早晨，英国飞机已发现克卢克军团改变行进方向为东南。当天下午，这些飞行员又称克卢克军团的纵队正渡过马恩河；是夜，莫努里则报告，巴黎—桑利斯（Paris-Senlis）之间防线以西地区已见不到德军了。不过所有这些报告，对于霞飞的撤退计划并无影响，而且2日夜间，他将后撤极限，甚至延伸到一条更靠南边的防线上！

即使3日那一天所获悉的情报相当零碎，但是新上任的巴黎卫戍司令官加列尼仍立即做出反应。他命令莫努里在4日拂晓时，就进一步进行空中与骑兵侦察。待侦察报告一发回，他马上断定，德军正在斜向通过巴黎防卫区，并暴露出它的侧翼。加列尼马上有所行动。上午9时，他下令莫努里准备向东进击德军侧翼。然后他以电话通知霞飞，说他准备行动，并请批准这次反攻。

加列尼激昂地说出他灵感十足的主张，对霞飞这位思维较慢的野战军总司令确有影响，但也仅此而已。为了节省时间，加列尼趁霞飞仍在思索之际，已经跳上汽车直驶默伦（Melun），向英军解释这一新情势，并且寻求合作。不幸，弗伦奇爵士并不在他的总部，起先加列尼甚至找不到弗伦奇的参谋长默里；而且，场面也有些怪异。加列尼发现英军的参谋军官情绪不稳，意志消沉。并不避讳说，如果英国人了解法国陆军的状况，就不会参战了。他们根本无心细察这位看起来最不像军人的军事天才的肚里货色。加列尼戴着一副学究式的眼镜，不修边幅，毛茸茸的胡须，黑长统皮靴，打着绑腿。难怪这位带有强烈幽默感的了不起的军人后来会说："没一个英国军官愿意跟这滑稽人物讲话。"

加列尼向默里指出，现在是抓住机会的重要一刻，因为德军已经将其右翼暴露出来了。他说，"巴黎军团"已经一切就绪，准备攻击德军侧翼，请英军先停止后撤，等第二天与他一同发动攻击。然而，默里大加反对，声称司令官不在，他什么忙也帮不上。加列尼就这样望眼欲穿等了3小时，约翰·弗伦奇仍旧没回来，而自己却必须在下午5时离开。之后他曾接到英军仅作出小小承诺的一通电话。这并不能令他满意。因为电话的大意是，英军在第二天仍将继续后撤。英军的决定，可以从那天早上霞飞发给加列尼的一封信获得证实。

霞飞写道:“我很荣幸告诉你有关我要实行的计划。当前我的目标是,将军队撤至塞纳河之后,并且只在挑选好的战线上,投入联军全部军力。”至于克卢克改变行进方向的消息,对霞飞有否产生些微影响力,则显示在稍后一段话上:“有关德军继续朝南南东方向前进的消息,……也许你会同意,你在马恩河与塞纳河之间的右岸展开行动,是最有效的。”这句随口,但开门见山的话,不但具有限定加列尼行动范围的意义,而且等于不鼓励英军接受加列尼的大胆建议。霞飞的思绪迟缓,虽然听取建议之后,有时会改变态度,但往往太慢。相较加列尼的敏锐眼光与迅即的反应力,对比强烈。

霞飞在早上得到加列尼的讯息后,使他想发送一份电报给德斯佩雷(继朗雷扎克担任第五军团司令)。这份在午后 12 时 45 分发出的电报说:“如果阁下认为贵军团已做好一切(攻击)准备,请通知本人。”这是一份几乎不含任何重大时机意义,或敦促行动的查询电文。这封电报到达德斯佩雷手中时,英军副参谋长威尔逊正好在场。两人商量后,起一份复文稿,说:“后天以前无法作战。第五军团并将于次日继续后撤,定 6 日攻击。”德斯佩雷在复文中,另亲手写了一段有条件的附注,显然相当不赞同进攻。他写道:“作战成功,应具备条件有:一、第六军团应作紧密与完全之合作,并应在 6 日清晨向乌尔克河(Ourcq)方向前进。并且应在第二天抵达该河……不然,英军不动。二、我军团能于 6 日进入作战,但情况并非处于乐观状态。对于预备师并无信心。”

霞飞看到这样令人沮丧的答复,能有什么反应?反应是有,更加深其犹豫罢了。

此外,由于他的军师贝特洛为撤退,以及为维持原计划猛敲边鼓,使得霞飞对反攻一事,愈发踌躇不前。当天中午过后不久,传来德军向马恩河推进的坏消息。在此,霞飞的传记这样写道:“这就是使贝特洛重新负起责任的要件。”虽然霞飞的传记,确实认为他继续在规避决定,但也认为霞飞这时发出了一个配合贝特洛的计划的新指示。更重要的是,霞飞决定要将他的总部再向南方迁移 30 英里。然后,当霞飞正在提早用晚餐的时候,德斯佩雷的讯息传到了。

整个马恩河战役发生的关键,则在于一通电话。正如加列尼所说,由于他眼光敏锐,使联军获得反攻机会,而他的这通电话,则缔造了马恩河之役。他返回巴黎总部之后,发现了霞飞那份迟到的电文,是赞同他进行反攻的,但表示最好攻击马恩河以南。如攻击马恩河以南,对敌军侧翼与后方会产生更大效果。

加列尼拿起电话打给霞飞。经过一番热烈争论与加列尼强烈的说服力，终于获得上司的批准。霞飞准他动用“巴黎军团”进攻马恩河以北，以作为联军左翼各军团所发起的总反攻的一部分。霞飞并答应争取英军合作。于是加列尼于晚上8时30分迅速对莫努里军团下达命令。加列尼这时已增强了该军团的实力。由于时间已晚，经过几个小时的拖延，霞飞的攻击命令终于在9月6日发出。其实，5日发出命令已嫌迟，更不用说到6日才使命令全面生效。

当莫努里部队于5日向东朝敌军进发的时候，英军与德斯佩雷军团却正依照原计划向南前进。原计划的主旨就是要远离敌军，甚至彼此分头行动。但对加列尼来说，英法军拉开空档的做法，后来证明可能是危险之举。当隔一天德斯佩雷军团掉过头来的时候，他们就有更多地方需要“收复”。于是情况自然不能如预期，快速拔腿而归。至于克卢克，这时对英军的状况则毫无所知。英军的“消失”，使他能将军团主体（第二、四军）的半数，从英军曾经出现过的区域撤出，送往增援备受重压的侧翼。这些侧翼兵力此时正设法阻挡莫努里对德军后方的强攻。到了7日，莫努里的攻势就被这支新到的德军挡住，于是加列尼投入他尽力蓄积的后备兵力，以增强莫努里的实力。

这时候，就出现有名的巴黎街车故事，即使主要来自传说。有一支新开到的师在巴黎附近下火车，下车之后才发现距离前线尚有40英里之远，徒步赶到战场当然太迟，而仅有的火车只能载运半个师的部队。于是这天下午，巴黎警察叫住了街上计程车，有些乘客是被拉下来的。警察聚集了600辆计程车之后，要求他们开到市郊加尼（Gagny）去装载士兵。加列尼赶来看到这一幕，心中既兴奋又有趣地叫道：“啊，至少这不简单呢！”看来机动攻势现在只有巴黎计程车办得到。这一夜，这些未来的机动进击鼻祖，呼啸经过远离巴黎的村落与吃惊的村民面前，使3 000士兵一次完成火车与汽车的两段行程。只是，这些以速度至上，安全其次的计程车在来回穿梭两地之后，集合点是一片混乱。以致到了8日早晨，需花费几个钟头时间的整顿，才使这一师部队能够战斗。

由于法军直接攻击德军的侧翼，使德军遭受额外的压力。加列尼在几天前所要求的另外两个军的兵力，现在正一点一滴地抵达。如果这批兵力几天以前就获得，马恩河以南的德军可能已经被切断。战术与战略一样，可以为战斗取得决定性胜利。实际情况也是如此，法军对于德军的威胁，使克卢克于6日夜间10时召回其余两个军。这一来，使他与邻军比洛军团之间出现一个30英里宽的缺口。现在只有两个实力薄弱的骑兵军，加上少数几个突击营前往填补这空档。更糟的是，克卢克并未将这批微薄兵力置于单一指挥下。于是，严重的后果出现了。虽然克卢克仍有能力抵挡，甚至逐回莫努里的部队，他在南边防线所遗留的空档，却将比洛的侧翼暴露无余。虽然 7 日一整天，由于德斯佩雷军团前进缓慢，以致到现在法德两军尚未接触，比洛却对他暴露的侧翼忧心之至。他只好将右翼撤至小莫兰河(Petit Morin)的北岸。不久，消息传出英军正朝缺口中央前进。这等于告诉德军后撤时间已到。德军旋自 9 日开始撤退。即使英军 5 日以来的撤退，曾使联军失去一次压倒性的胜利机会，如今他们却因撤退而反获胜利。这是一桩让人高兴，被命运之神眷顾的事。

然而，我们有必要检视另一部分战线的情形。因为，除非德军受到全面挫折，否则，霞飞不可能有获胜机会。德军左翼在东边，或洛林战区的攻势挫败，自己应负主要之责。德军将法军逐回自己的要塞防线后，已几无突破其防线的可能。然后，加上这时德军出了许多“马恩河状况”，遂使他们的退却确定。且说，当法军杜伯勒与卡斯泰尔诺军团在莫朗日—萨尔堡(Morhange-Sarrebourg)遭到败绩，匆忙以撤退收场之后，法军的战线内陷；就在这种无意间形成的新情势下，德军主力发动了攻击，向“沙尔姆隘口”推进。其实，这里正是法国人早年准备将德军逮个正着的地方。

因此，法军获得有效反击德军侧翼的机会。结果一时之间，法军使德军原始攻击计划瘫痪；德军并于 8 月 27 日停止攻势。这一停止，不仅给法军有加强阵地的喘息机会，同时使霞飞安稳地将右翼一部分兵力移转到较吃紧的左翼。这一调动，引发毛奇发动新攻势的构思。尽管第六军团司令巴伐利亚王储鲁普雷希特曾提出异议，毛奇仍下令于 9 月 5 日向法国要塞化防线发动攻击，结果无功而返。德军这波新攻势的对象是南锡的大库罗讷(Grand Couronné de Nancy)。这是一处形成沙尔姆隘口侧壁的山脊。当时德皇也曾莅临战场。他在佩挂着白色甲胄的骑兵簇拥下，像等待召唤上场的演员，以胜利姿态进入南锡。但是连番攻击之后，德军因准备不足，被法军密集优势火炮击溃；到了 9 月 8 日，毛奇只得下令鲁普雷希特停止攻击，以避免无端的伤亡。其实鲁普雷希特是在违反自己判断，听信一位过分自信的炮兵专家鲍尔少校(Major Bauer)的建议下展开攻击的。这位炮兵专家力陈，他的超重榴弹炮的威力与在比利时参战的要塞炮威力相同。鲁普雷希特如今只有心不甘情不愿地放弃攻击。这是一次大战期间，军事将领判断过度乐观的典型例子。

在凡尔登以西的德军中央部分(第四、五军团)，就无法如毛奇变更过的计划，担任螯钳式挤压的右臂角色。在凡尔登地区，法国第三军团司令一职已由萨拉伊(Sarrail)接替卢弗里。萨拉伊到任后接受的第一个指示，就是不但要继续撤退，而且要放弃凡尔登。然而，萨拉伊不作此想。相反，他决定尽量抓紧凡尔登这个枢纽，并且不与西边的第四军团失去联系。这个如意算盘等于拖住敌军第五军团(由德国王储指挥)往东南方向的进攻，也打乱了毛奇的计划。萨拉伊部队的坚决抵抗，加上动用比以前更凶猛的火炮；于是，萨拉伊不仅是阻止，简直瘫痪了德国王储的前进。然后迟至9日，德国第五军团才发起夜袭，准备突破困局，但却在相互射击中，以自杀般惨败而收场。在这期间，萨拉伊曾要求增援，但未获准。也许因此促使他转变抵抗为冒险的反攻行动。他率军从凡尔登出发，向西攻击德军侧翼。为了保住凡尔登，他将兵力置于袋形阵势的一边。袋形阵势的另一边，则是莫努里部队，德国军团正夹在他们之间。

德军中央部分与右翼之间的连接兵力，则由豪森的第三军团担任。该军团的任务，是要准备支援上述两部分不同兵力。由于该军团中含有撒克逊人(Saxons)成分，故从它的任务的不肯定性看来，也许反映了德军中普鲁士人看不起撒克逊人的事实。结果真是如此。它的兵力被一分为二。左方兵力前往支援第四军团。这第四军团曾攻击由戴朗格勒的法国第四军团，却在全战役最惨烈的一场战斗中，被法军炮兵打得落花流水。第三军团的右翼兵力则在攻击法军福煦部队时，加入了比洛军团的左翼。福煦此时已接掌新成军的第九军团。第九军团成军倒简单，只是将戴朗格勒军团挖一些人过来就是。

在有关马恩河战役的各种传闻中，围绕福煦部分的最包罗万象，却也最无实质内容。目前仍有许多人相信的第一种说法是，福煦以反攻使整个战事落幕，并且曾将普鲁士禁卫师(Prussian Guard)“赶进圣贡的沼泽地”。事实上，德军是在福煦决定往更西方向进击后，在未受干扰的情况下自行撤离的。较有可能的第二传闻是，福煦可能因阻止德军突破法军中央部分而获胜。即使这么说，也不正确。因为德军这时候并未试图作此突破。比洛这时候只是在进行他的新计划——将他的战线调转，以便面向西方。就在这个转向过程中，比洛的左翼很自然碰上福煦的防线。

另外一个矛盾是，福煦曾不断下令攻击，他的部队却只守不攻。这个没必要的拼命防守行为，其实源于他自己不遵守命令。

9月6日下午1时30分，福煦接获霞飞发出的全体“向后转”的著名命令。福煦做法却与其他军团不同。在霞飞命令下，他原本应掩护德斯佩雷军团的攻击行动。也就是，应守住圣贡沼泽地的南边出口。但他却集中主力，攻击沼泽地的北边，仅让实力较弱的第十一军前去镇守沼泽地中，既宽阔且不易防守的东区。其实，他的部队经过连番艰苦的后撤，早已人困马乏，攻势没支持多久即告终止。攻势既失，他们也就无法守住沼泽地的南边出口。于是，福煦的主力继续留置在这一侧翼。德军则像他们早先曾做过的动作一样，走堤道迂回沼泽地。7 日，德军在法军炮轰下，展开对沼泽地东边的攻击。为避开炮击，破晓时分，德军发起上刺刀冲锋。福煦的右军在奇袭下，立时大乱，迅即败退。所幸德军并未急追，只俘获少数令他们受苦的火炮。即使如此，福煦仍因情势危殆而请求支援。德斯佩雷应允借出一个军支援他的左翼，霞飞也派出一个军去填补他右翼的缺口。9 日，德军在福煦轻微抵抗下，继续攻击福煦的右翼，并获得新的进展。如此直到午后 2 时前，德军接获现今已众所周知的，比洛的总撤退命令为止。德军是在未受干扰，甚至在敌军全然不知的情形下悄然撤走。先前，福煦为因应紧急状况，曾从完整未损的左翼中抽调第四十二师前往他的右翼。不过，该师抵达现场时，只能向已在薄暮中远遁的敌人开几炮。这与一般传闻，福煦曾对突入战线的德军侧翼，发动过决定性反攻的说法大相径庭。另外还要补充的是，虽然比洛在军团大掉头的时候，暴露了他的侧翼，福煦却只想对德军作正面反攻。是役中，福煦最为人诟病之举是，他舍弃对友军的掩护而抢着主攻。

我们现在再回头看具有决定性的西线战事。我们仔细观察位于德军战线后方的各指挥部，检视他们渐渐摇摆不定的意见。这些意见最后竟促使德国撤军。在后方卢森堡的统帅部，刚于 8 月 30 日从科布伦茨（Coblenz）迁移过来。当时主要靠无线电与各军团联系，辅以参谋军官偶尔乘汽车的探访。德军此时并无常设的汽机车派车处，无线电讯则不仅常在加（密）码与解碼之间“遗失”，而且会受到巴黎艾菲尔铁塔的干扰。至于效忠 1870 年传统的各军团司令，为了防止自己被上级牢牢控制，除了报喜之外，发给上层的讯息既少又慢，并常吹嘘过头。在 9 月 7 日至 9 日整个马恩河会战的关键时刻中，前线并没有向上层拍发过任何有价值的报告；于是，迟至 12 日，毛奇竟完全不知克卢克的位置与状况。不过，不明下属单位的状况，并不影响大局。因为当时以陆军大臣身份在卢森堡的法金汉，曾在 5 日的日记上这样写道：“只有一件事是确定的，我们的参谋本部已经完全昏了头。史里芬的准则再也不管用了，毛奇当然也江郎才尽矣。”

其实，毛奇自己早就默认失败。卢森堡统帅部的低迷气氛，很清楚显现在亨奇中校身上。9 月 8 日，他以专使身份离开卢森堡，依序探访位于凡尔登以西的五个军团，准备全权协调撤退事宜，“如果后撤行动已经开始”。但他发现第五、四、三军团司令部气氛尚佳，即使他不敢完全确定。他继续前行，并在8日晚与比洛一起过夜。在此，他发现气氛就比较低迷了，使得他在第二天一早离开时，至少有一点肯定，就是这个军团的撤退命令应该快下达了。9日上午9时左右，空中观测报告比洛，有6支敌军纵队（英军五支，另一为法军骑兵）正接近马恩河——英军也就是这样走进了缺口进口处。上午11时，比洛下令自己的军团于下午1时撤退，并将自己的决定告知克卢克。

亨奇在路上因遇险阻而耽搁，直到晌午方才抵达克卢克司令部。我们根据他的证词，认为这时他已发现这里的撤退命令已下达。为了确认这项命令，有人向他说了撤退的方向是东北。但是克卢克的参谋长库尔（Kuhl）却坚称，这些撤退命令的发出，只起因于一名部属的错误。并且说，他只是依据英军已在他左翼后方的情形，才发出左翼向后转的命令。他又说，是亨奇有鉴于比洛的情势，向他下达撤退命令的。亨奇如今已过世，自无法反驳他的说法。然而揆诸事实，该军团撤退始于下午2时，其时，后撤的道路障碍已清除，而库尔与克卢克都没有向亨奇要求出示正式撤退命令。这点可证明亨奇的说法是正确的——他们急着要撤退。后来库尔确实承认，由于英军与德斯佩雷的突破已迫在眉睫，使得撤退无法避免。由于英军的进入，克卢克军团必须向北撤，因此使缺口继续开放着。

马恩河战役有许多意外状况，其中最令人好奇的一次是，意外重现了标准拿破仑式作战。所谓标准拿破仑式作战，是指拿破仑数度实行过的作战方式。卡蒙将军（General Camon）与其他学者都认为，这种作战方式经常出现于拿破仑脑中。它的特性是，当前线情势被你掌握时，马上对敌军某一侧翼进行直接攻击。这种攻击，本身并不具决定性，但可制造决定性攻击机会。譬如，敌军因被围而延伸战线，其目的在于避开包围，但也制造了实力不足的接缝。这一接缝，正适合进行决定性攻击。在马恩河之役中，加列尼制造了这种战线的延伸，英军则刚好突破战线上的接缝。联军完美地打了这么一场仗，却不自觉。

因此，我们可以清楚看到，英军于5日的持续后撤，以及6、7日的缓进，在战略上是非常重要的。他们在无意间所进行的退却，一如拿破仑有意做的。如果英军提早展现其“决定性”攻势，“接缝”就不会因克卢克调走最后两个军而变弱。因为即使这两个军要调走，比洛也会拖延到8日早上。另外，从莫努里的攻势在这两个军朝他前进时被阻来看，就足以证明莫努里攻势并不具决定性。

但是英军在 8、9，以及 10 日的持续缓进，却不是拿破仑式战法。而且后来证明这样做完全失去变德军后撤转为德军惨败的机会。并且从此开始了漫长的 4 年战壕战。联军无法乘势追击的部分原因，在于绵密河川所造成的障碍，但大部分原因则在于缺乏冲劲，以及错误的指挥。约翰·弗伦奇爵士对于前景似乎信心不足，尤其对于他的盟友行为。结果，导致他踩刹车的机会多于踩油门。此外，他将绝大部分的骑兵放在他的右侧，甚至后方，好像要与法国邻军连接，而不想作为追击的矛头①。事实上，骑兵要等到 11 日才真正发起追击。德斯佩雷的前进，则更是谨慎：他的右翼与后面福煦的部队合并在一起；他的中央部分慢慢跟着比洛的后撤部队，但没真正赶上；他的左翼根本未在开敞的路上奋力前进。

然而，行进延宕的另一原因是与进击的战术运用有关。直到 1918 年大战结束，行军观念始终受到旧式的，各种队伍保持齐头并进观念的影响。所以当某一军或师遇险阻暂停时，其友军也只好歇脚。于是，联军错失许多原可绕过敌军因暂时抵抗所造成的侧翼，维持进击速度的机会。由于英军与法军错过许多这种致胜机会，就要等 1918 年德军运用这种所谓“自然法则”了。自然法则，就像水流一样，它会走阻力最少的路，避开障碍，顺势而流；同时，随后所激起的漩涡，把孤立的障碍冲走。

假如马恩河之役的创造者，自始握有作战主导权，这场胜利也可能更具决定性，并使整个战争时间缩短。霞飞在限制加列尼的打击力之后，就找到机会拿掉了他的主导权。其实，加列尼是有可能快速抓住敌军的缺陷，击败敌军的。9 月 11 日，霞飞通知加列尼，说他要重掌莫努里军团的直接指挥权；这使在巴黎动弹不得的加列尼干着急，眼看胜利的成果就要从思路慢半拍的上司手中丢失了。加列尼在整个战役中的作战原则，始终如一地要求所有预备队往北走，向敌军后方前进，但霞飞从中搅局过好几次。由于加列尼不再现身前线，法军变成纯粹与德军作正面对峙。这给德军一个喘息空间来进行整编，并

---

① 平均行进分别是，6 日，11 英里；7 日，少于 8 英里；8 日，10 英里；9 日，11 英里。官方史实表示，在当时情况下，“最多只能多一点点”。但这种看法与当时许多参与作战的军官的说法不同。查特里的日记上，有一段关于 7 日行军的记载——“事实上，我们自己的部队，虽然人员很精悍，行进却极其的慢……骑兵尤其糟，他们正好在步兵后方。”他又说，黑格“从一处师指挥所走到另一处师指挥所，频频试图催促他们前进”，但是师作战日志显示得相反；现在可以确定，黑格于 9 日渡过马恩河之后，曾下令部队暂停数小时，直到他的飞机回报“前方无险阻”之后，才恢复前进。后来他又被弗伦奇叫停。高夫将军则将这行进缓慢的原因，归咎于“总司令部并不打算向军、师长们解释，现在正有绝佳机会对敌发动决定性袭击”。

且因此能在埃纳河战线上稳住阵脚。这样，一直到9月17日，霞飞才想到运用铁路调动，将大量部队集中于德军侧翼后方。结果，在所谓"向海岸竞走"中，法军给人印象经常是"太少或迟24小时到得太晚"。这样情形一直到战壕式防线延伸到海边方才消失。

联军藉德军在防线后方的一时失序与迟疑，原可以获胜。但是霞飞的行动在这方面并不成功。虽然如此，霞飞倒非唯一丧失机会者。英国官方史家埃德蒙兹将军(General Edmonds)曾严谨批判道："英国本土防卫队除了第六师留在英国本土之外，要是其他14个师的兵力与14个骑兵旅中的一部分，曾在欧陆海岸港口登陆，攻击德国的交通线与后方，联军即可能获得决定性战果，战争就可能结束。"

联军即使是上述机会都没抓到，当德军到达埃纳河的时候，机会仍存在，只是最后的机会也丢失了。确实如此，英国国家战史即说明，"英军没有比13日早晨更具光明的突破前景"。感谢德军的疏忽，以及英军一些下级指挥官的主动，埃纳河两侧的通道都被英军取得。事实上，"从提供给黑格的所有情报显示，自马恩河之役开始以来，存在于德军第一与第二军团之间的缺口从未被封死……"但是，德军在这次竞争中失败了，原因在于"德军统帅部未能体认情势"。13日，"英军各师进行相当谨慎而缓慢的进攻"，然而，"不论时机有多么重要，从总司令部的命令中看不出有任何暗示"。

"及至9月13日晚，整个情势都为之改变。德军的增援部队已抵达，大家预料14日将有强烈对抗出现；不过总司令部的命令却仅重申，'我军应继续追击'。但与联合作战有关的计划、目标，以及安排却只字未提。于是英军各师在糊里糊涂中进入战斗"。由于他们的失败，使敌我双方军事势力上的消长没有大的改变，胶着状态也随之发生。

法军在向东前进时，丧失了更大的胜利机会。当法军抵达埃纳河时，科诺(Conneau)的骑兵军与一部分后备师曾与德军防线对峙，中间间隔10英里。渡河之后，骑兵向北挺进13英里到达锡索讷(Sissonne)。然后，由于"看到有被切断的危险，奉命退到桥边"。这种不十分光彩的情景，丧失了骑兵后来在西线再未遇过的机会。科诺的骑兵军在锡索讷的位置，其实位于被击退的德国第二军团侧翼以北15英里，德国第三军团战线后方40英里。"他们只要往东跨越敌人的交通线，至少可以造成敌人惊恐与混乱。"

常有人提到，如果拿破仑再世，是否可以打破这种战壕战的胶着。1914年，虽然那些未受重用的现代化防卫武器，以及巨量的人数，削弱了战事的机动性与决定性，加列尼出现的一幕，却使人产生另一种想法。加列尼对于第一次世界大战西战场的看法，不仅承受得起"拿破仑式眼光"的美誉，他的直觉、用兵之大胆，以及果决的能力，与法、英、德的其他军事领袖形成鲜明对比。同时也说明，如果那位"工匠"（指霞飞）能看重这位战争"艺术家"，联军是有可能迅速了断战壕战之困境。

我们从加列尼在极度受限情形下仍有所发挥，即可强化上述的假设。加列尼的巴黎卫戍司令一职，受制于只能担任防御性角色的规定，即使是上级赋予了他指挥防区内野战军团的权限。其实上级除了赋予他防卫巴黎要塞的直接职责之外，并不想让他有更宏观的战略构想。令人感到讽刺的是，野战军总司令，只能领导包围战，而一名要塞司令，竟构想并发动了大战中最重要的一战。战争就像以鬼牌（Joker）为最大王牌的牌局；当霞飞打不出王牌的时候，加列尼则打出了鬼牌。如同加列尼后来半幽默半伤痛的说法："没有所谓的马恩河会战。霞飞的指示，使法军注定要撤出塞纳河、凡尔登与南锡。由于萨拉伊未听从他的命令，结果保住了凡尔登；卡斯泰尔诺紧守大库隆纳地区，结果保住了南锡。我自己则采取了攻击行动。现在我可以肯定地说，我前进，他后退，退到远在战线的后方——如果说，是这样一位总司令在主导、预测，以及经营这场战争的一切……简直令人难以置信！"

这段话当中，最真实的一句是开头的——"没有所谓的马恩河会战。"其实在 1870 年也没有所谓的色当会战。事实上，愚蠢的毛奇在面对如同当年色当会战的翻版时，其窘况一如笨拙的麦克马洪（MacMahon）①面对老毛奇的情景，甚至有过之无不及。

① 普法战争法军司令。

第二章　传奇的坦能堡会战

与马恩河之战一样，一般有关德军在坦能堡大胜的故事，堪称集错误之大成。这些颇富传奇色彩的故事，内容其实经不起检验。

诸般传奇之首，也就是最被传诵的一则故事，曾为一位老将军勾勒一张沾染幻想气氛的画像。传说这位老将军在退休之年，以战略策划为嗜好，为未来俄罗斯的入侵，设计一座极其庞大，可吞噬大群俄罗斯人的“陷阱”。传闻这位老将军曾探勘进入这片沼泽地的路径，测定其底部。然后，据说当战争来临时，他的梦想终得实现①。第二件传说的出现，与鲁登道夫的崛起有关。一般说，在兴登堡身上，看得见鲁登道夫的影子。于是，有这么一说，鲁登道夫所设计的、了不起的坎尼型战争计划，是在他乘火车前往东普鲁士上任途中所构思与下令执行的。这趟旅程中，他并顺道迎接了他的徒有虚名的上司。我想，历史一定会将两件事的真相澄清。

德国人，基本上是一批既有年轻参谋军官的脑筋，又富有旧式军长冲劲的加列尼式人物。不仅如此，由于俄国领导阶层能集毛奇与霞飞错误之大成，所以对他们的裨益又增加许多。其实，俄国入侵东普鲁士的一段短暂记录，简直就是整个俄国现代军事史的缩影。

这当中有一人，除了应为胡乱行事负大部分责任之外，也应为俄国在战备上未及备妥之前，入侵德国而遭惨败负责。此人就是曾任俄国参谋总长，到1913年卸职的吉林斯基将军（General Jilinsky）。吉林斯基曾与法国达成军事协议，保证俄国在动员开始的第15天，向战场投入80万人。这一军事计划，使俄国庞杂的战争机器备感压力，以致当这机器一开动，就出现许多问题，甚至局部瘫痪。同时，它也造成俄国参谋本部人员的紧张，使他们在慌乱情绪中作出各种决定。然而，有关的军事计划，并不止于此一对法的承诺；其实俄国正孕育一套以主力同时攻击德国与奥国的新构思。

---

①　指兴登堡。

不过，军事计划却因执行者无法付诸实施而问题益增。执行者甚至被陆军大臣苏霍姆林诺夫将军刻意夺去对计划的影响力。苏霍姆林诺夫其实企图由自己取得指挥权。但是苏霍姆林诺夫倒非唯一相信自己是最适任者。他的

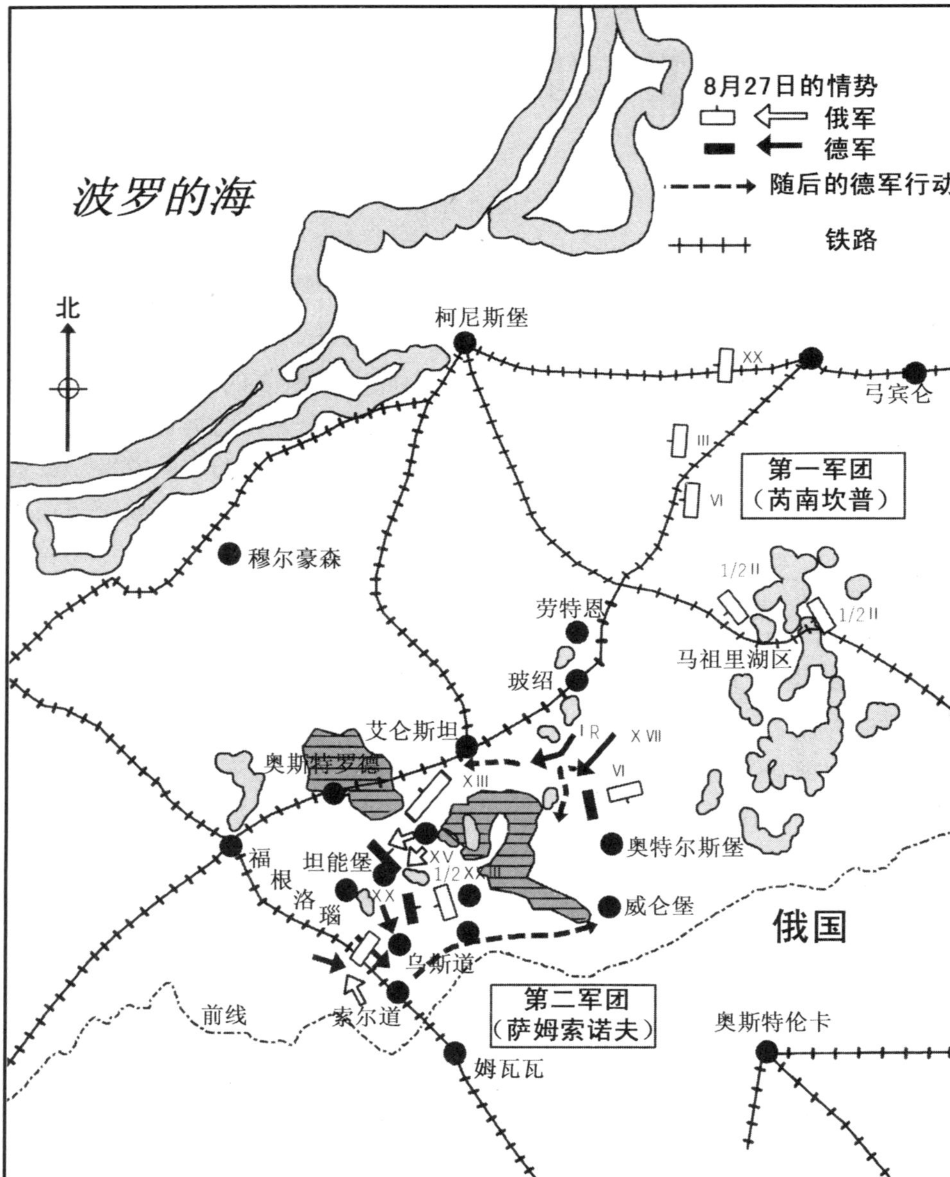

图 4　坦能堡(1914 年)

对手也声称具有这项“神圣权利”。当战争来临时,沙皇在他的大臣警示下,就提议由自己来指挥俄国军队。但沙皇在这些人的压力下,勉强将计划指派由尼古拉大公担纲。此人至少是一位饱经训练的军人。但同时沙皇却另任命两名助手加以掣肘。其中一人是奉承型人物——军方不太熟悉的亚努什克维奇将军(Gen. Yanushkevich),另一位则是能干的传统军人——真正主导俄国战略的丹尼洛夫(Danilov)。

从1914年8月初开始,尼古拉大公即经由俄国外交部,不断受到法国的敦促,要求设法为德国入侵法国的举动解压,并且希望尽快进行。因此,虽然俄国进攻东普鲁士,并未晚于对法国承诺的时间,却在自己尚未准备周全之前跨入战争。

东普鲁士是一块长舌状的土地,它越过涅曼河,伸入俄罗斯的心脏地带。其北侧为波罗的海,南接俄属波兰。俄罗斯沿着陆地边界部署了两个军团,第一军团,或称沃尔纳(Vilna)军团,受芮南坎普指挥,第二军团司令则为萨姆索诺夫。这两个军团形成一支集团军,另受吉林斯基节制。吉林斯基所拟订的计划,首先要求芮南坎普进攻东普鲁士的东端,以图接近德军防卫兵力。两天之后,萨姆索诺夫穿过南方边界,并自维斯瓦河将德军后方切断。这个计划在构想上并无错误,问题出在执行。从这次行动造成德军司令部惊慌失措,即知其潜在的军事价值。但是,俄军除了领导统御上的错误,以及部队未及备妥即发起攻击的缺失之外,行动另受到两个不利的天然条件影响。第一,两个军团被连绵50英里的马祖里湖区(Masurian Lakes)所区隔;同时,这湖区还与西面要塞化的柯尼斯堡(Königsberg)地区接连。因此,芮南坎普的攻击被局限在仅约40英里宽的空档之间。第二,由于俄国人从未在南边国界区建设足够的铁公路网,使这地带形同荒芜。它可以阻止德军入侵,但同时也造成俄军进攻上的困难。

8月17日,芮南坎普率领6个半师与5个骑兵师越过东面国界。至于德国方面,其实他们早已研究过俄国这样的两面入侵;他们认为,可以利用这些地区的地形地物,特别是马祖里湖的屏障,以史里芬的解决方案(Schlieffen's solution),首先全力猛攻可能在任何地区出现的第一道俄军兵力,然后调头解决另外一边的俄军。然而,德军驻东普鲁士军区司令普里特维兹行事风格很像他的上司毛奇,害怕冒险。他既不愿意在天然屏障上,外加一道地方兵与要塞部队的兵力,又将朔尔茨(Scholtz)指挥的第二十军的两个师,调派到南边的边界。他将他的第八军团剩余的7个师与一个骑兵师,悉数集中来抵御芮南坎普的部队。由于对情势估计错误,他对入侵之俄军发动了正面攻击,结果使他进一步失去速战速决的机会。

8月20日,普里特维兹在弓宾仑附近发起正面攻势。虽然德军左右两翼各军攻击成功,负责直接正面攻击的中央德军第十七军(由马肯森〔Mackensen〕指挥)却受俄军重创。于是,至少在心理上德军全无胜利感。不过,芮南坎普此时为使中央部分免受德军包围,正在下令后撤。只是一到天明,他才发现德军也在撤退。

德军在弓宾仑发动攻击的那一天,俄军萨姆索诺夫在吉林斯基催促下,也率军驰抵边界。由于运输工具不足,补给一片混乱,以致兵困马乏。萨姆索诺夫亲领着8个师与3个骑兵师的兵力,另有2个师随后赶到。

德军普里特维兹从第二十军获知萨姆索诺夫部队已到边界。虽然萨姆索诺夫的兵力比德军预计来得少,德军第二十军也无惧其出现,但普里特维兹闻讯却沮丧不已。当晚,他的两名参谋格吕纳特将军(General Grünert)与马克斯·霍夫曼中校(Lieut-Colonel Max Hoffmann)在奈登堡(Neidenburg)的司令部办公室外谈话。其实,奈登堡德军司令部是满接近南面边界的。普里特维兹看到他们之后,就将他们叫进办公室。室中另有参谋长瓦德西伯爵(Count Waldersee)在场,此人也是个徒有其名的拿不定主意者。满脸焦虑的普里特维兹说道:"我想,各位都从南边前线收到新消息了吧?我军应该停止作战,后撤到维斯瓦河后面。"

两位较低阶参谋闻言立刻反对,强调首先弓宾仑的攻击必须持续到底,他们有的是时间;况且,两人认为未接战就贸然撤退,会使目前比较接近维斯瓦河的萨姆索诺夫有机会切断德军的主力。然而,普里特维兹却淡淡地告诉他们,决定在他,不在他们。随后,普里特维兹就离开了办公室,只留下瓦德西与他们继续争论。结果瓦德西居然被他们说服采取较大胆的策略。他们决定,为了争取时间与空间,德军应对萨姆索诺夫的左侧,或西侧发动攻势。并认为必须从弓宾仑地区以火车调回3个师,来加强第二十军的实力;同时,弓宾仑地区剩余的第一后备军与第十七军应沿公路向西撤退。这就是整个坦能堡会战的背景。

普里特维兹回到办公室之后,也同意他们的建议;并说,退到维斯瓦河后方就不得再退。第二天,当普里特维兹听到他的部队安全脱离与芮南坎普的战斗时很高兴,而且萨姆索诺夫的攻击也几乎完全停顿。然而,当司令部在22日北迁进入米尔豪森(Mühlhausen)时,一封电报到达,内容像是晴天霹雳。它宣布德军东普鲁士军区新总司令与新参谋长已搭乘专车在赴任途中。而这两位新任总司令与参谋长,就是兴登堡将军与鲁登道夫将军。半小时之后,另一封迟到的电报更指示普里特维兹与瓦德西准备交接。

惊讶不止的参谋们,后来才为这戏剧性转变找出一些头绪。原来20日那夜当普里特维兹离开办公室后,他不但打电话给马肯森与战地铁道局,告诉他们,他正准备撤到维斯瓦河后方,同时也将其意向电告当时在莱茵河的科布伦茨统帅部。他甚至告诉毛奇说,他只能在增援下,守住维斯瓦战线。妙的是,在做完令他方寸大乱的蠢事之后,他回到办公室,却又忘记将事情告诉参谋,以致后来没有人将他稍后改变的计划通知毛奇。而毛奇听了他的报告之后,还来不及慌乱与悲观,尽管撤退已迫在眉睫,却很快地对普里特维兹作出了惩处。

毛奇立刻环视四周,想找出一位富有决断力的人,接替普里特维兹的职务。他发现在列日战斗中,转败为胜的鲁登道夫是适当人选。他又想到为鲁登道夫挑选一位名义上的上司,并且立即将鲁登道夫召唤到科布伦茨。鲁登道夫于22日到达统帅部。除听取东普鲁士的情势发展之外,并直接向运气不佳的普里特维兹手下的军长们发出第一道命令。他逮到一列火车权充他的新司令部,并且开往汉诺威(Hanover)迎接了他的司令官。

我们暂且稍停。我们先细思这德军指挥系统中愉快而有趣的一面。统帅先挑选与约谈参谋长,然后参谋长就先下达自己的命令,再到中途的汉诺威车站,领他的傀儡上司上任。但更好笑的是,鲁登道夫的一切作战计划与必要步骤,其实早已由一名更低阶的参谋军官霍夫曼完成。此人后来在鲁登道夫手下留任作战处长一职。

事实上,德军精心设计的大胆军事计划,主要源自霍夫曼较早的军旅经验。虽然,霍夫曼被许多人认为只是一名机灵的浪荡子,然而,具有敏锐洞悉力的史里芬,当年就挑选这名顽皮的年轻上尉前往日本。让霍夫曼在日俄战争中担任观察官。日俄战争期间,霍夫曼除了学到许多俄国军队事务外,当然也知道两位俄国大将,芮南坎普与萨姆索诺夫在沈阳车站互掴耳光的趣闻。因此,此时虽然萨姆索诺夫正遭受来自弓宾仑德军的压力,霍夫曼判断芮南坎普应不会急着去驰援萨姆索诺夫。此外,他在中国东北也体会到俄国人惊人的粗心大意。基于这点,使他在1914年8月,断定截收到的俄军明码无线电命令是真的,虽然他的上级都不信其真,认为此电报是“欺敌”行径。

矛盾的是,使鲁登道夫跃登世界知名将领的霍夫曼计划,以及由鲁登道夫依据它所作出的后续计划,在实施的时候,竟与他自己所发的第一道命令相冲突。其因是由于鲁登道夫要斩断普里特维兹的控制,被任命参谋长之后的第一件事，就是从科布伦茨打电话到几个军部，告诉这几个军，在他尚未抵达前线之前，暂勿独自行动。此时，在芮南坎普前线附近的德国第一后备军与第十七军正向西后撤，听到鲁登道夫的命令之后，就放空休息了一日。另外，整个第八军团司令部为了迎接新司令官，也立即停止前进，赶回马林堡（Marienburg）。

鲁登道夫于 23 日抵达马林堡。他发现目前情势与他构想不完备的计划尚称相符，这令他惊喜不已，同时也肯定了霍夫曼的安排。翌日，确定芮南坎普并未追击之后，鲁登道夫扩大计划。他命令第一后备军（贝洛〔Below〕指挥）加速撤退，以便攻击萨姆索诺夫的右侧。到 25 日，鲁登道夫根据所截获的无线电讯，得知芮南坎普的行动已经转慢；他认为现在可以同时运用由马肯森指挥的第十七军，并且只留下骑兵监视欺敌。他认为如此一来，他有能力重击萨姆索诺夫的两侧，而非一侧，以便进行决定性的两翼包围。不幸，依据他现已成形的计划，部队即使强行军，也赶不上先前因休息所损失的进度。

同时间，俄集团军总司令吉林斯基却认为德军正在进行普里特维兹考虑过的撤往维斯瓦河的计划；于是，萨姆索诺夫在前者连番电报催促下，蹒跚前进。吉林斯基虽然一面驱使萨姆索诺夫切断德军，却并未下令芮南坎普也加紧同一行动，相反却要求芮南坎普转攻哥尼斯堡。同时，萨姆索诺夫军团在前线的正面宽达几近 60 英里，以致他的右翼、中央，与左翼严重分散。如果拥有良好机动力，这样正广的阵面或有好处，但由于俄军部队行动迟缓，路面状况也差，所以这样的正面就险象环生了。等萨姆索诺夫向更远的西侧迂回前进的时候，本来的混乱就变成了溃败。

德军朔尔茨指挥的第二十军这时候只是缓慢后撤，却又向西绕回；接着朝向艾仑斯坦—奥斯特罗德（Allenstein-Osterode）一线进攻。这里有俄军中央部分的第十三、十五军。鲁登道夫由于担心继续后撤的后果，于是下令法兰索瓦（François）的第一军于 26 日在乌斯道（Usdau）附近展开攻击，以便突破俄军的左翼（第一军与两个骑兵师）。法兰索瓦却提出异议，说他的部分兵力、四分之三野战炮，以及一切重型火炮与弹药车队尚未到达，要求不攻打正面而转攻俄军侧面。鲁登道夫则不理会他的异议。鲁登道夫也许现在只重视时间，顾不到战术的现实状况。但法兰索瓦并不这么想。他不愿重蹈马肯森在弓宾仑的覆辙。他不强攻俄军，以避免俄军对他进行顽抗。他并以此消极回应鲁登道夫的命令，且在夺下外侧山岭之后，就鸣金收兵。至于朔尔茨的第二十军的进攻，也因萨姆索诺夫部队过于疲惫未遭任何阻碍。萨姆索诺夫部队中，有一军甚至在 12 天之内，在满是砂砾的路中行军超过 150 英里。

但是德军在26日并非没有遭遇激战。在另一侧的俄军右翼(第六军与骑兵师),曾在劳特恩(Lautern)附近与正从东面防线往回行军的德军两个军遭遇。这批俄军其实与他们军团的其余部分相隔有两天的路程。俄军与德军遭遇之后,即在慌乱中退去。然而德军贝洛与马肯森所部由于强行军之故,早已兵困马乏,两军之间的协调又差,于是放过俄军未予追击。所以俄军右翼虽已一片混乱,仍全身退出。不过其中有一个师的一部分,在返回玻绍湖(Bössau Lake)途中遭到德军包围,惊慌中溺毙一些人。就因为这么一桩小事件,却传说兴登堡将萨姆索诺夫军队赶入湖泊与沼泽地带,溺毙无数俄军。

其实真正关键时刻是在27日。是日晨,弹药已补足的法兰索瓦部队在乌斯道附近向俄军左翼展开猛烈炮轰。俄军空着肚子,抵挡不住压顶的强烈炮火,不等德军步兵抢入就先败阵而退。法兰索瓦下令向奈登堡方向追击,以便藉此截断俄军中央部分的后方,却被俄军一阵反击,反攻他的外侧而令他向南边的索尔道(Soldau)回转。然而到28日破晓,法兰索瓦发现被击溃的俄军左翼已从索尔道撤过边界。因此他重将矛头转向东方的奈登堡。

法兰索瓦在27日遭俄军逆袭所损失的时间,由于俄军命运注定似的进一步溃败而获补偿。虽然萨姆索诺夫已知悉前一夜他右翼已被击破,左翼遭威胁,他仍命令其中央部分重新向北攻击。他这样做,自然是过度乐观的。不过旋即为其上级所谅解。究其原因,一则可能是他刚硬地执行上级命令,不然就是他看见宿敌芮南坎普正在进攻,所以不愿退却。他这一攻击,使德军获得击退他们的机会,因为鲁登道夫曾下令朔尔茨在法兰索瓦攻击发起之后,跟着行动。尽管俄军的攻击,只会加深本身的疲惫程度,俄军中央部分仍将正面的夏尔兹部队打出多道裂缝,一时间倒让鲁登道夫心惊胆颤不已。他下令法兰索瓦一面立即回头驰援,另外要求该军的剩余部分,速向东北方向的拉纳(Lahna)推进,以抵挡紧接在俄军中央部分的后部兵力。朝这方向行军,需要横越密实的森林地带,自然也会减少法兰索瓦拦阻俄军后撤的时间与机会。所幸,法兰索瓦再次丢开命令,继续朝向奈登堡前进。中午过后,鲁登道夫发现俄军并无扩大朔尔茨裂缝的企图,相反显示有后撤的迹象。于是他向法兰索瓦发出新指令,不仅要求法兰索瓦继续往奈登堡移动,而且命其穿越奈登堡,往东直向威伦堡(Willenburg)进发。到了29日夜,法兰索瓦部队已占据整条由奈登堡通往威伦堡的道路,并在其间挖掘连串战壕据点,形成一条切过俄军后撤路线的阻绝线。俄军现在正如潮水般后撤,并且陷入法兰索瓦不愿踏入的迷宫森林中,然后变成一团混乱。俄军中央部分就在后有追兵,道路一片壅塞之下，瓦解成饥困交迫的散兵游勇。他们已无力抵抗德军阵阵射击，最后，成千上万地束手就擒。

俄军悲剧的高潮，却是由萨姆索诺夫自己扮演的。他于27日从奈登堡向北推进，原本企图控制局面，却发现自己已陷入撤退漩涡。于是在28日赶紧回头往南走，竟因此迷失在森林深处。就在阴暗的森林里，他悄悄别过身走开。当时他的参谋中无人注意到这一幕，直到幽远处响起一声枪响。他宁愿结束自己的生命，却不愿选择收拾残局。

然而，他死之后，俄军残局并未如他那般全然绝望，但也不明朗。后来看出，如果俄军中央部分有能力自行重整突围，可能会扭转局面。其因在于法兰索瓦的阻绝线并不厚实，甚至自身也难保。所谓"难保"是来自俄军阿塔曼诺夫(Artamanov)的第一军的威胁。该军在乌斯道战败后，撤过边界，经过整补，重新回头赶来解救友军。29日，德军的空中侦测曾警告法兰索瓦有关阿塔曼诺夫部队的威胁，但法兰索瓦拒绝放弃他对俄军的"封锁"，而不愿离开一步，虽然后来他有余力派兵时，曾派兵阻挡进攻奈登堡的俄军。即使如此，该镇仍于30日落入俄军手中。不过，此时鲁登道夫也已调派援军前来解围。阿塔曼诺夫见状未多作进攻，即于31日再度往南撤出。

造成法兰索瓦部队实力变弱，以及部分萨姆索诺夫军团能够脱逃的原因，是马肯森与贝洛部队无法从东面前来支持法兰索瓦。因此，后者的阻绝线并不如原先想像的那般坚实与完整。由于马肯森与贝洛部队之间协调不佳，并且欠缺上级明确指示，这两军就放弃对俄军右翼的追击，转北对准艾仑斯坦一地以所谓标准德式军风，"朝枪声前进"，却不以"汉尼拔军风"编织陷网，一网打尽俄军后部。鲁登道夫既惧怕芮南坎普的进攻，又亟欲歼灭萨姆索诺夫，于是发出一连串自相矛盾的命令。这对解开混乱战局，让马肯森与贝洛可以善用其兵力并无帮助。结果，他冒险多于获利。他花费很长时间关闭与俄军交战机会，却在东南边留着一个缺口，部分俄军第七军根本就是藉此处脱逃。如果马肯森未主动再次转向南边封死缺口，俄军很可能绝大部分都脱逃成功。如此一来俄军就不会因恐慌而丧失判断力。

尽管如此，俄军有9.2万人被俘，两个半军悉数遭歼灭，萨姆索诺夫另外半个军团受到重创，特别是士气方面。德军毫无疑问因俄军的愚行而获利，特别是，后者不时以明码无线电讯暴露军情真相。但如果我们谅解这些明码电讯，我们也应注意到俄军的"轻率"，以及这个荒野地区的艰困之处。坦能堡的胜利是军事史上一项独特的伟大事迹。不过，鲁登道夫并非胜利的设计者，兴登堡更不是。只有霍夫曼可为设计这项战略获得主要殊荣，普里特维兹与鲁登道夫则可为接受这项设计，轮流分享一些荣耀，鲁登道夫并可为后来加入的细节，多分到一份荣耀。鲁登道夫更非胜利的推动者，法兰索瓦才是。不让鲁登道夫分享胜利成果，才可以扳平一个事实，也即，他从科布林兹发出的最初电报，其实就是无法完全包围萨姆索诺夫的真正原因。其实坦能堡会战本来就不是长久以来常被人所喝彩的，有意设计出来的“坎尼”型会战。它的目标只是要突破俄国人的入侵，并非要围死俄国军队。所谓两面包抄，都是事后想出来的。包围之所以能够实现，是因为芮南坎普一直保持被动。与上述“事后想法”有异曲同工之妙的，是这场胜仗的名称。当 8 月 28 日鲁登道夫下令追击时，目标原是“福洛根瑙”(Frögenau)，霍夫曼见状，建议鲁登道夫不妨藉机一雪日耳曼的历史污点，将目标改为距离福洛根瑙不远的一个小镇“坦能堡”。1410 年，条顿骑士(Teutonic knights)曾在此遭到历史性败绩。

第三章　奥军终结者康拉德与伦贝格之战

在当时欧洲，没有人比奥匈帝国军事领袖康拉德·冯·贺岑道夫为战争付出更多心力，也没有人比他更盼望战争。在所有各国军事领袖中，康拉德也是唯一在开战后的首次军事冲突中，被命运决定他会彻底大败的一位。然而，他也许是最具才华的战略家。毛奇、霞飞以及尼古拉大公，都是尽责的平凡军人。他们之间个人气质虽明显不同，但行事风格都有不够明快的相似之处。他们的动作与思考过程缓慢，相反康拉德却具有机动观念与果敢行动的天分。他的战略兼具艺术家的气质与杂技演员的技巧。倘若他的思想被界定为19世纪战争学派，它正是这一世代的最佳代表。当然它也有最糟的一面。它无法辨识物质因素在现代战争中的价值。康拉德虽然欠缺战术现实感，手头的工具在本质上又不适于现代作战，但他仍企图展现战略绝技。当工具在现代战争压力下为之弯折之际，他却一味在工具上加压，直到工具毁于他手中为止。

欧洲强权中，数奥地利陆军的装备最陈旧。它的野战炮除了在配置比例上，较少于其他国家之外，射程也较短。步枪中有三分之二是旧式的，已使用四分之一世纪之久。其后备兵力训练极其不足，即使到1914年9月，戍守喀尔巴阡山脉各隘口的部队，只能发给单发装填的步枪。奥军的运输工具也颇为欠缺，少到必须调集五花八门的农用马车，以弥补车辆的不足。一时之间，马车壅塞于途。虽然这些缺点都是进行强烈军事行动的阻力，奥匈帝国陆军的训练却纯粹以攻击为目的。奥地利军队对战争付出如此之多，却又如此欠缺战术能力，其主要在于深受康拉德的影响。此人曾亲自为奥军汇编教范。

如果说康拉德作战计划中的战术工具脆弱不堪，其战略基础更是空洞。在地图上，波兰突出部深陷于奥地利与德国领土所形成的两颚之间。这薄薄的一小片土地看起来至为显眼，任何业余战略家一眼就想将它咬掉。它也让康拉德兴奋得失去判断力。康拉德为自己勾勒一幅战略性超色当之战的蓝图。

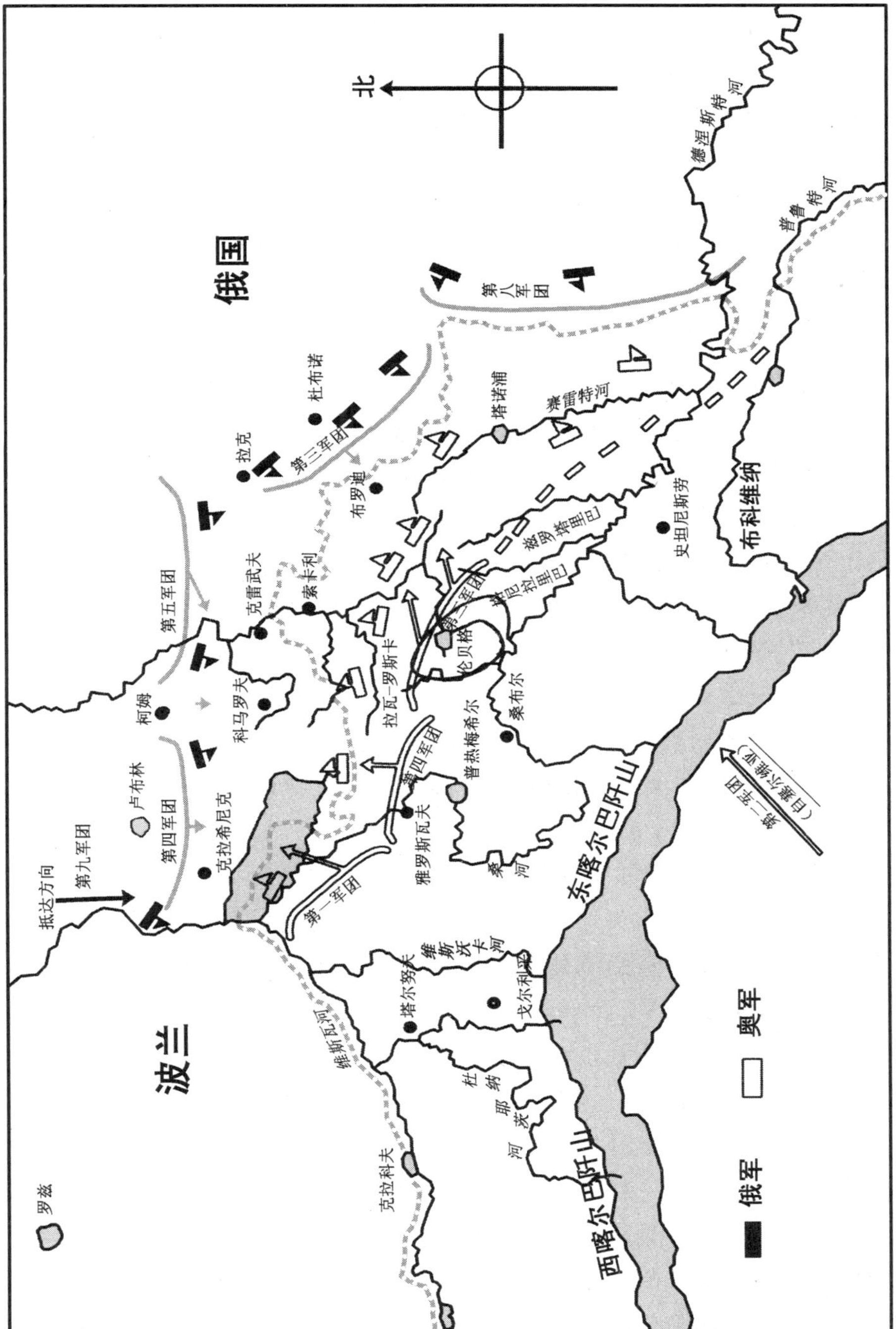

图5　伦贝格之战（1914年8—9月）

他计划以奥地利军队,从加利西亚北上突入波兰,而德军则由东普鲁士南下。然后切断大群俄罗斯部队的后路,将他们困在广袤的波兰大平原上。不过,这样计划并不实际。因为这样必须打一场由双驾马车式同盟所领导的两面战线战争。

长久以来,德国决定要一鼓作气攻下法国。在 1909 年的一次会议中,毛奇告诉康拉德,他希望在六星期内摆平法国;然后将军队调头送往俄国前线支援奥地利。根据德国的决定,康拉德其实可以机灵地决定先守,等到援军到了以后再谈其他。如果他真的这样做,以作战而言,地理环境与俄国人的迟缓个性,使他在时间上蒙利。从喀尔巴阡山脉往北奔流的河川,是延缓敌人攻击的一系列屏障;而俄军缓慢的动员集结,可确保俄国早期不会有入侵危险。但是,即使奥地利握有时间优势,康拉德却只构想一种行动方式,那就是攻击。由于他的固执,俄国军队冗长的动员过程他没利用到。其实他愈早对俄采取攻击,所遭遇的反击就愈小。经计算,俄国在动员开始的第 20 天(8 月 18 日),奥地利前线的俄军集结了 31 个师兵力,到了第 30 天,则有 52 个师俄军集结完成。康拉德最早期望自己的兵力与俄军相等,然而,不久就成三对四的劣势。对他来说,这就是他要迅速行动的动机;虽然,除军事乐观主义者之外,在 1914 年时代的任何人,是不会在光凭兵力相等,而自身的素质又有问题的情形下,发动被自己错认为决定性的攻势。

然而,康拉德更期望毛奇兑现 1909 年所作过的模糊承诺,也即驻守东普鲁士的德军将对俄发动攻势。虽然毛奇既未提过用兵原则,也未谈及意图,康拉德一心一意假定这样攻击会成为事实。

德国参谋本部其实有责任向他表明真相。相反,毛奇像要满足自己欲望似地,只顾以童言般语调鼓舞对方,"把那些拿皮鞭的(俄国人)赶进普里皮亚季河(Pripet)沼泽地,让他们淹死"。即使德国参谋本部应负未表明真相之责,康拉德确实是宁愿自欺,而不放弃表现自己战艺的机会。他实力最坚强的两个军团,第一与第四军团在加利西亚他所策划的战线左方集结,准备向北展开攻击,第三军团受命掩护一、四军团的东侧。第二军团则准备等前面三个军团到达塞尔维亚前线时,加入作战。虽然如此,康拉德承认俄军在波兰的集结,不但不会困死在波兰这块突出地形里,相反可能会集中力量对他的东侧部署发动攻势。于是,他计划将他的军队回旋经过伦贝格一线,调头面对波兰俄军。但是,俄军这种可能的演变,并不合乎他的期望,所以他宁信其无。宁信其无并不难,因为他所倚仗的情报搜索工具不论在性能上和数量上都太差,对俄军确实情况知道不多。康拉德徒具 10 万以上骑兵,却只有 42 架飞机,其中能用的更少。

8 月 15 日，奥地利军在"大量骑兵前导下"，朝前巡游 100 英里，对 250 英里宽的前线进行搜索。几天后，"大量马匹背部被磨伤，有几个师完全不能动弹"。仅有少量部队到达可以接敌的距离，敌人并没有骑兵掩护，结果奥军骑兵与俄军步兵短兵相接之后，伤亡惨重。甚至奥地利国家战史也直言不讳道，"这次长途骑兵侦察的价值比不上伤亡数"。

即使如此，康拉德所搜集到的丁点信息就足以使他满意。也即，俄军在依照"他的计划"集结。于是，他在 20 日下了一道致命性的命令。他要求奥军朝北深入波兰。奥军摸黑朝卢布林（Lublin）推进。此时，康拉德怀着错误的自信，表示他相信"没有迹象显示俄军会从东攻击他的右侧"。

他的错觉很快就烟消云散。俄军有两个完整的军团正兼程赶来，准备攻击他的右侧。与德军相反的是，康拉德似乎发现现在截收俄军无线电指令已太晚，虽然后来他仍以这种伎俩逃出陷阱。他曾盲目地在俄军包围中步行一段时间。

相较之下，俄国所拟定的军事计划，在设计上既精明又简单。它是两种基本上不同性质，却不失替代性的方案。但是最初的部署方式可适合两种方案。不论情形如何，俄军准备将华沙与维斯瓦河以西的波兰突出部中的一切撤离。俄军将兵力区分为两个集团军。其一，面朝东普鲁士在西北前线集结；另一则在西南前线集结，向东面对加利西亚。两个集团军各包含三个军团与一个守护各自集结区外侧的军团。如果德国集中兵力攻击俄国，俄国将采取"G 计划"（Germania 之意）。也即，俄军经布雷斯特—里托夫斯克（Brest-Litovsk）退至一条沿南北的战线上，必要时将撤得更远，直到西伯利亚（Siberia）与土耳其斯坦（Turkestan）的援兵抵达，使他们能够发动逆袭为止。如果德国集中主力攻打法国，却不积极面对东战场，就实施"A 计划"（'Austria'）。在这计划下，俄西北集团军的一个军团，将抽调来支援西南集团军，然后对奥军发动攻势。西北集团军的剩余部分则进军东普鲁士。

从正统作战理论来看，A 计划打算在相隔甚远的两点，以相反方向发动两面攻势似非明智之举；不过这种批评有过分轻率之嫌。这样计划其实是基于东普鲁士德军的实力不足，以及德国因攻法而分散对东战场注意力之故。后来事实亦证明如此。此外，如以俄军主力军团最终将攻入德国西利西亚而言，如果计划执行顺利，主要攻势的侧翼得以保护，并且防线将会缩短。这些都是有力的论点。再者，由于加利西亚这一边的交通设施缺乏，所以在这里是无法有效运用较多兵力的。A 计划的缺陷在于总体规划上，不如北面攻势的设计，手段亦嫌粗糙。不幸，这些缺陷因法国敦促俄国当局加紧行动而益发明显。

法国建议尼古拉大公应直接进攻西利西亚，但尼古拉大公不赞成这项无视他侧翼敌军的建议。然而为了对盟友表示忠诚，他尽快在中央部分集结两个全新的军团。同时，由于他加速进行目前的行动，以致俄军各组织机构所受到的压力，超过他们的负荷。这种效应后来在东普鲁士造成极严重伤害，最后导致坦能堡大败，其实效应在加利西亚这一边早就出现了。

在这里，俄军一如奥军，全然错估敌军的计划。俄军在情报收集方面也没比奥军好多少。俄西南集团军司令伊万诺夫（Ivanov）想像奥军如果向东移动，将与他实力强大的第三、八军团相遇，如果向西进军，他的第四、五军团就会由北而下，切过奥军的后方。这真是如意算盘。但，虽然这想像不正确，如果从相反过程来看，这想像正接近实现之中。

然而，开头并不顺利。位于领土极西端的俄军第四军团，虽然与伊万诺夫所期望的步骤相反，在受到尼古拉大公的压力下，动员未及完成，就开始南移。并于 23 日与向北推进的奥军第一军团相遇。双方都吃了一惊。但在这场克拉希尼克（Krasnik）之战中，奥军兵力显占优势。奥军在邓克尔将军（General Dankl）率领下，包抄俄军的侧翼，并且将之逐回。

这情势不利的消息着实令尼古拉大公与伊万诺夫震惊；但是他们仍紧抓着原先的期望，并轻易作出推断，认为奥军攻势只是一股来自侧翼的攻击。为了惩罚这些大胆的入侵者，他们下令普列韦（Plehve）的第五军团转向，朝西攻击奥军侧翼与后方，以断其后。其实这又只是理想而已。

俄军的回转，不幸将侧翼暴露在向北进攻的奥军第四军团（奥芬贝格〔Auffenberg〕指挥）之下。两军于 26 日相遇。在此科马罗夫（Komarov）之战中，俄军由于指挥官一味要求部队向西回转，敌军却逼迫其转向南而损失惨重。在这双重压力下，俄国第五军团，特别是其侧翼部分严重折损；及至 28 日黄昏，该军团已有立即遭奥芬贝格军团包围之虞。如果不是奥军骑兵自己出错，致使情势逆转，俄军第五军团很快就会瓦解。奥军自己的出错，搅乱了奥芬贝格的攻势。奥军急于收网，却出现致命的后果。

灰沉沉一片的俄军主力攻势，惊天动地般杀向伦贝格，直逼奥芬贝格军团的补给线与后路。由于俄国军团的动作谨慎而笨重，使俄军的攻势在表面上像加上一道煞车，并且误导康拉德，使他继续无视迫在眉睫之威胁。康拉德的忽视，加上自己性格使然，使奥军局势益发恶化。由于仍沉迷在战事开始时，北攻成功的狂热，他竟然从实力较弱的，位在伦贝格附近的第三军团，抽出3个师兵力前往支援奥芬贝格军团。同时间，并批准一项建议，下令第三军团剩余部分从伦贝格向东前进，攻击他们以为实力不强，据报已在这方向上的俄军。此外，他的第二军团则刚自多瑙河开到这片战场附近——在南边的史坦尼斯劳(Stanislau)。

第三军团于26日轻率地向兹罗塔里巴(Zlota Lipa)展开攻击，后面还跟着几次对俄军纵队前部作更欠计划的攻击。然而这些俄军在数量上居五对二的优势。于是奥军在混乱中，朝格尼拉里巴(Gnila Lipa)退却。当晚，在战场后方25英里的伦贝格，充斥着饱尝惊恐的奥军逃兵。翌日，康拉德下令受创的第三军团朝伦贝格撤退，并且传令奥芬贝格归还他借出的3个师。此时，康拉德确实想下令北进的两个军团停止前进，但消息传说俄军并未打算追击，于是康拉德又改变心意并收回先前命令。

至于伊万诺夫，由于仍相信大量奥军正与他对峙。他决定停止战斗48小时，使他的纵队可以接近格尼拉里巴，并在此为作战展开部署。如果他立即行动，他有可能势如破竹般击溃惊恐中的奥军。尼古拉大公一听到他暂停，就下令伊万诺夫立即恢复向伦贝格进攻。

远离战区的总司令虽作出建议，但情况非总司令所能掌握。其手下的执行者掌握着部署自己兵力之权。俄军的攻势一直等到30日才展开。即使如此，主要攻势并非来自面对伦贝格，由鲁斯基(Ruzski)所指挥的第三军团，而是布鲁西洛夫(Brusilov)的第八军团主要部分。后者趁夜先朝北迂回，然后以右翼军狠狠对一处奥军防线猛攻。奥军这次的溃败，堪称兵败如山倒。后撤路上，满坑满谷的奥军逃兵夹杂着各种火炮武器、车辆一齐奔窜。奥地利国家战史直言，当时只要有人喊“哥萨克人来了”，往往足以发生另一波恐慌的逃命浪潮。不过，俄国人的进军还赶不上奥军溃退的速度。于是，俄国人再度给敌人一次喘息的机会。俄军花费近3天时间才推进18英里，而抱头鼠窜的奥军一天不到就跑了相等路程。俄军终于赶到，将敌军的防线攻破，造成缺口。奥军自然又恐慌不已；康拉德后来支撑到9月2日，然后勉强放弃了伦贝格。然而，他的敌人已给予他原本无法获得的时间。

说来，他本来可以利用这些时间在两方面下注，但他将赌注悉数押在进行“北伐”上。8月30日，奥芬贝格的两翼已出现在俄军普列韦第五军团侧翼四周；同时间，邓克尔的右翼也悄然楔入两个俄国军团之间。由于奥芬贝格早先即胸有成竹，他请求康拉德宽限两天以便取胜。如与总揽兵符的参谋总长相比，身为局部地区司令的奥芬贝格，在节骨眼时刻要求宽限两天，自然远比前者答应他空出两天要容易。尤其康拉德必须面对惊人的事实。他的北边军团的交通线与俄军鲁斯基、布鲁西洛夫军团之间仅隔 30 英里宽，中间还充斥一大群惊恐的百姓。情势尽管恶劣，康拉德仍接受奥芬贝格的请求，并且准许他保有额外的兵力。

康拉德犹如被两名对手困住的左撇子剑手，他用一块脆弱的藤盾维护他的右侧，却全力攻击正面的敌人。他的意志值得赞扬，令人钦佩，如果确定他并未自欺的话。

然而，在现代大型陆战中，总司令官的意志力即使坚强，仍无法支配他所有需要倚仗的人。他的心智除非可以调适成与他们一样，否则他的意志力是不管用的。结果，康拉德的想法与他的“工具”性能的差距，现在已见分晓。

30 日夜，受包围威胁的俄军第五军团司令，下令撤退以求摆脱困境。如果不是运气好，在这种情况下即使谨慎也没用，也许脱不了困。第二天清晨，奥军陷阱的两颚并没有合拢，而是退却了。这两颚，各有两位奥国亲王率部控制。约瑟夫（Joseph）在右，彼得（Peter）居左。此刻，偏有一架单飞的奥军军机在侦察敌情时，错将一小队俄军骑兵当成一师兵马，并报知这些人马正朝约瑟夫所部的后方挺进。约瑟夫赶忙调回大批部队前去防卫。巧的是在另一翼，奥军骑兵也接获相同的虚报，使彼得也抽回全部兵力来维护其后方。因此，俄军被围部队在无人阻挠下，得以顺利后撤。一时间，战场变空。奥芬贝格闻讯，则在第二天早上下令急追，却为时已晚。然后，康拉德新的命令到了。

这些新命令的内涵确实是希望多于焦虑。只是不幸的是，俄军普列韦军团从未被围死过，虽然在康拉德眼里的普列韦军团已溃败。平心而论，康拉德所见到的敌情并不正确，消息都是来自刻意恭维上级的期望，夸耀己方战绩的部属。

康拉德受到普列韦战败消息的鼓舞，心里竟盘算一场新的，规模更庞大的包围战。他认为奥芬贝格应当掉头，从北而下，迎战鲁斯基与布鲁西洛夫攻势缓慢的部队；同时，新到达战场的奥军第二军团，应从南攻击这批俄军的侧翼，并且包围其后方。在战略概念上，这又是一桩大好手笔，大胆得令人惊叹，可比拟拿破仑。只是，康拉德的愿景与敌人实际状况不合，其构想稍后即因俄军改变计划而泡汤。原来伊万诺夫在布鲁西洛夫同意下，下令鲁斯基军团偏北移动，以便追击正在追逐普列韦军团的奥军侧翼与后部。俄军这样行动，自然影响康拉德的计划——鲁斯基军团转头面对南进的奥军，而非只向奥军暴露自己的侧翼；同时，俄军这一招尚挤压奥芬贝格在新旧对手之间的运作空间。其实，如果康拉德的工具——奥国陆军状况良好，可以担负得起大胆与快速行动，俄军是奈何不了他们的。然而，由于康拉德不察奥军战力的低落，以致制定出极其悖离现实的计划。

于是，奥军的不利态势，一波未平一波又起。面对康拉德部队极左端的俄军，现在已非一个军团，而是两个。俄军新成立的第九军团在维斯瓦河失利之后，已调来支援俄第四军团。就在第四军团缠住奥国邓克尔第一军团，使之动弹不得之际，俄第九军团掠过邓克尔军团的侧翼，绕到奥军后方。这下，所有奥地利军团原本可供后撤的路线，全遭切断。即使康拉德想以致命包围，擒住部分的伊万诺夫部队，伊万诺夫却能绕过奥军左方，攻击奥军后方。

对大部队作战而言，奥俄军在各自计划下，出现了许多空前绝后的战法。不过，相关的这几个军团，似乎特别不适合打这种战。

奥芬贝格及时转向，朝南前进时，由约瑟夫亲王所部的几个师断后。这时，被奥军误认为受创的俄军普列韦部队，也转向跟在后头。9 月 7 日，等待重击鲁斯基侧翼的奥芬贝格，惊讶中在拉瓦-罗斯卡（Rava Russka）遭遇鲁斯基军团。所幸，鲁斯基也一样受到惊吓，慌乱中让奥芬贝格有机会掉头迎敌。而远在南方的另一边，康拉德螯钳的另一部分则更不见效率。奥地利第二军团此时刚刚赶到战场，人困马乏，欠缺战力。夜间，在无炮兵支援下，进行连串混乱的抢攻，最后自己竟引起阵阵惊恐；攻势不久即停止。

战事稍见明朗之后，奥第二、三、四军团其实都处于面向东方的战线上。但最明显的新情势是俄军都在向北转移。康拉德见状再度不顾部队状况，构想另一波攻势。9 月 8 日黄昏，奥芬贝格受命牵制面向他的俄军；同时间，其他两个奥地利军团离开已就绪的防御位置，朝北袭击俄军战线。但到了 9 日，这理想又成泡影。原来俄国布鲁西洛夫军团也想发动攻势；两方正面碰上。只是奥军的状况，抵消了自己在数量上的优势。这一仗最后打成僵局，并且使奥俄两方对于对方的实力都存有夸大不实的印象。

不论如何，康拉德仍不死心。当夜，他发出新的指令。他要求所有军团"朝向伦贝格敌军发起向心攻击"。翌晨，他亲赴战场。他认为自己莅临第一线也许能鼓舞士气。然而，他在这条 50 英里长战线上的某一点出现与不出现，其实都无济于事。他紧急下令第二军团司令，"应不计损失，不停地进攻，猛攻"。不过，这位司令官倒不认为这种命令值得下达给他的部队。这次大战中，像这样的命令，各方不知反复出现多少次；好像谁念它，谁就有魔力。这是一句简略，但被赋予过多效力的字句。然而，从得到命令的人的身上，简直看不出这句话的效力。至于在敌人身上，就更不必说了。

且说康拉德执意追击俄军不果，却将自己的军队推入陷阱。自此，除非幸运之神眷顾，他们将全军覆没，甚至无法脱逃。但幸运真的出现了，是一份电报，一份走了岔路的电报。

当康拉德混乱的部队为了实行他的计划，在伦贝格附近杀向俄军时，情势变得益发胶着。黑压压一片敌军正迫近他们后方。孤立在西北方的邓克尔军团，则正竭尽全力牵制兵力比它大一倍，自北而下的俄军第四、九军团。9 日，邓克尔警告康拉德，说他已经维持不住了，必须撤退到桑河（San）后方。更糟的是，在邓克尔军团内侧与俄军鲁斯基军团之间，有一条 30 英里宽的空隙。空隙中，俄军普列韦军团与一整师的骑兵正在朝战场行进。这一点是康拉德未见的，也未预料到的。

就在这当口，一封没遮拦的命令救了他。11 日晨，奥军截收到俄军一份无线电命令。根据老俄的习惯，这份无线电讯显然没有加密。命令显示普列韦军团的左翼将于是夜到达距离拉瓦-罗斯卡后方相当远的某一地点。仍作困兽之斗的康拉德看到这份电文，就下令部队暂停几个小时，以等待他另一侧兵力①出现战场驰援的奇迹。同时，他还下令剩余的约瑟夫亲王所部的几个师，设法逐回进犯的大批俄军。奥芬贝格认为这样命令实在不该下达。到了该日下午，康拉德见到奇迹没有出现，即下令部队撤出战场，尽速后退到桑河之后。

也算是绝对的巧合。几乎在同时，毛奇接受无可避免的事实，并下令他的右翼后撤，并随即转变为法境所有德军的总撤退。

然而，奥军的撤退，即使不是最后总撤退，时间上远比德军撤得更久，遭遇的困难更大。我们可以引用一段记载在奥地利国家战史上令人伤感的辞句，就略知大概——“夜以继日地，在长蛇阵般的运输车队后面，跟随着垂头，但未气馁的步兵。炮车陷在泥泞深及车轴的道路上……骑兵团就像末日降临的骑士，彷徨寻路而走。远在他们出现之前，就可闻到成千上百领头马匹刺鼻的溃烂气味”。

所幸，泥浆滚滚的道路对于先天迟钝的俄军，一样具有煞车作用。他们上级不时传来的无线电命令，更帮了奥军的忙，使奥军预知可免于被截击的

---

①　指第二军团。

逃窜路径。但是奥芬贝格部队只能往南撤，才可避开俄军追逐。奥芬贝格军团最后与第三军团汇合成撤退洪流。8 月以来，在被康拉德满怀自信地驱策前进的部队中，几乎有三分之二现在撤抵桑河的掩蔽处。即使到了这里，部队没有耽搁多久，因为奥军现在已明显不堪再战，以致到 9 月 16 日，当俄军先头部队刚接近他们，康拉德就下令撤往更西边，80 英里外的杜纳耶茨河。然后以普热梅希尔(Przemysl)大要塞与要塞兵力作为却敌的屏障。如果康拉德放弃最后一次在伦贝格附近徒劳无功的攻击，几乎可以确定，他不会让自己与国家多喝这口苦酒。但是他的乐观想像力，使他不得不走上这条路。

他的乐观想法，曾在他战后所撰写的回忆录中再次显现。他写道："奥匈军队是打不败的。如果那场战争继续打下去，他们的后撤与退避，可能会带来胜利。就凭这一点，他们就得救了！"其实他只是未使他们完全毁灭，却挽救不了土崩瓦解的命运。90 万兵力之中，被他毁掉 35 万人，残部必须后撤超过 150 英里，还因此丢弃了加利西亚地区。但是后果比眼前效应更坏。康拉德用兵犹如耍把戏。他同时抛耍几个瓶子，结果一个个都被他打破。即使他能运用"德国胶水"将破片黏补回来，恐怕再也找不到合适的表演场所了。

第四章　第一次伊普尔之战

开战 9 个月之中，在伊普尔已出现过两次战事。第一次伊普尔之战，本身就是一场双子战。在伊普尔与海岸之间，沿着艾泽尔河的战斗，从一开始，就与另一场面下的奋战有密切关连。它们在性质上是一体两面的。表面上，联军在伊普尔前线浅陋的战壕里奋战，背后却有两位联军主将①在伊普尔后方的司令部中，为想像出来的战局，应敌作战。后者在攻击触摸不到的影子时，前者却面对最严酷现实，在为自己打防卫战。这是一场有史以来罕见的，火线前后方意见如此分歧的战争。

伊普尔之战与埃纳河困局发生之后一些包围德军的计划有关，但不能算是真正的埃纳河困局的延续。因为，当霞飞与福煦继续死盯着紧接法境德军战线的西翼，心中盘算如何进行下一步军事行动的同时，德军参谋总长法金汉早已将注意力转移到弗兰德斯地区，准备进行一场规模宽阔的作战。其宽阔的程度，事实上是尽海岸线长度所能容纳的。新成立的包括来自洛林地区东侧翼部队组成的德国第六军团，现在准备抵挡霞飞的下一轮惊险的转向。同时，另一个新成军的军团，准备向南扫过联军侧翼后方的比利时海岸。这第四军团的成员，有一部分来自早先围攻安特卫普的德军，以及 4 个新召集成军的军；这些“军”里面，有四分之一是受过训练的后备军人，其他则是热心有余的年轻志愿兵。

放弃安特卫普，以及可能发生的后果，并未影响福煦的思考。1914 年 10 月 10 日，他画出未来战争布局的草图——“我建议我们的左翼（第十军团）从里尔（Lille）推进到图尔奈（Tournai）附近的斯海尔德河（Scheldt）或者奥尔希（Orchies），而英军……从图尔奈一直到科特赖克（Courtrai）之间建立防线……在这样做法下，所有法、英与比利时的分遣部队可以在斯海尔德河或利斯河

① 指福煦与弗伦奇。

(Lys)的左岸会师。然后,我们就可瞧出端倪”。

如果这个想法实现,当新成军的德军背向联军,往南前进时,联军将往东推进。

到了13日,福煦写信给霞飞,表示关心约翰·弗伦奇爵士的意图。他写道:“弗伦奇元帅希望不计代价攻到布鲁塞尔。我到时是挡不住他的。”对联军而言,幸运的是,比利时的阿尔贝国王很精明,他不愿放弃海岸,也不愿投入往内陆的短程推进。事实上,德军的行动很快证实了他的智慧,显示他的一动不如一静是对的。

当英国第二军为完成回旋攻势的部分行动而挺进时,他们发现法军的左翼正在后撤。到了18日,英军本身甚至在未到达里尔之前就停止前进了。而在左侧伴随前进的第三军与艾伦比(Allenby)的骑兵军也被叫停。20日,他们发现已反过来在抵抗敌人所发动的攻势。原来德军已于前一天沿着艾泽尔河近海岸处的战线发起猛攻。

直到现在为止,比利时六个实力薄弱的师,在法国罗纳克将军(Admiral Ronarc'h)的陆战旅增援下,已占领几乎从海岸到伊普尔的战线。但是就在同时,两个法国本土防卫师也在米特里(Mitry)的骑兵军掩护下,占据远及迪克斯迈德(Dixmude)的战线右半;它不但可以增强罗纳克陆战旅的实力,并且与伊普尔的罗林森部队连成一气。

德军对比利时防区发动攻势的,是来自安特卫普由贝泽勒(Beseler)指挥的3个师。但隐藏在这批部队后面,到最后一刻才现身的是一支实力更强大的兵力;现在它正全力攻击迪克斯迈德到伊普尔之间的联军防区。

然而,福煦虽然知悉危机即将来临,但仍专心搞他的向东进攻的计划;而且他主要关心的事,似乎是英军总司令捉摸不定的性格。弗伦奇爵士曾犹豫相当时间才将他的部队推进到弗兰德斯地区。由于英军安置在法军的左侧,弗伦奇害怕英军再次出现8月在蒙斯那样暴露于外的事。不过他没逃过福煦的圆融手段与连篇好话,他答应采取行动,且变得乐观起来。然而,等到英军第二军在向里尔推进途中遭遇抵抗时,他又焦躁起来。于是,说出了所谓在布洛涅建造一座庞大的战壕营区,以便容纳全部英国远征军加以庇护的话。

他性格像风向标一样敏感。到了19日,在福煦阵阵乐观的暖风煽动下,他的想法又变了。虽然这一天罗林森打消向东边的梅嫩(Menin)推进计划,弗伦奇下令黑格的部队,“以占领布鲁日为目标”,朝向东北推进;并说:“由梅嫩到奥斯坦德的防线上,敌军的兵力估计是一个军,不会多。”但是他自己的情报官推算，而且是在低估情形下，认为敌军的实力约有 3 个半军。事后曾有一位军官解释道：“老家伙只相信他自己希望相信的。”原来福煦的“建言”，此刻正主导着弗伦奇的想法。至少有两天以上时间，弗伦奇坚决认定他正在进攻；事实上，他的军队只刚刚好能守住而已。

想像中的攻势，仍只停留在想像层面。因为所谓的攻势，刚好遇到德军对伊普尔展开攻击，以及对英军南边战线发动的新一波攻势。英军到处吃亏，不仅由攻转守，还失守几个地方。但是，当晚弗伦奇重新对黑格下令。从命令内容看得出他的想法，他认为他的左翼仍能找出敌军暴露的侧翼。所以到了 21 日，黑格部队中规中矩地打算超越罗林森的侧翼，却一开始就被德军挡住，然后整个左翼都处于德军的威胁下。士兵们只能就地掘战壕；如今留存在大家记忆中的所谓伊普尔突出部之战，就发生在英军左翼被逐回之际。

同一天，正在巡视弗兰德斯地区的霞飞来探视弗伦奇。霞飞除对弗伦奇的新攻势鼓舞一番外，并告诉弗伦奇，法军已加派第九军来增强分遣部队的兵力。然而，风向标又转向了，又回到先前的方向。直到法军援兵到达为止，这位英军司令官除了一句“明日继续从现在据守的位置发起攻击”之外，不愿下达任何前瞻性的命令。上面这句话，其实就是承认只能维持守势的委婉托辞。

福煦倒仍坚持攻击想法。虽然现在敌人的战力估计已错不了，他却下令自己部队（刚成军的，由都尔巴〔d'Urbal〕指挥的第八军团）在 23 日朝向 3 个分散得很开的目标，包括鲁莱斯（Roulers）、托尔豪特（Thourout）与吉斯台勒（Ghistelles）发起全面攻击。同时，他要求英、比军参与，并要求英军再度转向东方。如果英军真往东转向，他们可能已暴露了自己的侧翼。所幸敌人也没给他们机会。

福煦的请求，一直到法军即将发起攻击前的几个小时，方才到达英军总司令部。同时福煦因接到一通请示，而使问题更加复杂。原来都尔巴要求英军攻击不同的方向。根据都尔巴对自己右翼的指示，部队前进的路线将穿过英军前线。后来英国国家战史以适度的口吻论述道，这样的建议，“不可能被英军方面当真”。黑格在听到这样的消息后，曾打电话给总司令部，“大家必定对情势有些误会，而现在已经没有时间协调行动了。到处都有打烂仗的可能”。但他多虑了。法军先头部队一直到下午才出现，敌军炮火立即封住他们的进攻企图。不过他们倒是联军防线上一支必要的援军。由于法军的到达，使联军与德军从伊普尔到海岸的兵力数量旗鼓相当。

翌日，也即 24 日，法国第九军奉命“继续前进”。福煦以电话直接对军长迪布瓦(Dubois)下令,"第九军所有单位都要下火车"。但这只是期盼,并非事实。"今天,应将所有单位都用上,并且部署好位置,这样可使行动获得新动能。我们必须要有决心与实际行动。"这样做法的确证明了一丝福煦理论,迪布瓦部队真的朝前推进了半英里。然后停住;同时间,英军只是打防御战,还被德军攻下一些阵地。不过,德国的官方记录却表示,从损失的比例来看,采守势的一方比较占便宜,并且到了24日夜间,德军的新"军"已呈强弩之末。

德军第四军团司令在了解自己的力气有些白费之后,将希望寄予持续攻打艾泽尔河防区上,因为"在那里,决定性态势快要出现了"。如果德军真赢了,将打开通往敦刻尔克(Dunkirk)与加来之路。于是德军于22日夜间,摸黑渡过艾泽尔河,在特尔维特(Tervaete)附近攻下一个据点。联军随即发起反攻,不过没有成功,而且使比利时部队耗尽了预备兵力。但对于反攻施行相当有用的法军第四十二师,却被派去打一场无用的仗;他们奉命攻击新港(Nieuport)附近的海岸走廊。到了24日,德军再以两个半师的兵力渡过艾泽尔河,扩展据点;这使得比利时军中央部分承受不了压力,弃地而走。幸运的是,除了这些比军重新在迪克斯迈德到新港之间的铁路堤道上集结之外,法军第四十二师也及时调来增强防御力。此外,镇守在迪克斯迈德关键据点的罗纳克的陆战队,虽遭受德军连续强攻,却很了不起地始终屹立不动。

但是情势仍很危急;第二天,阿尔贝一世国王批准开放新港水闸,让艾泽尔河到铁路堤道之间所有乡间尽皆泛滥,以制造"水墙"来阻挡德军攻势。这一行动与相关的调度,需要一些时间。联军所幸守住了沿铁路堤道的战线,未遭受太多德军的压力;这样一直到28日黄昏,比利时工程师趁海水涨潮打开新港镇的一道水闸,放进了海水。水看起来淹得很慢。不过即使很慢,每天还是增加一些新的泛滥,一直到"德军似乎感觉整片乡间全沉入水中"。德军绝望地作出"背水一战",发动新攻势,并且攻破了在拉姆斯卡帕(Ramscapelle)的堤道防线。不过28日的泛滥,再次救了联军。德军连夜撤过艾泽尔河,以免自己被切断。

联军所面临的艾泽尔河危机,只是规模更大的伊普尔危机的前奏。在此,联军再次想发动新攻势。但攻势不成,却在一连串守势之后,实力又被削弱。

福煦采取攻势的想法倒从未间断过。伊普尔的联军第一次危机刚解除,他就重新采取攻势了。他并且再次向弗伦奇灌输他必胜的信念。关于这些,我们可以清楚地从弗伦奇拍发给基钦纳的电报中看出:"敌人拚了命打出他们最后一张牌。"24日夜,弗伦奇再度发电报,认为战事"实际上已搞定"。

但是,25日联军的攻势,对于破坏德军的新防御措施,并无实质进展。26日,迪布瓦与黑格继续发动攻势,但只推进几百码。相反,由英军罗林森第七师所据守的"伊普尔突出部"尖锐的南边战线凸角,却被德军打得落花流水。有一段时间,还变成相等程度的尖锐凹角。所幸攻击者没有继续扩大战果。原来德军正暗地准备一次更大规模的攻击。

新成军的德国军团在法贝克(Fabeck)指挥下,就在此时被调上阵来。他们在重炮掩护下,像楔子一般嵌入第四与第六军团之间的伊普尔突出部南边。这枚楔子由6个师组成。他们于29日进入作战,使德军在数量上跃居二对一的优势。讽刺的是,那时弗伦奇刚刚发电给基钦纳,说德军"不可能发起任何强大而持续的攻击"。

这样又经过两天,虽然迪布瓦获得第三师的增援,联军攻击仍然无果。面对坚强的敌人火线,他们弹药不足,作战指挥官们只得将后方传来的命令缩水一番。虽然28日夜间所收悉的后方命令是要求他们攻击,前方部队则预料到敌军来势汹汹的猛攻即将来临。翌晨5时30分,德军向英军防线发动攻势。现在轮到德军从他们的战壕掩蔽处跃起,却也让自己成为英军的枪靶。原来英军要求步兵一举枪就要"一分钟十五发快发"("快速射击十五发")。这样,除了证明他们具有打击力之外,他们所发射的密集枪弹,刚好掩饰了欠缺机枪的窘况。甚至让德军误以为他们到处是机枪。英军事后声称,"在每一棵矮树丛,每一处围篱与残壁断垣上,都飘浮着一片枪烟,让人以为机枪正嘎嘎射击着"。于是到了这一天结束,英军战线毫发无损,兵力在葛卢维交叉路口(Gheluvelt crossroads)保全下来。但是黑格的3个师现在则已全数配置于此,他已无完整预备队可言。

这天白天,弗伦奇曾前去卡塞勒(Cassel)接受福煦另一回的洗脑。福煦告诉弗伦奇,他对于自己的部队在伊普尔与海岸之间的"进攻"感到满意,但承认部队并未充分告知他有关的行动与做法。至于弗伦奇,他一回来即下令英军继续进攻!他同时电告基钦纳,"如果后续行动成功,将出现决定性结果"。但在前方,更了解真相的黑格,则要求他的部队就地掘战壕,并说,他会拖延上面交代下来的"重新发动攻势的命令",然后等第二天天明,待他看了情势再作打算。

同时间,敌军统帅部正发出一份"作战日程"。上面写道:"突破敌军防线至关重要。我们必须克服历经世纪之久的奋斗,结束战争,对我们最憎恶的敌人作出致命一击。如果他们受到沉重打击,那些大批投降的英国人、印度人、加拿大人、摩洛哥人以及其他无赖、懦弱的对手，将被我们消灭殆尽”。

德军的目标是赞德福德(Zandvoorde)与梅西讷(Messines)岭。他们准备突破突出部南端的关键地带，目标远及凯默尔高地(Kemmel heights)。因此，德军进攻主力落在罗林森第七师与位于黑格部队与第三军之间、正下马作战、实力不足的3个骑兵师身上。对骑兵这一线来说，运气简直坏透了。但是，服志愿役的攻击者，事实上早先已被联军击退过。他们饱经战火，故并未逞一时之勇。他们在攻击成功之余，显得谨慎。这倒使黑格与艾伦比①有机会弥补防线上的缺口。同时黑格向迪布尔求援。迪布尔慨然调拨他自己少量的预备队，前往加强伊普尔战线南端的实力。他必定认为，与支援北端一场想像中的攻势相比，支援南端的效果会更好。

但在卡塞勒山上的福煦，几乎全然不知前方发生的事。一直等到黄昏时分，才有第一份报告送交他手里。但是他却说，“我不可能估计得出整个情况”。晚上10时，他的一名参谋带回来一句话：“英国骑兵防线确实有缺口，但他们因为兵力不足，没办法将缺口补上。如果这个漏洞不很快封闭，伊普尔就会保不住。”福煦立即打电话到圣奥梅尔(Saint Omer)的英军总部，要求更完整的信息。但只得到“尚无更确定的消息”寥寥数语。于是，就在午夜前一刻，福煦亲自前往圣奥梅尔一探究竟。他既不想让弗伦奇感到挫折，又想要填补防线上的缺口。于是告诉弗伦奇，如果弗伦奇挺得住，他将调派刚抵达法军防区的第三十二师8个营兵力到英军防区来。福煦待在英军总部，一直停留到凌晨2时方回。稍后他指着地图向参谋简述目前行动说：“我在这儿那儿把缺口填起来了；然后，在霍勒贝克(Hollebeke)，英军防线被攻破，德国兵(Boches)又长驱直入，于是我又将这里的洞口补上。”

几个小时之后，也即破晓后，出现了联军在整个战事当中最危急的时刻。德军攻击主力以五比一的优势，再次朝由艾伦比骑兵防守的实力较弱的区域进攻。但现在这部分防线已增加了几个英军步兵营，并且得到法军迪布瓦部队的及时襄助，所以，一直到夜晚攻击减弱为止，站得还稳稳的。这时候，比福煦所承诺的整整少一半的援军方才赶到，算是替部分战线解了困。

在战区较北端——从伊普尔到梅嫩路上的葛卢维镇(Gheluvelt)，战事也陷于危急。葛卢维的位置可以作为伊普尔屏障。它位于一处低矮、呈突出状的山脊前端，目前仍保留在英军手中。算是英军最后一处可以让地面观测员

① 当时他为英骑兵军长。

直接监视敌情的据点。然而，镇守这里第一线的英军第一师，经不起德军不断增强的压力，已支撑不住。于是葛卢维在午后不久就易手了。师长洛马克斯(Lomax)闻讯兼程赶回他与第二师师长门罗共用的师部，只说了一句："我的防线破了。"半小时之后，一枚炮弹就穿入他正与参谋开会的房间。洛马克斯与其他几人受到重伤，只有一人无事。指挥工作也一时瘫痪。

同一时间，黑格已离开在白堡(White Château)的军部，在往梅嫩路上"按辔徐行。后面跟着他的部分参谋，视察军情"。沿途到处是英军伤兵游勇，即使他们因看到黑格而恢复信心。黑格看到这一幕，加上敌军已在近处落下炮弹，也心知肚明怎么一回事了。他一回来就听到北边这一部分防线被攻破的确切消息，这使得他下令所部往后撤到刚好可以掩护伊普尔的战线上，并要求坚守到底，即使他们守不住现在的位置。但连他自己也不知道是什么原因，眼前的危机其实已经解除了。

原来德军在占据葛卢维不久，英国第一南威尔斯边防营(1st South Wales Borderers)的残部发动了一次反攻，收复了侧翼据点。但很明显，只有援军到达，才能继续守下去。于是，第一禁卫旅(1st Guards Brigade)的菲茨克拉伦斯(FitzClarence)准将派出手中仅有的零星兵力后，立刻回头去找他的师长。但洛马克斯也已耗损余力。不过他先前已与门罗商量过，如果他的部队出现守不下去的情况，第二师的预备队应从北而下，攻击敌军侧翼，以便替他解围。所以这天清晨，洛马克斯手中已多了一个营(第二乌斯特郡营〔2nd Worcestershires〕)的兵力。之后就在他受重伤前半小时，他将这批能挽救危机的兵力，交给了菲茨克拉伦斯使用。菲茨克拉伦斯很快研究一下地图与地形，随即下令第二乌斯特郡营营长汉基少校(Major Hankey)准备上场；他自己的参谋索恩上尉(Captain Thorne)则担任向导。德军这时正因打胜仗而心情松弛，英军就趁其不备，不待他们集结完毕，已将之逐出葛卢维镇。即使德军炮声很快响起，但德军步兵显然反应迟钝。他们优势兵力所具有的纪律性、团结力，的确击破了实力薄弱的联军防线；然而他们在攻入敌阵之后，就无所适从了；好像主动性霎时不见，进而变成机械式纪律的牺牲者。这严重反映出他们战前的训练制度与精神教育上的缺陷。

但是德军最初的成功，无疑给防守的敌人留下深刻印象。这种强势印象，胜过事实真相，而且经常具有相当决定性。且说弗伦奇爵士大约于下午 2 时来到白堡黑格的军部。由于没有更好的消息，军部气氛沉闷。几乎不必有人告诉弗伦奇情况紧急，因为他自己就感觉到情形不妙。至于黑格的心情，他正忆起从蒙斯撤退时，在朗德勒西（Landrecies）的那一夜情景。现在，所有预备队都已投入，弗伦奇手头已空空如也。他苍白的脸上，满是焦虑。他赶紧快步离开，准备驱车去找福煦帮忙。就在他刚跨出室外，黑格也正准备上马离去时，赖斯（Rice）准将"快马赶回。脸色泛红，一身是汗。他带来消息说，葛卢维已重新收复了，防线也已重建"。查特理斯接了一句："刚才我们好像全被判了死刑，现在突然得了大赦令。"黑格没反应，捻捻他的胡须说道："我希望不会又是误报吧。"虽然赖斯肯定这消息正确，黑格仍疑虑不已。不过他派出一名侍从官前去报告弗伦奇。

弗伦奇这时正要上车，却被叫住。对于英军战胜的消息，这名侍从官究竟怎么向弗伦奇说的，弗伦奇又了解其中情形多少，无从确知。反正弗伦奇飞车赶往卡塞勒。途中，他的车子慢下正要通过福拉梅丁格（Vlamertinghe）的时候，被一名法军参谋认出。参谋告诉他，福煦正在卡塞勒的镇民会堂与都尔巴、迪布瓦共商大计。弗伦奇二话不说，直奔福煦。为了求援，他把整个情形，尤其将黑格第一军的状况形容得很糟。事情本是很糟，但由于福煦与弗伦奇一心想看到较好一面，所以事情看起来就更糟了。弗伦奇很自然地告诉福煦，有关黑格下令撤退的消息；福煦也同样很自然地认为，任何小小撤退等同灾难。他强烈抗议撤退，喊道："如果你自动撤退，敌人就会像秋风扫落叶一样把你扫走。"——他就是想不出德军在攻势之后，正苦于瘫痪。

根据福煦的说法，弗伦奇回答说，如果他疲惫不堪的士兵继续再战，"除了我也上阵和第一军死在一起之外，我没有东西好弄的了。"当然，这些对话有可能因当场的传译过程而几乎走样。不管如何，福煦答道："你不能谈死，只能论赢。"他承诺明日破晓时分，第三十二师的 6 个营（事实上已比午夜答应的少了两个营），将在英军第一军的右侧展开反攻，同时迪布瓦"军"的一部则在第一军的左侧进行反击。

福煦然后坐下来写了一张便条给弗伦奇，"不能撤退是基本原则。基于这个道理，不论你的部队何在，就地掘战壕就是。这并不会妨碍你建立后方的据点。这个在宗讷贝克（Zonnebeke）的据点，必须与我们的第九军连接才行。但是，为部署后方据点所进行的任何大部队行动，都会引起敌军攻击，进而造成后撤部队的混乱。这是绝对要避免的……"他一面将字条交给弗伦奇，一面说道，"这些就是要点；如果我是你的话，这就是我要对黑格下的命令。"

从这张字条，可以看得出福煦对于弗伦奇深具影响力是毫无问题的。弗伦奇接着将自己的指令，连同福煦的备忘录一起交给黑格。"坚守你目前的位置为第一要务。其实我说这些似乎无用,因为以人之常情来看,我知道你会这样做。等我回到司令部之后,我要看看自己是否可能再给你一些支援。然后我要与福煦商量我们未来的角色应是如何。”

但是就这情景,认为福煦对于战事没有发生实质影响力则欠缺证据。英军第二乌斯特郡营所进行的反攻,是发生在他们两人这段谈话之前。另外,在他们的指令尚未送达黑格之前,黑格已经部署好抵御德军的新防线。为了战术上的稳固之计,黑格早已下令葛卢维后方的防线后撤,以便整顿第一师的防线;同时,第二师继续固守在既有的防线上。后来敌军压力消除,福煦才马后炮似地说了上述一些话。所说的,只是证实已发生的事。我们钦佩福煦坚不撤退的精神,但我们不认为这张有名的字条,具有实质性的历史意义。

之后 10 天,黑格的防线始终稳如磐石,除了在 5 日那天,他为了配合右侧法军的后退,而将自己右翼小撤了一番。

到了 11 月 1 日,德军再度摆出主力攻击的架势,准备进攻突出部南端的枢纽地带。这次他们试着趁夜进攻。时间提早至凌晨 1 时。打这样的夜战是有收获的。结果德军攻占了梅西讷岭。原本朝内凹陷的艾伦比骑兵军的防线,又往里缩了 1 英里以上。但法军第三十二师在破晓后不久就赶到这一带,并且替英军解围。只是已失之地无法收复。就连法军另外在黑格左翼所发动的“攻击”也无重大进展,法军的出现,乃有打消敌人发动攻击之意。

福煦曾这样写道:“战事继续着。情形似乎使我比较安心一些,更多的增援兵力正络绎不绝抵达中。再过几天,我们就能以全力,重新发动攻势。”

2 日,法军为收复德军攻占梅西讷岭以后所凹入的战线,发动了攻势,却遭德军抢先一步攻击。法军只得后撤,并丢掉了华特雪特(Wytschaete);战线凹入的程度则有增无减。但法军三十九师的绝大部分,与康努骑兵军的半数,已从南边驰抵战场增援;而四十三师则刚下火车。法军现在已接替艾伦比防线的大部分。从此,法军占据了伊普尔突出部与梅西讷凹陷整条战线的三分之二,却将疲惫不堪与单位混杂的部队,留给黑格指挥,以维持战线的中央防区。其中英军第七师损失最重。它的步兵数量已从原有的 1.23 万人锐减到 2 400人,仅及原有战力的五分之一。

往后数日,福煦企图重新发起攻势,不过没有结果。虽然 1、2 日那两天,他们凭藉着英勇,曾顿挫敌人的锐气,稍后的攻击却欠缺这种士气。于是在整体成效上,无法弥补乏善可陈的进展。这时,德军统帅部正为整合其他地区的防线而暂无行动,稍后他们即以比原来多出六个师的兵力,重新对联军发动攻势。这回合的攻势中,他们的攻击点相连而接近;朝内转弯的情形有点像测径用的双脚规(calipers)。一开始,他们不打算加深梅西讷岭凹陷部的深度,而将攻击点置于伊普尔突出部的两处关键地点上。

同时,福煦与都尔巴不顾一切,仍执意发起局部攻势。因攻势正中敌人下怀而失败。这场白费力气的作战的后果,可从联军一次危机四伏的撤退看出——11 月 6 日,在突出部南端枢纽处,联军遇上德军的新攻势,其实这就是德军最终攻势的前奏。在圣埃卢瓦(St Eloi),灰蒙蒙一片的人潮拥到距离伊普尔不足两英里处,将据守突出部尖端的英军团团围困住。黑格见状警告他的上司说,为了被德军拦腰切断,他必须后撤到穿越伊普尔的一条新防线上。然而福煦却向黑格保证,待明天他发起攻击后,他会收复失地。到了 7 日早上 9 时 30 分,福煦果然传信给黑格,表示法军战线已经重新确立。但事实上他什么也没做成。原来他部属太懒,面对上级命令,总是反应过慢。等到最后硬被逼着上场发起攻势时,当然会吃败仗。于是,嵌在突出部侧翼的德军这块带刺楔子,并没有被取出。

8 日,黑格偕同弗伦奇前往卡塞勒找福煦,发现他仍如以往那样,一副自信满怀的样子。但听了黑格与弗伦奇要求后退到一条更直更安全的防线,他就犹豫了。因此,黑格既不能获得满意答复,又不忍见盟友落难,干脆原地守着不动,以挖东补西地整修防线为上策。即使德军没有动静是一种假象,所幸往后两日英军防区倒真蛮平静。但法军防区则不然。

11 月 10 日,德军猛攻突出部北端的重点,远及迪克斯迈德。虽然法军凭藉艾泽尔运河天然屏障躲过重击,法军左翼则须后撤。更重要的是,法军司令部确信,敌人最后攻势将落在他们位于伊普尔以北的防线上。法军只得牺牲原本就虚弱的南端据点实力,将少得可怜的预备兵力朝北调集。

但是德军这波重击,其实原准备与另一攻势,对葛卢维与南端远至科米讷运河(Comines canal)的攻击同时展开。后者由一支新编组的“军”膺任攻击重责。该军在普莱滕贝格(Plettenberg)指挥下已调至战场。这支部队包括一支普鲁士禁卫师(Prussian Guard)与几个挑选出来的师。只是右边德军发动攻势之时,左边普莱滕贝格尚未准备妥当,所以左边德军攻势延迟发动。

到了 11 日,德军在灰暗的 11 月朦朦雾霭中,先以前所未见的重炮轰击联军,然后进攻。但除了两处据点之外,其余都被联军顶回;其中之一正在南端枢纽地带上,德军朝前推进,远至后来闻名的六〇高地(Hill 60)。法军分遣队见状,向位于其两侧的英法“军”求援。但两侧都派不出任何预备队驰援。一向乐意助人的杜波瓦，则再次派出他仅有的预备队。就在他的协助下，联军防线得以重建。另一处遭德军突入更深，地点刚好在伊普尔通往梅嫩路上以北。在此，德军第一禁卫旅击穿了英军第一禁卫旅实力薄弱的防线。两个番号完全相同的禁卫旅作战，算是罕见的巧合，虽然后来英军禁卫旅被打得只剩下一个禁卫营。但德军禁卫旅士兵也在当地的森林中迷路，无法扩大战果；未几，其侧翼即遭联军反击。这一仗，英军第五十二"轻步兵团"就像当年在滑铁卢战役，逼退法兰西帝国禁卫军的最后攻击一样，挑起了大梁。

虽然这一波德军攻势比10月31日那次更猛烈，德军自己的情势却从来没有这么危险过。这也许该归咎于后方指挥官们对这次攻势未尽心力。于是，联军伊普尔危机随着11月11日具有象征意义的日子①，以德军攻势的失败而告终。虽然德军统帅部曾想在未败之前发动几次强攻，但这回被招来执行命令的部队已不复具有发起强烈军事行动的能力。因此，德军在往后一周主要针对迪布瓦防线的接续攻击，可说是有气无力，是远去的暴风雨的临去秋波。黑格期盼已久的第一军换防，虽曾被福煦以"不可能"婉拒，现在总算得以实行了。于是法军曾一度接替突出部全线防务。

"第一次伊普尔之战"基本上是一场"大兵之战"，一场比"英克曼之战"规模更大的战役。埃德蒙兹将军在其令人难忘的词句中，曾概述当时情形："大英帝国存与亡，就隔着一条由疲惫不堪、憔悴、满脸胡须的人所堆砌成的防线；他们肮脏，浑身是泥，许多人简直衣衫褴褛。"这样的描述唯一不正确之处是，它背离原本极为单纯的事实。那就是，大英帝国其实已展现了它的生存力，即使当远征军被驱回船上，以及敌人占据所有海峡港口之时。而且，确定不可能发生的是，如果英国远征军在伊普尔战败，德军有能力紧追其后，重创英军。依据以后几年情形来看，协约国确实有理由为黑格未及实现其理念而抱憾。也就是英军未能将部队撤至沿伊普尔运河所形成较直较强的防线上。如果当时这样做，可能为联军减少所付的代价，同时简化了防务。这道防线并可能有其进一步好处，它可能打消联军后来在弗兰德斯地区发动攻势的企图。弗兰德斯地区原本就是一处不宜发动攻势的乡野地区。

第一次伊普尔战役中为联军所带来的危机，无疑因福煦、弗伦奇与都尔巴的企图而加剧。他们执意在难以发动攻势的弗兰德斯地区发起攻击。由此也可看出他们对联军作战具最大的实质影响力。联军实际作战是由黑格与迪布

① 第一次世界大战停战日也是十一月十一日。

瓦负责；即使是了解地形特性的他们，在欠缺预备队的情况下，最多只能沿着这条明知问题重重、实力薄弱的第一线加以挖东补西，治标一番。而迪布瓦甘冒自身危险，派出预备队救人的举动，使他在这场防卫性作战中，赢得最佳声誉。

福煦毫无疑问在战争中拥有其精神影响力；他固执己见不听劝说造成的影响，不亚于其不易屈服的意志力，这种情形从未消逝。如果我们将其精神影响力从变幻无常的战场上抽离，我们可以毫不保留地加以赞许。所有与他的精神影响力有过接触的人，都有这种印象。只是，他的精神影响力一碰到火线上的官兵，就觉察不出来了。相反，这种脾气遇上战地指挥官似乎成为激愤之源，而非赞美。他确实可以发挥精神影响力的地方，可能只有火线后方的联军总司令部。虽然有些说法认为，他的影响力对于比军指挥官们，特别对于阿尔贝一世国王的效果不大，但无法全然忽视。他对于弗伦奇爵士的影响尤其重大，但它的最终效应，必定微小得犹如弗伦奇对于这场战争的影响。

德军的企图算是落空。联军司令部虽然幻想连篇，伊普尔却被联军士兵解围成功。严格来说，守护伊普尔，抵抗德军猛袭的是联军官兵。他们的防卫，只有长度而无纵深。防线的浅窄，显示他们在数量上的劣势，但也因此应对他们的精神，致以最高敬意。过去战争中，从没有出现过像伊普尔防线这样单薄的“窄狭红色火线”，也无人在这当中进行过如此搏命的战斗。相比过去只能挺住几小时，这条“薄弱的卡其色火线”①却能坚决地抵抗几周。

然而，有些英国军事史家常误入“爱国歧途”。错将第一次伊普尔战争记载成几乎全是英国人打的战争。这是一种卑劣与虚伪的行径。他们遮掩了联军扮演大部分伊普尔战争角色的事实。情形就像 1 个世纪之前，他们曲解滑铁卢战争，贬低普鲁士军队的重要性一样。其实，正视这一事实并不减损英军的声誉。军事行为之格调，在质不在量。英国史上的战争，没有一场战争有如“第一次伊普尔战争”这样被人清楚肯定其作战资质与价值。这是一场富有英国传统本质的作战——一种含有及时还击的防卫心态的战争。因此，英国士兵适合打这场仗，即使它并不直接契合他们在战前的战术训练——以模仿欧陆强权军队所采攻势形态的训练，但它至少与英国本土性军事本能相匹配。在战争考验下，它比当时流行的教条更有价值。此外，由于他们的训练比欧陆强权以征召为主的军队更好，他们后天养成的战技，可适应任何作战形式。这

① 英军军服为卡其色。

当中，又以步枪射击技术最具价值。比起攻击，这种战技更能在防卫战中有所发挥。其中英国步兵的“一分钟十五发快放”技术，曾被德军误以为“许多挺机关枪”齐射。然而，实际上，赴法英军的每一营仅配发两挺机枪；而且到了伊普尔作战时，许多机枪已经丢失。敌人曾为这种武器技术——“一分钟十五发快放”所迷惑。它也弥补了联军高层对军事局势的迷惑，成为联军致胜的重要因素。当它与掌握武器者的士气结为一体，它确实是主要的致胜因素。

没有任何赞美，可以高过于对英军不屈不挠精神的激赏。是不屈不挠的精神，鼓舞了他们的整体毅力。从某种意义来说，它是一种特殊产物。我们知道，敌人并不欠缺勇气，纪律也一样刚强；以战术成效而言甚至过强。但是小型的英国军队，却拥有独特的团结意识。由于这种独特的团结意识，英国军人建立了他们小而精悍的一面，以及相关的服务与传统的形貌。第一次伊普尔之战对英军而言，它不仅是一场大兵之战，而且是一场族群之战。族群精神是其致胜精髓。当编组被攻破，群体削减为残部之时，这奇迹中的关键因素就出现了。它使这些残部仍能紧结为一体。英军不论在精神上与实质上，都达到最高目标。伊普尔之战是旧式正规军英勇善战的至上证明，却也是他们最终长眠之处。战争过后，生还者极少，然而，他们的精神永存世间。

第五篇　1915 年——一团僵局

到了 1914 年岁末，西战场的困局已成事实。即使在程度上有所不同，各交战国政府与参谋本部都在寻求解套办法。依据不同领袖的心智状况与倾向，各国的反应在形式与本质上也有所不同。日耳曼强权奉法金汉的意见为圭臬；其中之想法，不仅源自法金汉的批评，而且与法金汉自身利益有关。但对于目标，法金汉的意见与指导原则都不很明确。

法金汉在马恩河战局逆转之后被任命为参谋总长。上任后，他仍坚持史里芬寻求在西战场决胜的计划。但他并未奉行史里芬的方法，也就是削弱左翼，集中兵力在右翼的策略。相反，1914 年秋天，在对伊普尔的攻势中，他运用了大部分新编成军的部队，并将之部署在埃纳河到孚日山脉之间，而对久战之兵却投闲置散。野战铁道兵指挥官格勒纳上校(Colonel Gröner)甚至将一份拟妥如何自左翼转运六个军到右翼的细节的计划呈报给法金汉，但为法金汉所拒。当我们看到德军在伊普尔会战中，几乎攻破英军战线而功败垂成时，我们只能说，德军最高统帅部再次救了联军。值此关键时刻，鲁登道夫为了在罗兹附近对俄军侧翼发动决定性攻势，曾提出过增兵俄国战场的要求。然而，法金汉将这个建议拖延到伊普尔攻势注定失败之后方才开始构思。不过战机已失。

法金汉其实并不愿意听从在西线发起新攻势，以突破战壕战困局的建议。他对于如何经营第二目标，观念似乎一片模糊。在他感觉中，战争最终决胜之处在法国。他怀疑俄国战场决胜的价值与可能性。因此，虽然他了解在近期内，唯有俄国东战场尚可为，却一直要等到奥匈前线出现不利情势，才被迫派出必要的增援。即使到了这个地步，他仍心有不甘地调拨出少量预备兵力，前往支援。这股力量可以确保一时成功，但不论在数量上或时间上，都不足使德军获得决定性的胜利。

然而，他也有该受称赞之处。由于此时他已了解长期作战不可避免，他开始积极开发德国资源，以适应耗费不赀的消耗战。现在德军比任何一国军队都重视堑壕工程技术。他们扩张军用铁道系统，以便加速后备兵力集结；并且尽力从多方面解决军需弹药制造的原料与军需弹药供应问题。以致从 1915 年春天开始，德国已能确保军需弹药供应充裕，无匮乏之虞。而同时间的英国，才刚体认到问题的存在。德国就这样建立了战时经济体制，以及资源利用的法则。这些就是德国抗拒英国封锁压力的秘密。这当中，德国由于出现一位了不起的企业巨子瓦尔特·拉特瑙博士(Dr. Walter Rathenau)，方使战时德国能很科学地掌握经济。他同时是第一位建议以心理战攻击敌方的人。早在 1914 年秋天，德国特务即在亚洲发动一项宣传阴谋，期望在不知不觉中诋毁英国声誉。不过,德国宣传伎俩有其粗制滥造的缺陷。当它运用在欧美见过世面的人士身上时,效果就不如运用在较质朴的人民身上了。

同一时期,德国另一项伟大成果是外交,也就是怂恿土耳其参战。虽然此举基本上与战前双方军事关系有关。自 1909 年以来,土耳其一直在青年土耳其党(Young Turk party)控制之下。这个党憎恶传统,包括与英国的友好关系。于是,一心一意将中东日耳曼化的德国(其中兴建巴格达铁路就是其表征)很技巧地抓住机会,对土耳其的新统治者产生重大影响力。由于青年土耳其党领袖恩维尔(Enver Pasha)担任过土耳其驻柏林的军事武官,德国军事教官得以渗透土耳其军中。对于共同的军事行动,德国与青年土耳其党的领袖们之间,存有明确的谅解,尤其这时他们有必要结盟抵抗俄国。之后,德国不但训令驻土大使范根汉(Wangenheim)对土耳其进行精神施压,而且派出战斗巡洋舰"哥本"号(Goeben)与轻巡洋舰"布勒斯劳"号(Breslau)到土耳其以明其志。结果到了 1914 年 10 月 29 日,土耳其表明参战,并准备分别对敖得萨(Odessa)的俄军,以及西奈(Sinai)的英军采取军事行动。

法金汉彰显了"土耳其参战的明确重要性"。首先,他使土耳其成为协约国提供俄国军需物资的障碍;其次促使土耳其分散英俄的军力。在德国的指导下,土耳其很早就在 12 月中旬对高加索地区的俄军发动攻击。只是恩维尔求胜心切,结果在萨勒卡默什①(Sarikamish)一战中败北。土耳其下一步准备切断通往东方的大动脉——英属苏伊士运河,不过,也无好运可言。西奈沙漠则是土耳其强力进军时的阻碍。两支小型分遣队在横越沙漠时算是全身而退,却在伊斯梅利亚(Ismailia)与土署姆(Tussum)两地轻易地被英军打败。不过,即使这两次行动在战术上都失败,战略上却有重大价值,他们使庞大的英俄兵力动弹不得。

意大利为了抵消土耳其加入同盟国之举,干脆抛弃虚假的旧三国同盟(Old Triple Alliance)而加入了协约国。1915 年 5 月 24 日,意大利先避开与德国的冲突,向世仇奥地利宣战。意大利主要目的除了抓住机会想要的里雅斯特(Trieste)与特伦蒂诺(Trentino)两地在奥地利统治下的意大利人之外,还有其精神上重申历史传统的企图。然而在军事上,由于意大利军队尚无发动立即攻击的准备,意奥边境更有崇山峻岭的天然屏障阻隔,所以意大利对协约国并无"及时雨"的效果,更遑论深远影响。

---

① 今土耳其与亚美尼亚边界附近。

在协约国这一边，壕沟战的困局衍生出各种不同的结果。即使法国企图紧守所获土地以撼动德国战略，法国本身战略则以收复失土为主。法国确实将精神与物资集中于敌人军事主力所在的西战场。这一点，法国军事教条视之为正确。但由于欠缺解困的方法，法国这一着，只不过逐渐将自己销蚀殆尽。1914 年冬，法军对埃纳河的阿图瓦（Artois）、香槟（Champagne）以及沃埃夫尔（Woevre）发动冬季攻势，却在战壕战术上付出惨重代价。霞飞的“小块蚕食法”，经常出现偷鸡不着蚀把米的结果。对于战壕战术，法军是完全缺乏新点子或毫无创意可言。

英国的问题则是创意过多，要不然就是在选取创意点子时，欠缺挑选与实现创意的决心。其绝大部分原因在于专家不愿明示见解，他们表现出无言相对，不愿作出专业性指导的态度。

以英国为出发点的解决战壕困局方案，最后凝聚为两个团体：一是强调战术的团体，一是强调战略的团体。前者主张制造一种刀枪不入的机器；它不但能从容地应对机枪扫射，而且能够越壕而行。他们认为，这种机器能恢复敌我战术性均衡。这战术性均衡目前已因防御力胜过攻击力而告破坏。1914 年 10 月，斯温顿（Swinton）上校经由海军大臣（First Lord of the Admiralty）丘吉尔的鼓励与悉心支持，已开始孕育为此一特定目的，建造这种机器的构想。几经官方的阻碍，以及多月的实验，最后在 1916 年出现了可以付诸实用的坦克。

在战略方面，有人主张不必理会战壕困局。他们认为，敌对结盟体系必须以整体视之；并且现代科技发展已改变距离与动员观念。在其他地区另辟战场，等同以前的攻击敌人战略性侧翼的效果。在此，这些人发展出相对于“西战场派”的“东战场派”。进一步而言，这种战争方式合乎传统的英国海陆联合作战战略的思想。它可以充分发挥英国的海权优势；这一方面是至今被英国政府忽视的。1914 年 10 月，重披战袍的英国海军军令大臣（First Sea Lord）约翰·费希尔爵士，要求在德国沿岸登陆。1915 年 1 月，基钦纳爵士提出了另一建议。为了切断土耳其的主要东进路线，他主张在土耳其的亚历山大勒塔湾（Gulf of Alexandretta）登陆。兴登堡与恩维尔在战后的评论上都说，如果此举成功，将会使土耳其瘫痪。然而，这个建议案影响不大，而且被另一案抢先了一步。其部分原因是丘吉尔的战略眼光，部分则与当时环境有关。

此案就是曾引起激烈争议的达达尼尔海峡远征计划。有些评论家认为对丘吉尔的批评是值得讨论的。其实这个计划如果付诸实施，结果可能有如法金汉的看法，“如果协约国在地中海与黑海之间的海上交通无法长期关闭，战争制胜的一切希望将大幅减低。俄国将自其极端孤立的形势中解放……这种孤立形势,其实原比我们在军事上获取成功更有效,更靠得住……巨人的力量也迟早会自动瘫痪……”但是,英国的远征计划的问题不在于观念,而在于执行。即使英国在开头曾动用相当数量的兵力,最终被逐渐耗尽。很明显的,以土耳其利益来看,胜利将站在他们这边。

英国逐次使用兵力的原因,以及后来机会的丧失,皆与以霞飞为主的法国参谋本部反对有关。霞飞并且获得弗伦奇爵士的支持。尽管马恩河战役后,法军无法扩大战果,德军攻击伊普尔也不成功。到了12月,霞飞更发动了完全白费心机的攻势,但霞飞仍有信心不久在法国取得最后胜利。他计划首先从阿图瓦与香槟集中兵力攻击由德军战壕防线所形成的巨大突出部,然后在洛林地区对德军的后方发动攻势。这个想法与1918年福煦的想法相似,最大不同在于此时的条件与实施方式。我们从一些文件上可以觉察,霞飞、福煦(福煦是霞飞在弗兰德斯地区的副手)以及弗伦奇是罕见的三位一体的乐观集团。即使弗伦奇对前景的看法反复无常,他们的信心已到达完全不合理的地步。相反,英国政府认为德军战壕防线坚固不易攻破,强烈反对将新军投入无用的行动上。同时,英国也愈发关心俄国有沦陷之险。这些看法不论丘吉尔、劳合·乔治以及基钦纳都相同。后者并于1915年1月2日去函弗伦奇,称“法境的德军防线可视为碉堡,既不能攻,也不易完全包围。唯一方法是以一支包围兵力与之对峙,同时我们另辟战场”。

劳合·乔治主张调遣大批英军到巴尔干,一面救援塞尔维亚,一面攻击敌人的后方。在1月1日的备忘录中,他建议以希腊的萨洛尼卡(Salonika)或亚得里亚海沿岸的达尔马提亚(Dalmatia)地区作为作战基地。令人好奇的是,同一天,加列尼也建议法国政府在萨洛尼卡登陆,作为进攻君士坦丁堡的起点;攻击兵力则应强到足以鼓动希腊与保加利亚参与协约国阵营。他认为,攻下君士坦丁堡之后,接着朝北进军多瑙河,进入与罗马尼亚接壤的奥匈帝国。德斯佩雷也持相同看法。但是西线的指挥官们乐观而有信心,认为不久就可以突破困局,强烈反对任何的替代战略方案。他们并强调运输与补给上的困难,坚持德军必能很轻松地将部队转运到联军新辟的战场①。即

---

① 相对,德军经参谋幕僚计算,指出联军以海运运输部队至巴尔干半岛,远比铁路运输容易。实际作业显示,从法国以海运运送部队至萨洛尼卡,平均需时一星期。从英国出发需12天。然而德军从法国边境运输一个军到俄国边境即需9天,运输任何数量庞大的兵力到巴尔干半岛将要超过1个月。如果船只足够,联军以海路运输兵力将快很多。

使他们的说法是对的，他们似乎忽视军事史上的经验——“绕过最长的路，就是最短的路”，善用艰困地形，经常证明有利于攻击固守阵地、随时备战的对手。

由于“西战场派”意见盛行，巴尔干半岛计划就此束之高阁。虽然如此，各种疑虑并未就此平息。就在这当口，新状况出现了，使近东远征计划（Near Eastern scheme）得以新面貌复苏，虽然方式较弱。

远征达达尼尔海峡

1915 年 1 月 2 日，基钦纳接到俄国尼古拉大公的请求，期望英国派兵进行牵制性行动，以解除土耳其对高加索地区俄军所造成的压力。基钦纳认为英国无法派兵，建议改由海军向达达尼尔海峡进行武力威慑。丘吉尔则了解这问题具有更深层的战略与经济意义，提议将海军示威改变为海军强行通过海峡通道。他的海军顾问对他的提议纵使不热心，不过也不反对。在达达尼尔海峡海域的英国舰队司令卡登（Carden）则电复丘吉尔一套逐步削弱土耳其要塞、清除雷区的办法。之后，英国以一支主要由逾龄船舰组成的舰队，在法国协助下，先对海峡进行炮击，然后于 3 月 18 日进入海峡。然而，浮雷却造成数艘舰艇沉没，计划旋告中止。

英国海军重新发动攻势是否会成功，是值得商榷的。因为土耳其要塞的军火弹药已耗尽；在这种情形下，水雷问题说不定可以克服。但是英国新任海军司令罗贝克将军（Admiral de Robeck）认为除非立即获得陆军的协助，他反对重新发动海军攻势。其实早在一个月以前，英国战争会议（War Council）已经决定在这地区进行海陆联合作战。战争会议准备先派出一支由伊恩·汉密尔顿爵士所率领的兵力。但是后来由于当局逐渐倾向执行新计划，拖延了派兵的时间。之后，即使派出了不足数的部队，他们却又在亚历山大港被耽误了几个星期。当时是为了配合战术上需要，英军将部队装船顺序重新分配而造成耽搁。最糟的是，经过这样折腾，英军失去了发动奇袭的时机。对于在几乎牢不可破的海岸执行登陆而言，奇袭原本至关重要。当 2 月间英军进行先期炮击时，土耳其在海峡附近只部署两个师兵力；到海军攻击时，土耳其军已增加至 4 个师；及至汉密尔顿准备妥当可以登陆时，土耳其守军已变成 6 个师。而汉密尔顿自己仅有英军 4 个师，法军一个师。他所面临的实际环境，不但是守军兵力超过攻击部队，而且地形不利登陆。由于兵力数量不足，加上他的任务只是协助舰队通过海峡,迫使他选择在加利波利半岛(Gallipoli peninsula)①登陆,舍弃在欧陆,或亚洲其他处处是岩壁的海岸登陆的打算。

4 月 25 日,他在加利波利半岛南方接近尖端的希里斯角(Cape Helles),以及沿爱琴海岸以北 15 英里的格巴土丘(Gaba Tepe)进行登陆。执行该地区登陆任务的是澳洲与新西兰部队。另由一支法军则在希里斯角对面的土耳其亚洲海岸的库姆卡莱(Kum Kale)进行短暂佯攻性登陆。由于土耳其军一时不明就里,英军有机会占据几处满布铁丝网与机枪子弹横飞的滩头阵地。但等到土耳其军占据制高点,并且动用预备队之后,英军不仅丧失短暂的奇袭优势,而且遭遇困难重重的补给问题。英军设法稳住两处朝不保夕的据点,但无从扩张,于是战壕战的困局出现。为了国家颜面,这些英军自是进退不得。

后来到了 7 月,英国政府决定,除在半岛上原有 7 个师兵力之外,另加派 5 个师的部队前往支援。但等这批援军抵达目的地时,土耳其在这地区的兵力也相对增加到了 15 个师。汉密尔顿在此时准备发动一次两面攻势。他打算一面由格巴土丘发起实力已见增强的打击,另外在格巴土丘以北数英里的苏弗拉湾(Suvla Bay),进行一次新的登陆,以便将半岛拦腰切断,巩固可以控制纳罗斯海峡(the Narrows)的制高点。他骗过了土耳其军司令部,于 8 月 6 日发动奇袭。但第一次攻击就失败,第二次则由于部队经验不足而丧失绝佳机会,而局部地区的指挥官动作也不够灵活。敌人在其预备队未到前,在超过 36 小时的时间内,只有一个半营敌军出现拦阻英军。等汉密尔顿派出能干的指挥官的时候,机会已过,英军再一次注定要坚守不稳固的据点。然后,秋雨降临,英军每况愈下。英国政府这时也失去了信心,急欲撤兵,却害怕打击部队的士气而延后作出决定。其间,汉密尔顿将军曾被征询过意见。其实此时他对情势仍具信心;然而当他表示赞成继续作战时,却奉命调职,所遗职务由查尔斯·门罗爵士(Sir Charles Monro)接替。后者上任后,二话不说就宣布撤兵。

门罗的撤退,决定之快令人讶异。仅仅一个早晨,门罗一面视察半岛上的安扎克(Anzac)、苏弗拉,以及希里斯角等据点,范围尚未跨出海滩一步,他的参谋长就坐在船上拟妥了撤军建议案。丘吉尔说得好:"他来了,他看见,他屈服。"②基钦纳起先不肯批准撤退,并且急着准备亲自前往调查。英国政府一

---

① 位置在达达尼尔海峡进口边缘的土耳其亚洲部分;半岛之西濒临爱琴海,东岸就是达达尼尔海峡水道。

② 此为丘吉尔借恺撒"我来,我看见,我征服"名句的戏谑词。

听到他要去，简直松了一口气。因为政府有人希望趁他不在，将他拉下马。这时，虽然联合内阁（Coalition Cabinet）成员对于加利波利撤军案莫衷一是，却正聚集一堂反对他。他们不满基钦纳独断专行的态度，以及他的管理方式。保守党领袖博纳劳（Mr. Bonar Law）不论撤军与撤换基钦纳，都持强硬态度。不过，首相虽然害怕基钦纳下台会触怒民意，却更怕包那劳辞职。于是两害相权之后，他不但答应博纳劳的撤军要求，而且将丘吉尔逐出了战时内阁（War Committee of the Cabinet）。因此，基钦纳在抵达加利波利之前，撤军已经定案。其实，基钦纳自然受到国内新一波意见的影响，等战时内阁否决他重新提出的在亚历山德列塔附近的新登陆计划之后，他只好见风转舵，同意撤军了。

奇怪的是，到了最后阶段，英国海军倒不想撤退了。自3月以来，海军司令罗贝克一直消极反对由海军发动攻击的想法；如今司令官变成了威姆斯将军（Admiral Wemyss）。他不仅反对撤军，而且以凯斯（Keyes）准将的策划案为基础，提出一个新方案，表示要“强行通过海峡，并且无限期控制海峡”。这个建议来得太晚。国内反对进军达达尼尔海峡的声浪此时高涨。于是英军服从撤军命令，于1915年12月18日夜间，从半岛上的苏弗拉与安扎克据点将部队撤出；希里斯角地区的撤军则延至翌年1月8日。如果这次不流血撤军算是军方编组完美、合作无间的典范，它也证明这样的撤军在现代战争中，比从前更容易做到。而此事件的结局，却充满戏剧性。虽然门罗以及他的参谋长，与这桩颇具执行技巧的军事行动无关，却在尾声中获高等勋章以资奖励。帷幕最终在观念正确，具有卓见的声音中落下。只是，执行过程充满英国史上前所未见的连串错误而饱受创伤。

德国军事行动

当英国努力打通俄国后门的同时，日耳曼强权（Germanic Powers）正在攻打俄国。俄国军事失利的大部分原因在于缺乏军需弹药。目前唯有靠外国通过封锁中的达达尼尔海峡进行补给方可纾困。这种现象与效应自是俄国最难应付的强敌所乐见的。1915年秋天，霍夫曼断然声称德国攻俄成功与否，在于能否继续“坚持达达尼尔海峡的封锁”。因为如果“俄国人发现欠缺运输麦类出口，战争物资进口的工具，这个国家就会逐渐瓦解”。

1914年在东战场的战争，显示德国军队可以打败任何强大的俄国部队；但当俄军遇上奥地利军时，胜券却操在俄国人手里。法金汉不得已赶紧加派兵力,以便挺住奥军。德军因此被拖入东战场俄军攻势之中,而非如原先预定的,动用在明确规范的计划里。相对的,鲁登道夫却将目光置于特定目标上。他且从当下开始,不断地全力鼓吹打败俄国。鲁登道夫的策略具有严谨的战略决心,法金汉所持的却是机会性消耗战略。一个似乎过于忽视政治因素,另一个却顾虑太多。

在这两人的冲突中,德国的合成战略(resultant strategy)——一种高效率、决定性却嫌不足的策略,是有线索可循的。两人之间的意志力拔河,都显现在一些令人厌恶的打电报方式与无止境的暗中操盘上,目标就是主要傀儡人物德皇本人。当法金汉为有效打击"敌人",剥夺兴登堡的力量,以便除去潜在的、有可能取代其位者的时候,鲁登道夫必以辞职威胁兴登堡。霍夫曼细细观察了个中奥妙。他在日记上这样写道,"当你细看这些具有影响力的人之间的坏关系,彼此冲突的野心,你必须记住,在另一边的法国、英国以及俄国必有相似且更糟的情形发生。如果你不这么想,你就会更紧张。"他的直觉是正确的。"个人权势与名位的追逐,似乎将大家的品格销蚀殆尽。我相信,唯有谨守本份,并自食其力者,方能维持名声;他毋须为名利与权势而取巧与斗争——毕竟好天气是不可谋的。"

俄国的 1915 年作战计划,包含一些由经验得来的教训;整体来说构想正确,但作战手段与工具不是不足,就是故障重重。尼古拉大公力求稳固他的两侧兵力,然后准备向德国的西里西亚进行新一波攻势。从 1 月至 4 月,在艰苦卓绝的冬季中,波兰突出部南侧的俄军奋力夺取喀尔巴阡山与通往匈牙利平原的通道。受德军支援的奥地利军击退了俄军的攻势,俄军损失之严重,不能与其所获成比例。不过,长期被包围的普泽密色要塞,以及困守其中的 12 万奥军,到最后于 3 月 22 日落入俄军手中。在波兰北部方面,俄军此时正准备向北攻击德国的东普鲁士,不过被鲁登道夫新发动的、朝东向俄国边界的攻势占去了先机。2 月 7 日,德军经由冰雪覆盖的道路与结冰的沼泽地发起攻势,并由于在马祖里湖区附近的奥古斯图夫(Augustovo)包围并俘虏俄军 4 个师而引人注目。如此一来,德军等于拔除了俄军西进的一根芒刺。

然而,这些行动只不过是 1915 年真正重头戏的序幕。不过我们在入戏之前,有必要一探西战场。部分原因在于西战场是未来情势发展的指标,部分则是西战场战事对于东战场深具影响。

正当英国绕过远路在加利波利进行战壕战,并在国内就解决战争的新方法进行实验时,在法国的联军高层则采取更传统的战法。2、3 两月,法军进攻香槟的德军防线；结果为了推进 500 码，法军就损失了 5 万人。然而霞飞却在报告中声称他的攻势“成果仍是丰硕的”。到了 4 月，法军为了攻夺圣米耶勒(St. Mihiel)突出部，又牺牲了 6.4 万人，换来的则是彻底的大败。比较小型的，却较具意义的一战要算是 3 月 10 日，英军对新沙佩勒(Neuve Chapelle)的攻击。这场仗除了有纯粹的实验性质之外，打得是自责有余。原因是，这场仗是以不足的资源与封闭的形式，在一个小型战场进行的。且说这段期间，由于印度军、加拿大第一师等外籍部队所组成的几个大英帝国新正规师抵达法国，使英国远征军实力增加到 13 个步兵师，5 个骑兵师，外加一些精选的本土防卫营。英军兵力的增加，使弗伦奇有余力将英军区分为两个军团。同时，他的前线防务的分量也逐渐在增加中。然而，霞飞坚持要弗伦奇派兵替换在伊普尔突出部的法军。法军自前一年的 11 月即接手在伊普尔的驻防。霞飞就是视这次换防的情形，发动了计划中的攻势。弗伦奇则考虑到，他并无足够的兵力可以一面换防，一面与法军一齐发动攻击。于是他采取了单独的攻势。弗伦奇另有一个单打独斗的动机——他气愤法国人经常批评英国人不尽责。

不过以作战策划来说，交付给黑格第一军团的攻击任务是富有创意的，而且设想周到。攻击发动之前，英军对 2 000 码正前方敌军防线进行密集炮击 35 分钟。之后，炮兵更延伸射程，朝敌军崩塌的战壕撒下弹雨，以阻止敌军的增援。这些敌军的战壕，很快就被英军步兵占据并超越。

英军就这样达到非常漂亮的奇袭目的；第一阶段任务绝大部分达成。然而，进入第二阶段时，正面延伸更远，英军炮兵支持就嫌不足了。此外，由于情报不灵活，使两位军长彼此苦等发动攻击。这一等，就是 5 小时，让德军有充分时间重新集结，做出抵抗。然后，黑格错误地，并且过迟下令进行所谓“不计代价”的攻势。结果，损兵折将之余，毫无战绩。虽然，敌军防线不易突破肇因于英军火炮与弹药普遍不足，特别是欠缺重炮与高爆弹，潜在因素则是攻击正面过于狭窄，敌军很容易修复防线的裂缝。

英国人对于这场新型战争的军需弹药需求量上的认识，原本就比德国人慢了一步。不仅如此，英国军火工厂的军火交货时间，更是远落后于合约的规定。造成这种缺陷的大部分原因，是英国贸易工会的一些规定，它导致技术劳工的工作效率降低。这些规定必须经过长期协商方可修正。于是，英军的炮弹，到了 1915 年春天就奇缺。这一现象曾引发英国舆论的激愤。舆情是由一位《泰晤士报》军事记者雷平顿(Repington)上校与弗伦奇爵士商量之后发动的。《泰晤士报》所有者诺斯克利夫(Northcliffe)勋爵更无惧于他人的非难，以其《泰晤士报》的力量，全力谴责军火不足。这一运动的高潮，就是导致了英国军需部（Ministry of Munitions）的成立。在劳合·乔治指挥下，军需部协调并开发了军需供应与原料的产制。尽管这一次由新闻界发起的运动，并未认清军需品短缺其实另有原因，也不清楚前线需求最急的不单是炮弹，还包括更多的重型火炮武器，它的总效应却是不可计量。这次唤起大众，清除障碍的行动，在英国是史无前例的。除了炮弹问题之外，由于英军在壕沟战中所使用的武器比起德军所使用的，真是粗制滥造，品质低劣，致使这样激烈的改革旷日费时，超过预定时间。此外，由于英国新国民军（new national armies）赶赴战场在即，时间上也愈感紧迫。虽然改革呼声早已存在，但这场姗姗来迟的改革倒是做得很尽力且彻底。在早年缺乏的整体军火产业规划中，除了前述的劳工问题之外，直接原因其实就是英国军方的短视。军方经常低估需求，轻视新颖的观念与想法。

这种现象可以追溯到 1908 年。当时陆军部（War Office）财务大臣对于一份有关德国陆军增加机枪使用量的官方观察报告印象至深，于是写信给陆军兵工局长，"如果战争会议成员同意陆军增加机枪配额，陆军部财务局将不反对"。兵工局长竟答复，每一营 2 挺机枪足矣。结果，陆军部当局从此紧守这个数目不变，虽然陆军射击学校在 1909 年就极力主张机枪配发量应增加到每营 6 挺。

后来，即使机枪已明显在战场居于主导地位，英国远征军总部仍坚持开战前每营 2 挺这种微不足道的数目。其中一位军团司令，也就是黑格竟说，机枪是"一种被大大高估的武器"，目前这样配发数已"绰绰有余"。即使基钦纳也定下原则说，最多是 4 挺，超过就是奢侈。这种情形一直到军需部为机枪提倡者撑腰，大胆增加供应数量到每营 16 挺为止。同时也由于军需大臣劳合·乔治的奔走，使迫击炮（Stokes gun）有机会脱颖而出，克服官方各种障碍，发展成出色的、普遍使用的战壕战武器。其实坦克也一样，曾被陆军部几番搁置，稍后却在军需部协助下得以问世。

尽管如此，军需发展不力，产能低落的最终责任应由英国人民，以及他们在国会的代表担起。虽然战争尚未来临时，新成立的帝国国防委员会（Committee of Imperial Defence）已做了不少准备工作，却因国会与人民害怕战争爆发在即，而以消极与吝啬的态度，严格限制了该委员会所做的努力。于是军需准备工作是在牛步中，迎接来势凶猛的同盟国威胁。所有失策之中，最重要在于忽视战争一旦发生，如何将国家产业资源，转变及扩充供战争之用。增加战斗武力，摆出恫吓姿态，可能具有加速战争爆发之险，但做好产业动员准备，是不具煽动性的。如果战争真的降临，备妥产业动员，自是从事战争之基本要件。

英国于 1914 年 8 月 4 日宣战。战后各界对于当时内阁的各种谴责中，对于它忽视战前备战，远较它未能增加兵力估算，或未能成功推展征兵制为重。然而英国政府在宣战之初，不论对政治与道义议题多么具有意识，政府似乎不知，举国成年男性因欠缺武器，而正被推向重大牺牲之路。在这种情形下，任何一个内阁应不应该决心从事战争与继续维持执政，是一个道德性议题。唯一可被谅解之处是，当时民意容许忽视武器的需求。并且不幸的是，经验显示，一个民主的政府要逾越民意是有实际困难的。因此，最终责任仍在英国人民身上。其实，战时阻碍进步与改革的军事保守主义者，也应受到谴责。他们曾以漠视民意的心态，进行和平时期的军官训练与挑选。综观 1914 年到 1918 年的战事，全英国人民都应承担杀婴之污名①。

英国后来全国一致地进入磨砺奋发的战争时期。只是这迟来一步的冲刺，已无法阻止因战前忽视战备，造成成千上万生命无谓牺牲的结果。即使索姆河攻势，也是因为弹药补给有限而受阻，虽然其中有许多炮弹是因为保险丝制作过于草率而失效。英国直到 1916 年终，军需弹药才获得充分的补给，而且供应量尚在继续扩大，乃至英国领袖们的战略毋须再受制于战争物资之不足。

但 1915 年春天英军所发动的新沙佩勒攻击，结果运气并不好。很清楚的是，这场小规模实验战争只差临门一脚，而且发展成功的机会与空间很大。但是协约国的将领不只忘记一件教训，就是短暂但密集的炮击，可以达到奇袭效果，而且对于攻击的正面不能过窄的道理，也仅一知半解。攻击正面不能过窄，是为了防备敌军炮兵控制防线裂口，或投入预备队将裂缝封闭。相反，他们只肤浅地推断，仅以大量的弹幕就可以致胜。一直到 1917 年为止，英军没再使用过攻击新沙佩勒的模式。倒是德军藉这次作战经验，在 5 月里进行了对俄攻击。

然而在这场战争发生之前，西战场的错误军事行动，似乎注定要增加。起先是轮到德军为了解决壕沟战困局而误用了一种新方法，也就是把毒气引入战场。德国人不像稍后英国推出坦克那么幸运，由于解毒剂很容易取得，德军以毒气企图致胜的机会一旦丧失，就永不复返。1914 年 10 月 27 日，德军在新

① 指英国成年男子死伤过度，导致出生率降低。

沙佩勒战场发射了 3 000 发装有催泪瓦斯的榴霰弹,以及一些含有相同成分的子弹。这是毒气弹第一次在战场上尝试。不过效果甚弱,以致无人知道,直到战后经德国披露方为人知。然后是 1915 年 1 月 31 日,德军在波兰的一次局部攻势中,使用了较进步的催泪弹。不过由于当时天气酷寒,这次试验归于失败。然而下一次尝试的毒气,就具有致命性了。但由于当局无法提供发明者哈伯(Haber)充足的毒气弹制造设备,毒气只好从圆筒中放出。尽管如此,初次的一些失败,使德军统帅部不太相信毒气的价值。结果到了 4 月 22 日,德军在缺乏预备队情形下,对伊普尔法军战壕施放毒气。一时间曾使法军防线出现宽阔的缺口,德军却因无预备队扩大战果而功亏一篑。当时战场上弥漫着奇异的绿色烟雾,遍地是痛苦不堪的逃兵,4 英里宽的缺口中更是无人生存。这就是这次毒气施放后的情景。不过,后来由于加拿大军在缺口侧翼作出抵抗,英印军也迅速赶到现场增援,以及德军本就欠缺预备队,于是情况被联军稳住。

首次被使用的氯气,会产生残酷无比的后果,但仍比不上炮击与刺刀肉搏战的经常性效果。所以等到后续更进步的毒气出现之后,联军获得的避毒经验的统计数据证明,这种武器只是现代战争中,程度最轻的不人道武器。虽然毒气确实新奇,但德国人这样使用毒气,被全世界视为残暴无道。世人深恶这种创新手法。因此,德国遭到道德上的非难。使用新颖武器并未为德国带来利益。

且说协约国这一边,既然局面混沌,本应等到军需弹药供应增加,英国新军准备妥当之后再有所图才是。然而,霞飞为了收复失土,还有替俄军解压,以及盲目乐观,草率发动了一些攻势。他夸大了德军的伤亡,低估德军在防御战中的战技与实力,并且发动一些不能连贯的攻击。这些攻击,主要指由法军福煦指挥,在朗斯(Lens)与阿拉斯之间所发动的攻势。结果重蹈早先覆辙,无法有效拓宽敌军战壕防线的缺口。这次攻势于 5 月 9 日由都尔巴军团(含 18 个步兵师)所发动。攻击正面宽达 4 英里。除了贝当一军之外,攻势因伤亡惨重而迅速叫停。贝当的部队由于准备极充分,突入德军防线深达两英里。然而除了突入的正面过窄之外,预备队不但迟到而且数量不足,以致缺口不久就被德军堵住。但福煦坚持无用的攻击,虽因此掠得一些土地,但损失过量。相较之下,英军的攻势较小。在法军发动攻势的同时,英军黑格第一军团已朝奥布尔岭(Aubers ridge)攻击。英军计划从新沙佩勒南北相距 4 英里的两个点中间穿过去。这两点的正面总宽为 2.25 英里。然后英军准备集中兵力进行双重突破。然而，德军已从上次实验性的新沙佩勒之役中汲取经验，早已布防妥当。因此英军在遭受德军机枪扫射，自己炮弹又不足的情况下，攻势迅速陷于停顿。不过英军受到霞飞的压力，于5月15日在新沙佩勒以南的菲斯土伯(Festubert)地区重新展开攻击，并且继续进行零星攻击到5月27日方止。而朗斯与阿拉斯之间的较大型法军攻势，也一直维持到6月18日。总之，法军损失102 500人，几乎是防守一方德军的两倍。

德军统帅法金汉原本对西战场德军的实力存疑。不过经这一系列作战，让他相信自己不但实力坚强，而且并无真正来自法英联军的威胁。其实他对东战场的攻势已经先期展开。战术上是所向无敌。战略目标最初仅限解除奥地利军前线的压力；当然同时也意在减轻俄军的攻击力。奥军的康拉德认为突破俄军中央部分是达成目的的最佳办法。法金汉接受了他的建议。在这个计划中，他们选择维斯瓦河上游与喀尔巴阡山之间的戈尔利采-塔尔努夫(Gorlice-Tarnow)防区；因为这个地区障碍少，最利于攻击，也最能保护侧面，防止侧面遭敌突破。

德军将突破计划交由马肯森执行。马肯森则以泽克特(Seeckt①)为参谋长。这位参谋长后来是战后德国陆军的重建者。马肯森的兵力包括新成军的第十一军团。该军团含西线调来的11个师，以及奥匈帝国第四军团。德军计划先分别在西线的伊普尔发动毒气攻势，在东普鲁士发动大型骑兵攻击，以掩饰在杜那耶奇河前线集结14个师的兵力与1 000门火炮准备攻击的举动；而防守的俄军仅有6个师兵力。俄军在这条防线上筑有几条战壕，却未高度堡垒化。敌对双方防线之间则是宽达两英里的无人区(no-man's-land)。这里面，"居民仍在农庄中生活如常，牲畜无忧无虑地吃着牧草"，直到德国人为了防止消息走漏，将他们迁走为止。

马肯森军团在4月最后一个星期抵达现场，进入被分配的防区。他们被安置在两个奥军军团之间。马肯森沿着他宽达18英里的攻击正面上，每45码就配置一门野战炮，每132码一门重型炮。即使比不上后来的战场标准，这样做在当时至少能充分解决"突入"如俄军这般的布阵，以便建立据点的问题。但是更大的问题在于如何维持攻势，以便在赶来驰援的俄军预备队定位之前，即能"突破"俄军后部据点。为解决这个问题，泽克特发出指示，要求"所有参谋军官必须尽力维持攻势不断"。而且每日将无明确目标指派给军

① 1934—1935年在中国担任国民政府的军事顾问，对当时中国军队之现代化颇有贡献。

与师等单位执行，“以免使他们认定进一步的进展，有中止的可能”。“向防线的一头发起快攻，可以舒缓遭受较强抗力的另一头压力……纵深部署应安排在能扩张战果到邻近防线。”这些非并进式进展的战术观念，配合弹性运用预备兵力，预示了未来在 1918 年德军所使用的著名“渗透战术”；其宗旨不在于挽救局部失利，而在于接续性战果(backing up success)。除此之外，由于俄西南集团军司令伊万诺夫不相信德军攻势迫在眉睫的报告，未将预备兵力调遣至适当处所，以致德军额外蒙利。

5 月 1 日夜间，怒潮般的德国军队越过中间地带，在接近俄军前线之处掘壕据守。翌日清晨开始对俄军进行密集炮轰，俄军战壕未几即被夷平。上午 10 时，步兵发起攻击，在烟尘中向前扫荡。于是“土灰色人形从四处窜起，往后奔跑。他们手无寸铁，头戴灰毛皮帽，大衣任其敞开在风中飞舞。不久，这群人就消失不见。他们像狂乱中奔逃的羊群”。这是一场彻底成功的奇袭，战果出现快速。尽管俄军在维斯沃卡河(Wisloka)堂皇挺立着，喀尔巴阡山的俄军防线正沿全线后撤。这一撤，直到 5 月 14 日德奥攻势到达桑河(San)方止。算起来，这里距离德军攻击起点已有 80 英里之遥。俄军撤退到雅罗斯拉夫(Jaroslav)时，由于此地的桑河水流湍急，几乎酿成巨灾。然而，德奥军的冲力此时已呈强弩之末，预备兵力也嫌不足。就在这时，新情况发生了。意大利此时对奥地利正式宣战。法金汉虽然经过一些困难，倒说服了奥军司令部不从俄国前线将部队撤出；并且在意大利边界上，以山脉为屏，继续维持着坚强防卫力。法金汉了解他已将自己投入在遥远的加利西亚战场，要部队回头已太困难；现在唯一办法是从法国调派部队增援。因为唯此一途，方能使俄军对奥攻势瓦解，威胁得以解除。马肯森获得增援之后，再度与奥军合作发动攻势。6 月 3 日重新占领普热梅希尔，6 月 22 日夺得伦贝格，并且将俄军防线一截为二。

但由于法金汉与康拉德两人从未料想过有这样结局，因此德奥军在这段长时间进攻中，并未计划如何维持补给供应。匆促中的斩获，无法弥补准备不足的缺点。结果，德奥军攻势延后，使俄军在撤退之余，虽然各种军品工具遗留遍野，但尚能凝聚而未溃散。

具有广大人力资源的俄军，从被俘人数达 40 万人来看，几乎证实它经得起消耗。因此法金汉忧心盟邦奥地利的稳定性了。这也导致他听从泽克特坚持继续进攻的建议，虽然针对有限的目标，他仍不时偷偷注意西线的局势。然而，马肯森的进攻方向已从东进，沿着位于布格河与维斯瓦河之间宽阔的长廊，向北推进。这里其实就是俄军主力所在。与此有关的是，兴登堡受命从东普鲁士朝东南方向攻击，越过纳雷夫河（Narew），直奔布格河。不过鲁登道夫显然不喜欢这个计划，因为正面攻击的机会太多；而且虽然俄军在德军两翼缩紧之下，会遭受挤压之苦，但德军无法切断他们的退路。鲁登道夫重提他的春季计划——经过科夫诺（Kovno），在维尔纳与明斯克之间，进行间隔宽阔的包围攻势，康拉德的看法亦同。法金汉则表示反对。他害怕这样做，需要更多军队投入战场，责任也更重。鲁登道夫的计划一直到 7 月 2 日，因德皇赞同而拍板。但结果正如鲁登道夫所料，俄国尼古拉大公就在德军大剪刀还没合拢之前，已经从华沙突出部解困。法金汉却认为这完全是鲁登道夫进攻不力所致。一干人争论不休。兴登堡不但写信给法金汉，也给德皇军事内阁领袖，表示他东战场总司令的头衔根本变成"恶毒的讽刺"。法金汉干脆不留情地顺水推舟，趁机拿走他的一个军团，组成一个新的集团军，刻意贬低了他的地位。

及至 8 月中旬，德军已俘获敌军 75 万人，并占领了波兰。法金汉决定停止东战场的大规模军事行动。同盟国正在安排保加利亚参战的事。法金汉希望支援奥地利与保加利亚联合发动的塞尔维亚进攻计划。同时把部队调回西战场，以对付法军可能在 9 月里发动的攻势。然而，法金汉为了挽回失去的进攻机会，安抚个人的对手，他又批准一次对俄军的攻势。鲁登道夫获得迟来的准许，并以他现有的资源，执行他的维尔纳进攻计划。康拉德却计划从拉克（Luck）向东进攻，企图重复哥尔里斯打法，在普里皮亚季河沼泽地之南将俄军切断。

鲁登道夫于 9 月 9 日拔营，在涅曼（Niemen）的贝洛军团与艾克霍恩（Eichhorn）的第十军团组成两支大型尖角，一路冲向俄军前线。一角向东往德文斯克（Dvinsk）前进，另一角则朝向东南的维尔纳逼近，俄军见状四散。而在两角之间推进的是德军骑兵；他们不但重复践踏维尔纳，而且直达明斯克铁路线的附近。不过德军至此气势已弱，俄军则趁机集中兵力反击这支孤军。面对俄军的坚强抵抗，以及愈来愈少的补给，鲁登道夫只好叫停。情势已变成，不等延宕已久的维尔纳进攻计划开始，俄军就已经脱网而出。

奥地利军的攻势等到 9 月 26 日方才发动，然却遭到惨败。不过康拉德笨到坚持要重新来过。于是到了 10 月中旬，奥军未及发挥作用，就已牺牲了 23 万人。在这段德奥军与俄军对峙期中，俄军严重受挫，但未被消灭。不过，虽然俄军自此不再对德国构成直接威胁，到 1918 年为止，原本要集中全力对付西线的德军，就被俄国牵制整整耽误了两年。法金汉谨慎有余的战略，以长远眼光来看，证明险象环生，而且确实在为德国的崩溃铺路。

德军在这一回合作战中，曾有计划地制造一些突出部位，然后又设法切断①；10 月间，俄军紧张地从这些突出部位作一连串脱逃之后，完全停止在一条拉直的战线上。范围从波罗的海岸边的里加（Riga），延伸到罗马尼亚边界的切诺维兹（Czernowitz）。然而，俄军这次获得休养生息的机会，是付出了离谱的代价。俄国于 1914 年曾为他的西方盟友作出相当牺牲。但西方盟友在俄国这回落难中所作出的回报，简直乏善可陈。

9 月 25 日英法发动救援性攻势，战果也不比以前丰硕。主要攻势由法军在朗斯一侧的香槟地区发动。这次攻势并与法英联军在朗斯另一边的阿图瓦地区所发动的另一攻势结为一体。犯下的错误就在于两个战区相距过远，彼此首尾不相顾。更糟的是，联军高层试图使两个无从一致的攻击一致化。他们准备使用大量火炮来协助突破，但支持突破的先期炮击时间过长，使突破完全失去奇袭效果。霞飞计划在这两个战区进行突破之后，沿着整条法英战线发起全面攻击。他认为这将“迫使德军退出默兹河之外，甚至因此结束战争”。好个乐观主义者！突破香槟与阿图瓦两个战区的德军前哨据点并无困难，但紧接着将预备队调上来时，就耽误了时机。结果德军预备队获得机会将被突破的缺口补妥。由于攻势正面狭窄，所以缺口修复不难。联军些许的斩获，全然不能弥补严重的付出——联军大约损失 242 000 人，相对的德军只损失 141 000 人。我们发现，在防御战技巧上，即使联军指挥官们在此已获得较多的经验，德军也一样有了较多经验。不过，这次攻势中的英军部分，以“新军”展现实力而引人注目。在卢斯（Loos），他们初获战场经验。他们即使因欠缺经验而效率不彰，然而，相比欧陆长期经营军备的国家，其勇气与冲劲，预示了英国强劲的即时爆发力。

这股力量之所致，鼓舞了英军低迷的自信心；道格拉斯·黑格爵士继约翰·弗伦奇爵士出任英国远征军总司令。这就像 9 月间，俄军总司令职务已由尼古拉大公名义上转到具有精神象征性的沙皇手里，实际上则由新任参谋长阿列克谢耶夫（Alexeiev）将军操盘②。同时，英国为了强化总战略方向，甚

① 先让对方突入防线，然后从防线缺口的两端向中抽紧“切断”，使对方被围。

② 俄军最出色的指挥官布鲁西洛夫将军将阿列克谢耶夫形容为“一位优秀的战略家。他主要的缺点是决断力不足，以及欠缺道德勇气”。“我认为，如果他担任一名真材实料总司令手下的参谋长，他就不会受到批评。但摆在面前的，是一位需要他来出主意，需要他来强化意志力的总司令（沙皇）阿列克谢耶夫自非恰当人选。”托洛茨基〔Trotsky〕更轻蔑地描述他是一名“阴晦的庸才”，帝国陆军中最老派的办事员，经不起坚韧的奋斗，就消磨殆尽的人物。

至更偏向"西战场"主义,调升弗伦奇的远征军参谋长威廉・罗伯逊(William Robertson)为帝国参谋总长。罗伯逊长期不受弗伦奇青睐。因为后者较听从亨利・威尔逊的意见。有些怪异的是,黑格选择他的老友,迄今未在法国任职过的基格尔(Kiggell)为其参谋长。

意大利第一次会战

意大利对于 1915 年协约国的军事贡献,可说乏善可陈。原因不仅是先前准备不足,而且边界的战略位置也很令人头疼。它既不好发动攻势,更不适合防守。边界的威尼斯省(province of Venezia)形成一块指向奥地利的突出部,北侧邻接奥地利的特伦蒂诺,这部分边界的南边面临亚得里亚海。亚得里亚海这一部分的边界,是地势相当低的伊松佐(Isonzo)河地区的延伸。但是边界接着就随朱利安与卡尔尼克阿尔卑斯(Julian and Carnic Alps),往西北方向充分伸展。从意大利出发的任何东向攻势,无可避免将遭受奥地利军从背后的特伦蒂诺,顺势而下的威胁。

尽管如此,边界的东向地区,虽然对军事行动而言困难重重,除了能威胁奥地利的重要部分之外,比起往北进攻需要进入阿尔卑斯山,似乎较有成功的希望。当意大利准备参战的时候,就任意军总司令的卡多尔纳(Cadorna)将军所拟订的计划,基本上就是依据东攻北守的概念。至于如何减轻悬在头上,来自特伦蒂诺的威胁,意大利期望在发动攻势的同时,俄国与塞尔维亚也向奥地利进行军事行动。但就在意大利宣布参战的前夕,这个希望消失了。俄军在德军马肯森的攻击下败退,塞尔维亚虽然接获协约国的要求,却连一次"武吓"都没能做。由于缺少军事压力,奥地利军遂从塞尔维亚前线调派 5 个师兵力到伊松佐河地区。接替这 5 个师防务的则是德军新成军的 3 个师。奥地利另外还有 3 个师部队从加利西亚调到意大利边界。即使如此,同盟国总共只有 13 个师可资对抗意大利的攻势;意大利军占有超过二比一的数量优势。

意大利为了稳住位在北方的掩护位置,曾向特伦蒂诺地区作有限的进攻。虽然行动算是成功,但从另外一边进入边界突出部东北角,朝向卡尔尼克阿尔卑斯山的塔维斯(Tarvis)的攻势就被击退了。这个局部的失败,产生一个不幸后果。1917 年,奥地利军就利用这处颇富战略性的出击点,攻入塔格里亚门托河谷(Tagliamento valley)。

且说意大利军由第二、三军团发起的主要攻势始于 5 月底。但 24 个师当中，只有 7 个师准备妥当，外加恶劣天气使伊松佐河泛滥成灾，最初的攻势未几就停顿。于是伊松佐前线就如同其他地方，变成了壕沟战的战场。不过接下来由于意大利动员完成，6 月 23 日，卡多尔纳发动了有计划的攻击。这个称之为第一次伊松佐之战的战事，一直延续到 7 月 7 日，斩获却甚少。中间停顿 10 天之后，新一波攻势再起，也战绩平平。然后，前线退回到打打停停的壕沟战阶段。就在此时，卡多尔纳已另准备发动较大的秋季新攻势。10 月间，秋季攻势发动时，卡多尔纳事实上拥有二比一的兵力优势，但炮兵很弱。这个缺陷，加上防守一方经验充足，使这波新攻势结果与之前一样，毫无斩获。这次攻势持续很久，直到 12 月方才中止。6 个月战争以来，意大利军总共损失约 28 万人，比守方高出将近一倍。奥军在前线显示了强烈的果断力，这是在面对俄军时所经常欠缺的。

征服塞尔维亚

僵局虽然在外交台面下另有显著变化，法俄前线却再度出现僵局。但是到了 1915 年的最后几个月，各战场战事频频，对于整个战争倒是有无法预计的影响。

塞尔维亚对于德奥同盟而言，位于最敏感的区域。协约国战略中有一显著的“盲点”，就是未觉察到塞尔维亚具有激怒德奥，使德奥章法错乱的重要性。这股加诸于原本不安稳的奥军后侧翼的威胁力，具有分散德奥的整体力量与策略的价值。倘使塞尔维亚的协约国盟友期望在主战场有所作为，这是一股必要的分散敌人的力量。由于地理上的位置，塞尔维亚是奥地利政治与军事潜在的毒瘤。为了保持塞尔维亚对德奥持续不断的“刺激”，协约国应以重质不重量的方式，对塞尔维亚伸出援手。也就是，除非交通系统有所改善，协约国不必利用运输能力不佳的东欧交通系统派出大量军力；协约国可就技术性军种与物资加以支援。塞尔维亚军原本就骁勇善战，本能上就适应当地地形。他们亟需的只是有效的作战工具。在层级上，军援塞尔维亚，远比装备英国新招募成军的新军迫切而且经济。然而，协约国显然对塞尔维亚的重要性视而不见，任凭德奥开刀割瘤。协约国的盲点，造成了本身愈来愈多的困扰。

奥地利军证明具有在伊松佐地区牵制意大利军队的能力。于是，当俄军的威胁在德奥夏季攻势下瓦解之后，奥军司令官就急着要彻底解决塞尔维亚问题。奥地利曾于1914年的8、9以及11月三度进犯塞尔维亚,却都被塞军狠狠挡下。这对于一个境内拥有甚多斯拉夫居民的强权而言,这一口气是很难咽下的。奥地利的焦虑,刚巧遇上法金汉的打通到土耳其铁路构想。法金汉在达达尼尔海峡正面临联军的重大压力,整个1915年的夏天,协约国与同盟国双方都在寻求保加利亚的支持。这一回合交手中,协约国这边有精神与实质方面的两点不利条件:一是先前的军事失利,一是塞尔维亚不愿放弃在1913年从保加利亚夺得的原马其顿任何一部分。相反,奥地利不反对献出原属敌人的土地。因此,保加利亚接受了奥地利的"叫价",奥地利得标。保加利亚获得德奥同盟这股力量之后,增加了重击塞尔维亚的机会。迨至8月,法金汉决定从俄国前线调派加尔维茨(Gallwitz)军团,增援奥地利的第三军团。保加利亚则有两个军团已准备就绪。马肯森与泽克特被指派担任进攻塞尔维亚的指挥。塞尔维亚面临这种新危机,除了本身的一支相当小型的武力之外,只有一纸希腊的条约保证,以及协约国的一些承诺。希腊的条约却因亲协约国的首相韦尼泽洛斯(Venizelos)的下台而形同废纸,再者,与以往一样,出兵太迟了。

1915年10月6日,德奥军团向南攻过多瑙河,侧击德里纳河(Drina)右岸。攻势除了因塞军的顽抗被拖延之外,更由于山区地形险恶而受阻。不过在法英援军到达之前,保加利亚部队已向西切过塞尔维亚主力军的后部,攻入塞国南部。这一记横切,等于斩断塞军与从希腊萨罗尼加北进的联军之间的联系,也很自然解除了塞军在塞国北边的抵抗。等到塞军南北两端防线扭曲到像一张大弓的时候,显然有被德奥保军双重包围之险。这时候由于向南的保加利亚退路已断,塞军只好决定向西撤入阿尔巴尼亚山区。后来,这些在这次寒冬撤退中,经历坚苦卓绝环境而存活下来的人,都被运到阿尔巴尼亚外海的科孚岛(island of Corfu),经过重新装备与整编之后,于1916年春天加入在萨洛尼卡的协约国部队。同盟国征服塞尔维亚(虽然后来证明塞军并未被征服),一方面解除了奥地利南边疆界的危险,另一方面,德国在交通与控制上,可以无拘无束地从北海起,经过庞大的欧陆中央地带,一直延伸到底格里斯河地区。对于协约国来说,这次战事等于在这个地区挖掘了一个大蓄油缸。往后的3年,它一直在蓄积协约国的军事资源,只是未被善加利用。不过这蓄油缸中的油,最终还是外溢而发生作用,它冲走了同盟国中的一根支柱①。

① 指保加利亚。

萨洛尼卡远征军

10月初，当协约国惊觉到塞尔维亚的危机时，英法军的一些师，急速从加利波利赶往萨洛尼卡。因为这是协约国通往塞国唯一的援助通道，路径是从萨洛尼卡以铁路通往于斯屈布(Uskub)。这支救援兵力归由法国萨拉伊将军指挥。其前卫部队紧沿着瓦尔达尔河(Vardar)北上，进入塞尔维亚边界，却发现塞军已被保加利亚军拦腰砍断。于是协约国援军在保军追赶下，无功折返萨洛尼卡。从军事观点来看，英国参谋本部立即强烈主张联军此时应自萨洛尼卡撤出；但政治因素使联军继续留驻于此。联军除因达达尼尔海峡的失利而蒙羞之外，并且使巴尔干诸国相信德国是无敌的。光凭这一点，就吸引了保加利亚参战，并使希腊与塞尔维亚斩断条约关系。联军现在若再从萨洛尼卡撤兵，只会进一步有损面子。相反，协约国如保住这个据点，一来可以阻止德国势力进入希腊，再者可作为支援罗马尼亚的基地——如果罗马尼亚如预期那样站在协约国这边而参战。为了这些目的，萨洛尼卡的联军不减反增；除英法军新增援一些师之外，另有意大利与俄国分遣部队加入。此外，塞尔维亚军也在此进行重建与整编。然而，稍后除了1916年11月夺下莫纳斯提尔(Monastir)，以及1917年4月的一次不成功的攻击之外，在1918年秋天来临之前，协约国在此并未发动过任何重大攻势。它成效不彰的部分原因是，其所面对的这些位处险恶地势的巴尔干诸国，有崇山峻岭镇守着进入巴尔干半岛的通路；部分因协约国各政府感觉这里宛若一笔"呆账"；另外则肇因于萨拉伊本人。此人好搞政治权谋，如果要这样一支联军各尽本分，彼此之间达到必要的信任与合作，萨拉伊的行为与名声都不足以统御。于是德国人让萨洛尼卡联军在保加利亚部队"看管"下，放心地随它去，同时不断从巴尔干半岛撤出本国的军队，以便在他处运用。德国人并以温和的讽刺，形容萨洛尼卡是联军"最大的集中营"。到1918年之前，在此有50万联军无法动弹。德国人的嘲弄还真有几分道理。

美索不达米亚

萨洛尼卡并非是1915年所开凿的唯一无底洞。美索不达米亚是欧陆军事重心移转的新处所。但移转的理由恐怕全是为了政治。它并不类似达达尼尔海峡与萨洛尼卡事件，主要是在为了替处境窘迫的盟邦解压，也不像达达尼尔远征军行动那样说得通。协约国达达尼尔远征军曾直捣黄龙似的，针对某一敌国的重要部位杀去。占领美索不达米亚可能只是要提升英国威信，给土耳其好看，却撼动不了土耳其的抵抗力。虽然原意尚称正确，其后续的发展，由于英国经营战争的方式中，向来存在的缺点使然，使美索不达米亚行动变成另一个“自生自灭”的例子。

波斯湾附近的油田，是英国的石油供应命脉。因此，当英国与土耳其的战事逼近时，一小股印度兵力曾被派去防卫这些油田。为了有效执行这次任务，英印军认为有必要占领波斯湾前端的巴士拉省(Basra vilayet)，以掌控可能的进出路线。

1914 年 11 月 21 日，巴士拉被占领。但是川流不断的土耳其军增援，迫使印度政府加派一个师兵力前往波斯湾。1915 年春，土军发动攻击，被英印军击退；英印军司令尼克松(Nixon)将军为稳固阵地，认为应将据点扩大。于是调派汤曾德(Townshend)所指挥的师，沿底格里斯河往北推进到阿马拉(Amara)，并且打了一场漂亮的小胜仗；其他的师则沿幼发拉底河，到达纳希利亚(Nasiriya)。南美索不达米亚是一处范围广大的冲积平原，既无公路更无铁路。底格里斯与幼发拉底两条大河是此地唯一的交通管道。因此占据阿马拉与纳希利亚就涵盖了整个油田。然而，英印军眼前的军事成功，鼓舞了尼克松与印度政府。他们决定朝前推进到库特-埃尔-阿马拉(Kut-el-Amara)再说。这一行动，虽使英军已深入内陆 180 英里，在军事上却只部分做得正确。因为库特(Kut)正位于底格里斯河分支出来的谢特河(Shatt-el-Hai)与底格里斯河的交口。谢特河连接着幼发拉底河。土耳其后备军可从幼发拉底河，经过谢特河进入底格里斯河。

汤曾德于 8 月出发，在库特附近先打败土军，骑兵部分就乘虚追击到阿奇奇亚(Aziziya)；这里已是从库特到巴格达的半路。英国政府这时正四处失利，迫切期待精神上可以扳回一城的胜利，自然闻讯大喜。于是准许尼克松指派汤曾德继续向巴格达前进。但是汤曾德在泰西封(Ctesiphon)打了一场胜负未分的仗，使逐渐占上风的土军将汤曾德逼回库特。由于此地增援不易，汤曾德获指示苦守，等正在驰往美索不达米亚途中的几个新成立的师的支援。1915 年 12 月 8 日，库特终为土军所围困。援军几度攻击土军布防在通往底格里斯河两岸的战线无效。情势恶劣，交通与通讯情况更糟，再加上指挥错误，最后，1916 年 4 月 29 日，库特被迫开城投降。尽管汤曾德这趟冒险行动深受不当战略的影响，我们必须强调，汤曾德小规模部队在面对优势兵力时，是有实际成就的。这支孤军是在装备欠缺，运输工具简陋，以及深陷敌人心脏地带的情形下，写下军事史上光荣的一页。以他们这些缺陷，与敌人四对一的优势，以及与后来占领巴格达的英军的良好补给系统相比较，汤曾德这批为土耳其军所困的部队，是令人敬佩的。

1915 年各国国内政争

英国从专业性战争转变为全民战争的奋斗历程中，最显著的标志也许是1915 年5 月“全民内阁”(National Ministry)的形成①。国会的准则若完全舍弃根深蒂固的政党制度，合力主导战争方针，在传统心理上会造成骚乱。因此，一方面生气勃发的劳合·乔治开始掌握民意，内阁实际领导权逐渐落入他的手中，另一方面自由党的首相阿斯奎斯(Asquith)仍留任新内阁，保守党成员则在内阁中取得了压倒性优势。丘吉尔虽放眼海峡对岸的港口，希望这些可供登陆用的港口，未来可以成为解决困局的关键。不过此时的他，却像远征军的创始者霍尔丹一样，被迫去职。

这段期间所有国家在政治上都有变化。这是普遍的世局展望将要调整的征兆。早先的参战狂热已经消失，取而代之是坚定的作战决心。奇怪的是，这种情况对英国人来说算是理所当然，却颇不合法国人普遍的观念，即使表面上看来是如此。

经济上，任何国家迄今仍未感受到严重的压力。各国的财政表现了意外的资金融通力。双方的封锁与潜艇作战，并未严重影响双方的食物供应。即使德国开始蒙受某些物资匮乏的影响，比起敌人，德国人民则拥有较多有形的胜利好兆头来强化他们的决心。然而到了 1916 年，德国人民就因 1915 年的收成不佳——40 年来最严重的歉收而负担加重。所幸德国的耐力使危机消弭于无形。英国对德国的封锁，则因德国轻易攫取东战场的一个产麦国家而仅部分收效。早先法金汉重启西战场攻势时，德国人民的战争意志，几被重大牺牲的血泪之海所吞灭。讽刺的是，现在由于协约国鼓励东欧谷仓罗马尼亚参战，等于平白送给德国一个救生圈。

① 1915 年 5 月，英国自由党与保守党齐组联合内阁，1916 年 12 月，复以战时内阁〔war cabinet〕取代原先较大的联合内阁，直到战争结束为止。

第五章　达达尼尔计划的诞生

土耳其之所以参战，并攻击它传统的盟友英国，主要是因为一位杰出人物、三艘军舰，以及害怕一场战争浩劫之故。这位杰出人物名叫马沙尔·冯·比贝尔施泰因男爵（Baron Marschall von Bieberstein）。到1912年为止，比贝尔施泰因男爵已在君士坦丁堡担任德国大使15年之久。他对于赛马中的骑士行为与赞佩的标准只有一个，那就是实力；他所谓的“骑士风范”，根本就是实力的扩张，也就是一切只论强大的实力。马沙尔·冯·比贝尔施泰因外表魁梧，疤痕的脸，蔑视人的态度，恰如实力增长中活生生的德国图像。英国也许只有一人可以抗衡这种印象，足以显现英国更成熟，但较不起眼的实力，此人就是基钦纳。奇怪的是，他是一个似乎对于现职不满足的人。相反，在关键性的几年中英国驻土大使，是一名威望与力量不足的人。到了紧要关头的几周，他甚至正在休假。

至于三艘军舰，是指德国派驻在土耳其附近海面的新型战斗巡洋舰“哥本”号，两艘原本由英国建造的战斗舰“奥斯曼王”号（Sultan Osman）以及“瑞夏帝”号（Reschadieh）。德国为了加强对这个地区的威信，削弱英国的剩余影响力——海军势力，曾作出堪称明快的一步。1914年初，德国派遣“哥本”号驶往君士坦丁堡，并在金角（Golden Horn）入口附近作长期停泊。土耳其原本就担忧俄国染指达达尼尔海峡，到了战云密布的7月下旬，土耳其的恐惧感已至无以复加的地步。尽管如此，这份恐惧感，与土耳其扩张支配权的野心相混合之后，就是一股强大的力量了。土耳其此时已确信德俄将发生战争。虽然未能确知英国是否参战，土耳其首席大臣却在亲德的恩维尔唆使之下，对于早先的德国行动做出了反应。1914年7月27日，首席大臣向德国大使提出抗俄的秘密同盟要求。第二天，德国接受了建议，并且在绝大部分土耳其内阁成员不知情的情况下，双方于8月2日将条约签妥。再隔一日，达达尼尔海峡即开始布雷；恩维尔则早已主动完成土耳其军队的动员工作。然而英国参战的消息引发土耳其举国震惊,新签订的条约差点像纸气球一样爆破。事实上,往后的几日,土耳其举国鼎沸的“火气”,几乎撑破另一只风向球(ballon d'essai)——更惊人的土俄联盟提案。这件提案,即使算是土耳其给予俄国一次运用海峡、输入西方盟友军需的机会,也并不契合俄国的野心。原来俄国宁愿选择孤立,也不愿将控制海峡的梦与盟邦分享。因此俄国甚至未将土耳其的提案告诉其盟友。

不过由于土耳其惧英超过惧俄,方才突然转变的态度,也就马上销声匿迹。土耳其几乎因为恼羞成怒,才使自信心复苏。且说土耳其原本承受着巴尔干战争的伤痛,其以超乎寻常的热切与自豪,等待它首次拥有的两艘现代化战舰的来临,因为购舰经费都是募集自全国人民。然而到了 8 月 3 日,英国政府通知土耳其,说要接管这两艘战舰。这一宣布,土耳其的愤怒可想而知。捐了钱的每一个人都觉得受到了伤害,就好像被出卖似的。举国的怒声于 8 月 10 日到达最高点。这一天,德国的战斗巡洋舰“哥本”号在巡洋舰“布勒斯劳”号护卫下,出现在达达尼尔海峡入口处。其实,这两艘德国战舰稍早在西西里附近海面,还从英国舰队旁边驶过。

驻土耳其德国军事代表团中的克雷斯(von Kress)中校则带着消息来见土耳其陆军部长恩维尔说,海峡岸边的要塞正请示上级,是否可以准许德国战舰进入海峡。于是,开始了这样一段对话。

恩维尔答道:“我现在不能作出决定。我必须先与首席大臣商量过。”

克雷斯中校说:“但我们必须马上电告要塞。”

一阵低声争辩后,恩维尔说:“要塞会让他们进入。”

克雷斯趁机再问:“如果英国军舰跟在德国军舰后面也准备闯关,要塞会不会炮轰英国军舰?”

“这件事必须留给内阁决定。”

“阁下,我们不能把我们的部属留在情况不明的环境里;这样,他们没办法得到清楚确实的指示。你们究竟要不要对英国军舰开炮?”又是一阵停顿。

“要。”

现场听到这段关系重大谈话的德国坎嫩吉塞尔(Kannengiesser)将军后来说:“我们马上听到放下达达尼尔海峡前端闸门的重型铁链声。”

接着,就出现了战舰假买卖事件①。德国规避了国际法有关的规定,英国

① 土耳其名义上买下这两艘德国战舰,以弥补被英国所扣押的两艘。

抗议无效，土耳其满足了自尊心，恩维尔的一些态度犹豫不决的同僚，也都因而心平气和起来。土耳其这时对于参战，既未准备妥当，意见也未臻一致。英国则更是尽量设法避免土耳其卷入战争。

因此，此后几星期，有鉴于英国以消极态度面对同盟国逐渐升级的挑衅，土耳其放胆一步步踏上战争之路。土耳其不但留置了德国军舰成员，而且任命德国舰队司令指挥土国海军。英国海军代表团则自土耳其领导中心剔除，并且被强迫离境；英国船舰则予扣押，无线电也遭拆除。德国士兵与水手开进了君士坦丁堡，海峡则完全封闭。同时，能言善道的土耳其官员，彼此庆幸英国好对付。其实英国的克制是基于投鼠忌器，因为英国此时辖下正有数百万回教子民。不过英国企图息事宁人的方式也愚蠢之至。英国因为害怕冒犯土耳其，竟取消指派前驻土海军代表团团长林帕斯（Limpus）将军为英国达达尼尔分遣舰队司令。等后来和解时机过去，英国摆出一副骑士姿态要来对付土耳其，却放着这位深知土耳其与达达尼尔海峡事务的人不用。

另外，由于德舰在经过一连串对埃及前线攻击之后，担心无法刺激英国进入战争，于是德国舰队司令在恩维尔默许下，率领一支土耳其舰队入侵黑海，攻击对英国来说相当敏感的盟友俄国。这支舰队炮击了俄国敖得萨等港口。与此有关的达伯农爵士（Lord D'Abernon），在战后曾对这件挑衅事件有所记录，内容发人深省。他指出，事实上土耳其送到德国大使馆的正式行动批准文，是以密封封套装盛，上面写着德国舰队司令的名字。一名大使馆官员拿到后，小心拆开，然后只将副本送交舰队司令。而在君士坦丁堡方面，他们得到的第一件作战消息，却是"哥本"号已被击沉。土耳其首席大臣因此以为土国批准的攻击命令必随"哥本"号一起沉入海中。所以，后来当俄国人前来抗议炮击时，土耳其首席大臣竟推说，从未下达过炮轰俄国港口的命令。德国大使馆闻讯告诉首席大臣说："您认为炮击命令已随'哥本'号沉没。其实您否认存在的命令，现在正保存在一处安全的地方……在德国大使馆……请您不要再否认土耳其下令攻击俄国了。"于是，害怕战争的土耳其首席大臣，只好被迫站在一边，眼睁睁看着德国以巧计彻底排除"三国协约"任何避免战争的藉口——现在时间是10月底。

对英俄来说，现在正是开战的最佳时机，而且应立即下手。达达尼尔海峡的防务配备早已陈旧，而且迄今不完整。土耳其仅有的两座兵工厂，都位于君士坦丁堡附近海岸边，很容易被任何进入海峡的战舰摧毁。不过，这个机会后来也丧失了。现在看来，英国未利用这次机会简直是件不可思议的事；俄国也是由于短视而丧失了机会。

1914 年 11 月 3 日，协约国舰队对达达尼尔海峡的外围要塞，进行短暂的炮击。其作用却只是促使德国当局提醒土耳其加强防务。不过，六个星期之后，土耳其要塞防务又开始松懈。这时，有一艘英国潜艇在窄海附近潜越雷区下方之后，击沉了一艘土耳其船。这不啻对土耳其发出一次新警告。英国潜艇艇长还因此获得一枚维多利亚十字勋章。不过英国人显然高估了这个新警告的效用。土耳其浑然不觉的程度，简直与英国的愚昧无知一样。土耳其一直到 1915 年 2 月底才加派一个师以上的兵力，进驻海峡边缘的加利波利半岛。到 3 月，海峡防务更新计划才接近完成。海峡防务薄弱的部分原因是，土耳其人认为，阻止敌舰通过是浪费力量之举，只要敌人真想闯关，他们是阻止不了的。当然也有少数熟知情况的德土两国专家，不但怀疑他们有力量阻挡纯粹的海军攻击，对于抵御海陆联合攻击，则更缺乏信心。土耳其的参谋坦承："一直到 2 月 25 日为止，在加利波利半岛任何一点进行登陆都有成功可能。由陆上出兵夺取海峡，易如反掌。"

有一段时间，协约国即使不动用自己的资源，都可以找到相当数量的兵力。早在 1914 年 8 月中，希腊首相韦尼泽洛斯已正式而且毫无保留地准备将全国兵力置于协约国调度之下。这样的"奉献"却未被接受。主要原因是英国外交大臣艾德华·格雷爵士不愿引起土耳其的反感。土耳其对于 1912 年事件中的敌手，最痛恨的就是希腊。不过，英国很快改变不愿冒犯土耳其的态度，并于 8 月底之前，曾征询希腊是否愿意派遣远征军，以协助协约国对达达尼尔海峡施压。当时希腊君士坦丁(Constantine)国王表示同意，但有一条件，为了避免背后受敌，保加利亚必须维持中立。希腊有一个完整的计划，他们准备以 6 万部队在加利波利半岛外围尖端附近登陆，占据土耳其防守海峡要塞的后部；同时，另以 3 万兵力在布来尔(Bulair)附近占据半岛峡部。其实，君士坦丁国王的同意原本就勉强。等土耳其进入战争的时候，他便撤回了同意，原因是希腊相信保加利亚已准备投向德国。

在英国，对于开放达达尼尔海峡的重要性，认知态度始终不变的只有丘吉尔一人。自 8 月以来，他经常设法引起陆军部的兴趣。陆军部几年来对于这个问题，连敷衍一下都不愿意。土耳其进入战争三星期之后，在英国新成立的战争会议的第一次会议中，丘吉尔又将问题提出。不过所有的目光仍集中在法国前线上，连基钦纳也不支持他。土耳其以为从此又可高枕无忧了。但到了 12 月，英国已有很多人看出，协约国军在西线恐无多大作为；法国也有人持相同看法。而且在同一时间,英国新军的发展,引起新军该如何运用的问题。这两个因素结合之后,即使没有将乌烟瘴气的战争问题弄得清晰,至少让气氛清爽不少。新战略途径的建议,到处都有人提出。

其中最明确与实际的一套建议,是包含在一份12月29日提出的,由战争会议秘书莫里斯·汉基(Maurice Hankey)中校所撰写的报告中。汉基中校除了强调法国境内将陷胶着状态,并且主张发展新型机械化、装甲化的工具。这种工具可以强行通过铁丝网与战壕。他并暗示,攻击德国最容易的路径是从德国盟邦入手,特别是从土耳其。他认为,如果可以获得希腊与保加利亚的合作,应动用新军中最早成立的3个军的兵力进攻君士坦丁堡。这样做不仅是为了推翻土耳其现有政府,将巴尔干半岛纳入协约国的势力范围,而且是为了打开协约国与俄国的交通线。进一步的利益将是降低小麦价格,以及增加35万吨的船运。汉基中校的论点,显示他对大战略的理解力,虽然绝大部分军人,尤其是最高层军人的思考领域仅限于战术层次。

弗伦奇自然反对在他统御的法国战场之外开辟任何新战场。但就在这一刻,俄国尼古拉大公向英国提出一项要求。他希望英国以武力威胁,来缓和俄国部队在高加索地区所承受的压力。啼笑皆非的是,英国收到他的请求时,这项危机已解除。更讽刺的是,造成情况紧急的原因,竟是因为他反对从主战场抽调部队增援高加索地区。

基钦纳的反应是建议进行这样的武力威胁;最适合的地点是在达达尼尔海峡。同时,"君士坦丁堡遭到威胁的新闻报道,会在同一时间大为流传"。海军军令部长费希尔唱和。他则建议改武力威胁为一场大规模的陆海联合攻势,以及动用旧型战舰直接叩关,"逼迫达达尼尔海峡开门"。他很有个性地以预言的口吻说道,"就像伟大的拿破仑所说:'兵贵神速,舍此必败。'"丘吉尔却心里明白,要找到部队进行一场大规模的攻势,希望很渺茫,但盼望海军有单独行动的可能性。这天稍晚,也就是1915年1月3日,丘吉尔在费希尔同意下,打电报给在达达尼尔海峡海域的英国舰队司令卡登将军:"军舰单独闯关可行否?"卡登则复电:"本人认为达达尼尔海峡无法实施突击。除非扩大任务计划,增援大量船舰,方有成功可能。"

卡登并于1月13日将详细计划送达英国战争会议。大家就在不祥的气氛中,作出了致命的决定。原本应受制于国家政策的军事战略,如今反客为主,成为行动依循之主体,一个盲目冷酷的主体。当时,从多方面来看,英国急需明确的国家政策。以世局来说,俄国正蹒跚而行,尚未步入战争正轨;塞尔维亚仅能幸免于灭亡;希腊与罗马尼亚正倾向协约国;而保加利亚则朝德奥两国靠拢,准备抓住德国伸出的手;意大利更是骑墙观望局势。在法国前线目前有英国部队存在;不过他们所配发的军需弹药,即使已足够应付其他战场,却撼动不了德军在法国战场的战壕防线。那些像弗伦奇所构思的战略,根本无助于国家政策的期望。不过,弗伦奇尚且受到基钦纳忠实有余,理性不足的支持。于是内阁其他成员即使还能说话,都在一种麻木、无望的感觉下被战略说服。这当中,更因这些人本身的外行,使他们益发显得迟钝与不知所措。因此,他们拼命抓紧所谓专业意见;他们认为军事专业看法是有机会成事的。当时的决议遣词,就是他们混淆观念的缩影。他们说:"2月作好军舰远征准备,以君士坦丁堡为目标,炮轰并占领加利波利半岛。"其中他们所说的军舰"占领"陆地,可说无知得可笑。

几天之后,丘吉尔为了强化他的计划,建议尼古拉大公,俄军应同时在博斯普鲁斯海峡(Bosphorus)对土耳其进行陆海攻击。在战略上,他的建议可圈可点。很矛盾地,俄国战略家的心中却以政治想法领军。他们占有君士坦丁堡的企图心强烈,他们并不希望与盟邦合作进行此事。所以丘吉尔的建议无效。俄国的基本理念是兼并君士坦丁堡与达达尼尔海峡。俄国外交大臣萨佐诺夫为了让盟邦听起来入耳,就另作出建议。他说愿意让君士坦丁堡国际化,以交换俄国控制达达尼尔海峡。只是军方意见压倒了这项部分的让步。由于协约国军队与俄国军事目标相同,因此,从俄国军事观点上,以妒忌与疑惑,以及坐视不顾的态度看待协约国任何指向这些目标的行动,是不足为奇的。甚至萨佐诺夫自己也这样写道:"我非常不愿意去想,海峡与君士坦丁堡可能不是由我们俄军,而是由协约国占领……加利波利的远征由我们的盟邦去决定……我无法掩饰这些消息带给我的痛苦。"俄国犹不知如何为自己清除梗塞的喉咙。俄国宁愿让"野心"噎着,而不愿将"野心"吐掉。所以到最后,它只好被噎死,然后被迫自杀。

英国也一样,新的麻烦事才开始。丘吉尔为达达尼尔计划所争执的,是目前这个计划规模实在太小。费希尔却认为计划会变得太庞大,大到妨碍他的波罗的海计划。从两个人的歧见,发展到后来海军部的政治与专业两派头儿之间的口角。在战争会议的次一场会议中,费希尔提出辞呈。不过基钦纳介入了此事,将他拉到一边,告诉他最好同意与会众人的意见。因此,后来的折衷计划,其实也是在妥协中使各方接受的。对这次远征最恰当的形容,就像阿斯皮诺尔-奥格兰德(Aspinall-Oglander)将军在他所撰写的国家战史中的评述:英国在西战场作战,犹如以英镑作赌注,要赢一些说得过去的便士(pence)回来;东战场的作战,则是降一级以"铜板作赌注,因为并无赢得英镑的自信"。

英国海军于2月19日对达达尼尔海峡外围要塞展开炮击。巧的是,这一天正好是英国达克沃斯(Duckworth)将军于1807年,成功地通过达达尼尔海峡的周年。炮击经过5天坏天气暂停之后,于25日恢复。要塞笼罩在舰炮射程之内,土军弃要塞而退。第二天,舰队进行第二阶段攻击,摧毁了中层的防御工事。这一步比较困难,因为这些位于海峡入口之内的工事目标,相当不易观测得到。虽然目标观测不到,倒使陆上爆破队在加利波利半岛尖端有机会一显身手。他们摧毁了外围要塞中弃置的大炮。他们的登陆,至少使后来的历史能写出鲜明的比较。在同一地点,这一小撮海军陆战队在2月26日能来去自如,两个月之后,此地却有几千人阵亡。2月27日与3月3日都有进一步的登陆行动。但是3月4日陆战队登陆时,曾遭受轻微抵抗,陆战队因此返回军舰。

同时间,炮击却漫无章法地继续着。部分原因是天气恶劣。扫雷拖船只能稍微清除一些第一雷区的水雷。由于缺乏飞机,英军无法进行敌情侦测与弹着修正。这倒是目前他们遇到的重大问题。9日,卡登只好报称,在空中支援未到达之前,除了集中力量扫雷之外,无法作出进一步行动。

但是时间就这样正在流失。海军部不得不认为卡登所提出之事,与其任务的重要性不合。尤其是任务宜尽速完成。因此,到了3月11日,海军部电告卡登,要求他行动要明快了。而且要他放心,如果有严重损失,不必为责任操心。卡登立即有所反应。他策划了一次舰队全面攻击。任务包括清除雷区的水雷。主要攻击则是令战斗舰驶入无雷水域,或水雷已清除完毕的水域,然后由此发炮轰击。此时,卡登突然病了,于是任务交由他的副司令罗贝克接手。

下一波攻击开始于3月18日,结果失败,原因不在土军的抵抗,却在于英法军自己粗心大意。有一艘土耳其小型轮船逃过了英国驱逐舰的巡逻,在主要雷区外新布上一批水雷。布雷位置与厄伦·库伊湾(Eren Keui Bay)的海岸线平行。此区域恰为英法军舰队早先进行炮击时的位置。英法军舰队随后从此经过,准备前往要塞区开火,却未察觉这一条新出现的雷区。午后1时45分,要塞遭英军炮击之后,已沉寂下来。战斗舰则损伤轻微。于是,英军派出扫雷艇继续清除主雷区的水雷。同时,位置在前面的法军分遣舰队暂时退出战斗序列。正当这支分遣舰队从厄伦·库伊湾撤出的时候，只听到法舰“布维”号(Bouvet)一声巨响，喷出一阵浓烟；不到两分钟，这艘军舰已经整个翻覆，舰上几乎所有官兵都随舰沉没。但是在接防位置上的英国战斗舰，继续从更近距离向要塞发炮。而要塞也曾短暂恢复反击。然后，要塞炮火渐稀，炮台成为一片瓦砾碎石，电话线也被截断。突然，在午后4时左右，英舰“坚决”号(Inflexible)与“却敌”号(Irresistible)几乎同时严重倾斜。英军完全不解其因，这种情势同时也影响了英军的士气。

迄今无人怀疑有新布雷区出现。只有人猜测，军舰是被沙洲边的松脱浮雷，随水漂流而下所击中；也有人说是土军从岸边隐密处发射了鱼雷。这种情况不明的恐惧，使罗贝克将军决定下令立即全面撤退；即使舰队已开始撤出，被派去协助“却敌”号的“海洋”号(Ocean)也中了同一雷区的水雷。这两艘军舰当夜双双沉没。虽然全舰队仅损失61人，物资损失则远大于此。18艘联军战舰中，3艘沉没，3艘重创。不过，更重的创伤却是英国海军当局的勇气与制敌想像力。事实上，敌人意志比英军更消沉。这是有理由的。土耳其军为了抵抗盟军入侵，消耗掉大半弹药，水雷贮存也已用罄。许多炮手士气的低落；而且土军与德军军官一般看法都认为，他们无从抵御联军再次发动的攻击。

但实际情形与土德军的想像恰恰相反。英法军未再发动过攻击。当罗贝克撤离战斗的时候，曾企图全力重新来过。不仅他如此计划，海军部也有这种打算。海军部更通知他，另有5艘战舰正前来替补他的损失。并且叮咛，“重要的是，不能让要塞修复；或因我军任务明显的中断，鼓舞了敌军的士气”。但到23日，罗贝克发了一份电报。内容不只与他原先的看法不同，而且彻底扭转了海军部的见解。这当中，只有一人未对这些专业意见屈服。此人就是丘吉尔。罗贝克的新看法是，如无陆军的支援，舰队无法突破土军防线。所以，在这方面准备妥当之前，他认为任何进一步的行动必须延期。实际上，这样的意见表示海军准备将全部攻击重任移转给陆军；海军准备等陆军在没有海军新攻势支援，白费气力地展开猛攻时，站在旁边观战。演变成这样，基本上，也许是军人心态使然。军人在感情上重物资而轻生命。这种心态的倾向，有其图腾崇拜的基础；但另外与和平时期所造成的军事物资缺乏有关。由于军事物资来之不易，任何损失，必有惩罚。因此，炮兵对其火炮爱护有加，甚至不惜牺牲生命，以免因损毁而玷辱名声。这与水手崇拜他的船舰如出一辙，即使船舰老旧得如同这次在达达尼尔海峡所使用的军舰。就因为这些原因，罗贝克不能以平常心看待船舰。其实,船舰有如炮弹,只不过是准备花费在刀口上的武器。然而,促使这群海军做出这样决定,尚有其他强有力的因素——英国陆军即将向世人呈现新训练成军的士兵。这些军人正愿意负起攻击的重任。

很凑巧,在海军准备进攻达达尼尔海峡的同时,英国政府也准备单独发动一次陆上攻击。这样做,有其脉络可循。这样做的目的并非扩大对达达尼尔海峡问题的考虑。它全然是一件与海军攻击不相干的事。英国政府曾考虑,新军若不派赴法国,应去何处为佳?战争会议报告说,萨洛尼卡比较好。此处既可立即支援塞尔维亚,又是从希腊北上到多瑙河为止,这是同盟国背上的一根芒刺。2 月 9 日,英国战争会议对这个意见表示欢迎。同时,意见还受到两件事的影响,变得更加师出有名。一是保加利亚向德国签约贷款的新闻,另一是,此时英国正期待希腊支援塞尔维亚。本来曾说过无法替达达尼尔计划找到兵源的基钦纳,现在却宣布将派正规军第二十九师前往萨洛尼卡。该师并将与一个法军师一起行动。然而,协约国向希腊所承诺的两个师的兵力,自然不足缓和希腊的不安。希腊声称,除非罗马尼亚被劝服加入协约国,否则希腊不愿接受这支武力。而罗马尼亚也正因俄国战祸连绵而准备打退堂鼓。

但是英国派遣新军初试牛刀的计划仍在。对于英国内阁来说,第二十九师的存在,已无法被基钦纳的神秘面纱与其权威性隐藏住了。而且这时基钦纳事实上也不打算再压着不表。战争会议遂于 2 月 16 日以“所有兵力备便,俾必要时支援海军达达尼尔海峡攻势”为由,决定将第二十九师“以最快速度,并结合从埃及出发的部队”,运送至爱琴海沿岸中央位置的莫德罗斯港(Mudros)。然而,与会却没有人建议——海军攻势必须延期,以便制造最大海陆联合作战效果,达成奇袭目的。这支武力好像只是为了看守海军战果派去的 。

相反,第二十九师立刻变成“东战场派”与“西战场派”之间的拔河绳。“西战场派”这头拉绳的不仅有驻法英军总部,还加上霞飞的力量。霞飞的远见,只有在自己的利益遭受侵犯时,才会出现,而且很快出现。他认为,将新成军的第二十九师派赴东战场,对这支新军的命运来说,简直是令人不安的兆头。基钦纳可以很容易硬起心肠对付弗伦奇,却对他下不了手。基钦纳是直觉上重法国轻东欧的人物。现在正好证明他的重法直觉,其实是胜过他对东战场制胜论的信念。于是,等下一次战争会议举行时,只相隔 3 天时间,他就变了脸,说二十九师还没准备好。他以陆军大臣的身份,建议改派目前驻扎在埃及的澳洲与新西兰两个师上场。他甚至背着丘吉尔知会海军部说,第二十九师根本不去了,藉此中止原先准备集结运输舰的运兵计划。

同一天，海军展开攻击。这趟炮击，回声响彻近东地区。消息传来，指出土耳其外围要塞已沦陷，土耳其政府已准备逃向小亚细亚内陆。德国不只料到英法军舰队会兵临君士坦丁堡，而且说，德国认为这是反抗恩维尔的信号，之后土耳其必为和平而与协约国签约。因为土耳其唯一的军火生产地君士坦丁堡一旦弃守，土耳其要搞战争就免谈了。消息并表示，意大利与希腊开始愈发倾向参战。保加利亚则避之不及。到了3月1日，希腊首相韦尼泽洛斯向协约国建议，以3个师希腊部队登陆加利波利半岛。就在此时，俄国对于希腊的建议作出了严重的干预。俄国通知雅典当局说："绝不允许希腊军队加入协约军对君士坦丁堡的攻击。"

这段时期，在对伦敦有利的消息之中，只有一些无关紧要者传到伦敦的战争会议。即使如此，这些消息已足令相信消息是真的人为之振奋，也足以说服那些怀疑消息的人。海军攻击的原始构想本是暂时性的，如遇困难，就准备放弃；现在海军计划已烟消云散，除了其中有一点大家还同意——如果必须动用陆军，攻击行动必须贯彻，不能虎头蛇尾。不过，劳合·乔治就表示反对。他说，陆军没有必要"冒险重蹈海军覆辙"。奇怪的是，只有他一人发出了历史警语——重蹈覆辙是毫无道理的，攻击行动最好改变方针。如果说他的反对意见未立即被认同，那是因为这些人患了"土耳其反应迟钝症"。

相反，基钦纳极力强调："既然陆军已经进行海峡闯关计划，就不必再动念头放弃。"但一直到3月10日，他都没有决定是否要派出第二十九师；更坏的是，一直到12日，他才任命这支陆军远征军的司令官。反观法军，虽然霞飞拒绝从他的野战军团中，抽调部队远征，却从国内七拼八凑挤出一个师的兵力。这批部队甚至早在3日已经登船启航。此时，伦敦的陆军部却连一步出发的准备都未规划。结果，当伊恩·汉密尔顿在13日启程时，他手下的行政参谋没有人能跟他一起走。他必须撂下他们先行离开。此外，他的情报资讯当中，竟包括了一册1912年编印的土耳其陆军简介，战前达达尼尔要塞报告，以及一张不准确的地图。为了弥补这些缺陷，他手下有些参谋只好搜遍书店，寻找有关君士坦丁堡的旅游指南。

在这慢吞吞、混沌不明的阶段中，只有汉密尔顿前往达达尼尔海峡的行动算是快的。比起他在和平时期乘坐"东方快车"旅游，一连串特别安排好的火车与快速巡洋舰，很快将他送到了目的地。他于3月17日攻击前夕抵达舰队驻地。他第一眼就发现利姆诺斯岛（Lemnos）缺水，莫德罗斯港缺码头与掩体，并不适合做为基地之用。接着，他发现装船的部队，人员与装备配置得极不妥。他们必须下船，待重新将人员与装备调整妥当后，才能在敌方海岸执行登陆。因此，汉密尔顿于 18 日所做的第一步，就是很不恰当地将基地转移至埃及亚历山大港，并下令所有运输舰都开赴该港。原始装船的构想根本是一团糟。每个营被分别装载在不同的运输舰上；马匹与车辆，火炮与弹药也都被拆散装船，甚至连引信与炮弹都未配置在一起。二十九师的一个步兵营，竟被分配在四艘船上。即使亚历山大港的码头与营区相当宽敞，卸船与装船仍是一件冗长费力的事。迟到的汉密尔顿参谋人员也无法使作业加速。

3 月 22 日，汉密尔顿与他的首席侍从官在海军攻击行动过后，乘船前往亚历山大港之前，会见了海军舰队司令罗贝克。汉密尔顿事后说："我们刚一坐下，罗贝克就说，他现在明白了，如果没有我的陆军部队的协助，任务是完成不了的。"陆军是无法与海军争论的，即使陆军另有所期望。于是海陆军双方未经讨论，陆军就一头栽进了登陆任务。虽然汉密尔顿曾客气地向罗贝克建议过，在攻击要塞的时候，他应该"循序推进"——这种看法丘吉尔也表示过，海军部与达达尼尔海峡战场的海军将领们的反应，却是如顽石般的消极。从此之后，舰队就一直表现着丘吉尔所谓的"说'不'政策"，与外界隔着"一条无法超越的心理障碍"。于是，加利波利登陆计划就在战略模糊与海军掣肘下诞生——诞生过程又被和稀泥的接生术所糟蹋。这一片混乱之中，只出现过一件头脑清楚的记录。那是莫里斯·汉基于 3 月 16 日写给首相的备忘录。他强调："陆海联合作战需要有比任何军事冒险更谨慎的准备作业。英国有史以来的经验表明，这一类的攻击如果预备不充分，结果必败；相反，事前如有仔细的准备，几乎必成功。战争会议自己必须确定，目前的这桩登陆计划，准备作业是否考虑彻底周全。"他并指出，现在奇袭时机已失，任务已变得更加艰巨。因此，他列出一张完整的实务检查表。他认为战争会议应以此表交互查核海陆军当局。他结论道："除非此表中所列举的细项……在登陆前经过慎重思虑……不然，严重的后果可能发生。"这使历史研究者了解，汉基是英国政府唯一的专家级顾问。他才真正做过彻底的战略基础思考。因为，虽然首相不愿意碰触好像无所不知的基钦纳，也曾问过基钦纳计划可行与否。基钦纳竟然回答："这些计划必须留给战地指挥官去解决。"然后，所有话题都被他关闭了。对于这次攻击计划中的更广泛一层，也就是对它关系直接，而且非常急需的人员、火炮、弹药，以及补给等问题，各方面都未加以留意。最后，这场远征是在一切给养都太少、太迟之下讨生活；其所需远超过原先所估计。

第六章　功亏一篑的加利波利登陆

英国政府为了打开达达尼尔海峡，已干了不少蠢事，包括丢失最佳登陆时机在内，但如果仍进行登陆，英军有机会成功吗？从历史角度来判断是肯定的。英军丧失的机会之中，如果不算是全部，至少部分机会是土耳其人给的。

由于英国海军的初期攻势吓坏了土耳其军队，以为打开达达尼尔海峡通道势所难免，致使土耳其军队进行新的军事部署。按照德国军事代表团团长利曼·冯·桑德斯(Liman von Sanders)的说法："新部署竟准备废除具有制高点优势的加利波利半岛外侧沿岸的任何防务；同时取消达达尼尔海峡入口处的亚洲海岸①防务。这样的防务，简直弱得不可想像。"后来，新部署可能是在桑德斯的抗议下，未付诸实施。不过对于这个问题，恩维尔回答说，他不记得桑德斯曾有过抗议。所以，更有可能是因为土军自己懒得部署。

英国海军在 3 月 18 日攻击失败之后，并没有重新发动攻势，土军自然认为英军正在准备进行陆上攻势。并且从地中海不同港口发来的大量报告，特别是亚历山大港与塞德港(Port Said)发出的报告中，都证实这种认定。其实这不足为奇。因为英军在亚历山大港与开罗曾公开举行过部队检阅；此外，汉密尔顿的手下至少有一名参谋所收到的从英国本土经过普通邮件寄来的公文，其"收件人"栏中直书"君士坦丁堡野战军"。由于英军人员物资必须在埃及卸下重新装船，任何保密机会都已荡然无存。

因此，恩维尔为了达达尼尔海峡的防务，于 3 月 25 日另成立了一个军团，并将这支兵力置于桑德斯的统领之下。桑德斯对当前情势与部队经过一番快速审视之后，对他的属下坎嫩吉塞尔大喊："英国人只要给我 8 天的时间就好

---

① 亚洲海岸〔Asiatic coast〕，是指隔着达达尼尔海峡进口水道，与加利波利半岛遥遥相对的，地理上属于亚洲的海岸部分。它与加利波利半岛相距最宽不到 5 英里，最窄约 1 英里。这也就是达达尼尔海峡宽度。

艾诺斯
色雷斯
第五师
萨罗斯湾
布来尔
第七师
马尔马拉海
加利波利
达达尼尔海峡
北
882
第十九师
苏弗拉湾
安扎克
格巴土丘
梅多斯
第九师
阿齐巴巴
715
克里希亚
Y
X
希里斯角
S
西地艾巴尔
W
V
厄伦·库伊湾
库姆卡莱
最初登陆地点 S, V, W, X, Y, Z
联军　第二十九师
土军　第十九师
1915年4月25日据有之土地
伯西卡湾
第十一师

图 6　加利波利

了!”不过英国人却给他四个礼拜的空档。这天赐的一个月时间,他后来这样写道:“刚好让我完成最不可少的整顿,并且从君士坦丁堡将尼古莱上校(Colonel Nicolai)所指挥的第三师调过来。”第三师调过来之后,他的实力增加至 6 个师——6 倍于英国海军攻击之前加利波利半岛所部署的守备兵力。

但是他现在又发现这些部队部署得太分散,“好像海岸防卫队”一样。他首先要将兵力集中。为了将兵力用对地方,他必须判定英军可能的登陆地点。他发现亚洲海岸容易登陆,敌人要攻击他的后方也方便,于是他认为此处最危险。他将两个师部署在伯西卡湾(Besika Bay)附近,以便掩护这一边一连串的要塞。至于欧洲部分①,他最害怕英军在半岛颈部的布来尔附近登陆。此处仅宽 3 英里半,将萨罗斯岛(Gulf of Saros)与马尔马拉海(Sea of Marmara)的水道分隔开来。如果在这里登陆,会切断色雷斯(Thrace)与君士坦丁堡之间的守备部署,虽然,守备军如果没有被登陆吓坏的话,他们也许可以从亚洲海岸将补给品运过窄海到半岛上,以维持防守军力。然而,在这里登陆是有可能的。因此,桑德斯在布来尔附近安置了两个师。其他两处比较不危险的地点,他认为一处是在半岛中间有 6 英里宽的下腰部附近的格巴土丘。这里有一处很宽阔的谷地横过半岛腰部,直通海峡窄道边上的梅多斯(Maidos);另一处则是半岛南端的希里斯角附近。从这里,英军舰炮很可能沿着逐渐升高的阿齐巴巴斜坡(slopes of Achi Baba)进行轰击。桑德斯为了防守整个半岛南部,将一个师的兵力部署在半岛之南;同时将剩余的师,交由穆斯塔法·凯末尔中校(Lieut-Colonel Mustapha Kemal)②领导,配置在半岛腰部附近作为总预备队。整个防御计划基本上出自机动原则。为了获取最大部署价值,以及抵消英国海军的海上优势,桑德斯集中力量增辟与改善道路状况。

桑德斯的兵力部署方式,被汉密尔顿完全料着,也证明了汉密尔顿计划的正确性。汉密尔顿登陆计划是以英军小型兵力与小规模任务为主轴。这支兵力仅含 5 个师约 75 000 人,相对的土耳其部队有 84 000 人。汉密尔顿的目标是打开一条让舰队通过纳罗斯海峡的路径,并非准备为赢取大战略效果,而在会战中独拼一场。基钦纳则在指示中,对于英军进攻亚洲部分,虽然未作解释,但毫不保留表示“强烈异议”。事实上,在这里,舰炮除了在登陆之初能发挥效果之外,后来就不管用了。萨罗斯岛明显是最弱的战略点;但就像桑德斯

① 半岛本身就是欧洲部分。
② 即后来的土耳其总统与国父。

自己所说，“在炮轰海峡工事的时候，只要炮弹不直接命中，这里是经得起打的”。另外，英军发现布来尔附近的海滩守军准备非常充分，并不易攻；同时，如果在萨罗斯岛西侧登陆，将因为太接近保加利亚边界，以及地形过于艰险而使行动备感棘手。这两种攻击方案对于小规模攻击兵力而言，皆可能遭到从色雷斯大陆方向杀过来的敌军的侧背攻击。事实上，以这个地区登陆而言，英军正好夹在保加利亚与土耳其以及深海之间。

汉密尔顿在权衡这些状况与本身弱点之后，决定只在半岛南半部同时进行两个攻势。第二十九师将在半岛“脚趾”部分的四处海滩登陆，占据阿齐巴巴，法军则等着准备支援；同一时间，另派遣一个团在亚洲海岸的库姆卡莱登陆，进行佯攻与扰乱。至于“澳新军”（Australian and New Zealand Army Corps）①，他们将在格巴土丘北面登陆，同时间，皇家海军陆战队则在布来尔附近进行佯攻。

汉密尔顿稳扎稳打的观念，似乎在主导“脚趾”部分的登陆。实际上他想要造成奇袭效果。于是各种奇袭方式都被挖空心思地想了出来。昂温海军中校（Commander Unwin）有感于近在咫尺的古城特洛伊（Troy），竟想出一个聪明的建议。他要重建那匹不朽的木马，只是现在木马换成了海马。昂温建议让运煤船“克雷德河”号（River Clyde）冲上 V 滩，然后，登陆部队从它的船侧大开口吐出。汉密尔顿自己也想出一套诡计，情形有点像当年沃尔夫（Wolfe）攻打魁北克的翻版——有两个营的分遣队准备登上高出海岸许多，一处连土耳其守军都难以接近的地点；英军拿下之后，就很容易攻击防守在半岛南边海滩的土军。这个点，英军叫它做 Y 滩。此外，法军的运输舰打算在伯西卡湾进行假登陆。汉密尔顿同时也希望在夜间登陆，制造更多局部性奇袭，以减轻损失，即使这样做会失去舰炮的支援。但是第二十九师师长亨特-韦斯顿（Hunter-Weston）为了避免混乱，赞同在日间登陆。他以海军的意见确定自己的看法。海军普遍认为潮流很难掌握，夜间登陆必然一团混乱。澳新军的军长伯德伍德（Birdwood）赞同在夜间登陆。他很精明，敢于承受必会发生的危险。他认为，如果登陆出现混乱，那么，这个在黑暗中失去最初方向感的混乱，多因缺乏训练所致。结果，他后来真的避免了如第二十九师出现的重创。

迨 4 月 20 日，登陆工作准备基本完成。于是部队在莫德罗斯港的运输舰

---

① 这支部队的开头字母所拼成的“ANZAC”，倒增加了字典的字汇，也让历史多了一些典故。

上集合。往后却遭遇了持续几个星期的坏天气,这是关键与最不确定的因素。一直到23日,天气状况才适于行动。机械般的登陆计划,必须像闹钟一般开始倒计时;从现在起,到登陆开始是36小时。

24日黄昏,11艘载运皇家陆战队的运输舰驶向萨罗斯湾。沿途受到战舰护航。这些战舰曾在这天破晓时分,向布来尔土军防线进行炮击。黄昏时,一些小艇装载了部队,堂皇地驶离运输舰,向岸边划去,却在夜色笼罩后,立即返回军舰。是夜,海军少校弗赖伯格(Lieut-Commander B. C. Freyberg)在小艇距离岸边两英里即开始泅水上岸,然后沿着海滩发射信号弹。他的勇气再次证明在作战时,有时候一人之功抵过千人。

在格巴土丘登陆的1 500人掩护兵力,先由3艘战斗舰载运到离岸5英里的会合点。凌晨1时30分,部队从战舰上攀下,进入登陆艇,其时月亮刚好沉入海平面。然后,战斗舰拖着登陆艇前行,后面跟随7艘载运其余掩护部队的驱逐舰。他们静静地驶向海岸,直到距离岸边只剩两英里半。这时,12艘登陆艇分别在蒸汽哨艇带领下,与战舰解缆散开,继续前进各奔前程。但是,黑夜与强大潮流,将这批登陆艇推送至离预定点1英里的北面岸边。这里地形较崎岖,有险峻的悬崖环绕,悬崖并连接覆盖着灌木丛的陡峭峡谷。清晨4点25分天色刚破晓,48艘小艇划过最后50码,直至接触岸底才停止。岸上一些小岗哨一阵惊愕,开枪射击,枪声稀疏不定。澳洲部队跳下小艇就一头往前冲,朝内陆抢进。几乎没有人被击倒,不过单位却极混杂。不久情况愈变愈坏。下一波登陆部队是从驱逐舰上攀下来的,损失就比较多了。至少登陆正面的左边一批是如此。不过他们仍然朝内陆前进了1英里。有一小群士兵甚至穿越半岛腹部,远及半岛另一边。居高临下,可以看到海峡的波光。

在希里斯角地区的登陆就没有那么幸运了,虽然对方人数只多了一些。在阿齐巴巴以南的整片地区,只有两营土军防守;英军所选择的5处登陆点,仅有两处土军布下了铁丝网与机枪。这两处定名为W与V的滩头,位置分别在希里斯角中央海滩的两边。英军掩护部队包含4个属于黑尔(Hare)指挥的第八十六旅的营,另加额外半营兵力,准备分别在V、W与X滩登陆;一营在S滩;两营则在Y滩登陆,企图威胁敌军后方。因此,英军在最初阶段共投入7个半营的兵力在滩头上。紧接其后,准备登陆的是分成五部分的第二十九师主体,最后则是法军第一师。清晨5时,后面所说的这批主力部队,在舰炮猛轰掩护下,乘着登陆艇蹒跚驶向岸边。第一个失误是,海潮拖延了这批登陆艇到达半岛东侧S滩的时间。使得所有部队到达3处预定主要海滩的时间,延后到将近凌晨6时。尽管如此，绕过半岛尖端西侧，驶向X滩的登陆艇，顺利在一处低垂的悬崖上岸，没有任何伤亡。由于土耳其军完全未料到联军会在此登陆，所以只有12名步哨守在此地。然而，在X滩东边邻近的W滩登陆，联军可说踏入了守备准备充分的死亡陷阱。小艇划向岸边的时候，土耳其军静静地看着，一弹未发。待小艇一靠岸，登陆部队就被土军机枪一阵痛扫，纷纷跳进水中的士兵，却都被水中铁丝网缠住。不过，尽管损失重大，部队仍挣扎着前进。他们驱散了守军，在悬崖上抢到据点。但是第八十六旅旅长海尔故作英勇，因暴露自己而受伤，攻势也因之缓和下来。

V滩位置在西地艾巴尔（Sedd el Bahr）古要塞附近。这里的登陆情况就更糟了。攻击者必须像古罗马的角斗士一样，爬上一处天然形成却经土军策划的缓坡状“竞技场”。土军则隐藏在四周，准备一场血腥屠杀。不过登陆艇抵不过潮水，停了下来，竟被“克雷德河”号撞上；及至“克雷德河”号搁浅，岸上火力如地狱之门大开一般喷出。跟在大船后方小艇上的划桨，就像着火飞蛾的翅翼，纷纷掉落水面。小艇无力地随潮逐流。艇上满载死伤士兵。许多人跃入海中逃生，竟被鲜血染红的海水溺死。少数人奋力上岸，在一处低矮的斜坡边找到掩蔽所。这样的成绩大概就是这一天进攻的极限。那些企图从“克雷德河”号逃出的人，原本打算跨越一段由小船搭成的船桥上岸，但没成功，反而成堆地落入水中。于是，海滩边的幸存者与上千仍留在“克雷德河”号上的人，只能等到夜幕降临后再说。土耳其军在V、W滩只有两个连的兵力，却挡住了英军登陆主力。

在莫尔托湾（Morto Bay）另一边的S滩的登陆，有点像X滩的情形，轻松得几乎不能想像。这里只有土军1个营的兵力驻守。登陆部队安全上岸后，就严格遵守事先的指示。指示中要求他们应等待其他几个滩头的消息，然后再进攻。这种不灵活的用兵方式，获得了第二十九师师长亨特-韦斯顿的准许。原因显然是高估了土军实力。事实上，占领半岛尖端两侧S与X滩头的两营英军不但完整，而且比防守V与W滩头的土军兵力多4倍。如果英军朝内陆进攻，是可以攻击土军后方的。

而且不久之后，这种优势还继续在扩大，却未对土军造成压力。英军第八十七旅先前已有两营在S与Y滩登陆，剩下的两营于上午9时安全登陆X滩。不过他们已被指定作为师的预备队。该旅旅长则认为将他们充作预备队不公，于是除了掘壕固守，一切等亨特-韦斯顿师长的指示再作打算。但是师长并无指示，所以这部分兵力在X滩始终在消极待命，无所作为。

同时,英军在 V 滩又进行了一次登陆,仍无功而退,第八十八旅旅长还因此阵亡。之后,登陆主力中剩余的两个半营在 W 滩登陆。英国国家战史后来温和地评述道,"然而,与早晨一些英勇战绩不同的是,在这里,数量至少有 2 000 的部队,心态似乎转为消极被动……他们面对的是目标明确的工作——占领海滩。第二十九师在此有无法磨灭的历史污点。排、连,甚至营长,等自己分内事情做完,就原地静候着新的指示与明确的命令。他们在主动性上,少有早上富开创精神的战果,或始终保持接敌状况"。相反,使英军瘫痪的,竟是"被英军从战壕里赶出来,而且当时虽然不清楚自己实力至少比英军弱 6 倍的敌人"。

但是,英军在 Y 滩丢掉的,可是一次更大的机会。Y 滩位于半岛尖端以北 3 英里。此地,"2 000 人在无抵抗下,安全登陆。嗣后,他们竟有 11 小时未遭敌军骚扰。这段时间里,他们单独的实力,就相等于阿齐巴巴以南所有土耳其军的数量。然而,25 日一整天,他们并未扩大最初战果。到了夜晚,部队在火线上英勇击退了一连串敌人的猛攻。但一到 26 日天明,整个攻击企图心突然消失无踪,竟在敌人全员后撤的紧要关头,部队重新登船离去"。

在海上,有一人倒了解这大好机会,此人就是汉密尔顿自己。但他已将登陆任务授权第二十九师师长执行,而且手头也没有预备队可供差遣。很自然,除了建议之外,他似乎不愿意介入任务执行。不过他远比身在第一线的亨特-韦斯顿早发觉,南部的攻势已被阻。他早在上午 9 点 21 分向亨特-韦斯顿发出信号,"你希望增加一些兵力在 Y 滩登陆吗? 如果是,有之前的蒸气哨艇可用"。但是亨特-韦斯顿只注意敌人有充分准备的正在血战中的滩头。他宁愿集中精神在那些滩头上。

而英军在 Y 滩却是一弹未发,一个土耳其兵也没发现就将 Y 滩攻下。但 Y 滩登陆指挥官马修斯上校(Colonel Matthews)却要等进一步命令才愿继续行动。"成群士兵……坐在悬崖边上"。一直到黄昏前,他们才打算掘壕。夜幕低垂后,一个营土耳其军终于攻上来了。他们对两个营英军发动了一连串反攻。英军也一波波予以击退。土军于翌晨 7 时之后不久,才鸟兽状散去。但土军整夜的突击,已造成英军相当的损失与混乱,于是恐慌四起。除了连续向外海船舰发出最危急信号之外,许多散兵游勇都退到滩头边,蜂拥挤上载运伤患的小艇。这种情况甚至延续到土军消失之后。马修斯看到他的紧急增援要求没有回应,也只好决定仿效散兵游勇了。11 时 30 分,所有英军都上船离去。几小时之后,由海军少校基耶斯率领的一支海军队伍,前来 Y 滩岸边反复搜索英军伤患时，也未遇敌军一弹。

马修斯的行动，以及先前的懈怠，与他上司亨特-韦斯顿对他彻底不闻不问有关。综观马修斯以及他的部队在陆上的整个 29 小时，“师部对他未发任何只字片语”，也没派任何军官去看他，或回答他的紧急请求。26 日清晨，当汉密尔顿再次介入，建议以一个法军旅（含 6 个营）增援 Y 滩的时候，亨特-韦斯顿根本不假思索，将援军派至敌人当面的 W 滩。国家战史对于 Y 滩部分，有一段慎重的认定，“汉密尔顿爵士决定投下部队登陆 Y 滩，似乎掌握了整体情势的关键……战争确实可能发生任何状况。4 月 25 日晨，如果登陆部队从 Y 滩出发，进行大胆的攻势，当天早上必然占据半岛南边的海滩，进而使第二十九师确定获得重大胜利”。

安扎克（Anzac）地区也差不多，大好机会也等着协约国部队，虽然对手当中有一人正积极采取主动，企图使协约国部队的希望落空。此人当时还不出名，他就是凯末尔。4 月 25 日清晨 5 时不到，澳新军 4 000 人在奇袭了只有土军一个连据守的海岸之后登陆；另外 4 000 人则在 8 时前上岸。最接近于此的一个连土军，仍在南方 1 英里之外。担任局部预备兵力的两个营与一个炮兵连，犹在 4 英里外的内陆。更远处则有凯末尔领导的总预备队，包括 8 个步兵营与 3 个炮兵连的兵力。当时凯末尔正外出观察一个团的训练。突然间，一些未及戴帽，也未持武器的士兵边跑边喊向他走来，“他们来了，他们来了。”

“谁来了？”

“英国人，英国人来了。”

他转身问后面，“我们子弹够不够？”

“够。”

“好，前进！”

凯末尔自己先亲领一连，这一团部队的其余兵力跟随其后。10 时左右，他领军跑到朱努克山（Chunuk Bair）的大分岔岭，越过山巅，挡住了从西边的陡处坡爬上来的澳军前锋。起初，只有 500 人的土军，阻滞了澳军 8 000 人。但接下去土军大批援兵赶到。到了夜晚，已有 6 个营（大约 5 000 人）到达现场。从下午 4 时开始，土军即发起一连串反攻，将澳军逼退，但并未攻破澳军漏洞百出的防线。这时双方互有 2 000 人的伤亡。比例上，土军当然损失更重。但是这些身在异域的澳洲新兵，都是第一次见识真枪实弹。土军火炮虽少，澳军则根本没有。土军炮弹破片就在大批澳军新兵面前爆开，严重打击了澳军士气。虽然下午 6 时另有 15 000 澳新军上岸，但第一线的兵力却依然单薄,混乱不堪。海滩上挤满了没有人领导的士兵,这些人漫无目标地往回走,许多人是迷失方向,而非丧胆。但是这种情景使"身后士卒"的各级指挥官的梦魇成真。晚上10时,澳新军军长伯德伍德登陆后,听到他们的报告后就一脸沮丧。他向汉密尔顿发了信息说,"我的师旅长们向我报告,他们害怕他们士兵的士气彻底被炮火轰垮……如果明天早晨士兵再受到炮轰,整个攻击可能会泡汤……如果我们要撤退上船,就要速即进行"。伯德伍德接着下令,将所有可用的小艇都运回这区的海滩待命。

不过,他发出的这个信息,能到达总司令手中,实在是运气。由于传递过程中忙中有错,信上并未注明收信人。当时只是有人将这封信塞入正要去旗舰的滩头指挥官手里。滩头指挥官上船后,就将信交给瑟斯比(Thursby)将军。瑟斯比一看,立即上岸与伯德伍德商量起重新登船事宜。但这时候,载着汉密尔顿将军的"伊丽莎白女王"号(Queen Elizabeth)战舰,无意间也从希里斯角驶抵滩头,瑟斯比就直接向汉密尔顿做了报告。因此,伯德伍德的伤脑筋信息,在一连串耽误之后,终于适时被汉密尔顿接到。

汉密尔顿当时必无可资参酌的资料,或可协助了解状况的人在身边,当然,也没时间去找了。汉密尔顿将答复摘要地写在纸上,"你的难关已经过了。现在,你只要掘,掘,掘,掘到你安全为止"。

这样肯定而信念十足的命令,就像一阵清风,将海滩上的谣言与郁闷气氛统统吹散。澳新军不再谈撤出,前线的人也没听到后方正在谈撤退。天一破晓,敌人的攻击也歇息了。原来凯末尔已经没有多余预备队可供重新发动反击。现在已掘壕藏身的澳新军,对于凯末尔少量的炮弹轰击,已不再感到恐惧。事实上,在英军舰炮,特别是战斗舰"伊丽莎白女王"号的巨型15吋舰炮轰击下,现在该轮到土耳其军士气瓦解了。

那么,丢掉的机会是否已经找回来了呢?历史说是的。理由在于土军总司令桑德斯的4月25日的记录。记录上显现桑德斯对于汉密尔顿的原始计划印象深刻。他写道,"清早就有许多军官绿着脸来报告。虽然老早就确知敌人要登陆,那么多点的登陆真把他们吓坏了"。"我们实在看不出,这时候敌人真正要攻哪里。"后面这句话,其实语意有所保留。桑德斯实际上在想,英国人虚张声势的地方,就是他们真要打的地方。不过,即使他能保持镇定,他的指挥也乱了方寸。

他第一个动作是命令第七师从加利波利镇行军到布来尔。然后,他快马加鞭亲赴布来尔;而半岛另一端,此时守军正面临紧要关头与敌人作殊死战。

虽然他在布来尔附近驻守了两个师，但直到夜晚降临，他才愿意拨出5个营兵力支援实际战区；直到英军登陆48小时之后，他才放出其余的兵力。

然而，这些多出来的机会，对于英军毫无用处。部分原因是，已经无兵可用了。事实上这时候，大批兵力是被牵制在欧洲西战线上；部分原因则是，登陆的官兵缺乏奋战精神。4月26日早上，汉密尔顿对战局抱着乐观态度。他的看法虽然正确，但他下属的指挥官并不同意。整个登陆英军，不仅是澳新军态度消极，在希里斯角的第二十九师师长亨特-韦斯顿也一样。亨特-韦斯顿之所以在增援的法军到达之前，不做任何前进打算，不是因为敌人势弱，而是察知自己部队疲累。相反他认为土耳其军将强攻，他为此忧心后果，因此他下令，“每个人只能阵亡在自己的据点上，不能退”。其实这时土耳其军已撤至克里希亚(Krithia)的新防线。土耳其军不太可能发动攻势。因为到27日为止，土军在这一区只有5个营的兵力，扣除伤亡，所以实际兵力大约只比2个营多一点。联军一直到28日，才发动新攻势。不过这时候，法英联军在兵力数量上的优势已尽失。同时，部队由于一面发动攻势，一面改变方向为向右大回旋，除增加攻击难度之外，尚因不熟悉地形、饥渴以及疲惫益增而情况愈见不利。联军小小收获都丧失在土军的反击中。在海岸附近的防线更是濒临崩溃。然而，联军的危机，居然被一枚从“伊丽莎白女王”号战斗舰发射的15吋口径炮弹解除。这枚炮弹恰好落在大批猛冲中的土军中间，崩开来的两万四千枚碎片的威力，致使尘埃落定之后，竟不见土军一人。但到了夜晚，整个第二十九师又退回原点。同时，澳新军的士兵正在整补，以使自己的防线稳固。但土耳其军也一样在巩固防线。因此，当澳新军被困在仅1英里半长，半英里纵深的小范围之内时，土军却可以从崖顶上居高临下，清楚俯瞰被他们擒住的入侵者的行动。

不过，联军几乎一事无成的这本账，现在暂由土耳其军改写。土军总司令桑德斯此时接获恩维尔一项不由分说的断然命令。恩维尔下令土军在5月1日与3日夜晚，全员上刺刀冲锋肉搏。结果，土军尸陈遍野，数千人在敌军防线前牺牲。当时联军只有法军防区一度告急。

但土军损失的面子，没多久就挣回来了。英军为了增援加利波利半岛南端作战，从安扎克调来两个旅，从埃及调来一个新的英国本土防卫旅。即使如此，联军在南端希里斯角地区的作战总兵力也不过2.5万人，这支兵力要对付目前已增至近2万人的土耳其军队。只是，英军尚未试过这些新到部队的实力。5月6日，联军再次发动攻势。这是一场各方面条件都差的攻势。他们在仅3英里宽的狭窄火线上,进行正面攻击。但土军据点位置未明,联军不但炮弹极缺乏,又无空中弹着观测,连第二十九师师长亨特-韦斯顿的攻击命令也下达太晚。攻击将在是日上午11时开始,亨特-韦斯顿却到清晨4时,才向各旅下达攻击命令。并且汉密尔顿再一次将战场控制权与最后一批预备队,交给了亨特-韦斯顿。国家战史如此评述道,"留给亨特-韦斯顿的总司令职责,其实就是责任的重担"。

使联军攻势挫败的是疲惫,而不是土军的抵抗。紧张与缺乏睡眠的士兵,不仅疲相毕露,而且已无力从事杀戮。他们甚至无法将土军从前进据点驱回。亨特-韦斯顿则认为,治疗部队缺乏睡眠的最好办法,就是下令第二天早晨发动新一波的攻势。不过这次攻势除了差点将弹药耗尽,什么效率都谈不上。师长倒未气馁,他下令第三天清晨再发动一次攻击。他以4个实力薄弱的新西兰营,在大白天进攻一处由9个营土军据守的阵地。这次攻击的损失算是不大。然后,由于汉密尔顿发现有3个旅兵力仍处预备队状态,他再次介入。整条联军战线都"上刺刀,托枪,下午准5时30分向克里希亚前进"。这样做,什么都没得到,只造成了严重的伤亡。联军攻击部队在3天之内,损失三分之一兵力。之后,联军所夺得的两个小小据点的防线,无可避免再度陷于停滞状态,而且,当土耳其军将其草草建立的防务,强化为有组织的战壕系统之后,双方就完全僵住了。

到此地步,汉密尔顿将军不得不向本土求援,企图唤醒政府正视他兵力上的燃眉之急与严重情况。不过,他虽然深知自己兵力不足,却因太忠于基钦纳,太了解他老长官行事强横独断的一套,以致他不愿意向基钦纳强求。在上次离开英国之前,基钦纳曾告诉他,75 000人必然足矣。甚至说,第二十九师也只是暂时借给他的。基钦纳也确曾提醒过驻埃及英军总司令马克斯韦尔(Maxwell),要求他支援汉密尔顿。只是,基钦纳的指示虽然明确,马克斯韦尔却未与汉密尔顿联系过。欠缺军火是汉密尔顿另一项难题。他向陆军部提出军火要求之后,陆军部只回答他:"军火供应有必要加把劲",就把他打发了。在5月6日至8日那3天徒劳无功的攻击中,他只有18 500发炮弹可用。同时间,黑格也正在攻打奥布尔岭。但黑格一天就消耗8万发炮弹,战果却平平,目标也比加利波利之战少得多,伤亡更是加利波利地区的两倍。从某一角度来看,加利波利战争中令人讶异之处是,汉密尔顿将军以其条件较差的兵力与资源,居然差点打赢了仗。

他常被人批评的是有关登陆地点的选择。其实即使他有超凡本领,能够探知敌人心事与部署的方式，情况也改善不了多少。他避免在敌人期待的地区登陆，因为他认为这种地区是用兵上的陷阱，并设法将敌人注意力引至这种地区。在另一方面，他确保实际各登陆地区的部队具有极大的优势兵力，即使他的总兵力仍较土耳其军少。敌军指挥官曾集中注意力于布来尔一点；其重视程度，甚至英军已在其他地区上岸48小时，当面的土军却无法获得上级的充分增援。这个事实，就是给批评的最佳答复。一般人认为汉密尔顿应该在布来尔登陆。布来尔是英国国内每一人认为必然登陆之处，而且怪的是，敌人也如此认定。另外一种普遍的批评是，由于登陆地点太多，汉密尔顿兵力过于分散，应该集中兵力攻击一个小区域才是。其实，桑德斯将军所说的，有人"绿着脸"来向他报告的那件事，就是对此批评的一个好答复；不仅如此，往后3年，联军在西战场也有因未善用这种方法而付出重大代价的经验。这种经验也是一种答复。

也许，做为替代登陆点，守备兵力也不强的苏弗拉湾，可以成为汉密尔顿较佳的选择。但是在4月的时候，英军除了缺乏正确情报，还过度信任海军舰炮轰击希里斯角的效果。当时以为轰击后，登陆必能顺利。

其他较合理的批评是，英国的海上快速行动能力，尚可作更充分利用即利用在撤军上。当登陆部队行动被阻，尚未深陷阵地战泥淖之前，赶紧将他们撤出，转往他处，以便增援阻力较低的登陆行动，或另辟新的登陆地点。因此，所谓预备兵力缺乏问题，也许可以通过兵力调配而获部分纾解。事实上，在登陆前一日，英军参谋本部的一位参谋军官，海军上校阿斯皮诺尔（Captain Aspinall）曾向参谋长布雷斯韦特（Braithwaite）提出过这样建议。他认为登陆计划应能应付突发状况——如果在安扎克与希里斯角地区登陆不成的话。登陆计划尚有一件错误，其程度与不能应付突发状况一样，甚至有过之而无不及。也即，登陆计划无法对部分的战果供应必需的补给，这原是这次战争中最可能发生的事；同时，也无"机动性"的预备兵力可供总司令在最具希望的地点使用。不幸，这场战争的基本通病就是计划与执行都欠缺弹性。攻击第一阶段中，曾有两处同时登陆的地区出现了部分战果，这些战果却因执行欠缺弹性，而渐使计划无法推动，最后竟至僵固。

多年来，对于达达尼尔海峡计划的诞生过程，以及后来的发展，争议一直不断。更令人沮丧的是事后披露的联军登陆之后所丢失的机会。只是失落的机会，至今仍在传闻的光环中若隐若现。

第七章　毒气弥漫的伊普尔

伊普尔正是日落时分。一整天，那充满春天气息的阳光，为这座死寂的城镇带来生气，为围绕在镇外崩坍的堑壕注入了活力。此后一个月，这座城镇将是一座空壳。月夜中，它像是森然可怖、鬼影幢幢的古罗马竞技场。3 年之后，它化为巨大蚁冢一般的废墟。但是在 1915 年 4 月 22 日这一天，伊普尔只是一座尚未完全弃置，景色凄凉，偶尔散发春日芳香的城镇。

当芳香随着落日散去时，连枪炮声也消失了。黄昏的静寂，笼罩着整座城镇，像是在畏惧中，静候临别祝祷。静寂是假的，它是魔鬼在风琴乐声与香炉晃荡的仪式中，诅咒大地的前奏。下午 5 时整，一连串吓人的炮声划破长空，重炮在伊普尔与附近许多小村落激起爆炸的回响，这种情况是这个地区少见，或从未遇到过的。稍后，在第一线附近的人，就闻到了一股残酷的香气。那些更接近伊普尔北方战壕的人，看到两股幽灵般的绿黄色烟雾，渐渐向前飘，慢慢铺展开来，然后合而为一，继续向前浮荡，最后变成一片蓝白浓雾。它高悬在两个法国师——阿尔及利亚师与本土防卫师的防线上空。这些部队是加入英军，据守伊普尔突出部左方的部队。没多久，有一些站在英军防线后方，接近运河桥梁的军官，在惊愕中看到大批人潮惶恐地往后方奔窜。最接近英军的非洲籍士兵，边跑边指着喉咙咳嗽着。不久，马队与车队也与他们混杂在一起逃跑。法军的枪炮仍在作响，但到了晚上 7 时，大地很快地、不祥地归于沉寂。

这批逃亡的士兵，使联军正面防线出现一条宽 4 英里的缺口，中间充满死尸，以及受到氯气侵袭，正处于窒息的痛苦中的人。法军的两个师几乎完全被歼灭。德军在毒气协助下，就像拔除下颚大牙一样，灵巧地消灭了突出部北侧的联军。突出部正面与南侧的剩余“牙齿”，它是由最接近缺口的加拿大师（奥尔德森〔Alderson〕指挥），英军第二十八师（布尔芬〔Bulfin〕指挥），以及第二十七师（斯诺〔Snow〕指挥）所组成。这些部队全属普卢默（Plumer）的第五军。此时德军只要再向南推进 4 英里，就到达伊普尔，并且可以从联军防线背后拔掉这些牙。这天黄昏，他们慢慢向前行进 2 英里，然后，说来也奇怪，他们就此止步了。于是，从加军防线的破口边缘算起，到运河之间①，这段约有 4 英里半长度的空间，只有少数小据点，它们都是在匆忙间，被小撮法加军预备队占据的。而这些小据点之间，是无人的，分别为 2 000 码、1 000 码与 3 000 码的空档。然而到 5 月 1 日为止，德军仅再向前推进几百码而已。当战事最后在 5 月底终止时，突出部外表的改变，只有鼻部凹陷下去，这主要还是拜英军

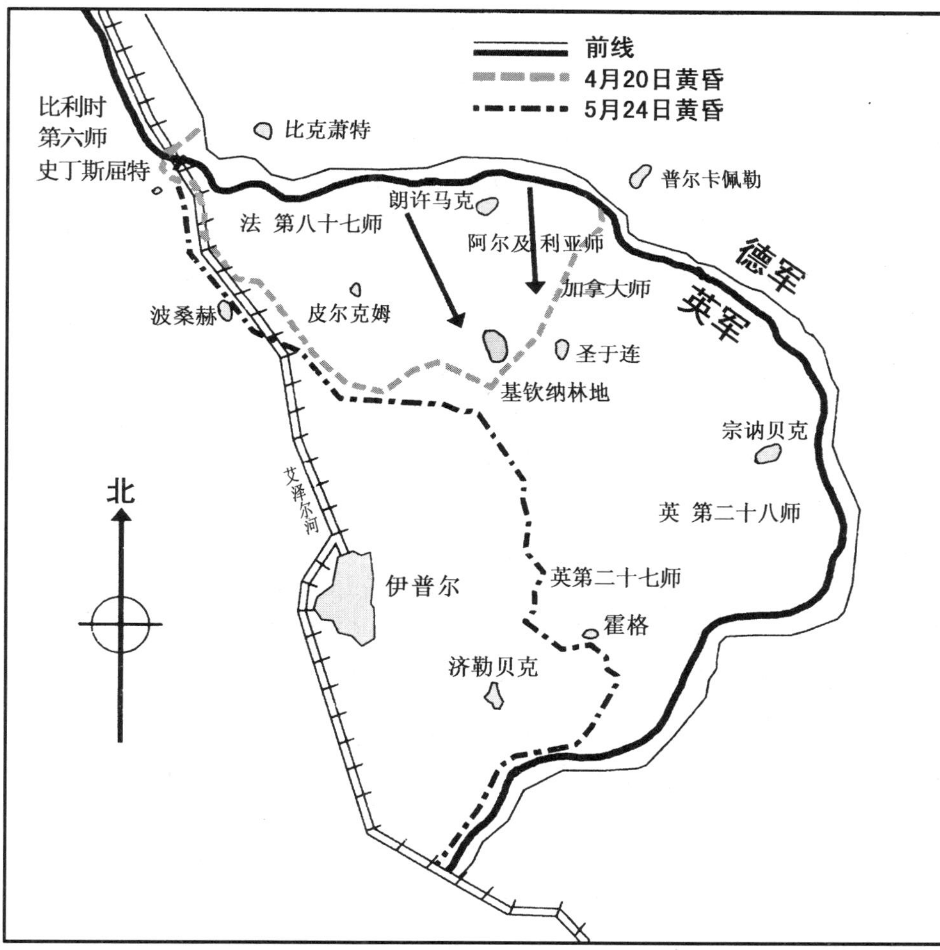

图 7　伊普尔（1915 年）

① 如果突出部的敌对双方攻防线像一张弓，加军位置即在弓背上，运河则是弓弦。

自行退却所赐。但是,与一般经验极其相反的是,防御的一方损失惨重。英军伤亡 59 000 人,几近攻击一方的德军的两倍。

为什么这次毒气攻击具有如此奇袭效果?德军为何未善加利用奇袭效果?为何英军在未察觉法军溃散情形下,逃过毒气一劫,却又在德军优势已失的时候,出现如此不相称的损失?这就是“第二次伊普尔之战”的关键问题。

3 月底,在突出部南端的德军战俘,其实已和盘供出德军在战壕中贮存毒气的细节以及释放毒气的方式。也许由于这批法军即将换防,指挥官对于这些警告未采取行动。只是更奇怪的是,这些关于毒气的细节,曾公布在远在南边的法国第十军团公告栏上。时间是 3 月 30 日。

4 月 13 日,一名德军逃兵向当时仍据守朗许马克附近的法军第十一师投诚。逃兵带来有关毒气更完整的警告。他说:“20 罐装有窒息性气体的圆筒,曾沿着战线,每隔 40 公尺放置一罐,完成释放准备。”“预定的信号是 3 支红色火箭。等炮兵一发射火箭,毒气圆筒马上打开;然后,毒气会顺风飘向法军战壕……德军为了提防自己中毒,给每一名德国兵都发了一小包浸过氧气的麻屑”。逃兵随即交出一具雏形的防毒面具,以证明所说不假。法军师长费里将军(General Ferry)大惊,马上警告他左邻的法军第八十七师,右面的英军第二十八师,以及加军第一师;而加第一师与阿尔及利亚师在两天之后,就与费里换防。更重要的是,费里还警告了他的军长巴尔富里耶(Balfourier),以及刚来看他的霞飞总司令部联络官。

这两位关键人物是怎么反应的呢?巴尔富里耶认为费里是一个轻信谣言的笨蛋,根本没把费里的建议当一回事。费里曾建议炮轰德军战壕,以便摧毁毒气圆筒,他认为这样应可减少第一线暴露在毒气中的士兵伤亡数。至于联络官,不只把费里说的当神话,还责备他直接向英军发出警告,又违背霞飞的原则,减少了第一线的守备兵力。然后,费里在法国陆军惯常的圆满做法下,被处以撤职处分。

普茨将军(General Putz)与他所率的两个师,从巴尔富里耶手中接下突出部左方的防务。虽然 4 月 16 日,比利时方面犹发出新的相关警告,普茨也没比巴尔富里耶相信多少。普茨曾向史密斯-多林第二军团派来的联络官说起有关的毒气事情,是带着讥讽的口吻说的,他显然不认为有必要向自己的部队再说一遍。因此法军无知地等着毒气降临,一直到窒息现象出现为止。

英军倒是有动作的。英军曾派出飞机侦察,但未见敌军任何异常之处。普默尔曾向他的师长们发出“值得警告”的警讯,但没有建议,或者下令要如何防范毒气。此后数日，甚至将警告之事全然抛在一边。也许，抛诸脑后会更觉轻松，因为警告的内容，听起来简直新奇到“太无绅士风度”。然而，由于英军熟悉德国人发动事件的习惯，所以，等到 4 月 17 日，英军总部听到第一波德国的“言词攻势”——德国政府通过无线电所发的《政府公报》，大概就开始强烈怀疑其中所含的不祥意义。德国人说：“昨日，在伊普尔东方，英军动用窒息性毒气炮弹与炸弹。”

但是有一个因素无疑缓和了英法军对德军发动攻势的猜疑。英法军实在看不出德军有集结后备兵力的迹象。欠缺这种迹象的原因，倒非德军为不使英法军起疑而特别谨慎，而是根本欠缺预备兵力。也就是这个原因，德军虽然发动了整个战争中最具奇袭性的攻击，却未能把握扩大战果的机会。

其实，德军统帅部对于新武器几无信心可言。他们对于科技观念之保守，其程度不亚于敌人。德国官方提供给毒气发明人哈伯的毒气设备极少，少到哈伯只好使用圆筒装毒气，而无法使用毒气炮弹。释放筒装的毒气，需要依赖有利的风向。弗兰德斯地区最常吹的是西或西南风，于是，德国人只好听天由命了。这种新型武器由于曝光过早，以及有关的部队为了争取不值一文的奖励，德军让对手有报复的机会。这种情形直到足量的，可以取代筒式毒气的毒气炮弹生产之后，才有所改观。

尽管德军对此事信心低落是难以置信的事，但结果德军真的因信心不足，而忽略为这种颇具胜利可能性的作战做好准备。德军统帅法金汉不打算为这种攻击，调配预备兵力，甚至拒绝供应额外弹药。法金汉的观念是想藉攻打伊普尔的机会，试验毒气作为辅助武器的功效。所谓攻打伊普尔，本身只是他计划中攻打俄国的幌子。倘使伊普尔突出部真能一举消灭，那就更好了，只不过他并没有想得那么远。

原本计划这次攻势由德军第十五军向突出部南边发动。毒气筒早在 3 月 10 日已运抵战区就位。不过由于风向不顺，攻击日期反复展延。到了 3 月底，德军只好准备在突出部北边另起炉灶。攻击日期最后敲定为 4 月 15 日，但仍顺延了一周。攻击行动则改由第二十六后备军的两个师发起，同时有第二十三后备军的一个师在他们右方进行攻击。此外，担任助攻的第二十三后备军的一个师，则攻击史丁斯屈特（Steenstraat）。此处乃突出部的交通枢纽，更是法比军接壤点。这股助攻攻势，由于欠缺毒气的协助，无甚进展。德军预备兵力中，现在只有一个师尚未动用。翌日，这一个师兵力交给了第二十三后备军，而非第二十六后备军，前者正前方有一处开阔的缺口。

欠缺预备兵力是德军攻势失败的主要原因,但近因却是部队害怕自己的毒气。他们只配发了粗陋的防毒面具,许多人甚至没带,也没有好好想过有关的特殊战术,等他们越过法军战壕——里面散布着痛苦喘息的人堆之后,他们想的只是奉命行事,只想遵照上级有限的命令完成任务。一攻到距离指定目标很近时,他们更是马上就地掘战壕,寻求掩蔽。由于当时光线不足,也使他们无法看出成功的程度,以及阻挡在他们去路上少数勇敢的加拿大士兵的虚弱状况。紧接着第二天,他们仍只像他们炮兵的跟班一样,稍微往前占据一些刚被自己火炮与毒气肃清的小块地区。尽管第一天的战法充满短视,但当成功的机会拥抱他们时,对这种纯粹包围战的打法,德军稍后就很有心得了。它不但现在就使德军获得胜利——当然,这一切都应感谢福煦,而且预示了一年以后,德军在凡尔登战役中的打法。

福煦此时是霞飞的副手,专管弗兰德斯地区的法军,以及负责法英比三国军队的协同作战。当他一听到德军突破防线的消息,就下令普茨固守自己的阵地,也即现有的运河防线,并且应策划反攻来收复失土。但是此时法军炮兵已被歼灭,所以法军所能做的只有前面这项。所幸,比利时军及时击退德军,使德军无法突破史丁斯屈特枢纽地带。然而,普茨却告诉英军,说他将要进行反击,并请派出两个加拿大营支援,以便进行午夜反攻。英加军依计划穿越新德军防线,占据了基钦纳林地(Kitchener's Wood),却未见法军发起攻击,英军稍后就撤退了。第二天,英军又集中少数预备兵力,准备搞小规模的反攻。然而这趟白昼攻击,法军与炮兵皆未支援,结果当然损失惨重。然而到了23日黄昏,前往伊普尔的宽敞大路与英军后方几乎塞满军队,虽然英军只是实力受到重损的21个半营(其中12个营是加拿大部队),但他们面对的是42个营的德军,以及五比一的火炮优势。

24日,弗伦奇爵士下令继续打这种无用的仗,但是德军还是抢先了一步。凌晨3时,德军进攻比军的防线交接点,大败;自此,他们无法越过运河,将他们的小据点拓宽或加深。清晨4时,德军在毒气支援下,重重攻击加拿大军有缺口的防线。加军此时并无防毒面罩配发,士兵遇毒气只好利用手帕、毛巾、棉布子弹带,以战壕中任何找得到的液体浸湿后,盖住口部寻求保护。许多人都倒下去了。英军防线遭受毒气攻击时,最先仅造成一个小小缺口,后来就逐渐变宽了。有一度,英军炮击成果不错,有效阻止了德军试探缺口。但到了下午,德军潮涌般向前推进,并且越过圣于连(St. Julien),使情势一度危急。随后,英军两个约克郡本土防卫营在加拿大炮兵协助下,发动反攻,将德军驱回圣于连。加军炮兵在这次行动中，发射炮弹时，连瞄准器都付之阙如。德军这样小小的退败，已足够浇熄他们在那一天作进一步行动的企图。但由于英军指挥官们对整体情况的困惑，目光似乎都闪烁着欠缺判断力的光芒。与德军行进路线犬牙交错的，是无所适从的英法军各师、旅级单位，其中包括加拿大军、英国正规军、英国本土防卫队，甚至朱亚夫军（Zouaves）①。这些部队如今都掺杂在一块，像是要糊补崩落墙面的湿润水泥，被德军任意挤压着。整个突出部现在被德军压缩在成一块长舌形地形中，虽然有 6 英里纵深，但宽度仅 3 英里。因此，联军为了固守它，只好局促地挤在一起，这当然很容易遭到德军火炮的轰击。

然而，弗伦奇爵士此时被福煦与普茨的乐观所蒙蔽。这两人向他保证，另有两个新成军的法国师将开上来收复失土，因此不愿意接受任何撤退的建议。25 日一早，也就是加利波利登陆的那天早上，一支新的法国正规军旅从南调到战区，盲目地攻击圣于连附近。却在“机关枪扫射下，人像刈麦一样被击倒”。2 400 人就这样惊人地快速阵亡了。其伤亡数，多于汉密尔顿军队在加利波利海滩登陆时被俘的人数。是夜，加拿大师损失了 5 000 人，大部分撤出后，转成预备队。阵亡的 5 000 人曾持着步枪，在微弱的火炮支援下，英勇对抗毒气与重炮。根据国家战史，当时支援加军的火炮，是“南非战争中，老旧与过时的武器”。加拿大师换下之后，这无望的奋战重担，不但未卸下，相反变得更重，并且更换了挑夫。战事又进行了一个月；德军攻得中规中矩，英军也还击，但毫无章法。为避免被认为过分强调无用的史实，容我引用英国国家战史上一段审慎而低调的文词：

> 作战原则在于，法军必须重建他们丢失的防线，英军则应从旁协助……福煦将军下令立即反攻时，普茨将军尚无法执行命令；同时，英军全心全意企图以攻势行动，执行分配给他们的任务。英军的行动，大体上既非真正的反攻，也不是从容周详的攻击。结果，损失惨重，情况未见好转……在第一线上的英军军官似乎感觉到，他们只是在为法军牺牲；为法军准备的一场炫目的攻势而拖延时间。然而，即使法军真有这样的打算，也从未实现过。

① 指法国阿尔及利亚军。

研究这场悲剧的肇因,我们必须将目光从第一线转移到后方。4月26日,英军史密斯-多林将军所指挥的第二军团,又进行了一次毫无成效的攻势,再次耗掉印度拉合尔师(Indian Lahore Division)与诺森伯兰本土防卫旅的4 000条性命。史密斯-多林这才发现,这样打法不但徒劳,而且谈不上取得弗伦奇的合作。因此,他在27日写信给参谋总长罗伯逊,要求让弗伦奇了解真正状况,并且说:“我怀疑是否值得为收复法军失土而牺牲更多人命,除非法军在干一件真正的大事。”他还建议,最好准备撤退到伊普尔附近比较平直的防线上。史密斯-多林所得到的答复,只是一通来自罗伯逊的电话:“总司令不认为情势有像你所写的那样差。”但事实上,史密斯-多林的信,已远比真正的严酷状况乐观太多了。然而,在这通从遥远、安稳舒适的远征军参谋本部打来的“慰电”后面,是一封由弗伦奇发来的,好心不得好报的电报。这封以明码拍发的电报,要求史密斯-多林将伊普尔战区所有英军指挥权移交给普默尔将军。弗伦奇并且派遣他的参谋长米尔恩将军(General Milne)前来协助普默尔。1914年8月,史密斯-多林在勒卡陶曾为救援法军而违抗弗伦奇的命令。从此,两人的关系就变得非常紧张。现在,弗伦奇(French)真的像他的名字一样,很“法国”地抓住惩罚史密斯-多林的机会,准备好好整他一下。他干脆公开拒绝史密斯-多林的建议。如此一来,使史密斯-多林别无选择,只好暗示说,如果上级有如此“规划”的话,他愿意辞职。弗伦奇立表同意,并且命令他交出缩了水的指挥权,然后回家。

尽管如此,普默尔从弗伦奇那里得到的第一个指示,就是要他照史密斯-多林建议过的撤军计划撤退。然后,弗伦奇前往卡塞勒(Cassel)去找福煦。等一回来,他的看法就变了。福煦对于英军撤退大表反对,说现有的兵力就可以将这些失地收复。他表示,撤退“绝对不可以”,然后拜托弗伦奇,“从29日中午开始,不计任何代价,支援法军所发动的收回朗许马克地区的攻势”。这天之后有一段日子是:后方演闹剧,前线演悲剧。日复一日,弗伦奇从他的部下那里听到的全是自己士兵的伤亡,未见法国答应的所谓攻势。于是,他又开始想撤退。但是福煦仍满口没问题地保证到底,还外加一套恭维与恳求。弗伦奇自然抵挡不住福煦的攻势。

我们再看国家战史是怎么写的:

> 福煦将军作为联军攻势的精神支柱,虽然是上一年战争中的福气,却是今日的祸害……弗伦奇爵士虽然在开始时,由衷遵从福煦将军的希望,

> 他后来察觉到法军战果不大——或可说是，法军第一波行动规模太小；此外，他也了解自己部队损失严重。英军当时都挤在狭窄的突出部的一块小型演习场上……弗伦奇爵士到此时才相信，他非撤兵不可。心情也从乐观转为悲观。作为他的部下，是很不容易揣摩他的心情的。特别是，他的心情正好处于前一阶段与后一阶段之间。尤其是，福煦将军在苦苦恳求的时候，不只一次同意在撤出英军之前，再稍微等一等——又下令发动一次反攻。

然而，迟至 5 月 1 日，弗伦奇才从福煦的话中，闻出该撤退的味道。福煦坦承，霞飞非但无法派出增援部队，而且要求从伊普尔调兵去加强他在阿拉斯附近即将发动的攻势。弗伦奇听完即刻准许计划了很久的撤军行动。英军利用夜间分批撤出，不过只后撤到离伊普尔约不到 3 英里的新防线上。所以，前线仍呈凸出状，仅塌陷了一些而已。其实，撤到这样的新位置上，比原先的突出部更不易防守。新防线头部向任何方向暴露，同时，伊普尔本身变成英军补给与交通的危机重重的狭窄咽喉。弗伦奇却基于政治与情感理由，不愿再退让土地给德军，特别是让出比利时国土。在军事上，他更期望固守这条新防线，以协助法军迟来的任何攻势。于是，他驳回作战指挥官们的建议——他们期望撤至由伊普尔城墙与运河所形成的天然笔直的防线上。于是，英军继续留在凹塌的，人称“重炮兵目标”的突出部上。他们不断遭到炮击与毒气攻击，耗尽原本就不足的弹药。一直到 5 月的第四个星期，德军也耗光了数量充裕的炮弹，情况才稍趋缓和。其实德军也很清楚，如果他们必须在节省士兵性命与节省炮弹当中选一，他们干脆选择停止攻击。这期间，法军在 5 月 15 日进行了一次运河西岸的肃清行动。与此同时，英军曾持续不断以刺刀肉搏战攻击伊普尔之东，但竟然挡不住德军从英军战区调兵阻绝法军的小规模攻势。英军到头来只搞出这么个结果，正是西谚所谓，“大山费力只生出一只小鼠”——白弄一场。英军就这样牺牲了 60 000 条人命，换来一个当接生婆的权利。之后，英军就一直留置在这块极不舒适、无法伸展拳脚的新突出部，或说是“靶标”上面。这一耗，就超过两年时间。

翻本不成，连老本都蚀掉，是笨蛋；无胜算而硬赔大把性命，那就罪该万死了。战况最激烈的时候，指挥出错是难免的，是情有可原的，但领导统御上真正要检讨的在于，领导者的各次攻击命令，是在明知无用，却为尝试某些可能性而下达的。如此的“过失杀人”之举，不论是出自无知，基于错误的战争观念，还是欠缺道德勇气，指挥官们都应向全国负责。

第八章　不必要的卢斯会战

9 月初，法国的“大后方”谣言沸腾，说有一个要粉碎德国战线的英法大攻势正在酝酿。这种气氛虽然造成作战部队的紧张，对英军来说，却也显现出令人兴奋的自信。英国新军与本土防卫军将挑起这场会战的大梁，这还是第一次。至少，很少人以为，英法联合大攻势在解决近一年的壕沟战困局上会失败。但相对于这股自信气氛，英军高层却有着极其相反的看法。

黑格此时已是英国第一军团司令，这场命运多舛的卢斯攻势，本应由他去执行。只是，黑格打心底反对这样的攻势。原因是，他认为，对战事举足轻重的重炮兵与炮弹仍嫌不足，而等到问题解决的时候，对攻势已无作用。事实上，在 6 月，英国陆军仍仅拥有 71 门重炮与 1 406 门野战炮；本土的兵工厂一天炮弹生产量不超过 22 000 发。根据报告，法国是 10 万发，德奥更达 25 万发。

黑格并非是唯一持有这种看法的人。远征军参谋总长罗伯逊就完全支持他。但罗伯逊与自己顶头上司之间的关系，早已被前参谋总长亨利·威尔逊爵士埋下地雷。威尔逊是弗伦奇的虔诚信徒，罗伯逊则已被弗伦奇踢出圈外。同时，威尔逊，这位弗伦奇的朋友兼心腹，这时却正在向基钦纳建议，英国陆军应划分为两个集团（军），一个应远派洛林地区，以便确保弗伦奇无法在法国人面前表现出独立自主的态度！

同样悲观的还有亨利·罗林森爵士。他现在是黑格的手下。如果要打这场仗，主要任务将由他的第四军负担。他在日记中这样写道：“我的新防线的地形，平坦得像我的手掌，几乎没有地方可以掩蔽……黑格告诉我，我们第四军将发动主攻，法军也即将有同样的行动，要做出关键性一击，我们的牺牲将会很重，而我们也不会有重大的收获。”然而，他别无选择，只能做牺牲他手下性命的事。面对所有这些警示，很不幸后来发现，英军指挥官的判断原本不错，却遭霞飞强力压制。

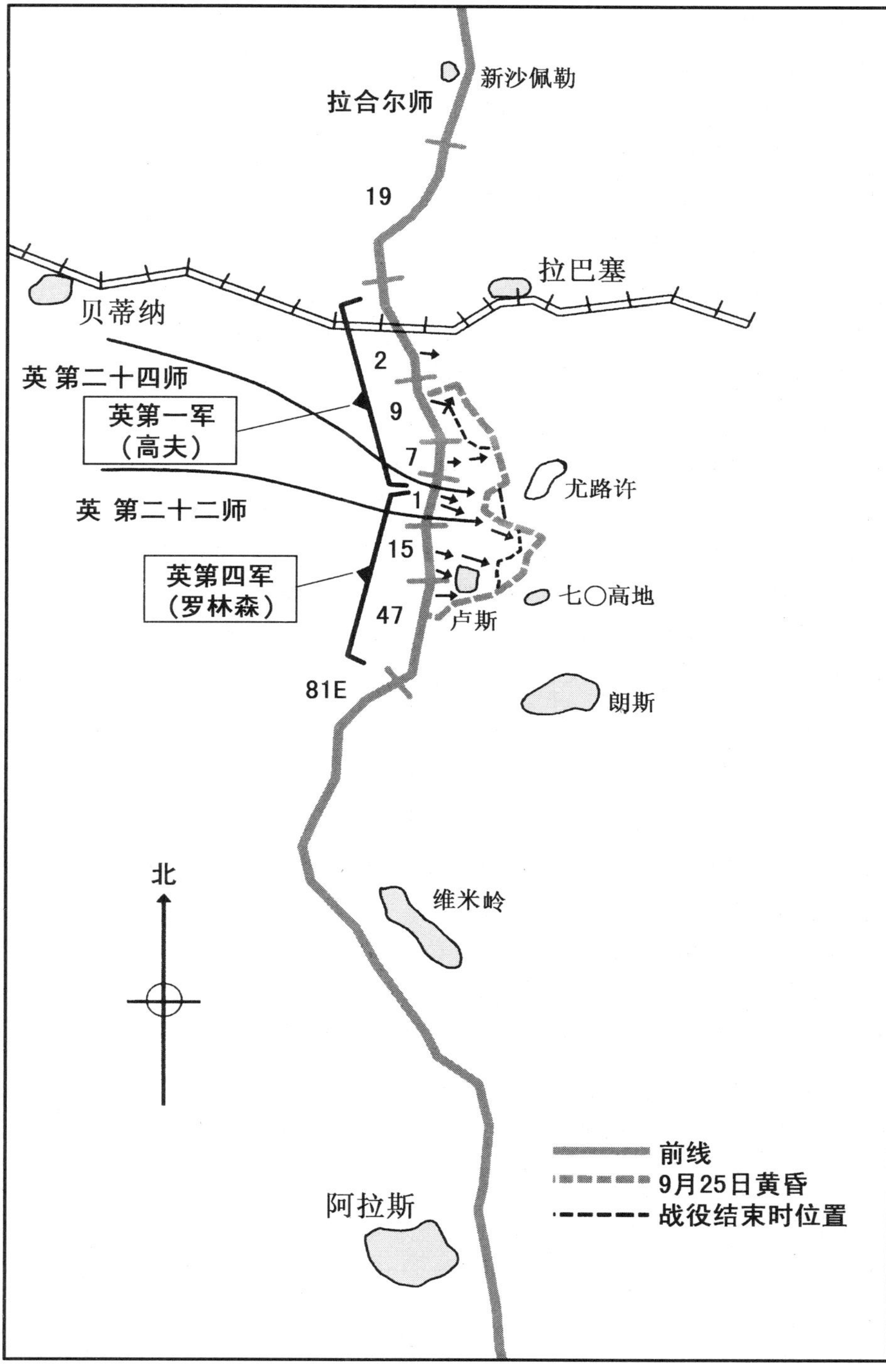
新沙佩勒
拉合尔师
19
拉巴塞
贝蒂纳
2
英 第二十四师
9
英第一军
（高夫）
7
尤路许
1
英 第二十二师
15
英第四军
（罗林森）
七〇高地
47
卢斯
81E
朗斯
北
维米岭
前线
9月25日黄昏
战役结束时位置
阿拉斯

图 8　卢斯（1915 年）

事实上，霞飞所利用的压力工具，竟然就是基钦纳爵士。令人好奇的是，基钦纳是第一批了解西战场僵局却大声反对解决僵局的英国领袖。基钦纳有鉴于他在1月时候所说的疑虑已经应验①，于是在6月，就如法国普恩加莱总统的记录，更尖刻地说道："霞飞与弗伦奇爵士在11月告诉我，他们正要将德军推回边界；到了12月，3月，以及5月，他们都给我一样的保证。他们做了些什么？这些攻势的损耗都非常大，但是到头来什么都没有。"不过，他本身却变成这场毫无结果的战役的决定性因素。

这一连串奇特的因果关系是如何形成的？霞飞与他的部下福煦原是精神上一对难兄难弟。尽管他们在1915年春天所发动的攻势，打得痛苦异常，但由于满腔乐观主义感觉，他们仍想在秋天再发动一次春天的事。霞飞计划从间隔甚远的阿图瓦与香槟地区（Champagne，兰斯－阿戈讷之间〔Reims-the Argonne〕），分别发动重大的集中攻势。其中前者原定为主要攻势。我们应注意，稍后霞飞改变了原定的计划，此举深深影响了后来战局的发展。

且说霞飞当时心里想的是，如果联军在香槟与阿图瓦两个地区突破德军防线成功，下一步就是在西战场发动全面攻击了。霞飞并信心十足地宣布，此举"将把德军驱回默兹河之外，说不定就此结束战争"。

然而，英军在卢斯以北发动的6个师的攻势，被德军仅以一又三分之一个师就突破了背后。至于在卢斯以南法军的14个师的兵力，竟无法向正面的5个师德军发起攻势。我们看，霞飞计划的想法可说是伟大之至，但却如此不合现代战争的实际需求！这确是一桩痛苦的事实——专业性战略也可能只是一套完全经不起考验的业余玩意。

6月4日，霞飞将计划草案送交弗伦奇，这位英军总司令看过之后，表示同意。不过，他的属下黑格当时就以常识判断，认为计划不可行，强烈反对这个计划。于是，弗伦奇像风向标一样，随风又倒向另一边了。

黑格曾经亲自沿着从拉巴塞到朗斯（La Bassée-Lens）之间的拉巴塞运河以南地区进行侦察。事后他明确表示，这个地区"不利于攻击"。他的判断，后来绝大部分被印证。在他看来，德军防御力甚强，英军在全力加强重炮兵实力之前，只能用包围战术攻击德军。"这个地区大部分是没有掩遮的开阔地形，德军的机枪与步枪，很容易从第一线的战壕，以及紧接在第一线后方的工

① 基钦纳曾于1915年1月2日去函弗伦奇说，"法境的德军防线可视为碉堡，既不能攻，也不易完全包围。唯一的方法是以一支包围兵力与之相持，同时我们另辟战场"。

事化村落中,向外扫射。英军进行快攻是不可能的。”他建议,如果非要在法军左边进行攻击不可,次要攻击只能朝运河以南地区发动,主要攻势则应跨越运河南北两区。他的结论却像泼大家冷水似的,只重申了刚才提到过的不可行之处。

然而,霞飞并不接受攻势延迟,或易地为之的主张。他甚至摆出一副倨傲、绝对不会出错的态度。这种态度令人事后回想为之开怀。他说:“你会在拉巴塞到朗斯之间,发现对攻势特别有利的地方!”这完全是既草率又专横的态度。尽管黑格已实地观察过,霞飞却想藉此将黑格的反对意见一笔抹煞。

至于德军,此时即使尚未预料到联军即将展开攻击,也正在全力加强工事,并在第一线的后方建立了第二层防御系统。这些强化防务的工程,到7月底即接近完成。弗伦奇在黑格反复陈述意见之余,愈知道情形就愈对法国人的计划起疑。于是,英方于7月27日在费雷旺(Frévent)与福煦举行会议。然而福煦仍强调,不论地形多么对英军不利,敌人又如何加强防务,黑格军团务必在卢斯以北一点的地方发动主攻,同时必须密切配合法国第十军团在卢斯以南的攻势,藉以占据这座迷宫似的矿城。

于是,黑格、弗伦奇,与法军的霞飞、福煦继续比赛拔河。同时,弗伦奇开始策划单独与炮兵合作,以求取成功的计划。法英军头双方的争执,后来因基钦纳的介入而平息。原来基钦纳于8月间探访弗伦奇时,竟对弗伦奇说:“对于这次攻势,我们必须全力协助法军,即使我们会受到严重损失。”

这样的态度其实与他先前的看法相反。他态度的转变,显然受到俄国前线俄军严重失利的影响。他有感于俄国盟友此时亟待援助,同时,他也可能对于远征达达尼尔计划正感到失望。但是,“两错相加不会变成一对”。长久以来,他始终表示西战场的胶着是难以解决的。我们不能理解,他如今如何会认为一场无望的攻势,可以为俄国人带来新希望。

然而,他也可能正在思考,这样做,可以使联军统帅问题明朗化,即当时情势所趋,有必要任命一位协约国部队最高统帅,他甚至就是在为自己铺路。英国国家战史更以下面一段话,谨慎掀起这段历史的面纱——“吾人相信,基钦纳爵士本人正在期盼此位”。在这种情形下,说不定他认为,适时对法国人为卢斯战事作出让步,可以使法国人更容易接受另外一件事。

但紧接着出现的结果,依照国家战史的引述,却是这样的:

> 英国远征军总司令为英军朗斯战事参与与否,承受了来自英法双方

> 的压力。其中,基钦纳爵士在考量联军整体情势之后,从国内施压;霞飞与福煦则为法国局部情势而施压。总司令就在地形对英军极不利,并且违背自己与黑格将军的判断下,未及充分准备,就执行了攻势计划。甚至英军现在能出动的兵力,只有9个师,仅及原计划的四分之一。总司令原先认为攻击成功,需要有36个师。

不过,就如我们将要看到的,法国人发起的这场战役,其最后的成功希望,是被法国人自己浇熄的。原来当攻击计划将要定案时,法国人竟以替代计划取代了原计划。霞飞在紧要关头,决定只进行香槟地区的攻击。他改变了原先以阿图瓦为主要攻势地区的计划。他的理由是,香槟地区对攻击而言,障碍或村落较少。相较霞飞对于英军攻击计划的看法,他这种对比鲜明的,从战略考量突然改变为战术考量的做法,令人称奇不已。

这一改变,当然也严重影响了英军的攻势。法军原计划以17个师兵力在420门重炮支援下,攻击朗斯以南的阿图瓦地区。当时英法双方的正式评估都明确认定,即使德军表现出顽强的防御力,法军也不会陷于严重困境。而且,比起不远处的英军所拥有的117门重炮数,法军的数量是多了一倍有余。至于在香槟地区,与德军对峙的18英里长的第一线上,法军除了可以集结27个步兵师之外,另拥有850门重炮。所以,在比例上,法军在香槟地区的炮兵支援力,也高于阿图瓦地区。

当攻击卢斯的计划确定之后,黑格为了减轻任务以及可能的损失,他第一个念头就是准备仅以两个师的兵力出击。然而,依据一次极成功的筒式氯气攻击演习,他改变了初衷。他相信如果遇上顺风,英军毒气可能形成“重大战果”。于是他认为应以6个师的兵力,向较宽广的正面攻击。这6个师是指右翼或南方罗林森第四军辖下的第四十七、十五、第一师,以及左翼高夫(Gough)第一军辖下的第七、九、二师。

黑格基于正确的胜算判断,他向弗伦奇与福煦要求,“在没有毒气协助下,我军绝不发动攻击”。不过,这说法随即为弗伦奇与福煦所否决。但他获准保有最后一刻的攻击范围的决定权。这是指,依照天气情况,他有权决定是发动大规模的攻势还是有限的攻势。结果,老天实在捉弄人,风向非常适合动用毒气。9月15日原本就是福煦定下的攻击日,再加上现在“东风不欠”,愈发鼓舞了黑格的希望。只是,为了同时保留大规模或有限攻势的两种计划,炮兵被分配在整条防线上,而不是仅集中在全线的三分之一部分上。

将近150吨的5 000筒毒气，早被英军运入前线战壕，并安全贮藏在特别的凹坑中，没有一筒遭到敌火命中。即使如此，只有半数毒气可以持续施放40分钟。这段时间，刚好超过敌军机枪手防毒面罩的使用期限。因此，英军只能间歇性地施放毒气。中间暂停施放时，以发烟棒模拟毒气。结果造成了战争中，第一次烟幕的使用。

炮兵于21日开始轰击。由于弹药不足，每门重炮限定在24小时内发射不得超过90发；野炮不得超过150发，这当然不会有令人鼓舞的战果。于是指挥官们只好愈发留意风向了。

攻击的前一个晚上，黑格真是焦虑万分。他不断研究最新的气象图。这些气象图都是经过各级气象观测员层层的转送，才到黑格手里的。下午6时，天气预测是，风“沿着前线，介于有利与不利之间，稍偏有利”。晚上9时，天气预报算是好一些，风向有可能转变为西南，甚至正西；这样，风正好可以将毒气吹到德军的战壕。于是，黑格毫不犹豫下令全军随着毒气，准备发起全面攻击。不过他非常小心，要求每个军部的参谋官坐在电话旁边待命，以防应变。到了凌晨3时，进一步的气象报告显示情况又不乐观了。但黑格确定施放毒气时间为日出时的5时50分。在先前黑夜中的几个小时，风向曾如预测转向，但对英军有利程度，最多只到西南风而已；风甚至后来弱到几乎无风的地步。

清晨5时，天刚微明，黑格走出帐外，只嗅到一丝微风。他要求资深侍从官(ADC)点一支香烟，烟圈飘向东北。

这样可以冒险吗？毒气会不会只停留在英军战壕上空？未几，风速微增。清晨5时15分，黑格下令“继续”之后，就爬上自己的木造观测塔去。但是风的状况所谓有改善，其实仍处在摸不清的阶段。于是几分钟后，他的一名参谋打电话到第一军，问现在可不可能中止毒气施放以及攻击计划。值此紧要关头，毒气操作官作出很大的通融，他准备应变，但是第一军军长高夫却答复说太迟了。即使情况真到千钧一发，毒气非施放不可，有人会怀疑，特别是依据高夫将军的记录，这位满腔热忱的战斗者，大概是因为对毒气的效果抱着极大期望。因为此人一向是“希望什么几乎就信什么”。

清晨5时50分整，毒气阀门大开，在右翼的德军战壕上空，整体效果来说，毒气来得慢而少，但量还算是多的。然而左翼就不行了。有些地方，毒气甚至往回飘，搅乱了攻势。霍恩(Horne)的第二师当中，就有负责毒气的军官在第六旅防线前面，拒绝承担打开毒气的后果。但情况往上报到师部时，师长霍恩却答复，“任何状况下，计划不得中止……”于是，在长官的固执坚持下，许多步兵被自己的毒气熏翻。能前进的人也马上止步不前，然后被未中毒的德军机枪手扫倒。尽管如此，霍恩仍下令突击，不过遭到旅长们的抗议。他们说这是“无谓的牺牲生命”，霍恩听了之后才放弃攻击。

清晨6时30分，步兵全面攻击开始。第一军团除了局部预备兵力之外，投入全部的力量。黑格与他的两位担任攻击任务的军长，手头都未保留任何预备队，因为他们了解，由于总司令期待突破，如果有需要，他会立即动用总预备兵力前来支援。

在极右位置的第四十七师，他们的任务是向敌军进行防御性侧击，并且几乎完成任务。但是就因为差那么一点，任务未达成，严重影响到邻近第十五师最初很成功的突击，它使第十五师攻击失却准头，最后被迫放弃即将突破德军防线的攻势，此地就在七〇高地附近。这些属于“基钦纳的军队”（K's Army）①的苏格兰士兵，在进攻的时候既快速，又能深入敌线。德军司令部见状，曾赶紧作出全面撤离的准备；甚至远至南面的杜艾（Douai），都可见到“无止境的德军车队，并列成双行，准备驶离”。

此外，第十五师攻击效果不彰的另一原因是，第一师的进攻拖延太久，只有部分攻势作出了补救。第十五师左翼的旅，遭遇与霍恩第二师相似的经历。第十五师并未加派师预备队至该师与第一师之间侧翼的空隙，一整个早上，第十五师只想重新发起徒劳的火线攻击，只在浪费时间。这一部分的中央攻势受阻之后，英军右翼整体攻势也随之停顿。在整个正面的左翼另一端，第七师与第九师倒有所斩获，虽然高夫军长的刚愎与误导，一再催促该师的左翼旅重新发起无用的火线突击，曾使第九师丢失制胜机会，蒙受了相当的伤亡。相反，第七师师长卡珀（Capper）就比较聪明。当他在左方的攻势受阻时，立即派出预备队到左右翼之间，填补由他的右翼部队攻击成功后，所造成的缺口。

然而，英军攻势成功与否，要看预备队可否在紧要关头立即补上。这是成功的关键，也是失败的决定性因素。甚至霞飞也这样说，如果弗伦奇将预备兵力置于后方过远，会使预备队“赶到现场过迟，无法扩大前面部队所造成的战果。而黑格在攻击之前，就应当有这些预备队的绝对调度权”。黑格也曾一再要求，这些预备兵力应调至他后方近身之处。至于弗伦奇对支援预备队的保证，说得是够暧昧不明的。既不能令人满意，又易误导。这次攻势如往常一

① K's Army，指基钦纳所筹组的“新军”。

样，他对战局的展望，似乎基于过分乐观与悲观所造成的矛盾。

弗伦奇的总预备队包含有“骑兵军”在内。在现代作战条件下，这支骑兵军，除了骑兵出身的指挥官的想法，以及第十一军之外，根本没什么价值可言。第十一军包括新成军的禁卫师（Guards Division），以及刚抵达法国的第二十一、二十四两个师。弗伦奇的判断堪称奇特。他将久经征战的几个师，留置在平静无事的索姆河前线，却挑选这些未经战火洗礼，满是新兵的师，来打这场关键战役。妙的是，虽然他通知黑格，可以立即动用这些部队，却将部队安置在后方 16 英里外。之后，在调兵遣将之际，他更宣称这些部队自 25 日上午 9 时 30 分起，即接受黑格的节制。事实上，黑格要到下午 1 时 20 分才听到这个消息，当时还是辗转获知。这场仗结束后没多久，黑格曾猛烈批评道：“如果当时在附近，即使只有一个师作为预备队，我们就可以大摇大摆突破。总司令部的人拒绝接受战争的教训，不愿承认控制预备兵力的重要性。”他也许是过分强调了他的自信，至少对这样狭窄的缺口而言是如此。而且到 7 月间，他自己也犯过类似的错误。至于他对弗伦奇调兵遣将时的虚伪态度，自然厌恶不已。彼此先以信件交互严厉指责，然后变成无法收拾的争执。他同时已非第一次恼怒弗伦奇驳回自己正确的意见。不过他知道在这背后，一切都是福煦在作怪。弗伦奇是深受福煦的影响。弗伦奇则指控黑格硬将预备队塞入极其狭窄的缺口，是愚昧之举。两人争执到后来，黑格不但写信给基钦纳，而且亲自找到霍尔丹，将弗伦奇失败与无能之处好好打了小报告。此举也促使后来弗伦奇的下台，以及黑格自己接任总司令。

且说，这些师之所以需要长途跋涉赶到战地，除了与总司令的不当部署，本身欠缺作战经验，造成严重后果有关之外，不周详的交通运输计划更需负责。埃德蒙兹将军尖刻地说道：“他们就像伦敦市长的上任游行队伍，既没有确定的路线，也没有交通管制，就在大街小巷中穿梭。”不过，这种不见章法的笨事，并非仅此一件。在贝蒂纳（Béthune）郊区，就有一名宪兵不准第七十二旅进入该区，理由是该旅旅长没有通行证。

无疑地，主事者绝不能以费力、不合理的方式，以及在充满错误判断的情况下，将经验不足的“菜鸟师”送进关键性作战地区。这个道理，可以解释英军接续下来为何挫败。英军稍后在 26 日上午 11 时发起延误多时的攻势，并且改进了曾一度随处可见的判断草率的现象，然后，耻笑慢慢消逝了。这批部队勇气有余是很清楚的。但是由于是新手，尤其干部失误连篇，使战果打了折扣。

虽然这批部队与其他参与作战的“新军”师都有经验不足问题，不过都被过分渲染了。其实整个看来，英军正规师除了某些营之外，作战效率并不见得比较高。“战艺”（battlecraft）本是一种少见的资质，只有天赋与独特的领导术，才能造就这种特质。在干部欠缺这种特质情形下，只要领着士兵猛攻，通常就会比所谓“依经验打仗”有效率。

法军在朗斯以南进行了较大规模的攻势，但效率不彰，并且影响英军胜算的机会。法军是在英军发起攻击之后 6 小时 45 分，才开始行动的。不过即使行动开始了，进展也少得很，好像只在示威似的。这一年春、夏的痛苦经验，似乎使作战指挥官在进行突破时，对于福煦的信心缺失。面对福煦语气强烈的命令，他们不断想办法轻轻蒙混过去。霞飞也以上级姿态对福煦作出抑制。第二天早上，霞飞曾打电话要求他“小心行事”。后来又补上一个警告，“停止第十军团的进攻。小心，不要让英国人有一种印象，我们是在抛掉他们搞单独进攻”。其实霞飞这样做是有理由的。他把希望都寄托在攻击香槟地区上。也确实如此，攻势发动的第一天，德军防线好像真要被突破一般。

值得一提的是，其实不论香槟或阿图瓦地区，英法军开头部分的成功，大部分是因为德军统帅法金汉固执的错觉所致。法金汉对于许多不同来源的警告，以及请求预备队支援的要求充耳不闻。联军再过两小时即将发起攻击，他仍在向德皇保证，局部地区的军团司令说，前线“一片漆黑，什么也看不到”，法军并未进入攻击状况。

25 日稍早的作战报告，曾使黑格高估他最初的战果。所以早在上午 10 时 30 分，他就下令第三骑兵师前进。师长没多久即发现黑格的错误。然而，由于黑格认为骑兵一直在行进，于是，等他刚接收第二十一与第二十四师时，就立即催促这两个师前进。然而，在这两师尚未抵达前线之前，情况已变。先头的两个旅被调去加强原先攻击时，所占据的新防线位置。黑格这时仍企图攻破德军完整的第二道防线。为此，他下令这两师的其余四旅，继续越野前进。只是黑夜已至，还下着大雨，面前是一片情况不明的乡野。等到天明，大伙儿既累又饿，这时，其实上级指挥官与他们一样，都为情况所迷惑。但就在这种欠缺炮兵有效支援的情况下，他们发动了攻势。他们面对的德军防线，比起原来的第一道防线，不但更强，防御上也更有效。原来德军此时不但已加强防务，而且连夜在防线上，拉上一层厚厚的铁丝网。英军的攻势自然在刺猬般的铁丝网障碍前破灭，生还者只能转身往回逃窜。他们这一跑，使卢斯与尤路许（Hulluch）之间，原本就乱糟糟的英军防线开了天窗。于是只好调派禁卫师来补上。同时，德军的反扑，特别是针对英军侧翼部分的次数激增。不过到了28日，福煦领军来换防的时候，不但接下卢斯附近的英军侧翼区，而且在维米岭（Vimy ridge）小胜敌军一场。法军击退了大部分是刚抵达战场的日耳曼禁卫军（German Guard Corps）的反攻。然后，福煦在弗伦奇的同意下，于10月2日重新发起全面攻击。同样攻势也在香槟地区发动。法军以3天时间猛攻德军第二道防线，打得一无是处，损失惨重。如果不是第二军团的贝当（Pétain）不顾上级命令，径自停止攻击，损失就更重了。

不过法军在鸣金收兵之后，隔了一段时间，打算在同一地点重燃战火。德军则乘虚强化防务，从后方取得了新的奥援。接着，德军一阵反击，也打乱了法军的布局。法军由于疲惫不堪，只得延后发动新攻势。结果，包括英军于10月13日殿后的攻势在内，从10月2日以来，英法军总共发动了三次攻势。国家战史如是记载，这些攻势“统统无补于整体情势；除此，只有步兵惨遭无谓的屠杀”。奇怪的是，在这最后一阶段，黑格一向务实的判断力减弱，或者更正确地来说，他的判断力被自己牛头犬似的顽强个性所征服。因为，虽然霞飞已放弃攻击计划，黑格却仍在策划11月7日的新全面攻击。这次攻势自然也不免付出代价，但这些代价似乎无从解释。所幸这时“冬将军”介入，伤亡少了一些。尽管如此，英军伤亡已增至50 380人。黑格军团如果包括次要攻势在内，伤亡就达60 392人。相反，德军虽然在反击中也付出相当代价，但总共伤亡仅2万人。法军在香槟与阿图瓦会战中，损失官兵191 797人，造成敌军伤亡也高达12万人。这个比例显示，法军在较强的炮兵支援下，其实际攻势掌握的能力优于英军①。从这场会战中，英法联军即使不增智慧，也获得了一些经验。但他们给德军的则是更有价值的如何挫败这类攻势的经验。到了1916年，德军的战法，很多是获利于这次会战的攻守教训。

---

① 另据记载，这一系列作战，从9月25日起至11月初止，英军损失约6万人，法军接近25万人，德军也有14万人之多。

第六篇　1916年——不分胜负

1914 年，世界大战的重心是在西战场；1915 年，重心移转到东战场；1916 年，大战重心再度回到法国。虽然协约国曾在萨洛尼卡与美索不达米亚消耗掉一些战斗力，但英国新军的崛起，军火供应量的激增，以及远较前更庞大的战斗力，使联军具有突破胶着的战壕阵地战的可能性。同时，英国远征军的新师级部队适度提升实力到一定的标准。1915 年底，驻法英军在“基钦纳的军队”与“本土防卫师”参与下，增加到 38 个师。这时，虽然志愿从军原则尚未废止，兵源招募方式已采取全国登记制。这个计划是在德比爵士（Lord Derby）①支持下，自 1915 年 10 月开始推动的。目的是使英国陆军兵员需求与产业需求取得一致。即当军事团体需招募兵员时，可以从产业团体中招募；方式上，先以招募个人为主。但是后来发现，个人能应召的数量，不足维持办法中的累进原则。于是从 1916 年 1 月起，依据“兵役法案”（Military Service Act），原来的志愿役制——一个名实相当不符的制度，由征兵制所取代。

1915 年终，协约国首次正式商讨如何使彼此的行动一致化。12 月 5 日，法国、英国、比利时、意大利诸国军事领袖，以及俄、日军事代表为此齐聚霞飞的总部。结果，他们开会决定一项原则，也就是法国、英国、俄国以及意大利将在 1916 年间，择期同时发动全面攻击。不过依照英国新军毫无作战经验的情形观之，新军需要时间加强整训；此外，俄国军队需要时间更换装备。所以，大家认为总攻势在 1916 年夏天之前是无法发动的，然而，却希望实施初步攻势，以消耗德军力量。到了 1916 年 1 月，霞飞与福煦明确向黑格表示，请黑格先进行预备性攻击，等黑格完成任务之后，再谈总攻势。

德国的动作则破坏了这个计划。其实，目前只有英国在全力进行这个计划，而且也没有产生全面性效果。而且啼笑皆非的是，就因为英国的行动全不见效，迫使法国以间接方式进行“磨耗”行动（wearing-down process）。且说，德军统帅法金汉此时正准备发动他期盼已久的西线攻势。只是他的西线攻势是有限度的。法金汉本是战略性消耗战的信徒，现在他准备将这主要思想付诸战术性行动了。他计划分阶段、有系统地打这场新形式的仗。每一仗均赋予有限的目标。法金汉是在 1915 年圣诞节期间悟出一番道理的。他认为英国才是协约国的支柱。他强调，“英国攻打荷兰、西班牙、法国，以及拿破仑的战争史，现在正在重演。只要英国保有一丝成功希望，德国就别期待逃过这个敌

① Lord Derby，应指“第十七世德比伯爵”，英国政治家，1915 年至 1916 年曾任英国兵役署长（Director General of Recruiting）。

人”。然而，除了潜艇战之外，德军对英国及其陆军无可奈何，这是因为英军防区并不适合德军发动攻击性作战。“虽然，我们对于这当前大敌苦恼不堪，但如果我们了解到，对英国来说，他们在欧陆的作战，只是在搞杂耍，他们真正的武器是法国、俄国与意大利军队的话，我们就可以忍受苦恼了。”他认为，俄国现在已经瘫痪，意大利的战果也不足取，“只有法国还能起些作用”。“不过，法国在军事上也已经到强弩之末阶段。如果法国人民清楚认识到他们对军事已不能有所期待，突破之日至矣。然后，英国手中最佳之剑，就被打掉了。”他进一步说，没必要进行全面突破，相反，德军应该以让法军失血至死为目标，选定法国一个点加以攻击。“等这一个破口的血一放，法军指挥官们必定把所有人员都投进来止血。”这样的点，选择贝尔福与凡尔登皆可。德国结果选择了凡尔登。因为：一、凡尔登威胁着德国主要运输线；二、它会形成一个令防守者感到拥挤不堪的突出部；三、它太出名了，倘若被德军攻占，法国精神势必受打击。更有人说，德国挑选这一地点，是受到独特的日耳曼式精神，或非道德层面的考量。凡尔登曾是古代日耳曼部落西攻高卢（Gauls）的必经之门。同样情结曾出现在战壕阵地命名上。德国人喜欢以尼布龙根史诗（Nibelungen）中的英雄——西格弗里德（Siegfried）、布伦希尔德（Brünhilde）等人物，来为战壕位置命名。其实，在德皇挑选“毛奇”统御他的大军一事上，也可明显嗅出这股迷信的气息。更迷信的，则是有关这支大军的总部所在地。1870 年普法战争时期，普鲁士大军曾占领科布伦茨镇，并以该镇一家旅社为其司令部。几十年后，他们的后辈竟又找上科布伦茨市，而且仍以同一家旅馆作为统帅部所在地。

凡尔登战术计划的原则是，持续进行有系统的有限攻势。德军的如意算盘是，在持续攻势下，吸引法军预备兵力进入战场，然后将法军轰成炮灰。而德军每一攻势都配有短暂但密集的炮兵支援，以减少本身的伤亡。这些做法，在在表示德军企图于敌军调上预备队进行反扑之前，先将目标占领并予强化。另一方面，法军总部情报组早将德军的预备工作情形上报，但作战组却因自认有一套完整的攻击计划，对情报组的警告充耳不闻。此外，由于比利时与俄国的要塞都被敌快速攻破，于是法国普遍有一种要塞设置已过时的看法。霞飞更说服了法国政府，将凡尔登降级为一座无炮无兵的城砦。凡尔登的碉堡仅作为掩体之用；附近的战壕也呈现不足，而且失修。

2 月 21 日早上 7 点 15 分，德军炮兵沿着凡尔登附近 15 英里宽的前线，朝法军轰击。下午 4 时 45 分，德军步兵开始向前推进。虽然第一天，步兵的火线只有4英里半宽，但到了2月24日，守军在默兹河以东的防线，则像被海潮蚀化的岩层，全面粉碎。

霞飞现在方才大梦初醒，赶紧找贝当负起凡尔登防务的重担，并集结后备兵力以供贝当使用。3月6日，德军将攻势延伸至默兹河西岸，不过，由于法军的防御力正逐渐强化，人员也补充完毕，凡尔登一时尚无即时威胁。

就在德军攻势稍事平息之际，法国的盟友则努力为法国解压。英军接替阿拉斯前线的法国第十军团防务，这一来，使英军的防线从艾泽尔一直延伸到索姆河。意大利在伊松佐河地区发起第五次仍不见效的攻势。俄国驱使大批未经训练的军队，猛攻德军在维尔纳附近的纳罗兹湖(Lake Narocz)防线，不过德军稍后就反扑成功，收复被俄军攻占的小块失地。因此，这些攻势实际上并未阻止法金汉向凡尔登所发动的消耗性攻势。德军的攻势进展虽少，但具有累积效果。损失全落在防守这一方。6月7日，伏堡(Fort Vaux)沦陷，德军从未如此靠近凡尔登过。而在阿夏戈(Asiago)地区，奥军的康拉德正对意大利特伦蒂诺的侧翼发起攻势。

1916年春天，俄国再次投入拯救盟友的行动。当时俄国拥有装备极缺的130个师的兵力，其正面之敌则是46个师的德军，以及40个师的奥军。3月间，由于法国凡尔登地区情况吃紧，俄军为了替法军舒缓压力，摆下原先与盟邦约定的年度总攻势的预备与整编工作，向纳罗兹湖匆匆发动一次损耗不赀，延宕时日的攻势。等这波攻势中止之后，俄军又恢复主要攻势的备战工作。主要攻势准备配合英军的索姆河攻势，定于7月发动，同时，俄军西南战线总司令布鲁西洛夫拟以其本身资源发动攻势，藉此吸引敌人对俄军主要攻势的注意力。然而，这时奥军对意大利特伦蒂诺的攻势增强，逼得意大利向俄国求援。俄军为了回应意大利的要求，布鲁西洛夫遂于6月4日提前发动了诱敌攻势。由于俄军并未进行特殊的兵力集结，所以布鲁西洛夫的攻势对敌而言，其实也欠缺预警性迹象。就在这种情形下，布鲁西洛夫部队朝向吕克附近的奥军第四军团，以及位于布科维纳(Bukovina)的第七军团展开攻击。由于攻其不意，奥军大败。

布鲁西洛夫的攻势，是俄军在战争期间最后一次重要攻势，并且引发了一连串的重要后果。一、它阻止了奥军对意大利的攻势，虽然攻势在稍早已被意军削弱。二、它迫使法金汉从西战场撤军。因此，法金汉等于放弃对英军的反攻计划(英军已准备向索姆河进军)，以及扩大凡尔登消耗战的希望。三、它导致罗马尼亚作出参与协约国的致命决定，以及造成法金汉的下台。法金汉的职务由兴登堡继任。后者上任后，仍以正式头衔为第一军需总监①的鲁登道夫担任其军师。法金汉下台的近因虽是罗马尼亚的参战，潜在因素则是 1915 年间他的一些方向不明确的战略。这套战略不但导致俄军的复起，而且葬送了他的 1916 年战略。法金汉是战史上最新的一位行事不够缜密的蠢蛋，是一位能干，擅搞技巧，贪小失大的将军。由于他拒绝甘冒原本就难以避免之险，几乎葬送了国家。1916 年，他回头向西战场求取长期期待的目标时，他的战略确实合乎正统作战的“攻坚”真谛——攻敌中之最强者，及其所在之最坚固之处。虽然这种打法，果真使法国倾其后备兵力于“凡尔登屠场”，但是，德军并未因此获得任何决定性战略成果。

此外，奥地利的康拉德曾向法金汉建议，不如像之前打败塞尔维亚一样，集中兵力攻打意大利，却为法金汉所拒。康拉德的理由是，以这种方式进军“世敌”，将有助于提振奥匈帝国军队的士气；如果同盟军从特伦蒂诺向南进攻，并在伊松佐地区打击意大利军的后背，是有决定性成功可能的。后来，1917 年，同盟军对意大利东北角的卡波雷托（Caporetto）地区的成功攻势，虽然规模较小，就证明康拉德所言不假。但当时法金汉对计划的可行性与价值多所犹豫，甚至不同意康拉德以 9 个师德军去替换加利西亚地区奥军的要求。康拉德吃闭门羹之余，仍坚持独力为之。于是抽调一些加利西亚地区之精锐师团前往意大利。但这一抽调，既不能调得充分兵力，完成进军意大利计划，又将前线暴露在俄军布鲁西洛夫的攻势之中。法金汉看到康拉德无视其主张，怒火中烧，等同盟军在加利西亚大败之后，就气冲如牛一状告到维也纳，要拉康拉德下马。不过恶有恶报，他自己就在康拉德去职不久，也相继下台。

布鲁西洛夫的攻势持续了 3 个月，战果颇丰。但是手边没有预备兵力可立即扩大战果，而且，在他们从北南移之前，德军已在弥补防线上的漏洞。他后期的攻势不具有重大威胁，却消耗了俄军所有后备兵力。俄军不但损失重大，而且使俄国军事力量加速没落。

诚然，布鲁西洛夫的攻势对德军战略影响甚大，但解不了凡尔登的燃眉之急。倒是英军计划已久的索姆河攻势，对凡尔登伸出了援手。后来德军由于欠缺补给，凡尔登攻势也就逐渐消退。虽然德军攻击凡尔登并未达到顿挫法国精神与物资的目的，但几乎放尽法军的血，使法军衰弱得几乎无法参与协约

---

① 在德国，通常是由参谋总长代行德皇的统帅之权，而由第一军需总监负责实际的作战指挥。

国 1916 年的总攻势。风水轮流转，英军如今负起与德国缠斗的主要重担，只是做法上，缩小了协约国的战略范围与效果。

7 月 1 日，在一星期冗长的炮击之后，英军由罗林森指挥新成军的第四军团，以 13 个师的兵力，攻击索姆河以北的一条 15 英里长的防线。法军则以 5 个师的兵力攻击一条 8 英里长，主要在河南岸的防线，此处德军的防务较差。联军在攻击前毫不掩遮的备战，以及长期的炮轰，对德军自然谈不上奇袭的效果了。正面的德军，兵力虽然较少，组织却很坚强。英军面对如此抵抗，几乎全线溃败。英军在攻击时，由于采用密集而死板的“波状”队形（“wave” formations），损失极其惨重。只有在英军防线之南，接近弗里库尔（Fricourt）与蒙托邦（Montauban）地区，英军确实攻破了德军防线，获得一处立足点。法军遭遇的抵抗较轻。由于不抱期望，所以战果看起来反而大。

英法军的挫败，打消了原先对巴波姆（Bapaume）与康布雷（Cambrai）的突破计划。黑格甚至有一段时间重启消耗战术——企图以有限攻势，削弱德军力量。霞飞则希望法军再次攻击梯普佛（Thiepval）的德军防线，但遭黑格拒绝。黑格先独自以其右翼兵力，重新发动攻击。到了 7 月 14 日，英军突破德军第二道防线；其实这时有机会扩大战果，但未进行。从此起，盟军一直进行着条理分明，但损耗不赀的攻势。在德军坚决抵抗下，联军斩获甚少。到了 11 月，联军攻势终在冬雨中停顿下来。总的来说，成效可议，这系列攻势竟使部分德军照样从西线撤出，前去攻击罗马尼亚。

但在某一方面，索姆河之战，为未来战争开启了有意义的曙光。9 月 15 日，坦克首次登场。不过，最初英军在数量不足的情形下，贸然动用坦克。这是一项错误。这样做，不但丧失相当程度的战略奇袭效果，而且由于战术错误，以及一些技术性缺陷，其首战成效也有限。于是，英军上层军事当局对它失去信心，甚至有人主张放弃坦克。尽管如此，更多人则已了解，如果战术正确，坦克可能是解决胶着的堑壕战的良方。

索姆河之战另有间接的效果。由于索姆河的攻势减轻了法军在凡尔登地区的压力，进而使法军有能力发动反扑。法军的芒然军就分别于 10 月 24 日与 12 月 15 日以少量的损失，收复了绝大部分失土。这些战果之所以能以少许代价取得，原因在于：一、法军恢复使用部分奇袭战术；二、以更弹性的方式，实施有限目标法则；三、集中炮兵全面轰击敌人防线，然后以少量步兵，占领被火炮摧毁的防线。但是，法军成功的大部分原因，是兴登堡为了面子造成的。他坚持步兵固守早先攻占的阵地，不让疲惫的士兵撤至后方较安全的防线上，结果遭到法军痛击。不过,兴登堡从此学乖。1917 年春天,他也如法炮制一番,使联军受到损害。

罗马尼亚基于同情协约国,始终在寻求有利机会加入协约国。但其参战的另一原因,则与布鲁西洛夫成功的攻势有关。布鲁西洛夫成功的攻势,的确鼓舞了罗马尼亚参战的意愿。罗马尼亚军高层将领期望,他们的参战,结合联军向索姆河与萨洛尼卡的进军,可以耗尽德军的后备兵力。但是,罗马尼亚本身态势具有先天性缺陷。它领土的战略位置不佳,其主要部分瓦拉几亚(Wallachia)夹在奥匈帝国与保加利亚之间。它的军队只是表面上现代化,实质下具有严重缺点。而在盟友方面,仅俄国可以对它进行直接支援,但俄国只令它失望。就在这些不利条件下,它进军了特兰西瓦尼亚地区。由于兵力尽出,使其领土的侧翼暴露在保加利亚威胁下。

就在协约国笨拙地向前摸索之际,德国采取行动了。德国的计划始于法金汉之手,兴登堡与鲁登道夫于 8 月 28 日接任统帅之后,将计划作了一番发展。结果,保加利亚的一个军团在马肯森所指挥的德军强力支援下,迂回罗马尼亚的后门,入侵罗马尼亚靠黑海边的多布罗加(Dobruja)地区。如此一来,立即阻止住了罗马尼亚对特兰西瓦尼亚地区的进军,并且吸引了罗军的预备兵力。9 月底,罗军遭到德奥军的反攻,大败而退;主其事的同盟军头,就是方才下台的法金汉。罗马尼亚军自此到 11 月中旬之间,仍能据守罗国西方山地边界的隘口;但这些隘口就在遭冰雪封住之前,为法金汉所突破。此时,马肯森即调转主力,朝西渡过多瑙河,逼近罗国首都布加勒斯特(Bucharest)。于是,从东南而下的法金汉军团,与西进的马肯森军团形成两头包夹的会师状态。布加勒斯特遂于 12 月 6 日被德奥军攻陷。尽管错失时机的俄军已前来支援,德军仍朝北驱逐罗马尼亚军,最后将后者逼入与俄国接壤的摩尔达维亚(Moldavia)地区。这次战役中,经过精密协调的德军战略,不但使其罗马尼亚的战斗力大损,而且占领了大片罗马尼亚领土。除了获得新的油田、小麦产区之外,还让俄国多出 300 英里的防线要守,因为在萨洛尼卡,由萨拉伊统御的联军部队,根本没有牵制住保加利亚后备兵力。

奥地利军对特伦蒂诺地区的进军,原先已打消意军总司令卡多尔纳将军重新向伊松佐地区发动攻势的计划。但等到奥军的特伦蒂诺攻势停顿之后,卡多尔纳又将其预备兵力调回伊松佐。为了进攻伊松佐,从萨波帝诺山(Monte Sabotino)到地中海之间的整个战区,都交由阿奥斯塔公爵(Duke of Aosta)的第三军团负责。第三军团有 16 个师,正面的奥军则只有 6 个师。8

月 4 日，意军在近海处发动一些初期的佯攻。两天之后，正式攻势上场。戈里齐亚（Gorizia）之北的卡佩洛军（Capello’s corps），攻入镇守伊松佐河通道的萨波帝诺山。长期以来，此山难以突破。8 月 8 日夜间，该军继续渡河成功，并占据了戈里齐亚镇。于是，在卡尔索（Carso）地区的奥军被迫向南撤退。意军企图朝东乘胜追击，却攻不破奥军新的抗阻。之后，意军在秋天又发动三次攻势。即使意军使奥军筋疲力尽，本身的损失倒远大于攻击者。这一整年，奥军的伤亡为 26 万人，但意军竟损失 48.3 万人。

这一年，协约国攻占敌土的战绩中，唯一可端上台面的，只有远在美索不达米亚地区的巴格达。即使如此，也要到 1917 年新年期间才完全攻下该城。对协约国来说，这个具有精神象征意义的胜利，与其认为是军事上的杰作，不如说是主其事的英军将领热忱所致。英军过去进攻美索不达米亚地区的痛苦经验，早就浇灭了英国政府想在此地有所图谋的热心。对于增兵美索不达米亚，新任的英国参谋总长威廉·罗伯逊爵士接到各方的反对意见，都认为此举会削弱西战场的联军实力。但是在美索不达米亚地区的英军新任司令官莫德（Maude）足智多谋，他在不知不觉中，机敏地将守势战略转变为新攻势。他先彻底整编美索不达米亚地区的英军，修复交通线，然后于 1916 年 12 月 12 日，以右向回旋方式进军，并且将防线延伸至底格里斯河西岸上方与库特（Kut）下方之间。这些有计划的壕沟战，是他越过底格里斯河，进击后撤中的土耳其防线的暖身动作。土耳其的防线，到目前与英军防线呈平行状。然而，尽管莫德拥有四对一的优势兵力，他的右翼无法顶住敌人的攻击，他的骑兵也无法切断土军的后撤。所以整个说来，这次攻势并不很成功。不过，英国政府此时却准其向巴格达进军。莫德遂于 1917 年 3 月 11 日进入这座美索不达米亚都城。英军稍后再经一连串相当技巧性的作战，逐退土耳其军，并使之在首尾不相连情形下后撤。英军自此稳占此区。

自从土耳其在 1915 年初进军埃及未成之后，英国始终在埃及维持一支大军。即使英国为远征达达尼尔海峡而急需用兵，驻埃英军规模与人数仍属庞大。待英军自加利波利半岛撤出之后，危机已除的土耳其军藉机攻打埃及。为了及时阻止土耳其军的威胁，开罗的英军当局在基钦纳同意下，准备在土耳其亚历山德列塔附近的阿亚斯湾（Ayas Bay）登陆。然而，除了英国本土的参谋本部反对这项议案外，法国为阻止英国介入叙利亚，更以政治理由使之胎死腹中。原来法国早认定叙利亚为其战利品。因此，在整个 1916 年中，庞大的英国驻埃守备军（有一段时间，人数在 25 万以上）几乎无所事事。同时，土耳其在西奈半岛只利用几千人搅局，以及煽动西部沙漠中的塞努西族人（Senussi）制造骚乱，所造成的问题使埃及边界一直处于不稳定状态。

但是英军同时也设法拉拢一位红海以东地区的阿拉伯盟友。此人就是“麦加守护者”（the Sherif of Mecca）①。这位“麦加守护者”其实已经为英国做了一桩了不起的事。他拒绝接受土耳其人要求他在圣城宣布“圣战”（jihad）的命令，也因此未使伊斯兰教徒反抗英国人的大结合成为事实。伊斯兰教徒原计划进行圣战，以反抗英国人。然后到了 1916 年 6 月，“麦加守护者”在汉志（Hejaz）②率众反抗土耳其统治；因此，兴起一股至目前为止，英国人以自己力量无法促成的反抗势力。英国人首先受惠，并决定向埃尔阿里什（El Arish）进军。因为英国人攻克此地之后，即能控制西奈沙漠，使埃及边界恢复原貌。不过，虽然英军总司令阿奇博尔德·默里（Archibald Murray）于 7 月间在罗马尼（Romani）敉平土耳其人另一次的突击，其进军的进度，由于受到铺设在横越沙漠上的铁路与水管的影响，鲜有进展。英军一直到圣诞节期间，才攻占埃尔阿里什。然后，英军猛攻土耳其军在偏远的马格达巴（Magdhaba）与拉法（Rafah）的据点。

这个类似“新出埃及记”的行动，激起英国以最低代价进军巴勒斯坦的构想。地中海边的加沙地区城镇，以及位在加沙以东 25 英里内陆的贝尔谢巴（Beersheba），是扼守通往巴勒斯坦通道的重要据点。默里于 1917 年 3 月 26 日攻击加沙（Gaza），几乎攻占，但功败垂成。该日黄昏时分，加沙实际上已被英军包围。但执行任务的英军指挥官们由于情报错误，加上误解，以及欲速不达的焦虑心理，也发出一些错误的命令，致使到手的胜利逐渐让出，其后果则更为严重。由于默里是以战胜回报英国政府，从未提及后续的撤退行动，所以，英国政府仍鼓励他继续发动攻势。默里于是未经充分侦察，并没有足够的火炮支援，就贸然在 4 月 17 日至 19 日之间，向防御力已加强的守军发动进一步攻势。结果惨败。

不过，英国的新阿拉伯盟友除了拥有少数英军顾问，却在毫无英军支援下，及时发挥骚扰土军的功效，抵消了土军的战绩。但这些反抗行动，除初期尚称成功之外，面对土军反击，几乎全军覆没。后来幸亏费萨尔突出奇兵，从

① 指哈希姆〔Hashemite〕家族族长侯赛因·伊本·阿里（Husein Ibn Áli）。其子费萨尔与阿卜杜拉，后来分别成为现代伊拉克与约旦国王。

② 为今日沙乌地阿拉伯一部分。

红海海岸向北侧击维吉(Wejh),才扭转颓势,甚至扩大了反抗规模。阿拉伯人就从维吉起,不断侵扰汉志铁路①。发起这一骚扰行动者,是一位年轻的考古学者、短期服役的劳伦斯上尉②。劳伦斯熟读历史与战争理论。他以包容之心,将其知识应用于这特殊环境中。他磁铁般的个性,将阿拉伯人“稀疏的火花,结合为坚挺璀璨的焰柱”。这支“焰柱”,后来耗尽了土耳其人的资源。1917 年 5 月,他发动一群阿拉伯人,以单枪匹马的方式从事远征。他将反抗的新种子,从叙利亚一路南下播撒到亚喀巴(Aqaba)。占据这个位于红海北端的海港,等于克服西奈地区英军在运输上所遭遇的所有危险。不仅如此,也使阿拉伯军成为撬动与英军对峙的土耳其军侧翼的杠杆。此外,土耳其人为了维护长程的汉志铁路,以及镇守汉志南部区域,早已投入大量兵力。这个人数,远多于派驻巴勒斯坦与当地英军对峙的土耳其军。

1915 年至 1916 年海战

协约国曾将德国潜艇战,与被视为残酷无情代言者的铁毕子将军相提并论。不过首次潜艇战显然非常不成功。原因一是战果不足,二是道德层面上,对于德国伤害极大。长久以来,美国与德国政府为潜艇战的问题,始终进行着交涉。1916 年 4 月,交涉到达顶峰,美国总统威尔逊发出最后通牒,于是德国放弃无限制潜艇战计划。德国海军在放弃潜艇战之后,即另辟蹊径。他们企图实施自开战以来即在规划的计划。1916 年 5 月 30 日,不列颠大舰队(British Grand Fleet)驶离基地,执行定期的北海巡逻任务,但做好与敌交战的准备。5 月 31 日清晨,德国海军公海舰队(High Sea Fleet of Germany)也派出船舰,期望击沉部分独行的英国舰队。

为了这样的遭遇战,英国杰利科海军上将早在开战最初几个月,已将作战计划纲要完成。基本上,它以维持不列颠大舰队优势为主。杰利科认为,维持不列颠大舰队优势的目的,不单是为了作战,在宏观战略上,它是协约国在各方面,包括经济、精神层面,以及军事上的关键。因此,当他准备与德国舰队接战之际,他决心不让自己被诱入水雷与潜艇横行的水域。

5 月 31 日午后不久,英国海军比提将军所率领的战斗巡洋舰与战斗舰

① 此路,名为运输土耳其朝圣者至圣城,实为土耳其控制阿拉伯地区之工具。

② 即“阿拉伯的劳伦斯”。

队,先在北海南方水域进行巡逻,然后准备调头北驶,与杰利科会合。就在此时,他发现5艘德国战斗巡洋舰。初步交战后,比提的6艘战斗巡洋舰中有两艘被命中沉没。在战斗力减弱情形下,又遇上了由德国舍尔海军上将(Admiral Scheer)所率领的德国主力舰队。于是,他只好掉头往北行驶,想引诱德国舰队进入杰利科舰队的威力范围内。杰利科舰队这时尚远在50英里外,不过正兼程赶来驰援。不久海上起雾,光线也昏暗不明。随后,英舰出现在德舰与德国海军基地之间,挡住了德舰归路。入夜,舍尔突破英国驱逐舰防线,英舰虽然发现了德舰行踪,却未及时向上报告。因此,舍尔得以安全脱离。而杰利科为防德国鱼雷攻击,投鼠忌器,不敢追得太近。翌晨,舍尔与杰利科分别领军返回基地,海战也就此结束①。

尽管日德兰(Jutland)海战使德国海军居战术上风,但其在海洋上的战略性地位则未变化,英国对德国的封锁也未因此松懈。于是德国又回到潜艇战的老路;其进一步的发展,就是扩大了作战范围。7月间,德国海军一艘大型巡洋潜舰出现在美国海岸附近,击沉数艘中立国船只。

狭窄的海洋如地中海者,这时自然更是发挥潜艇战的好舞台。但这年夏天,英国所遭受的潜艇战压力突然消失。原来,德国海军舍尔上将对德国政府屈服于美国威尔逊总统的威胁,甚感不悦②。他拒绝以临检③之名,执行潜艇任务。因此,有限的海军行动,由弗兰德斯分遣队(Flanders flotillas)负责执行;对于英国,颇为幸运的是,德国海军指挥阶层很迟才了解利用比利时海岸作为海军基地的好处。有6个月的时间就这样荒废掉了。如今,此地区的德国海军规模,无法与原可发展成近距离攻击英国的优势相提并论。10月6日,舍尔获令必须以其潜艇分遣队增援全面潜艇战。这种暗地重启全面潜艇战的想法,主要来自德国海军参谋长贺岑道夫上将(Admiral von Holtzendorf)以及弗兰德斯分遣队司令巴顿巴哈上校(Captain von Bartenbach)。间接目的在于自动削去舍尔某些潜艇指挥权。舍尔原本计划以潜艇保护自己的出击行

---

①　这次海战,英方总计出动约150艘军舰,其中37艘为主力舰;德方各式舰艇亦达百艘之多,其中主力舰占27艘。详见第六章第七节。

②　德国于1915年5月7日击沉"露西塔尼亚"号客轮之后,遭到美国严重抗议。遂于同年9月1日起,首次中止无限制潜艇战术。1916年2月,潜艇战恢复,又遭美国抗议,5月起,再次中止潜艇战。

③　under the code of visit and search,指国际法中,交战国对中立国船只是否违反中立行为的搜查行为。

动，并以其潜艇设下陷阱，来捕捉英国舰队。

因此，此后德国公海舰队行动呈现停滞，是因为德国自己有两套不同计划，而非日德兰海战失败所致。尽管如此，德国海军并未放任不列颠大舰队掌控北海。8 月 19 日德国的一次潜艇伏击行动，即使并不成功，但也打击了英国海军士气。自此之后，不列颠大舰队的行动，几乎像海军监狱里的老年债务囚犯一样，被关得死死的。北海的南部区域，不列颠大舰队完全无法踏入一步。杰利科与海军部同意有“自我禁闭”的必要。后来到秋天，在德国进攻丹麦迫在眉睫之际，“制海权”这几个字对英国就成为笑话了。英国海军部与陆军部在一番调查之后，认为“基于海军的一些理由，英国几乎不可能支援丹麦”。潜艇的阴影，大过纳尔逊舰队的阴影。英国海军军史上，更有一段发人深思的公正记载：“不列颠大舰队唯有在百艘驱逐舰护航下，方能出海。没有小型舰队保护，主力舰无法离开基地。德国潜艇打击我们的舰队已到令专家与官员跌破眼镜的程度。”显然，这是很矛盾的，英国海军官员自开战以来就声称主力舰的威力强大，并认为潜艇是无威力的武器。

1916 年秋天，英国海军为了对抗新一波偷袭协约国贸易的潜艇攻势，召集轻型舰艇参与反潜作战。不列颠大舰队由于护航的轻型舰艇被调离，护卫力减弱，更像铐上更重的脚镣一样动弹不得。尽管协约国采取各种反潜措施，但德国潜艇攻势极为成功。协约国船舰损失的吨位，从 1916 年 6 月的每月 10.9 万吨，稳定上升到 1917 年 1 月的每月 36.8 万吨。其中大约一半属于英国船舰。在这段偷袭协约国船舰的日子里，地中海是很不利于英国船舰行驶的地区，但却是德国潜艇的天堂。德国潜艇在此，除了寻求目标比较容易外，也简化了可能发生的，违反原先与美国约定的问题——在地中海，很不容易伤害到美国籍船舶或者相关权益。一艘独行的德国潜艇，在 5 周的巡逻任务中，击沉船只达 6.5 万吨。

反潜措施全然无法阻挡一波波的沉船数，即使增加护航驱逐舰与小型船舰数量也一样。1916 年 9 月的一个礼拜中，德国两艘或最多 3 艘潜艇，在一个有 97 艘驱逐舰、68 艘辅助舰巡逻的区域里，共击沉了 30 艘商船。各种防潜办法中，包括有行驶秘密航线，升起伪装旗帜、派出引诱船等，有一种办法是一种称为 Q 船（Q-ships）的诈术。这种舰艇装有鱼雷管、深水炸弹，以及枪炮等武器。当它伪装成商船时，武器都隐藏在可折叠的掩遮物之后。它不但外表经过伪装，而且遇到德国潜艇时，有些船员也要装出一副惊慌失措样子。然后引诱潜艇浮出水面，使之进入近距离范围内加以击沉。虽然这些 Q 船的行动，有海战中最富浪漫味的一面，并且曾击沉 11 艘潜艇，但它的成效到了 1916 年底，除了让敌人更加警惕之外，几乎消失殆尽。而且，它因不易被潜艇分辨出是武装或非武装船，以致在任何情形下，都遭到德国潜艇攻击。不过，英国对一般商船加以武装之举，使德国潜艇的危机加剧。英国武装商船之后，使行动缓慢、结构脆弱、几乎半盲的德国潜艇陷于危险困境。结果，德国潜艇如果愈想放过商船，自己就愈危险；愈不注意目标的原貌，或不救援商船上的人，自己就愈安全，任务也愈容易成功。因此，德国自然更要求潜艇一遇见协约国船舰就予以击沉。

此外，在英国感受到经济压力的同时，德国也同样有所感受。德国领袖因此惧怕求取陆战胜利与经济渐趋崩溃的结果，会将国家拖垮。于是德国海军当局宣布重新进行“无限制”潜艇战。由于此时潜艇数量已增加，攻击可以远比以前更密集，他们认为可藉此逼迫协约国臣服。鲁登道夫接受这个意见，同意作出到目前为止他所反对的步骤。海陆军意见联合起来之后，势力自然强大。它压倒了帝国首相的反对。德国先前曾提出过和平建议，但遭协约国拒绝。于是在心理上，此时德国对于公开取消“公海临检限制”，已无道义负担，同时也不再顾忌撤回对美国威尔逊总统的承诺。1917 年 2 月 1 日，德国正式宣布“无限制潜艇”政策。这表示德国潜艇将在无警示下，击沉所有协约国船舰、乘客或货物。这同时表示，德国完全了解此举将促使美国全力对抗德国。德国也有人对这种做法是否明智持异议。但都被一些请愿所压制。这些请愿包括要求行使“无限制”政策、保证能胜利，以及认为“德美无法避免一战”等理由（有人认为美国为确保盟邦的还债能力，非协助其盟邦不可，所以必定会与德国开战）。不过，德国真正期望的是在美国全力参战之前，已获取胜利。

第九章　凡尔登浴血包围战

众所周知，从军事上来说，一次大战推翻了当时所有的旧想法与旧观念，特别是作战的时间。几千年来，作战规模虽有大小，但大都用小时计算即可。这种情形一直延续到20世纪初基本上都错不了，除了从拿破仑战争以降，有些作战确实有“旷日费时”，打上几天的现象，譬如莱比锡之战与葛底斯堡（Gettysburg）之战。而作战时间真正的改变，是随着日俄战争拉开序幕开始的。当时几场战事至少都需以“周”来计算。第一次世界大战以来，作战时间的标准更变成了“月”，因为战事经常会变成围堵战。变成以“月”为单位并非有意，当时只希望这种转变是一时的现象。虽然量无法表示质，但作战时间过长却表示机动能力不足，战事呈现胶着状态。它更否定了上层统御能力。是故，无论从军事学，或从大量伤亡角度来看，长期作战就表示打的是场烂仗。

战事延宕同时也令后世的军事史家头疼。除非史家期望以丰富的细节完成其巨构，否则很难理出这样战役的特征。因为有些战役可能根本没有特征，或特征太多，多到要并成无形式可言的混沌一片。在这次大战的无数所谓“会战”之中，发生于1916年2月21日至12月15日之间的凡尔登之役，打破了时间纪录。即使最终德军的攻势终止，法军的反攻也堪称独特之至，总计费时7个月。

在这场会战当中，很难特别挑出一天纪念某个特殊战绩。因为综观整个第一次世界大战，没有一场会战比它更壮烈，更具戏剧性，更活生生地引起其他国家的同情。这场会战是法国至高牺牲，至高胜利的象征；由于成就卓著，使它赢得全世界的尊敬。

自1916年2月25日起，到6月23日止，战事几度面临转机。许多法国官方记载都选择前面日期为最关键日期。然而，没有比德军自己更了解情势是何时开始逆转的。著名的评论家如茨韦尔将军（General von Zwehl），即认为真正逆转是在3月9日，当时德军企图攻占科帖第浦瓦佛（Côte de Poivre）失败。

3 月 4 日，德国王储要求他的集团军尽最大努力去占领“法国的心脏”凡尔登。3 月 6 日，在两天炮轰之后，这个新攻势告吹，到了 9 日，攻势明显被挫败。

制定这样攻势的依据，其实是受到德国最高统帅部以凡尔登为目标的影响。德国参谋总长兼这次战役负责人法金汉将军曾明确指出，为了要“放尽法国的血”，必须寻找一处法军领袖将战至最后一兵一卒的地方加以攻击。法金汉并引用过一份在 1915 年圣诞节即准备好的文件。文件显示了他的看法，让法军战至最后一兵一卒之战，是没有必要进行全面突破的。

然而，尽管他在战后有这么一套说法，我们仍旧怀疑他最初的目的何为。著名德国评论家弗尔斯特上校（Colonel Foerster）曾指出，很难将法金汉所说的，与实际攻击方式联想起来。他认为，德军最初的任务显然是要加速攻击，以达成突破目的。他的论点依据，在于法金汉于 1916 年 1 月 27 日所亲自下的命令内容，以及当法金汉听到德国王储集团军司令部在 3 月 31 日为前次失败提出解释之后，所做出强烈但不着边的抨击。法金汉的这些说法，都显示他要求德军要不停地持续进攻。

其他人包括贝当在内都相信，攻击计划后面的真正想法，是要重新搞一次“色当”双重包围战。这个计划其实在 1914 年 9 月已经设想完成。只是现在 1916 年的情势与机会比之前更有利。目前突出部的情势，比马恩河战役的时候更敏感。原因是，圣米耶勒突出部的法军突入部分，已被逼退至突出部的东侧。而跨越默兹河两岸的突出部，则会妨碍法军阻挡德军钳形攻势的能力。我们知道，德军第一次攻势仅出现在默兹东岸。表面上看来，这是一次毫无道理的错误行动。但在上述前提下，德军的行动就可以解释了。不过，如果“色当”模式真是德军的目标，他们可能是在期望对东岸的攻势，可以吸引法军的后备兵力。然后，稍后对西岸的攻势，可以将法军逼到河岸边，痛扫法军的后部。因此，不但这里的部分法军会被切断，其余所有的法军也会被区隔成两部分。这巨大的突破口，将使法国境内的整个堑壕战线，沦落德军之手。

然而，如今德国国家档案以及一些重要的证据，对破解这谜样的战役的内情，显露出一丝曙光。赫尔曼·文特（Hermann Wendt）在其著作中所收集的例证，更富启迪作用。这些新资料显示法金汉攻打凡尔登的目的，是基于他的机会主义。资料也可为德军作战中奇特的过程，以及不止一次的内部争执，毁掉了许多计划作出解释。

法金汉的心中显然并无很明确的作战方针；他似乎只期望某些事情可能会发生。所指的“某些事情”，可能是指法军的精神因原本士气沮丧，加上德军

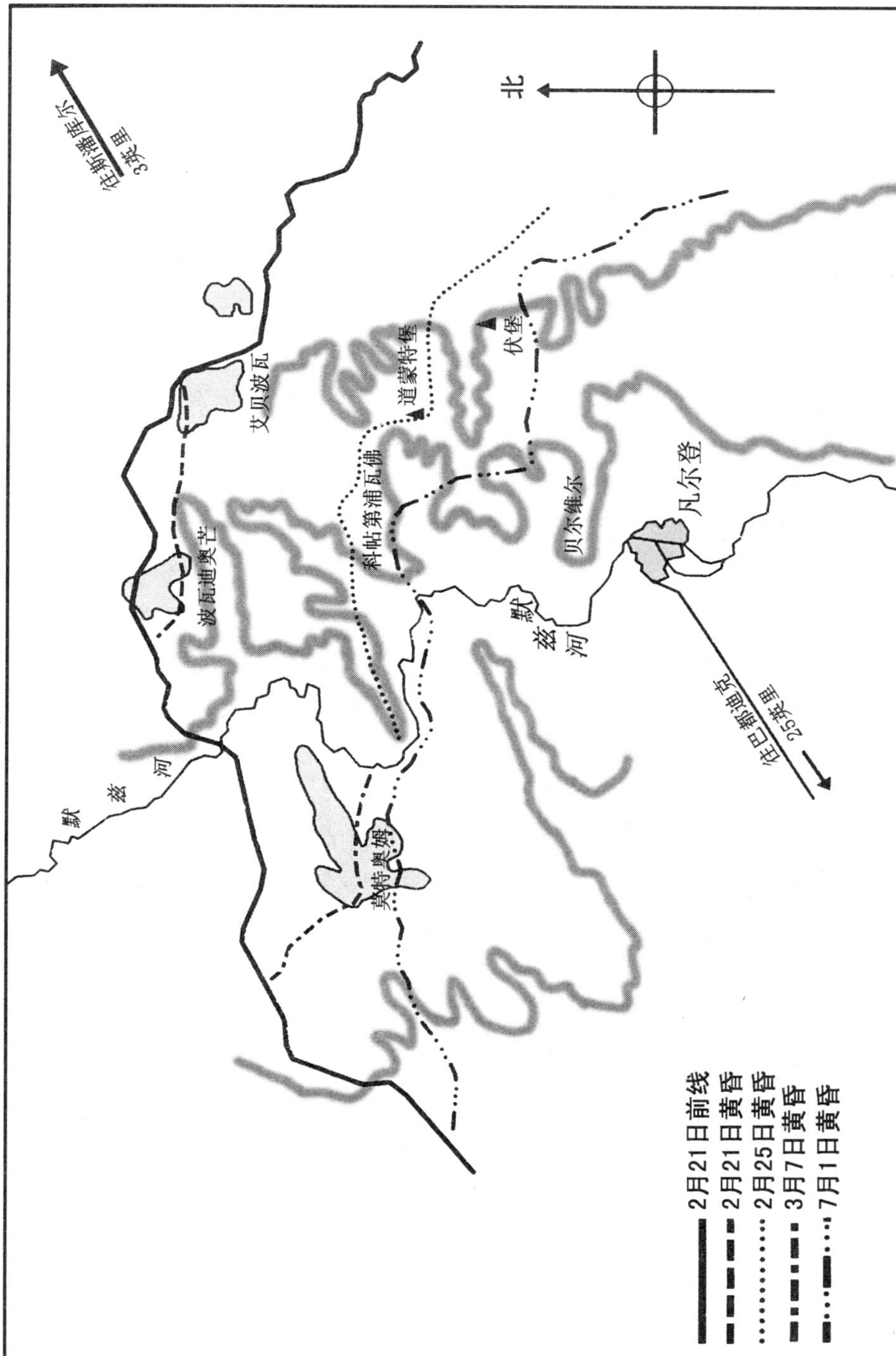
往斯潘库尔
3英里
北
艾贝波瓦
道蒙特堡
伏堡
科帖第浦瓦佛
波瓦迪奥芒
贝尔维尔
凡尔登
默兹河
默兹河
往巴勒迪克
25英里
莫特奥姆
2月21日前线
2月21日黄昏
2月25日黄昏
3月7日黄昏
7月1日黄昏

图 9　凡尔登(1916 年)

的宣传攻势而崩溃。但即使他比其他战略家更了解这种非军事性效应的重要性，对于如何促成这种效应，似乎也无定见。同时不幸的是，他手下的执行部属，仅从军事角度看事情。由德国王储的参谋长克诺贝尔斯多夫（Schmidt von Knobelsdorf）所草拟的攻击计划，大部分就与法金汉的思维相左。克诺贝尔斯多夫建议向凡尔登两侧翼猛攻，来“夹死”凡尔登，“以避免战事演变成长期消耗战，耗费无数兵力”。

这种打法是场大赌博，并不适合法金汉的规矩。于是他将攻势缩减成仅朝向默兹河东岸发动；并且，他显然想抓紧后备兵力，以控制作战指挥官们的冒进。在这一方面，以他是上级的地位来说，他失败了。现在已不易判断他在这方面的失败，是缘起他在调整手法时误判状况，还是他无法使属下观点与他一致。他这些王侯般的属下，本来就很难控制。而以法金汉的地位，想要对这些人施压，到时候只会使自己下台。然而，不论他的失败如何，他至少在确定某些新战术原则上获得了好评。

德军的攻势，基本上打算依赖火力，而非人力来完成。他们准备以密集炮轰达成目的。他们希望在短时间内以多数火炮，快速朝目标发射，以便重新取得奇袭优势。由于早先炮兵需长时间——几天，甚至几周时间完成准备，奇袭优势对德军而言，其实已经丧失。这种情形，就如同联军攻击香槟地区的卢斯，以及联军未来攻击索姆河时一样。为了增加奇袭机会，德军没有使用惯用技法，在敌人防线近处，挖掘“攻击发起线”型战壕。他们确信自己的强烈炮击，能使步兵在敌军阻力薄弱的情形下，越过宽阔的、有些地方有半英里宽的中间地带。然而，由于德军后方部队准备不足，德军的行动并不算成功。法军总部情报组这时已推断出德军的意图，并将情报转告作战组，可惜未被重视。2 月 1 日，法军仅派出零星的两个师至战区；而且直到最后一刻，才派出两个军来增援他们。即使第一个军抵达之后，法军的实力在默兹河右岸，只部署了三个师；左岸两个师；要塞之南，面向东配置 3 个师，却无预备队可用。我们不难猜测，如果在法军第一个军到达之前，德军以原定计划在 13 日发动攻击，后果将是如何。所幸，坏天气在各方面都救了防守者，天气使德军的重炮动弹不得。

不过，在这战役的初期阶段，很少人知道另外一些重要因素影响了凡尔登战事。德军迅速攻占比利时与俄国要塞群之后，对凡尔登情势造成严重影响。法国的要塞，原先并不受野战军团控制。但是霞飞以列日与那慕尔要塞为例，说服法国政府将凡尔登降级，并于 1915 年 8 月取得控制权。此后，他大量运走要塞中的人力与武器装备。这些火炮直到1916年1月30日尚在运出。要塞上具有护甲的炮塔，则沦为士兵的掩体。凡尔登的防务，此时已非全面性部署。而在要塞区外，仅建有一条单条的堑壕阵地；在凡尔登后方，也仅有一条辅助战壕防线备用。

防线指挥官埃尔将军（General Herr）所拥有兵力与物资装备，俱不足以卫戍这条绵延的战壕防线，或维持其有效防御力。防线上的铁丝网设置不全，具有避弹能力的掩体也阙如。但很少有人怀疑在德军发动攻击之后，这条战壕阵地会被荡平。相反，大家认为要塞是滴水不漏的。当道蒙特堡与伏堡（Forts Douaumont and Vaux）后来落入德军之手；等10月间又被夺回之后，法国人发现几个月来猛烈的炮轰对这里并无效果。地下工事仍然完整，没有一座野战炮台被毁，而装甲炮台多可进驻使用。这是可怕的反讽，法军当时必定在匆促中，以为要塞无用而抛掉"盾牌"，冲向目标的。

原地方长官库唐索将军（General Coutanceau）就不是这样的想法。他在国会代表面前痛陈己见，但因与军团司令杜伯勒将军（General Dubail）持相反的看法，他不但遭到斥责，而且被解职。后来，谣言流传到巴黎，说凡尔登的防务不足。于是在前一年12月，陆军部长加列尼就写信问霞飞有关凡尔登的防务情报，并要求防务应当具有相当把握程度。霞飞的答复可谓十足官腔的代表作，令人扫兴。他反驳这种建议，并说："这些报告中所谓的忧虑，都声称防务上有缺陷。我要求你……说出写这些报告的人的名字。在政府面前，我无法在我自己的指挥系统下，与士兵另成一派，以非正常的阶层管道，诉说或反对自己命令的不是……这是刻意，而且非常有损军纪精神的做法。"不过敌人倒很快摧毁了他的万无一失论。1917年的法军兵变事件充分反映了将军们的无能以及他们草菅人命的做法，才是搅乱军纪精神的元凶。但这报应来得太迟。南锡的副首长，也是著名的军事作家德里昂上校（Colonel Driant）曾提出过警告。但他自己与部下，就因上级忽视他的警告而成为第一批英勇牺牲者。霞飞一度还因他们的牺牲而博得赞誉。

1916年2月21日早晨，天气寒冷干燥。7时15分，德军开始朝向默兹河两岸，以及15英里长的防线炮击。堑壕与铁丝网不断地被轰平，或从滚滚烟尘的地面，抛到半空。"巨大炮弹在乡间爆炸后所造成的弹坑，一如月球表面。"这种以后习以为常的炮击情景，在1916年2月而言，既新又猛，因此效果特别震撼。炮击持续着。炼狱般的炮火在下午4时达到高潮。45分钟之后，小撮德军步兵紧随在一些炮兵与喷火器单位的后方，不知不觉中开始向法军阵地探路，准备接着让其余的步兵发起攻击。这种方法可以减少伤亡，却同时暴露德军炮击效果不一的现象。德军有部分炮兵曾遭到法军炮兵猛烈反击。另外，德军最初的攻势，是沿着一条位于默兹河东岸，从波瓦迪奥芒（Bois de Haumont）到艾贝波瓦（Herbebois）之间只有4英里半长的火线，以仅6个师的兵力发起的。在这样一条狭窄的火线上，少数幸存而四处奔逃的法国居民，延误了攻击的正常发起。然后，由于黑夜及早降临，以及主要堑壕已被攻占，德军攻势暂且打住。但第二天德军的攻击正面就更宽了。从此时开始到24日，法军防线即逐步崩溃。

法军战地指挥官们见此情况，要求准许撤退到沃埃夫尔平原，以及默兹河右岸高地防线上。但即使这样的大撤退，他们仍感觉只是在默兹河右岸，或东岸全面撤退的前兆。不过身在防线后方的要员，就更不知道情况的严重性了。总部作战组仍强调德军对凡尔登的攻势，是攻击真正目标香槟地区的牵制行动。即使防线崩溃的消息已传来，霞飞仍无动于衷。且说，卡斯泰尔诺将军当上法军参谋长之后，就被霞飞身边狂热而富嫉妒心的随员巧妙“误导”，使之不易接近霞飞。24日黄昏时分，他看苗头不对，率先要求霞飞准许他下令派遣贝当接管凡尔登的防务。稍后，即有更多战况失利的消息传到。到了深夜11时，卡斯泰尔诺鼓起勇气，强令勤务军官前去敲霞飞锁上的房门，将他叫醒。这位伟人听完卡斯泰尔诺最新报告之后，即命令卡斯泰尔诺立即赶往凡尔登，全权处理战事，然后又倒头大睡。

卡斯泰尔诺连夜离开尚蒂伊（Chantilly），火速乘车驶向戴朗格勒（de Langle de Cary）的军团部。同时霞飞也电令要不计代价，确保凡尔登以北的防线。他说：“指挥官有令，后撤者送军法审判。”他要让戴朗格勒自己决定是否将右翼调转到默兹河高地；戴朗格勒即依令做出了决定。

卡斯泰尔诺到达凡尔登的第一天，并无好兆头可言。原来25日这一天，道蒙特堡发生了一件奇事。此事后来演变成这场长期战事中的第一次重大危机。道蒙特堡就像其他要塞一样，除了有一组由23人编组而成的炮手操作一座炮台之外，并无卫戍部队存在。然而，正当德军人潮拥向要塞时，右战区指挥官克雷蒂安将军（General Chrétien）下了一道命令，表示要塞防线将担任拒敌的主防线。这时是24日午夜前一刻。不巧他的参谋接到命令之后，为了要完成一些连同命令一齐发出的附件，拖延到25日上午9时45分才将命令发出。同时间，德军勃兰登堡巡逻队已发现要塞的吊桥是放下的。要塞内一副空城模样，不见守军，只见一些筋疲力竭的炮手在呼呼大睡。于是轻轻溜入，未发一弹就占领了道蒙特堡。后来,德皇所看到的《公报》上面却登载德军是以“突击行动”攻下道蒙特堡。不过这种官式吹牛,比起另一桩笑话还差得远。由于《公报》误解一通电话内容,3 月 9 日,政府《公报》宣称德军已攻占伏堡——比真正发生时间早了 3 个月。但最可笑的莫过于,打这个电话的师长与被误指领军攻占要塞的军官,双双获得德皇的普鲁士最高级勋章。这通捏造谎言的电话不是没有代价的。

2 月 25 日,贝当接掌凡尔登防务。一支后备军团的主力部分正在凡尔登防线后方集结。贝当面临的第一个问题就是守军的补给不足。对外除了一条轻便铁道,以及从巴勒都克(Bar-le-Duc)到凡尔登的道路尚通畅之外,德军的重炮已经封住所有大路。从巴勒都克到凡尔登的公路,是一条令人追忆的道路,后人更称之为“神圣之路”。部队如果弹药粮草不济,光在后面鞭策并没用处。而这条道路也因运输频仍,路面早已龟裂。因此,上级指派本土防卫队整修这条道路,并且在其旁另筑一条平行的路面。自此之后,运输量增加到每 24 小时能通过 6 000 辆(次)卡车。至于前线方面,贝当将防线区分成几个战区,每一区都配置专属的重炮,并且反复发动攻击。即使收复的失土甚微,但毕竟阻挡了德军的攻击。法军小胜的另一原因是,德军在东岸前进愈深入,就愈暴露在隔河的法军炮火侧击之下。于是,德军攻势动能渐歇;就如茨韦尔将军后来告诉我们的,德军这一边“已经出现可悲的悲观论了”。

德军现在法金汉率领下,正拉宽攻击正面,虽然他只分配 4 个师的兵力发动这项攻势。3 月 6 日,在两天炮击之后,德国王储朝向默兹河西岸攻击;8 日,东岸部队也加入这次极重要的攻势。不过攻占的土地无法弥补失去的。他们攻击西岸的莫特奥姆(Mort Homme)与东岸的普瓦伏高地(Poivre height),但无功而返。任何突破的希望似乎都在逐渐消逝,因为如今法军防御力已强固,德法之间的兵力已势均力敌。无论我们如何看待霞飞的老谋深算,霞飞的泰然自若,的确镇住了这些日子的举国忧虑。而他选择贝当应急,也是一流人选。俗话说,运气站在勇敢这一边。现在这两种优点都降临在法军身上。运气是指法军的远程炮很幸运地摧毁了德国所有的 17 吋口径巨型榴炮,以及位于斯潘库尔(Spincourt)附近的炮弹堆积场。这个堆积场有 45 万发重型炮弹笨到都装上了引信。帕拉将军(General Palat)说得好,他认为是运气与勇敢两种因素拯救了凡尔登。

从 3 月 9 日之后,毫无疑问,德军的策略是以消耗战为主,而且把凡尔登当作具有精神象征意义的目标。德国在宣传上对它所赋予的象征性价值,远超过它的军事价值。不容怀疑，德国这种战略几乎成功。只不过，成功是间隔了一段长时间，并通过新动因的引入才出现的同时，德军付出了巨大的代价，却收获甚微。尽管如此，他们对法军造成极大的负担。贝当为此只得以快速轮替的方式，使每一个师接触战火时间尽量缩短，以减轻部队的工作压力。但结果大部分法国陆军仍被送入这台“凡尔登绞肉机”；后备兵力的损耗，几乎使法军打不成即将来到的索姆河战役。

至于德军这一方，战果不佳的结果，在德军高层很早就有所反应。3 月底，法金汉曾问到“在合理的时间内，可否有任何进展机会”；他甚至考虑在伊普尔另辟战场。但是王储很自信地表示，法军大部分的预备队已经用完，因此他“坦率指出，法国陆军的命运，就在凡尔登决定”。作为一位执行指挥者，他暴露了心中一些过时的想法。他说：“如要摧毁法军后备兵力……必须彻底投入人力、武器装备，以及军品弹药。”法金汉同意他的请求。

于是，王储在参谋长克诺贝尔斯多夫的怂恿下，继续大量牺牲他部下的性命；而法金汉则苦心研究与王储不同的替代之道。到了 4 月底，由于这种“小口”攻击的成果非常有限，因此王储与其参谋长决定重新采用以前的“大口”攻击方式。

不过，这种方式效果仍差强人意，连克诺贝尔斯多夫都承认，如果再这样下去，攻势根本无望。但后来他带着内疚心情去晋见法金汉时，发现后者竟也改变了主意——变成与他现在心情相反的看法了。于是，克诺贝尔斯多夫只好又沿续原先的做法——继续进击。由于霞飞收复道蒙特堡失策，不久使法军的伤亡数与德军扯平。霞飞同时将严谨持重的贝当调升为集团军司令，并改由尼韦勒(Nivelle)负责保卫凡尔登。尼韦勒反复发动几次攻势，显然不敌法金汉，法军又失败了。

6 月 7 日，伏堡在法军英勇抵抗下，仍为德军所攻陷。这当中，德军又发生军官因谎传电话而获奖励的事件。如今，焦虑的观察家只好以水淹大地来譬喻德军如潮涌般吞噬绵亘土地的情景。6 月 11 日，贝当见情势急迫，要求霞飞尽速发动能解凡尔登之围的索姆河攻势。但到了 6 月 20 日，德军引进了新式的双光气毒气炮弹(diphosgene gas shell)，效果惊人。毒气瘫痪了法军炮兵的支援射击。及至 23 日，德军乘势深入到几乎接近凡尔登外围的贝尔维尔(Belleville)高地。芒然不停地反扑，只能止住德军攻势而已。贝当则已经准备撤退默兹河东岸的法军，虽然他面对部队仍气定神闲，重复念着现已成不朽的名言：“我们必胜(On les aura!)”。霞飞慌忙派出 4 个师来支援他。只是这一支援，又进一步削弱了攻击索姆河的预备兵力。

但是德军使用他们的新花样太迟了。从战略上来看，防守的一方现在已间接稳住阵脚。因为24日英军向索姆河展开攻势时，法金汉已下令停止向凡尔登地区输入弹药。24日英军所发动的攻势，其实是7月1日正式开打的计划已久的索姆河战役的前奏。从这一天起，凡尔登地区的德军就不再有新的师级部队出现，德军的攻势在人员装备补充不足的情况下，逐渐消失。这也奠定了法军在秋季发动战果辉煌的反攻的基础。原被德军点点滴滴咬下的部分，法军也一口口吞回。我们并非忽视法军在凡尔登所打的了不起的保卫战，但我们必须指出，是索姆河攻势拯救了凡尔登。另外，我们必须承认，起先德军以过窄的攻击正面，丧失了最佳的制胜时机，但4个月之后，德军真的在成功边缘徘徊。

第十章　布鲁西洛夫的攻势

1916 年 6 月 5 日，东战场开始一场新的攻势，后来被认定这就是俄国在大战期间最后一次的有效攻势。这一为人所熟知的布鲁西洛夫攻势，初期战果惊人，似乎要重温“俄国压路机”的美梦。这场美梦，原是大战中最大的神话。但是事与愿违，这场攻势的最终成就，居然是敲响了俄国的丧钟。矛盾的是，在这场攻势过程中，处处是令人迷惑的目标，阴错阳差的成功，然后成功竟导致俄国的崩溃。这些事，象征着这场战争也许是史上最反复无常的战争。1915 年，协约国曾将希望投注在俄国身上。结果俄国军队这一年的作战情况糟糕透顶，是在受敌痛击，疲惫不堪，无止境地撤退，惊险逃过被毁灭的情形下渡过的。但到了 1916 年，由于法金汉攻击凡尔登，使俄国虽然跛了脚，活动能力却尚存。这一年，俄国即使只是表象，却以惊人的速度复苏，并且打乱了德国的计划。早在 3 月间，俄军就攻击位于波罗的海侧边的纳罗兹湖。俄军为纾解法国的压力，作出英勇的牺牲。之后，俄军领袖准备在 7 月展开一次重大攻势，位置仍在北方。但准备工作尚未完成之前，基于盟邦的需要，俄国再度发动一次起步过早的攻势。原来奥地利乘凡尔登情况危急，向意大利的特伦蒂诺地区发动进攻。意大利只好要求俄国盟友出兵，以阻止奥地利从东战场调兵增援特伦蒂诺的进势。

同时，沙皇于 4 月 14 日召集他的集团军司令举行了军事会议。会议决定，俄军主要攻势应由埃弗特(Evert)的中央集团军发起，库罗帕特金(Kuropatkin)的北方集团军朝内回转，以支援中央集团军，要求布鲁西洛夫的南方集团军彻底保持守势，理由是他的防线不利于攻势。但布鲁西洛夫认为他目前就可发动进攻。因为以守转攻，具有奇袭效果。他还表示，过去他之所以不成功，是因为俄军各方未同时发动攻击，导致他的中央位置为德军所利用。经过一番讨论后，沙皇允许布鲁西洛夫照自己意思行事，并且可以利用他本身的资源发动攻势。俄军这样做的真正目的，其实是要引开敌人对他们所发动的主要攻势的注意力。俄军计划中的主要攻势位置,是在北方莫洛台兹诺(Molodeczno)附近。布鲁西洛夫则自知最佳的成功机会在于奇袭。于是他计划了20个奇袭地点。这样,他认为即使是敌人逃兵,也躲不过真正的攻击点。而且,与一般方式相反的是,他不但不集中预备兵力,而且将他们分散。

这时,由于意大利请求俄国出兵,使布鲁西洛夫加快了发动进攻的脚步。5月24日,阿列克谢耶夫①以电报询问布鲁西洛夫能多快发动进攻,布鲁西洛夫表示,只要埃弗特也行动,他即能在6月1日准备妥当。然而,埃弗特并未准备就绪。不过后来大家都同意,布鲁西洛夫在4日展开攻势,埃弗特则晚10天发动攻击。3日晚上,阿列克谢耶夫打电话给布鲁西洛夫,表示对这样一个很不寻常的军事计划的疑虑。他建议布鲁西洛夫,为避免部队因正面攻势过宽而引发混乱,应将兵力集中于较狭窄的火线上。布鲁西洛夫则显得犹豫。阿列克谢耶夫最后倒让步了。他只说了一句:"上帝与你同在。随你做吧。"

于是部队连夜北调,显然想赌一赌运气。因为这样做除了具有奇袭的可能性之外,其实所有因素都与成功背道而驰。至于兵力方面,布鲁西洛夫的兵力也没有比对方多多少,双方实力为38个师对37个师,而且是四处分散的。但就因为没有进行集结,所以等于没有给奥地利一个战事已蓄势待发的警告。因此到6月4日,当俄国第八军团在卡列金(Kaledin)指挥下,以小小一支比侦察队规模大一点的兵力进攻拉克(Luck)时,奥地利军就被奇袭所击败。奥军防线一交手就像脆饼皮一样被戳破。于是在几乎无抵抗下,俄军向奥军第四与第二军团之间长驱直入。翌日,4万奥军被俘。被俘人数稍后随着布鲁西洛夫拓宽攻击线而快速增加。虽然俄军第十一军团(由萨哈罗夫〔Sakharov〕指挥)后来在塔诺浦(Tarnopol)附近失利,但在更远南边的两个军团则像进攻拉克一样,很快获得战果。第七军团(由谢尔巴乔夫〔Shcherbachev〕指挥)将奥军驱回斯雷帕河(Strypa)的对岸;第九军团(由列奇茨基〔Lechitski〕指挥)更在布科维纳附近突破,攻占奥军在战区最南边的据点切诺维兹。到了20日,布鲁西洛夫已生擒20万俘虏。

自杰里科(Jericho)的城墙在约书亚(Joshua)的号角声中倒塌以来,从未见一场示威般的攻击就有如此的战果。战区南边的德奥军团两侧翼被攻陷之后,如果俄军善用机会,德奥军团所面临的,将是远大于早先在坦能堡所遭遇

① 指沙皇参谋长米哈伊尔·阿列克谢耶夫将军〔Mikhail Alexeiev〕,是实质的俄军最高统帅。

的危机。然而,俄军为了发动主要攻势,已将所有后备兵力集结在战区北方。但主要攻势并未如期发动。埃弗特指称是坏天气使他无法在 18 日之前行动,而且他认为即使行动,也不会成功。这时,沙皇与阿列克谢耶夫无论对是强制埃弗特行动,还是更换埃弗特,都拿不定主意;相反,还命令埃弗特准备易地攻击。所谓易地攻击,就表示攻势又要延期了。但即使到这个地步,埃弗特与库罗帕特金仍不愿进攻。由于阿列克谢耶夫使唤不动他们,他只好设法调动他们的后备兵力了。然而俄军此时战区外围的交通情况不佳,德军不等俄军后备兵力开到,已迅速增援,以挡住俄军人潮。德军统帅部一如往常的机敏,林辛根(Linsingen)率领第一批增援兵力,在拉克的俄军突破处的北方边缘上进行反攻。此举至少遏阻了俄军在最关键处的进展。至于在战区南边的布科维纳,俄军攻势持续着,一直攻击到喀尔巴阡山遇上天险才停止。

7 月下旬,俄军重新发起进攻。首先由萨哈罗夫在战区中央向布罗迪(Brody)与伦贝格方向前进;然后由俄国禁卫军团朝更北方的史托柯德河(Stokhod R.)与科韦利(Kove)进攻。这也就是俄军长期准备的大攻势。但时机已失。虽然战事仍拖延到 8 月,所获战果已无法弥补重大的损失。于是俄军攻势开始时,有如旭日东升,现在竟像秋叶凋零,逐渐消逝。

不过俄军攻势的间接效果倒是大于直接效果,虽然这方面并非全然是好处。俄军的进攻逼得法金汉从西战场撤出 7 个师,并且放弃对英军索姆河攻势的反扑计划,以及继续在凡尔登打消耗战的计划。俄军的进攻更使罗马尼亚向协约国靠拢,并作出了参战的致命决定——几至亡国。这次进攻也导致只会在"疮疤上抹焦油",问题愈来愈多的法金汉下台。

但俄军为这些间接战果所付出的代价很大。布鲁西洛夫虽然占据了布科维纳与大部分加利西亚地区,并且俘获德奥军 35 万人,然由于攻势延宕时日,最佳时机因之消逝,以致俄军自己竟损失百万人。这个损失,对于俄国战斗力影响深远。其中,精神上的伤害犹胜物资上的损失。紧接着,摆在面前的大事就是俄国的革命与崩溃。说来俄国最后是为盟邦而牺牲。盟邦后来在战事上的得意,是无法抹煞对俄国的亏欠的。

第十一章 索姆河攻势

1916 年 7 月 1 日起,在法国皮卡第(Picardy)地区所发生的“会战”,或者从战略上而言,说得更确实些——一连串的局部行动,构成了法英联军 1916 年的年度最重要攻势。西线英军将这一年所有的力量都投入于此;法军则要等打完精疲力竭的凡尔登长期保卫战之后,才有余力投入。这次攻势后来证明是“基钦纳的军队”发扬荣耀精神与葬身之所在。所谓“基钦纳的军队”,是指英国平民自愿者于 1914 年响应政府号召从军而组成的军队,这也是英国的第一支国民军。

索姆河攻势缘起于联军领袖在 1915 年 12 月 5 日所举行的尚蒂伊会议。霞飞根据自己对情势的判断,在会中声称,联军在香槟与阿图瓦(包括卢斯)地区的秋季攻势,已带来“辉煌的战术成果”;至于为何不能够发展成战略性战果,部分他归因于坏天气,部分他认为是军火一时短缺所造成。他表示,下一次的攻势,基本上要不能让“上层指挥官再为军需弹药操心”。就因为这个理由,他宣称下一波的攻势无法在 3 个月之内发动。到了 1916 年 2 月初,他发觉,这场攻势如果必须配合俄军攻势,以及英国须由新军来挑大梁的话,日期势必要延后才行。同时,在一次与黑格所举行的会议中,他强调,攻势成功的不二法门是,攻击正面必须宽广。在这一方面,他设想了英法军“臂挽臂”(bras dessus bras dessous)的联合攻击计划。也就是,攻击线应由一边联军延续到另一边联军。霞飞计划法军以 40 个师攻击从拉西尼(Lassigny)到索姆河的一条 25 英里防线;而英军的攻势,就是从此处接续到艾拔特纳(Hébuterne)。英军应以将近 25 个师兵力,进攻一条 14 英里长的防线。

英国国家战史称霞飞企图在一个“可能是西线当中,守势最坚强的战区”发动攻势。而且“似乎已独自下定决心,因为他认为英国有义务参与这场作战。霞飞将军所提出的理由,几乎经不起推敲”。即使是平常不太思索战术难度的福煦,也表示不喜欢挑选一处战略性死胡同去作战。黑格则希望英军在

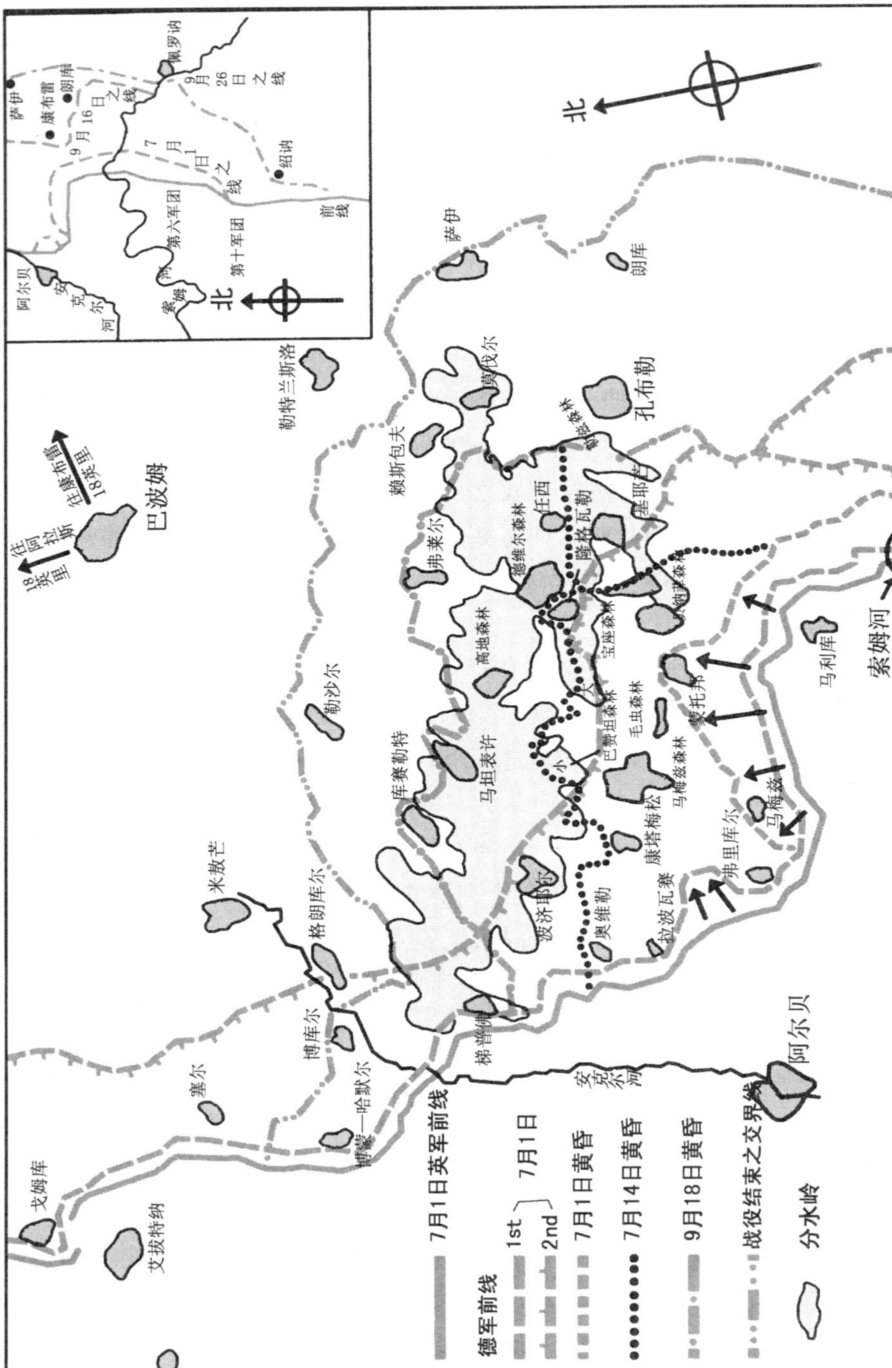

图 10　索姆河（1916 年）

弗兰德斯地区发动攻势。也即后来他在1917年实施攻击的地方。1917年,英军发动攻势的同时,曾获本土英军在比利时海岸的登陆支援。

4月与5月,霞飞两度催促英军在索姆河北方发动预备性攻势。他准备以此引走敌军的预备兵力,以免法英军在进行主要攻势时遭遇困难。黑格则希望集中联军兵力,在充分准备下重重地作单次攻击。黑格的态度倒是说得通,因为一方面他的各种资源仍不充裕,另一方面,前一年秋天他已经打过一场毫无结果的预备攻势。尽管如此,军事评论家不得不承认霞飞的想法与历史经验相符。战争经验显示,引走敌人的后备兵力,才会获得决定性攻势战果。然而,黑格坚持自己的原则,而且无疑是正确的。他认为,任何这种预备攻势的发动时间,应仅比全面攻击早10天至两星期。

他建议,如果法军进行索姆河主攻,英军可以发动一次这类攻势。这个想法不合霞飞心意。根据法国普恩加莱总统的说法,霞飞如今已"满脑子是应该由我们盟邦英国、俄国,甚至意大利来发动消耗战"。因此商议继续。很好笑的是英军参谋所想出来的藉口,"其实英国陆军已经准备全力投入,但是我们无法对付政客。这些人是除德国人之外,我们最大的敌人"。

结果在2月14日的会议中,黑格接受霞飞的索姆河攻势计划,时间定在7月1日;同时,霞飞放弃他要求英军发动预备攻势的要求。

不论是否可以避免,联军攻势延期的结果,将主动权让给了德国人。他们从2月21日开始对凡尔登发动攻势,其实已破坏了联军的1916年的整年计划。但2月14日会议中,联军对上述的可能性只字都未提。

2月22日,霞飞要求英军接替在西线北边的部分法军任务,以便为法军解压。因此黑格匆匆换下驻在阿拉斯周围的法国第十军团。这个军团刚好夹在英国第一与第三军团之间。黑格下令艾伦比的第三军团稍往北移,新成军的由罗林森指挥的第四军团接替原法国第十军团,由马利库(Maricourt)到艾拔特纳的防线。如此一来,英军的防线从伊普尔至索姆河绵延达80英里之长。

由于此时法军实力已被凡尔登战事消磨殆尽,所以,索姆河计划中,法军参与的部分也就泡汤了。他们的攻击线从25英里缩短到仅8英里,兵力也从40个师缩减到16个师;而且到了7月1日那天,只有5个师能执行攻击。因此从那时开始,英军负起了西线主要战事的重任。就因为这一事实,1916年7月1日成为第一次世界大战史上的重要里程碑。

尽管如此,黑格并未因资源捉襟见肘而调整他的目标。他仍为攻击梅西讷进行准备工作，并且拟具一套索姆河替代计划。他准备在攻势完全失败时，将预备兵力撤至梅西讷。但是他似乎未预料如何处理成败相间的局面——这种现象通常在战争中更有可能发生。由于他的计划欠缺这一方面的弹性，所以执行起来困难重重。他计划的另一个问题是不够实际。英军司令部希望在攻势的第一阶段突破德军从马利库到塞尔(Serre)的防线；第二阶段稳住巴波姆至任西(Ginchy)之间的高地，同时法军应攻下萨伊(Sailly)与朗库(Rancourt)四周；到第三阶段，兵力向左转向，包围远及阿拉斯的德军侧翼，然后扩大德军防线体系裂缝。如果以此为目标，所有可用之军，包括骑兵在内，从巴波姆到米敖芒(Miraumont)一线都将朝北进军，以便法英军合作攻击位于阿拉斯西南的德军战线。至于第四阶段，联军就要朝康布雷到杜威之间发动全面攻击了。但结果是，理想与事实相距太远！这个计划在轮廓上具有巧思的布局，黑格眼光放得远是很明智的，然而，他似乎未及认清眼前的问题。即若深信这个具有长远打算的计划，就无法看出现实状况。军事计划不用"奇袭"这把永远管用的钥匙，失败就可能接踵而至，不现实的想法是替代不了这把钥匙的。

英军从马利库到塞尔 14 英里长的防线上，由罗林森第四军团的 18 个师执行主要攻击任务。其中 11 个师将担任主攻，5 个师则在附近作为预备队。剩余两师，连同一个骑兵师，担任军团预备队。为了扩大战果，黑格将高夫的两个骑兵师，以及一个随后赶到，含有两个师的军，也置于罗林森指挥之下。第三军团的两个师则在戈姆库(Gommecourt)附近进行次要攻击。炮兵集结了 1 537 门各式火炮，其中 467 门为重炮。这表示平均每一门炮负责的正面为 20 码。在当时这是破纪录的，虽然远比不上后来的集结数量。不过比起一年以前德军的杜纳耶茨河大突破，英军炮兵的数量就比他们多出一倍。只是一年以前，德军当面的俄军防务，不能与目前索姆河的铁丝网与战壕系统相提并论。另外在重炮兵上，英法军也有一明显的对比。由于英军的重炮数仅及法军 900 门重炮的一半，但负责的防线却远宽于法军，所以其重炮平均每门须负责 57 码正面。

对于这一部分，英国国家战史有这样评述，"联军所遇的问题，事实上就是等于要猛攻要塞。根据历史与前例，攻方必须先主攻要塞的最大缺口处(或最弱处)，并对次要缺口'旁敲侧击'——旁击的力道，也必须坚强到足以转变为主攻，并能一鼓作气为之；除此之外，尚须佯攻"。相反，英军军力的配置，犹如教条般整齐划一。虽然炮兵的数量不足，却均匀分配在整条防线上。"我们必须承认,司令部根本不了解问题之所在。”至于为何英军总部对这些问题视而不见? 这需要看战前的原因了。“众所皆知,参谋本部从未踏实研究过‘半围攻战’(semi-siege warfare)与‘大规模野地攻防战’(the attack of great field defences)需要大量集结炮兵等问题。在威尔逊将军(后来受封为亨利·威尔逊爵士)的影响下,参谋本部都甘愿以弗伦奇的理念来认识这次战役的本质。参谋本部不但忽视情报单位所收集的德军正在进行应战准备以及演习等消息,而且几乎是厌恶以对。”

为了了解这两种问题与这次战役的过程,我们有必要简述背景。因为在西线战事之中,少有几场战争是如此严重地受到地形影响的。地形问题深深嵌入作战者心中。佩罗讷(Péronne)位于与索姆河成直角朝南转向的转角上;从此处开始,有一长列山岭朝西北延展,形成索姆河以及斯卡尔普河(Scarpe)与斯海尔德河流域的分水岭。这一分水岭还与一条小河——安克尔河(Ancre)狭窄的盆地交错而过。自1914年10月的“向海岸竞走”以来,这一区域就为德军所占。德军据此可居高临下将联军防线,以及防线后方的田野尽收眼底。开战后的第一年,影响尚小。1915年7月,英军接替法军防务之后,防线地区气氛一片祥和,曾让习惯于伊普尔或拉巴塞战火声不绝于耳的英军士兵吃惊不已。有报告指出,在某些据点,盟友法军竟会跑到与防线紧邻的村庄去用餐,只留哨兵在战壕中看守。双方防线的“中间地带”也有花样。每晚双方都有人光顾位于中间地带的一个小村落,连床铺都心照不宣地分享。我敢担保,英军接防后的第一个月,各营的演练一定是在德军一览无遗、不受干扰的情形下进行的。然而6个月之后,即使防线后方几英里的营房,都受到炮火骚扰。至于法军的作战原则,除了敌我实际遇上,非干不可之外,是保持一副“我活你也活”状态。回顾当时情景,法军这种战术似乎毫无疑问比英军的“不断扫荡”战术要聪明。所以当德军取得主动,军火装备也占优势的时候,英军这种令人担忧的“不断扫荡”,使英军蒙受比敌人更大的损失。英军在“资产负债表”上站错了边。此外,地形对于德军有利,也鼓舞了他们利用地形地貌加强战壕防务。虽然从1915年秋天起,这里即有德军防线存在,但当时防御力脆弱,远比不上现在的固若金汤之势。如今英军在攻势上,面临的就是这种情势。梅斯菲尔德①在他的著作《旧防线上》(*The Old Front Line*),很贴切地表

① 应指英国著名诗人约翰·梅斯菲尔德〔John Masefield〕。一次大战时曾参加战地服务。1916年大战期间就出版过描述加利波利战争的《加利波利》。

达出当时情势。他写道：

> 在这条旧防线上，我们的人几乎从任何一点，都需要向山头仰攻才行……敌人设有瞭望岗，可以很清楚地饱览法国风光，他们摆出一副优越感。我们的人则身处下方，什么也看不到，只看到上方一个个每天都在增强实力的据点。

如今，索姆河战场断垣残壁的荒凉景象已逝。虽然梅斯菲尔德不认为时间会很快冲淡记忆，他在下面的一段描述中，显示他的直觉倒是正确的。

> 如今，战壕填平，耕犁翻起新土，战争痕迹从此消逝。某个夏日，盛开的花朵将掩盖人们的一切破坏；然后，这里，也就是敌人败退的起点，即使利用地图也将难以寻溯了。中央路，皮尔战壕，曼斯泰(Munster)巷，以及那些通往荣耀的小径，都将深深湮没在玉米地下；到那时，只有拾穗者在死骡路口上歌唱。

战时情景虽难追忆，但造访一次平静的昔日战场，心灵将被从山巅眺望大地的感觉所搅动。心中感触犹胜那段日子里只为寸土浴血，只能从战壕与弹坑瞄看外界地形、景象的感觉。从炮兵的角度而言，仰攻是有利的。因为德军的战壕会更容易被标出。但除此之外，仰攻不仅是对攻击的步兵，对所有人都会造成身心的压力。

英军在被德军看得一清二楚的情形下，奇袭就更不必谈了。因为一切原该隐蔽的备战方式、迷彩伪装，必须重新来过。2 月间，英军在安克尔河两岸构筑新营，就等于给德军新线索。自此之后，英军攻势的各种线索就愈来愈多。于是法金汉构思破坏攻势之道，却发现无兵可用。即使这规模庞大攻势的前置作业不曾泄露丁点，但英军一周的炮击在任何情形下，都表示攻势即将开始。德国情报是很灵敏的，早先在 6 月 2 日，英国劳工部长阿瑟·亨德森(Arthur Henderson)的一篇对军火工人的演讲稿，由于新闻管制疏失而公开，德军统帅部就知悉英国军火大概会提早出厂。所幸，尽管德军在前线的第二军团与海外情报员已发出正确预测与攻击警告，法金汉仍相信英军在这里的行动，只是远在北边的正式攻势的初期攻击。他显然感觉英军的准备工作，露骨得不像要真打仗。因此，他不仅相信索姆河只是黑格想出来的战场，而且扣住预备兵力不放。同时，他免除了第二军团参谋长的职务，因为他判断正确而“要求更多东西”。

德军统帅部意见的分歧，留给英军一个机会。这机会却又在英军司令部看法不一下丧失。英军意见分歧的程度及其影响，到近年方露端倪。且说当时的攻势方行几周，就有被官方授意的人，散播一种说法。他们说，黑格始终只想打消耗战，从未想过“突破”德军防线。这种负面说法盛行一时，并且流传战后多年。这是一桩过程复杂的歪曲史实事件，这是一枚包含违背史实成分的“烟幕弹”，其所造成的扑朔迷离现象，直到 1932 年英国官方史料出版之后才真相大白。

英国国家战史中显示霞飞才想打消耗战，而且罗林森也有类似的看法。唯有“中间人”黑格在寻求突破，相信突破之效。他的判断当然主宰着英军的目标。然而罗林森的疑虑，导致英军的计划变成一种妥协打法。这种打法既不适合消耗战，也不符突破战的原则。依据罗林森对英军炮兵“兵力过缺”，德军据点纵深宽阔的看法，他希望延长炮击时间，然后进行有限攻势。这样做之后，首先，无法避免的是失去奇袭机会。奇袭本是抵消作战资源不足的最有力方法。其次，既有的战果也无法再予以扩大，而且给了敌人喘息与调度预备兵力的机会。虽然黑格确切了解第二个问题之严重性，同时也只想进行短期炮击，但也许身为一名较不思量技术性问题的“骑兵”，他把铁丝网问题搁在一边；他没有设法剪除通往敌人据点的铺天盖地的铁丝网。接着，在他与罗林森讨论之后，虽同意罗林森的长期炮轰计划，但命令罗林森要一口气拿下德军第一道防线与部分第二道防线。

英国国家战史虽然表示此时发动突破攻击，不会有决定性结果，甚至认为只会造成一个具有危险性的突出部，却暗示突破并非不可能，只是，不是用现在构想的办法。黑格为了突破目标，事实上仅依赖一种方法。这种方法的打击力，所有人都说太有限。他的炮兵顾问说，他将炮兵“部署得太开”。罗林森也“表示害怕”，他害怕因自己对现有兵力“要得太多”，使炮兵炮击效果过度分散。因此，他认为要攻下部分第二道防线，可能是一场“赌博”。尽管如此，黑格决定要他的部属与士兵跳入火坑一赌。

攻击日愈近，黑格就“愈显得乐观”，虽然法军原该参与这次作战的兵力，因为苦于凡尔登战事消耗兵力过甚而一直在缩水。黑格的重要左右手就更妙了，他们不仅也随黑格唱起乐观论调，声音之大，甚至淹没了冷静思考这些问题时候的忧虑。他们不但对黑格的判断唯唯诺诺，而且还将它视为自己的判断。“服从”主义的发扬莫甚于此。

“罗林森私下相信，黑格的指示出自错误的推论，而且太过乐观。但他自己却令与会的以及在其他场合的人印象深刻……只听他说：‘炮击地区内将寸草不留，步兵只要走上去就可以占领’。”这种乐观想法，从上一直往下散播。结果，即使在炮击成果已知无效的时候，有一些营向上级“报告敌人机枪并未停止扫射，师部参谋们却回答，这些德军一定已被炮轰吓坏”。这是国家战史中所记录的可怕辞句。它描述了当时这些参谋如何轻视前线的报告而使士兵们即将付出性命的代价。

由于攻势效果凄惨，因此，我们必须研究，是何种原因造成这样离谱的乐观。当时的情形是，大部分军官在某种程度上，都关切个人前途，某些军官更是特别计较个人前途。这些现象可能对乐观心态的形成有所影响。平心而论，这不是对军人的特别苛责。因为任何职业，如果为了吃这行饭，他们自然会遵照上级意志行事①。但造成乐观心态的更广泛原因，似乎是发自内心的自欺。在某些情形下，自欺行径来自令人困惑的“忠诚”观念——所谓“盲目服从”——这是 19 世纪军事体系的产物。第四军团甚至在对下属单位的指示中，略过许多关键性战术重点不谈，却三令五申要求“部属不得对最高指挥官的命令有所非难与批评，不然将自食其果……”。其他单位的情形更是乐观的想法毋须上级刻意鼓舞，就已四处勃发。黑格曾忧虑某一个军，其攻击准备不够充分，并认为“这样下去不会有彻底成功的机会”。于是他派遣查特理斯将军前往军部撤回让他们的攻击命令。查特理斯抵达该军部之后，竟发现该军军长对于准备工作心满意足之至。军长以漂亮的词藻说，他现在的心境，犹如“拿破仑在奥斯特利茨（Auster litz）之战开战前一刻”。于是查特理斯只好顺从他的意愿，没有撤回命令，虽然查特理斯“回来之后，心情非常不好”。

英国国家战史暗示，高层指挥官之间的这种致命的乐观心态，可能缘起于他们完全未掌握先前作战失败的教训——一个绝大部分团级部队老早学到的教训。“专家不将过去失败归因于敌人大量使用机枪，以及防御工事规划严谨，却说了一堆其他理由。”这种专家的推理，也堪称所有见树不见林案例的典范。

---

① 倘若战争是由非职业军人〔amateurs〕，或是由接受军事训练之后，曾变为平民的军人所主导，也许会减少遵奉上级意志的情形。查特理斯将军在战争后期，对一件任命案曾批示这样一段意见，“此人拥有庞大资产……在民间有重要工作等着他随时回去做……要任何常备军人不考量他自身的前程是很困难的——他既有军人的历练，也有平民的自主性。”

根据合理推论，某些现象似乎无法解释，因为炮击必然事先计算过如何歼灭对方战壕中所有人员。先不谈罗林森原本的疑虑；事实上他自己将有限的炮兵，均匀地沿着防线部署，却“忽视某些德军地点特别重要，应加强攻击”，结果“他们的火力必然会分散，使许多德军据点与机枪阵地根本未遭炮击”。此外，相当多的重炮过于陈旧，射程也差，大部分弹药也失效。因此炮弹无法击穿德军机枪手躲藏的掩体，而这些机枪手却正等着机会还击。然而我们可以了解，英军司令部在所有战术中采取“压倒性炮击”，只是一种假设。我们更不相信任何具有稍许常识，或不忘殷鉴者，会以这种方式将部队送上攻击线；除非此人已被炮击效果所迷惑。这种攻击方式绝对是超级反面教材。

英国国家战史并且指出，“在早先会商中，黑格曾说过，各军在军长确定敌人防务受重创之前，将不发动攻势。但情形似乎随时间而变”。原来他们对整个战事，特别是包围战的基本条件都维持不住。这种无所谓的态度，又是一绝。我们发现黑格本身就该被谴责。

平心而论，我们可以找到一个原可弥补这种不在乎态度的地方。黑格曾一度建议，在大量步兵发动攻击之前，先以尖兵或小规模部队测试炮击成效，情形类似德军在凡尔登所使用的方式。但这项建议竟遭“他的军团司令们拒绝”。

那么是否可能有过挽救这种局面的机会，或至少减缓士兵牺牲的机会？有。那就是如果英军步兵能在德军开火之前就冲到德军战壕。有两种方式可能达到这样目的。一是在敌人“能够”发现你，然后开火之前，一是在敌人准备好开火之前。前一项，如果未能藉助雾气或烟幕弹的力量，唯有趁黑夜，或晨曦微露之前才有攻击机会。我们发现，“许多指挥官……希望攻击的时机，至少应在晨光刚现，敌人机枪手尚未看到猎物之前”。我们并听说，“罗林森自己也接受”建议，“并且强迫他邻近的法军同意”。法军拥有他两倍的重炮数量，却缺乏良好的观测。因此，罗林森同意延迟个把钟头攻击，显然他有些疑虑存在。

问题是，英军步兵是否能在重炮弹幕尚未消失之前，越过中间地带。这是一场与死亡所做的最大竞赛——有将近 6 万人参加“初赛”。这些人其实正处于极不利的条件下。整片人潮，拥挤不堪地聚集在一起发动攻击。完全不知道炮击是否真使德军的抵抗瘫痪。在第四军团的指示下，这一波波人潮“以稳定的步伐前进”，他们排列匀称得像准备被撞翻的保龄球瓶。但指示中，“并未提到他们必须快速穿越中间地带，以便在敌火打到他们之前，已经冲到德军的射垛前”。但另一方面，如果要这样做，体力根本办不到。英军最大缺陷在于“步兵的负重，重到动作不比散步快”。每人负重66磅，已超过他体重的一半；“连爬出战壕都感困难；如果行动要比走路快，或快速起立卧倒，是根本不可能的事”。即使一头军骡，出名的负重兽类，也只能负载它体重三分之一的重量！

结果，“竞赛”尚未开始，这方面就已经败了。然而战斗已接踵而至。英军炮兵的炮弹持续发射着，步兵却前进不了。等炮弹打完，增援的步兵就往前挤到原来步兵无法继续前进的地方。这是错上加错的悲剧。

炮击始于6月24日，冲锋原定于29日，后来因天气转坏而延至7月1日。由法军所提出的延期要求，不仅使炮击因延长时间而密集度减低，而且造成部分攻击部队比以前更大的压力。这些部队自从为作战而身心绷紧以来，现在必须在偪促的壕沟内再等48小时；不但头上是令人疲惫的你来我往的枪炮声，而且更糟的是在倾盆大雨之后，战壕积水盈尺。

7月1日的晨曦，拉开了这燠热一天的序幕。清晨7时，炮击达到顶峰。半小时之后，步兵爬出战壕前进。士兵成百上千地被击倒；中间地带满是他们的尸体。他们尚未到达德军防线就已经牺牲了。他们的对手是1916年的德国士兵，绝大部分是顽强而战术精湛的战士。当英军炮弹轰平他们的战壕时，他们就躲进掩体或者弹坑里；等弹幕一过去，他们就架起机枪，毫不放松地将弹雨射向一波波密集的攻击者。1916年是步兵攻击的倒霉日子。英军竟回头搞像18世纪充满形式主义的编队，根本缺乏机动力。营级单位以4或8波的区隔进行攻击。每一攻击波之间，间距不超过百码。士兵几乎都肩并肩前进。他们佩戴整齐，行动划一。上级要求他们在进攻时，持续以笔挺的姿态，端枪，刺刀朝上，缓步前进。这样自然很容易引起观察入微的敌人的注意。其模样彻底模仿腓特烈的横线队形；差异只在于，他们现在不再面对射程仅百码的火枪(musket)。所以，当这天黑夜降临时，许多营只剩下百余人，是不足为奇的。英军需要等到这些走得笔挺的攻击队伍被德军火力击破，攻势才有展开可能。因为此时人类的本能与原始机智再度显现，以反抗上级所指示的战术。于是，冒险前进的队伍中仍未被吓倒的幸存者逐渐形成了小组合。大部分都由一些具有领导天赋者带领他们前进。他们以短暂冲刺杀开血路，从一个弹坑匍匐到另一个弹坑，偷偷接近敌人的机枪。有很多小群组合就这样前进得相当远，而未见进一步伤亡。但有许多地方，小撮敌人与机枪阵地并未肃清，造成英军后续增援的部队——以相似的密集编队前进的士兵伤亡严重。

因此，除了防线南边之外，所有攻势浪潮逐渐减缓，稍后就消失无踪。联军在防线中央靠右侧的弗里库尔倒运气不错，此处形成了这一天的转折点。在索姆河南岸，以及北岸至马利库的法军，攻占了他们所有的目标，却损失轻微。法军的成功，部分是基于较具弹性的战术与集中使用重炮之故，部分则因面对的德军的防卫较弱；而且由于德军仅以为英军前线有攻势，使得法军攻击变成了出其不意的奇袭。在马利库与弗里库尔之间的英军第十三军（含第三十师与第十八师）虽然比其他单位损失更重，但他们到达了目标，占据了蒙托邦。位于第十三军左方的第十五军则获得部分成功。他们攻克弗里库尔村庄与森林区。第七师转攻侧翼，他们攻占了马梅兹（Mametz）。在另一侧的第二十一师，则穿破德军防线达半英里。他们坚守所夺得的这一条狭长舌状地带，但两侧尽皆暴露在敌火之下。这样一直维持到第二天弗里库尔陷落联军之手，情形方得疏解。

第二十一师的位置象征成功的分界线；以北的英军全败，损失之重是英军在所有战争中任何一天的损失之冠。其中有一项重要因素是，中间地带过宽。在第三军方面，少数第三十四师兵力越过拉波瓦赛（La Boiselle），到达康塔梅松（Contalmaison），但后来被击退。第八师则攻击奥维勒（Ovillers）无效。到了下午，上级命令全军在下午恢复攻击——“不过，较明智的建议，此刻占了上风。”第十军再度朝北攻击。其所部第三十二师再次被梯普佛德军防守力量所破——“这一天，只有刀枪不入的士兵，才能攻下梯普佛”。然而，第三十六乌斯特师则深深穿透德军防线，经过梯普佛而直趋格朗库尔（Grandcourt）。他们并以此庆祝博因河（Boyne）周年纪念。不幸的是，该军军长将预备队用在某个毫无进展的师上面，却拒绝支援已获得初期成功的乌斯特师。因此，该师的各攻击组合被切断；夜幕降临之后，只有零碎的德军第一线战壕仍在英军手中。第八军（含第二十九、第四与第三十一师）负责左侧翼攻势。但攻势在猛烈反击中被击破，虽然也有一些“孤军”穿越了博蒙-哈默尔（Beaumont Hamel）与塞尔之间的德军防线。其间，由于一次地雷爆炸，使重炮在步兵攻击前 10 分钟就停止射击，结果造成严重后果。英军曾为这问题吵成一团。第七军是在戈姆库附近负责发动助攻。由于所部第四十六师攻击失败，进而使第五十六师的初期战果也化为乌有。同时，由于英军主攻失败，使该师白白遭受严重牺牲。

其实从这一天英军各军所俘获的战俘人数上，在某种程度上反映了初期战绩不佳：第十三军（军长康格里夫〔Congreve〕）934 人；第十五军（军长霍恩

〔Horne〕)517人；第三军(军长普尔特尼〔Pulteney〕)32人；第十军(军长莫兰〔Morland〕)478人；第八军(军长亨特-韦斯顿)22人。相反，法军只有轻微的损失，却俘获敌军4 000人以上。邻接英军的法军第二十军曾在河边薄雾的掩遮下，越过了中间地带，并且快速攻占德军第一线阵地。他们曾计划继续前进，却因听到邻近英军获令停止前进而打消念头。由于进攻索姆河南岸的法军殖民地军的两个师，以及第三十五军的一个师，在时间上，比其他部队迟两小时动作，所以造成了奇袭效果。他们不但攻下所有预定目标，进度还超前。等夜晚来临时，他们已经攻到了敌军第二线据点。

依据法军在7月1日的成绩来看，可以算作胜利。但由于主攻由英军负责，因此德军声称自己胜利也没错。因为德军以6个师又一个团的兵力，就将英军各师困在各自的攻击区内。发动攻势的总共13个师的英军，仅俘获德军1 983人，占据少数土地。英军高度期望完全落空。几个月的准备，如今却是这般成果。然而7月1日的战事，在军事上虽然失败，仍有许多值得歌颂的英勇事迹；尤其是牺牲重大的英国新军，他们曾以坚定的勇气与刚毅的精神，历经最艰辛与最血腥的考验。他们的勇敢精神因此役而载入史册。

在整条攻击线上，这些原是的平民军人所承受的牺牲，是以往战争中，任何一支专业军队所没能付出的；更没有专业军队能像他们这样维持原来作战效率的。他们在如此恶劣的环境下，后来又奋战达5个月之久。经验增进了他们的战技。虽然他们被上级动用到的机会愈来愈多，但战绩上，没有能超越7月1日所获的。7月1日诚然是"一个天色蔚蓝的美好夏日。但从早到晚充满着暴行的狂啸，令人困惑的死亡、痛苦与胜利。一整天，我们的人从血腥的战壕掩体中爬出，却少有冲过中间地带的。有些人爬不出自己的战壕，许多人过不了中间绿地，阵亡在敌人铁丝网上，或被迫往回走。但也有人越过中间地带，愈走愈远，从这条防线到那条防线，逐一将敌人驱退，一直到索姆河会战在敌人撤退声中落幕为止。"然而，所谓"撤退"，是很久以后的事了。它的降临对联军而言，是困窘远大于利益的。

黑格为何在战争一开始，遭遇重大损失之后仍坚持打下去，并且不动用原本就准备妥当的北战区替代计划？英国国家战史认为，"与在索姆河两岸发动攻势相比，如果1917年成功的梅西讷攻势发生在1916年，毫无疑问具有更佳的取胜机会；特别是，如果攻势与海岸攻势合而为一"。即使迟到6月5日，黑格仍警告罗林森，如果第四军团攻击上"遭遇重大抵抗，他可以决定停止前进，并展开梅西讷攻势"。不过7月1日的作战情形显然令他满意。但他要继续打下去的最佳解释也许是,他性格中充满英国人顽强的斗牛犬特质。一但咬住对方,他不愿因受挫而松口。如果每一个地方都失败,倒使他更容易调度预备兵力,朝北转进梅西讷。但是现在他已咬下小小的德军一段防线,他就想继续咬得更深了。但为何他不针对某块软肉更快速咬下?部分原因是认不清战争的真相。战争的面貌,常因一些人在面对事实时所表现出的人性弱点而愈加模糊。

在防线后方高层指挥官们所发出的报告,比他们认为理所当然的混沌不明的事实来得乐观,甚至比他们所相信的更具希望。“经常报告的是,捕获战俘,无重大伤亡等语。”对现况无知尚无可厚非,但欺瞒就不可原谅了。同时,无人理会如何在南战区发展胜利的机会。

7 月 2 日晚,面临困境的黑格,决定不对敌军从奥维勒往北延伸的完整防线发动新突击。他企图从已攻克的成果上继续攻击。他在大战后期几年的战法,后来都被认定是有智慧的。但唯一的问题是,他为何没有更当机立断,扩大南战区的战果。如今,部分的步兵密集攻击力已牺牲在中间地带。如果这些兵力能运用在扩大南战区战果的预备兵力上该有多好。根据实际情形,南战区的德军曾受严重打击。如果英军预备师数量很少,德军则更少。这可从德军在南战区延迟反攻时间看得出来。但第四军团并不打算在德军抵抗最少的地点动用预备兵力。并且在 1 日晚上 10 时,仅向各军下令,沿全线以平均兵力“继续攻击”。在罗林森建议下,高夫被派去指挥两个左翼军(第十与第八军)。这两个军显然受损严重。对于一个想扩大战果,而且也最适合扩大战果的人来说,高夫接受了“并不值得羡慕的工作”。两位军长都指出,新的攻势如果缺乏充分准备,是打不出成绩来的。高夫也很精明地表示一致的看法,于是取消了攻击命令。由于这些军对德军未受损的防线仍未打算攻击,所以第二天,也就是 7 月 2 日没有任何行动。同时,在右翼边上,曾确实突入德军防线的第十三军,现在也暂且蛰伏不动。这样消极的举动令人扼腕。因为该军与法军曾合力击破德军所发动的零星、而且笨拙的夜间反攻。有一个德军后备师曾火速从康布雷赶来支援。这个后备师是德军能立即派用上场的预备队之一。

英军的胜利机会继续在流失。到了 3 日,罗林森仅下令他的中央部分与左翼联手发动新攻势。黑格准许这项计划,但作了大家都不舒服的更动。他现在已将眼光放在右翼上了。他下令第二天的攻势改为小部队突击,目标为梯普佛与奥维勒。如此一改,触动了指挥权分散的问题。于是,攻击不仅真的变成零碎而微不足道，而且出动时，各单位之间也彼此失去联系。这次攻击除了进一步增加伤亡之外，一无是处。此时，右翼的第十三军在未见抵抗下，慢慢走进了贝纳菲森林（Bernafay Wood），但获令不得再前进。毗邻的法国第二十军必然也被迫不动了。但在索姆河南岸，法军攻占了德军的第二道防线，以及可以眺望佩罗讷的高地。

黑格到现在才相信，集中右翼兵力是对的。但是他碰上了绊脚石。负责这次攻势的法军实际指挥官是霞飞与福煦。他们两人坚持黑格应当先占据位于整条战线中央，从波济耶尔到梯普佛之间的山脊，作为朝向任何右翼区，或隆格瓦勒（Longueval）发动攻击的第一步。黑格则辩称他的弹药不足，无法有效在全战线发动新攻势，而隆格瓦勒岭的德军防务也比梯普佛弱。但两位法国军头无动于衷。霞飞声称，如果英军非要进攻隆格瓦勒不可，会吃败仗。接着他真的直接下令黑格发动中央攻势。黑格立即顶回去，说他只向英国政府负责，并表示，虽然他已准备遵从霞飞的战略，对于战术层面，他仍自有主张。于是问题就此解决。

之后，在第四军团攻击敌人第二线之前，中间有一段不短的准备期。这是因为黑格考虑有必要延长时间清除敌军外围据点，然后才能发动主要攻势。黑格企图以一连串的小规模攻击来攻下这些据点。同时间在战线左翼的第十、第八军，确定从罗林森的第四军团转移到高夫的预备军团——后来变成了第五军团；至于可用的预备队与火炮，都集中到规模缩减的第四军团防线上。

因此，7 月 1 日之后紧接着的几天，当南战区从蒙托邦到拉波瓦赛之间的德军防务受严重打击之际，英军曾次第增强新攻势。由于德军抵抗得法，使他们有重整与巩固实力的喘息机会，并且增兵守住从任西到波济耶尔之间的山岭。此处具有居高临下之便。英军的推进非常缓慢，其中之特殊障碍地区是马梅兹森林。英军由第三十八（韦尔斯）师所进行的 3 天攻势并不成功。而且由于此处的延误，影响到了主要攻击。但是他们所遭遇的大麻烦却来自他们的上级。

7 月 1 日之前，英军高层曾出现过度的企图心与乐观，但现在却倾向另一端去了。然而，罗林森了解，如果他要对后方正在重建防线的德军增援行动先发制人，就必须进行大胆快速的行动。因为德军工事化防线的重建速度，快过英军的突破速度。倘使英军等德军将防线拉近到第二防线（Braune Stellung）①

① 褐色防线。

再发动近距离突击，他们可能碰上与 7 月 1 日一样坚固的障碍。于是罗林森打算攻击并突破位于右方德维尔森林（Deville Wood）到左方小巴赞坦森林（Bazentin-le-Petit Wood）之间一条 4 英里长的德军防线。他的右翼距离这条第二防线足足有四分之三英里长，其中包括具有重要战术优势，目前仍在德军掌控中的宝座森林（Trônes Wood）。从这里开始，到他左翼的中间地带，防线逐渐狭窄，一直到马梅兹森林前方，防线仅剩 300 码宽。但是德军从宝座森林可以对大部分攻击路线进行纵射。如果英军采取这样显眼的攻击路径，而且仅在左方发动攻势，前景是十分黯淡的。因为 1915 年的经验已显示，以充沛的炮火攻击敌人狭窄的正面，初期可能成功，但敌人也会利用同样的狭窄正面，集中火力把攻占的零星土地夺回。

罗林森于是不采取这样显眼的做法，他找了一条危险性较低，动用的兵力较少的路径。部队将在夜色掩护下，穿越暴露地带，在仅数分钟的猛烈炮轰之后，即发动拂晓攻击。这个计划其实又使出了奇袭战法。英军在这次大战中，大部分作战都未使用奇袭战术，一直到最后一年，从康布雷开始推进之后，才经常以奇袭制胜。

在 1916 年，夜袭与如此短暂的炮轰，对于正统派军事思想而言，像是一记当头棒喝与赌博。由于罗林森的攻击计划必须动用一年多前仍是平民的新军，这使计划看起来过于轻率。总司令强烈反对之余，表示比较喜欢较不大胆的计划。但罗林森坚持他的计划。由于他手下的实际作战指挥官们对于打夜战颇具信心，所以他的信心也随之增强。平常站在黑格这一方的霍恩，这回一改往例，也同意他直属上司的意见。这个事实，可能促成了整个情势的转变。罗林森虽然达到了目的，但是他所期望的已延至 7 月 13 日发动的攻势，却因上级满心不情愿而又顺延一日。这个顺延，也就是 7 月 14 日发动的攻势，对于结果影响甚大。顺便一提的是，这次失败的另一原因是法军不愿合作。法军对于这次攻势缺乏信心。

攻击部队包括右翼第十三军所属第九、三师（分别由弗斯〔W. T. Furse〕与霍尔丹〔J. A. L. Haldane〕指挥），左翼的第十五军所属第七、第二十一师（分别由沃茨〔H. E. Watts〕与坎贝尔〔D. G. M. Campbell〕指挥）；同时，最右侧由马克西（Maxse）指挥的第十八师的任务是肃清宝座森林。至于在最左边的第三军，将在巴赞坦森林与康塔梅松之间形成防守侧翼。骑兵师则调至攻击区附近，并归由两个发动攻势的军指挥。

德军的防线，仅由斯坦因将军（General Stein）辖下几个师拼凑的 6 个营，以及在巴波姆以南担任预备队的第七师据守。此外,褐色防线刚好在德维尔森林,隆格瓦勒,以及大小巴赞坦森林面前通过;而“地平线上黑云一般”的高地森林(Hign Wood)则在褐色防线后方,主控着整个区的出入口。从此处,德军能够看到几英里外英军在 7 月 1 日所构筑的旧防线后方。

7 月 13 日入夜之后几个小时,英军右翼的标示兵出发。他们沿着 1 000 码的前进路线铺上白色布条,以便引导部队前进。然后,他们继续呈直角铺设布条,为的是让攻击部队能够整队,然后一字排开,齐向目标进击。这些既危险又困难的工作做得不错。午夜过后不久,各营在毛虫谷(Caterpillar Valley)的掩蔽处集结。接着以连或排纵队,像长蛇阵一般往前进发。凌晨 3 时 20 分,英军炮弹打到德军战壕,5 分钟之后,全线前进,发起攻击。英军这回敢于发动奇袭是正确的,而且参谋作业也做得很好。整条德军的第二防线迅速被攻下,攻击部队并越过了这道防线。从左至右,第二十一师穿过小巴赞坦森林而进入村落;第七师清除了大巴赞坦森林中的敌军,并爬上斜坡,抢攻高地森林;第三师攻克大巴赞坦森林;第九师虽则遇上困难,却奋力夺路,穿越隆格瓦勒,到达德维尔森林的外围。

在右侧翼德维尔森林这一边,每一寸土的推进都遭到强烈抵抗。翌日,在林中深处,南非士兵为这场战争作出最重大的牺牲。如今,此处伫立着成排的白色和平纪念碑,气氛与 1916 年的血腥杀戮呈强烈对比。

但在攻击线左侧翼的一片开阔乡野中,取胜机会曾可期待。午后不久,第七师正面的德军彻底瓦解。第七师乘势追击,扩大战果,虽然几小时之后,这块阵地得而复失。但该师旋于下午 6 时过后不久,在两中队骑兵的侧翼掩护下,向前推进。这是英军自 1914 年以来,首次在战场上动用骑兵。乐观的期待,将地平线上的战事想像得明朗顺畅。但这再次证明,所谓顺畅的战况,只是沙场上的海市蜃楼。声名显赫的第七师,其实正因征战劳顿而生气不再。已有许多毫无经验的新人,填补了他们消耗殆尽的士兵。不论任何原因,该师攻势似乎欠缺气势。虽然高地森林的大部分地区已在入夜肃清,在北角的侧边战壕线,目前仍在德军手中。最糟的是,由于英军延迟 24 小时发动攻势,使德军调上新的预备兵力前来支援。等他们的战斗力稳定增加之后,德军是愈守愈牢,英军攻势则愈发涣散。7 月 15 日晚,德军发起一阵反击,英军就从森林中仓皇撤出。英军后来又收复这块地区,不过这是两个月以后的事了。英军在 7 月 14 日这一天所发动的索姆河奇袭,虽然在战略上几至成功地步,但自此之后,他们的作战方式又退回到消耗战。

7 月 14 日攻击失败之后，黑格的赌注就不敢再下大了。虽然消耗过量的弹药补给令他头疼不已，但他谨记一件事，要凿开敌人牢牢封闭的防线，除了炮击，没有其他有效办法可以替代。早在 6 月，他曾计划过，如果德军预备兵力阻碍索姆河战事，他准备转移主要攻势到弗兰德斯的梅西讷地区。而且澳新军已准备向该地区移动。但到了 7 月 7 日，正如敌人预期，他决定将预备兵力调至索姆河，并在这个地区投入全力，进行直接攻击。

然而，他仍下令在北方许多局部地区发动攻势，以吸引敌军预备兵力远离索姆河。这种方法堪称最奇特的欺敌术。佯装发动大规模攻势会令敌人警惕，但如果仅在狭窄战线上，发动一些局部攻势，吓唬人的招数就会不攻自破。其中一个结果是，澳军第五师对弗罗梅勒(Fromelles)的攻击，在荒谬的张扬中被敌人击溃。这次攻击是一连串不可思议的糊涂行动中的最后一环。

其余的澳新军已调至索姆河。黑格的目标，现在是要扩大对索姆河主要山岭的占领。尽管原先的条件并未实现，他希望实施他原先所计划的第三阶段——将德军战线推向北方。但他缺乏足够的空间部署充分的兵力。此外，与法军的合作关系，现在也暂时分道扬镳。因此，他决定继续在战线右侧发动主攻，然后，兵力朝东往法军防线集中。同时间，左翼的高夫，准备攻取波济耶尔到梯普佛这一段山岭的尾端，以便拓宽英军的占领区。

为此，澳新军(伯德伍德指挥)被编入高夫部队之中。7 月 23 日，高夫以部分澳新军的兵力攻击波济耶尔。同时间，他配合第四军团三个军的新攻势一齐行动。第四军团的攻势是沿着从基耶芒(Guillemont)到小巴赞坦森的狭窄战线发动的。不过英军这次攻势也完全失败。在左边，澳军第一师的确攻下了波济耶尔的一处据点。如今黑格又回到蚕食战术，也就是如今被誉为肯定的、卓越的消耗战略。然而德军的防守力则因英军乐观地错估其损失，比预期强大。

此后将近两个月，双方陷入苦战。这期间，英军付出重大代价，却鲜有进展。双方的步兵则成为重炮轰击下的炮灰。在左侧翼，澳新军是新的所谓"系统性进展"计划的主要推动力。遣词谨慎的澳大利亚国家战史，对于其成效有最佳的描述：

> 总司令，甚至内阁必定认为，透露放慢进展脚步的信息，会使大家对于减少伤亡与节省弹药较有把握；但对于第一线部队而言，比起一鼓作气穿透敌人防线一二英里，深入敌境的企图，这种放慢进展脚步的打法，简

> 直就像只利用“攻城槌”冲撞敌人防线10次或15次一样……
>
> 即使为这样的“冲撞”维持了必要的压力，学者仍难以理解实际的战术。将一个“军”分成几部分，一个接一个，一旅接一旅，分20次连续投向敌人防务中最坚强据点，也许可以形容成是“有系统”的，但声称这样就可以减轻消耗，就完全不正确了。

6星期之后，23 000人就这样牺牲了。最终所得到的，只是深入1英里的一块小小的长舌状的土地。至于精神层面的影响呢？

> 虽然绝大部分澳洲士兵是乐观主义者，甚至许多人在道德原则上，反对表明自己的意见，或心怀怨怼，但是，对于一些聪明人而言，有些事是有反应的。如果精神层面的影响，对于他们等于是痛苦的宣判，判决他们将作无谓的牺牲，是不足为奇的。“看基督的份上，写一本有关一名步兵一生的书（其中一人说道……）。你这样做的话，会很快让这些令人战栗的悲剧不再发生。”这是在说，一位作战时充满高贵与怜悯之心的罗斯中尉（Lieutenant J. A. Raws），在他阵亡之前最后一封信中，提到“高层无能、麻木、向往个人虚荣的领导，‘谋杀’了许多他的朋友”。
>
> 这段话，不仅用字正确，而且是高层领导统领出了相当差错的明证……部队中，一批头脑清晰的军官当中的一位则写道，“我们刚从一处情况很差的地方出来，连发狂的疯子也无法想像那最后13天的恐怖情况”。

历史显示，伯德伍德由于无法调和高夫的急惊风个性与他缺乏想法的性格，使他原先拥有的“加利波利”作战声誉毁于一旦。这也可能导致澳洲部队否决伯德伍德个人所提出的征召更多人进入战场的恳求。澳洲部队不愿其他人再次经历他们的恐怖遭遇。

波济耶尔曾是恐怖而神秘的杀戮战场，但现状倒与另一侧的基耶芒相似，现在同是麦田中的平静小村落。从宝座森林开始，山坡起伏连绵。几百码外就是农村道路，但在1916年7、8月间，似乎有无穷的距离。部队一个师接一个师地企图越过它。虽然已经夺下寸土，旋踵之间守不住又退回到原点。终于，9月3日攻下了这部分区域。但位于几百码外，更远斜坡上的任西仍是一样地难攻，要到9月9日才夺下。除了梯普佛的德军防务坚强依旧之外，没有其他村落需要英军以重大代价换取了。

现在,英军防线终于可以从勒兹森林(Leuze Wood)往西北延伸,拉出一条7英里长的直线。它可以俯瞰孔布勒(Combles)。从此处,英军可以与法军连接上。法军藉攻击索姆河南岸,方才朝更南边方向延伸。他们猛攻在绍讷(Chaulnes)附近一条3英里长的旧德军防线,俘获了7 000人。罗林森在8月30日的日记上这样写道:“头儿急着赌一场。他准备在9月15日投下他所有兵力,企图突破德军的抗阻,攻入巴波姆。”他又加一句,不过有点不合逻辑,“到时候,我们将无预备兵力可用。我们所有的,只是疲乏不堪的士兵。但这光景胜利在望……可能迫使德国鬼讲和”。尽管他自称对消耗战有信心,黑格此时倒已缩小胃口,他只想一赌突破。

攻势现在转到左翼——高夫军团所在地。由于罗林森担任主攻的初期目标,是要突破从莫伐尔(Morval)到勒沙尔(La Sars)之间的防线,这曾是德军最后的防线。英军准备与法军联合向南推进到孔布勒与索姆河之间,然后攻取孔布勒。这次作战,英军旗开得胜。于是企图将攻势向北延伸,以便夺下库赛勒特(Courcelette)与马坦表许(Martinpuich)。英军最初部署了8个师的攻击兵力,其中2个师负责“扩大战果”。特殊现象是,英军在此首次动用了坦克。发明这种装甲越野武器的目的,在于解决机枪与铁丝网所形成的防御障碍。但英军司令部不顾发明者的意见,以及自己原先所同意的发明者的看法的情况,决定使用现存所有坦克,为挽回前景黯淡的索姆河攻势下赌注。当方案定下之后,初期的150辆坦克,只有60辆已经运抵法国,但仅49辆实际派用上场。其编组方式更是以两三辆为一小队。这是与发明者斯温顿(Swinton)上校原意另外一不符合之处。由于准备匆促而不充分,加上这种初期型式的坦克故障连连,结果最后只有32辆到达攻击发起点。其中9辆与步兵一起开步,9辆追不上,但协助清除了占领区,9辆损坏,5辆则陷入战场的弹坑当中。最前面的9辆坦克很有用,特别是在攻占弗莱尔(Flers)的行动上,但这种伟大奇袭下的重大的收获,在弥补索姆河攻势的失败上却是极有限的。

3天重炮轰击之后,15日破晓,英军在薄雾中发动攻势。薄雾混合着烟幕,使许多地方的德军炮手看不见自己的步兵所击发的信号弹。结果德军由于缺乏炮兵支援,使英军步兵轻松觅路前进。因此,中央部位的第十五军及早获得很好的进展。上午10时,第十五军的左翼师已经攻到弗莱尔的外围。这支部队的行动,其实深受坦克的协助。关于这一部分,德军各“团史”都记下了深刻的印象:“坦克驶到的情景,对我们的士兵震撼之至。当他们看到这些能在战壕上方横行无阻，任意扫射的怪物，简直是无力以对。坦克身旁则伴随着小股步兵，他们向幸存者投掷着手榴弹。”但在右翼这边，第十四军损失惨重，久久不得动弹，然后才到达莫伐尔与赖斯包夫（Lesboeufs）。左方的第三军，也一样无法到达目标，虽然它所属的第四十七师最后肃清了“觊觎”已久的高地森林。在最左侧，按照计划扩大了攻击范围，并攻下马坦表许与库赛勒特。总结这一天的成果，除了右翼，山岭的顶峰落入英军手中，这是德军享受已久，能俯视观测的好据点。

英军在战线右方的失败，在 9 月 25 日就得到补偿。这是英军另一回与法军共同发动的大攻势，后来逼得德军撤出了孔布勒。翌日，梯普佛在高夫军团的 4 个师攻击下，终被英军抢到手。德军在报告中清楚记载着，他们防线之所以遭重大的突破，“起因于 3 辆在梯普佛村外的英军坦克……”黑格仍继续要求对德军的压力“不得中止”。结果，英军不但再获小进展，而且到了 10 月的第 1 周，德军被驱回到他们最后一道完整的防线上。这条防线右起萨伊-萨宜塞（Sailly-Saillisel），经过勒特兰斯洛（Le Transloy），然后到巴波姆前方。虽然德军也正在防线后方加紧建造新防线，但迄今尚未完成。另一方面，这些日子德军仍持续展现其反击力，英军虽小有斩获，但未能获得真正突破或扩大战果。不久，提早降临的秋雨，使攻击日益无望。雨水加炮轰，战地一片泥泞。虽然轻装的步兵仍能奋力作出些微进展，火炮与车辆则都陷于泥淖之中。在这种情形下的攻击，完全处于不利地位。无可避免的，大部分攻击都失败了，即使某一战壕被联军攻下，也会发现固守比攻取还困难。

到了 10 月 12 日，黑格似乎终于相信，这一年要突破德军的防守，是没指望了。但霞飞与福煦仍继续不断地催促他。黑格倒也稍有反应。他也不断要求英军经过遍地泥浆的战地，朝向勒特兰斯洛前进，直到第十四军军长卡万爵士（Lord Cavan）提出严重抗议为止。卡万爵士想知道，这样做是否为了协助法军左翼，而故意牺牲英军右翼。他率直地说道：“没到过前线的人，是不会真正了解士兵的疲累。疲累已经使战斗力大减。”但是其他几位军长就不敢这样仗义执言了。罗林森虽然表示同情，但他似乎将有口皆碑的判断力摆在一边，而以他的上司的决心马首是瞻。因此，一直到 11 月 16 日为止，第三军与澳军继续发动着无望的零星攻势。不过，高夫军团到最后一刻确有斩获。这不但掩饰了上层的愚行，而且弥补了效果不彰的攻势。

高夫的攻击箭头是慢慢朝东插进安克尔河与索姆河之间。这一行动，将德军原在安克尔河北岸的防线，顶出一个明显的突出部。高夫军团准备攻击已经有一段时日了，后来趁天气暂时好转，就在 11 月 13 日发动了攻势。他总计动用 7 个师的兵力，攻下博蒙-哈默尔与安克尔河畔的博库尔(Beaucourt-sur-Ancre)，俘获敌军 7 000 人。但是塞尔左方防线再次证明难以撼动。黑格很高兴，因为这一来，“会加强英军代表在未来尚蒂伊联军会议上的影响力”。因此，索姆河攻势在保全面子下，终于可以告一段落了。

英军自 9 月 25 日以来的最后阶段行动中，所做的蠢事莫过于赢得山岭上可以俯视观察的位置之后，又往山下方山谷冲杀，以致丢掉了居高临下的优势。自此，士兵注定要在雨水泛滥的战壕中过冬。所谓“索姆河泥浆”，不久就恶名昭著。

至此，被误称为“索姆河会战”的战争，在失望中落幕。英军耗费军力之大，模糊了受到同等伤害的敌人的问题。德军所受的伤害，主要来自德军高层司令官们的刚愎顽强。特别是第一军团贝洛将军的严刑峻法。他曾下令，军官即使丧失一寸战壕，也要送军法审判，丢失的每一码战壕，都要以反攻拿回来。即使德军作战失误比不上英军的失误，其严苛的军纪，至少也造成许多生命无谓的牺牲；至于士气所受的影响就更大了，这方面简直与英军旗鼓相当。这种情形一直到 8 月 23 日才有所改善。原来，贝洛为配合新的兴登堡—鲁登道夫体制，被迫取消自己命令，改变了抗敌的方式。

第十二章　多灾多难的坦克发展

1916年9月15日，一种新的武器接受了战火的洗礼，并使英军当日的攻击，成为索姆河攻势中的重要指标之一。这是索姆河攻势中，少数毋须利用大比例尺地图与放大镜，即可看出其进展的攻势。但更有意义的是，这场作战影响了未来战争的发展。由于它在整个战争史上的指标性，高过于它在索姆河战史中的位阶，因此它似乎在战史上居有崇高的地位。

这种新武器——坦克改变了战争的面貌。它以动力替代战士的双腿作为战场中行动的工具。它重新启用甲胄，作为战士皮肤的替代，或作为贴地而行的保护工具。直到坦克出现前为止，士兵如果想行动，就不能射击，想寻求掩护，就不能行动。但是，在1916年9月15日，出现了火力、机动力、防护力可以合而为一的武器。在现代战争中，迄今只有海上作战具有这种优点。

虽然陆上海战可能是坦克的最终目标，而且这种远景已在它的昵称——“陆地战舰”中预示出来，其设计的原意却着眼于有限的更实际的运用——只是为了对付机关枪。机关枪配合铁丝网，已将这次战争拖延成僵局与消耗战。

解决之道就是这种英国制造的武器——一种堪称第一次世界大战期间，英国最具意义的成就。然而，证诸稍后的战场情况，这种产物尚另有其重要的，横跨大西洋两岸的关连性与象征意义。原来在稍早，美国人不但设计了一种新颖杀戮伎俩，而且也为此构思防治之道。欧战之所以会打成所谓“战壕僵局”，完全与一个名叫海勒姆·马克西姆(Hiram Maxim)的美国人有关。他的名字在第一次世界大战史上所造成的烙痕，比任何人都深刻。国王、政治家与将军，都有能力制造战争，但都无力终止战争。一旦战争发动成功，他们就有如无助的傀儡，落入马克西姆的掌控。此人曾发明机关枪。机关枪在第一次世界大战的最大贡献，莫过于造成攻击力的瘫痪。所有企图突破机关枪防御力的方法，都归于无效，所有的努力只会多树立一些墓碑，而非胜利纪念碑。不过，解决战壕僵局的始作俑者的关键武器最终出现了，这武器也与美国人有关，它的设计构思来自另一位美国发明者本杰明·霍尔特(Benjamin Holt)所发明的农用牵引机。从农用牵引机发展出坦克，倒神似著名谚语“化刀剑为耕犁”的“倒装”，讽刺性可见一斑。

坦克的效果，我们只要听听那些与它照过面的人的说法，就知大概了。对于1918年8月8日的坦克大奇袭，鲁登道夫自己就说过：“是德国陆军在这次战争中的‘黑日’”；还说，“坦克大攻势……将是我们今后最危险的敌人”。茨韦尔将军的说法更惊人了。他说：“打败我们的不是福煦元帅的才气，而是‘坦克将军’。”事实上，我们不能视这些言论为事后替失败找下台阶的说法。因为我们如今发现，一份德军总部代表致帝国议会领袖的重要报告，即透露了当时战场上最新也最令人震撼的事。这份于1918年10月2日发出的报告，有这么一段话：“最高统帅被迫作出重大决定。并宣布，依据各种未来情况研判，吾人已无逼和敌人之可能。尤其是，决定性因素有二：第一是坦克……”相较德军高层以前对坦克的蔑视，现在他们已积极承认事实了。

以历史而言，我们不禁首先要问，坦克是如何问世的？其次，为何它的重要性延宕到1918年方才显现？第一个问题一向令人困惑。一般人常问的是——“谁发明了坦克”从未得到过正确答案。事实上，“谁发明了坦克”这句话在战后广为流传。许多人声称是他们的杰作；有人提出理由，但更多人是证据阙如。这样当然使大众困惑不已。英国政府从未设法厘清这问题，这也许与英国财政部在直觉上不愿认账有关。因此，一直到1925年，充分证据呈到英王面前之后，“谁发明了坦克”的问题才得以解决。这些证据足够弥补并改正在1919年提交给皇家发明奖委员会的证据。英国财政部为了否决1919年不当的评奖结果，必须找机会评定真正的获奖者。

坦克的发展史之所以模糊不清，另一原因是坦克与其目的缺乏明确的界定。其模糊之处，在于“坦克”(Tank)这个蕴含伪装意义的名称出现之前，这种机器已被称为“陆地战舰”(landship)或“陆上巡洋舰”(land cruiser)。这样称呼，自然与它在襁褓期曾受海军部的呵护有关。而且此一称呼，不论如何能预言与它距离尚远的未来性，它在战争中却远不如它的前身——“陆地战舰”适用。坦克虽然被视为陆上战舰，或只是一种装甲作战车辆，坦克的起源却是源远流长。在它的远祖当中，可以包括古代两辆战车(war-chariot)与胡斯战车(Hussite war-carts)①，后者并曾组成著名的战车城堡(Wagenburg)；甚至有些

① 胡斯是14世纪波希米亚的宗教改革派首领。

人认为，古希腊皮拉斯国王（Pyrrhus）的"战象"，中古时期披挂盔甲的骑士，都应在坦克远祖上轧上一脚。

如果将坦克研究方向定位在"自走"（self-moving）上，以便与人力或兽力作出区分，它的起源可以追溯到 1472 年，伐图利欧（Valturio）所发明的风力战车（wind-propelled war-chariot），或具有多方面天赋的达芬奇给他的支持者卢多维科·斯福尔扎（Ludovico Sforza）的计划。1599 年，西蒙·斯泰芬（Simon Stevin）为奥林奇亲王（Prince of Orange）制造过两辆真正的既有轮子又有风帆的"陆地战舰"。大卫·拉姆齐（David Ramsey）则远在 1634 年即取得最早"坦克"专利；这是一种能使用于战场的自走车辆。因此，经过一番寻根，坦克始祖是可能找得到的。至于一般人认定是坦克所独有的履带，其出现的时间可溯及 19 世纪初，或甚至在 1770 年问世的理察德·埃奇沃思（Richard Edgeworth）的发明。

如果将坦克的定义进一步拉近到指军用的，以汽油引擎推动，装有履带的车辆，则 1908 年使用于奥德夏特（Aldershot）①的霍恩斯比牵引机（Hornsby tractor），在坦克家族的地位上，应比美国的霍尔特牵引机（Holt tractor）排名在前。如果从利用"战车式"机器作为武器的观点视之，韦尔斯（H. G. Wells）被认定是更早的构思者，是当之无愧的。不过，他在 1903 年在《史川德杂志》（*Strand Magazine*）上所刊登的预言性故事，比起艾伯特·罗贝达（M. Albert Robeida）在《漫画天地》（*La Caricature*）中的文字与绘图，仍晚了 20 年。如果以相似的坦克设计来说，有人就会想起德莱勒（L. E. de Mole）的模型。它的性能比 1916 年的坦克更优秀，却于 1912 年就被英国陆军部搁置。说到这里，我们就该提一提一位住在诺丁汉的水管工了。这位水管工的兴趣，就是制造这一方面的机械玩具，他曾于 1911 年将其设计送到陆军部，结果自然也被束之高阁。不过，他的设计图在战后又被人发掘出来，只见卷宗上批有简短的四字评语："此人疯了。"

然而，作这样历史性探索的主要目的是要显示，如果对坦克及其特殊目的没有充分了解，要找出谁发明这种在第一次世界大战中具有决定性地位的武器是徒劳的。达芬奇与诺丁汉水管工一样，都可荣膺这机器性武器之父中的一员。但如果要寻找第一次世界大战坦克的实际诞生者，我们就必须看得更仔细了。要寻它的根，与其从科技层面，不如从战术层面入手。坦克曾是对付首次出现在第一次世界大战的"绝症"的"良方"，这种病出现之后，曾使各方

① 英国军训中心。

攻势彻底瘫痪。机枪加铁丝网，注定使敌国成年男子作出更多的无谓牺牲。现在，套用一句威彻利的(Willian Wycherley)①"需要乃发明之母"的话来看，机枪加铁丝网恰好是测试第一次世界大战原型坦克能耐的最佳实物。

第一位看出机枪加铁丝网问题，并且构思出"解药"的军事家是欧内斯特·斯温顿上校(Colonel Ernest Swinton)。其实，斯温顿的笔名"Ole-Luk-Oie"，早因他刊登在小说形式的战争研究刊物《绿色曲线与笨人要旨》(*The Green Curve and Duffer's Drift*)上的文章而闻名。这本刊物常将知识生动地予以重新包装，令人读来愉悦无比。由于他一度勤读英国官方的日俄战争史，使他有机会分析这场战争对未来的影响。他并藉此对机关枪的潜在战场主导力作出推论。稍后，他对霍尔特的牵引机发生兴趣。这两桩事在他心中很快结为一体。由于他在大战爆发不久，就被派往法国英军总部担任官方"观察员"，所以，他适时适地观察到战场形成胶着的最早微兆。他立即勾勒出补救之道的轮廓。1914 年 10 月 20 日，他返回伦敦，见到"帝国国防委员会"秘书莫里斯·汉基(Mauice Hankey)上校。他叙述机枪主导防御战的情形，然后说出他心中的解决办法。简单说来，他希望以霍尔特牵引机为本，发展一种能够防弹，跨越战壕，装有机枪与一门以上快炮的机器。他发现汉基是一位感觉敏锐、能接受新思想的人。第二天，他们继续讨论，彼此都认为汉基应在英国本土，斯温顿应在法国战地，分头着手发展这种机器。10 月 23 日，斯温顿在英军总部首次提出建议，不过毫无声响。

汉基则将想法向基钦纳提出，同样吃了闭门羹。不过他同时向阿斯奎思首相提出了建议。这是一份从多方面入手，兼具战略与技术层面的解决胶着状态的备忘录。备忘录并统合了斯温顿的建议。这份备忘录后来转到丘吉尔手中。说到丘吉尔，由于他关心皇家海军航空队在比利时海岸作业的装甲车分遣队，所以，他心中对于利用装甲车跨越破碎地形与战壕，本来就有个谱儿。1915 年 1 月 5 日，丘吉尔写信给首相，不但支持，而且详述了汉基的越壕装甲牵引机备忘录内容。后来，阿斯奎斯首相又将信转送基钦纳。凑巧的是，斯温顿在 1 月 4 日向陆军部提出了新的建议，在内容中加入了他在法国实地的新见闻。

然而，大部分由于机械运输署长卡佩尔·霍尔登爵士(Sir Capel Holden)的冷峻判定，汉基与斯温顿在陆军部所播撒的种子，等于都播撒在砾土上，不

① 17 世纪英国剧作家。

久尽皆枯竭。所幸,这种越壕车的概念已在他人心中生根。到了 2 月,丘吉尔就在海军部组成了一个委员会。这组织后来以“陆舰委员会”(Landships Committee)而知名。不过这委员会虽然调查过许多想法与观念,做过不少实验,却无多大实质进展。有一段时间,它曾将研发移转到装上巨轮的陆舰身上。更糟的是,由于丘吉尔离开海军部,使他的远见与推动力从这个组织消失。但即使他离开海军部,他的影响力倒使实验继续进行着。幸运的是,委员会在海军建设署长坦尼森·戴恩科特(Tennyson d'Eyncourt)的领导下走上正途,也就是,在研发上仍坚持以履带为主的观念。即使如此,这种机器由于缺乏确切的军用需求规格,使大家有白忙一场的感觉,具体结果似乎无法达成。原因是,在科学战争结构中,战术与技术是前者优先于后者。

这个至今欠缺的重要条件,后来由法国英军总部的一份备忘录而补足。于是,这种机器的研发又开始加快脚步,而且变得更实际。这份备忘录的资料,其实就是由斯温顿所收集的。他曾直接上书总司令,这样才使他克服别人对他概念上的怀疑,以及传统的包袱。备忘录系统地陈述了这种机器应具备的性能。新组成的陆海军部联席会议(joint committee of War Office and Admiralty)就依据这份备忘录,继续相关的发展工作。

7 月 19 日,斯温顿回到英国,出任内阁国防会议代理秘书。这使他有机会接触陆海军部联席会议。这个组织后来经过首相授权,演变为跨部会会议(Inter-Departmental Conference),并由它来协调制造这种越壕机器。1915 年 9 月 19 日,伦敦举行了一场名叫“小威利”的原型越壕机器检验会。但由于性能与原列需求规格不符,被斯温顿打了回票。斯温顿后来见到了另一台全尺寸的,较大的木质模型机器。这是由特里顿(Tritton)与威尔逊(Wilson)中尉特别针对陆军需求规格所设计的,它外观看起来能够符合两项主要条件——能爬越 5 英尺高垂直面,跨过 8 英尺宽的壕沟,于是当局决定集中力量先制造一辆这种形式的样车。

终于,1916 年 2 月 2 日,在哈特菲尔德(Hatfield)举行了这种定名为“母亲”或“大威利”的车辆的正式测试会。之后,政府先订购了 40 辆,后来又增加到 150 辆。至于法国方面,如今他们在艾蒂安上校(Colonel Estienne)率先推动下,也开始独立进行相似的试验。艾蒂安的计划于 1915 年的 12 月 12 日获得霞飞的批准。虽然法国的理念与机器在成熟度上都比英国晚,显著不同的是,法国第一笔订单就是 400 辆;而且数量不久就加倍。

1916 年夏天,这种新机器的操作组员,在严密封锁消息与武装警卫护卫下，展开训练。地点就在诺福克的塞特德福(Thetford)附近。其单位名称为重型机枪队。后来为了保密，这个机器还另取了一个名字。由于机器必须在帆布掩盖下，经由铁路运输，因此必须取个不但能迷惑人，在途中被人发现时，又能让人一看外貌就相信它的名字。他们选了几个名称，字义都与水箱、蓄水槽、贮水池之类有关。几经商议，他们挑选了“tank”。

由于保密到家，以致当它在战场上首度亮相时，着实令敌人大吃一惊。只可惜这奇袭效果后来丧失了。这里所说的就是1916年9月15日的悲剧。原因是它的正式使用者罔顾设计者的恳求，不待机器作进一步改进，数量累积充足，就坚持将它送上战场。如此，它不仅危及了未来的用途，而且由于它欠缺对付敌人反击策略的能力，乃至丧失对敌的奇袭机会。影响所及是延长了艰困的战局，牺牲了更多的人命。

对于这种批评，当局一般多以早期坦克的机械问题与翻落壕沟的数量作为答复。他们认为武器必须经过战场实测，方能大量生产。这种论点好像言之有理，但依据实际状况就无法令人信服。坦克首次使用之处所，是战况惨烈、一片混乱的索姆河战场。它们所要应付的是既深又错综的1916年式堑壕。但坦克本身却是针对1915年夏天所订定的规格建造的。当时的战壕防线远未发展成熟，炮击也未密集到像1916与1917年的犁田式轰击。

此外，辩护者避谈1916年9月的实际情形。当时坦克是在乘员尚未充分训练，战地指挥官连构想坦克如何作战的时间也缺乏下，就匆忙被运至法国战场。再者，这种早期坦克故障率之所以高，很可能因为生产数量大有关系。当时一定是这样设想的，生产数量大，就有足够存活量去达成奇袭效果。这班人一定认为，英国一天就要花费几百万英镑去观察或偶尔轻叩牢不可破的德军防线，冒险投入额外的一天经费去购置可能突破战壕困局的工具，自然是值得的。

让我们进一步探索这种工具为何在发展未臻完美之前，就提早使用的内幕。1915年12月，丘吉尔草拟使用坦克的方案，以供帝国战争会议参考，副本并送交驻法英军总司令。到了1916年2月，正当坦克的设计与武装可以进入精密计算阶段时，斯温顿提出一份更广泛、详尽的备忘录。这份备忘录强调坦克运用成功与否，关键在于在发动重大奇袭之前，坦克必须大量秘密生产。必须有足够的数量，方能动作。如果产量不足，就绝不能以少量派用上场。黑格在春天的时候，是完全同意这一点的。但到了8月，他突然决定先使用当时仅有的60辆坦克。当时索姆河攻势正值胶着状态，新闻中所提到的高伤亡、低斩获、使英国公众听起来刺耳不已。

黑格的决定,使内阁为之震惊。当时担任陆军大臣的劳合·乔治就竭力反对;而接替他军需部长位子的蒙塔古(Montagu)更直接前往驻法英军总司令部,要求停止提前使用坦克。不过这都无效。黑格坚持已见,于是这些无力的坦克催生者,只好眼看坦克前程泡汤。

因此,历史令人揣测,坦克是为索姆河而遭"贱当",目的是换取一次巨大的局部成功。这次作战成功,自然可以获得英国民意的赞赏,顺便降低日益增长的批评。但英军为挽回不成功的索姆河攻势,其实是付出远大于收获。黑格的做法,可能起自他的一种想法。他希望既不放弃攻势,又能减少步兵的牺牲。这种想法虽不聪明,倒也值得钦佩。他确实渴望抓到任何新的军事助力,然而他手下某些参谋的做事态度,就不能像黑格这样被原谅了。

因为英军总部还不只是违反战车使用原则而已。1916 年 9 月,斯温顿备忘录上所列出的许多状况,英军总部都视若无睹。后来英军总部是在吃到苦头之后,才采纳斯温顿的意见。当时坦克使用原则中,为了配合坦克的动力与数量,有一项要求是使用单位应慎选动用坦克的地区。但直到 1917 年 11 月进攻康布雷为止,英军总部并未考虑过这句话。斯温顿指出,坦克通往战场的行进路线,以及运送坦克的铁路车皮或平底驳船,均应特别安排。尽管这项警告,在康布雷攻势发动前 6 个月已经发出,但直到 8 月坦克运抵法国,这些准备工作还尚未开始。斯温顿所强调的坦克必需具备预备兵力的观念,在康布雷攻势时期都未学到,英军要到 1918 年 8 月才了解这一点。斯温顿所提出的坦克与步兵协同作战战术,到康布雷攻势为止,英军压根未加注意。在炮弹方面,坦克在设计上,原应使用霰弹。但当局却不准制造坦克用的霰弹。后来是在索姆河战役之后,经过战地指挥官们的力争,才有坦克用的霰弹出现。原始设计上,有些坦克应加装无线电,而且坦克组员也曾接受过无线电训练,但英军总部不准无线电装备分发出去。至于这期间英军总部的行事心态与精神,从一则故事中即知梗概。黑格参谋当中,有一位将军曾指示坦克应循某一特定铁路路线运往前方。负责这项工作的技术专家则指出,由于坦克过宽,超过装载规格,所以走这条路是行不通的。将军大怒道:"什么是混蛋装载规格?"官员一面解释,一面建议走另一条路。他说,走另一条路就可以避开两座会使坦克卡住的山洞。将军拒绝承认运不过去,只轻描淡写地说道:"把隧道打宽!"

坦克虽然在索姆河会战完成测试,但并未走完它艰辛的诞生历程。在英国本土的军需部,此时已经订购千辆新型坦克。但它们的对手(某一意义上并非指德军,而是指驻法英军参谋本部)闻讯赶紧向陆军部报告,内容非常消极,于是陆军部取消了订单。只是有一件事虽不利于他们的企图，对全英国倒是福份。陆军部承办坦克建造计划的军官，是一位服临时役的艾伯特·施特恩少校（Major Albert Stern）。由于他的正式工作是在市政府，所以，尽管他的临时上司对他不悦，他也能沉着应对。他没有理会取消订单命令，直趋陆军大臣处，竟发现陆军大臣劳合·乔治并不知悉取消订单一事。施特恩一看陆军大臣反对这件蠢事，就去晋见帝国参谋总长威廉·罗伯逊爵士。他向罗伯逊暗示，他不会执行取消订单命令。

尽管如此，这些参谋本部里反对坦克的人，我们可以说，他们在设计打击德国人的工具上是智慧不足，但足够打击坦克支持者。斯温顿根本是小兵一个，所以不难斗倒。他几乎立时从指挥全英国坦克单位的地位上出局。1917年7月，坦尼森·戴恩科特与施特恩也完全被摒除于委员会集会之外。这个委员会置于陆军部之下，掌管坦克的设计与制造。其成员，由直到几个星期前才见到坦克的3位军职人员所组成。于是，为1918年的会战所拟订的4 000辆坦克生产计划，就这样被削减三分之二。1917年10月起，施特恩在将军们的压力下，离开军需部，接其职务的是一位从未见过坦克的海军将领。英国参谋本部似乎从法国同行身上获益匪浅。他们学到，当知道自己做错了事，最重要的就是赶紧赶走被证明是对的、碍眼的“先知”。参谋本部硬将原型坦克投入索姆河战场之后，就以牺牲斯温顿来抵消这件蠢事。施特恩似乎也遇上同样情形。参谋本部后来又愚笨地将改进型坦克投入巴斯青达（Passchendaele）沼泽地，替死的则是施特恩。这次，参谋本部也因缺乏判断力，而对坦克失去信心。

所幸，在前线直接操作坦克的年轻正规军人，已克服对坦克的疑虑，并了解英军不该发动巴斯青达一仗，于是尽力为坦克寻找公平的测试机会。到了11月，机会来了。康布雷之役终于合乎在1916年2月所构想的坦克作战形形。虽然英军在巴斯青达伤亡甚重而使兵源缺乏，胜利也只是表面成绩，却让坦克获得实质成就。于是，对坦克的看法，从此无人争议。1917年是坦克为自己的能力辩护的一年，1918年则是证明坦克胜利的一年。但冷静思考之后我们却发现，如果当时坦克的数量不是以百计，而是以千计，英军整体伤亡自然会更少。坦克在1917年减量生产计划下的数量，已足够带来胜利；然而它们已无法使死者起死回生。但愿坦克艰辛的成长，是下一时代引以为鉴的实例。如此，当未来他们在陷身战火时，可不必以燃烧自己达成目的。他们可以学习别的经验来取胜。

第十三章　罗马尼亚的沦陷

罗马尼亚于 1916 年 8 月 27 日参战，首都布加勒斯特则于同年 12 月 6 日陷落。至此，不但罗国参战努力落空，而且浇灭了协约国对其加入的兴奋之情。罗马尼亚战争比起大战中的其他会战，一向少为人知，也鲜有人下功夫研究。但罗马尼亚战争有其独特之处。它应当受到远较现在更多的关注。其因在于从罗马尼亚战争，即可归纳协约国之基本缺点与德国基本优点。即我们可以藉此研究合伙作战所具有的先天缺陷，以及如何对抗集权作战所具有的战斗力与经济力较易集中的优点。

但这并非这场失败的战争中的全部教训。这场战争另有更具实际价值的，更容易设法补救的教训。这场战争彰显人们对于数字的错误迷恋；而经常被人滥用的拿破仑式说法“上帝常站在具数量优势的一方”，也遭到一次亚历山大大帝式的重质不重量法则的历史性反证。协约国虽具有打击力与机动力的优势，却再次被一支只相信人类躯体耐力的军队打得七零八落。再者，德奥保联军以 3 个月时间，快速征服罗马尼亚的举动，是非常值得英国研习的。因为这场战争基本上是动态型战争，作战范围涵盖艰困的自然条件，包括地形上与气候上的。英国的小型陆军接受过这种训练，所以理应能适应这种作战。

开战前一年，罗马尼亚民意逐渐整合。他们一致希望参与协约国这一方。约内斯库(Jonescu)与菲利佩斯库(Filipescu)对协约国的友好观点，激起人民拯救族人的心愿。这些族人，至今生活在异族统治下的特兰西瓦尼亚地区，其景况远较阿尔萨斯—洛林地区的法国人悲惨。终于，到了 1916 年夏天，俄军在布鲁西洛夫领军下战果丰硕。但我们现在已知，仅止于表面成功的俄军攻势，却鼓舞了罗马尼亚人踏出重要的一步。这一步，几使罗马尼亚陷于永不见天日的深渊。话说回来，如果在塞尔维亚仍具实力，俄国仍未掏空之前，罗马尼亚就及早宣战，情形就不同了。罗马尼亚的军队在为期两年的准备中，数量虽已倍增，但实质上减低了运作效率。其因是，敌人在艰困的实战经验中，已发展出他们的火力与装备；相反，罗马尼亚与外界的绝缘，军事将领的无能，使军队无法从粗陋的民兵形态转型为现代化劲旅。

罗马尼亚步兵既无自动步枪、毒气装备、战壕迫击炮，又欠缺机关枪——10个现役师中，如以往战前的比例，每一营仅两挺；而新成军的13个师中，8个师完全没有机枪。罗马尼亚的炮兵也不足，空军简直微不足道。罗马尼亚开战时仅储备了6个星期的弹药。而在布加勒斯特的一次兵工厂爆炸中，就摧毁了900万发小型武器弹药。它的盟友则无法履行维持每日300吨补给的承诺。它大而无当的师级单位，加上军官事不关己的作风，简直就是部队行动时的阻力。

罗马尼亚的战略形势，是它另一大弱点。罗马尼亚国土呈现倒L状；位于底部的瓦拉几亚，刚好夹在特兰西瓦尼亚与保加利亚之间。它的边界线则远大于国土纵深，又欠缺横向铁路，首都距离保加利亚边界仅30英里。更严重的是，多瑙河另一边的多布罗加地区，好像是罗马尼亚的后院小径，它提供了敌人一条容易侵入的路线。

而盟国对罗马尼亚军事行动的建议，也是各弹各的调，而且简直就是在强调罗马尼亚内部与地理上的缺陷。英国参谋本部希望罗马尼亚向南进攻保加利亚，使后者夹杀于罗马尼亚与萨洛尼卡盟国军队之间。俄国却主张罗国调兵西进。因为理论上，这样可以与俄军的布科维纳攻势作紧密配合。基于政治与精神上的理由，罗马尼亚采纳了第二条路线的建议。不过，结果虽悲惨，他们的想法倒未必如今日该国评论家所说的那样愚昧。罗马尼亚当局认为，保加利亚的领土充满天险障碍，如要发动有效进攻，缺陷重重的罗马尼亚部队是办不到的，而且他们有充分的理由怀疑萨拉伊的部队可以从南往北与他们会师。

另一方面，我们如今已知，罗马尼亚当时如果以更快的速度进军特兰西瓦尼亚，可能会使德奥军陷于困境。即使德奥军有喘息机会，他们也几乎无法凑足兵力应付这条新防线。罗马尼亚的缺点在于本身快速打击力不足，以致能选择的目标就少。

罗马尼亚于1916年8月27日与28日夜间分三路发动攻势。每一路含有4个师的兵力，大致从西北方向穿越喀尔巴阡山隘口。罗军的想法是，先向左转，然后往右回旋，在占据匈牙利平原之后，进入西面的防线。罗军另有3个师准备守护多瑙河，3个师戍卫多布罗加的“后院”。此处，俄国也曾答应派遣一个骑兵师与两个步兵师前来支援。其实，罗马尼亚原先与俄国约定的是，俄国应支援15万人。

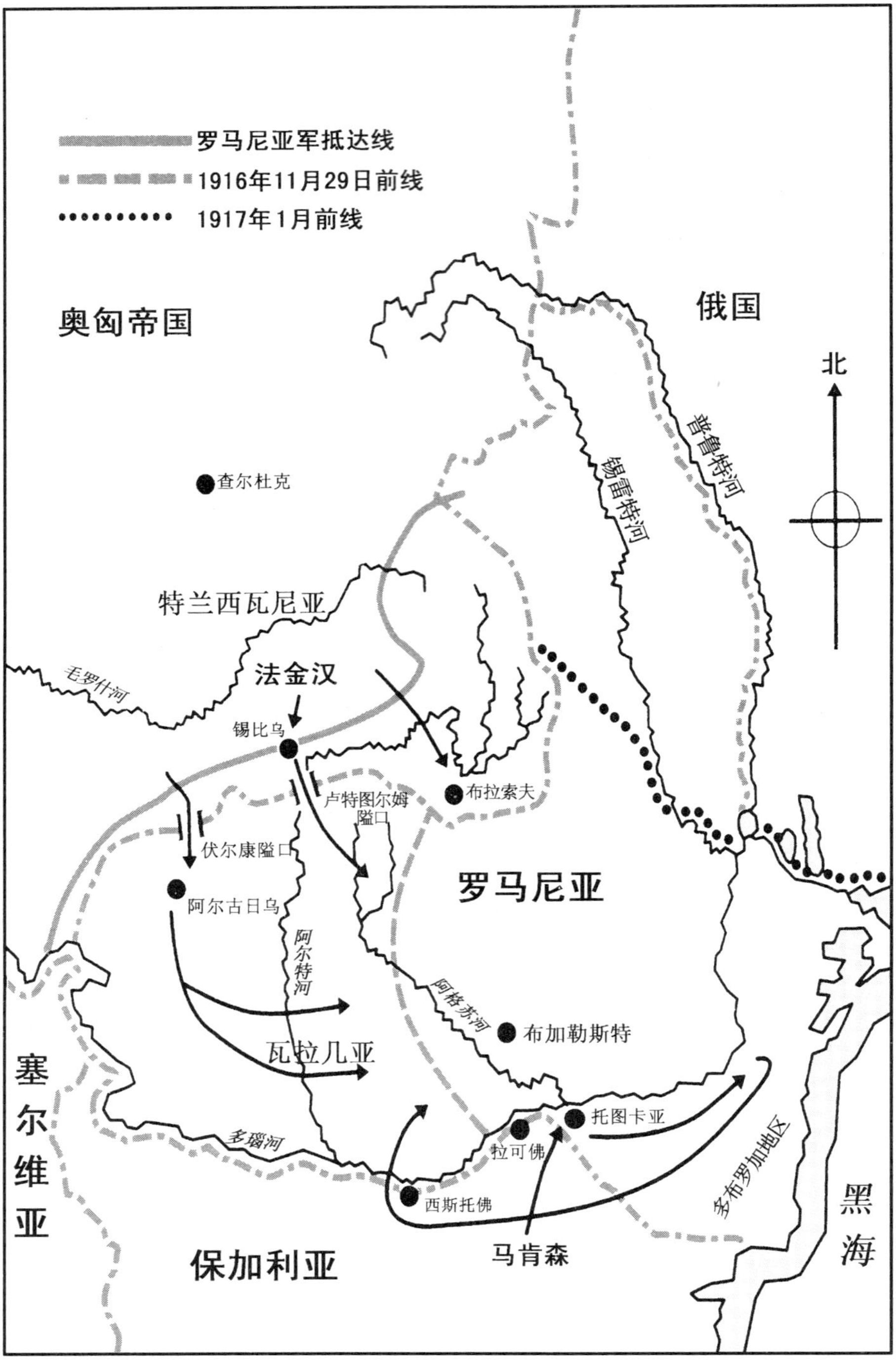
罗马尼亚军抵达线
1916年11月29日前线
1917年1月前线
奥匈帝国
俄国
北
普鲁特河
锡雷特河
查尔杜克
特兰西瓦尼亚
毛罗什河
法金汉
锡比乌
布拉索夫
卢特图尔姆
隘口
伏尔康隘口
阿尔古日乌
阿尔特河
罗马尼亚
阿格苏河
布加勒斯特
瓦拉几亚
塞尔维亚
多瑙河
托图卡亚
拉可佛
西斯托佛
多布罗加地区
黑海
马肯森
保加利亚

图11　罗马尼亚

罗军在发动攻势之后，进展缓慢而谨慎。不久即因山路艰险，桥梁被奥军破坏而受阻。但奥军破坏桥梁并未遭遇阻力。奥军在罗奥边界原有5个实力较差的师担任守卫。为了防止罗军攻击，奥军破坏了桥梁，以便统帅部调集5个师德军与2个师奥军到毛罗什河(River Maros)前线，准备发动反击。此外，德奥联军为了实现法金汉计划中的另一半，在德国马肯森将军领导下，保加利亚先后派出4个师，德军一个分遣队，以及奥军一列架桥火车，准备进攻多布罗加地区。法金汉强调，这些准备工作将使"马肯森军团拥有充裕的武器装备。这些武器至今不为罗军所知，包括重炮、掷雷筒、毒气"。

因此，战事一开始，罗马尼亚是以23个师的兵力对付7个师敌军的。但不到一星期，敌军就增至16个师。由于罗军成功机会降低，罗军只得加速行动。正当罗军各路人马朝西向特兰西瓦尼亚缓缓前进时，马肯森于9月5日猛攻托图卡亚(Turtucaia)桥头堡。他击溃了守卫多瑙河防线的3个师罗军，也因此使其侧翼安全无虑。于是他继续向东攻击，进入了多布罗加地区。这是一次深谋远虑的进攻，它影响罗军士气甚大，并达到了即刻牵制住即将调往特兰西瓦尼亚地区的罗军预备队的战略效果，使得罗军的特兰西瓦尼亚攻势因之停顿。由于兵力分散，各处罗军都虚弱起来。因此，当法金汉于9月18日抵达边界，准备指挥德奥军在特兰西瓦尼亚地区的攻势时，发现罗马尼亚攻势几呈静止状态；其各路部队也分散在宽达200英里的防线上。有一点我们倒应一提，法金汉的参谋总长一职，此时已被兴登堡(与鲁登道夫)取代。要他实际领军打这仗，自有抚慰的意义。

法金汉决定先集中兵力攻击已越过卢特图尔姆隘口(Rother Turm Pass)的罗军南路军，同时派出小股兵力，不让罗军其他路军挨近。然而，即使他的情报渠道较罗军优良，在击败罗军之前，也曾出现过极大危机与令人焦虑的一刻。不过，一如战场上常见的情形，幸运经常眷顾勇者。德国阿尔卑斯军在3日内行军50英里，越过崇山峻岭，迂回包抄罗军南侧翼，然后结合预备队，以高度作战技巧直接击溃在锡比乌(Sibiu)，也即赫曼施塔特(Hermannstadt)的罗马尼亚部队，并迫使罗军经山区撤离。

法金汉下一步却因罗国军事总部自乱阵脚而受惠。罗军将领看到德军之后，就像拿破仑对手的感觉一样，"立时因太多事情出现"而不知所措。罗军将领一面要求进军特兰西瓦尼亚的部队静止不动，一面改变预备队作战计划，派遣预备队在拉可佛(Rahkovo)附近渡过多瑙河攻击马肯森的后部。罗军渡河攻击后来完全失败，且等于给法金汉集中攻击罗军中路军的机会，地点是在布拉索夫(Brasov),也即喀琅施塔德(Kronstadt)附近。到了10月9日,法金汉再次驱退罗军成功。不过,忙中有错,他没有包围与歼灭敌人。如果完成这个更重要的目标,就会肃清通往罗马尼亚的隘口。

法金汉坐失这次良机,影响到整个德军进军计划,也几乎拯救了罗马尼亚。因为到那时为止,所有能通过山区的隘口,仍在罗军手中。罗军正顽强击退企图强行进入该国后方的德奥军攻势,并且迫使德奥军原地踏步等待援军。其间,法金汉还向更南的伏尔康(Vulkan)与查尔杜克(Szurduk)隘口发动过快攻,不过攻击也受阻。不久,冬雪降临。就在一切攻势随天气即将停止之际,德军在最后一刻发动了攻势。11月11日至17日,德军突破隘口到达阿尔古日乌(Targu Jiu)。双方在瓦拉几亚平原上一番快速追逐战之后,德军将罗军逼退到阿尔特(Alt)防线上。

这样的做法其实是两地德奥军在巧妙协调计划下,准备下一波行动的信号。马肯森目前只留下一小撮兵力据守多布罗加的北部地区。却将庞大兵力向西撤往西斯托佛(Sistovo)。11月23日,他即从此处渡过多瑙河,很自然地由侧面迂回包抄了阿尔特防线上的罗军。不过罗军在新任参谋总长普列山将军(General Presan)的鼓舞下,立即发动计划相当周全的反扑。一时间,真使马肯森部队陷于危机,而且其侧翼差一点遭罗军包围。但罗军的反击旋为德奥军化解。自此之后,马肯森与法金汉的兵力集中。罗军在阿格苏(Argesu)防线虽发起最后的绝望的抵抗,但终不敌德奥军的强大兵力。及至12月6日,德奥军进入罗马尼亚首都布加勒斯特,并乘胜追击在多布罗加地区活动多时,但成效不彰的罗俄军。于是罗俄军迅速被驱至从塞列特(Sereth)到黑海的防线上。罗马尼亚绝大部分国土,包括麦田与油田,悉数沦落于入侵者手中,其军队也完全被摧毁。协约国在精神上所受的打击,远大于协约国原先所期盼的利益。协约国原本希望藉罗国介入战争而获得实质利益。

这段短暂的战史,却指出了一个可以引以为鉴的教训。即人数不如组织素质重要,相反,优秀的组织加上能干的指挥官,即会降低对方“数量优势”的价值。至于武器与训练的品质,更是远比注重“人数”重要。

第十四章　攻 占 巴 格 达

1917 年 3 月 11 日，英军进入巴格达的行动，曾给予世人无穷的想像空间。除了这座“一千零一夜”中著名城市的浪漫魅力之外，这次行动对于 1916 年一整年联军低迷的攻势，颇具曙光般的象征性。即使现今出炉的历史资料，冲淡了其原先深受欢迎的印象，所披露的战绩并不如当时令人震撼，但其精神层面的意义与价值仍不容抹煞。但如果要客观论述早期打过中东战争又失败者，我们应了解深藏在现时大众看法下的错误见解。大众认为，攻陷巴格达的作战是荣耀的，而导致库特最后投降的则是黯淡无光的。

这场会战的战略与运作架构比以前正确得多，也有把握得多。但是在战术执行上，尽管英军具有压倒性优势兵力，却因几次机会的丧失而使攻势蒙上污点。当了解当时国家处境之艰难，我不禁感觉这次会战有如杀鸡用牛刀，而且鸡还曾逃掉。如果我们以质而不以量来检验战绩，则先前汤曾德第六师的作为，的确为英国战史写下完美的一节。当时汤曾德部队虽孤立于敌境心脏地区，面对占数量优势的敌军，却以简陋的装备与原始交通工具完成了进攻与撤退。

如上所述，1917 年攻下巴格达应归功于战略方向正确，以及策划补给与运输工作者的能力。他们曾以完善与有效的工作态度，完成这次作战的后勤作业。尤其是这些有利条件，使英军毋须从其他更重要的战场调集人力与物资，即足以达成军事目的。我们且先将方向转到白厅。汤曾德在库特投降之后，尽管英军以漂亮但耗费不赀的行动将其解救出来，帝国参谋总长威廉·罗伯逊爵士却强调在美索不达米亚应以防御性战略为主。他认为将英军撤至阿马拉（Amara）①，是保卫油田与掌控两河动脉——底格里斯河与幼发拉

① 阿马拉在库特东南约 70 英里。库特则在巴格达东南约 80 英里。从巴格达到巴斯拉油田区——即波斯湾出海口附近，须先经过库特，然后是阿马拉，最后是巴斯拉油田；四地几呈一线，都沿着底格里斯河而建。库特当时全名为库特阿马拉〔Kut-el-Amara〕。

底河最简单,也最便宜的方法。但是新任司令官,也是罗伯逊自己挑选的莫德在检视情势之后,认为应维持原状。他认为将前进基地设在库特,在军事与政治上应较为明智。他的论点受到先后任驻印度军总司令达夫(Duff)与门罗(Monro)的支持。罗伯逊遂不再坚持己见,接受了战区人员的判断。这里有一个有趣的心理议题,就是莫德如何以其强烈个性,结合其逐渐获得的军事成果,在不知不觉中将罗伯逊的防御性政策改变为崭新的攻势政策。当然,俄国曾承诺过的合作,对莫德行动也有影响,但后来证明俄国的承诺只是空中楼阁。原本最初英军只是企图为俄国的攻势,发动一次支援性攻击,后来却演变

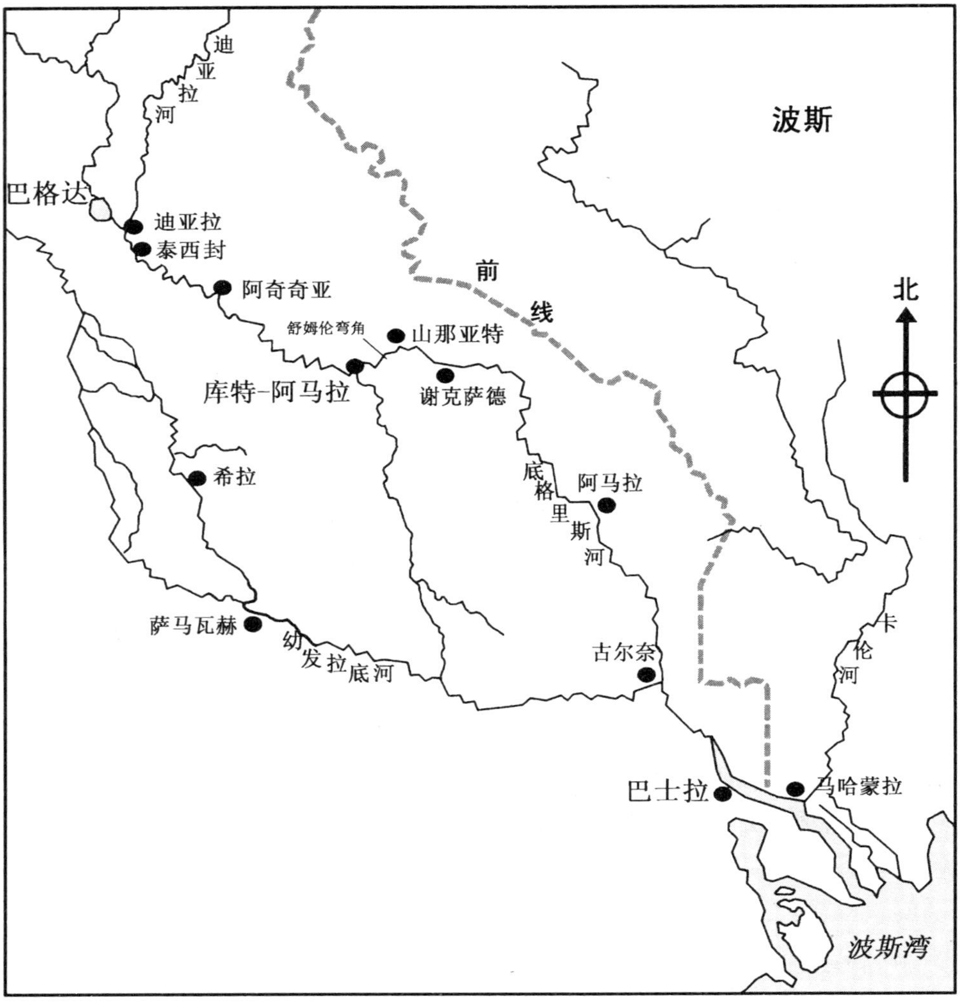

图12　美索不达米亚

成由英军唱独角戏的局面。

1916 年夏秋两季，英军进行着整编与备战。整编与备战工作最先是由莱克（Lake）开始，然后由他的继任者莫德将军作出大幅扩展与增强。莫德上任后致力改善英军士兵的状况，提升体能与训练，整修并开辟危险道路与交通，囤积大量补给与弹药。因此，莫德为他日后持续的攻势，巧妙地打好了稳固的基础，实践了拿破仑的格言。至于他的作战规划，也同样可圈可点，既大胆又周详。我们研究他在开战之初与作战期间的命令，发现计划欠缺果断力其实不在于他的精力不足，却在于过于集权，行事过于保密。但是，即使保密是一种谨慎做法，但似乎也该为（巴格达）攻势在阿奇奇亚停顿一事负些责任。因为连他的交通督导官都抱怨说，即使是他，都未接获这项行动的通知，因此无法预先作特殊准备。

这次“神不知鬼不觉”的攻势，始于 1916 年 12 月 12 日，这是经过精心设计、在底格里斯河西岸的连串“战壕蚕食”行动的第一步。开战之后，莫德先在底格里斯河东岸与土耳其军战壕对阵，然后逐渐沿河将兵力转至西岸，同时朝上游更远处延伸他的防线。终于在 1917 年 2 月 22 日，他肃清了西岸敌军，并将战线延伸至东岸，面对土耳其军的主力位置，也就是在库特上方，从山那亚特（Sannaiyat）到舒姆伦（Shumran）这一段河道弯曲处。因此，土耳其军现在不仅面临由南而来，冲着山那亚特要塞阵地的直接攻击，而且要应付从西岸渡河过来的进攻，这股攻势可能会切断他们的交通路线。但英军在耐心包围土军过程中，遭遇了不少问题，包括错综复杂的土军防御性打击，以及来自西岸土军分遣队的微弱顽抗。于是罗伯逊也不赞同继续进攻了。罗伯逊从国内发来指示，要求莫德停止进一步攻击。我后来从莫德的命令与作战过程中发现，莫德的作战，除了要击败土耳其军之外，他还有意无意间企图破坏罗伯逊的指示。

这场计划周密、耗费不大的作战之所以成功，与 2 月第三周莫德以巧妙手法所下的更大赌注有关。他计划将土军左翼钉死在山那亚特，同时，在舒姆伦河道弯曲处强行渡河，向土军的交通线猛扑。但后来等土军在舒姆伦河道弯曲处的右侧翼被击溃后，土军就边撤边延长了他们的战线。莫德很机警，他了解在山那亚特发动佯攻是没有用的。如果要擒住正被切断的土军，势必要同时向两头发动攻击。不幸他的目的并未达成。英军在舒姆伦的英勇渡河攻击虽然了不起，作战之艰巨却使进展缓慢下来，因此攻击山那亚特并未使土军久困于原地。

即使如此，土军情势仍危急不堪。土军事后承认，“只因为敌军进展缓慢”，才使他们不致全军覆没。延缓英军行动的主要原因是追击的骑兵动作慢而虚弱。这当中，部分起因于莫德控制过度，部分原因在于骑兵指挥官欠缺精力与进取心，此外就是在现代作战环境中，骑兵本就容易受到伤害。2 月 24 日，英军原有一次击溃敌人后撤兵力的大好机会，岂料骑兵师在仅 23 人伤亡下，于下午 7 时零散地奔回营地。之后几天，他们再也无法作战了。他们的理由是需要水以及能抵挡现代武器的装备。他们这样招认似的说法，与其说是伤害，不如说是强调了现代骑兵有限的价值——即使在亚洲地区也是如此。后来英军仅靠海军小船队大胆的沿河追逐，才搅乱土军井然有序的撤退。土军沿河撤退时，可能还配合陆上少数越野装甲车一齐行动。

由于这些战略性的胜利，使莫德批准攻取巴格达的计划。3 月 5 日，他从阿奇奇亚向巴格达进发。部队先在迪亚拉（Diyala）的土军防线前受阻，莫德随即调派骑兵师与第七军渡到底格里斯河的西岸，向巴格达发动侧击。但英军此时又出些差错，使土军一时稳住了阵脚。然而，在英军两股强大的兵力集中进攻下，土军眼看自己力量日衰，战败已不可免，于是他们在 3 月 10 日夜弃守巴格达，沿河北撤。第二日下午，莫德率军进城，在巴格达无数征服者名单上平添了一行新名字。攻下巴格达，对于英国的威信与所有联军的士气具有无法估量的鼓舞性，其效果立竿见影，即使这次战胜仍无法弥补胜利者的失败次数。

第十五章　日德兰海战

4年大战期间，英国不列颠大舰队(Grand Fleet of Britain)与德国海军公海舰队(High Seas Fleet of Germany)只照过一次面。所以正确地说，这两支舰队“彼此曾在交会时，打过一次招呼”。不过，这种声势凛然的“招呼”，到头来却只给人多一些写文章的灵感而已。历史上没有一场战争让人耗费那么多的笔墨。1916年5月31日下午，一支以争取海上霸权为目的的舰队，摇晃地驶向已掌控这片海洋几个世纪的另一支舰队。近黄昏时分，这两支舰队以空前的壮观气势，彼此在摸索中趋向对方；接触，分开，再接触，再分开。然后夜幕降临。但等到“光荣的6月1日”破晓，困惑不堪的“不列颠大舰队”，只在空荡荡的洋面上列队而行。

第一次世界大战期间，英国海陆军将领之间的基本差异在于，海军将领除非确知有初期战胜之可能，否则不轻启战火。陆军将领则不论结果多么不利，都采取攻势。在这种心态下，海军将领坚持他们的战艺(art)原则，陆军将领则不是如此。我们知道，国家选用以作战为职业者领军作战，唯一理由是认为这些人在经过训练之后，已精通战艺。这些人当中，任何拥有充分权威或获上方授意者，即可领军或驱人进入战场；特别是如果他拥有训练有素，可以协助他掌理部队作战的助理人员。这样驱羊入虎口的过程，也许称得上技巧之至，但本质上是粗糙的。一位经验老到的政客从某种角度而言，其本领犹胜不善言辞的专业军人。其实，习惯上运用专业军人领军作战，基本出自一种观念——专业军人有能力运用其战艺，以较少代价获得较大胜利。

只有一种动机可以使指挥官不坚持其战艺真理，这就是国家在紧急状态下的权宜处置。在紧急状态下是由政府，而非其受雇者(employee)来决定是否需要制定政策，以迫使指挥官牺牲其战艺原则，迫使许多人牺牲其生命。奇怪的是，在第一次世界大战中，英国陆军将领渴求战争，他们自愿弃战艺原则如敝屣，不断在不利情况下求战，尽管这与勉强紧随其后的政府意向是相反的。

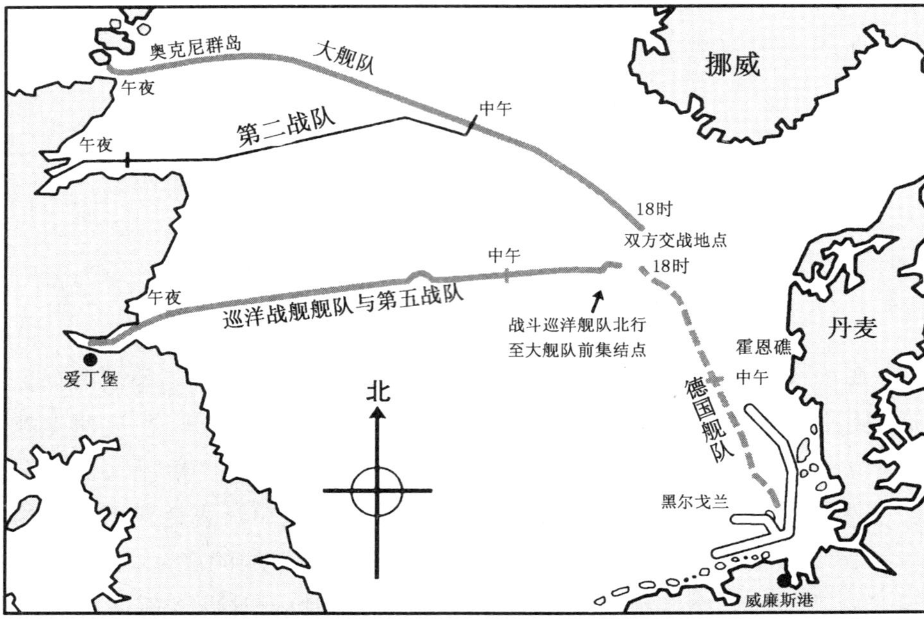

无水雷的通道

图 13 日德兰海战

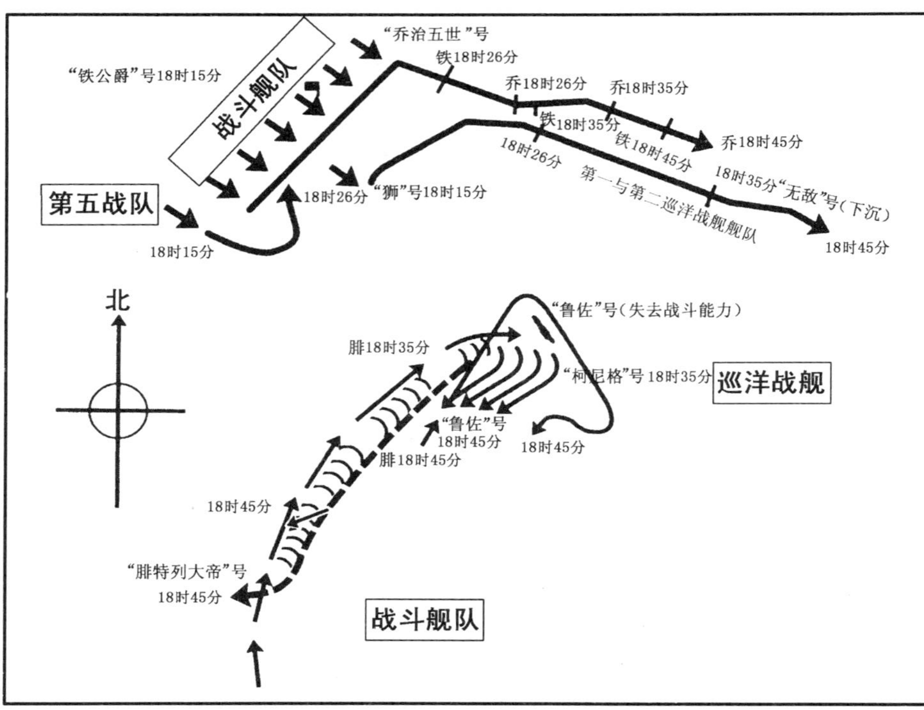

英国海军将领则不同,他们非常坚持战艺原则。以政府而言,有时政府即使虽无优势把握,却兴起明显求战意向。海军将领遇此,即会不顾或逃避政府这种求战意向。即使他们认清状况,重燃作战现实感,仍企图将较重的作战负担丢给陆军。当然,平心而论,如果陆军将领不过分渴望一肩挑起重任,这事也许不会发生。

陆海军将领在这一方面的差异,有一种解释是,也许海军将领在战区最前方指挥,而陆军将领在距离前线很远的后方运筹帷幄。不过,这并不表示海陆军为将者的差异只在于勇气足与不足之间。因为有些陆军将领就像他的属下一样,随时准备牺牲自己的生命,虽然也有人只因为置身较远后方,才显得勇气十足。然而毫无疑问,人的想像力与现实感会被个人实际处境所激发。一位处身这种环境的指挥官,较能了解作战有利之处何在,战机何时消逝,同时,也能更快认出何者不可为。

由于这些差异,人们自然以为海军将领偏好战术,陆军将领偏好战略。其实正好相反。矛盾的现象似乎与和平时期的历练有关。陆军常服务于小驻军部队,活动范围有限。海军则纵横于四海,学习航海,以作为它的技艺基础。对海军而言,地理位置胜于枪炮操典。

到大战爆发,英国海军战略就受制于维持制海权胜于打败德国舰队的看法。不久,英国取得制海权,并成为英国与盟邦一切作战之基础,因为英国的生存命脉就系于此。丘吉尔曾一针见血地指出:“杰利科是唯一可以在一个下午输掉战争的人。”因此,英国海军将打败德国舰队的目标与冀望,永远放在次一级。英国认为,如果英国拥有制海权,就可以使协约国加速迈向胜利,也可以阻止协约国的挫败。德国潜艇之所以能使俄国衰败,以及逼迫英国面临饥饿边缘,完全可以归因于英国海军无法击败德国舰队。然而,如果在企图击败德国舰队的海战中,英国失利,并且严重到丧失战略性优势,英国整个国家也必定失败。

自 1914 年 8 月以后,德国的海军战略是,在英国舰队实力尚未衰退,德国海军战胜的希望尚未转强之前,避免与英国海军决战。德国海军仅依赖水雷与鱼雷等工具,以达到初步削弱英国海军实力的目的。不过,英国海军由于害怕这些水面下的武器不论是故设陷阱或意外碰上,皆有可能戏剧性改变军力的平衡,因此在审慎的英国战略上,已额外提高了警觉度。1914 年 10 月 14 日,杰利科曾向英国海军部发出一封颇具远见的信。他指出,如果海战真的发生,而德国舰队且战且走,他会视此为企图引他入彀的行径;而陷阱中,必有水雷与潜艇伺候;因此,他将拒绝尾随,相反,他将进行快速侧面包抄。换言之,他将避开,以免遭到奇袭。然后,他不仅要解除敌人的最佳武装,而且可能使德国海军势力无法与英国海军相抗衡。这样的算计,可以看出到目前为止,杰利科对于他的作战理论设想多么完整。

德国与英国海军的战略基本方针,与其具体的周围的现实情势极吻合,而问题一直是,要维持这种态势,是否应投入更多的力量与技巧。1916 年 5 月,战争爆发已将近两年,英国舰队仍旧在等待有利的作战机会;德国舰队在所谓达到初步削弱英国海军实力目的上,更是毫无头绪。英国海军除了因碰上水雷与鱼雷而有些微损失,之外大体上比以前更强大。在即将来临的冲突中,英国海军摆出 37 艘主力舰,包括“无畏级”(Dreadnought)战斗舰与战斗巡洋舰的架势,相对于德国海军的 23 艘主力舰。而在主力舰火炮方面,两者区别就更大了。英国拥有 13.5 至 15 吋口径舰炮 168 门,12 吋口径 104 门,德国则只有 12 吋舰炮 176 门。虽然德国海军也拥有 6 艘“准无畏级”(pre-Dreadnought)战斗舰,但是在舰队行动中,大概只够当作英国重炮的炮靶。此外,它们与舰队同行时,只会拖慢原本就比英国舰队迟缓的德国舰队。英国海军另外在巡洋舰与驱逐舰方面也较占优势——8 艘重型巡洋舰与 26 艘轻型巡洋舰相对德国的 11 艘巡洋舰;两者驱逐舰数量之比则是 80 比 63。

其他英国海军自战争开始以来所获的优势是知识方面。英国不仅在偶尔接触中清楚敌人武器的能力,而且发现了敌人的密码。1914 年 8 月,德国轻型巡洋舰“马德堡”号(Magdeburg)在波罗的海被击沉,俄国人从一位已溺死的德国下级军官身上,发现紧抱在其臂中的德国海军密码与通讯簿,以及大幅北海地图。这些密码与通讯簿后来都送到了伦敦。从此英国情报单位都能通过截收敌人的加密无线电讯息,获知许多敌军最新动向。虽然敌人也起疑心,并且更改了密码与地图,但他们的“堵漏”工作,却因英国发明定向无线电,使英国能找出德国船舰确切位置而抵消。这件事就是后来日德兰海战的远因。

1916 年 1 月,舍尔将军在铁毕子海军上将提名下,被任命为德国海军公海舰队的新司令官。舍尔是德国激进战争政策的拥护者。此时,德国一面受到英国封锁的压力,一方面,德国潜艇对英国的封锁因美国威尔逊总统的压力而舒缓。两种原因相加,使德国急于发动海上攻击行动。再者,一支谣传中的英国舰队,将以突袭德国舰队来保护其海岸线。这一消息更鼓舞了德国。5 月中,舍尔将其计划付诸实施。德国派出一艘巡洋舰突袭森德兰(Sunderland)，目的是想引诱部分英国舰队出动。等待攻击的是德国潜艇，后面更有公海舰队作为后盾。潜艇准时出发，不过恶劣气候使德国飞船无法执行侦察任务。舍尔一看失去眼线，就按兵不动了。不久，潜艇也耗光燃料而无功折返。到了5月30日，舍尔决定放弃潜艇骚扰英国海军的计划。他另派出一支包含战斗舰与轻型巡洋舰的侦察舰队（Scouting Force），由希佩尔将军（Admiral Hipper）领军，在挪威外海进行武力威胁。他自己则率舰跟随在视线以外的后方。他估算，这一招将因危及英国的巡逻与运输任务，会引出部分英国舰队，使他握有歼灭英国舰队的机会。31日清晨，希佩尔往北行驶，舍尔尾随于50英里之后方。

早在前一晚，英国海军部已经获悉德国舰队紧急离港，于是命令大舰队也出海。晚上22时30分，杰利科率领舰队主力，朝东驶向挪威外海50英里的会合点，以便与从英国北方因弗戈登（Invergordon）出发的杰拉姆（Jerram）分遣舰队会合。至于比提所指挥的战斗巡洋舰队，包括4艘最新式，实力大增的伊丽莎白女王级战斗舰，几乎同时从爱丁堡附近的罗赛斯出港。杰利科命令他们在31日下午14时到达主会合点南南东方69英里处待命。如果这里无法见到敌舰，杰利科准备向南驶往黑尔戈兰湾，同时要求比提驶近到视线范围内。

比提在规定时间到达会合点。刚要往北转向，朝杰利科方向驶去的时候，舰队中一艘担任护航的轻型巡洋舰“加拉提”号（Galatea）看到一艘孤零零的商船。比提决定暂且不转向，继续往东南东方向行驶，以便察看这艘商船动向。其实这是命运弄人的第一步。同时，一艘为希佩尔舰队西侧翼护航的德国轻型巡洋舰也看到了这艘商船，也一样决定一看究竟。没多久，不期而遇的对手彼此照面了，并且马上都向他们的上司报告。我们不得不说，这艘不可思议的商船不仅促成日德兰海战，而且使英国到手的决定性胜利也飞了。因为这次不期相遇如果从未发生，英德两支海上武力将要驶至很远的北面某处才会遇上。到那时，德国海军已远离其庇护所，真的走近杰利科强有力的两颚中间了。

现在，分秒必争。对于双方如何运用时间，各种尖刻的争议说法都有。虽然英德双方评论家都曾是职业海军，但对于1916年5月31日下午的北海含糊不明的状况而言，多数评论似乎不切实际。

下午14时20分，“加拉提”号发出信号，“发现敌人巡洋舰2艘。方位东南，航向不明”。14时32分，比提再转向东南，准备切断后退中的敌人巡洋舰归路时，就听到远处“加拉提”号的发炮声。不幸，在 5 英里后方尾随的艾文-汤玛斯（Evan-Thomas）战斗舰分遣舰队，却因本身的烟雾，以及静风的关系，未见比提所升起的转向信号旗。结果，艾文-汤玛斯一直到 14 时 40 分才转向，并且发现自己已落在比提的战斗巡洋舰队后方 10 英里。

有人认为，信号应使用更简洁有效的探照灯闪光信号。这说法是无可辩驳的。也有人认为，艾文-汤玛斯应该自己主动转向，因为他必然看到比提转向——但根据他所发的命令，以及从他不知道比提的战术意图来看，这说法似乎具有高度争议性。另外，有人坚称，第一，比提自己应该提早行动；第二，他应该让艾文-汤玛斯有机会靠近——不论是艾文-汤玛斯转向，他继续朝北行驶，或更好一些，在自己转向之前，先驶向艾文-汤玛斯。不过这些理想说法，从身心角度而言，也许都过分忽视了当时情形。由于过去几小时未见敌踪，杰利科与比提都认为遇敌希望渐消；同时海军部发来的消息也表示，经他们利用无线电定位，发现敌舰仍停留在锚地。就因这两个原因，使杰利科与比提都只优闲巡弋着。这是另一项不幸的失误。

如果要公正评价这一混沌不明的情势，比提似乎都能在合理情况下，迅速做出决定。依据过去的经验，他有充分理由担心德国巡洋舰会从身边溜走，没有理由认为他们后面会隐藏着更大的兵力。最多，他认为可能遭遇德国战斗巡洋舰；但他们总共只不过 5 艘，而自己却有 6 艘这种军舰。总之，即使他的性格急躁，不长于算计，他的经验与当时整体战略形势，仍可为他未尽力提前行动作一辩解。

比提发现敌人巡洋舰正跟随“加拉提”号往西北行驶之后，就慢慢改变航向为东北。于是他与希佩尔的舰队都往同一方向集中；到了下午 15 时 30 分，他们都进入了彼此视线。希佩尔立即掉头朝他自己的战斗舰队行驶，比提则及时转为与德舰平行的航向。15 分钟后，双方以 9 英里距离相互开火。由于光线黯淡，英舰未算准距离，不仅未利用到优于德舰炮射程的舰炮优势，而且准头尽失。相反，西方的晚霞突显了英舰的轮廓。下午 16 时刚过，英舰被狠狠击中。一枚从希佩尔的旗舰“鲁佐”号（Lutzow）上发射的炮弹，击穿了比提的旗舰“狮”号（Lion）的舰体中段炮塔。陆战队的哈维少校（Major Harvey）双腿被炸断，阵亡前他利用话筒下令灌水进弹药室，方使军舰逃过爆炸一劫。但是“不倦”号（Indefatigable）遭到德舰“冯得坦”号（Von der Tann）3 枚齐射的炮弹击中；它立即脱离战列，但不久再次被击中，舰体整个翻覆过来，随舰沉没了 1 000 名官兵。所幸在这紧要关头，艾文-汤玛斯兼程赶到现场，进入射程后就对德舰射击。他精确的火力，搅乱了德舰的精准度。不过，由于英舰炮弹的品质较差，未及穿透德舰装甲就已爆炸，使德舰免于重创。16 时 26 分，德舰又有斩获。英国战斗巡洋舰“玛丽女王”号（Queen Mary）遭到一群炮弹击中后爆炸；军舰连同舰上 1 200 名官兵，在 800 呎冲天烟雾笼罩下，葬入海底。至此，比提此时的战斗巡洋舰数量与德舰的 5 艘相比，已由 6 艘减为 4 艘。几乎在同时，“皇家公主”号（Princess Royal）被一阵不祥烟尘与雾气所遮蔽，“狮”号上的一名信号员见状只言简意赅说了一句，“报告，‘皇家公主’号爆炸”。比提听了也冷冷地对他的参谋长说：“查特菲尔德（Chatfield），今天我们这些混蛋船好像有什么不对似的。左转两个方位点。”于是，更接近敌舰了。

我们要向比提的“处变不惊”态度致敬，虽然危机早因艾文-汤玛斯加入战斗而告解除。艾文-汤玛斯严重打乱了舍尔原先要引诱比提入瓮的计划。舍尔原准备在自己的舰队与希佩尔舰队之间生擒比提，现在只好直接驶去支援希佩尔。

16 时 33 分，在“狮”号前方两英里由古迪纳夫（Goodenough）指挥的轻型巡舰队发现东南方有战斗舰出现，立即通知比提。古迪纳夫大胆维持原来航向，他先确认来者确为德国海军公海舰队，然后以无线电直接向杰利科报告状况。杰利科这时已快马加鞭朝比提赶来。

比提自己也继续保持原来航向。16 时 40 分，他看到舍尔的战斗舰群。然后北转，朝杰利科方向驶去。这一转向，时间算得很准。现在变成饵的比提舰队，位置刚好处于能让舍尔看到，炮却够不到。这次转向仍使用信号旗通知艾文-汤玛斯；妙的是，艾文-汤玛斯舰队这次又没看到。因此艾文-汤玛斯仍往南驶，直到与往北驶的比提交会，才知怎么一回事。不过已经来不及了，他已经进入舍尔先头战斗舰群火炮的射程。这下，他与比提都变成了饵，于是，他只得往北且战且走，并成为比提的盾牌。

在比提舰队连续不断绕着一点转向时，有两艘驱逐舰曾英勇攻击敌人，从而为比提解除了部分危险。这两艘失去战斗力的驱逐舰，在漂流到敌人战斗舰航线上之后，英勇且大胆地发射他们最后的鱼雷，然后被敌炮撕成碎片。德国驱逐舰倒颇有骑士风范，见状也停舰救人。

同时，这两支大舰队彼此都急速相向行驶。只是，杰利科知道敌舰正在接近，而舍尔不知情。但杰利科也只晓得敌舰正在接近，并不知道敌舰确切航向。不过，杰利科对自己舰队的部署，非依靠这些详细资讯不可。但此时北海正笼罩着一片雾霭，对英舰身心都是威胁。领军北驶的比提，不但与舍尔舰队失去接触，连希佩尔舰队的去向也不明。其实后者现在正在雾气中与比提的航向，略作平行行驶。艾文-汤玛斯虽与舍尔保持接触，却未发出任何报告。杰利科仅在英舰刚开始后撤时，接到过古迪纳夫四次电讯、比提的一次。不过比提的无线电设备曾被击中，所以当时的电讯系经由另一艘军舰转发。其实，后来批评者夸大了英舰缺乏敌人讯息的重要性。德舰事实上并未改变过航向；真正问题出在英舰算错自己的位置——杰利科与比提的旗舰都出了错。结果，等杰利科与比提彼此进入视线时，“狮”号竟比杰利科预计的位置偏西7英里。如此一来，德舰变成在杰利科舰队右舷前方出现，而非预期的正前方。如果比提舰队报告舰队位置更频繁些，可能使杰利科舰队作出更精确的位置计算。

杰利科舰队是以两侧宽达4英里的6条平行纵列——像6条长长的梳条一般的紧密队形，朝南挺进。这并非战斗编队；因为在与敌舰面对面行驶时，这种编队只能以最低火炮数朝前发射。若要发挥最大火力，必须以船舷侧面面对敌人。所以，若发现敌舰迎面而来，每一纵列只能左右转向，使整个舰队调转成一直线，以舷侧向敌舰射击才行。大舰队只需4分钟就可完成转身，但条件是，敌人必须要刚好在适当位置上。如果敌舰驶向一侧，这办法就不行了。变通办法是，通常让这一侧边纵列继续向前行驶，而其他平行纵列则都转至这一纵列的后方尾随。在这种情形下，整个舰队仍有办法在4分钟内首尾相连锁；只是，要拉成整齐的一直线，可要多出许多时间。

现在让我们看实际如何。杰利科先已派出胡德(Hood)指挥的第三战斗巡洋舰队支援比提，但由于前述的位置错估，使他们往东远驶。因此无意间，英国舰队形成了一个陷阱的上颚。而不知敌情的希佩尔舰队正一头向此驶近。同时，希佩尔虽然看不见比提，却仍与比提作平行行驶。下午17时40分，希佩尔突然又看到正在偏西行的比提，比提立遭攻击，并赶紧转东。然后，希佩尔就听到敌舰正在向他的轻型巡洋舰开火。他惊觉情况不对，于18时34分调头往东南行驶，却发现只是4艘胡德的驱逐舰在攻击他的轻型巡洋舰。他直觉认为这4艘驱逐舰应是杰利科主力舰队的尖兵。因此，他再度转向西南行驶。

同时，杰利科与比提要到17时45分才见到面，虽然他们的前导轻型巡洋舰已在17时30分，相距5英里就有视线接触。18时零1分，杰利科以闪光信号询问比提，“敌战斗舰队何在?”没有回答。比提正忙着寻找他的对手——希佩尔的舰队。原来希佩尔舰队正在洋面上画出一条长长的、与他平行的波痕，紧随在他的后方。而这条航线会使比提切过杰利科舰队的前端。18 时 10 分，杰利科重复他的询问；4 分钟后，比提几乎与艾文-汤玛斯同时向杰利科报告敌舰方位。杰利科从两份报告中，判断出舍尔大约的位置。只是，舍尔的航向与他的航向不同，而是一条紧随在希佩尔后方的西北航线。

杰利科在比提报告后不到 1 分钟，决定命令他的左翼散开成战斗队形。两分钟后，他的右翼向左转向，同时向德舰开火。这里就有值得争议之处了。有人说，杰利科应该早点下令成战斗队形。但这等于在状况不明下动作。这会使他处于不利。也有人说，他应该下令右翼散开成战斗队形。如果他准备先通过敌舰航线前端，这样做，反变成他要冒险让敌舰抢先一步横越他的航线前端；而且有一点可以确定，22 分钟后，等队形线条拉直，舰队可能仅有部分军舰可以开火。丘吉尔则表示，杰利科可能曾下令中央某一部分成战斗队形。因此在面对接近中的敌舰时，他除了使战斗队形以适中的紧密度排列之外，更节省了 7 分钟时间。然而，如此调兵遣将，是既复杂又不老到；至少妨碍了队形尾端左支部的舰炮发射。

杰利科的实际部署方式，倒可确保他有时间通过敌舰航线前端。这是史无前例的极度惊险的“横 T”。同时，等舰队鱼贯成连锁一线的时候，没有一艘战斗舰的火炮发射受到其他舰只的阻碍。所有批评当中，没有一件可以实际指出杰利科在这次距敌较远处展开的战斗部署中，曾失去交战机会。相反，他逼近了德舰。因为舍尔曾认为，除非条件有利，否则无意与大舰队作战。

舍尔由于一度被附近巡洋舰的烟幕阻挡，看不到外界状况。18 时 30 分，在他刚作出一百八十度掉头动作时，看到杰利科似乎以“T 字”航向正从他前方交叉而过。德舰的紧急操作，动作漂亮；从最后一艘军舰开始，舰队几乎同时一艘接一艘紧接着完成掉头。这样可使整个舰队在最短时间内，溜出英舰射程。其实，他仓促间这样做，主要是他误将胡德的战斗巡洋舰队当作杰利科的前导战斗舰队。因此，他以为英舰所有动作都提早了。他这一步出错，反使杰利科处于不利。杰利科在 18 时 29 分已经向他的舰队发出讯号，要求各分队转向南南东行驶，以免太接近敌舰。后来却因舰队尾部未能拉直而取消命令。这样，一直到舍尔以鱼雷攻击与烟幕掩护，翻了一个大“筋斗”掉头之后，杰利科的队伍仍未排列整齐。舍尔后撤进入烟幕中几分钟，然后藉海面的雾气隐遁。虽然他的几艘前导战斗舰在掉头之间曾遭英舰重击，却只有希佩尔的一艘轻型巡洋舰“威斯巴登”号（Wiesbaden）被击沉。但希佩尔再次击沉一艘英国战斗巡洋舰“无敌”号（Invincible）与一艘重型巡洋舰，而且都很快沉没，然后，德舰退隐无踪。

然而，舍尔的向后西撤，出现一个关键性状况，他远离了自己的基地。如果杰利科曾以任何其他方式展开作战队形部署，舍尔即有可能见到英舰在他的侧翼。如果这种情况真的出现过，舍尔就不会一百八十度翻身回转，而只朝右转①，也就是往自己的基地撤退了。因此，舍尔掉头大转向，是天赐良机给杰利科，让杰利科有机会切断舍尔的退路。除此之外，舍尔的位置，现在变成面向西方夕照了。

杰利科舰队马上利用机会，在舍尔舰队6英里后方紧追不舍。但现在距离日落只剩两小时，即使猛追，胜算希望也不大。同时，杰利科的战斗舰队将暴露在敌人水雷区与鱼雷攻击的危险之下，这本是杰利科所尽力避免的。

于是，到了18时44分，杰利科下令各分队转向东南，以便重新调整编队为六纵列，由左至右呈阶梯排列往回驶。此后15分钟内，他为使舰队以和缓的曲线，绕到目前看不见的德国舰队与其退路之间，曾两度作部分转向。但即将来临的黑夜与益发浓密的雾气，使他徒有一身精湛航海技术而无斩获。但事后有一种听来似乎合理的说法是，不论是比提自己主动，还是因为杰利科下令，原本担任战斗舰队眼线的战斗巡洋舰队，曾经以比战斗舰队更小半径的转弯，企图与敌舰保持接触。其实当时战斗巡洋舰距离敌人的距离，比战斗舰队更远。

然而，德国海军这时自己却走起险棋。当德舰脱离敌人陷阱之后，立刻又走入由于自己失算所造成的陷阱。舍尔在向西行驶20分钟之后，突然又回头往东行驶。并在刚才同一地点破雾而出。他在随后的新闻专电上，声称他这样做是为了保持主动与德国的威望。他企图进行第二次攻击。这一声明，简直使他信誉扫地。因为好的战术家，是不会以这种理由将舰队驶入占优势的英国舰队中央。合理推论是，他曾想穿越英国舰队的尾部，以便找机会痛击部分英舰，然后夺路回家。就像前面提到过的，他以为胡德分遣舰队是战斗舰队的先头部队，以致他多估了战斗舰队移动的距离。因此，当舍尔在午后19时10分破雾而出时，刚好面对成梯队的英舰中央部分。

在这种情形下，英国舰队的后部最接近德舰。于是后部首先开火。当时双方距离仅5英里。随后几分钟，英舰大部分主力加入了炮战。但这时杰利科也许过度担心部分舰队暴露于敌火之下，他下令后面的各分队跟着他转东

① 往南。

行驶。一时之间,他拉远了与敌舰的距离。这时,舍尔也不恋战,也决定拉开双方距离。其实他正急着驶离杰利科的占优势的区域。因此他在烟幕与驱逐舰攻击的掩护下,虽然不像之前那么干净利落,不仅又来一次一百八十度筋斗,而且再度驱策他的战斗巡洋舰"亡命"而行。

驱逐舰是舍尔克服困境的最有效工具。杰利科在很远距离之外,就发现德国驱逐舰在发射鱼雷。杰利科立即转向两次,每次各两个方位点(共22.5度),以闪避鱼雷攻击。这是一种实施已久的操作办法。海军大多数都认为这样转向是最佳的临机处置。只有少数人反对,他们认为鱼雷的危险性被高估了,采取闪避动作是不顾战斗舰的攻击性价值。这些看法孰是孰非很难定论。我们只能作出合理结论——倘使海军倾向谨慎至上论,等于承认战斗舰的弱点,它的攻击行动很容易被廉价的武器所瘫痪。在日德兰海战中,谨慎至上论站得住脚,是因为英军只有一艘战斗舰遭鱼雷击中。但持战斗舰无敌论的少数派在此也说得通,他们认为这艘战斗舰只受微伤,所以仍在战列中屹立不倒。

德国舰队以驱逐舰攻击确保自己安然离去。这不只是最有效、而且是最廉价的办法。其间,仅一艘驱逐舰被英国轻型巡洋舰反击而沉没。然而同时间,德国战斗巡洋舰却损失严重。希佩尔的旗舰"鲁佐"号战斗巡洋舰早在"亡命"开始之前,就动弹不得了。其他4艘则在舍尔发令召回,以免被歼灭之前,数分钟之间就相继被英舰击中。

驱逐舰攻击的战术效果是,德国舰队西行,而英国舰队反其道而行。15分钟后,杰利科知道鱼雷攻击已过,于是改正他的反向航线。只是他现在几乎是往正南行驶。这样一直要到19时,他才再度西行。这一耽搁,就让人有话说了。有人认为,若要切断敌舰归路,最好一面将敌舰驱离自家的海岸线,一面保持接触,这样可使德舰减少趁黑夜溜出英国的机动障碍线的机会。

有一派的批评,非常重视19时40分再次发现敌踪之后的情形。比提于19时50分进一步电告杰利科:"让先头部队的战斗舰紧跟在战斗巡洋舰后方,这样我们可以切断敌人整个战斗舰队。"这听起来很对,但是实际上等电文解码送到杰利科手中时,杰利科已经使战斗舰队完成西行转向操作;而根据比提此时的最后信息,比提是在往西南方向航行。再者,德国舰队其实此时返回基地的归路已经被切断。也许比提是想要"拦住"德国舰队——也就是他对自己的轻型巡洋舰所下达的下一项命令,想找出目前正往南行驶的敌舰航向。后来在20时23分,他真的靠自己舰队的火力拦截到敌舰,并且使德舰立即再度转向西行。虽然这趟的遭遇，阻断了德舰的南行计划，却让德舰在稍后悄悄溜过英国舰队的尾部。

说来，英舰唯一一次接近德舰的最好机会，在 19 时 20 分彼此反向而行之后的半小时里消失。迄今未解的重要问题是，杰利科在黑夜中，是否有能力继续阻断德舰返航的路，从而使他在翌晨拂晓，利用整日的日光重新与德舰交战？然后利用如今已是强上加强的战略性优势而获胜？

到了晚上 21 时，夜色铺天盖地而来，日光不但愈显昏暗，而且简直“盲”然一片。战斗舰失去它们的射程优势，鱼雷艇却可在最少危险程度下，接近猎物。然而所有船舰都已敌友难分了。

杰利科不冒夜战风险是明智的。因为这样做会把他的双利——强势兵力与战略性优势变成纯粹赌博。因此，他现在要解决的是，如何在天明前的 5 个半小时里，不让敌舰找到回家的归路。预计中有 3 条路径德舰可能去碰。每一条都会通过黑尔戈兰湾与德国港口之间水雷区中的一条清除干净的通道。第一条，在黑尔戈兰湾东方，需先经过霍恩礁（Horn Reef），再南下到弗里森群岛附近的海岸线（Frisian coast）；第二条，较靠近中央位置，须经过黑尔戈兰岛；第三条，偏西南方向，进入德国海岸线之后，往东经过埃姆斯河口（Ems）。从海战现场经第三条路径回家的距离为 180 英里。由于这条路最远，德国佬表面应当最不可能选择它。但杰利科认为兵不厌诈的敌人有可能走这条路。不过有一点会使德国人放弃这条路径，那就是德国舰队的速度远比不上它的速度。如果德国舰队拥有与英舰相同，或更高的速度，德国舰队会利用埃姆斯河口这条路，因为这条路有更多机会可以趁夜脱逃。现在少了速度优势，他们只得冒更大危险采取较短路径回港了。

在此，杰利科出现一个问题，他有能力将其中两条路堵紧，却无法同时顾到三条。尽管如此，他一条也不愿放过。于是他选择一条尽可能三条都能顾到的，像管区警察“巡逻路线”般的折衷航线。如此一来，德国舰队真的只有另辟蹊径了。他们被逼得只能悄悄溜过杰利科后方，然后走霍恩礁通道回家。因此，可以料想得到，杰利科这时必然特别警觉他后方的任何风吹草动。

晚上 21 时 17 分，杰利科下令采取夜间巡航部署——战斗舰拉近间距，成三列平行纵队前进。舰队朝南行驶，速度 17 节。驱逐舰都聚集在战斗舰队 5 英里后方，延伸了移动中的海上堡垒的部署，为敌人鱼雷攻击设下屏障；最重要的是，避免黑夜中敌友之间的错认。由于自家人的战斗舰与驱逐舰相距至少 5 英里以上，黑夜中本是彼此不相见的；如果这时战斗舰看到驱逐舰杀出，或驱逐舰看到了战斗舰,可判定所看到的朦胧舰影必是敌舰。比提早已将战斗巡洋舰部署在战斗舰队西侧翼,也即敌人侧翼的前端。比提的夜间部署,具有历史性的意义。这样的部署,可打消德国舰队从英国舰队南方通过的企图,并可能进一步激发英军对于敌舰从其舰队尾端通过的敏感心。此时不列颠大舰队的编队,可以用传统英国国徽的狮子外形来引喻。比提的战斗巡洋舰与轻型巡洋舰是狮子的鼻与耳,驱逐舰则是狮子的尾部。鼻子什么都闻不到,耳朵可以听到一些,尾巴则长条扭曲着。狮子本身仍威严十足地坚定冷静,但妙的是,连在这支纳尔逊舰队般的英国舰队附近航行的德国舰队,也一样沉着而无动于衷。

首先我们看看舍尔的意图。舍尔的意图简单不复杂。就凭这些,简化了如何避开英舰的问题。由于黎明之后,前景危急,因此,他的绝望感鼓舞了他的意图。他自忖,如果要经最短的路径,也就是经过霍恩礁路线返航,损失必会很严重。他准备突破英舰的阻挡再说。舍尔不像杰利科,他至少感觉,如果采取显眼的航路,不如夜战。夜战倒是有些运气的,而且可能因此溜出英军的天罗地网。为了使希望成真,同时增加安全性,他将已受战损的战斗巡洋舰与旧式战斗舰调到后部,让驱逐舰与轻型巡洋舰充当舰队前锋。

景布好了。海上巨人会不会应声出台打一场盲目的夜战?期待吧。但漆黑的舞台,只传来小丑的叮当铃声。等旭日升起时,舞台已是空荡荡的。

铃声最先在晚上21时32分响起。比提的旗舰"狮"号看到"公主"号的询问闪光灯号,"请示口令,敌舰已失踪,请立即答复"。"狮"号的复文内容,似乎被敌舰瞧到一些。半小时之后,正带领一小队英国驱逐舰前进的"卡斯特"号(Castor),发现几艘巡洋舰主动以当日英军部分密语向它盘问。没多久,巡洋舰就打开探照灯开火,"卡斯特"号也同样以火炮回敬。但有几艘英国驱逐舰就因无法辨明巡洋舰真实身份而未发射鱼雷。丢失这次机会,后果可就严重了。从夜晚22时20分到23时30分,英国舰队尾部连续遭敌袭击。德舰企图挤进来夺路而走。22时20分,德舰先"推挤"古迪纳夫所指挥的轻型巡洋舰队。受重损的英驱逐舰"南安普敦"号(South-ampton)随即发射鱼雷,将德国轻型巡洋舰"坚贞"号(Frauenlob)击沉。德舰悻悻离去。随后1小时,英国驱逐舰损失颇重,并且造成一片混乱。轻型巡洋舰"艾尔宾"号(Elbing)被战斗舰"波森"号(Posen)撞沉①,同时间,英国驱逐舰"喷火"号

① 两艘都是德舰。

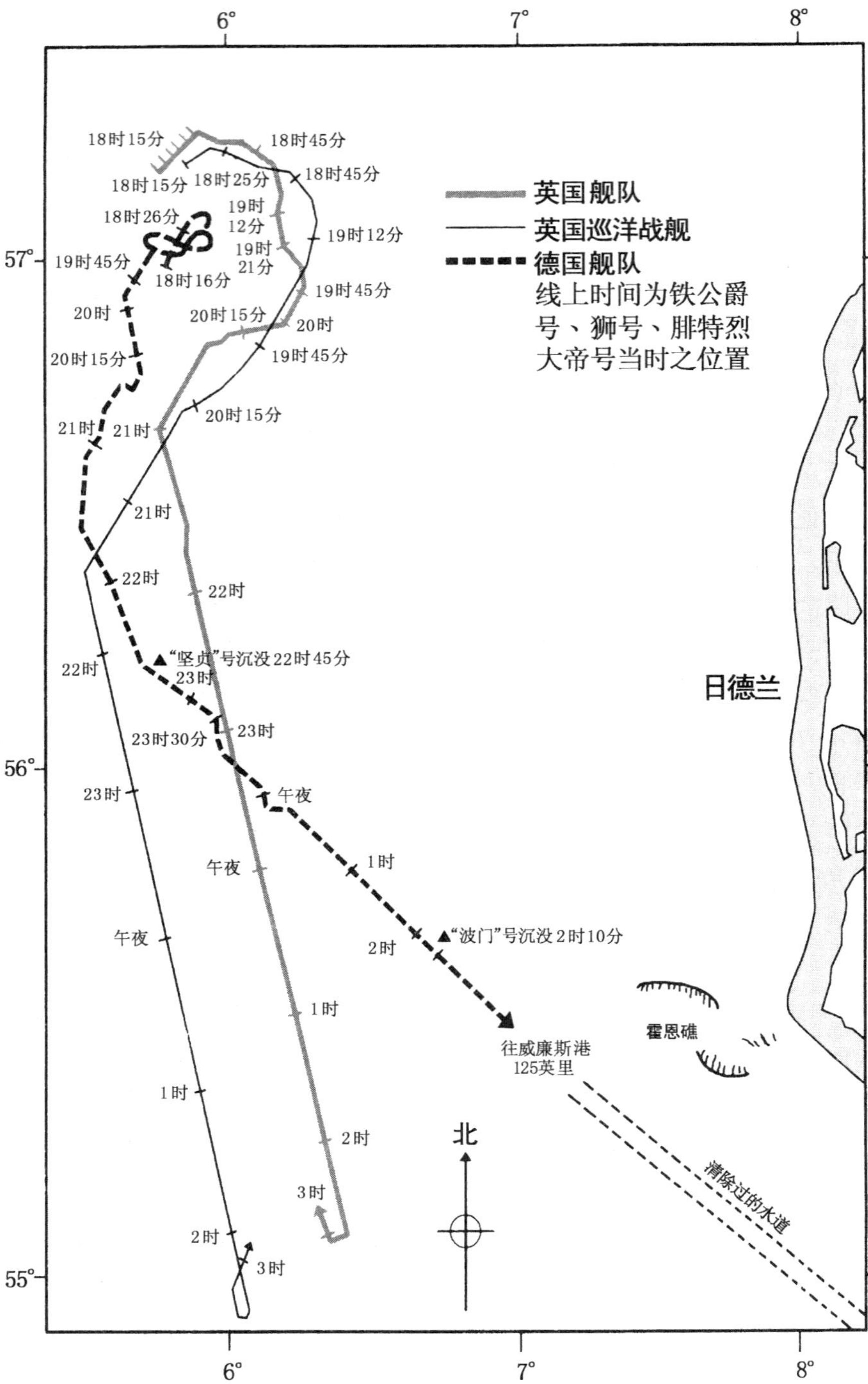
英国舰队
英国巡洋战舰
德国舰队
线上时间为铁公爵号、狮号、腓特烈大帝号当时之位置
日德兰
霍恩礁
往威廉斯港125英里
清除过的水道
北
"坚贞"号沉没22时45分
"波门"号沉没2时10分
18时15分
18时45分
18时25分
18时26分
18时16分
19时12分
19时21分
19时45分
20时
20时15分
21时
22时
23时
23时30分
午夜
1时
2时
3时
6°
7°
8°
57°
56°
55°

图 14　日德兰

(Spitfire)就如其名,猛撞德国战斗舰“拿索”号(Nassau)。“喷火”号不只撞了就跑,而且带了一长片“拿索”号的装甲回来,作为其英勇战绩的佐证。德舰再度退避。但到23时30分左右,德舰卷土重来,虽然此后1个多小时英舰击沉4艘德舰,最后德舰仍突破得逞。

英国驱逐舰队的奋战,英勇有加,但上级所获情报少得可怜。鏖战中仅有的一份报告,是22时15分由古迪纳夫向杰利科发出的;然而由于“南安普敦”号的无线电被击毁,杰利科直到午夜前23时38分方才收到这份报告。虽然轻型军舰在激战中有理由无法将报告发出,在旁观战的其他军舰竟也一字未发就难以理解了。更有甚者,同时在主舰队后方的另一批英国军舰——担任中间联系的艾文-汤玛斯第五战斗舰队对于德舰的持续攻击也了若指掌。该舰队殿后的两艘战斗舰,根本就看到了跟随在后方的德国先头部队战斗舰。“英勇”号(Valiant)在23时35分有如下记录,“发现两艘至少双烟囱,中央部分配备起重机的德国巡洋舰。它们显然高速向东行驶”。其实,舰身中央装设起重机的,明显是德国“韦斯特发级”(Westfalen)战斗舰。英舰将舰身中央装有起重机的错认为巡洋舰是不可思议的事。5分钟之后,“马来亚”号(Malaya)也有一段记录,“右船尾3个方位点外,发现巨型敌舰。航向与本舰相同”。该舰所看到的,必定是正在回避英国驱逐舰鱼雷攻击,暂时转向的敌人战斗舰。“马来亚”号曾以“显眼的起重机”字眼,记录位置在前面的一艘军舰;并且正确推论,敌舰“显然是‘韦斯特发级’”。然而,“英勇”号与“马来亚”号都没有将所见所闻向上级报告。它们显然以为,在它们前方的旗舰“巴汉”号(Barham)也同样看到了敌舰。至于“巴汉”号为何未见敌舰,迄今不明。但有一事实无可否定,第五战斗舰队并未向总司令官发出只字片语。

至于究竟有无情报曾促使杰利科提高警觉,或付诸行动?答案是,情报是有的。英国海军部曾向杰利科发出两份报告。内容都与截收到的德国舰队无线电讯有关。第一份指出了德舰在晚上21时的位置。但这份情报由于出错,所显示的位置不正确,故无价值可言。杰利科因此对于第二份精确过头的情报,也兴趣顿失。第二份情报向杰利科表示,德国舰队已于晚21时14分接获归航命令;情报并详述德舰部署方式、航向与速度。只是,这份电文也漏报一桩关键性军情。敌军有几份电讯都提到一件非常重要的事实——当天白天,舍尔曾要求德军在霍恩礁附近进行飞船侦察。其实,从这里就可嗅出舍尔十之八九的避险路线。

这份电文于23时5分收到。经解码程序,杰利科于23时30分读到电文。另外尚有一份电文是在 23 时 30 分收到，所以杰利科读到它的时候，比海军部的电文稍晚。这份由轻型巡洋舰“伯明罕”号（Birmingham）发来的电文，表示它“发现可能是敌方的战斗巡洋舰”，先朝南，然后相当偏西驶离。可惜“伯明罕”号发现敌舰时，德国战斗舰已躲开英国驱逐舰的鱼雷攻击而转向离去。如果杰利科不相信海军部电报，因而未采取任何行动，至少应重视后面两则来自“南安普敦”号与“伯明罕”号的报告。

令人称奇不解的是，杰利科必定对舰队后方明显的战况视若无睹。先不谈“南安普敦”号与“伯明罕”号的两份电讯，他的旗舰与其他战斗舰群都曾发觉有反复出现的炮声与火光。虽然他们从火炮的声光，判断是一些轻型炮在发射，而且事实也是如此，表示没有敌人战斗舰只在场，但这不能证明敌人战斗舰一定不在场。因为德国战斗舰在夜间遇上英国轻型舰只时，本就不必使用“牛刀”——以重型舰炮应战，必定改用轻型舰炮。更奇的是，在这段时间中，杰利科仅发出过一次查询讯号。22 时 46 分，他想知道火炮声光来自何处而进行询问。不过在讯号中，他竟先入为主暗示混战只是敌人驱逐舰的攻击。总而言之，虽然杰利科缺乏确切情报与他属下的疏失有关，但他自己也应负起欠缺警觉心，以及助舍尔一臂之力之责。

这场小混战过后，双方又发生一次更严重的接触。然后德舰终于安全脱离困境。在黎明前微光中，德舰曾被斯特林（Stirling）上校指挥的第十二驱逐舰分队发现。斯特林与其他人的反应相比，是个例外。在与敌人交战之前，他就向杰利科发出了无线电报告。时间是清晨 1 时 52 分。他稍后以鱼雷击沉德国战斗舰“波门”号（Pommern），其战功压过整个不列颠大舰队。但是他的报告，可能由于无线电出了问题，并未到达杰利科手中。因此，英国战斗舰队仍一副宁静无事状，继续南行，而德国舰队则兼程返航。

到了清晨 2 时 39 分日出时分，杰利科转向北驶，企图遇上敌人，发现只是一片空荡荡的海洋。之后，海军部又传来电讯，说德国舰队已接近霍恩礁了。这下，杰利科方信一切是真。于是急忙搜寻落后的敌舰，什么也没发现。不列颠大舰队就此返航，全部海战到此也告一段落。英国海军总计损失 3 艘战斗巡洋舰、3 艘重型巡洋舰与 8 艘驱逐舰；德军则损失 1 艘战斗舰、1 艘战斗巡洋舰、4 艘轻型巡洋舰与 5 艘驱逐舰。英方人员伤亡 6 097 人，德方 2 545 人；英方被俘 177 人，德方无人被俘。

因此，第一次世界大战唯一的一次海战在杀戮者长条的清单上，算来竟是小小一项杂项。以战争视之，简直微不足道。追溯当年情形，在这次海战结束的两年半之后，德国舰队最终以不流血投降，想来并不合情理。它似乎混淆了某些因果关系。因为即使日德兰海战并未鼓舞德国人海上决战之心，但也未使德国人打消过这样的念头。海战中，他们赢得第一阶段胜利，他们击沉了英国战斗巡洋舰；优越的火炮射击术，使他们获得“水准以上”的称誉；第二阶段中，敌人虽然以智取胜他们，使双方拉平；然而在第三阶段战局中止前，他们又几度施计成功。由于对手强劲，德国舰队并不期望获得最后胜利。其实海战在这种情形下中止，至少留给他们自认战技不错的感觉。德国海军在海战之前，只能算是未经考验的新手。面对战绩无与伦比，富有“纳尔逊传统”的英国海军，德国海军自然满怀低人一等的心结。日德兰海战则驱散了德国海军对于未知战局的生涩恐惧感。

12 个星期之内，德国舰队对英国发动了一次更大胆的行动。8 月 19 日，德国舰队在飞船巡逻掩护下接近英国海岸，以炮轰森德兰为饵，企图诱出不列颠大舰队南行，进入其潜艇的陷阱。这次作战又因英国海军的谨慎，与一件意外而收场。其间，杰利科获悉比提手下一艘巡洋舰遭到鱼雷攻击之后，以为舰队驶入了新布的水雷区，于是掉头北驶了两个小时。当他再转向南方，德国舰队已远去。原来舍尔接到一份报告，指出有一支实力强大的英国舰队（其实只是从哈里奇〔Harwich〕出发的轻型舰队）从南北上，于是仓促中以为这就是不列颠大舰队。他认为，果真如此，表示英国舰队不但躲过了他的陷阱，而且情势逆转，将堵住他的归路。因此他走为上策。

对于英国海军而言，这场胜负不明的日德兰海战最好从未发生过。但承认这一点，除了令人不快之外，毫无疑问它会贬抑英国海军在盟邦以及在本国舆论面前的声誉。即使振奋人心的个人英勇战功，以及强调英国继续保有海上优势，都无法弥补它所带来的威信损失。所谓海上优势，原是确保德国终止战争的主要力量。但英国海军在大战期间从未打过一场足以使费时费力、杀戮无数的陆战缩短时间的胜仗。事实上，只要英国海军继续坚持其消极优势政策，日德兰之类的海战，只能确保一些毋须作战就已可确保成功的事。

整体而言，在技术方面，日德兰海战的双方即使作战热忱不足，也极具意义。它显示德国火炮射击水准远高于英国高傲自满的认定；虽然不尽公平，它有助于批判性地反省英国海军的射击术。由于舰队某些基本问题所造成的差错，以及欠缺机会，在这场海战中，英军的射击水平低于德军。在实质方面，日德兰海战显示了英国海军部及其技术顾问并无远见，或者无法从经验中，来战胜德国海军。英国海军部原已慎防英国制造劣质的穿甲弹，但弥补不了英国船舰本身装甲较薄弱的事实。英舰装甲无法抵御德国炮弹所引发的大火，特别是当炮弹穿过炮塔，直入弹舱之后的爆炸。这也许就是战斗巡洋舰“玛丽女王”号与“不倦”号突然神秘沉没的原因。更具争议性的，可能是建造巨型战斗巡洋舰的政策。为了减轻这种战斗巡洋舰的重量，以提升少量速度，相当程度的装甲保护被牺牲掉了。速度与装甲厚度确有间接关联，但若要增加敌人命中难度，基本上唯有压低目标轮廓，也即缩小舰体才行。为增加少许几节速度，光减少一些装甲是行不通的。

日德兰海战的战术层面问题则比技术问题引发了更多批评。而批评其原则性议题，不如批评海军的实际做法。英国海军确有忽视战术研究，欠缺战术课本，搞保密措施等情形。尤其是保密措施，后者，在习惯上已掩蔽了原本就贫乏的战术教育。这种情形对于某些军人是讶异之至的。从历史与经验中，他们了解良好且富有弹性的战术，必是经过许多人不断讨论与反复思考的智慧结晶。军事史学者都知道，战术保密的结果是导致自己失败。亚历山大大帝的马其顿军、罗马军、蒙古军、古斯塔夫的瑞典军、腓特烈大帝的普鲁士军，以及威灵顿在半岛战争中的步兵之所以屡战屡胜，是因为他们的战术并不自我保密。军队唯有经过搭配良好的演练与理解，才能获取对手或仿效者无从超越的利益。保密会造成战术僵化。唯有公开战术研讨与批评，才能使部属在面对未知战局时，展现具有良好适应性的进取心。人们对于第一次世界大战期间英国海军战术的主要批评是，他们在不知不觉中，使战术的精髓——融通性无从发挥。此外，英国舰队在日德兰海战中打的是未作缜密分工与授权的“整体战”。很像在拿破仑发展出独立师系统之前许多军队所打的仗。在战术上，英国舰队变成了欠缺臂膀的作战体。因此，不论杰利科的舰队部署技术如何精湛，他都无法使对手行动瘫痪。其实，如何造成敌人动弹不得，只是决定性舰队部署的重要第一步。这两元一体的行动，自有其双重的古谚意义——“分兵击之，然后取胜”。但如今英国舰队却是过分的“一体化”。

受制于这样的条件，如果我们严谨考虑当时战情不明的状况，杰利科在5月31日对其舰队之掌控可以客观认定，他虽然行事谨慎，但其才能卓越之至。我们知道在1916年，这种战情不明的情形已达极致。原因是，当时远程舰炮的科技已有相当进展，但侦察机尚未充分发展到可以作为远程舰炮射击的耳目。故杰利科常遭人非议的左翼部署方式，也许是在当时情形下最好的办法，虽然这样的称赞可能忽略一个事实——这样做并未解决所有问题。杰利科下令如此部署之后，比提的战斗巡洋舰队曾花费更多时间驶至战斗舰前方，因此反而妨碍了战斗巡洋舰的射击。这种说法显然完全不同于丘吉尔的说法。丘吉尔曾说,杰利科曾采中央部署法。

至于英军在夜战中所受的教训早已说过。现在只剩下一个问题,在严防敌舰突破下,杰利科是否未曾抓住机会,将紧随其后的鱼雷艇从防卫角色转为攻击,以便先对敌人下手?撇开所有的批评,如果我们容许杰利科掌控战斗舰队是无懈可击的说法(这也是许多海军将领所主张的),只会加强一种看法,那就是日德兰海战从来就不该发生。

第七篇　1917 年——战局紧绷

自从“露西塔尼亚”号事件之后，两年来，虽然美国威尔逊总统恼怒不已，但美国仍保持中立政策。尽管威尔逊过度的忍耐激怒了许多美国人，却也整合了美国人的意见，进而使美国同心协力介入战争。同时，他大力演说，并在他的私人大使豪斯上校（Colonel House）的推动下，寻求各交战国都能同意的和平基础。这项努力，由于他误解敌对国人民与交战国人民的心理而注定失败。他仍思考着政府政策中所谓传统战争问题；然而这时的战争冲突早已进入由原始本能和机械化武器占主导地位的、更广泛的人民战争。

德国宣布实行无限制潜艇政策，等于证实和平无望，并表明了德国的真正意图。威尔逊总统在德国故意击沉美国船舰，企图煽惑墨西哥对抗美国之后即不再犹豫，并于 1917 年 4 月 6 日对德宣战。

美国人力与物资之潜力堪称无限。1914 年，即使比英国更无战争准备，美国在发掘人力与物力上所做的努力，必然早在进行，并且超过精神层面。德国则自信地预期，无限制潜艇政策实施之后，决定性效果几个月即可见分晓。这效果与德国先前估算究竟相差多少，翻阅 1917 年与 1918 年的历史记录便知。

1916 年在协约国前景黯淡的气氛中结束。一年之前订定的各战线同时发动攻势的计划已经落空。法国军队正处低潮，俄军士气则更低落。索姆河之役以代价而言，完全未达到拨云见日之效，而协约国另一新加入的成员也已沦亡。在海上，日德兰之战打得令人失望；虽然德国第一次潜艇战业已放弃，实力更强大的潜艇战则隐然成形。为扳回一局，协约国仅攻陷遥远的巴格达，以及 8 月间意大利军在戈里齐亚的小小斩获。只是，它的价值主要仅刺激了意军自己的士气而已。

此情此景下，协约国人民与政治家的意志难免愈趋消沉。一方面，协约国对战争进行的方式感到不满；另一方面都认为战胜同盟国的前景令人气馁，和平谈判的可能性也已无望。前面一种不满的情绪首先濒临饱和点，并且在协约国政治中心伦敦引爆。1916 年 12 月 11 日，英国阿斯奎斯政府由劳合·乔治所领导的政府取代。在一连串改革事件中，这件事安排在最前面有其重要作用。英国早已普遍要求对战争采取更强烈、更有效的进行方式；而劳合·乔治就因为是这项运动的代言者而组阁掌权。

第二项和平谈判部分倒有变化。这年 12 月 12 日，当布加勒斯特沦陷之后，协约国接到德国的和平信息，德国建议公开商讨和平。这项建议虽被协约国视为不够诚意而拒绝，却提供给威尔逊总统一个机会。威尔逊总统在其代表豪斯上校的奔走下，长期向各交战国政府试探美国出面调停的可能性。这时，威尔逊总统藉机劝说这些国家以初步的实际谈判，作为他们的战争目标。德国的答复模棱两可。协约国的答复则被同盟国认为讨论和平基本上是不能接受的。于是，试探性质的和平行动告终。但当这波和平无望的低压来势汹汹地袭击各国国内时，联军司令官们倒继续保持乐观。其实11月间，霞飞就在法国尚蒂伊召开过另一次联军司令官会议，与会者都同意，德国在西战场已遭遇重大困难，协约国的情势比任何时候都有利。

这时，在法国的英国陆军兵力已增至120万人，而且在持续增加之中。法国陆军的兵力，更因合并殖民地部队而增至260万人。因此，包括比利时军在内，估计联军已部署了390万人对抗德国的250万人。

然而霞飞声称，虽然法国陆军尚有能力支撑另一场规模更大的战争，但此后，战斗力必然走下坡路，因为法国届时将不再拥有足够的兵源递补损失。因此，他警告黑格，来年英军将负担更重的战争责任。与会者一致同意，依据目前这些因素视之，到了1917年春天可以确实预见，联军在西战场的相对优势比任何时期都大。因此，会议决定尽早抓住机会，扩大在索姆河已获得的优势，继续消耗敌人为决定性一搏所准备的后备兵力。卡多尔纳将军并另提议法英两国军队应联合起来，从意大利前线向奥地利发动攻势，以便先解决这个较弱的对手。虽然劳合·乔治在1917年1月的罗马会议中赞成这项建议，法英军指挥官们这时却并不同意这建议。他们反对的理由是，这样做将使主战场的军力大转移。他们认为将主力留置于西战场，反有成功的可能。

尽管从意大利进攻维也纳有许多艰巨之处尚待克服，特别是山地战问题，但我不得不指出，法英战略家们并不认识战略真谛——聚兵攻之，不若分兵击之，以使敌人首尾不得兼顾而败。他们自认正确的信念是，法英军的主力应留置在西战场；他们似乎太轻易放弃助人又利己的机会——协助意大利另辟分散敌军兵力的战场以嘉惠自己。然而，俄国已明显在衰败之中，协约国军另辟蹊径攻击已不可避免。不列颠帝国参谋总长罗伯逊却断言，历史的第一教训是，集中一切力量于主战场，“背离这项原则，必定悲惨收场”。他这样说，显然自己就忽视了历史。劳合·乔治曾认真提醒过他，西班牙王位继承战争(War of Spanish Succession)发生时，欧根亲王(Eugene of Savoy)①在马尔伯勒公爵支援下，曾有效利用意大利战场攻击法兰西；拿破仑在第一次反法大同盟战争中，也是藉意大利攻击奥地利。现代战略家们颜面无光的是，他们徒具优

① 17、18世纪奥地利帝国名将。

势的装备，却逾越不了先辈屡次克服的自然天险。如果要利用意大利战场有效地分散敌军军力，使西战场联军受惠，协约国必须以质重于量的态度，对意大利进行援助。突破伊松佐前线的第一步，即须从西战场调集重炮兵——附带应承诺大幅提升作战效率，使质与量相符才对。接续的进攻，更应以轻量重质的态度，将重点放在提供充分且善于山地作战的前锋兵力。然而，协约国对于各军种的组构方式，一如对整体兵源的组构方式。协约国战略上的基本缺陷在于他们进行兵力集结时，首重数量，而非如何有效利用“适战性”高的人员与装备。

思想贫乏，而非资源欠缺，使尚蒂伊军事会议中所提出的计划无法实施。联军的碗中，有的是人员与武器，但碗、盘、架却缺乏架构理念。从他们对各种资源的处置，明显看出他们对战争的了解不足，并且未熟读战史。协约国人民则为军事上展现新做法而大声疾呼。如果他们的动机是彼此融合的，这自是正当的。但尚蒂伊军事会议的军事首领们头脑风暴的结果只是提出了一个充斥着腐朽的陈词滥调的作战框架。

协约国1917年的军事计划，很快因军事指挥权的变换而复杂化。法国人早已厌烦了霞飞的消耗战略。他的有限目标战法，由于无限损失，外加无明显收获而不再受青睐。法国人将霞飞停滞不前的战略，拿来与前一年秋天的一场战役相比。法军芒然在尼韦勒的指挥下，曾在凡尔登打了漂亮一仗。这一仗的结果打掉了霞飞的位子。霞飞自此让位给承诺要发动真正突破的尼韦勒。不仅如此，尼韦勒的信心也深深打动了英国新首相劳合·乔治，使劳合·乔治指示黑格在即将来临的作战中，听命于尼韦勒。这样安排其实是有违原则的。因为一个人不能同时指挥两头作战。由于实施这样计划基本上过于大胆，所以尼韦勒另有些麻烦事出现了。一是无法转变一些属下的想法，一是政府对他的授权少于前任。于是当他听到霞飞暗示说，作战必然由英国人挑大梁之后，他就想改变政策。他为了维持法兰西荣耀，竟忽视法军战斗力已严重不足的事实。

霞飞曾拟订过一项攻击计划。他准备以较宽阔的正面，重新发动索姆河攻势——英军攻击索姆河北岸，包括并延伸至旧战场；法军攻击索姆河以南到瓦兹河（Oise）。这个攻势准备在1917年2月初展开，两周之后，法军另以较小的攻势，进逼兰斯到克劳纳（Croanne）之间的香槟地区。

由于法军所拟的计划，只是一些较短程目标，因此，除非德军的抵抗意外瓦解，大批英军在攻势结束后，将可转调弗兰德斯地区进行新的攻势。协约国分析事实之后，不认为放弃霞飞计划，会丧失初期获胜的机会。因为1月下旬的酷寒与风雪，将有助于协约国攻势的初期发展，但因此而期望与其他战场同时发动攻势，则嫌过早。由于德军也害怕气候会扰乱本身的计划，于是干脆准备进行后撤整补。因为这样总比让协约国利用气候优势取得全胜好。

然而尼韦勒计划的范围所及，远大于霞飞计划。他企图在朗斯—努瓦永—兰斯大突出部（the great salient Lens-Noyon-Reims）的两侧发动一次集中性攻击——由法英军分别先进攻索姆河南北，吸引敌人兵力，然后法军立即向香槟地区发动主要攻势。在前一部分的“预备”攻势中，尼韦勒准备避开索姆河旧战场，而只攻击索姆河的两边。由于黑格的攻击正面已较前缩减，尼韦勒藉机要求他接替法军在索姆河以南的防线，范围远及鲁瓦（Roye）。此举目的在于解放出更多法军，使他们转战香槟主战区。尼韦勒期望在此获得突破。

黑格虽怀疑这样发展对日后的攻势有利，但看出新计划中的某些优点——它特别透露法国人正以空前的力量投入战争。另一方面，他竭力拒绝延伸他的防线。因为如此一来，将使未来英军发动弗兰德斯地区攻势时的实力减低。这项攻势其实是黑格的夙愿。黑格的反对，造成尼韦勒计划的第一道裂痕。12月21日，尼韦勒写信恳切要求黑格照办，黑格的答复却不明确。他说，如果他能再获得6个师的兵力，他就接替法军的防务。尼韦勒感觉机会不可失，赶紧通过法国政府，向英国提出增兵要求。结果在1月中旬，伦敦举行了一次军事会议。黑格在会中建议，这次攻势应等待5月间俄国与意大利的攻势一起行动，但被拒。于是决定尼韦勒计划不晚于4月1日实施。会中另决议，黑格应接替索姆河以南的法军，并答应他为此目的给他2个师的增援兵力。但一番讨价还价之后，最后他竟获得了8个师。此外，上级指示黑格应当在“形式与精神上”，执行这个协议。

但是有一些难题，特别是个人的感受却并未抚平。法军与英军总司令部之间的关系日趋紧张。法军指控英军阻挠计划进行，英军则说法军企图揽权。两者之间的紧张关系，后来因英军不满法国的铁路服务而扩大。至此，黑格向自己的政府提出控诉，并导致2月26日在加来举行的新军事会议。出乎他意料的是，法国还利用机会要求作战统一指挥权，并为这次作战提出一个计划——英军接受尼韦勒指挥的计划；即，尼韦勒的命令将通过法军司令部中的一位英军参谋长，传递到英军手中。对这样的建议，黑格与罗伯逊自然反对。几经热烈讨论，出现了折中方案。黑格同意在未来作战中，视法军“要求的正当性”而接受尼韦勒的指挥。但是法英军之间的工作，由于英军高层根深蒂固的疑虑而无法顺畅。这也导致尼韦勒周围一些人，鼓动他要让黑格去职。

几天之后，黑格接到一份尼韦勒语气强悍的指令。尼韦勒显然抓到机会，以德军撤离索姆河防线的迹象为由，试试他的"正当要求"。黑格的恼怒不在话下，于是编出一套过分牵强的理由来打发尼韦勒。他以德军可能往北调兵，准备与他在弗兰德斯地区一战为由，分别通知英国政府与尼韦勒，说他可能必须减轻英军在尼韦勒攻势中的角色，并且要延期执行尼韦勒的命令。尼韦勒自然感觉到黑格是在逃避他的责任。于是又召开了一次军事会议，时间是 3 月 12 日，地点则换在伦敦举行。会议决定在双方协议中，再插入一些保障条款，但主要却在讨论尼韦勒指示的形式而非内容。后来这两位司令官经过面对面沟通之后，措辞上微妙细节所造成的问题，才得以解决。尼韦勒终于放心集中精力于即将来临的攻击计划上。

然而，计划尚未开始实施，就被德军打乱了。鲁登道夫整军的第一步是着手完整的德国人力、武器弹药与供应的重组计划。他一面推动，一面坚持德军在这段期间以打防御战为主。他期望新发动的潜艇战可以决定大局，或是等他的后备人力与物资准备充分之后，替决定性的陆上攻击铺路。以前在面对联军的索姆河攻势时，他为德军制定过一项"安全系数"。他曾下令建造一条连接朗斯—努瓦永—兰斯弧状连线上的防御之"弦"。1917 年新年初期，鲁登道夫预期协约国的索姆河攻势会重演，于是，除了急着完成这条后部的防线，他还准备将弧状地区内的整个区域坚壁清野。其实从这次任务的代号上，即知其任务性质。德军为任务取了一个既讽刺又有煽情倾向的名字——"阿尔韦里奇"(Alberich)——此乃纽伦堡故事中，一名心术不正的矮子名字。鲁普雷希特王储就因不愿执行这个需动用极端手段的任务，而差一点辞职不干。后来又以拒绝亲自签发命令，使自己良心稍安为由，打消了辞职念头。德军将该地区内房舍悉数破坏，树木砍尽，甚至污染水井；同时在断垣残壁中，布下大量地雷。

德军在 2 月 23 日之前就开始后撤。德军先自巴波姆防线上，撤出一部分不顺手的突出部。这一步骤适时解除了来自英军的压力，避开了交缨的危机。虽然德军的行动，等于已向协约国明示他们的意图，协约国却未善加利用。尼韦勒不信德军的撤退会到达他的防线，但黑格相信。黑格同时审慎地认为，如要攻击，只有发动一场谨慎的骑兵攻势才可能取胜。但德军在 3 月 12 日清晨一段时间，又进行了一次局部撤退，又避开了协约国的攻击。到了 16 日，正式撤军行动开始，德军缓缓退入一条他们称之为"西格弗里德"，而联军称之为"兴登堡"的新防线。如果没有那些不必要的凶残举动，德军的撤退堪称无懈可击。这次行动显示鲁登道夫在必要时，具有放弃土地的勇气。英军面对眼前的一片荒芜,小心且缓慢地追逐着敌人;原先准备在这条防线上发动攻势的计划已行不通。于是只好将攻击局限在阿拉斯地区一带,此地的防线尚未起变化。

4 月 9 日,英军艾伦比的第三军团在此展开春季攻势,攻占觊觎已久的维米岭,但未能扩大初期战果。而且等德军抵抗加强之后,付出了很大代价。这个行动表面上是为替法军解压才拖延了攻击时间,法军也是由于德军的撤退,使索姆河到瓦兹河之间的攻势变得毫无意义。4 月 16 日,法军对兰斯以东与以西地区所展开的主要攻势,更是一败涂地,还拖上一条危险的尾巴。即使搅乱尼韦勒战略计划的并非他自己,尼韦勒的过失却是即使情势已全然转变,他仍坚持己见,执行原先计划。他充分暴露自己"伟大的疯狂"个性。至于他的战术计划,则是过于周详又欠缺弹性。面对对于情势已有所警惕的敌人,这套战术弥补不了失败。由于法军在攻击前曾进行炮击,以致失去奇袭机会。其次,没有把德军预备兵力引开。光是这两点,已使迅速突破的想法成为泡影。先前过高的期望,更产生很大的反弹。在德军铁丝网与机枪下苦战的法军士兵,因不见显著成果而渐感疲惫。

法军起于对服勤的不满,触发了一连串暴动。影响所及,竟有 16 个师之多。5 月 3 日,第二殖民师的一个团首先燃起反叛变的火苗。虽然平息了一阵子,但很快就又蔓延开来。他们的口号是:"宁守战壕,不要攻击!""我们不会笨到走向金身不坏的机枪下吃子弹!"其实,依据每次反叛都发生在部队奉命进入前线来看,反叛的真正原因是部队厌恶上级的领导方式,而非受到煽动性宣传。有一个重要的间接证明,可以了解法军的领导统御确实有问题。士兵逃亡案件,从 1914 年的 509 件,遽升到 1917 年的 21 174 件。士气低落的现象颇为普遍。根据法国陆军部长的说法,当时香槟地区的部队仅有两个师可以完全信赖,许多战壕连卫兵都没有。

这当口,救星来了。挽回局面的是贝当将军。他所持的法宝是以心理学为基础所蜕变出来的政策。4 月 28 日,法国政府指派他出任参谋总长,以便对尼韦勒不计后果的攻势加以制衡。5 月 15 日,法国政府踏出了更聪明务实的一步——任命他取代尼韦勒的职务。整整 1 个月时间,贝当乘车走遍前线,视察几乎每一师,要求官兵说出心中的怨愤。贝当的态度基本上是大家长式的,是官兵所不熟悉的。他以坚定的信念与承诺,激发了军队的自信。于是,战壕中,值勤轮班方式趋于平等,休假制度规律化,休闲处所的设备有所改善。之后不到 1 个月,反叛的声音就平息了。这次反叛所付出的代价是,虽然遣送到殖民地去的叛变首谋超过几百人,但枪决的仅 23 人。

即使军中问题已平息，贝当仍设法重新建立官兵战斗的信心与实力。在这方面，他首先进行整训与重定战术方针。这些计划基本着重在如何以火力节省人力；然后，他企图测试他新磨利的刀刃。地点选在容易作战的、不会使新刀再变钝的地方。因此，从现在开始，这一年其余的时间，都由英军扛下会战的主要攻击重任。英军至此在法国的军力到达巅峰的 64 个师，并有充足的炮兵与弹药支援。然而，英军的压力由于俄国军事失败而增加。俄国由于在 3 月间爆发革命，因此对德国任何攻势都归失利。有鉴于此，黑格决定以原先攻击比利时的计划，来继续困扰德军。但即使原则正确，其方法与所选择的场所，与所有历史经验都相违背。

英军为了将伊普尔突出部线条拉直，以及吸引敌军的预备兵力，最初选择攻击麦西纳岭。攻击发起日定为 6 月 7 日，由普默尔所指挥的第二军团（参谋长是哈灵顿〔Harington〕）执行攻击。这次任务奠定了一种“有限”的攻击模式。英军以同时引爆 19 枚巨型地雷展开攻击序幕，造成奇袭效果，辅以压倒性集中轰击的火炮，直到德军的“麻木”消退为止。

在这次成功的攻击之后，是拖延许久才发动的主攻。时间已是 7 月 31 日，目标则是伊普尔。这次攻势由于遇上倾盆大雨，加上自己先破坏了战区复杂的排水系统，故一开始就注定要失败。英军司令部所坚持的在攻击前实施长时间炮击已有两年半之久。他们相信这样炮击乃成功之本。其实历史上，没有大军事家干过这类事，因为这样会搞不成奇袭。英军对伊普尔的攻势，最后在 11 月初被巴斯青达沼泽地所“淹没”。这次伊普尔攻势比之前更凸显了一个事实——攻击前的炮击阻断它原本为进攻所铺的路；原来炮击铲翻了地面，使部队根本无法通行。此外德军新想出来的减少前线防御力，以多余兵力进行局部反击的新防卫战术，使英军攻势的挫折增加。德军的防御体系，是以各混凝土碉堡中的机枪群为架构，作深层部署。后来，当英军攻击指挥权移转到普默尔的第二军团手里时，由于参谋作业正确，使英军在烂泥战中所造成的无谓伤亡得以缓和。

英军的近期目标是将德军逐出盘踞在比利时海港的潜艇基地，但无显著战果。3 个月令人生厌的奋战过后，战事终于告一段落。英军削弱自己实力的程度，犹胜削弱德军的实力。

1917 年西线会战在口惠而实不至——承诺得漂亮，成功较少的情形下结束。且说，英军坦克兵团指挥部自从了解在弗兰德斯沼泽地带不可能动用坦克之后，就在寻找可以彻底试验坦克新战术的地点。他们后来针对康布雷附近的理想地区，拟出一个大规模的攻击方案。原来这里有一处四周是运河，坡度徐缓的“口袋”地区，适合实施坦克计划。计划的基本构想是准备在无先期炮击，不惊扰敌人之下放出一大群坦克。后来英军高层认为伊普尔攻势既已无望，就批准了这项计划，但也改变了原计划。新计划是一项目标远大的纯攻击方案。其实这时英军由于伊普尔攻势已耗尽人力，故无后备兵源可用。这次行动由拜恩（Byng）第三军团的 6 个师执行，时间定在 11 月 20 日。攻击部队在 400 辆坦克前导下向前推进，堪称完美的奇袭。除了一些小顿挫之外，英军深入敌阵，其损失是历来攻势中最小的。但就如前述，等全部可用兵力与坦克投入第一击之后，英军缺乏预备队来扩大战果。骑兵仍如往常在西线一样，根本无力担任这项任务。

于是攻击无疾而终。到了 11 月 30 日，德军发动反击，攻击由于英军进攻所造成的突出部两侧。北侧，德军未得逞；南侧，英军防线被突破，所幸未酿成大祸。康布雷战事最后虽然令人失望，却显示奇袭与坦克战结合之后，可以破解战壕障碍。同时，贝当对法国陆军已整顿完毕，正为 1918 年的攻势寻找测试实力的机会。8 月间，在凡尔登地区的吉约马（Guillaumat）军团发动了一次攻击，收复了自 1916 年以来剩余的失土；10 月，迈斯特（Maistre）军团击垮德军防线的西南角，并攻占“贵妇之路”（Chemin des Dames ridge）。

俄国的瓦解

1917 年法国作战力的暂时瓦解，并不是造成协约国攻势衰退的最棘手问题。而俄国在这一年却先是部分崩溃，然后整个瓦解。俄国崩解对协约国的损失，有相当长一段时间即使美国参战也弥补不了。而且在这道伤痕平复之前，西方盟邦处境危殆，正接近战败边缘。由于俄国体制出问题，以致它在为协约国作出贡献时，蒙受惊人的损失。这巨大的损失对于俄国所造成的精神影响，甚至大于对实质持久力的损害。3 月间革命爆发，表面上冲着沙皇身边人士的腐败与堕落而来，深层却有根深蒂固的精神因素存在。沙皇被迫退位之后，由一个作风中庸的临时政府接续执政，但无法驾驭状况。这个权宜的执政方式到了 5 月，就有另一批由克伦斯基（Kerensky）领导的，更倾向社会主义的人士接掌。他们以有系统的委员会管理方式，呐喊着争取全面和平，却也不知不觉破坏了既有纪律。这种作风适合工会运作，并不适合战场。虽然如此，克伦斯基妄想自己能以政策性诉求，派遣军队打击敌人。布鲁西洛夫则在此时继阿列克谢耶夫担任参谋总长。7 月 1 日，俄军在对奥军作战中，开头取得一些胜利，特别是在史坦尼斯劳地区。但等到真正的抵抗出现，攻势立即停顿。如果遇上德军的直接反击，俄军更是望风而逃。到了 8 月初，俄军被逐出加利西亚与布科维纳。后来只因政策因素，使德奥军在俄国门前停住脚步。且说 1916 年，兴登堡与鲁登道夫离开东战场之后，霍夫曼实质掌控了东线战局①。他那结合战略与政策的智慧，彻底使俄国陷入瘫痪，并进一步使德军解放出更多兵力转战西线。9 月间，德军炮兵为未来法国战场之用，伺机露了一手他们的新炮兵战术。德军在胡提尔（Hutier）指挥下发动奇袭，攻占了里加，当时几乎没有遇到任何抵抗。10 月，列宁领导布尔什维克成员，推翻喜欢论战的克伦斯基。他们寻求与德国休战。12 月，双方停战协议终于达成。

意大利战场的突破

俄国脱离协约国之后，协约国的厄运未了。每年秋天一到，德国照例抓住机会打击协约国士气，吃掉一个较弱的盟国。1915 年是塞尔维亚，1916 年是罗马尼亚，现在德国大约想要干掉意大利了。鲁登道夫是在 9 月间基于奥地利当局的请求，作出进攻意大利的决定的。奥地利当时表示，他们的军队已无法在意大利前线支撑另一场防御性战争。5 月的时候，意军在卡多尔纳将军指挥下，已再次在伊松佐前线发动攻击，但奥军曾在卡尔索地区反攻，并收回了小部分“失土”。然而，交战双方的损失比以前更旗鼓相当了。英法军支援意军在意大利前线作战的问题，也再度浮现，却无结果，原因是黑格强烈反对。尽管如此，卡多尔纳在 8 月间仍发动他的“第十一次伊松佐之战”。意军卡佩洛的第二军团攻占戈利齐亚镇以北大部分的贝恩西查高原（Bainsizza plateau）。但后来由于长期进攻无进展，鏖战四星期之后，卡多尔纳被迫中止攻击。不过这种打法使实力日衰的奥军备感压力。套用一句鲁登道夫的话，是“为防止奥匈帝国垮台，有必要在意大利发动攻势”。

但鲁登道夫另有困难问题急待解决：第一，这时俄国尚未屈服，德军在俄国前线的兵力原已嫌不足，遑论调兵至意大利作战；第二，由于英军在弗兰德斯地区发动攻势，故也不可能从法国撤出大批部队转战意大利。因此，鲁登道夫只能勉强凑出 6 个师兵力，而奥军的素质却正每况愈下。于是他认为，成功的唯一机会在于挑选对方在防守上特别不足的，却可进行战略性突破的地区

① 名义上东线总司令是巴伐利亚王储。

进行袭击。鲁登道夫发现托明诺-卡波雷托(Tolmino-Caporetto)地区合乎理想。10月24日,在一阵短暂的炮轰之后,德奥军开始攻击,未几便长驱直入山区西侧坡地,危及山区南北的意大利军。10月28日,德奥军进攻到达乌迪内(Udine),也即前意军总司令部所在地;31日,德奥军攻过塔利亚门托河。

在这次德奥军进击的准备工作中,精神攻势的意义非凡。几个月以来,德奥利用宣传削弱了意军的纪律与抗敌意志,但其成效更因意军司令部实施消耗战略而被彰显。这种效果显著的宣传,可媲美4月间德国对法军的宣传战。消耗战其实只是以无限代价换取有限成果,意军官兵深恶痛绝。

这个战果同时令鲁登道夫吃惊的是,以其少量的兵力,竟出现了从未盘算过的夺取远程目标的可能性。未几,直接追逐战进展慢了下来。但由于铁路设备不足,使他无法利用时机将左翼兵力调转支援康拉德军团。该军团这时正在侧击威尼斯突出部以北区域。即使如此,中央部分已被突破的卡多尔纳,为保住他的两翼,仓皇下令部队撤至守护威尼斯的皮亚韦河(Piave)防线,以致有25万士兵为敌人所俘。就在这同一天,卡多尔纳被撤换,由迪亚兹(Diaz)继任参谋总长。意大利的盟邦到这时才开始紧急增援两个军到意大利,其中英法各一个军。到11月5日,英法政治、军事首长抵达意大利,参加在拉帕洛(Rapallo)举行的会议。这个会议后来发展成凡尔赛协约国会议,使协约国最终拥有单一指挥机制。

入侵者在进军之时,速度超过了他们自己的运输工具。意军则由于危急存亡的意识而军心振奋。面对康拉德的直接攻势与奋力战斗,意军在特伦蒂诺包抄了敌人的左翼。原本准备在新的突破时作为预备队的英法军于12月初拔营前进,接替易受攻击的意军防务。但德奥军只在北边重新展开攻势。到了12月19日,由于风雪降临,战事遂告一段落。尽管卡波雷托会战使意大利损失严重,却也使意大利置之死地而后生。经过休养生息,意大利即在维托里奥威尼托(Vittorio Veneto)会战中,证明了自己的却敌能力。

攻占耶路撒冷

遥远的中东战场,在这一年再度提供给协约国一次全胜的机会——这次是在巴勒斯坦地区。1917年4月,英军两次攻击加沙失败,造成司令官默里的去职。①

① 目前所指的英军,是英国埃及远征军(Egyptian Expeditionary Force),与莫德(Maude)担任司令官的美索不达米亚远征军,也就是攻下巴格达的英军不同。

接替他的是艾伦比。此人性格倔强,却也够幸运地获得充分兵力。这本是默里苦求而不得的。英国政府此时正急于见到他们亮丽的军事表现,以弥补由于尼韦勒的失败,以及俄国的衰颓所造成的意志消沉。于是英国参谋本部以引开土耳其预备兵力为蓝本,设计了一套阻挠土耳其军收复巴格达的办法。

艾伦比于 7 月接掌英军。之后,他花费 3 个月时间积极准备秋季攻势。原因是秋季较适宜军事行动。他先重整指挥系统,开辟交通线,并将总司令部从开罗迁至加沙前线。他的行动不但全面保密,而且欺敌成功。使土耳其军直到英军发动攻势前最后一刻才恍然大悟。从 10 月 20 日起,英军开始炮击加沙防线。11 月 1 日,英军展开攻击,企图压制当地敌军,使之动弹不得,并吸引住整个敌军预备兵力。同时,在这个开场白之后,正式进攻上场。地点是在内陆贝尔谢巴要塞地区。10 月 31 日,贝尔谢巴在集中攻击下为英军所占。这次胜利复为 11 月 6 日英军决定性攻势的前奏。是日,英军在突破敌军势弱的中央部分之后,进入菲利斯帝亚(Philistia)平原。这时司令部设在阿勒颇的法金汉,早已完成进攻计划,只是被具有交通优势的英军先下手攻击了。虽然法金汉在贝尔谢巴曾发动反击,以阻止英军攻势,但由于中央部分被攻破,只好进行总撤退。但这期间英军的追击行动也被缺水与无法采取主动所困。即使如此,11 月 14 日土军仍被切成两半,雅法港(Jaffa)被英军占据。随后艾伦比下令英军主力转右,朝内陆的耶路撒冷挺进。艾伦比在土军未及拦阻下,率先通过重要关隘。稍事休息与整修道路之后,调上预备兵力展开新攻势。耶路撒冷遂于 1917 年 12 月 9 日为英军所占。到冬雨降临时,英军已扩大占领范围,并完成占领区内各据点巩固工作。对于促进英军士气而言,这次战绩居功至伟。然以战略视之,英军仍在目标外兜圈。倘若将土耳其视为衰弱的老人,英军先未击其首——君士坦丁堡,后未攻其心——亚历山大勒塔(Alexandretta),现在更放弃从足部往上吞噬,却像蟒蛇一样,拖着无尽的长尾,蠕蠕爬过沙漠。虽然英军难以将土军一口吞掉,劳伦斯与其阿拉伯军的侧击,倒逐渐使土军瘫痪,进而有助于英军的“消化”。

东非的肃清

1917 年也是协约国在另外一场海外战争中战绩可观的一年。在东非,虽然战争未了,却将德国势力逐了出去。在英军坦噶失利之后,整整一年多时间,英军一直在思考如何征服德国在非洲大陆的最后据点。从主战场调拨兵力到非洲显然有困难、唯一解决之道就是寻求南非政府的忠诚合作。1916 年 2 月,英国政府任命斯马茨将军(General Smuts)为远征军司令。他为了避开疫病猖獗的海岸平原,拟订了一项穿越地形艰险的内陆地区,由北而南的攻击计划。这个计划简言之,是从德国属地的中央部分切入。配合这次进攻的,包括托姆贝尔(Tombeur)所指挥的比利时部队,以及另一批由诺西(Northey)率领的小股英军。比军准备从坦噶尼喀湖(Lake Tanganyika)向东进军,这小股英军则从西南方的尼亚萨兰(Nyasaland)攻入。由莱托-福贝克领导的德军,虽然势弱,却战技娴熟,并得天时地利之便。他们藉着赤道气候与广大且人烟绝迹的地域——部分为密林矮丛覆盖的山区,抵挡入侵者的进攻。从达累斯萨拉姆(Dar-es-Salaam)到坦噶尼喀湖附近的乌吉吉(Ujiji),有一条横贯殖民地中央的铁路线。斯马茨先将德军驱逐过边界,占据乞力马扎罗山隘口(Kilimanjarogap),然后就利用这条铁路,直接向 300 英里外的莫罗戈罗(Morogoro)前进。同时,他派出由范丹凡特(Van Denventer)指挥的部队向西横扫,以便切断深入更远内陆的铁路线,然后准备分头齐袭莫罗戈罗。莱扎-福贝克则集中兵力猛攻范丹凡特部队,使英军攻势延缓。斯马茨见状发动一阵直接攻击,迫使莱扎-福贝克急忙撤兵,也因此使范丹凡特控制了铁路全线。

然而,莱扎-福贝克逃过了被英军切断的危险,并在 9 月间从乌路孤路山区(Uluguru mountains)向南撤军。此时比军与诺西的英军已肃清坦加的西部,天罗地网已稳稳撒下,将莱扎-福贝克逼至殖民地的东南一角中。1917 年初,斯马茨回到英国,收网工作就落在范丹凡特身上。到了最后一刻,莱扎-福贝克为避免被围死,竟溜过边界进入葡属非洲,并干脆就地打起游击,一直到 1918 年整个大战停战为止。莱扎-福贝克以区区 5 000 个军人,其中欧洲人只占百分之五,却引出 13 万敌军,耗费 7 200 万英镑,最后仍未完全被剿灭。

潜艇战告终

1917 年的整体战局都受到海军影响,或者严谨地说,局势笼罩在经济战的阴霾之中。这一年,重要议题在于如何使英国的抵抗力,顶住德国的潜艇战压力。4 月份对英国而言最糟。离开英伦三岛的船舶中,每四艘就有一艘一去不返。协约国损失将近 100 万吨,其中百分之六十属于英国。虽然德国海军所预言的到 4 月底就会胜利已证明失算,但很明显的,以这样比例持续下去,必使民众挨饿,继之,英国必然无法维持军事行动。事实确实如此,英国此时的民间余粮，仅够维持 6 周。

于是英国政府寻求对策，其中间接办法有食物配给，增加国内生产与扩充造船能力；直接办法则包括系统性海军护航，以新式侦测仪器进行反潜，以及动用千百艘巡逻艇等计划。然而，最具效力的反制措施是失败的。这种原本准备以水雷迫使德国潜艇坐困基地的方法，却因英国无法在一次决战中获胜，进而无法取得北海真正控制权而告失败。英国驱逐舰队曾勇敢地在德国海军必经的黑尔戈兰湾各水道之间，布下千万枚水雷，却大部分为德国扫雷艇所清除。而这些扫雷艇之所以能够自由工作，就是因为受到德国舰队的保护。尽管如此，这些水雷确也使德国潜艇的行动受阻或延缓。重要的是，对潜艇人员与日俱增的士气打击与精神压力，成为潜艇战走下坡路的原因。对于这种作战，一方面潜艇数量与训练有素的人员太少，加在他们身上的压力却太大，于是潜艇战终告失败。

英国在防止 1917 年春天危机的方式上，是攻守都动用过。结果，守比攻有效。船舶护航终成解救危机的主要推动力。1916 年，英国为防止德国潜艇肆虐，曾实施固定巡逻区划分法。虽然这种方法被证明无用，但 1917 年前几个月仍在继续实施中。就如丘吉尔所说："4 月份，通往爱尔兰西南的大路，正变成英国船舶的实质坟场。"其他的坟场也很多，只是小了一点。除被击沉的 516 000吨英国船只之外，其他盟邦与中立国在 4 月间遭德国潜艇击沉的也达 336 000吨。由于中立国渐渐不愿冒险向英国送补给，使英国的实物与原料日益欠缺。现在唯有英国本国勇气十足的商船海员，敢于在德国鱼雷淫威下出海。英国海军部最无知的错误是，由于其他防止迫在眉睫危机的办法都归无效，竟也反对使用护航制度。最后，迫使劳合·乔治强力介入。他不但支持年轻官员对护航制度的主张，而且在 4 月间批准护航，并决定先以直布罗陀到北海的航路进行试验。5 月 10 日，首批护航下的船队，离开直布罗陀向英国返航。由于这次任务极为成功，护航行动遂延伸到横越大西洋的航线上。这时，西姆斯将军（Admiral Sims）所率领的美国小型舰队及时驶抵英国，使英国增加了更多护航用的驱逐舰。之后英国在护航下，船舶损失锐减到百分之一左右。到 8 月，护航工作扩大到从英国通往海外的航路上。9 月，损失已低于 20 万吨。同时，海上攻击战获得了新的生力军支持。在追踪潜艇用的飞机与新式触角式水雷上场之后，德国潜艇损失节节攀升。因此到 1917 年年底，尽管德国潜艇威胁尚未完全消除，也至少遏制住了。即使英国人民须勒紧裤带，实施食物配给度日，但至少现在挺得住饥饿了。

1918 年初几个月，德国潜艇数量因损失增加而持续减少。单单 5 月份，125 艘服勤的潜艇中，就被击沉 14 艘。潜艇袭击的效果也与其数量不成比例。德国潜艇在战争中总损失 199 艘，其中 175 艘是英国海军的牺牲品，触雷的有 42 艘，被深水炸弹击中的则有 31 艘。德国潜艇除了在狭窄的海域中被穷追猛打，到战争最后阶段，连宽阔的大洋也无法生存了。美英海军在战争后期，曾从挪威到奥克尼群岛之间的 180 哩宽通路中，布下一片广大雷区。水雷数不少于 7 万枚，其中英国布下 13 000 枚。这是协约国对德国阻断大不列颠海洋补给的主要潜艇战的直接反击。

至于从比利时海岸出发，由德国小型潜艇担纲的短途任务，则因三项原因而挫败。第一，英军隔着多佛海峡所发射的精准炮弹；第二，英国海军基耶斯舰队在 1918 年 4 月 22 日晚，对德国海军基地进行了一次大胆攻击。这次攻击曾一度将比利时齐布鲁基港的出口封锁；第三，德国潜艇官兵士气的进一步低迷。但是，尽管德国潜艇威胁被解除，仍不应就此低估它们对未来的影响力。须知 1917 年德国的潜艇战仅靠 148 艘潜艇发动的，并在极不利的战略条件下进行。大不列颠对德国海军而言，就像一道巨型防波堤一般，横亘在北欧的出入口上。德国潜艇必须穿过既狭窄、监视又严密的出口，方得潜入重洋，拦阻协约国的补给。然而，除了上述对它们不利的状况之外，它们差一点使英国的心跳停止。

经济援助

美国对盟邦的紧急援助，早在其军事介入前，已是协约国需求上强有力的后盾。美国的紧急援助，包括增援英国反潜舰队的轻型船舰，快速建造的一些新商船，以及经济援助。到 1917 年 7 月，英国为这场战争已花费 50 亿英镑，每日支出已上升到 700 万英镑。在美援到达英国，替英国解围之前，英国对其盟邦的经济援助，以及本身所需之军费，早使英国财力捉襟见肘，其严重程度甚至动摇国本。英国在进入战争之后的最初几个月，即向美国借贷。其数目之庞大，使美国国会大为吃惊。其实，美国大众既身隔重洋，又欠缺经验，故无从了解不可避免的战争耗费。大部分美国人认为，他们的新伙伴伸手要钱太无节制。因此财政大臣麦卡杜（McAdoo）变成两面不讨好。盟邦与自己人对他都不满意。前者感觉他吝啬，后者怒责他像豪饮的水手，花国家的银子。因此盟邦进一步的借贷，遭到国会强烈反对。诺斯克利夫说得有些夸张，不过形容生动。概括当时情形，他发电指出："如果借贷停止，战争也会停止。"

事实上，到 7 月中为止，美国已对几个盟邦的经济援助达 22 900 万英镑，条件是必须向美国购置物资。英国则早已对其盟友援助 9 亿英镑，现在又增加了19 300万英镑，却无任何条件限制。在这种新财政压力下，英国担心必须卖掉担保品，以偿付早先的"摩根贷款"。不过这将危及英国的信用。当时的英国外交大臣贝尔福（Balfour）警觉事态严重，电告威尔逊总统的顾问豪斯上校说："我们似已陷于财政危机边缘，其程度比战败还糟。如果我们不能维持汇率，我国与盟邦将无法以美元支付债务。届时，我们被迫放弃金本位制，然后我们将无法从美国采购物资，我们的信誉自然破产。"处理英国财政危机有几条路：一、美国财政部不顾国会反对，每月继续替英国垫付资金，直到能够召开财政协调会议；二、组成官方采购委员会，取代原先由摩根公司代表英国政府的非官方功能；三、派遣雷丁爵士（Lord Reading）以政治与财政双重代表身份赴华盛顿，在坦诚与相互了解态度下，解决寻求贷款与购置战略物资问题。其间，由于美国的"自由公债"（Liberty Loan）推行极成功，其收入成为相当可观的资产，因此官方对协约国的贷款额度，最高到每月 5 亿美元。到 1917 年终，问题颠倒过来了。由于美军本身物资需求急切，美国政府急需为之添置物资，故美国对盟邦的信贷，反而超过对盟邦物资的供应，盟邦竟出现有钱买不到武器弹药的窘况。

美国的参战，不但使协约国能站稳脚步，甚至在美军尚未真正投入战场之前，已为协约国带来重大利益。美国民意已逐渐对海军封锁有所理解，并已不再受到中立的无聊议论所阻挠。相反，美国将海军封锁论转变为钳制德奥两国生存的力量。在这股力量下，敌人很快不良于行，因为任何军事力量必须以经济耐力为后盾。作为即将参战的一员，美国不顾残余的中立势力，坚决挥舞起经济大刀。英国在过去曾干过表面维持中立，实质不中立的事。美国现在的决心，已远远超过英国过去为中立权而与他国起争执时所发出的最大胆的声明。因此，美国对德国加紧海面封锁，几乎与德国对英国的潜艇封锁政策式微同时出现。

空　战

与潜艇战同时到达巅峰的另一种新型作战形式是空战。潜艇基本上是一种经济战武器，而飞机则是心理战武器。虽然德国齐柏林（Zeppelin）飞船在

1916 年因遭霰弹袭击而结束其空袭行动，但飞机却从 1917 年初开始，即加紧对伦敦的空袭。德军的空袭行动持续到 1918 年 5 月，等英国防空体系完全建立之后方才改变目标，从伦敦转移到巴黎。除了当时处变不惊的英国人民饱受这种尚在襁褓期的武器肆虐之外，其间接影响更是惊人。它不但使商业中断，工业生产停顿，而且为了空防，使英国召回许多原派驻欧洲前线的战机。英国为报复德国的空袭，在拖延许久之后，终于成立一支小型的独立空军。这支空军在战争终止前几个月，曾向德国本土进行过密集的空袭，获得显著的心理效果。

宣　传　战

1918 年初，另一种心理战武器发展并组织完成。曾担任英国驻美战争使节团团长的诺斯克利夫，被任命为“对敌宣传部长”。这也是首次对这种“武器”进行全面了解与利用。诺斯克利夫从威尔逊总统演说中，找到了一把利刃。尽管不全是现实，而且带些理想主义色彩，它却坚决将德国政策与德国人民区分开来，并强调协约国政策是要从军国主义中解放所有人民，包括德国人在内。这把经过制刀者豪斯上校精心炼制的利刃，在诺斯克利夫笔锋尖刻的舞动下，准备切断敌国人民与敌国统治者之间的韧带。然而，韧带抵挡住了诺斯克利夫的切割，直到后来的军事压力将它磨损才就范。1917 年 7 月，威尔逊总统的演说对德国产生了厌战与反军国主义的效果，并激起德国议会对统治者的反抗。经过埃茨贝格尔（Erzberger）的运作，德国议会通过一条和平决议案，断然要求放弃兼并国土之举。但其真正效果只是破坏了首相贝特曼-霍尔维格与军政圈的关系。此人其实是德国军政两大集团间痛苦的拔河绳。此时德国人民的议会代表与奥地利帝国一样都厌战不已，却无法打动德国参谋本部钢铁般的好战意志。奥地利已一改先前的态度，变成急于放弃它所挑起的战争。协约国和平运动在敌人这种体制中，实质回应甚小。作为和平运动发言人的威尔逊总统，则重申不与军事独裁者磋商和平。他在鼓舞敌国人民抛弃这种统治上，立意与给人的印象均佳，无奈演说的对象是双手被牢牢铐紧的人。这些人毕竟不是胡地尼①。

1918 年 1 月，德国确实出现过相当有意义的人民反抗事件。德国有超过

① 著名魔术家，擅长表演逃脱术。

百万以上的劳工发动联合总罢工。但反抗运动不久即遭封杀，甚至在新的“伟大攻势”兴高采烈的气氛中被人遗忘。这些被战争机器所奴役的人民，只有等到战争机器本身崩溃，或经过宣传战的协助，才能从统治中解困。也许到这时候，争取和平的积极意志力，才能改变他们消极的厌战心。黩武爱国主义的内在力，不仅塞住他们的嘴，而且根本是麻醉剂。

第十六章　打打停停的阿拉斯攻势

1917 年 4 月 9 日，驻法英军发动他们所期望的，这次大战中最终，也是最具决定性的会战。一般观察家感觉这一天与以前所有攻势都明显不同，但结果证明这只是另一场战争沙漠中的海市蜃楼。而且恐怕在“零时”——攻击发起时之前已经注定了。

阿拉斯攻势与 1916 年的索姆河之战，有着深远而且错综复杂的关系。它的战略想法其实源自于索姆河会战。它准备与其他几场将在 1917 年春季发动的攻势连接在一起。但这些攻势有的胎死腹中，有些已提前瓦解。阿拉斯攻势原本准备彻底击溃德军军力与人力。都认为德军在索姆河会战中，是因为严冬的天气，才使行动受阻。阿拉斯攻势在战略上是失败的。部分原因与索姆河会战所产生的情势有关，部分原因则是英军高层无法忘怀在索姆河会战中所使用的平凡无益的方法。因为联军草拟阿拉斯攻击计划初期时，正值索姆河会战期间。

早在 1916 年 6 月，协约国为了辅助索姆河攻势，另策划了一个名叫布莱维尔（Blaireville）的计划，准备在阿拉斯附近地区发动攻击。后来因索姆河战场伤亡过重，像无底洞一般吸光所有可用之兵而将计划延缓。到了 10 月，计划又被提出，而且扩大范围成为 1917 年春季攻势的一部分。协约国的如意算盘是，英军逐渐朝东向索姆河进攻之后，使德军在索姆河与阿拉斯之间形成一个最西可到达戈姆库的突出部。在此，协约国可能有向突出部两边左右开弓的机会，其范围一直涵盖到康布雷地区。如果协约国攻击成功，不但可以切断据守在突出部的德军，而且形成一个宽阔的缺口，这缺口将是德军预备兵力所难以填补的。协约国这一路下去，将顺利攻向华伦西安（Valenciennes），打击敌人的交通线与通过比利时“狭谷”的退路。

1916 年 11 月 18 日，联军司令官在香提伊集会，商讨 1917 年的计划。他们决定在 1917 年 2 月初，英军第四、五军团必须重新发动位于戈姆库突出部

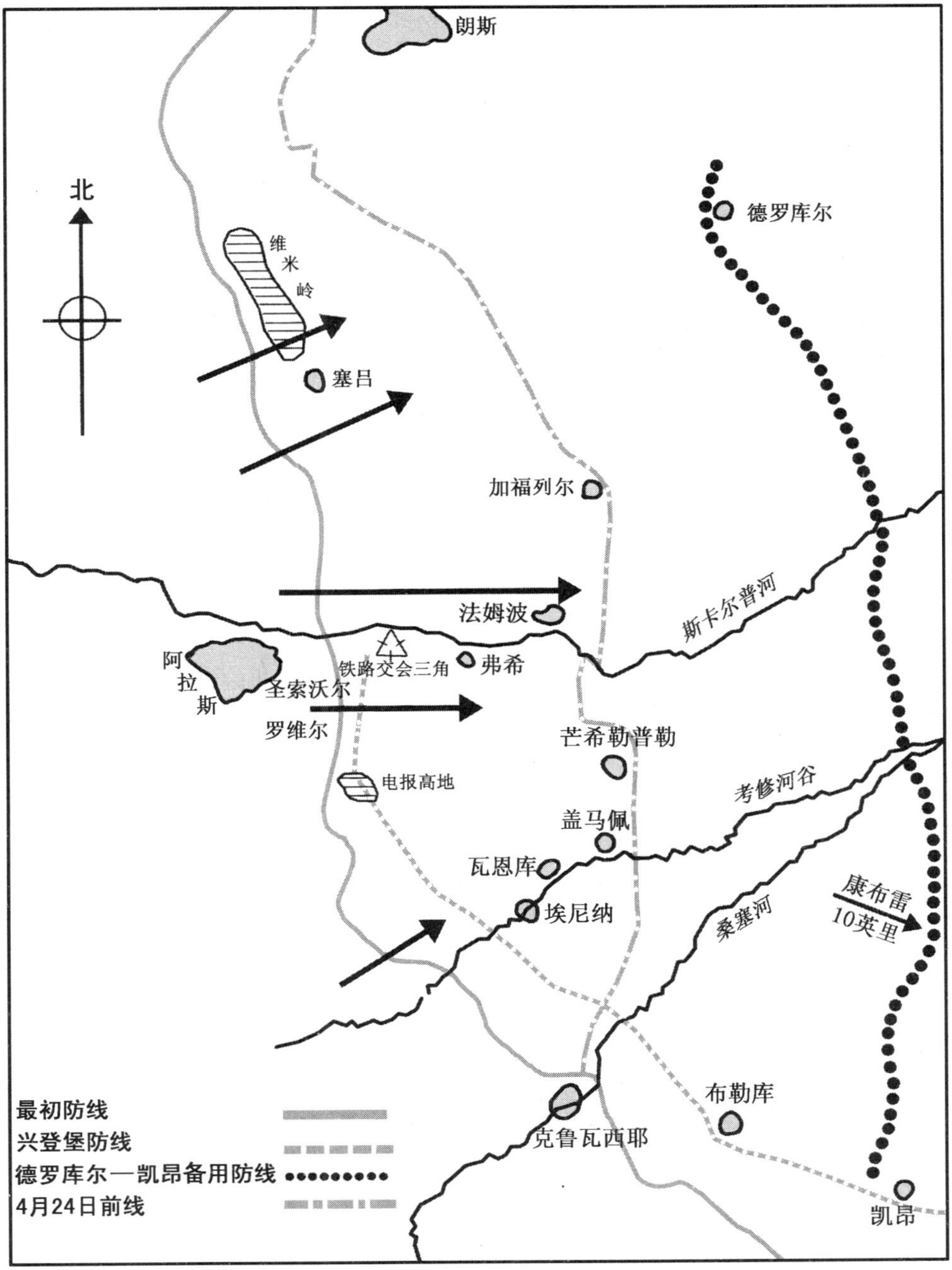

图 15　阿拉斯(1917 年 4 月)

南边的索姆河攻势;而艾伦比指挥的第三军团攻击阿拉斯以北的突出部。等艾伦比攻占芒希勒普洛(Monchy-le-Preux)之后,就应向东南推进,切断德军沿考修河谷(Cojeul Valley)的交通线;如果可能,还包括切断桑塞谷(Sensée Valley)的交通线。同时,霍恩指挥的第一军团将攻击第三军团紧邻的北面,形成一个防御侧翼,而法军则攻击索姆河之南。会议并决定法军三周之后在香槟地区发动攻势——只是,如果法英军的两个主要攻势要达到相互关连的效果,香槟攻势嫌过晚一些。

但联军整个计划因法军的动作,英军的犹豫,德军的先发制人而瓦解。所谓法国的动作,是指他们对其总司令霞飞的处置而言。法国认为霞飞之前的罪状有二:一、霞飞在凡尔登会战中准备不周,事证确凿;二、霞飞在索姆河战役中,打得不够成功。后者指控虽然比较不公道,这些认定却足以戳破霞飞的泡沫声誉,使其去职。霞飞的位子后来由尼韦勒接替。尼韦勒是"反攻凡尔登"的家喻户晓的英雄,但他的出现,却造成1917年联军攻势计划的改变。1917年的联军计划,原本有更远大的目标,法军并将担任更吃重的角色。如此一来,英军现在必须接替更多的第一线防务,自己的攻击计划当然相对削弱。于是盟友因一边处置不得体,一边又太过敏感,以致浪费时间的争执连连发生,结果拖累了联军攻势。另一方面,德军就在联军可以发动攻势之前,已经将联军的战略盘算打乱。德军不但从戈姆库突出部,而且从阿拉斯到苏瓦松(Soissons)所有旧的、凹凸不平整的防线尽皆作战略性撤退。如果把这次德军的撤退,当成是英军的胜利与索姆河迟来的成果,那就太荒唐了,因为这些撤退并非英军指挥官所构想的收获。由于英军在前一年秋天只发动了一些零星的有限攻击;正确地说,它让德军有充分机会为攻击者挖掘失败的陷阱。德军则后撤到新建的兴登堡防线,以便拉直他们的防线。他们让英军苦苦跟随在后头,穿过被他们彻底"焦土化"的中间地区。他们将联军局限在疏散撤退区域的两侧,以使联军攻势落空。

现在,英军的主要攻势由艾伦比的第三军团负责。如果他能突破德军位于兴登堡防线尾端之北的旧防线,他可立即包抄兴登堡防线的侧翼与后方。但德军早就料到英军这一着。因此从兴登堡防线北端附近的凯昂(Quéant),穿越德罗库尔(Drocourt),挖出一条备用防线。这条备用防线之所以要穿越德罗库尔,是因为德罗库尔的位置可以掩护阿拉斯以北旧防线的后方。因此,艾伦比唯一的成功机会,就看他能否在德军增援的预备兵力到达之前,突破这条尚未完工,位于主防线系统后方5英里的备用防线。照情形看,英军只有发动奇袭才能达到目标。正因为如此,若要演好阿拉斯攻势的真正主戏,事前的讨论与准备工作,甚至重于作战本身。

联军在索姆河攻势中,除了 7 月 14 日那一场仗之外,已不知奇袭战术为何物。其实从 1915 年春天以后,联军就将历史名将视为主要成功法门的奇袭战术置于脑后。有两种办法可以达到奇袭效果,使德罗库尔至凯昂的备用防线能及时到手。一是发动大规模坦克战,或是发动突击式炮击。后者要短暂但密集。由于 1916 年英国曾接到坦克功效不彰的报告,致使新坦克送交前线的进度缓慢,大规模坦克战无法发动,前线英军只能凑齐全部 60 辆旧坦克投入作战。艾伦比与他的炮兵顾问霍兰德(Holland)只求获得最短的有效炮击支援。他们建议上级,这样炮击只要维持 48 小时就够。即使以后来英军的标准,这样的炮击仍嫌过长。但对当时而言,这已算是在奇袭原则下的一种新尝试了。但英军总部只对长时间炮击有信心,完全不信任这种短期炮击的创见。尽管如此,艾伦比不为所动,坚持己见。后来总部只好耍手段,将艾伦比的炮兵顾问调升他职,换上一位赞同他们观点的人来担任炮兵顾问。然后,炮击计划变成 5 天延时轰击,外加先前三周的铁丝网清除工作。这样一来,加上一些过分明显的备战动作,所谓奇袭也就不可能了。参与这次炮击的火炮有2 879门,内含重炮 989 门。平均每隔九码一门炮。

英军的阿拉斯攻势是无奇袭可言的。予人最深刻的印象,也许可以从德军的动作获知。德军在英军为时三周的明显"知会"下,充分进行反击准备。"长列的野战炮与重炮车,在后方道路上辚辚而行。机群与机枪单位……都应召而至。无数工人在日夜赶工……整修防御系统,并加深其深度。从本土开来满载物资与军火的火车,一列列驶抵主要车站……弹药贮存场上的炮弹堆积如山……防御工事兴建与士兵整编已毕……敌人可以来了,我们士兵已接获命令,严阵以待。"

鲁登道夫曾亲自视察这些区域。虽然英军可能突破德军的第一线,他仍感到满意。他认为,如果英军不怕付出代价,他们就会深陷在他所新设计的防御体系中。

然而,英军的问题,还不只是别人制造的。黑格的军情处处长查特里斯将军在日记中透露了一段重要的信息,"艾伦比有一种与黑格一样的特性。他无法用口头解释清楚自己的计划。两个人开起会来倒有趣。黑格从来就没把话说完过。艾伦比即使把话说完,也没真正表达出自己的意见。虽说'他们彼此了解得很'——另一令人怀疑的说法——他们的直接下属参谋,却都只了解自己顶头上司的意思。会议的许多细节只好等待会议过后两方人马再议……因为会议当中,是没人敢插进来的……"

在这计划中的较小规模行动方面,艾伦比仍设法搞奇袭。他为了使两个师暗地通过地下管道,直接跃前变成主攻师,而将阿拉斯、圣索沃尔(St Sauveur)与罗维尔(Ronville)之间的下水道与坑道连接起来。这计划的另一特色是,当第三军团的 3 个突击军攻破敌人第一道防御体系之后,卡瓦纳(Kavanagh)所指挥的骑兵军,与马克西指挥的第十八军,将大胆地冒险通过阿拉斯闹区中央,长驱直入朝德军备用防线前进。我们知道阿拉斯市区的房舍与建筑物几乎绵延到德军防线,因此这样计划的部分原因是为了隐匿攻击兵力。这个计划堪称新颖而富有创意,然而实际上却行不通。原因是缺乏初期奇袭效果,以及在攻击初期,面对宽达 12 英里的第一线正面,英军阵势嫌过窄。其中央部分所形成的瓶颈,将使尾部很容易受阻不前。鲁登道夫在 1915 年秋季的维尔纳攻势中,遇到这种情形时,有过一套更好的办法。即发动牛角式双边突破,主攻兵力则乘虚从宽阔的中央缺口冲入。

此外,阿拉斯计划的基本缺陷是,相较狭窄的作战正面,腹地过宽,补给与兵力增援路线全部朝向阿拉斯地区集中。结果形成运补瓶颈。当初期攻击进度无法如意时,骑兵增援就益使壅塞严重化。其实英军早在 1915 年与 1916 年就有过这种经验。当时即显示,除非通往第一线的路径被肃清与拓宽,否则这样的攻势是徒劳的。

但是,即使英军的战略目的在 4 月 9 日"零时"之前已丧失,相较以往的英军攻势,在战术上这次攻势初期是极成功,而且振奋军心的。英军新型毒气弹对于瘫痪守军的炮兵特别见效。它不仅迫使德军炮兵一度需要长时间带上防毒面具,而且杀死无数驮马,使炮弹无法运上第一线。这波攻势由第三军团的第七、六、十七军,以及第一军团的加拿大军发起。在第一线的最右端,或最南端,英军部署着斯诺(Snow)的第七军,其辖下据守克鲁瓦西耶(Croisilles)附近的第二十一师则形成重要支轴;而军的其他单位——第十四、三十以及第五十六师(即第一伦敦师)正在发动攻击中。在他们左方,是霍尔丹指挥的第六军。其辖下第三、十二、十五师担任攻击,而第三十七师则待命跃入,准备攻占芒希勒普勒。多沼泽地的斯卡尔普河谷是第六军与邻军之间的分界线,也是英军左右翼的分界线。斯卡尔普河以北的攻击,由弗格森(Fergusson)所指挥的第十七军担任。其辖下包括第九、三十四与五十一师,并由第四师跃过该军右翼的第九师前进。在第一线的最北端是宾恩所指挥的加拿大军。该军的目标就是长期以来恶名昭著、易守难攻的维米岭。4 月 9 日,加军攻占大部分维米岭之后,立时名震遐迩,使其他联军颜面无光。加军之所以有如此佳绩,全因准备充分所致。但有一点值得一提,这次攻克维米岭中,有一重要条件使攻击行动比更远南端战区的攻势容易进行。在更南端的斯卡尔普河地区作战的部队,需要跨越潮湿、四处是沼泽的地面才能摆开阵势;而攻击维米岭则是向山头进行仰攻;所以这里的炮兵,观测敌情容易,地表也较干燥。

清晨 5 时 30 分,攻击步兵在时间拿捏精准的弹幕掩护下,从第一线发起全面进攻。不到一小时,即占据了整个德军第一道防御系统。斯卡尔普河以北,捷报也不断传出。当主攻师攻克三处连续目标之后,第四师通过军的右翼,夺取法姆波(Fampoux),突破从凯昂到德罗库尔的转折点前面德军的最后一道防线。但是在斯卡尔普河以南地区,德军抵抗顽强。首先在铁路三角点(Railway Triangle)与电报高地(Telegraph Hill),然后在瓦恩库(Wancourt)到弗希(Feuchy)一线上,他们受到芒希勒普勒高地的机枪支援而进行顽抗,使英军第十二与十五师的攻势严重耽搁。虽然如此,攻势倒未停止,但也使担任预备队的第三十七师在当天行动受阻。紧跟其后的骑兵军不但无法朝前移动,而且更加壅塞。

第一天联军所俘获的德军数量,以及英军本身的攻击进度,比起以前任何攻势都多且快。但联军现在的作为,已完全浇熄了战略性突破的希望。主要原因在于误用坦克。由于英军仅有坦克 60 辆,所以应集中坦克,全力支援重要的芒希勒普勒攻势,而不是将之分散于前线各处。后来同样错误又出现一次。首日攻势曾使战区南边出现突出部。如果所有坦克集中于此,英军可能已利用交叉射击,将德军抵抗消灭。

所以到了 4 月 10 日,英国第三军团直接被德军的强烈抵抗挡住去路。而位于后方的炮兵距离前线太远,无法及时支援步兵进攻。一直到 4 月 11 日早晨,英军才有 4 辆坦克驶抵现场,协助第三十七师的一个营夺取芒希勒普勒。虽然打出一个缺口,不过缺口一方面过窄,同时攻占的时间也太晚了。

11 日早上,高夫所指挥的第五军团从南边向兴登堡防线发动集中突击,以舒缓第三军团所受的德军压力。其实这是绝望下的非常做法。第五军团在经过艰苦跋涉,通过德军撤退区之后,不但战斗力已大损,也无法为一场普通的战壕战调上必要的炮兵,更遑论进攻防御坚强的兴登堡防线。遇上这样的困难,到此时,英军才想出耳目一新的临机处置。这个办法后来更影响到康布雷会战的重大胜利。但康布雷会战时,坦克已有 381 辆,如今所能凑合的坦克却仅11辆。于是英军在炮兵支援不足情形下，这批少量的坦克就变成机动弹幕与铁丝网清除机。它们领着澳军第四师，进攻布勒库(Bullecourt)附近的兴登堡防线。

然而英军赌输了。一方面准备工作过于匆促，一方面人员装备不足，前线正面也过窄。但有相当时间，英军感觉好像战胜似的。即使坦克到得过晚，但至少吸引了敌人的注意力，并且造成恐惧，“使部分德国守军越过乡野逃之夭夭”。澳军虽然突破了兴登堡防线，但接着变成来自四面八方反攻的箭靶。而自家人此时只以为他们在前进，炮兵因此未提供保护性射击。

英军尽管能稳住攻占的阵脚，却无法扩张战果。由于英第三军团右翼在埃尼纳(Heninel)与瓦恩库遭受德军顽强抵抗，使英第三与第五军团失去联手出击的机会。翌晨，英第二十一师与第五十六师(第一伦敦师)发动英勇的突击行动，攻占了上述两处要塞。但德军反攻的压力也日益增强，联军攻势的第一阶段，也即主要阶段遂于4月14日收场。尽管英军失却了战略性成功的机会，不过俘获了13 000名德军与200门火炮。

比起令人沮丧的伤亡数，下一阶段英军的战果更是乏善可陈。法军于4月16日展开了对埃纳河的攻势。而这个攻势的前奏就是阿拉斯攻势。结果埃纳河攻势收场更凄惨，彻底粉碎了尼韦勒过度的期望与预测，同时葬送了他的未来。英军有一星期时间无法恢复攻势。黑格虽然决定“英军要继续全面攻击……以协助我们的盟友”，但一直至那时为止，都不见法军有攻势需要协助。到了4月23日与24日，艾伦比在德军凶猛抵抗下，以重大代价向前推进，攻下盖马佩(Guemappe)与加福列尔(Gavrelle)。后来在4月30日的一次军团司令官会议中，黑格表示他对法军未来发动攻势的可能性毫无信心，但他决定英军仍会继续发动攻势，“坚定地向前推进到这条建设良好的德军防线上”。

英军在5月3日与5日再次发动进攻。尽管无效而且牺牲重大，猛攻之下，英军是愈战愈顽强，程度超过想像，或者简直奋不顾身，但终究无法攻下这条德军防线。攻势拖延着，结局痛苦之至，阿拉斯攻势最后就这样落幕了。之后，英军的进攻重心往北转移。6月7日在梅西讷首战战绩辉煌。但到了10月，英军在巴斯青达沼泽地的攻势却以更悲惨的结局收场。

第十七章　梅西讷之战

1917年6月7日英军所发动的一场战争，到了第二日即被认为是一次辉煌的军事成就。这场战争不像许多如今已褪色的第一次世界大战“杰作”，它历久弥新，而且愈久愈耀目。攻占梅西讷岭任务由英国普默尔将军所指挥的第二军团担任。就我们目前所知，这场会战几乎是这次大战中真正称得上围攻战的战役。这场战役也是到1918年后期为止，英军在战法运用上少数能完全契合实情者。

但时至今日，尽管它弥久的历史价值，已因英军战法应用得当而受到肯定，在当时，却因仅具提振士气之效，使其价值不得彰显。这场会战同时强烈刺激了未介入这次任务的指挥官，使他们对于接续的伊普尔作战抱着过高的期望。其实伊普尔的情势与梅西讷并不相同，打法自然也不同。尽管两者不同，但丝毫无损梅西讷之战的真正价值。联军在阿拉斯与埃纳河地区的春季攻势失败之后，士气低迷，正需要梅西讷式的胜利来振奋士气。

正当贝当奋力整顿法国陆军以使其复苏之际，黑格决定将英军攻势重心转移到弗兰德斯地区。除作为伊普尔主要攻势的第一步之外，并借此实现他心中盘算已久的计划——攻下梅西讷高地与华特雪特高地，以作为进攻艾泽尔的侧翼据点。他认为，此地如在德军控制下，英军战壕与前进炮兵阵地将被德军饱览无余。德军不但能控制伊普尔突出部的交通线，而且可对范围内的英军战壕据点作正反方向的纵射。

英军进攻梅西讷的计划，正式发动虽始于冬天，实际上准备工作已进行了将近一年。因此，当黑格于5月7日向普默尔问起何时准备发动梅西讷攻势时，普默尔即回答，“今天算起一个月之后”；而且他承诺肯定做到。其实，这句听来很干净利落的话，既未透露普默尔所承受的焦虑，也未真实反映普默尔为完成任务，对自我意志力的要求。

任务成功的主要关键在于同时引爆19枚巨型地雷。这种地雷每枚含600

吨炸药。1917 年 1 月以来，英军在德军积极的"反雷"行动下，共挖掘了8 000 码的地道来埋设这批地雷。攻击前的几个月，普默尔接获报告，指出"反雷"德军已接近六〇高地的某枚地雷 18 吋范围内，他们所能做的只有先引爆一途了。普默尔严拒这样的要求，并且在此后几星期，尽管一些兆头不佳的谣言与报告使他备感压力，他仍坚持不轻举妄动。终于到了 6 月 7 日凌晨 3 时 10 分，他认为该引爆了。这时，这枚地雷与其他 18 枚一齐爆发。结果，英军所埋设的 20 枚地雷当中，仅有 1 枚被德军事先引爆。

有关普默尔的意志力，在此另有一例。原来英军总部曾强烈且诡诈地想更换他的炮兵顾问，被他严辞拒绝。在阿拉斯攻势发动之前，第三军团也遇到相似事情。总部撤换了艾伦比的炮兵顾问，调来一位与他意见相左的顾问，使艾伦比的炮击计划被严重修改。艾伦比因此丧失所有奇袭机会。然而普默尔在梅西讷攻势发动之前，就顶住了上级所有的换人企图。他断然表示，只要他负责全局，他希望用他自己的人。就这样，方才打消总部的换人意图。虽然普默尔在紧要关头可能会强烈抗拒专家意见，却未见任何指挥官比他更勤于从各种渠道听取专家建议，也未见他人如他这般谨慎权衡这些意见，以作为自己下决心的基础。其参谋长哈林顿(Harington)更是一位富有智慧与同情心的人。他们两人的结合，象征着弥漫在第二军团干部之间的合作气氛。这股气氛经由他们流传到作战部队之间。

信任和乐于接纳他人意见与批评，是第二军团的座右铭。这种情形在前线的训练场上常可见到。在此，上级鼓励士兵们自由发问与批评，士兵们经常会得到答案与找到问题的症结所在。这种情形到进行攻击准备时更明显。其他高层指挥官常是把一连串目标往桌上一摊，命令他的部队非要拿下不可。普默尔的方法则是先建议某些临时制定的交战战线，然后大家一齐讨论，商量军长与师长们所关心的每一吋战线问题。接着依据局部状况与意见，调整几处目标。最后，像马赛克拼图一般，将各种状况与答案拼凑成一整块。这就是大家所同意的计划。

此外，普默尔公正而不偏不倚的判断力，可从另一事实上看出。虽然总部的技术性意见与现实状况相违背时，他可能进行抵制，但如与现实状况相符，他则乐于接受。第一次世界大战的西战场是一场明显的工兵之战。然而，令今日一般历史家困惑的是，工兵专家在主导"工兵之战"的分量上，仅扮演了小角色。相反，傲慢的骑兵与步兵教条，却被用来解决工兵问题。不过，梅西讷战事则与此全然相反。在此，有关的战法与训练方式大部分以一本英军

S. S. 155 工作手册为典范。这本手册是由工兵专家根据他们的专业知识与围城战经验所编撰的。

梅西讷之役是一次彻底的包围性作战。英军曾以最低的伤亡代价,攻占其要塞化的突出部。至于如何使伤亡降至最低,就在于他们事先对全军精神与士气的提升,以及执行阶段复以最高效率运用作战物资。因此,地雷、火炮、坦克以及毒气皆扮演其应有角色。但当时所出现的逆风,使毒气计划几至废弃。而地雷与炮兵的压倒性部署,使坦克几乎派不上用场。总共才 9 英里的第一线,英军就集结了 2 338 门火炮,其中重炮占 828 门。此外英军又调来 304 门大型战壕追击炮助阵。因此,炮兵力量大约是每 7 码防线,就有一门火炮伺候,或每英里有 240 门火炮,每码火线投落 5 吨半的炮弹。

事实上,如果将攻势集中在突出部上,会增加突破成功的机会,但也使参谋干部、部队与炮兵的编组复杂化。因为参与攻击的每一军,其纵深各有不同,而且愈接近最后目标,纵深就愈发收缩,结果使两头变得愈宽,到最后,他们就会成为弧(弓)状突出部的弦部。然而,由于目前是在打包围战,英军并无借机扩大战果与突破的企图,因此就避开了在阿拉斯攻势时所发生的部队壅塞现象。

准备工作的每一阶段,都显现出一丝不苟的编组与谨慎的思虑。第二军团之所以有这样的成绩,其秘诀在于设计者亲力而为——参谋军官连续不断访视基层与战壕,他们不搞白纸黑字的报告与指示。另一特点是他们执行了特别的搜索计划,借此,他们从战俘、地面与空中观测、侦察、照片、无线电截收、到声音距离的侦测等等方面,搜集到各式各样的情报。他们将这些情报,先快速传递到位于罗克芮堡(Locre Château)才成立两周的军团战情中心,然后筛选并化解成各种纲要与地图。

1917 年 5 月 21 日,英军对德军的炮击与清除铁丝网工作开始。到 5 月 28 日,情况已发展到相当程度。紧接着是 7 天密集的炮轰高峰期。其中包含实际炮弹测试。如此一来当然谈不上奇袭了。但在梅西讷攻势中,不谈奇袭没关系,因为梅西讷攻势与阿拉斯攻势相比,是一次纯有限攻势。在阿拉斯攻势中,不发动奇袭就甭想突破。但梅西讷攻势虽无奇袭的动作,却有奇袭之效。这个奇袭之效就是地雷与压倒性炮击。这奇袭之效持续了足够使英军攻下短距离目标的时间。这一点,以及真正奇袭战与奇袭效果之间的区别,对于战争的理论是至关重要的。

对英军而言更幸运的是,德军完全落入了他们的圈套。当德军开始怀疑英军有所攻击打算时，鲁普雷希特王储①的参谋长库尔即建议“撤出突出部，退到利斯河”。但各军军长抱着传统的“制高点”想法不放，认为他们的位置有地利之便，结果他们的意见占据了上风。这批人勇敢地坚信，土地不能随便乱放弃，他们甚至坚持要加强前进据点实力。因此，德军的愚行，不但使英军能实现计划，也不让自己跨出短短一步，绕到英军背后弄垮地雷计划，使英军所投入的人力物力泡汤。

依据英军的计划，参与攻击的有 9 个步兵师，另加 3 个师在近距离内待命，作预备队之用。右翼（即南侧翼）是戈德利（Godley）的第二澳新军，其中含第三澳洲师，新西兰师与第二十五师，并由第四澳洲师殿后。中央部分有汉密尔顿-戈登（Hamilton-Gordon）的第九军；领衔攻击的是第三十六、十六与十九师，另以第十一师充当预备队。左翼是莫兰（Morland）的第十军，其中含第四十一、四十七与第二十三师，预备队为第二十四师。

6 月 7 日清晨 3 时 10 分，19 枚巨雷同时爆响，德军前线大部分战壕被炸毁。同时间，炮弹如铁墙般倾泻而下。等碎石破片消失，地雷的惊悚过去之后，步兵上场。须臾，在几无抵抗下，德军整个第一线防御系统即被攻占。后来英军愈往里深入，反击就愈见增强。但由于这些步兵训练有素，炮弹又极精准有效，使攻势能持续进行；不到 3 小时，梅西讷岭的整个山顶都落入英军手中。

新西兰师则肃清了梅西讷岭本身复杂的要塞系统。这时，炮弹的间隔速度，调整到每百码间隔 15 分钟，而非原先的每百码，3 分钟打一次的速度。华特雪特与怀特堡（Wytschaete）的守军坚守了一段时间；但第一座村落是在第三十六乌斯特师以及第十六爱尔兰师的联手奋战下攻陷的。他们的合作具有象征性的意义。也许，由第四十七师（第二伦敦师）所负责的是最困难的攻击区。该师不仅要攻克高度堡垒化的据点怀特堡，还要渡过在其攻击线上斜穿而过的由伊普尔到科米讷的运河。不过这群伦敦人不但完成了这两个任务，而且到了上午 10 时，第一阶段的目标都完成了。当这批目标的防御力正得到强化巩固之际，超过 40 个炮兵中队向前推进，以便支援下一阶段的炮击。

下午 15 时 10 分，预备师与坦克向前跃进，不到 1 小时，几乎所有的最后目标都被英军攻占了。德军除死伤之外，被英军俘获 7 000 人；英军的代价是总共损失近 16 000 人。英军的攻势极为成功。当天仅遇微弱抵抗。预料中的

① 时任德军驻比利时与东北法总司令。

总反攻于翌日在全线展开。不过，由于英军的防御兵力早已快速部署完成，德军在各点的反击不但全无进展，而且后撤时，又让英军夺得更多土地。

尽管到了 1918 年，由于德军战斗力衰退，联军在战法运用上，发展战法来适应条件，与营造条件来适应战法几乎是一样多，在 1917 年 6 月 7 日，也就是德军的反抗力正处高峰之际，英军竟也能完美调整其战法以面对德军。这就是梅西讷攻势的了不起之处。

第十八章　通往巴斯青达之路

1917 年 7 月 31 日，联军展开所谓“第三次伊普尔之战”，它象征着通常称为“巴斯青达”会战的经过与结果。这场会战实际上是英国军事史上最晦暗一幕中的最后一景。虽然称之为“第三次会战”，其实它并不是会战，而是一场与自然搏斗的会战。一场弗兰德斯地区与低地国军事史上常见的会战。只不过，比起与自然搏斗的部分，它多强调了些战斗。这场战争，一如 1914 与 1915 年德国人走过的老路，除了损失，几无所获。它只重蹈这地区早先战史上的覆辙。1917 年“巴斯青达”攻势既无结果，又令人沮丧。其情形有如 1 世纪以前“福克伦”之役①，是英国军事记录上，该用黑框框起的“战败”同义字。虽然作战人员显现了坚忍耐力与牺牲精神，到作战后期，军官们更以洗练的领导术，尽力使伤亡减少。他们的表现不只是被蒙上阴影，简直完全被“不知为何而战”的记忆所吞噬。

“第三次伊普尔之战”缘起与目的为何？原来它是黑格为 1917 年联军攻势的原始规划中的一部分。它的实际行动日期，因各地战况不利而延后。当阿拉斯与香槟地区的春季攻势失败，法国陆军崩溃的威胁等问题接踵而至后，黑格当务之急就是要求英国第三军团在阿拉斯的攻势，继续拖上几星期，让德军不得空闲。同时在局部目标上，要求英军攻取一条防御良好的防线。不过，德军此时不但已完全警觉英军企图，而且实力增强，致使英军无法触及这条防线。黑格只好决定将英军主力往北转移至弗兰德斯地区。其实他的原始计划就是如此。由于黑格深信不能给敌人有喘息的机会，遂想到发动攻势，即使这时法军的支援阙如。事实上，从他在 4 月 30 日司令官会议中所作的评述，就显示他心中已将法军应承担的部分，从 1917 年“资产负债表”中，当作“呆账”剔除。

---

① 英国远征军于 1809 年在此小岛大败。

我们应当强调，此时，黑格所追求的战略观点，是受到英国首相支持的。倘若法军能积极参与，劳合·乔治赞成英军继续发动攻势。但是不久，这基本条件已明显无法实现。从此，他就无法约束黑格了。当时有三种状况左右黑格在5月间做出的战略决定。第一，英军需要引开敌人对法军的注意力；第二，德国潜艇战所造成的海上危机；第三，俄国需要发动仍属可能的第二次攻势。即使如此，在7月31日主要攻势实际发动之前，局势已剧烈改变。战争中，其实一切都取决于时间因素。7月，法军在贝当整顿下，正逐渐复元；即使协约国正在为潜艇战所带来的损失疗伤止痛，潜艇危机的高峰期已过；俄罗斯的革命瘫痪了俄军，已是毋庸置疑的事。尽管如此，英军总部的计划却丝毫未变。我认为，英军在决定这次重要攻势原则与挑选特定地区上，并未充分注意到历史教训、近期经验以及物资条件。攻击轴线原本应交集在德军主要交通线上，现在竟呈现从德军主要交通线分散四窜，以致攻势无法重创德军在法境的态势。好奇的是，黑格虽然在此采取与众不同的攻击方向，一年之后，他却阻止福煦与潘兴(Pershing)在西战场另一头采取相似做法。因此，这次针对比利时海岸所发动的攻势，实无较大的战略性结果可言。同样道理，即使将这样攻势，定位成牵制与消耗敌人的实力，其路线也可商议。此外，所谓夺取比利时海岸线的德军潜艇基地，以解救英国饥荒的理念，其实早已被废，因为德国主要潜艇战是从德国港口发动的。黑格对这方面的错觉是从何而来，令人费解。

6月中，由于英国内阁对于黑格的攻击计划日感不安，于是黑格奉召返国。内阁成员一致希望将这重大攻击计划延后，等法军复元，美军到达欧洲战场，并保存战斗力到1918年之后再说。黑格则据理力争，并“明确支持如果这样战斗以目前的强度维持6个月，德国的人力即将耗罄的意见”。其实他所说的情况，已超过他属下一向态度乐观的情报单位的估计。他的情报组至少将俄国能否继续发动攻势的因素考虑在内。就因为内阁愈发怀疑这些军事估算的正确性，黑格的观点无法展现他所期望的、让内阁信服的印象。这时，海军部及时向黑格伸出援手。他们告诉内阁，“除非将德军逐出比利时海岸，否则英国海军将行不得也”。海军部的说法在军事高层之间，就有如黑格情报参谋长所承认的，“没有人真正相信这好笑的看法”。但是它对黑格确是喜讯，它让内阁放弃了对黑格的反对。

发动攻击真正的推动力似乎来自黑格自己乐观的信念。对黑格而言，他的乐观信念比自己所说的任何论点都有效。他相信他能够在弗兰德斯地区独力击败德军。广泛地说，这将是一场关系英国威望之战。像这样“独干”，不但在军事史上少有，以弗兰德斯地区的地理状况而言更是罕见。他的作战计划与其是基于动机，不如说是基于信念所建构而成。这计划与信念到头来全都被弗兰德斯的烂泥所吞没。福煦自己曾是"信念论"战略的代言人，却以"鸭子行军"来痛责英军的攻势。并表情丰富地说："德国鬼很差，烂泥也很差，当德国鬼加上烂泥，那就……"

面对严酷事实，黑格仍批准了计划。他的气象顾问对照一套以"80年记录"为本的气象统计资料，显示黑格在此别想期望有两个星期以上，或最多三星期的好天气。

更糟的是，伊普尔攻势尚未展开，命运已经注定。在弗兰德斯地区的伊普尔部分，复杂的排水系统早已被破坏。某种传闻也一直在军中散播，说此地由于暴雨已成为一种天然、不能预料也无可避免的障碍，因此这恶名昭著的"巴斯青达沼泽地"，根本就是厄运之所在。实际上在战争开始之前，英国坦克兵团指挥部已致送一份备忘录给英军总部。他们指出，如果伊普尔地区排水系统遭到炮击而摧毁，战场将是一片沼泽。这份备忘录依据从比利时"桥梁工程局"以及当地的资讯所撰写。这方面的事实，在1915年已被工程师们所披露，但显然它被遗忘了。多少世代，人们以劳力将这沼泽地填土，并加以开垦。因此，这个地区的农民努力保持沟渠疏浚。由于土地容易泛滥，过于潮湿，不适耕作，故通常用来放牧。英军忽视自家人的警告，则是这次"巴斯青达攻势"失败的主因，也是失败不可避免的原因。

也许英军在先前6月7日的梅西讷攻势中打得太漂亮，以致对于这场在观念与目的上迥异的作战，竟也充满幻想。这场作战，光是预备工作就进行了近两个月，德军当然早已风闻，并作出反击的准备。德军的反击措施包括一种新的，适合被水围困地区的防御法。而英军的攻击方式则无法适应被水围困地区。德军这回不采用旧的直线式战壕系统，他们改用分段不相连的据点与混凝土碉堡系统，使它们广布在纵深极大的范围内。地面上尽是机枪阵地，人员却尽量用得少。当一有前方据点被攻占，所保留的预备队立即在后方集结，并迅速进行反击，将英军从奋战得来的据点中逐出。英军只要愈深入敌阵，就愈发现敌人防御系统的高度复杂性。此外，德军由于引进了芥子气，进一步严重阻碍了英军炮兵与集结地区的工作。

因此，当英军高度期待的攻势完全落空之后，德国鲁普雷希特即一扫常有的悲观情绪。在他的日记中有这么一段话："对于这次攻势，我已非常安心。因为我们从未在受攻击的防线上部署过如此强大，而且训练有素的预备队。"

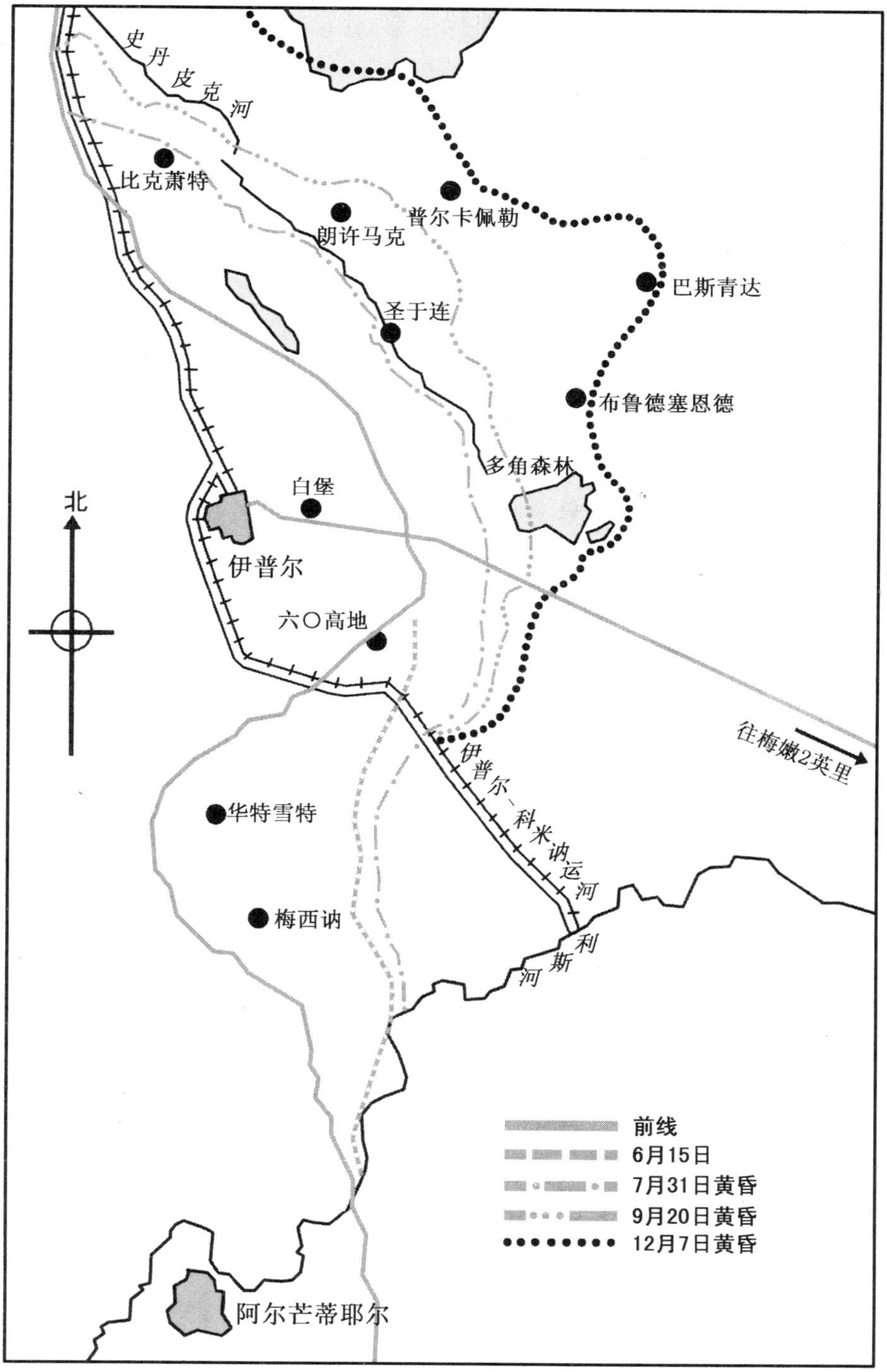

图 16　伊普尔（1917 年）

这里所谓的防线，实际上是由西克斯特·冯·阿尔尼姆（Sixt von Arnim）指挥的德国第四军团防守。

由于黑格的情报参谋确定德军已警觉英军攻势在即，并且将动用预备队，于是力劝黑格应将攻势提前 3 日发起，“虽然我们的准备工作尚未完全完成，但这是不得已的”。然而“军团司令官们非要延后不可”，并且，黑格也不愿接受情报组的意见。另外，大家对于初期的目标范围，也有不同的看法。高夫在此有如索姆河攻势中的罗林森，只希望进行一系列有限攻击；但是普默尔认为，在历经如此长久的准备期之后，英军理应“倾巢而出”；黑格则再次表明要进行突破。

主攻由高夫的第五军团担任，第二军团的一个军与法军的一个军分别在右、左翼担任助攻。英军炮兵实力总共有火炮 3 091 门，其中重炮 999 门；等于前线平均每 6 码一门炮。英军炮兵总共发射 425 万发炮弹（值 2 200 万英镑）。这表示前线每码落弹量为四又四分之三吨。

正式炮击于 7 月 22 日开始。持续了 10 天，一直到 7 月 31 日清晨 3 时 50 分步兵发起攻击为止。当时，总计有 12 个师的步兵在倾盆暴雨中，沿着 11 英里长的第一线发动攻势。左翼方面有实质进展，英军攻下比克萧特（Bixschoote）、圣于连以及皮尔克姆岭（Pilckem ridge），并且到达史丹皮克河（Steenbeek）一线。至于“绿线”（第三目标），也大部分落入英军之手，并且朝内推进了两英里。但在右翼方面，从梅嫩路周围的最重要区域所发动的攻势，尚未达到第二目标就受阻。大雨日复一日地下着，拖延了下一步主要攻势，无法排水的地区更是很快变成了泽国。未几，先是坦克，然后步兵，全都动弹不得。

即使满腔热忱的高夫，也“通知总司令说，在这种情形下，战术性成功已无可能，不然就要付出太大代价。因此建议攻击应予停止”。但是黑格意志过于坚决，同时过于乐观，因此高夫劝止无效。军团司令们更是无人敢强出头，以事实为由提出相反观点。以巴斯青达攻势为例的战争教训是，军队有必要拓展理智性坦诚与道德勇气的领域。如今，黑格继续向陆军部发回信心十足的报告。他说，敌人实力正“快速接近”枯竭。但实际上，鲁登道夫此时不仅准备攻击在里加的俄军，而且计划派出 8 或 10 个师加强在奥地利的兵力，准备一举击垮意大利军。黑格的报告内容，确实“远远超前”于他的情报组所提出的资讯。

到了 8 月 16 日，黑格发动第二次攻势，其计划与第一次攻势如出一辙，只是规模小了些许。左翼再次攻过由史丹皮克河小型河谷所形成的狭长洼地，并且越过朗许马克的废墟。但是右翼的攻势，或许单独具有一些战略效果，却代价重大而一无所获。战俘数也从前一次的6 000，缩减到2 000。没有人感觉他们无谓的牺牲，其实完全肇因于敌人有效的反击与战场烂泥一片。对于高夫军团的领导方式与参谋作业的批评，不但时有所闻而且非常尖锐。这些批评的正确性，后来似乎被上级认同，因为黑格命令第二军团的防线向北延伸，将梅嫩路地区包含在内，并指派普默尔领导朝向伊普尔东岭的主要攻势。其实这是一件极吃力不讨好的工作。因为经验证明，攻打失败已成定局的地区是徒劳的。普默尔在这极端不利条件下，其梅西讷之战的一世英名，似乎将被伊普尔城外的沼泽所毁①。

然而，普默尔与由哈林顿所领导的第二军团参谋部，声誉不降反升。其因不在于他们的战绩大小，而在于他们的战绩比预期的在如此无望的冒险环境下，所获的要多得多。如同在梅西讷，他们将围攻战术应用在这个仍应以围攻战为主的任务上。他们进行了一系列的浅攻，而不深攻到超出炮兵支援范围以外的地方；使步兵维持足够的锐气，炮兵与他们的距离，则接近到可以应付任何反击。

由于恶劣天气以及重新发动攻势所需之准备，使发动攻势的时间推迟到9月20日。这天早晨，他们沿着4英里长的前线发动攻势，攻下先前攻击失败的地区——梅嫩路的两侧。他们动用了6个师（两个是澳洲师），但在比例上，步兵尽量用得少，炮兵则发挥了最大威力。普默尔配备1 295门各式火炮，等于每5码前线一门炮。其中重炮占575门，相比7月31日发动攻势时的每18码一门重炮，现在等于每12码一门。步兵于拂晓5时40分前进。到6时15分，第一目标除了一两处坚固据点之外，几乎在无抵抗下获得。第三与最后一批目标则在中午过后不久就攻克，并且以炮兵将德军的反攻击退。然后到9月26日与10月4日，他们分别发起过新一波的攻势。最后的10月4日攻势，比前面的攻势略大。英军在战线左翼动用了8个师兵力，他们沿着一条8英里长的前线前进。这8个师中，第二军团占4个师（澳新师），第五军团占4个师。尽管暴雨倾盆，战地泥淖比前更稠糊，英军就在这种情形下，攻下伊普尔东侧主岭。范围包括葛卢维、多角森林（Polygon Wood），以及布鲁德塞恩德（Broodseinde）。英军并且以炮兵击退大部分的反攻。炮兵有这样的成绩，应归功于皇家飞行兵团（Royal Flying Corps）的观测工作，当然炮兵本身反应也快。在三次攻击中，总共俘虏敌军10万人。英军胃口大开，吓得德军赶紧改变他们的弹性战术，加强前方部队的实力，以免在英军火炮下，损失增加。

① 普默尔因梅西讷一役而被英国政府封为“梅西讷之普默尔子爵”。

英军的这些攻击至少挽回了一些面子，尽管由于时间优势与深入敌境的可能性老早消逝，而注定他们无法取得战略效果。不幸的是，英军高层在冬季降临前的几星期，仍然决定继续毫无意义的攻势，耗尽了原可以用在迟来的康布雷攻势的预备兵力。黑格浪费了整个夏天的时间，他把实力消耗在泥淖中，使坦克动弹不得，步兵挣扎而行。现在他又将希望放在 11 月的旱季，但由于缺乏预备队，因此决定性的成功，对他是遥不可及的。

且说英军于 9 月底在伊普尔有过一次相当成功的攻击，到头来却不幸出现冲昏了头的假象。10 月 4 日夜间，黑格的情报参谋表示，“在最近的前线范围内”，没有德军新的预备队存在。（实际上德军新出现的师，在第二天就接下防务；在英军下一波 10 月 9 日的攻势开始之前，整条千疮百孔的前线都有德军新到的部队，而且另有额外的一师兵力已经进驻。）即使是稳健的第二军团参谋部，似乎也一时沉不住气。参谋长哈林顿在战地记者会上说，山岭的顶部“干燥极了”。澳大利亚国家战史记录了一段与会的一位记者的印象：“我相信官方的态度是，巴斯青达岭极其重要，明天的攻击不论成功与失败，都值得一试……我怀疑他们正想进行一次伟大而残酷的尝试——一次豪赌……我与所有记者都特别担心这次攻势……我想，他们的原则是，‘攻击、攻击、攻击，只要天气适合就攻击！’即使真是如此，他们一遇到诱惑，就管他什么‘原则’。”

记者的焦虑其实比军方将领的期望，更有道理可说。自从 10 月 4 日以来，没有一天不下雨，8 日午后雨势益急。气象专家说，近期天气状况不会有所改善。但是黑格决定要打，他的指挥官们虽然疑惑不定，却没人想抗议。因此，翌晨的攻势照常发动，位置仍在这条 8 英里长的防线上。结果除了左翼地势较低地区之外，均以惨败收场。黑格的情报组长在 10 月 8 日的日记中，就描写了这次军事研判过程。其出发点颇令人好奇。他写道：“先是明天的重大成功，接着来上几个星期的好天气，我们仍可以在圣诞节之前，肃清海岸，赢得战争。”“黑格告诉我……他仍在寻找一些具有突破希望的地点，可以让我们在今年内在此赢得一战。但他找不到这样的地点。”

尽管如此，黑格仍下令于 12 日针对更深入的目标发动新攻势。高夫怀疑这样做是否明智，但普默尔“认为这次攻势是很实际的”，于是黑格于 10 日发出了命令。直到此时，“大家仍旧不太了解近日作战的真实经验与结果”（根据澳大利亚官方史）。其实，这时仍有时间厘清前些时候的真实战况，但英军似乎疏忽了这项工作。11 日，大雨再起，高夫见状打电话给普默尔，要求将攻击延后。高夫这一点做得很对。但普默尔与这次攻击最有关系的军长戈德利商量之后，仍主张计划继续。于是第二天，所谓巴斯青达突击，除了溺毙在泥浆中的士兵之外，就在攻击部队几乎退回原先攻击发起线的情形下落幕。

黑格如今似乎已了解，预期的战略性大胜根本不可能达成。但他已铁了心，非攻下巴斯青达不可。因此，他调上了加拿大军。同时，英国第五军团与法军在10月22日也尝试了一次联合攻击，不过战果甚小。26日，第二军团的加拿大部队再发动新攻势，再败。到了30日，第二军团又试，同时，第五军团虽服从上级命令，但满腹狐疑地奋力“前进了300码，或最多如此”。

英军除了牺牲惨重，进展简直微不足道。大部分原因在于英军在泥淖中推进时，耗尽气力。烂泥不但使步枪与机枪卡弹，甚至使炮弹威力大减。此外，德军对于英军不但日益增加芥子毒气放射量，而且改变了防御战术——将大批部队集中在后方以便未来发动反攻。到了11月4日，第一与第二加拿大师发动奇袭，占领了巴斯青达村，使英军获得一些空洞的满足感。就这样，悲惨的“第三次伊普尔会战”终告正式落幕。这场老早该结束的会战，不但将英军推到筋疲力尽的边缘，并且成为英国军事史上最痛苦的一页。这样一场会战，军方唯一可以辩解的理由是，黑格为吸引敌人的注意力与兵力，替自己选择最艰难的，但也是敌人最不重要的地点作战。他企图吸引敌军的预备兵力，结果自己的预备兵力反被吸引。

黑格受到一种堂皇的乐观主义影响，它甚至左右黑格对于英军付出代价的看法。这场始于7月31日，最后以失望收场的攻势告一段落后，黑格告知英国政府说，敌人伤亡超过英军“百分之百不是不可能”；及至最后一次下令攻击，他仍宣称，“可以确定敌人的损失超过我们太多”。这样的乐观，完全来自他对情势的无知。其中部分原因与他的部属的道德勇气之沦丧有关。由于他的部属唯唯诺诺，以致鲜有人敢对他直言指点。

该为这次泥河浴血负大部分责任的某位要员，曾无意间对这场会战表现出悔恨的心情。这种心情也许可为这次计划的不当，作出最贴切的注脚。英军总部的这位权重位高者，在历时4个月战争结束后，首次踏上了这段前线。当车子接近战区沼泽地带边缘时，他愈发不安。最后突然流泪道，“天哪！我们真的把人送到这种地方来打仗？”他的同行者回答说，再往前走的情形更凄惨呢。如果这番感叹出自他的良心，那么它显示了他所坚持的“攻击”是基于一片错觉与不可原谅的无知。

对于这段令人沮丧的回顾，唯一值得慰藉的是，仅仅两个星期之后，另一场“开幕戏”上演了。这场场地不同，而且早在8月初就有过一段技术性建议的攻势，最后将导致1918年秋季的辉煌胜利。

第十九章 坦克奇袭康布雷

1917年11月19日，康布雷的德军，正平静地凝视着对面的英军。英军防线看来一切正常，而且相当沉静。这些德军如果与伊普尔突出部中，在炮弹翻搅过的泥洞里奋战的苦命士兵相比，他们简直安全极了。事实上，他们正驻防在这条已大规模要塞化，筑有舒适战壕的兴登堡防线里。他们自我庆幸着，除了对于牢不可破的著名防线感到满足之外，并且确定在冬天来临之前，那些几乎将自己淹没在伊普尔沼泽的顽强英国人，是不会发动任何攻势的。

但到了11月20日，381辆坦克，加上一批为数相当少的步兵，在昏暗中朝惊讶不已的德军杀来。这次攻击，英国人连打个招呼宣布自己即将来临的攻击前的炮击都免了。一向招待周到的德国人，对于这次英军省却事前"知会"感到苦恼。英国人通常给他们四五天的预告，好让他们准备适合的接待。

11月21日，伦敦大钟响起快乐的钟声。它告示人们前方作战的成功，并且似乎预测最终胜利到来的日子也许不会太远。在德军最高统帅部里，鲁登道夫则忙着准备全面撤退的紧急指示。其实，伦敦钟声与鲁登道夫的动作，虽然都具有预言性，却都早做了9个月。

原来是，德军到了11月30日，发动了一次重重的还击。其程度足使英国大众今后痛恨过早的庆祝。掌声变成了责难；失败的原因成为调查的主题；在公众看来，如果康布雷象征大战终止前最初的胜利，不如说它是英军自开战以来最后的挫败。现今披露的更详尽的资料则显示，当时英国的"黑日"(black date)该是20日而非30日。虽然英军在此写下大战中令人愁眉不展的一页，却也是俗语"塞翁失马，焉知祸福"的最佳写照。即使1917年11月20日英军犯下不可弥补的错误，对联军未来的时运却充满助益。它为1918年胜利之道铺路，并指出正确方向。如果我们将眼光放得更远，它是战争史上一块重要里程碑，是新纪元的破晓时分。因此，我们可以说，那快乐的钟声当时即使敲错了，对最终结果而言，却是敲对的。

相反，德国人未从这次会战的警示中记取教训，因此事后得到了报应。这也是德国官方历史家所承认的。虽然有不少具有远见的德国军官对于英军的新战术，认为有必要以同样方式以牙还牙，但仍有人认为“战争进一步的机械化”会损及军队士气。强烈的传统主义，使他们产生一种“坦克恐怖虚幻论”的想法。德军成功的反击，对于不愿面对非传统现实的人，也是一种鼓舞。因此，像军事史上常见的，传统意见的势力占了上风。当战后德国军史家记录这一段历史时，五味杂陈地写道：“表面上辉煌的德军攻势，深藏着不幸。”

这 11 天时间也许形成这次大战的所有经历中最具戏剧性的一面。然而“康布雷”真相之耸人听闻，一如其时运的突然转变，是隐藏在看不见的台面下。首先有关它的缘起。这点极端重要，因为康布雷之战预告了战争新循环的开始。其远因早在约两年之前开始孕育，近因的形成也已有 4 个月之久。

一开始就支持坦克发展的人，早已倡言一种原则性观念——坦克应大量集中运用，而且应出其不意地运用。这种观念不仅已整理出头绪，而且早在 1916 年 2 月就进行过详细规划。这时间比索姆河发动少量坦克战还早 7 个月。而索姆河坦克战却是在违背一切上述原则下发动的。所幸到了 1917 年，尽管英军驻法坦克兵团指挥部不似其总司令部，他们从未见到过一份相关的原则性备忘录，却从经验中得出与备忘录相同的观念。此外，他们心中深植着这永远错不了的，但经常被低估的奇袭原则。因此，有眼光的他们，在第三次伊普尔之战——巴斯青达攻势一开始，就知道“泥雀”①(mudlark)战术是无用的。他们马上想出一种替代计划。

坦克兵团指挥部参谋长富勒(Colonel Fuller)上校，于 1917 年 8 月 3 日草拟一份在适当地点发动大规模坦克战的方案。在这方案的序言中，我们就可见识其远见：“从坦克战观点，第三次伊普尔之战已亡。在现阶段运用坦克，不仅糟蹋良好的机器与人员，而且在失败不断的情形下，步兵与坦克兵士气尽失。从步兵观点，第三次伊普尔之战是头脑不清之糊涂战，只要继续，损失必大，收获必小。”

接下来就是方案内容：“为重建大不列颠声誉，在冬季来临之前能戏剧性击败德军，兹建议立即着手攻取圣康坦(St Quentin)。”文中另指出，这个作战有其判断正确的战略性价值。它将是下一年联军进攻勒卡陶，接着是华伦西安的第一步。但这个计划一经提出讨论，即遭到反对，因为它需要英法军联合

---

① 指打烂泥仗的可怜小兵。

作战。如此一来，难度增加，失去这新颖作战方式中必要的作业顺畅性。于是，他们在 8 月 4 日构想了第二计划，也即以坦克突袭康布雷之南。所谓“突袭”，必须强调，其原意是指“破坏敌人之人员与武器，打击敌人士气，瓦解敌人组织，但非攻城掠地”。就如同这项计划开头所说，“突袭时间必须短暂，应为 8 至 12 小时，使敌人无法为反击集中兵力”。倘使当时英军真的遵循这个原则，后来就不必为 11 月 30 日的行动抱憾。“简言之，整个作战是分‘进攻、打击、后撤’三个步骤”。这种类型的大规模突袭，不仅削弱敌人的战斗力，并且削弱敌人在同一时间所进行的任何大规模作战的主动性。他们建议在沿着一条 8 000 码的防线上，突袭应出动 3 个坦克旅（每旅含两营），以及“一个，或最好两个步兵或骑兵师”，另加支援的炮兵。建议的目标则是“位于里贝库尔-克雷沃克尔-邦特（Ribecourt-Crèvecoeur-Banteux）之间的莱斯特河—圣康坦运河（L’Escaut-St Quentin Canal）所形成的凹角”。突袭兵力将划分为三部分。主要部分将扫荡运河封闭式袋形地的田野，同时，较小的两个部分将侧击攻击区的两边，以保护主要部分的任务。“整个作战的基本精神是奇袭与快速运动。‘零时’后 3 小时，即准备后撤，并由坦克与飞机断后，以保护与战俘一同后撤的下马骑兵。”

他们所建议的战区属于英国第三军团。该军团司令为朱利安·拜恩将军（General Sir Julian Byng）。8 月 5 日，一位坦克兵团的旅长在非正式情况下，将详细计划交给了拜恩。拜恩接受这个计划的理念，不过他想将“突袭”扩大为“突破”，以攻占康布雷。翌日，他前往总司令部晋见黑格，建议在 9 月以坦克奇袭康布雷。总司令满心喜欢这个计划，但是参谋长基格尔将军（General Kiggell）认为在同时间，无法分别在两地赢得决定性胜利而坚决反对。他认为所有人力皆应集中运用于伊普尔战区。在此顺便一提，此人直到会战结束，从未到过伊普尔战区。就这样，英军将突袭计划延后。由于英军高层不愿承认在伊普尔失利的事实，结果过迟发动原可以获胜的攻击。

我虽然钦佩基格尔将兵力集中使用的原则，却怀疑伊普尔地区是否适合这项原则，并且持有一种看法：分散敌人兵力与集中自己兵力永远是相辅相成的。

由于黑格对坦克仍抱持“次要因素”观念，即使他对这项计划感兴趣，经基格尔一劝阻，一切就免谈了。于是，尽管高层坚持在巴斯青达沼泽地进行无望的攻势，康布雷计划则无限展期。但不仅拜恩与坦克兵团不死心，连总司令部也有人对这个计划唱和。因此当伊普尔攻势败相毕露时，黑格已准备接纳

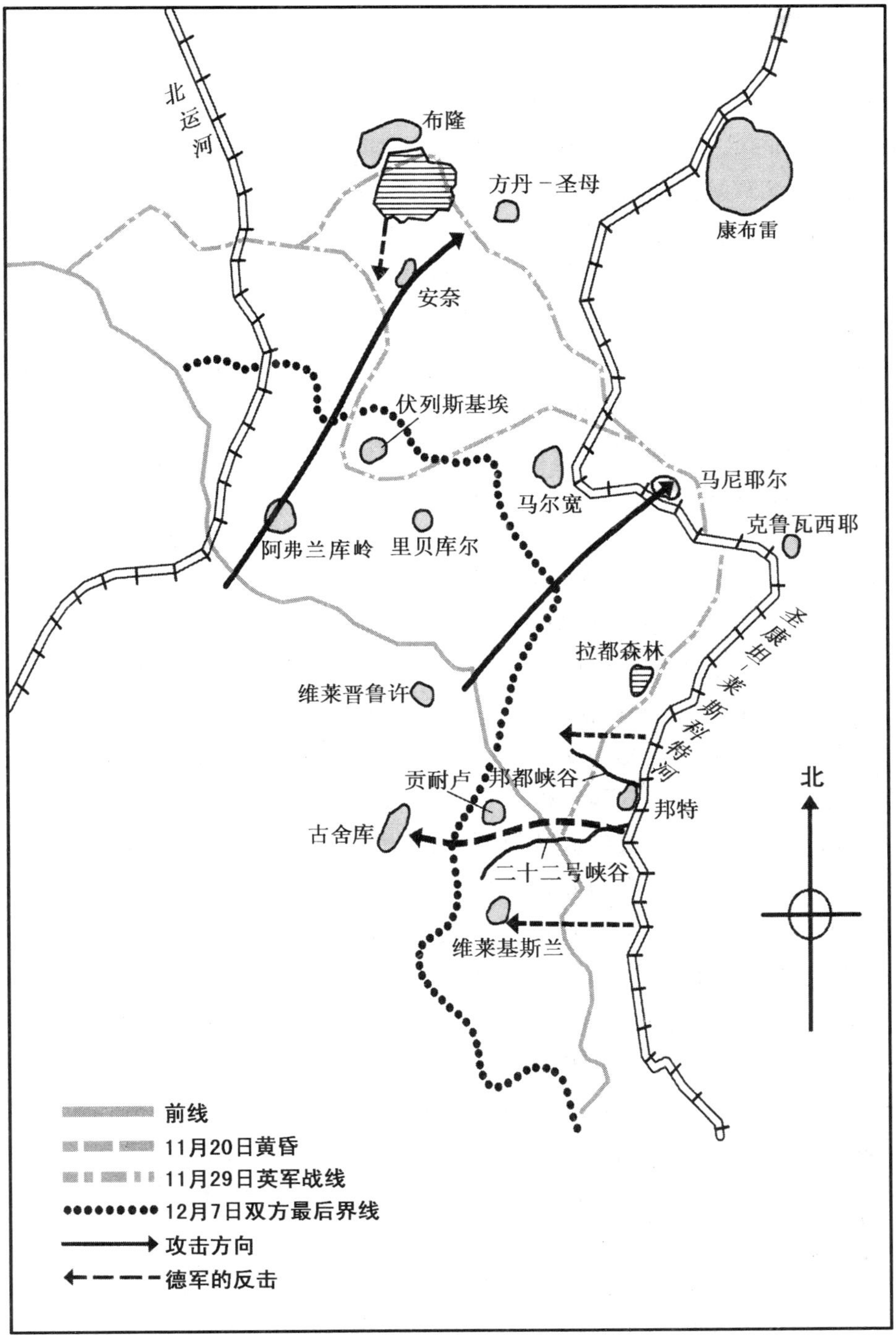

图 17　康布雷（1917 年）

这个可望为英国挽回面子的计划。到了 10 月中,康布雷计划终获批准,并定于 11 月 20 日发动进攻。只是,现在形势已今非昔比。即使计划执行成功,也将因无预备兵力而功亏一篑。这些预备兵力已被巴斯青达攻势所耗尽。

平心而论,即使总司令部错失发动康布雷攻势机会,他们如今也比第三军团司令部更了解缺乏预备队所受到的限制。基格尔强调,布隆岭(Bourlon Hill)是最初目标,后面接着只要朝北进行侧向扩张即可。黑格并为行动设下时限。但第三军团虽然已为初期的“突破”投入所有可用之兵,其企图心却很大,他们想拿下更大的范围与更多目标。

宾恩的计划是:一、突破位于莱斯科特运河与北运河之间狭长地带的著名兴登堡防线系统;二、夺取康布雷、布隆森林(Bourlon Wood),以及桑塞河通道;三、切断桑塞河以南与“北运河”以西区域内德军与外界的联系;四、扩大战果,一直到华伦西安为止。在这充满野心的计划中,兵力配置如下:第三军(由普尔特尼指挥)与第四军(由伍尔科姆〔Woollcombe〕指挥)各 3 个步兵师,卡瓦纳指挥的骑兵军的 3 个师(另配属一师给第四军),381 辆坦克以及大约 1 000 门炮。因此,以原始计划而言,现在是动用坦克的想法与大致作战方位依稀尚存而已,其他则已完全改头换面。这些改变的部分,却也是未来失败的祸根。突袭如今变成大规模攻击,有其远大的目标。他们将巩固“袋型地带”之后即行撤退的计划,更改为在两条运河之间,辟出一条狭长的“小巷”。突袭本应设计得不受反击干扰,但如今简直危险之至。新的计划限制了坦克的行动,使坦克攻势无法集结。其他方面,场地状况倒良好,绝大部分是下坡地形,极适合坦克行动。有两处地形颇具这方面特色,一是伏列斯基埃-阿弗兰库岭(Flesquières-Havrincourt ridge),一是布隆岭。

拜恩计划的基本缺点并不在于地形问题,而在于完全欠缺预备兵力,除非我们把 4 个骑兵师也考虑在内。我们之所以无法将骑兵视为预备队,是因为面对现代武器,他们的行动彻底无能。就兵力而论,在这个预期要突破康布雷而到达华伦西安的计划中,初期攻击所动用的 6 个师,其实就是第三军团司令所能动用的一切。我们极难了解,他当时对于未来局面究竟是怎么设想的。因为如果欠缺预备兵力,即使完全成功,也只是打出一个既深又窄的突出部,需要好些师的兵力来据守。当然,英军禁卫师或者一两个师可以抽调过来,但是目前距离战场太远,根本无法立即介入。这种情形确实令人想起卢斯会战。在攻击发起前一刻,法军也派出一个军,朝向桑利斯-佩罗讷地区移动,但一天之后,英军竟说已不再需要他们了!

对于英军这次攻势欠缺预备队之举，在一篇叙述法国德斯佩雷将军的故事中有所着墨。这篇文章根据一位英国军官的话撰写而成。德斯佩雷为了寻找有关资讯，长途乘车前往阿尔贝（Albert）的英军指挥部。进门后，他向一位资深的参谋军官探询军情。他简单问了一些有关攻击进度、攻击正面与深度等问题。等到将结束时，关键问题来了，"你们的预备队在何处？""我的将军，我们一个也没有。"这位法军指挥官惊呼："我的天！"接着不悦地转身就走。

且说这项坦克攻击计划之困难处，在于：一、如何获取奇袭效果；二、如何跨越既宽又深的兴登堡防线障碍；三、如何强化步兵与坦克的防卫合作。他们认为若要获得奇袭效果，非缜密规划与废除先期炮击不可。兴登堡防线的问题，他们想出一个办法：由每辆坦克前端携带特殊柴捆和大量的树干，然后一驶近防线战壕边缘，就将它们抛入战壕。于是，坦克以 3 辆为一组，有足够能力跨越三道连续性障碍①。至于第三部分，他们实施了严格的攻击训练。每组有一辆先头坦克行驶在两辆步兵坦克前方 100 码，以便先期压低敌军火力，保护领导步兵前进的主攻坦克。步兵则以弹性队伍，紧随在主攻坦克后方。坦克为步兵开道，深入敌军铁丝网阵，压制敌军机枪，同时间，步兵则为坦克扫荡余敌，保护坦克不为近距离敌炮所毁。然而坦克计划中有一个缺点：他们未曾听从专家意见。结果计划中，坦克要沿着全线正面进行攻击，而不是挑选战术重点攻击。这样打下来，到了攻击后期阶段，英军坦克就无预备队可用了。

英军的作战准备进行得相当熟练，而且保密到家。为了误导敌人，使敌人不知其攻击规模与正面所在，英军沿着真正攻击区的南北宽广的前线，用上了毒气、烟幕弹，并由假坦克进行假攻击，突袭与佯攻，不一而足。

尽管如此，有一名从爱尔兰部队逃脱的德军战俘，几乎使整个计划泄密。此人向德军说出英军即将攻击，而且说英军正在进行坦克集结。所幸，他的老乡没有人相信他。德军指挥官马维茨将军（General von der Marwitz）并于 16 日向上级报告说，没有任何类似的攻击即将来临。但到了 19 日，英军在电话

---

①　所谓跨越三道连续性障碍，是指第一辆先头坦克先冲进铁丝网阵，并不跨越第一道战壕，但以机枪扫射战壕，然后左转；两辆步兵坦克接着冲向铁丝网阵的破口，这两辆中的前一辆向战壕抛下柴捆，左转，扫射战壕，第二辆则从柴捆上跨越战壕，冲向第二道支援战壕，抛下自己的柴捆，然后跨越，也左转，以机枪扫射战壕；现在，尚未跨越战壕的先头坦克，则开始跨越已垫上柴捆的两道战壕，并向第三道战壕抛下柴捆，然后左转。这样跨越方式沿着前线不断重复。

中说了一句“星期二 弗兰德斯”，却被位在布勒库附近的德军无意中听到。由于“星期二 弗兰德斯”很像日期加上密码的组合，德军疑窦大启。是夜，德军奉命提高警觉；同时，马维茨匆忙动用从俄国战场调来，刚下火车的一个师加强防务。但是，即使德军现在已预料到英军即将发动攻击，他们仍以为该先出现攻击前炮击才对①。英军缺少炮击，竟确保了重要的奇袭效果。这奇袭效果更因清晨的雾气而倍增。在这次大战中，几乎所有成功的攻击都与奇袭有关。

11 月 20 日早晨 6 时 20 分，英军坦克与步兵朝着一条约 6 英里长的防线展开攻击。除了在面对伏列斯基埃的左翼中央部分之外，所有各攻击点都获得了初期战果，并打击了德军士气。但左翼的中央攻势却严重停滞。其主要原因是第五十一师师长哈伯（Harper）喜欢搞他自己的作战方式，而未遵照坦克兵团所设计的攻击队形。他称他的先头坦克群为“流浪者”，任他们抛下步兵，兀自前驶，领先步兵过多，乃至步兵编队与坦克无法进行紧密配合。这种坦克与步兵分家的想法，似乎出自他已公开过的感受。他曾说，整个康布雷计划是个“异想天开，最‘不军事’的计划”。当他尚在总司令部担任参谋官时，就曾反对过机关枪的发展，现在他又同样对坦克功能存疑。结果，步兵远远落在坦克后方，使步兵迷失在铁丝网阵中，并为敌人机枪所阻。一位事后检视战场的军官即发现，现场其实只遗留小小三堆机枪弹匣。从这些蛛丝马迹，即知当时德军只用少量机枪就使英军一师人马动弹不得。这也是给未来步兵在开阔地带行动时的一次警告。步兵与坦克失去联系，是造成坦克后来驶向山岭，在几处德军炮阵地密集开火下损失的根源。如果这时有步兵随伴在侧，即可先将德军炮手解决。这里并出现一桩著名事件，说一名落单的德军炮兵军官，一手击毁了 16 辆坦克。这种说法倒可以列入历史传奇之林。事实上英军攻击发起后，到这一阶段只发现 5 辆坦克被击毁。一位情报官在检视现场后，清楚发现曾有 3 处德军炮阵地在此与坦克交战。当时确实有可能除了一门炮与一名炮手之外，其余炮兵阵地都如所说，被坦克打得鸦雀无声。但战争印象有时因战火炽烈而被绘声绘色。所谓第五十一师的战绩，竟是如此具有讽刺性。原来它是英军总司令部大肆宣扬出来的事。第五十一师有关人员所获的奖

① 德军认为攻击前欠缺重炮轰击是不可能的，因为他们的据点极坚固。因此，19 日午夜前一刻，马维茨给莫泽的集团军〔Moser's Group〕的命令还说，“坦克可能参与。炮击大约在清晨三四时之间开始，将持续四至五小时”。这使人联想，习惯是如何使敌人有机可乘，发动奇袭的。

励，其实不能与敌人的战绩相提并论，因为这项奖励是牺牲步兵或骑兵生命换来的。

这次事件的效应，后来被扩大了。在右翼，第十二、二十与第六师迅速攻占了目标，虽然第十二师在拉都森林（Lateau Wood）曾有一番激战。第二十师攻下并穿越马尼耶尔（Masnières）与马尔宽（Marcoing）；稍后又占据两运河间的通道，过程中连桥梁都未受损。在左翼，第五十师与第六十二师表现不俗。入夜之前，攻势远及安奈（Anneux），超过伏列斯基埃后方两英里。德军在伏列斯基埃曾有过抵抗，但已被围成孤岛，并被英军一波波地扫过它的侧翼四周。这批英军甚至远达布隆森林边缘。至此，英军已深入德军防线后方5英里，这等于是惨烈的索姆河之战与第三次伊普尔之战的几个月成绩。胜利如今掌握在英军手中。他们越过了敌人三条主要防线，只剩一条完成一半的防线与其开阔野地尚未到手。但问题来了。坦克兵此时已疲惫不堪，步兵简直无法依靠自力前进。骑兵方面，除了加拿大加里堡（Garry Horse）骑兵队里的一个中队之外，两个骑兵师也无法担任完成扩张战果的角色。

事后，德国官方文件强调一个事实。在马尼耶尔与克鲁瓦西耶之间有一段宽阔的缺口，开了"好几个小时，完全未被英军占据"。"真是幸运，因为在黄昏前，我们援军是到不了的。"德军更幸运的是，由俄国前线换防的一个师，就在英军攻势来临时到达现场；20日晌午，该师部分兵力正好掩护直通康布雷的道路。德军司令部反应迅速，英军一发动进攻，他们就从前线的其他部分调动5个预备师赶来支援，另外尚有6个师准备随时跟进。这根本是与时间作竞赛；令这些焦虑的德军庆幸的是，他们的敌人似乎正在拖延时间，此举颇令人惊讶。"英军从下午到晚上都无进展；他们至少包围了仍在伏列斯基埃进行抵抗的德军，但第五十一师的所有主动，似乎已因防卫作战而丧失。"对于英军骑兵，他们认为出现得过晚，而且一下子就被交叉火力网制住。

11月21日，英军局部地区预备兵力有进一步进展。伏列斯基埃的幸存守军则在一早撤出。天明之后，英军第五十一师与第六十二师压境，敉平德军在第一天为了抵抗所形成的突出部，并带领英军进攻，远及方丹-圣母（Fontaine-Notre Dame）地区，超过11月20日最远范围的一英里半以外。由于英军深入布隆森林与方丹，使德军瓦尔特军与莫泽军之间出现3英里宽的裂口。但德军发现英军这时虽面对绝好机会，却已成强弩之末。在英军的右翼，这一整天整夜，攻占甚少，而且敌人有3个支援师兵力已出现。机会真的丧失了。

黑格所限定的48小时已到期。但由于一、英军并未攻占布隆森林，德军对于英军新位置具有威胁;二、仍希望德军能撤退;三、期望为意大利解压,于是黑格决定继续攻击。而且将几个新师置于第三军团指挥之下,只是这动作已稍迟了一步。但是,基本上使英军获得初期胜利的坦克兵团,虽然其战绩令英德双方都讶异,此时却已人困车乏,无法再战而退出战场。原来他们全都被孤注一掷于第一次攻击。

面对已能应付裕如的敌军,英军在新一波攻势中是败多胜少。11 月 22 日,德军收复方丹-诺特丹一线;23 日,英军第四十师与坦克攻占整个布隆森林,但再无法攻下布隆村与方丹-诺特丹地区。于是双方陷于苦战;对于这些村落,英军时得时失。同时间,德军以迅速的主动,以及精湛无比的军事技术准备进行猛烈反击。而且很不幸,英军高层有一种倾向,除了某些特殊情形外,他们不相信许多有关风暴正在酝酿的警告,还讥笑那些焦虑不堪、眼睛却雪亮的人杞人忧天。这种心态显然出自于过分自信——部分由于 11 月 20 日初期胜利得来太易,部分由于相信巴斯青达会战已经耗尽敌人所有预备兵力。巴斯青达的效应,是经常被高估的。

相反,率部从南侧楔入德军第一线的第七军军长斯诺将军,早在一星期前即预料到德军反击的地点与日期。他的属下师长们,特别是与第三军邻接,由朱德威恩(Jeudwine)指挥的第五十五师,已作出相当多的具有确证的报告,诸如敌人炮兵出现在以前没有被炮击过的地区,大量德国军机正在前线上空飞行,以及英军侦察机被击落在某些敌军可能集结的地区等等。后来到了 11 月 29 日,第五十五师已确信德军反击迫在眉睫。朱德威恩在第二天黎明前,更要求邻近第三军使用位于邦都峡谷(Banteux Ravine)的重炮兵做好反攻击准备。但第三军拒绝他的请求。已集结完成的敌军,看到英军"无任何阻挠他们攻击准备的动作",都惊讶不已。

翌晨,德军也以同样奇袭之道,还治其人,即使方式不同。德国人不搞有预警作用的长时间攻击前炮击,他们先发动短暂凶猛的毒气弹与烟幕弹攻势。等开好路后,立即由步兵进行渗透攻击。这是德军 1918 年春季攻势的标准模式。其实,英军这次攻势也一样,是未来 1918 年夏、秋季联军攻势的标准模式。且说,英军后来曾准备发动反攻击,不过并未成功。就在英军将要发动反攻击攻势之际,德军竟从邦都与二十二号峡谷的掩蔽集结点悄悄爬出。像涓流般的德军,逐渐渗入英军防线的薄弱点,然后汇集成宽阔的"奔流",冲垮了贡耐卢(Gonnelieu)与维莱基斯兰(Villers Guislain),扫平英军炮兵据点与指挥部;接着,蜂拥朝古舍库(Gouzeaucourt)进发。他们对英军的威胁简直难以估算。所幸，德军在突出部北边，布隆森林附近的助攻停滞不前，再加上古舍库在英军禁卫师以及第二坦克旅的漂亮反击下收复，于是危急遂告解除。先前有一度，英军的确有机会加倍重创德军，却被德军这一记回马枪弄乱阵脚，攻势遂为敌军的锐角突入所阻。之后，军团司令不但拒绝斯诺军长所提以骑兵侧击敌人的请求，更命令他率领他的骑兵正面攻击德军，不过很快就被德军所拦阻。德军自此不但有能力巩固他们的原有据点，并且恢复了对英军阵地的攻击。之后几天，德军进攻仍有所进展，特别是朝维莱普露许（Villers Plouich）的推进。英军由于欠缺预备队，使马尼耶尔-布隆之间突出部的据点岌岌可危，原先攻占的大部分地区必须撤出。旭日在阳光灿烂中东升，如今在阴晦中西落。

事情虽已过去，但那些急于脱罪的英军高层军官，却很不当地将责任矛头指向部队。军事法庭将失败归咎于部队，认为是他们疏忽与武断，才造成德军奇袭成功。其实真相只是他们面对奇袭，发射信号弹失败而已。拜恩也表示，“我认为，部分敌军所获得的局部胜利只有一个原因，那就是英军部分下级军官、士官与士兵缺乏训练”。然而，对于被蒙在鼓里的黑格倒是例外。在他向本土发回的报告中，他坦承该为这次失利负起全责，虽然他也曾将几名属下指挥官遣返本土。

依据各种记录，历史应该记下，许多基层部队长官是在危险边缘存活，他们曾向上级提出警告，却得不到回应。至于他们的抗敌表现，远超过任何对于一支久战不懈的部队的期望；从 11 月 20 日以来，他们已连续作战多日，未曾有一刻休止。在军事史上，康布雷攻势所带来的教训是，英军能重启奇袭之门，却不敌因挥霍兵力，乃至兵力不足的窘境。奇袭与节约用兵，两者都需要为目的而调整手段，都应切实了解人类的耐力与极限所在。

第二十章 卡波雷托之战

一个冷冽、潮湿、阴晦的秋晨,在云雾缭绕的尤利安阿尔卑斯山脉顶峰中,传来隆隆炮声。回响尚未消失,已撼动了协约国进攻德奥之基础。第一件“重大失利”的谣言与事实距离太远,却像雷鸣般重击了协约国人士,即使并非所有的协约国领袖都被“重击”。因为 1917 年大半个年头,人们所见的是协约国已在所有战区点燃进攻之火。

这一年一开始,协约国就对迈向胜利充满期待。准备在许多联合攻势达到顶峰时击败德奥两国。尽管协约国在进行顽强抵抗与遭受严重损失之前,胜利及早降临的幻象已逐渐消逝,但大众仍未料到协约国竟然从攻击者,完全转变为防御者。这当中尤其是在意大利的战事最为严重。虽然俄国问题重重,有明显令人不安之处,但意大利自八九月发动攻势以来,前线电报予人的印象,多是战事进行得非常顺利。战时人们所听到的,往往想像多于事实,但这些报告内容倒是实在的。

即使联军战果不大,对于饱受战争之苦的奥地利人,其精神与实质影响却很大。依据鲁登道夫的记录,“奥匈帝国的军政当局相信,他们已无法继续战争,以及发动第十二次伊松佐攻势”。因此,“到了 9 月中旬,为防止奥匈帝国瓦解,我们有必要进军意大利”。情况紧急到鲁登道夫被迫放弃对摩尔达维亚(Moldavia)用兵。在摩尔达维亚地区的用兵,本是他对俄国苟延残喘的抵抗所准备的最终一击。即使如此,鲁登道夫从何处获取足够兵力以支援奥军,使奥军由守势变为攻势?直到他能逼和俄国之前,英军在巴斯青达的攻势,以及法国、俄国广大的前线地区,处处吸住他的兵源。他能节省出来的,仅是担任总预备队的 6 个师兵力。即使这些兵力,也已投入抵抗俄国残火般的最后一搏——克伦斯基攻势之中。如今德军已攻占里加。鲁登道夫的战略顾问魏采尔少校向他进言,不如就将这少量兵力,运用在意大利的一些守备较弱之处,譬如在福利齐到卡那列(Canale)间地区,那样即使不能全盘突破意大利军的威胁,也足够让意军残废。

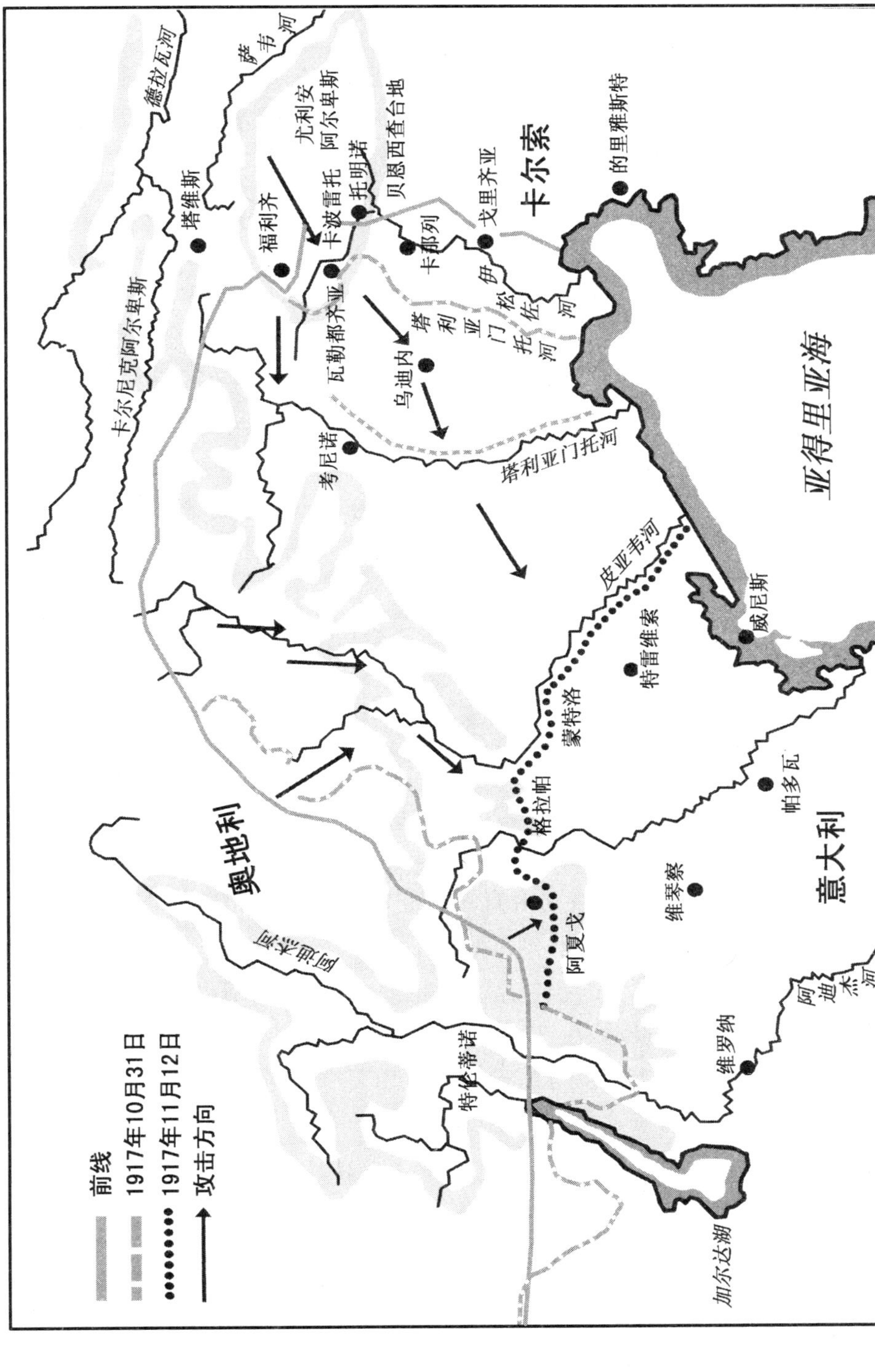
前线
1917年10月31日
1917年11月12日
攻击方向
奥地利
意大利
卡尔索
亚得里亚海
德拉瓦河
萨韦河
塔维斯
卡尔尼克阿尔卑斯
尤利安阿尔卑斯
福利齐
卡波雷托
托明诺
贝恩西查台地
戈里齐亚
卡那列
伊松佐河
的里雅斯特
瓦勒都齐亚
乌迪内
塔利亚门托河
考尼诺
皮亚韦河
威尼斯
特雷维索
蒙特洛
格拉帕
帕多瓦
维琴察
阿夏戈
特伦蒂诺
维罗纳
阿迪杰河
加尔达湖

图18　卡波雷托

结果证明他的建议是对的。麻烦却是行动远超出最佳预期。原因在于这个建议在不增加作战工具下,扩张得比原始计划更具野心。原始计划先前曾由奥军参谋总长瓦德史泰登(Waldstätten)于8月29日带入德国参谋本部。这份原始计划以突破托明诺为主,接着只是要攻下伊松佐河前线即可。其实,卡波雷托之战与康布雷之战有惊人的雷同之处。

为了弄清楚情况,鲁登道夫派出狄尔门辛根将军前往实地侦察,然后形成计划汇报。狄尔门辛根曾在罗马尼亚战争中领导阿尔卑斯军(Alpine Corps)作战,是一位山地战专家。他发现奥地利军在托明诺的伊松佐河西岸保有一个小型桥头堡。这样一个点,已足够作为计划中攻势的起点。于是,德军绝大部分利用夜间,以徒手将兵炮阵地建立完成;步兵也以7个夜间行军,不乘车,光凭人力与兽力带着装备、弹药与补给到达目的地。因此,德军的12个突击师与300门炮,就这样瞒过意大利军完成集结。总之,原因有三:一、德军警戒工作成功;二、乡野地区活动较不易被发现;三、敌人空中侦察能力不足。

那么意大利军的情形如何?意军总司令卡尔多纳本身无疑有过人的能力。但如同其他某些著名指挥官,他的才智因欠缺对作战部队的了解,不知士兵疾苦而抵消。这样的人物,他们的心灵将因位居高层,与现实隔离而愈趋孤独。按照这次敌人所发动的规模不算大的攻势而言,他拥有足够兵力与火炮作出成功的抵抗,但他在兵力配置上,无法适应各种战区的不同条件。此外,已饱受战火折磨的部队,在巨大压力下也等待作战过久。因此,意军兵力配置不当,加上德奥军准确判断出易攻难守的地点,以及其他一些因素,使德奥军获得与他们作战配备完全不相称的胜利。

意军第二军团司令卡佩洛则对意军停止攻击,只摆出防守的态势不满。他希望从贝恩西查台地发兵向北侧击德奥军,以便先发制人,但为卡尔多纳所批驳。卡尔多纳不仅了解他的预备兵力不足,而且开始怀疑攻击的价值,虽然现在算来,怀疑已晚了一步。在这一方面,至少他比他的属下高明。卡佩洛身为军团司令,虽然充满斗志,却也是德军新攻击方式下的牺牲品,是一位不折不扣的意大利陆军的高夫。卡尔多纳曾从他的情报单位,以及逃亡者——捷克与特兰西瓦尼亚官员之处,得到充分的敌人意图预警。但由于他有感于敌人攻势的趋向不能完全掌握,以致不敢据以判断事先该如何动用预备兵力。

不过,至少令人好奇的是,虽然有情报特别指向卡波雷托地区有问题,卡尔多纳只在这条15英里长的防线,以一英里两个营的兵力进行部署。相反,在更南边区域的兵力配置,却是每英里8个营。实际情形是,卡波雷托地区长久以来一直宁静无事，是奥意双方军队休养之处。不过现在的情形，可能已引起意军司令部的怀疑。但是卡佩洛完全拒绝在他的左翼增兵的要求。这也许是因为他实在是个该躺在医院的病人，病痛使他缺乏耐心与上级争论。相反，由于被误导的固执，他没去医院，竟躺在司令部的床上指挥部队，直到敌人攻破他的防线的前一天，他才让出指挥权。

意大利边界的威尼斯省，有点像一块指向奥地利的凸出舌头。其南侧是亚得里亚海，东面与北面有尤利安与卡尔尼克阿尔卑斯山脉——走出这个范围，就是奥地利的特伦蒂诺地区。德军 6 个师，加上奥军 9 个师，组成了攻击任务的德国第十四军团。司令官由贝洛将军担任，参谋长则是狄尔门辛根。这批部队将翻山越岭，通过舌部的尖端。同时间，由博罗埃维奇（Boroevic）率领的两个奥地利军团，将沿着亚得里亚海附近伸长的低地进攻。

山地作战所遇之困难，以及攻击部署上的问题，都一一被德奥军克服。在攻击发起前，德奥军先进行 4 小时毒气弹，1 小时普通炮弹的轰击。而后，攻击部队在雨雪纷飞中前进。意军步兵曾在多处发动抵抗，不过都快速被荡平。部分原因是，意军电话线被切断之后，炮兵无法顺利支援。但德奥军获胜的更大原因则是浓厚的雾气。这就像第二年 3 月在法国的情况一样；雾气成为奇袭战术的要项，也是通往敌人前线唯一而不可或缺的门道。虽然德奥军左右翼的行动，因后部遭遇顽抗而迟延，中央部分的 4 个师则在斯坦因指挥下，完全切入卡波雷托地区。其预备队并利用夜间突破的缺口大量拥入，目的是使意军所有防卫据点都守不住，并减轻由克劳斯（Krauss）指挥的攻击右翼（3 个半奥地利师）所遭遇的阻力。这支部队正直捣瓦勒都齐亚（Val d'Uccea），这样走的路径是攻破塔利亚门托河障碍的最短路程。这次包围式攻击，使卡尔多纳堵住缺口的努力白费。同时，由于狭窄的山路中，尽是因饥馑而无法作战的部队，所以很难使预备队沿着山路开到前线。这种状况使卡尔多纳相信，就如卡佩洛早先所建议，有必要下令意军自塔利亚门托河总撤退了。接着，历经 10 月 30 日、31 日两天关键性日子，意军撤退成功。

所幸这时追兵也出现补给问题，德奥两军指挥官之间的龃龉更与日俱增。德奥军准备以奇袭攻占各渡口据点的企图落空。虽然克劳斯的一个奥地利师曾在 11 月 2 日全力抢攻下，在考尼诺（Cornino）附近渡过塔利亚门托河，卡尔多纳已有喘息机会准备进一步朝向皮亚韦河撤退。其间，卡尔多纳大批部队即使已被敌人的钳形攻势所切断，其主体仍于 11 月 10 日成功地撤至皮亚韦河。在此，意军重建他们的防线。然而，防线连接处兵力极弱。意军至此损失已近 60 万人。承受直接打击的第二军团更溃不成军。就在这关键时刻，意军参谋总长易人，由迪亚兹接替卡尔多纳。迪亚兹的优点在于知兵识兵，了解如何重新提振士气。事实上，他所担任的角色，一如这一年的上半年贝当之于法军。

3 日之后，意军于 11 月 12 日遭到新一波的威胁。奥军将领康拉德所率领的奥地利第十与第十一军团，准备从意军后方的特伦蒂诺山区杀下来。但是卡尔多纳在此早布阵以待，而且很成功，故奥军攻势受挫。鲁登道夫虽想调兵支援康拉德，无奈铁路设备与运输工具不敷使用。这只能说是原始攻击计划考虑不周详所致。

同时，法英两国的部队，已紧急以铁路输运至意大利。福煦与亨利·威尔逊爵士更比他们先一步到达。不过法英军到达意大利之后，曾费时进行集结，故起先他们居于预备队位置。法英军在未完成集结，替换已受重创的意大利盟友之前，意军曾蒙受重大的进攻压力。德奥军曾猛攻皮亚韦（Piave）与布伦塔（Brenta）之间区域。由拉代尔基（Laderchi）指挥的意军第九军经过 5 天激战，奋力挫败敌人攻击。到了 12 月初，该部防务由法军所接替。同时，英军在普默尔爵士指挥下，接下蒙特洛（Montello）地区防务。不过与预期相反的是，法英军始终未与敌交战。在这场会战剩下的日子里，德奥军的攻势紧缩，只有康拉德与克劳斯朝更远的西北方向——阿夏戈与格拉帕（Grappa）地区发动新攻势。这些攻势虽然使意军更疲惫不堪，但在心理上却得到了补偿。意军不但在此抵抗敌人成功，战斗力被人所肯定，而且奠定了他们在 1918 年所发动的雪耻行动的精神基础。

从历史角度更清楚地检视这场卡波雷托之战，我们有理由认为，一般报道都过分强调了德奥军的战果与其煽动性的宣传。开战早期意军抵抗失败的主要原因，其实与法军在春天的失败如出一辙，都是因为身心疲劳所致。他们拚命猛扑敌人的机枪防线，只会磨耗他们的作战意志。此外，面对国家危在旦夕的情况，意军改变了整个形势。皮亚韦河防线之战，危机意识使他们充满不怕牺牲的精神。他们光荣且勇敢地背水一战，结果成功。

以战略观点视之，这场战争在德奥军渡过塔利亚门托河之后，最重要阶段已经过去。自此，克劳塞维茨所谓的“摩擦”，大大阻挠了攻击者的交通线，使他们的攻击力与速度严重滑落。有些原因我已在前文提过。但另有一项翌春在法国再度上演的原因，在此值得强调一番。意大利军队丰盈的仓廪对于食物补给不足的敌人是一大诱惑。攻击者在一阵猛吃之后，肚子撑到无法追踪敌人。重要的是，连一位德军师长，列基斯将军（General Lecquis）都因部下抓到两三只鸡而雀跃不已，甚至比掳获敌人还高兴。他说，拥有一些猪是“人类至上的美事”。

全景:空中战争

要说明第一次世界大战飞机在军事上的表现并不容易。因为飞机的表现,犹如一条贯绕着整个作战过程的线,它影响作战功效至巨,我们无法将它当作个案性的战略角色来谈。但是概略叙述飞机在战场表现的发展经过,或有助于确立完整的战略概念。人们对于军事航空价值的认知,进展缓慢,飞机的倡导更是费尽心力方才获得认同。意大利人曾于 1911 年至 1912 年之间,以飞机密集攻击的黎波里的土耳其人。之前,军事上对于飞机的看法,可以用福煦将军的意见作为代表。福煦在观看表演时说,“这是一种很好的运动,但对于陆军,飞机毫无价值”。即使到了 1914 年,军用飞机的比例仍微不足道,应用范围甚至小于两年前意大利人动用飞机的情形。

大战开战后的第一个月,飞机分配到的任务,仅有目视侦察一项。没有任何一方有空战与轰炸的企图。德国陆军即因缺乏空中支援与情报信息,以致侵法时付出重大代价。英国的“皇家飞行兵团”虽然从海峡对岸仅带来 63 架飞机,对于英军却有两次极有价值的助战行动。一次是揭露德军包围蒙斯附近英军的企图,一次是发现克卢克著名的偏离原方向,将攻势矛头转往马恩河的举动。

1914 年 9 月,空中与地面的合作范围扩大到炮兵弹着观测,首次以不同颜色的灯号进行通讯联系,并发展出无线电报式通讯。同时在 9 月间,飞机尝试了空中照相。但飞机的潜在价值,英军总司令部要到 1915 年才认定。1915 年 3 月,一种特殊空用照相机运抵战场。自此之后,空照就一直在发展中。由于大型照相机所使用的镜头,必须依靠俘获的德国镜头来装配,故英军长期处于侦察照相器材不足的不利地位。1915 年陆军和空军尚尝试另一种合作形式——目视巡逻(contact patrol),并于 1916 年全面实施。目视巡逻是指步兵在作战时,指挥官能立即获悉自己的处境,以及敌人反击的威胁。

其实,这时交战双方都在进行陆空合作的尝试以及设法打击对方的空中观测。结果自然导致了空战的发生，并且进一步转变为双方的制空权之争。开始时，步枪与手枪是唯一可立即派上用场的武器。故空战是一种具有令人兴奋，却带有不确定感的新射击游戏。不过，很快地，轻机枪装上了飞机。由于引擎装置在机头的飞机，其螺旋桨会阻碍射击，因此，英国将作战机种主要限定在"推进式"机种上①。1915年5月，德国开始生产新型且快速的福克式(Fokker)战斗机。这种飞机即装置了螺旋桨遮断器，能使子弹不必冒着触及螺旋桨叶的危险，从转动中的桨叶间射出去。福克式战斗机造成英国飞机严重损失，并一度为德军取得制空权。

联军为回应福克式战斗机所带来的威胁，不但调派新型战斗机，而且启用联席会议(joint conference)中所制定的新战法。该会议曾决定将"战斗机"以特殊的飞行中队形式集中使用，取代以往分配到各单位的使用方式。这些飞行中队将飞至敌人的后方搦战，使他们所配属的侦察机与炮兵观测机执行任务时，不受敌机干扰。法军曾成功地在1916年2月凡尔登之战中，试验了这种攻击性巡逻法。英军更在索姆河会战中，将这种方法大加发挥，以致有几个星期，德机几乎完全被逐出空中。攻击性巡逻范围后来扩大到德军的机场。这种延伸方式令人忆起由来已久的海军格言："敌人的海岸，才是英国的边界。"其实，在1914年10月，在比利时海岸作业的英国海军飞机，已空袭过杜塞尔多夫(Dusseldorf)与科隆的德国齐柏林飞船机棚，摧毁飞船一艘。11月，从贝尔福起飞，空袭腓特烈港(Friedrichshafen)的英国飞机又摧毁了其他的德国飞船。

虽然自1916年以来，英国飞机对敌人机场的空袭，并非经常有严重破坏敌人物资的成绩，但这种空袭却有一股明显的精神效应。就在飞行员安全飞返自己机场之际，往往会感觉自己的危险已过。最糟的就是在这精神松懈的一刻，他们在地面遭到敌吻。联军在1916年的空中优势，并未长期维持。德军不但以改良的单座战斗机向联军挑战，并运用所谓"空中马戏团"方式，组成特殊的作战中队。这种单位的组成，是先由德军上级挑选出一位飞行领导者，再由他自己挑选飞行员而成军的。于是，这支"马戏团"就在高层指挥单位指示下，转战于任何上级期待获得制空权的前线地区。最著名的"马戏团"计有伯尔克(Boelcke)飞行队与李希霍芬男爵(Baron von Richthofen)飞行队。

虽然英国作战飞机总数以三比一超过德国，由于德军在1917年前期的优

① 引擎装置在机身中段的机种。

势空中战略,使德国飞机重占上风。尤有甚者,由于英国本土在英军总司令部施压下,派出大批未经充分训练的年轻飞行员赶赴欧洲战场,其下场反而悲惨,竟为敌人平添不少战利记录。但联军也很快以新型飞机还以颜色。即使耗费不少代价,但使联军逐渐赢回制空权。协约国虽未再出现1916年夏天的那般辉煌的空中战果,但制空权自此未再丢失。由于空战系立体作战,制空永远不如制海那么容易,于是目标变成只在必要时,确保静态防线地区上空的局部与暂时空中优势即可。

1917年也是空中战术与编队飞行颇有进展的一年。新的作战方式逐渐取代独行侠式的大胆拚斗法。以往,飞行独行侠带着不断上升的胜利记录飞返基地时,就像印第安人"剥头皮"远征归来,或球赛胜利消息传来一般,造成人们无比兴奋。然而从现在开始,这种骑士作风将屈就于战术。于是,空战逐渐采取更进步的作战方式,也就是空战不一定由个人完成,空战可能换由随行的其他飞机执行。到了大战末期,为了突破敌人的编队,攻击任务经常以五六十架飞机的密集中队编队方式出击。

因此,空军变成了空中骑兵队。而且由于另一种在战争后期发展的极有效空战方式,而使他们愈发类似骑兵;这就是对地面部队的攻击。然而,只要敌方军队稳稳躲在战壕中,虽然偶尔因急于换班的步兵出现而暴露行藏,令飞机发觉位置之外,空中攻击可着力之处是很小的。但到1918年3月,英军防线被攻破时,法英曾动用所有可用之战斗机中队,集中攻击来犯敌军。危急中,这些战斗机中队在战区上空所进行的反击,成功阻止了潮涌般的德军攻势。这一重要因素,军史家们却一直不很认同。后来到了秋天,敌人如退潮般后撤时,联军曾获得更多机会进行空对地攻击。联军在保加利亚、土耳其以及奥地利防线被突破之后,曾对敌人撤退队伍进行空中攻击,此举令敌人军队加速彻底崩溃。

对于交通线、补给站、弹药仓库以及军营的空中攻击,在战争中则出现得很早。1915年3月的新沙佩勒会战,空中攻击曾首次有计划地阻止敌军增援部队。到了9月,在卢斯,联军以扩大的轰炸计划,攻击了德国铁路。我们知道,若要有效阻止敌军增援,必须拥有足够的飞机以维持密集轰炸。然而,由于当时这些空中攻击缺乏经验与装备,故成效不大。如果德国铁路在作战前受损,多可及时修复,以利增援部队的运输。因此,除非利用持续性轰炸以阻止德国铁路修复,否则补给与弹药都会准确到达敌军手中。前一经验后来运用在大战后期的作战中,即轰炸交通线变成了正常任务。但后一问题,由于缺乏轰炸机而从未彻底执行过。后来，陆军终于热心接纳了飞机，将飞机当作直接辅助工具，包括侦察、炮兵观测以及保护执行这些任务上。但也因强调飞机这种间接合作式角色，不但限制了飞机的供应，而且减少了用飞机轰炸的机会。

再者，由于他们全力将飞机的使用集中在辅助性用途上，使陆军忽视更具可能性的、以饥饿使敌人瘫痪的方法。一如英国第二军团的一位高级参谋在几年以前所透露的，德军尤其忽视这种具有强烈效果的打击机会。英国第二军团曾从加来与布洛涅接获大批补给品。但在加来与布洛涅这些基地前方的防线中，第二军团作战部队除了有 3 天的补给之外，食物与弹药的后备存量也仅剩 3 天。通往防线的铁路有两条是复线系统，一条是单线系统。如果要满足作战部队正常补给需求，一天必须开出 71 车次，这等于是 3 条铁路全部运输量的四分之三。这样的补给运输，其实已在安全范围的边缘，只要其中一条路线受阻，就足以使整个运补作业混乱；一条以上路线受阻，简直将是一场大灾难。但要造成铁路受阻倒也简单，因为其中两条路线的交会点就在加来外国圣奥梅尔附近的阿尔克（Arques）。如果德军在阿尔克造成阻塞，联军作战部队连 3 天的后备补给都会被切断。后备补给贮存站的位置，就在铁路交会点后方相当距离之处。1918 年 4 月间，这个地区英法部队充斥，他们正忙着堵住德军攻击后所造成的防线缺口。我们不难看出，如果德国飞机此时配合陆军攻势，发动有效而持续的轰炸，其结果可想而知了。

其实西线联军指挥官的想法与德军一样。他们都不愿为尝试轰炸交通线而动用足够的飞机。然而，联军对于飞机潜能的表现也领教过一次。1918 年 7 月 16 日，协约战机轰炸蒂永维尔车站的一列德军军火列车，造成此一德国重要交通枢纽及其沿线 48 小时的全面瘫痪。这时间，也就是联军发动马恩河反攻，扭转战争局势的前 48 小时。

海上行动以潜艇攻击为主的德国，所幸没有察觉空中攻击商船，或轰炸装卸货物的船舶的可能性。协约国则无从进行海上空中攻击，因为此时敌人已无海上货运可言。不过早在 1915 年 8 月 12 日，协约国曾惊鸿一瞥地进行过类似行动。在达达尼尔海峡附近，当时有一架从母舰起飞的英国水上飞机，即因首次以鱼雷攻击敌船而闻名。大战期间，海军飞机最有收获的行动是反潜巡逻与船队护航。但这都是纯保护性质任务。

在日德兰海战发生前 7 个月，英国海军航空队司令休特（Commodore Sueter）曾恳求海军部批准建造两百架能携带鱼雷的飞机。不过他的坚持，换来的只是他的职务调动——他被调至亚得里亚海服务。日德兰海战过后一年,不列颠大舰队新任司令官也提议尽速生产鱼雷飞机,而且所要求的数量与休特完全相同。休特不为上级接受的远见与建议,其实含有足使这场无用的海战改头换面的构想。此外,另外还有一件英国海军错失时机的事,当不列颠大舰队驶离斯卡帕湾(Scapa Flow)前往日德兰海战现场时,竟未重视尾随在后的大型航空母舰“坎佩尼亚”号(Campania)的功能。

然而,首次建议以空中武力打击敌人的战争发动根源——德国工业中心的,也是英国海军航空队。此一构想却遭短视的陆军高层所封杀。不过这构想后来仍浮上台面。1916年10月,法国航空队巴雷斯上校(Colonel Barès)借访问伦敦的机会,为这一构想辩护,并使构想有所进展。然后,英国航空委员会(Air Board)中的海军部代表即建议,为了上述目的,海军应在法国保有两百架轰炸机的实力。但是依据英国国史,这项建议“引发道格拉斯·黑格爵士的强烈书面抗议……他表示,巴雷斯上校的观点不但缺乏理论根据,而且不可行”。由于黑格的反对,计划中止。其实此时黑格部队正受到德军猛烈炮击,如果计划能够实施,德军的猛烈炮击可能因此停止。在1917年,英国驻法的50个飞行中队中,轰炸机中队仅占两个,而且任务都局限在局部地区目标上。

一直到战争末期,除了小批英国海军飞机与法国飞机曾突发性空袭过德国本土外,联军从未有攻击敌人“大后方”的企图。同时,以人的本性而言,只要这种新型武器受到陆军与海军分散式的掌控,就有人思索如何发展不受限制的独立型空中军事行动。陆海军各自的空中武力几经延宕,终于在英国皇家空军(Royal Air Force)创立下融合一处。这时间已是1918年的4月。到了6月,皇家空军更成立了“独立空军”①(Independent Air Force),并置于滕恰德(Trenchard)指挥之下。此人在法作战期间,曾是一位强有力的空中武力指挥官。但讽刺的是,他曾坚决反对独立的空中行动。在战争剩余的几个月,这支新兴武力不断对德进行空袭,并且扩大轰炸范围,使德国士气加速崩溃,并至少阻碍了德国莱茵地区的军火生产。即使如此,这支独立空军所能实现的效果并不理想。因为即使到停战为止,它的实力仅及原计划的四分之一。同样依据事实,德国对英国空袭的效果,可从最大规模动用不及40架左右的轰炸机看出。

那么,独立空军如果全力发挥,可能获得多少成果?从德国鲁尔区与莱茵

① “独立空军”正式名称“独立轰炸队”,专司战略性轰炸。

区有7处主要军火中心是在英军防线算起的飞机航程之内即可见一斑。德国主要兵工厂所在地埃森(Essen)距离英军防线只有173英里,这与德国飞机从根特附近基地起飞,轰炸伦敦的距离相同。再者,距离英军防线175英里的哈根(Hagen),就有一座生产德国潜艇总数三分之二的巨大工厂。德国最大化学工厂中的两座,仅距联军防线不到100英里。但这些原本可以削弱德军军火供应的大好机会,却都葬送在沿着战壕防线上空的空战中,成为克劳塞维茨式空战祭坛上的牺牲品。即使独立空军在英军总司令部强烈反对下终于成军,它的实力仍遭缩减到仅100架左右,约等于英国空军全数的百分之二。它的空袭计划中,一半以上是为对付战斗目标,而非工业目标。不论当时获得何种成果,这里有独立空军所衍生的广泛间接效果事实。德国有一座从未被轰炸的炮弹工厂,单单8月份就接到过53次假空袭警报,造成生产损失达3 000吨。英军总司令部一向主张飞机应集中在第一线使用。但与这种教条矛盾的是,独立空军的空袭行动迫使德军从前线撤出20个以上中队的飞机,这比联军进驻在前线,与德机对抗的飞机数多出了三四倍!

第八篇　1918 年——胜利的曙光

从军事角度来看，大战中期的形势，已变成像是希腊神话中精瘦的赫拉克勒斯(Hercules)与庞大的冥府看门狗刻耳柏洛斯(Cerberus)①的搏斗。日耳曼联盟在数量上居劣势，但一切由寡头领导。协约国在数量上虽占优势，却不折不扣是多驾马车。由于协约国折损过度，发动的作战过于分散，以及俄国的崩溃，到了 1917 年年终，不得不面临残酷的兵力数量逆转的事实。协约国必须过一段惨淡的日子，然后才会见到美军的出现。届时，协约国将重获兵力数量优势。当这种情况吃紧时，协约国方才开始思索如何建立统一领导权的指挥部。但教训仍不够，后来仍吃了一些凄惨苦头，才使统一指挥成真。

1917 年 11 月，协约国在意大利拉帕洛集会，当即决定成立最高战争委员会(Supreme War Council)。其中成员包括协约国的总理、军事代表等。并且决定将委员会会址设在法国凡尔赛宫。这种做法其实有根本上的缺点，那就是换汤不换药，以正式委员会取代以前非正式的委员会而已。更深层问题则是，军事代表们仍无实质的执行权。从经济角度视之，委员会使军事行动不能再随兴所至立即行动，必须先经深思而后行。因此使得货物、食物以及武器弹药的运输，在策划上有实质的进步。但在军事上，这个委员会简直是废物。因为它造就了一个双顾问系统(dual advisership)。凡尔赛各国代表为一边，各国参谋总长则为另一边。不过平心而论，这样的死胡同最先是英国制造的。

美军与法军都希望给予这个委员会执行权与设置一个执行领导者位子。贝当自然支持这个由豪斯上校与布利斯将军(General Bliss)所提出的建议。不过这个意见有一个基本问题，它排除政治家们染指战略主导权；而委员会的构成，却又只是尼韦勒时代错误的重演——委员会由各国总司令与参谋总长组成。因此不论谁当选委员会主席，由于此人务须向其本国军队负责，因此他不能作出自由判断与放手执行事务。此外，豪斯与布利斯的建议，似乎意指委员会主席应由法国人出任。法国人则了解，他们支持建议案的同时，英国人必定会反对。事实上，英国首相劳合·乔治拒绝这项建议囿于几种原因。他不仅受到反对成立纯军事性委员会想法的影响，而且也感觉英国意见尚未充分整合，其中黑格的反对——反对这另一回倪维尔式的解决方案——他认为会得到英国民意的支持。此外，委员会计划将各国参谋总长列入成员名单，也使劳合·乔治的一些私人想法复杂化。劳合·乔治原先期望加强英国参谋总长威廉·罗伯逊爵士对战争运作的影响力，但由于 1917 年英军的战略既徒劳，

① 刻耳柏洛斯是一头具有三个头，尾部如蛇的怪物。

付出代价又大,需负这项责任的就是罗伯逊。因此,劳合·乔治现在只希望将罗伯逊搁在一边,另推举亨利·威尔逊爵士为凡尔赛委员会的代表。实际上,虽然劳合·乔治试图使凡尔赛委员会的意见独立,成为不受英国参谋本部狭隘视野影响的另一军事策略渠道,法国总理克列孟梭却只想将凡尔赛委员会变成法国参谋本部的传声筒,成为扩大他的参谋本部的"声音"而已。

因此协约国在欠缺协议之下,如今由魏刚(Weygand)、威尔逊、布利斯与卡尔多纳①4位担任的军事代表团,只成了技术顾问团。但有鉴于德国攻势的威胁性与日俱增,协约国确有一致行动的需要。于是这个顾问团又演变为掌控协约国间总预备兵力的军事执行委员会。这是一种新的妥协办法,协约国至此已出现了一套双重统治系统——总司令团与凡尔赛委员会。当然,这样的运作,成员们需具有宽大的心胸与善意才能成事。

然而,协约国能掌握的时间过短。自11月初以来,德军从东战场已源源不断将部队运至西战场。当1917年战事展开时,联军与德军几乎呈三对二之比。3月时,英、法、比共计有178个师,德军则为129个师。现在,德军数量已稍占优势,并有继续增加的可能。但是协约国当政者却想到,即使过去实力与德军相等甚至占有相当优势时,联军攻势尚且经常失败,遂以为德军目前情形亦同。因此,对于德军威胁的严重性与突然告急的军方意见,自然没有特别警觉。他们对问题是慢慢才有所了解与回应;同时,他们也不同意从其他战场调兵应对。

意大利大力反对将协约国部队从他们的前线撤走。法国也反对减少派驻萨洛尼卡的兵力。劳合·乔治则主张攻下巴勒斯坦。协约国批准这次攻势,是因为了解英国不会从法国调兵增援巴勒斯坦地区,但这也表示英国将不会从巴勒斯坦地区调兵增援法国战场。同时,到1918年1月底,德军实力已增至177个师;到3月,又增加15个师。相对的,联军由于部分兵力派驻意大利,部分兵力弥补法国因兵力征集不足所造成的空档,总数已降至与德军兵力相等的173个师——包括已抵法的美军。美军的4个半师属于大型编制,人数约是其他联军师的两倍。早先法英军曾勉强仿效德军编制,将每师12个营降至9个营。

联军之间内部的摩擦,益显联军的缺陷。部分起因在于防线公平分配不易。英国由于在1917年的作战中担任攻击之责,因此负责的防线不足百英

① 依序为法、英、美、意四国代表。

里。但负责防守的法军却有325英里的防线。1917年战事将结束时，黑格即与贝当协议将英军防线延伸至刚好在瓦兹河南边的巴西斯(Barisis)。这样，英军防线就有125英里的长度了。由于黑格转攻为守，这样防线的延伸很难以加重负担称之，虽然英军由于先前损失惨重，所受的伤害已超越原本以1917年实力为基础的伤害。但就在防线延伸完成之前，法国新总理克列孟梭讲话了。他要求英军再增加责任防线30英里，也就是延至贝里欧巴克(Berry-au-Bac)。克列孟梭威胁，如果这个要求达不到，他要辞职。但最后他同意将问题提交凡尔赛委员会讨论。后者提出折中建议，也就是英军必须再负担大约一半的距离。这下变成黑格威胁要辞职了。这个辞职的威胁，后来竟造成最高战争委员会与它的顾问委员会的全面改革，并且因此使执行委员会(executive committee)浮出水面。同时，黑格直接找上贝当，两人达成协议，依据原协议，英军只要延伸防线到巴西斯即可。这是贝当这一边重大的让步，贝当的助人精神是值得敬佩的。1918年2月2日，最高战争委员会接受两位总司令官私下的协议，明智地吞下有损最高战争委员会尊严的苦果。这够令人惊骇。因此以事实观之，传言黑格受到"政客们"的压力，在与他意志相违背下被迫延伸防线的说法，今后将继续流传。同样，英军防线经过这样的延伸是造成稍后被德军突破的主因的说法，也不会销声匿迹。

回顾当时各方协议的责任防线的正确比例，如今判定也并不困难。法军当时有99个师，他们必须负担300英里的防线；英军则只有58个师的兵力，但在步枪射击能力方面较强；防线延伸到巴西斯之后，英军需负责125英里的防线。不过在法军防线上，从圣米耶勒往东，有一半防线是属于次级(次重要性)的。即使如此，如果法国以里数作为抱怨理由，英国更有话要说。英军可以光明正大声称，他们防线涵盖更重要的敌人目标，自己能后退的空间很少，当前早有大量敌人在摩拳擦掌。但法军也可以指出，以德军预备兵力的位置而言，德军可能随时介入任何法英防线。考虑这样一个搀和多种因素的问题，需要具有纯科学、超然态度的战略观。但问题仍须由专人来解决，这些人无可避免的，他们果断的性格与强烈的国家意识，难容他人的观点。这些人当中，劳合·乔治本是例外。但是，虽然他有远见，却有一种对自己人意见不耐烦的性格倾向。特别是，当这些人的想法令他感觉似乎过于狭隘，或构成障碍时。

英国参谋总长威廉·罗伯逊爵士原是首相劳合·乔治的正式军事顾问。但自1917年以来，两人之间关系就愈发不和。罗伯逊怀疑政治介入军事计划，怀疑劳合·乔治的一些怪异理念。劳合·乔治则认为罗伯逊独家的战略观，简直是闭着眼支持黑格，破坏任何替代计划。他认为巴斯青达的败绩，就是让罗伯逊全权处理的结果。这就是劳合·乔治急于为自己寻找"第二渠道"意见的理由。因此，他想设置最高战争委员会以及辖下的军事委员会，并且指定亨利·威尔逊爵士为英国代表。他觉得威尔逊是一位更具同情心与较宽视野的军人。但等到新机构改变为执行委员会性质的组织时，罗伯逊坚决认为，既然他具有"帝国参谋总长"头衔，他才应该担任英国的军事代表。劳合·乔治则反对将两个职务集中于一人，他认为这样会破坏整体原则，他不要独家意见，他要维持多渠道意见。罗伯逊的态度使两人之间长期的意见不合达到顶峰。首相则见招拆招，指派他担任凡尔赛代表之余，提升威尔逊为本土帝国参谋总长。罗伯逊闻讯既惊又怒，拒绝接受这样安排。经过几天讨论与一阵政府危机，罗伯逊在新妥协下重获旧职。但他再次拒绝，遂演变成了强迫辞职，最后被贬为本土防卫司令官。现在威尔逊接替了他的职务，罗林森则派驻凡尔赛。即使在人性上或在联盟关系中，这样的意见对立无可避免，但也至少伤了为共同目标奋斗的精神。于是，一波未平，一波又起。

有鉴于英军先前在伊普尔外围沼泽地的大量牺牲，劳合·乔治与他的内阁拒绝增援前线，以免英军新的无谓消耗。这一举措无疑削弱了黑格抵御德军猛攻的初期力量；我在此顺便一提，1917年后期的英军在质与量上，由于曾在进攻中伤亡40万人，因此整体实力已益见衰弱。但我们不应忘记，英国政府负有保护国民生命之重责。民意对政府的真正批评是，劳合·乔治政府面对前线防卫急需增援的情况下，竟无力撤换所不信任的远征军高层，或抑制其行动。其实，政府如此欠缺道德勇气，公众也该接受谴责。公众早已显现见风转舵的倾向。他们随着反对政治干预军人的呼喊而起舞，动辄相信政治人物在这方面的做法必定错误。英国公众在和平时期太不信任军人，到了战争时，又太相信军人。

英政府在这方面的政治劣势，以及政治家行事拐弯抹角，不敢公然宣示其所需，皆显现在制定联军单一指挥机制的过程上。首相劳合·乔治在1917年11月间，对自己长期寻求的解决办法，严重显示出其信心不足的一面。他不得已在联军执行委员会中找到一个折中办法。劳合·乔治认为在主席福煦主事下的执行委员会，应掌握30个师的总预备兵力，这是联军全部兵力的七分之一。福煦依计造访黑格，要求黑格提供9个师的兵力。这个计划遭到黑格坚决反对。黑格表示他完全腾不出兵力来，他宁可与贝当达成相互支援的协议。

一星期之后，考验来临。黑格与贝当的协议计划失败之后，黑格立即抢先同意联军最高统帅的任命(the appointment of a generalissimo)①,这原本是他所反对的。他改变态度只是为了一个迫在眉睫的目的——“全部,且是唯一的目标就是要推翻贝当的想法,然后要求法国派出增援兵力,以防止英法军队的关系被切断。”(根据查特里斯的纪录。)

对于相互支援协议的失败,我们一向指责法国人的不是。其实,黑格在 3 月 24 日那天,毫无疑问从贝当处了解,如果德军继续快攻,法军预备队必须用于保护巴黎。但平心而论,根据最先的约定,法国只答应支援 6 个师。相反,贝当在 3 月 24 日实际派出 9 个师兵力,26 日更派出 21 个师(含 4 个骑兵师)支援英军。即使这些增援也许来得慢一些,却超过原来的约定很多。因此,基本问题似乎在于双方应信赖这样基础薄弱的支援安排。

德 军 计 划

在德国这一边,一向被视为万灵丹的潜艇战术已被陆地军事行动所取代;也许俄国出乎意外的崩溃,也使德国燃起了过分的期望。虽然鲁登道夫表示德军将获得陆战上的胜利,但他并不掩饰西战场攻势的难度远远超过征服东战场的。他也了解,往后将是德军打击效果与增援美军到达之后的一场竞赛。当然,他希望赢得战争。为了使他的攻势无后顾之忧,他以武力威胁强迫苏联的布尔什维克政府以及罗马尼亚作出明确的和平承诺。而且,为了攻势上的经济考量,他占据乌克兰以充实麦类谷物的供应。除了曾被奥地利陆军俘虏的捷克斯拉夫军队之外,各地仅有轻微的反抗。

鲁登道夫下一步是决定他在西战场攻势的最先切入点。他选择阿拉斯与圣康坦(St Quentin)之间的地区。这个位置是在法国战场德军防线所形成的大突出部的西面。选择这个地区有其战术理由。原来这里是联军最弱之处,地形也不若其他地区复杂。其实,鲁登道夫已经想到将联军分隔开的可能性。他想先将英军驱赶到海峡边,然后团团围住,围紧到难以逃脱他的打击。从联军一些徒劳无功的攻势来看,鲁登道夫心中早已有谱,“纯战略目标制定之前,必须先考虑战术。除非战术具有成功可能性,追求战略目标将是空谈”。因此,他制定一套以新的,或可说旧瓶新装的战术基础所发展成的战略。这战术基础就在于如何在敌人抵抗力最弱之处下手。也许,他希望在严格的控制之

① 指福煦被任命为联军总协调人与稍后的联军总司令。

下，将战术行动引导到战略目标上。如果他真是这样想，他失败了。

问题出在何处？战后的一般看法是，鲁登道夫对战术的偏好，不但使他战略转向，而且耗尽了他的实力。如果法英军高层以前犯过重战略、经战术的错误，德军高层如今却犯了相反的错误。他们以牺牲战略目标，换取战术成功。但仔细检视德国已公开的文件，以及鲁登道夫的命令与指示，发现问题并非如此。德军真正的错误似乎在于鲁登道夫无法将他的新理论付诸实施。他既无法抓紧这种新战略理论的每一环节，又无法丢开它。他曾经为了挽回战术失败而耗去大量预备兵力，却为扩大战术战果而犹疑过久。鲁登道夫的战略在东战场曾出尽风头，既有力又有远见。因此无法解释他在西战场犹豫不决与短视的原因。也许是因为他感觉到，有如此之多的大规模作战正等着他指挥；也许是因为他失去霍夫曼的战略洞悉力与制衡性观点。霍夫曼自 1914 年至 1916 年曾“随侍在侧”，为鲁登道夫策划作战。之后，鲁登道夫赴参谋本部担任新职，霍夫曼则留任东战场。德国近代军事制度中，具有重大缺点的年资主义，阻碍了德国充分起用这位军事天才的路途。第一次世界大战期间，此人的才气可能高过任何将领。

总之，从作战观之，鲁登道夫对于目标，既不如以前那般规划明确，也不能紧紧掌握形势的转变。但在攻击计划的制定与执行上，他的兵力有其最高水准的表现。对于长期呈现僵局的前线，他们以奇袭作为突破的主要方法。他们以极周全的设想，来隐瞒与活用攻击。他们曾充分使用毒气与烟幕弹，以增加对敌短暂但密集的、具有奇袭效果的轰击。此外，当鲁登道夫准备最先攻击索姆河地区的同时（攻势代号为“麦克尔”〔Michael〕），他也展开对其他地点的后续攻击计划。这样做，除了未雨绸缪之外，尚可迷惑敌人。他在英军防线点燃两处战火，法军防线也有一处，即以“圣乔治第一”攻击对付利斯河地区，以“圣乔治第二”攻击伊普尔地区，“蒲留歇”（Blücher）攻击则准备对付香槟地区。

“麦克尔”计划由德国第十七、第二以及第十八军团（共计 63 个师）发动。范围从阿拉斯、圣康坦，到拉费尔（Arras-St Quetin-La Fère）。但是德军主力却准备攻入索姆河之北。而且企图在突破之后，第十七与第二军团朝西北回转，并在侧翼的河流与第十八军团掩护下，将英军逼至海岸。

德军于 3 月 21 日发起进攻。拂晓雾气弥漫，使奇袭效果大为提高。但当进攻完全突破索姆河南岸之后，由于此处德军防守兵力（也是攻击兵力）最薄弱，使德军在阿拉斯附近受阻。这一受阻，连带使索姆河北岸的攻击全部中止。鲁登道夫这时违反了他自己的新原则,花费数日试图重起炉灶,准备对联军坚守的阿拉斯要塞区进行强攻,并企图坚持这样的作战原则到底。同时,鲁登道夫严密控制着第十八军团的脚步。这支正在索姆河南岸推进的部队,到目前为止并未遇到严重阻碍。但鲁登道夫 3 月 26 日发出一份命令,要求该军团不得渡越阿夫尔河(Avre),限制他们的前进步调,以配合邻军第二军团的进度。其实,第二军团的步调也是为着第十七军团放慢的。后者在阿拉斯附近的战果,简直乏善可陈。因此,我们知道,鲁登道夫事实上正思索如何突破英军。鲁登道夫正以直接猛攻,打击最坚强的反击区域。但是,就因为他如此执意强攻,使他未将预备兵力投入索姆河之南抵抗力最弱的防线上。等到后来投入,已为时太晚。其实,如果德军当时通过索姆河之南敌军的侧翼,计划中朝西北的回转是可能实现的。德军并可一路直接攻到阿拉斯要塞区的后方。3 月 26 日,由第十七军团左翼与第二军团右翼发起的索姆河之北的攻击,即因寸土必争,使攻势明显减弱。第二军团左翼到达的索姆河南岸,此处原是旧索姆河战场废墟,却也因此迟滞了该军团的攻势与补给。现在只有第十八军团的攻势未松懈,正朝前推进。

这样的形势,迫使鲁登道夫在未放弃旧计划下,采取新的计划。他于 3 月 28 日下令第十七军团右翼对阿拉斯附近高地进行新的直接攻击,并令第六军团随后攻击维米与拉巴塞之间以北地区。但由于预见索姆河南岸未来有利的形势,鲁登道夫遂指定亚眠为新增的主目标。即使如此,鲁登道夫仍限制第十八军团行动。他下令,未获进一步命令,该军团即不得由侧翼包抄亚眠守军。3 月 28 日,德军对阿拉斯发动新攻势。不过,由于雾气薄弱,德军未达奇袭目的。面对准备充分的英军拜恩第三军团,德军进攻完全失败。鲁登道夫到此方才放弃他的原始想法,下令主力与剩余的部分预备兵力,准备全力进攻亚眠。但同时间,他又要求第十八军团在原地待命两天。这一来,英军就有充分时间增强抵抗力。于是新一轮攻击进展甚微。鲁登道夫倒未坠入消耗战的陷阱,他干脆停止进攻亚眠。

鲁登道夫虽然丧失重要时机,却在惊险中获得决定性胜利。3 月 27 日,德军攻势向前穿透 40 英里,到达蒙迪迪耶(Montdidier),切断通往巴黎的一条铁路。3 月 30 日,德军几乎触及亚眠城外要塞,俘获联军 8 000 人,火炮 975 门。一旦联军防卫外围被击破,联军自开战 3 年来,在僵局战况中所精心建设的交通网线就成了联军大撤退的工具。此外,从其撤退的态势,就可看出英军高层如何失控。

德军带来的灾难,使联军踏上原本早该踏出的一步。经过黑格要求,以及米尔纳爵士(Lord Milner)介入下,战争委员会任命福煦担任联军间作战的协调。在这种危急关头,福煦的果决行事态度与富有想像力的承诺,提升了联军的信心。但是事实上,他的任命并未改变联军增援问题。虽然他稍后在4月14日获得联军总司令头衔,却无实质的指挥权。就在此时,德军又展开新威胁,虽然本意并非如此。

由于鲁登道夫的大部分预备兵力已占据索姆河南岸的巨型突出部,他于是在4月9日下令发起“圣乔治第一”攻势,即使他并没有多大自信,甚至只是为了声东击西。但开战之后,初期攻击联军一处虚弱的防线,颇有出乎意料的佳绩,使鲁登道夫萌生将攻击逐渐升高为重大攻势之意。英军虽已被凄惨地逼到海边,但舍命反击阻止了德军攻势浪潮。德军此时不但已向敌区推进10英里,而且距重要铁路交会点阿兹布鲁克(Hazebrouck)极近。德军并进一步准备拓宽连接伊普尔的防线,但为黑格所阻。黑格在法国援军逐步到达之际,将防线推回到原处。黑格为此曾强烈抱怨福煦北送法国援军过迟。但结果证明福煦不愿对黑格作出承诺是正确的。此外,他曾宣称黑格的危机已过。这句看来似乎过分乐观的说法,后来证明也不假。原来鲁登道夫过分节省他的预备兵力,面对即将到来的胜利,预备队经常过迟派出,或派出数量过少。他过分担忧他的新突出部会变成易被包围的袋形阵地,以致攻占凯默尔岭之后,即使机会向他招手,因为害怕联军反击,他也停止扩大战果。

鲁登道夫在战略上进展甚少,在战术方面反而称得上有巨大收获——英军伤亡就超过30万人。英国陆军为此遭到国人痛批。虽然英国火速征集14万人参战,并且自意大利、萨洛尼卡、巴勒斯坦调回一些师,但仍需几个月时间才能恢复原先的攻击力水平。在英军需暂时解散并整编10个师的同时,德军却增加到208个师。其中80个师归建为预备队。尽管如此,双方兵力平衡的恢复已隐约在望。美国人为响应国家的征召,好几个美军师已到达法国,协约国并努力扩大美军的增援。3月间,联军危急时,美军总司令潘兴甚至放弃原先的坚持——反对部分动用美军,或在时机不成熟下动用美军。他宣称美军可以在福煦指挥下,为因应任何需要而战。这是令人为之动容的举动,虽然潘兴仍牢牢掌控着他的军队。除了极少数的例外,他不愿美军被拆散使用,只允许美军以整师接替部分防线。

相反,德国这一边所剩时间不多。鲁登道夫了解这一点,因此于5月27日在苏瓦松与兰斯之间,发动“蒲留歇”攻势。当时德军以22个师奇袭联军的11个师。德军不但横扫埃讷河地区,而且于5月30日到达马恩河地区。之后,

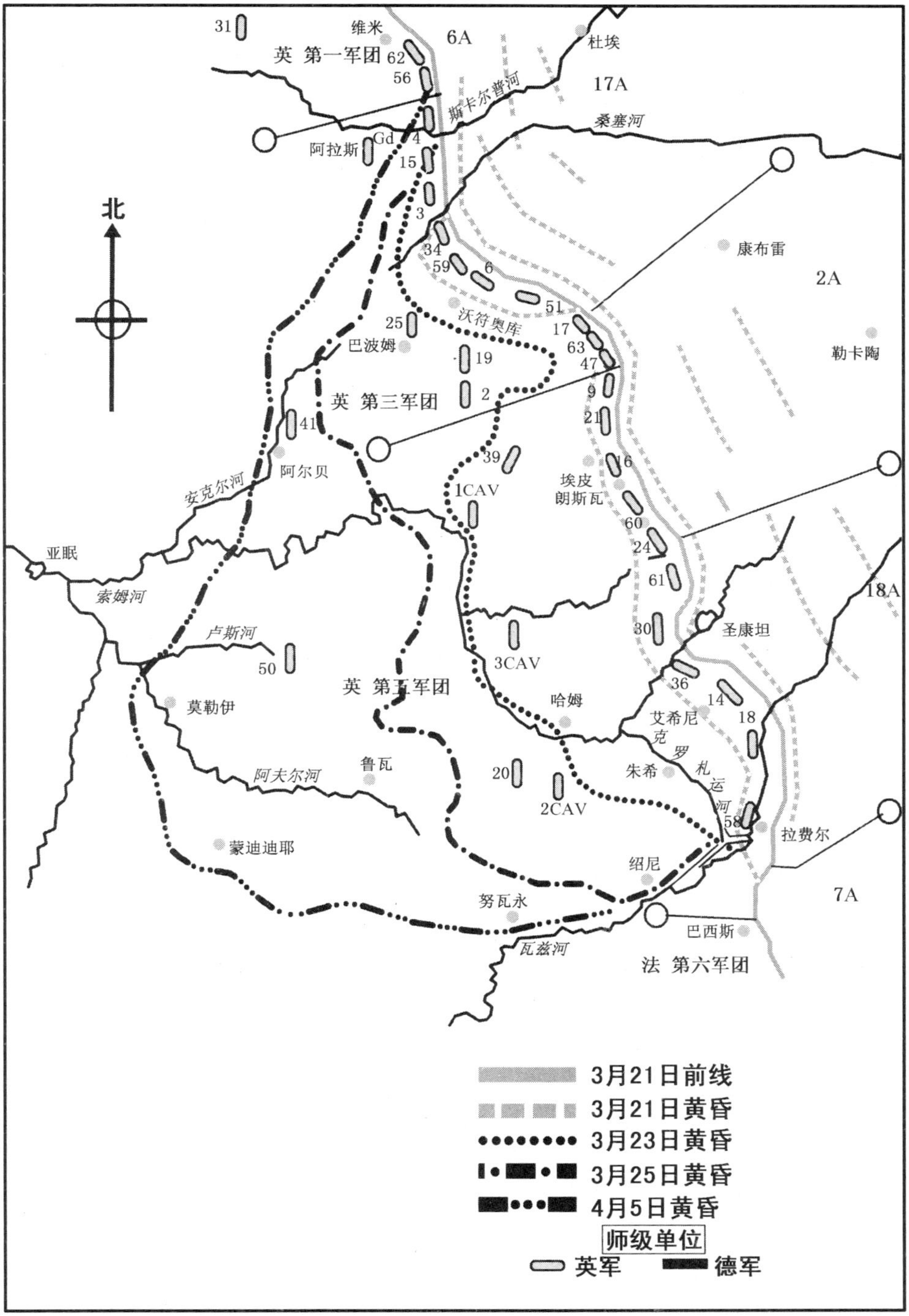

图 19　德军攻势(1918 年 3 月)

攻势却停顿了。在这次进攻中,德军兵力的优势程度不若以前明显,更无天气可资隐蔽。这次进攻初期的成功,似乎部分出自战略性的奇袭。一方面,德军以出其不意的时间与地点对联军发动攻击,一方面则由于联军守军指挥官的不智,使联军饱尝失败。守军指挥官竟坚持早已被推翻的办法——将守军集结在前进阵地中,最后成为德军炮兵的大批炮灰。

但是,鲁登道夫再次获得相当程度的胜利,虽然他心中既未准备,也未渴求。一切令奇袭者自己也惊讶不已。这次德军的进攻,原只是一次计划变更的攻击。为了向弗兰德斯地区英军防线进行最终与决定性的一击,德军决定先将联军预备兵力吸引到苏瓦松与兰斯之间地区。这个攻势虽然初期成功,却拖住相当数量的德军预备队。由于河川使德军正面攻势受阻,德军企图转向西进,又恐遭联军抵抗而作罢。德军所面临的抵抗,较引人注目的是美军在蒂耶里堡(Château-Thierry)所发动的英勇反攻。

鲁登道夫在联军防线上,如今已形成两个巨大、一个较小的突出部。他下一步准备切断亚眠与马恩河突出部之间的贡比涅(Compiègne)"舌部"。不过,这次他并没有发动奇袭,而且由于6月9日在"舌部"西侧发动攻击过迟,无法配合向东的攻击压力。接着就是一个月的"休战"。

鲁登道夫渴望对比利时的英军发动期待已久的决定性打击,却也顾及英军在比利时的仍相当强大的预备兵力。因此,他再度决定选择战术抵抗力最弱的地点下手,并希望在比利时之南发动重击,以牵制英军预备队。只是,他并未如预期拔除马恩河突出部之西的贡比涅"舌部"。于是他另图在马恩河突出部东边以同样手法攻击兰斯的两侧。但到此,他需要休息与准备。这一拖延,后果就严重了。他让英法军有时间重整,使美国人有时间集结兵力。英军除了完成先前被打散的师的整编之外,3月危机时,协约国向美国威尔逊总统所提出的紧急请求也有了结果。联军所请求的额外美军支援,从4月底开始,以每月30万人的速度运抵欧洲。到了7月中旬,为对抗德军下一波,也就是最终的攻击,7个师的美军已完成准备;5个师已在阿尔萨斯—洛林地区进行战地环境熟悉;5个师会同英军作战;另有4个师正在美军训练区集结中。

鲁登道夫攻势在战术上的成功,为他种下战败祸根。等鲁登道夫注意到这些战术性成功所造成的不良影响时,已为时过晚。他已将各攻势推进过远,战线延展过长,这不但耗尽他的预备兵力,而且使各攻势间距过宽。他曾在联军防线上造成3个巨型楔状攻势,但没有一个能作出深度穿透,重创联军命脉。这种战略性失败,使德军防线凹陷,后来并招致联军包抄反攻。

大势逆转

1918 年 7 月 15 日，鲁登道夫发动新攻击，但新攻击的出现已非秘密，联军本已料到。在兰斯以东，攻击为联军守军灵活的防守所败。兰斯以西，德军虽穿越并渡过马恩河，却使他们愈发深陷败亡的巨网。从 18 日起，福煦向马恩河突出部的另一侧发动一次准备充分的攻击。在此，领导作战的贝当打开鲁登道夫所欠缺的门径。贝当动用大量轻型坦克，以康布雷作战方式发动奇袭。德军则力图掌控突出部的出入口，使之保持足够纵深，以能让自己的兵力安全撤出，并且拉直防线。但由于预备队用尽，鲁登道夫于 20 日，即使不是放弃，也是被迫延期发动在弗兰德斯地区的攻势。至此，联军终于完全取得主动。

福煦最关心的就是如何保持主动。他一面聚集预备兵力，一面不让敌人有喘息机会。他安排黑格、贝当与潘兴发动一连串的局部进攻，目标是抢夺德国横向铁路线，以及为进一步的作战，加强防线据点强度。他建议黑格攻击利斯河地区，黑格则建议攻击索姆河地区比较合适。原来，在亚眠前线指挥的英国第四军团的罗林森，早已向黑格提出一份针对索姆河地区的大型奇袭计划，福煦遂同意以此取代他自己的计划。福煦同时将法国第一军团（由德伯内〔Debeney〕指挥）置于黑格指挥之下，以便向南延伸攻势。罗林森军团除了实力在这期间倍增之外，并以谨慎的掩饰手法瞒过德军，一直到 8 月 8 日，以 456 辆坦克发起奇袭。至此，德军才猛然惊觉。之后，在索姆河以南的澳洲军与加拿大军，迅速赶过德军，并制服了德军的第一线。到了 8 月 12 日，联军攻势因遇紊乱而荒芜的 1916 年索姆河旧战场而停顿。英国第四军团即使欠缺预备队，在本身伤亡仅 2 万人情形下，竟俘获敌军 2.1 万人。实质而言，即使英军未完全扩大战果，这样的战果已属佳绩，更不用提它在精神上的效果了。

鲁登道夫曾说："8 月 8 日是德国陆军战史上的黑日……毫无疑问，这是我们作战力衰微的开始……战争必将终结。"他告知德皇与其他政治领袖，在形势变坏之前，和平协商必须展开。事实上也必须如此。德国高层在斯帕（Spa）的御前会议中作出结论，"我们不再期望以军事行动击破敌人的战争意志"，"我们的战略目标应是以战略防御逐渐使敌人的战争意志瘫痪"。换言之，德军高层已放弃胜利希望或保有所攫获的土地，只希望避免走上投降一途——一种不稳当的精神基础。

1918 年 8 月 10 日，福煦为英国第三军团"对巴波姆与佩罗讷总方向"的攻击准备,发出新指导原则。同时,福煦希望黑格继续加强第四军团对第一线正面的攻击。黑格则表示此举将会增加无谓伤亡,福煦从其意。自此,联军新发展的战略中,必有节约用兵一章。因此,在第三军团动作之前,第四军团的冲力鲜少因伤亡而减弱。从现在起,福煦频向德军防线叩关。他在不同据点发动一连串快速攻击,每一处,当初期冲力一消失,攻势就暂停。每一攻击都为下一攻击铺路;所有攻击,不论时间与地点间距上,都接近得足够彼此接应与支援。于是,鲁登道夫的预备兵力调度受制于联军。他的预备兵力也就逐渐耗光。

8月10日,法国第三军团攻击索姆河之南;8月17日,法国第十军团向更南地区推进;到了8月21日,英国第三军团也加入攻击行列,随后,8月26日,更有英国第一军团的攻击。另外,鲁登道夫因为镇守利斯河突出部的德军遭到整编完成的英国第五军团的攻击,于是下令德军加速撤退。及至9月第一周,德军已撤回原始起点,即坚强的兴登堡防线。9月12日,潘兴打赢一连串前导作战。他攻克圣米耶勒突出部,这是美军在西战场独立作战以来的首功。潘兴原准备藉此攻向布里埃(Briey)煤田,以及梅斯附近德国主要横向铁路东端。后因故放弃计划,原因请见后章。因此,联军并未藉机扩大战果。

除德军军力明显衰退之外,黑格也确信他有把握攻破德军预备兵力最厚实的兴登堡防线。由于这两点,使福煦打消延至1919年进行最终攻击的原意。如今他准备提前在1918年秋季即为胜利展开攻击。届时,联军在西战场的所有军队将结为一体,同时发起攻击。

保加利亚的崩溃

在联军发动全面攻击之前,巴尔干半岛风波再起。套用鲁登道夫的话,这事件"决定了四国同盟①的命运"。他在前一段时期,仍希望牢牢掌握在西线的坚强防线。他认为,如果德国非后撤不可,希望能慢慢退至新战线上;而且在马其顿的战略性侧翼与意大利战场掩护下,德国政府准备与协约国谈判出一个对它有利的和平协议。同时间,德国更传出警讯,西战场失败所产生的精神效应,已挫败德国人民。他们的意志力已因食物短缺,甚至协约国的宣传攻势而逐渐消沉。

---

① 指德、奥、保、土。

另一方面,协约国驻萨洛尼卡的部队于9月15日,向保加利亚前线展开攻击。而且仅几天时间,就攻破了保加利亚防线。其实,吉约马(Guillaumat)于1917年12月继萨拉伊担任联军萨洛尼卡司令之后,就已拟妥保加利亚攻击计划。吉约马后因6月危机被召回法国,出任巴黎军区司令(他也是贝当可能的继任者)。他藉机说服协约国政府,使协约国同意他的保加利亚攻击计划。联军萨洛尼卡司令后由弗朗谢·戴斯佩雷继任。他集合一支法国、塞尔维亚打击部队,由米希克(Michich)率领,对瓦尔达尔河以西的索科尔—多布罗波耶(Sokol-Dobropolye)地区展开攻击。此地区保加利亚军认为有崇山峻岭之险,应不致遭袭击而驻军甚少。9月15日,米希克开始行动,至17日夜,塞尔维亚部队已深入敌境20英里,敌人防线的缺口也拓宽到25英里。18日,英军对多伊兰湖(Doiran)防线展开进攻,虽然出现战术性失败,但至少牵制住敌军的预备兵力。同时,瓦尔达尔河以西的整条敌人防线,在塞军与法军集中攻击下崩溃。塞法军更乘胜追击至于斯屈布。21日,瓦尔达尔河以东的保军也开始后撤。这一撤退,使英国飞机有机会轰炸狭窄的科斯图里诺隘口(Kosturino Pass),使撤退中的保军漫无目标四处逃窜。保加利亚的陆军至此分裂成两部分,而且由于饱经战火,兵疲马乏,于是寻求停战,并于9月29日与联军签订停战协定。戴斯佩雷的军事成就,不仅切断德奥势力的第一条命根,而且打开了攻往奥地利后门之路。

首度求和

保加利亚的投降,使鲁登道夫相信,若要确保和平,非采取果决的步骤不可。鲁登道夫一面勉强凑合微不足道的几个师,前往塞尔维亚筑起新防线,一面安排与政治领袖会商局势。在同一时间,福煦在9月26日至28日之间,于西战场发动重大攻势。德军防线的土崩瓦解已然在望。

这时德国参谋本部不啻是惊弓之鸟,斗志全无。防线崩溃不但是时间问题,而且条件已经足够,所有挽救都已太迟。9月29日下午,鲁登道夫在斯帕的“不列颠旅馆”(Hotel Britannique,这是德国参谋本部所选择的不祥名称)的房中,研究战况。他愈仔细推敲,愈发现问题难以解决。一时之间,莫名之恐惧与愤怒之情不由而起。他叹息自己的苦恼,特别是欠缺坦克。他痛骂那些阻挠他辛勤工作的人——那些嫉妒他的参谋,失败主义的帝国议会(Reichstag),过度人道主义的德皇,以及沉溺在潜艇美梦的海军。渐渐地,他将自己推入狂怒境地。突然,他口吐白沫,晕厥于地。这天晚上,身心受创的鲁登道夫,就贸然决定要求停战。他说,保加利亚防线的崩溃,已搅乱他所有布局——“原本打算去西战场的士兵,现在需要派到保加利亚”。“由于西战场联军已发动攻击,这样做,基本上已经改变了形势。虽然联军目前已被击退,我们必须认真应付他们后续的动作”。

这段话与福煦的全面攻击是相关的。美军对默兹—阿戈讷地区的攻击,始于9月26日,但到28日就停顿下来。另由法、比、英军在弗兰德斯地区发动的攻势,始于28日。但即使令德军不痛快,也不见真正威胁力。29日晨,黑格开始朝兴登堡防线发动主攻,最早传回德国的消息就令人忧心。

在这紧要关头,马克斯亲王(Prince Max)被任命为德国首相。他以他在国际间为人称许的稳健与荣誉作为担保,与协约国谋和。为了谈判有实效,以及不必招认失败,他说他需要“在恳求敌人停战之前,有10天、8天,甚至4天的喘息时间”。但是兴登堡只重申,“军事形势已严重到不容许任何耽搁”,并且坚持“立即向敌人发出和平建议”。鲁登道夫则悲苦地附和着:“我要拯救我的陆军。”

因此,到了10月3日,德国请求立即停战议案,已到达美国总统威尔逊手中。这是一份向全世界公开承认失败的宣告。德军参谋本部甚至在此之前,于10月1日已将相同的想法传达给国内所有各党派领袖。此举当然对德国大后方国民的精神甚具刺激性。许多长久活在黑暗中的人,现在突然见光而盲。所有与政府不和的势力,以及和平主义者都受到巨大冲击。

德国政府在这段时间不但讨论停战条件,而且询问鲁登道夫,如果条件无法接受时,可否进行进一步抵抗。同时,福煦继续展开他的军事压力。

兴登堡防线的裂缝

福煦的全面攻击计划包含一系列集中式的同步攻击:

第一与二为美军进攻默兹河与阿戈讷森林之间地区。法军攻击阿戈讷以西地区。两军目标皆朝向梅济耶尔(Mézières)推进。攻击发起日为9月26日。

三、英军进攻圣康坦至康布雷防线,以莫伯日为目标。攻击发起日为9月27日。

四、比利时军与其他联军以根特为目标发动攻击。时间为9月28日。

联军的整个攻击呈钳形，打击伊普尔与凡尔登之间向南伸出的巨大突出部。朝梅济耶尔的攻势，将把部分德军驱离原先经过洛林的天然撤退线，而赶进阿登的艰难地形中。这一来，联军将极接近安特卫普—默兹河防线的要冲。这对联军而言是险棋，因为德军正在这条防线后方进行整备。联军朝莫伯日的攻势，将威胁另一条主要铁路线，以及德军经过列日地峡的后撤路线，但这一条路比其他路更远。在这些攻击中，美军遇到了最艰困的地形障碍；英军则须面对最坚强的防御工事，以及最强大的敌军。

潘兴开头打得很好，其数量优势尚造成奇袭效果。在数量上，他与敌军呈八对一之比。然而由于补给不易，地形恶劣，扩大战果困难，故攻势的劲道不久就消失。美军不但苦战，而且损失惨重，于是进攻只好在10月14日叫停。美军现在的位置距离主要铁路线仍远。菜鸟级的美军正遇到1915年至1916年英军初临战场的痛苦。更糟的是，黑格不论美军最终的梅斯目标多么有胜算，而反对目前的美军进攻。这是因为美军如果采取现在的攻势，其攻击方向将与其他联军总攻击方向不同。因此潘兴放弃自己先前的计划，也即扩大圣米耶勒战果，直取梅斯的建议。福煦原始的全面攻击计划也跟着调整。结果，潘兴不但要攻击地形更加恶劣的区域，而且只有一星期时间供他准备新攻击。由于时间匆促，潘兴放弃调集更具经验的部队，而动用毫无作战经验者攻击圣米耶勒。但结果证明黑格的坚持并无必要。因为英军攻破兴登堡防线之后，美军方才发动默兹河——阿戈讷地区攻势，进而使德军撤出其防线。

黑格攻击兴登堡防线时，先推进左翼，以利右翼对该防线最坚强区段——北运河(Canal du Nord)展开攻击。10月5日，英军已穿越德军防线系统，进入开扩野地之外的地区。但在这一部分防线，联军攻击兵力实际上少于德军防御兵力①。英军因坦克用尽，无法快速追击，只好眼看德军退去。

几天之后，由于英军既已突入兴登堡防线，却未随后对防线进行实质突破，故德国参谋本部对战局不但感到高兴，甚至表示乐观。更令德军鼓舞的是，有报告指出联军攻击力已松懈，特别是放松了扩大战果的机会。鲁登道夫虽然仍寻求停战，却只给他的部队几天时间休息。而且这休息只是进一步撤

① 1918年9月25日，即福煦发动全面攻击的前夕，大约在圣康坦与兰斯之间的兴登堡防线上，德军部署了57个师兵力，英美军则分别部署40个师与2个师兵力。而在默兹河——阿戈讷地区，德军以20个师对抗31个师法军，以及13个师大编制的美军。这里的法美军总兵力，至少等于联军60个一般规模的师兵力。在此，德军师级单位的规模虽已变相缩水，但并不影响一向具有史实的说法，德军即使遭受联军左右钳形攻击，仍有获胜可能。

退的前奏。他不但想要抵抗,而且要让德军安全撤至边界上的一条较短防御线上。10 月 17 日,他甚至觉得军队可不必经过休息而达到目的。整个形势并未如他想像的变得多好,却也从未如他在 9 月 29 日想像的那么坏。然而,他的第一印象与沮丧之情,好像阵阵涟漪,撼动了德国政治圈与民意。

联军的联合军事压力以及沉稳的进击步调,正逐渐瓦解德国政府与人民的意志力。虽然德国政府与人民比军事领袖们更慢接受最终必败的想法,但当战败逐渐成真,这种想法就愈具说服力。期间,《泰晤士报》所有人诺斯克利夫很技巧地进行了密集的和平宣传。除间接影响德军士气外,并使德国经济压力增加。稍后,“大后方”开始崩溃,比战场崩溃得更快。

土耳其的崩解

英国原定对巴勒斯坦地区的春季攻势,因为英军在法国发生 3 月危机而中断,并且从巴勒斯坦调走大部分艾伦比的部队前去法国。后来,英军从印度以及美索不达米亚调集援军才补妥兵力空档。到了 9 月,艾伦比再度就绪,准备出击。艾伦比从地中海一侧秘密集结大量步兵,以及紧随其后的骑兵。同时,劳伦斯(Lawrence)与他的阿拉伯部队神出鬼没般出现在沙漠上。他们不但威胁敌人的交通线,而且移转敌人的注意力。9 月 19 日拂晓,艾伦比在地中海的大批部队展开攻击,将土耳其军驱向东北多山的内陆。这动作恰像一道门被打开似的。骑兵通过敞开的大门之后,沿着海岸走廊进攻 30 英里,然后转东赶过土军的后部。土军剩下的唯一撤退路线,是往东越过约旦河逸去,但这条路正遭英军飞机破坏性轰炸而封闭。土军主力虽已完全被英军所困,艾伦比的骑兵仍试图扩大这次史称美吉多(Megiddo)①之战的胜利战果。英军骑兵迅速不停地追逐敌军,一路先攻下大马士革等大城,最后到阿勒颇方才打住。土耳其到此已无防御力可言,加上受到英将米尔恩直接从马其顿攻击君士坦丁堡的威胁,遂于 1918 年 10 月 30 日投降。

奥地利的战败

奥地利在意大利前线的最后一次攻击,曾配合德军在法国的突击行动。

① 美吉多本是著名巴勒斯坦古迹遗址,约在今日以色列海法港东南 20 英里。

1918 年 6 月,奥军进攻即在威尼斯附近的皮亚韦河受阻。但意军参谋总长迪亚兹仍在等待适当时机反攻。他要等奥地利内部败坏到连德国都感无望再动手。10 月 24 日,英军卡万(Cavan)的军团向前移动,占据了皮亚韦河的渡口。27 日,联军展开主攻,朝维托里奥威尼托推进,将奥地利军打散成两部分。一部分留在山区,一部分则在亚得里亚平原上。10 月 30 日,整个奥地利陆军被切割成两半。不久,兵败如山倒。同日,奥地利要求停战,并于 11 月 4 日签字。

西战场的落幕

美国威尔逊总统已于 10 月 23 日,以书面答复德国,实际上就是要求德国无条件投降。鲁登道夫原希望继续奋战,期盼在德国边界打一场成功的防御战。他认为如此可能减低协约国的决心。但是形势早非他所能控制,国家的意志力已瓦解,他的意见已无人采信。于是他逼不得已于 10 月 26 日辞职。

就在此时,德国首相由于患流行性感冒,服药过量,竟昏睡了 36 小时。等他于 11 月 3 日晚间回到办公室时,不只是土耳其,连奥地利都已投降。即使西战场形势比起来好像容易应付些,但奥地利及其铁路系统已成为协约国进攻德国之本。几周之前,加尔维茨将军曾将这种当时尚未发生的事,警告过德国首相。他指出,如果这种可能性一旦成真,战败将是“决定性的”。第二天,德国爆发革命。革命怒火迅速延烧全国各地。德国人民在战争最后几天,已陷入巨大而多重的心理压力。在革命的冲天怒火后面,洛林前线的危机则在慢慢逼近中。美军自 11 月 1 日以来,对洛林所形成的新攻势压力,已比任何地点都接近引爆点。这是指,“如果安特卫普—默兹河防线仍在德军手中,他们就不会获准攻击洛林”。如果这种态势继续下去,下一条抵抗联军的防线,将是德国国境内的莱茵河而非边界了。

现在,由于德皇不愿退位,德国革命每一刻都在蔓延、扩张;但和平协商却拖延着。德国政府眼看与革命者妥协才是办法,于是到了 11 月 9 日,马克斯亲王将政权移交给社会主义者埃伯特(Ebert)。德国对外为回应威尔逊总统的要求,对内为平息人民反抗——反抗这些曾带领他们进入绝境的领袖,德国已变成一个共和国。德国舰队也早已叛变,起因是司令官要派遣他们与英国舰队打一场孤立无援的仗。至于外交方面,11 月 6 日这一天,德国代表为停战交涉而离开柏林。

在德国停战代表尚未到达谈判地点的前数日，协约国已迫不及待展开了停战条件的讨论会。福煦把话说得清楚而果决，因为威尔逊总统曾建议，停战条件应留给军事领袖们决定。黑格则在米尔纳支持下，语气中庸地表示，“德国并非败在军事上。在最后几周的作战中，德国在勇敢奋战中撤退，一切井然有序。因此……有必要给予德国能接受的条件……撤出所有侵占的土地，以及阿尔萨斯—洛林地区等条件，已足够决定我们的胜利。”同时英国由于害怕布尔什维克主义扩张，出现游击战，因此考虑不让德国陆军复员，以作为安全屏障。

福煦同意黑格所说，“德国陆军毫无疑问能采取新姿态应付未来，而且我们也阻止不了”，却不同意黑格所开出的条件。于是坚持德国不仅要交出三分之一的炮兵、一半的机枪，而且联军必须占领莱茵区①，将桥头堡设在莱茵河东岸。他认为，联军唯有占领莱茵河，才能保证德国不破坏和平协议。黑格的建议容易使德国撤至一个新的、强化的抵抗态势。福煦同时私下告知克列孟梭，占领“是战胜国的安全保证，也是战败国赔偿的抵押”。

潘兴的要求犹胜福煦一筹。他抗议与德国谈停战。福煦答复倒言之成理。福煦认为，“战争只是达到胜利成果的手段。如果德国在我们的条件下签订停战协定，这些成果自然归我们所有。这些成果目前正在取得，没有人有权为此使人多流一滴血”。他所说的成果，其实将逾越停战协议范围。他的意思是，一旦德国军队崩溃，法国将要求以法国的条件来架构和平，而非以威尔逊总统的条件为基础。威尔逊总统让军人制定停战条件的原意，现在出现讽刺性局面——威尔逊等于放弃自己“十四点和平原则”里所谈的和平条件。这样会给德国一个正当的口实，即使不是实质的拒绝。德国人会说，他们曾被威尔逊的承诺所骗，才落到如此地步。

下一个看法上的差异是，在停战条件上是否应提到赔偿。英国反对，但法国坚持。法国总理克列孟梭聪明而和颜悦色地辩解道，“我只希望提到原则”。他鼓吹一套模糊但总括性的处理方式——“损失赔偿”。法国财政部长则强调“损失赔偿”的可能效果。他还补上一句看来没什么的“但书”，“协约国对未来任何的求偿，都维持不变”。豪斯上校更单纯地轻信这句话。在他支持下，这句话列入了条件中。

下一个问题是海军。这时，各国代表的国家主义颠倒过来了。已提出过

① 莱茵河以西。

苛刻条件的福煦，这回极力轻弹海军条件的调。他仅要求德国潜艇出来投降即可。他略带嘲弄味儿问道："德国水面舰队，你们何惧之有？整个战争期间，他们只有少数冒险离开过港口。这些单位投降，只会做个样子。除了让公众开心之外，什么也没有。"英国海军大臣埃里克·格迪斯爵士（Sir Eric Geddes）则要福煦注意，是英国舰队在"牵制"德国舰队。他并指出，如果德国舰队仍保持完整，英国舰队所受的战争压力将继续，直到和平完全尘埃落定为止。劳合·乔治则建议，如果要既具有功效，又让德国少屈辱，折中办法是，应扣押德国水面舰队，而非要求其投降。这个办法大家都同意。英国海军部则在不情愿中让步。最后除了要求150艘潜艇投降之外，并要求将德国舰队扣留"在中立国港口，或除轻型船舰外，在协约国港口使其10艘战斗舰，6艘战斗巡洋舰失去作用"。由于不易找到足够大的中立国港口，德国舰队最终目的地变成了英国的斯卡帕湾基地。这次冗长的讨论会，有一个重要决议，协约国应等到奥地利投降，才将停战条件定案。劳合·乔治精明地预见，这样才能使协约国"向德国提出毫无转圜余地的条件"，以便减少德国拒绝的机会。

德国之所以迅速接受这些苛刻条件，是因为西战场的既存因素，尚且不如"大后方"的崩溃与另外一个腹地暴露的问题那么严重。来自奥地利的联军新攻势，已使德国腹背受敌。联军在西线的攻势仍继续维持着，某些部分似乎已到最后关头，但德军主力已逃出危机四伏的突出部。他们不但脱逃，而且彻底破坏铁路和公路，使追兵的补给接运不上。联军显然要暂停攻势，以便整修交通线路。因此，德军有了喘息空间集结兵力对抗。联军攻势最后于11月11日到达穆松桥（Pont à Mousson）—色当—梅济耶尔—蒙斯—根特一线。这就是1914年战争肇始时的位置。但在战略上，联军攻势至此已告终结。

面临这种形势，福煦确曾集中一支强大的法美兵力，准备从梅斯以南直接向东进攻洛林。由于联军全面攻击已耗尽敌人的预备兵力，如果这次攻击能迅速而且深入敌境，将会制造另一次逼迫敌人后撤的机会。这次攻击不但可能使德军撤到沿默兹河到安特卫普之间的全新防御线上，而且可能搅乱德军原本井然有序朝莱茵河撤退的计划。但原订11月14日发动的洛林攻击，似乎也不能解决至今存在的问题。即自最初联军突破以来，联军始终无法维持足够的进攻力。其实，福煦也不认为这次攻击能一改联军攻势后劲不足的问题。因为有人问他，如果德国拒绝接受停战条件，将德军逐过莱茵河需要多长时间？他回答："也许3个月，也许4或5个月。谁知道？"并且，他在战后评论洛林攻势时曾这样说，"这个攻势的重要性被夸大了。大家以为非发动这个攻势不可，以为它可以彻底扳倒德国鬼。荒唐！当时我们还准备向比利时的利斯河地区发动攻击。洛林攻势并不比它重要。"

其实，联军在 11 月 4 日所作的决定，相比就更具实质意义了。在奥地利投降之后，联军准备在 5 周内，在奥德边境集结 3 个军团的兵力集中攻击慕尼黑。特仑查德(Trenchard)的独立空军也计划以空前的规模轰炸柏林。此外，驻欧美军总数此时已上升到 208.5 万人，师的总数已增至 42 个师，其中 32 个师随时可出动。事实上，德国内外形势的发展才是促使德国决定投降的主要因素。联军在其前线最坚固部分发动任何单一、假设性的攻击都无法致使德国投降。总之，在内部革命、敌军兵临南疆、西线告急情形下，德国代表别无选择，唯有接受停战的苛刻条件。1918 年 11 月 11 日清晨 5 时，停战协定在贡比涅森林的福煦专用车厢中签订。上午 11 时起，"世界战争"已成过去。

第二十一章　最初的突破

1918 年 3 月 21 日清晨 4 时 30 分，一场暴风雨般的攻击在 4 000 门德军火炮怒吼声中宣告来临。其规模之庞大，声势之惊人，毁灭性之可怕，超过大战中任何一场战斗。黄昏时分，潮涌般的德军淹入 40 英里长的英军防线。一周后，德军更突入敌境近 40 英里纵深，几乎与亚眠外围重叠。接下来几周，联军几乎被冲垮。

这几周的战事，与 1914 年的马恩河之战，对协约国而言，可并列为第一次世界大战中两次最严重的军事危机。在这两次危机中，德国几乎重拾已丧失的战胜机会。德国在 1914 年 9 月初就失却了最佳获胜时机，然而对于英国人民，目前危机犹甚过去。因为他们已愈发了解状况，他们也知道危机比以前更严重。

当 1918 年 3 月 21 日战争大幕升起时，没有一场战争满布那么多的问号。联军以优势兵力攻击德军两年，为何突然到需要背水一战的地步？协约国大众已确信联军能合作无间，都认为最高统帅位子大可不必设置，为何现在对最高统帅如此需求紧急？两年来，联军不断地攻击德军，结果德军防线几乎无损，为何德军能够在短时间内在联军防线上打开大洞？这些缺口之大，超过联军所设定的目标，然而为何德军无法获得重大战果？寻找这些答案，成为历史探讨“三二一”战事的主要兴趣所在。

英军突然从攻势变守势，主要原因在于德军在西战场的作战实力，从 1917 年 11 月到 1918 年 3 月 21 日增加了百分之三十。英军实力若与前一年夏天相比，则减少百分之二十五。这些大量新增的德军，都是从俄国前线转运至西线。原来鲁登道夫对于西线求胜心切，为了调动这些德军增援西线，他曾逼迫苏联布尔什维克政府与罗马尼亚政府给予肯定的和平保证。但即使这些原因可以解释形势的改变，台面下另有一些疑问尚待解释。即为何改变如此突然，改变的程度如此之大？最主要的原因在于英军高层过度自信。他们不但无谓地牺牲过多生命,使兵力失衡,而且已失去英国政府的信任。这双重的不幸,起因于战略的错误。一言蔽之,都是起自一个倒霉透顶的地名。那就是:“巴斯青达”。

英国首相劳合·乔治出于对国家的责任感,加上他不信任黑格的判断,使他决心完全中止对法国战场的增援。两人之间由于性格与经历迥异,摩擦几乎难免。一个是反复无常的威尔士人;另一个是固执而沉默寡言的苏格兰人;一个是公众魅力十足,即使并不情愿这样表现,另一个是定力十足,即使最乐意做的事在眼前也不为所动;一个是能适应任何环境,另一个是始终如一、执拗、不善变通;一个是说的与想的如此接近,几乎融为一体,另一个是一张口,脑子就不灵光。黑格辞不达意到无法解释的趣事有一箩筐。其中出名的一桩,是为奥德夏特(Aldershot)军校越野赛跑队颁奖时所致的辞。他只说了那么一句话,“我祝贺你们的赛跑成绩。你们跑得好。我希望你们在敌人面前也跑得好!”

劳合·乔治在严厉批评官大学问大的现象之余,善于接纳新思想。他经常为扩大判断的基础而寻求各方意见。黑格则如他所佩服的传记作家,查特里斯将军所坦承,他不是一个“鉴赏力”强的人,而且对自己军务之外的事,既无知,也无兴趣。他接下司令官职务时,“他由衷相信现在被任命的职务,是全英国陆军只有他有资格做的事”。如果加上他律己甚严的外表,有一种感觉极其正确,他的性格与外观,为他与首相之间筑起一道几乎无法突破的障碍。但两人都不想克服这个问题。首相不信任黑格的军事能力,黑格也不信任首相的行事作风,于是双方的互信愈来愈差。

从巴斯青达会战结束,到德军攻击之前,整整有几个月时间,劳合·乔治拼命寻求一个可以驾驭黑格的权力机制。劳合·乔治了解,如果硬要免去黑格的职务,反而会引起政治风暴。他的办法是成立最高战争委员会,总揽联军预备兵力之事。但这个计划受到黑格阻挠。由于黑格不信任这个委员会掌控作战的方法,这个预备兵力管制计划就因他不肯分摊区区9个师预备队而告夭折。不论他对原则性反对的理由正当与否,他的动作不但难以理解,而且无法替他辩护。就如他所相信的,我们相信这时德军正准备攻击他的防线,而且他也了解预备队短缺的问题,但如果他要取得30个师兵力,就应冒险提供9个师兵力,不然就很奇怪了。相反,他选择与贝当达成相互支援的协议。依据协议,紧急时,他可自贝当处获得6—8个师法军的支援。这数目远低于黑格期望从总预备队得来的支援,如果总预备队组成的话。其实黑格长期以来,并不信任法国人会实践诺言，而且曾为此而痛批过法国人。因此，他从小处着眼的举动是令人错愕的。他宁愿死守着小而不可靠的“法式承诺”，却不愿从成员中有英国代表的委员会获取规模大得多的承诺。

深究其因，英军高层过度自信，就如英国政府扣住增援兵力不放一样，很可能基于一种有相当依据的想法。他们相信自己的防御力已可挡住德军攻势。为何德军必定能在英军曾经屡败之处战胜？黑格认为，英军唯一几乎突破成功的战役，是有坦克参与的康布雷之役。黑格知道此时德国并未大量生产坦克，因此他认为德军是突破不了英军防线的。

但是黑格在算计他的防御力时，就像他过去两年策划的攻击行动，似乎低估奇袭的无穷价值。3 000 年的战史证明奇兵乃胜利之本。1917 年 11 月 20 日康布雷攻势的真正意义，就在于奇兵战术的复苏。所谓康布雷奇兵，就是装甲与履带的混合物。不幸的是，坦克的效果却因坦克在巴斯青达泥沼地受阻时，黑格并无能力及时为之解困而大减。

德军在 11 月 30 日反攻时，也运用了原理相同、方式不同的奇袭。德军曾以毒气弹与烟幕弹，对英军进行短暂而强烈的轰击。紧接在后拥入的，则是受过新式渗透训练的步兵。不过从英军在后来 3 月时的表现视之，英军并未完全记住 11 月底的教训。事后，英国第五军团曾以兵力不足，防线过长为自己失利辩解。尽管有些许道理，不过军团司令高夫在事前曾信心满怀地表示过，他的兵力能抵挡德军的强攻。

但是当德军攻势对高夫的原始防线造成压力时，英军就不知如何在较远的后方阻挡敌军的进击。在这一方面，英军的准备不止不足，而且协调工作也做得差。高夫并未破坏某些德军必经的道路，英军总司令部也没有给他确切命令。更糟的是，第五军团遇到重要铁路桥梁时，竟将破坏任务委任给由法国铁路局处理。因此，现场不但混乱，而且使佩罗讷的主要铁路桥梁就这样完整无缺地拱手让给德军。

英军总司令部在处理防御战上，相似的含混指令不止一件。总司令部先对高夫说，“我们应为索姆河以东地区的战斗做好准备”；随后又指示，“撤退到佩罗讷与索姆河后方的防线，可能比较理想”。要将这些不同指示整合成一种命令并不简单。如果仿照德军在 1917 年的做法先撤退，牺牲一些土地，就会较容易阻挡德军进攻；虽然政治与军事上的观点，是不愿见到这样发展的。然而，为顺应环境而改变计划是必要的，而且通常获利更大。但这却是对为将者用兵之道的重大考验。企图为形势改变计划的人，必须具备极清晰的头脑。

其实当时的战情,即使没有这句涵意不很明确的指示——“理不清战情,意志也不足,这场作战即可能失败”,就已经够令人迷茫。第五军团接到这些指示之后,来不及进行妥善的编组,兵力就必须分配到两条防线上去了。此外,战事进行中从索姆河撤军,本需要高度的“断后”战术。但第五军团的官兵对此从未演练或准备过。从许多证词中,我们摘录劳兰德·费尔定上校(Colonel Rowland Feilding)的话作为参考,“我们从未遇过这样撤退。尽管我们深具作战经验,要命的是,这次撤退需要我们所不熟悉的技巧”。从开战后的前两天,英军遗弃给敌人的火炮不少于 500 门就可间接印证这说法。

由于高夫的防线后方缺乏预备队,总司令部又拒绝他在开战前的请求——调动前线附近的预备兵力。因此撤退势不可免,而且行动又已暴露。但当高夫开始撤退时,总司令部却通知他,等第一批 4 个预备师送到第三军团之后,有一个预备师会调来支援他。这些事实,他后来都有所评论——“我简直说不出,总司令部是了解状况与作战进展的”。后来战况稍有改善,但又未抓住反败为胜的机会。他说,这是因为“整整 8 天作战,总司令部唯一前来视察,了解状况的是黑格自己。他来看过我一次——是 23 日星期六那天。我们并未深入讨论形势,也未谈及第三军团的行动”。

德国强攻的前夕,英军的 18 个预备师中,只有 3 个师部署在第五军团防线后方。其余除第三军团分配到 6 个师之外,都停留在更北的区域。这里根本谈不上阻止德军的攻击。黑格将预备兵力保留在北边的理由是,他要绝对弄清楚状况。他想要了解,德军的目标是否就是前线与海峡港口之间的狭长地带。但这似乎不能完全解释黑格的态度。事实上,他的想法多少与长期怀疑德军的企图有关。譬如,在 2 月 16 日的军团司令会议中他即表示,如果德军提早攻击,德军主要攻势可能是冲着法军而来。“从英军防线的情况来看,此时德军在弗兰德斯地区并没有大规模攻击迹象。其他的英军防线,德军也没有将要立即发动的大攻势”。但他认为朗斯附近的第一军团,“有可能”遇到德军小规模攻击。这段期间,英军总司令部毫无疑问对于空中侦察与第五军团的警告反应过慢。3 月 2 日,英军再次举行高层会议。现在倒认出德军一些早期攻击的迹象,但认为,德军的目标最多是“切断康布雷突出部,吸引我们的预备兵力而已”。甚至到 3 月 8 日,联军仍认定圣康坦以南地区并无敌人攻击的现象。

黑格认为阿拉斯要塞是非常重要的关键地区。这一点后来证实他的说法是对的。但是,他把庞大的预备兵力押在北方,却只是为了确保海峡港口不被攻击。其实德军原本就不太可能攻击海峡港口,如此一来,倒真的危及实力已够薄弱的第五军团。有一个理由是,如果以亚眠与其他地方相比,他感觉在亚眠当前地区被敌人多占据一些地,他是输得起的。另外就是他太自信,只是这自信不幸是错误的。他认为德军攻势不会大到威胁整体欧战形势。预计难以避免的危机,原是为将者的本能,苦思不解的是,黑格的错估是否可以避免。以他的作战部署而言,他是否已为免除危机尽心尽力。至少我们明显看到,他宁愿让英法军防线之间的连接点出状况,而不愿放弃海峡港口。因此,他的部署方式从敌人角度视之,攻击难度减少,而且程度上出乎意料。

即使这对德军是好运当头,德军为初期进攻所进行的彻底准备,才是他们获胜的主因。当然,幸运之神再次眷顾他们也是原因之一。

3 月 21 日清晨,大地笼罩着厚厚浓雾。渗入敌阵的攻击者不但藉此隐身,防御者从机枪阵地更是看不见外界状况。最重要的是,毒气弹的奇袭效果大增。但如果欠缺这样的神助,德军的奇袭战术的成功程度则是一个疑问。而且德军所使用的奇袭工具如与康布雷会战,以及稍后在 1918 年 8 月 8 日的会战相比,真是低劣许多。这两场会战中,联军的奇袭工具就是装甲车辆。

英军的装甲车辆不仅成为关键性工具,而且提供坚持作战到底,击败敌人的力量。相反,鲁登道夫仅依靠无甲可装的步兵,扩大其初期战果——由毒气弹密集轰击所带来的胜利。他不但未把握坦克参战的意义,而且忽视尽速发展坦克的契机。鲁登道夫直到 1918 年 8 月受到坦克致命的最后打击之后,方将坦克列入紧急战争物资清单。

但是,德军的计划有其卓越之处。他们对奇袭研究之透彻,计划之远大,超过早先任何一场作战。德军记录了一些颇重要的事,“黑格商讨 1917 年一些攻击的战地公文,极具参考价值。因为它们显示何者我们不应为”。鲁登道夫值得赞许之处是,他了解,暴露自己实力与企图,等于替自己设置障碍。这连优势兵力也无法弥补的障碍,一旦形成就无法克服。他先将许多奇袭战因素予以汇整,以发展奇袭战术。他另一点值得称道的是,他不似法金汉。法金汉的参谋只是一些泛泛之辈,鲁登道夫身边则尽是干将。盖尔上尉(Captain Geyer)编纂一套新的训练教材,已退伍的布鲁赫米勒上校(Colonel Bruchmüller)也重新上阵,变成著名的“炮兵战”创造者。大家并根据他的名字拼法,开了一个带有预言性的玩笑。德国人昵称他是“Durchbruchmüller”——“突破者米勒”(Breakthrough Müller)。在他的监督下,大量炮兵在全然隐蔽中逼近战线,然后在敌人猝不及防下突然开火。步兵则接受新式渗透战术。新观念是,先头部队应朝敌军防线较弱处试探，然后突入。同时间，预备队立即趋前支援，而不是等攻击失败时再上阵。司令部另派遣特别编组的侦察队，要求他们将初期进展回报即可。至于一般的步兵攻击行列，是跟随在分散配置的“突击队”（“Storm” groups）后面前进。这些“突击队”拥有自动步枪、机枪以及轻型追击炮等装备。“突击队”的攻击方式是，先找任何找得到的防线缺口下手，单刀直入，建立“加强点”，然后让随后而至的步兵接手，与防御者继续缠斗。因此在这种攻击下，决定步调的是前进最快的而非最慢的编组。攻击不必再讲求步调一致了。再者，“禁止指挥官们在到达某一目标之后，将自己的部队紧握不放的习惯”，“如果部队了解指挥官的指示，他们可以靠自己的能力继续前进”。是役，德军攻击师在攻击发起前一晚，已调至战线附近就定位，第二线部队仅距第一线部队后方 1 英里待命。即使第三线兵力，也不过距离前线 10 英里。所有预备兵力于“零时”起，向前移动，以便随时上场。动用第二线预备师时，他们不受坐镇后方更高层指挥官的指挥，而仅接受第一线师长的指挥，因为战场脉动是掌握在这些第一线师长手上。

其实，德军军事首脑是在 1917 年 11 月 11 日，在蒙斯（时间与地点真有几分预言性）的秘密会议中，就决定了未来攻击的时间与地点。自然，依据德国军队的习惯，会议的决议并非由那些无实权的指挥官作出，而是由他们的参谋长，包括鲁登道夫、库尔（巴伐利亚王储鲁普雷希特的参谋长）、舒伦伯格（Schulenberg，德国王储的参谋长）、魏采尔少校（鲁登道夫的战略顾问）决定的。库尔与舒伦伯格都希望在他们集团军自家门前展开攻势。库尔是指向弗兰德斯地区，舒伦伯格则指向凡尔登地区。魏采尔倾向支持舒伦伯格的建议，表示在凡尔登侧翼的一个突出部发动攻击，将阻断法美军未来在这处麻烦地区发动任何攻击的可能。等击败法军之后，整个德军兵力都可转向攻击英军。然而，鲁登道夫拒绝这项建议。理由是地点不适合，突破凡尔登无法带来决定性胜利。再者，法国陆军经过将近一年的“静养”，复原得很好。于是，他订下第一项原则：“英军必败。”他认为英军经过巴斯青达战役消耗之后，实力大减，很容易被吃掉。但他也不同意库尔的建议。库尔建议在伊普尔与朗斯之间发动攻击，然后朝阿兹布鲁克推进，在此将遇到英军庞大主力。然而这里是低地，水是个大问题，地面不容易干燥。鲁登道夫希望在圣康坦附近发动攻击。但魏采尔争辩，德军在经过形同废墟的索姆河旧战区时，进攻势必被拖延，而且法军增援兵力很容易赶来驰援英军。因此会议最后决定将攻击延搁。鲁普雷希特在日记中写道：“鲁登道夫低估了英国人的顽强。”

到了12月,魏采尔试图整合两种计划。他很聪明地将一个攻击计划区分成两部分。第一部分,沿圣康坦的两侧,发动正面宽广的攻击;第二部分,两周之后,从弗兰德斯地区突破,朝阿兹布鲁克推进。第一部分就是要吸引英军预备兵力至南方。魏采尔有一段简述:

> 依我看,不论准备工作进行得如何仔细,专在一个地方,发动一次重大攻击就想要搞定是不成的……我们只能将不同防线上的两个彼此相关、有连续性、能相互支持的攻击,很灵巧地结合起来,最后向阿兹布鲁克推进,这样才可能粉碎他们的防线。

这套攻击模式,后来被福煦拿去运用,只不过他不会承认就是。原来经过进一步会议之后,鲁登道夫决定定于1918年1月27日发动圣康坦攻势(代号"麦克尔"),却反对发动阿兹布鲁克攻势(代号"圣乔治")。鲁登道夫只将后者放在心中,没有立即的动作。

现在,一些复杂问题浮现了。德军从比利时海岸到圣康坦的防线,原是王储鲁普雷希特的防区。由于政治与个人理由,上层考虑要让德国王储接掌这部分防区,以使他有机会挽回1916年在凡尔登失利的声誉。因此,德国王储在进攻中也轧上了一脚。他的集团军第十八军团(军团司令为胡提尔),奉命发动主攻击的南侧攻击。这样决定其实有待商榷。如果德国王储将这支兵力改投入凡尔登地区,而不直接往英军防线推进,即使攻击的声势不若在圣昆丁地区作战辉煌,也可以诱使法军预备队离开英军防线破口。

广义言之,鲁登道夫所选择的攻击区——从阿拉斯延伸到拉费尔,合乎他的新原则。这新原则强调向抵抗力最薄弱的防线发动攻势。而这段防线抵抗力确是最薄弱。无论在防御工事,守军或预备队,它都比其他防线弱。此外,这段区域靠近法英军防线的交接处,所以切断比较容易。大致上,虽然这段防线的防御力比较弱,但德军并未将这段防线的英军实力作严谨区分。英军防线的北边三分之一,其实由实力强大的拜恩第三军团防守。第三军团的14个师(6个师为预备队)兵力,不但牢牢固守于此,而且身旁另有庞大英军预备兵力伺候。这表示,这里的英军如遇状况,将比其他据守北边的英军能更迅速(事实上也是如此)获得预备兵力的支援。防线其余的三分之二则由高夫的第五军团防守。这一段,后来曾受到德军的重击,其中央部分有7个师兵力防守(2个师为预备队),当面为德国的马维茨军团。南段英军面对的是胡提尔军团。英军在此部署7个师兵力(其中1个师为预备队)。

鲁登道夫下令贝洛军团在阿拉斯附近集结19个师兵力担任初期进攻,但仅进攻该军团左翼的9英里半长的攻击正面。贝洛军团之南是马维茨军团。这里的德军,并不打算直接攻击英军向康布雷方向的突出部。他们准备从突出部两边,截断当中约4英里长的防线,这空间将足够让2个师德军占领。马维茨军团的攻击正面宽度也是9英里半。在防线的南端,也即圣康坦的两侧,则由胡提尔军团担任攻击。整个胡提尔的攻击正面宽20英里,鲁登道夫却只部署24个师。因此,胡提尔军团的攻击实力,其实仅及其他军团的一半。也就是说,尽管鲁登道夫讲究他的原则,他配置兵力却是根据敌人的实力,而非真的只集中攻击敌人抵抗力最弱处。在他的命令中,我们可以看到很多这类指示。德军准备将主要着力点置于索姆河以北。其因是他们计划在突破之后,贝洛与马维茨军团即可朝西北回转,顺势席卷英军防线。同时,索姆河与胡提尔部队就变成他们侧翼的掩护,胡提尔只成为主攻的侧卫。然而,德军正式动手后,大幅修正了此计划,使得攻击看来是在寻找抵抗力最弱处下手。原因是,德军快速获得战果之处,并不一定是鲁登道夫想要的,没有进展的地方却是他最想要的。

那么,与此同时英军在做什么?当凡尔赛委员会玩了一阵"战争游戏"之后,亨利·威尔逊爵士预测敌人可能在康布雷到朗斯之间发动攻势,但他认为德军大约要到7月1日才会有所动作,理由是德军届时方能完成训练与兵力的集结。其实,威尔逊不仅地点说得不太正确,时间就更离谱了。相比之下,黑格的情报就比较正确,虽然情报也未能看出未来德军攻击将会全面往南伸展。当日子愈近,各种进攻迹象愈多时,黑格就愈能估算攻击日期了。1918年3月18日,英军在圣康坦附近逮获一些德军战俘。这些俘虏就说出攻击日为21日。20日傍晚,英军马克西的第十八军在突击中,已能确定德军的攻击发起日就是第二天清晨。

因此老实说,德军的战略性奇袭并未奏效。其实即使以1918年的条件而言,在法国的德军是谈不上战略性奇袭的。但由于对方军队散布在满是堑壕的防线上,德军认为,如果沿着敌人抵御力最弱的防线发动快攻,随后迅速扩大战果,即可能致敌于重大混乱局面。这种效果通常唯有奇袭办得到。21日清晨4时30分,狂风暴雨般的炮击开始。德军集中火力轰击英军炮兵两小时。然后在追击炮支援下,轰开了英军的战壕。英军电话线与无线电设备几乎被摧毁殆尽,雾气也使视觉信号失效。因此英军士兵与指挥官都陷于既聋又哑的困境。上午9时40分左右,德军步兵在密集弹幕与低飞的飞机掩护下前进。

晌午,几乎所有英军前哨据点都被攻下。不过这原本就是无法避免的事。但攻击拜恩军团右翼的北侧攻势,就遇上顽强抵抗。即使到22日夜间,德军对于这一部分的主战场并无重大突破。德军增援不断,占领沃符奥库(Vaulx-Vraucourt)算是这波攻势的顶点。大部分高夫军团的防线也曾作坚强抵抗,但在拉费尔附近,防线右端的埃希尼(Essigny)与朗斯瓦(Ronssoy)于21日就被大量德军攻入。英军第二十一师在埃皮(Epéhy)附近抵抗,一度阻断从此处往北延伸的防线裂缝,但稍后裂缝愈开愈大,使邻近防区受到影响。往南,圣康坦附近的防线被德军攻入之处更多。因此到了22日夜间,高夫被迫发出全面撤退令——往索姆河防线撤退。高夫是收到一项误报才贸然下此令的。这项情报误指敌人已经渡过朱希(Jussy)附近的克罗札运河(Crozat Canal),已处在他右侧的后方。翌晨清早,佩罗讷的桥头堡弃守。高夫属下的几位指挥官更是弄不清战情,或被情报误导,于是情况逐渐失控。最后,防线出现缺口。最严重的缺口出现在拜恩与高夫军团连接处,这一部分随即被德军进一步“拓宽”。不久,防线更南边的英法军交接处也岌岌可危。

但是,鲁登道夫继续不提自己的新原则。他只希望加强对于阿拉斯附近的攻击,因为此处的进展不佳。同时,胡提尔军团渡过克罗札运河之后,正快速挺进。这支部队担当的任务虽然不重,却所向披靡。23日,鲁登道夫除了重申贝洛军团负主攻之责外,并增援3个师兵力。他表示,位于更北边的第六与第四军团将协助贝洛的行动。两天后,贝洛受阻的情形愈趋明显。鲁登道夫则要求当前动作消极的贝洛军团右翼,应于28日直接攻击阿拉斯,以压制敌军在此的坚强阵地。贝洛军团左翼的攻击,正受到当地英军的阻挠,并饱受纵射之险。到了29日,德国第六军团在6个或7个师增援下,将攻击范围往北延伸到阿拉斯与朗斯之间——布洛涅为目标!胡提尔则奉命暂时不得越过努瓦永到鲁瓦一线。

26日,鲁登道夫怀疑贝洛的胜算机会,遂将注意力往南转移。但是,他并未往南调集重兵,而且仍视南边为次要攻击战场。其时,他派出马维茨军团朝亚眠攻击,但不准胡提尔在未获令前,径自渡过阿夫尔河(Avre)作战。这表示,被鲁登道夫催促前进的军团,需要穿越举步维艰的1916年索姆河旧战场。被鲁登道夫拖着不准任意造次的军团,放眼则是一片坦途。对此,鲁登道夫命令的后段,可以明显解释鲁登道夫不停在变的想法。命令显示,此时他打算让德军来一次风扇式大转向。这当中,3 个军团将向南朝巴黎回转前进,贝洛与其邻军则向北回转,将英军逼至海岸边。只是,这个伟大构想远超出鲁登道夫预备兵源的调度能力。看来鲁登道夫似乎陶醉在目前的胜利中。情形就像 1914 年 8 月的毛奇,想一步登天。另外一个与 1914 年相似的事情是,鲁登道夫的军团司令们所呈阅的报告,对实际进展有夸大之嫌。然而,根据巴伐利亚王储鲁普雷希特的记载,军团司令对前景满怀希望的程度,仍无法与德皇相比。德皇在 3 月 21 日就已"宣称德国军队获得彻底胜利"。

3 月 27 日,胡提尔到达蒙迪迪耶,已深入敌区近 40 英里。但到了第二天,鲁登道夫像被浇了一头冷水,得知贝洛进攻阿拉斯的 9 个师部队,在英军严阵以待的猛烈火力下溃败。雾气并未能帮攻击者的忙。

鲁登道夫这才下令贝洛停止无用的攻击,同时撤销第六军团翌日的攻击计划。此时,亚眠成为主要目标,马维茨获得所有 9 个师预备队的奥援。胡提尔则必须停顿两日,等 4 个师新兵力到达再说。就在这时,对亚眠的潮涌似的攻击几乎停滞。马维茨军团放慢脚步的原因有三,其中英军坚强的抵抗,远超过士兵疲惫与补给的困难。于是,道路被封,运输中断,预备队受到英国飞机空中攻击的骚扰。英国飞机的空袭在此居功至伟。英军并藉德军攻势迟滞的空档,增强防御力量。因此,到 30 日德军攻击重新展开时,除需要面对实力比以前更强的英军之外,还要面对前来填补防线的法军预备队。对于这样的抵抗,德军力量自然变弱,鲜有进展。法军预备队的炮兵虽然到达战场比步兵晚,30 日这一天是他们第一次大举行动。即使如此,德军攻占莫勒伊森林岭(Moreuil Wood ridge)时,联军形势也一度危急。此处不仅位于法英军防线交接处,并且控制阿夫尔河与卢斯河(Luce)的交叉口。此处也是主要的亚眠—巴黎铁路掩护区。但是德军的威胁因遇上加拿大骑兵旅的迅速反击而消除。这支反击队伍由前英国陆军大臣西利将军(General Seely)率领。之后,莫勒伊森林岭由其他部队收复,虽然隔日此岭又失守。英军这次胜利算是浇熄了德军攻势的气焰。将近一周后,4 月 4 日,德军共 15 个师重新发动进攻,其中只有 4 个师是新到的。这批德军遭遇防御力已增强的英军之后,进展比前更少。

鲁登道夫有鉴于新攻势展开过迟,遂下令中止对亚眠的攻击。尽管鲁登道夫在这次进攻中,从未向伤痕累累的英法军连接处投入重兵,但 3 月 24 日贝当却告诉黑格,如果德军继续在这一线上发展攻击,他势必将法军预备队沿西南方向撤回以防守巴黎。在这种情形下,德军只要稍加努力,防线接连处的裂缝难保不变成大缺口。知识可为史实背书,对攻击而言,防线的连接处最敏感，利也最多。

这次大攻击的特点是：第一，与西战场以前的攻击相比，德军从未获得过如此庞大的表面战果；第二，对于决定性战果的取得，效果不彰。前一点，如果以此责难英军是不公平也不正确的。英军其实已表现出超强耐力，大部分战场都见得到英军持久不衰的抵抗。至于稍后的快速大撤退，则肇因于指挥与通讯系统的失灵。3 年堑壕战，英军建立了一套复杂精密、主要依赖电话联系的战壕系统。然而当形势突然由静变动，英军不可避免地只得付出代价了。英军在建造堑壕系统时，其实违背了战争基本原则，也就是战场的"变通性"。

在德军方面，阿拉斯是破坏他们计划的绊脚石。其中有可能是保守心态使他们付出了重大代价。布鲁克穆勒如今道出一个事实，当胡提尔军团实施他的奇袭性炮击时，在北边的贝洛仍紧抱着旧方法不放，拒绝省却炮击的"前期测距"(preliminary ranging)步骤。于是在索姆河附近，贝洛的传统军事观念再次证明最有利于英国陆军。

但是德军失败的更重要原因是鲁登道夫本身的问题。他充分接纳新观念，却缺乏足够融通性或坚定信念将观念付诸实施。他自年轻时即受克劳塞维茨学说中所谓"攻敌之主力"的影响，如今倡言攻击防线上抵抗力最轻之处，对他是过于新颖了。"英军必败"是他的新口号，但他的洞察力为战争疲累所蒙蔽。他无法了解在战略中，绕过最长的路，往往会发现捷径就在面前。直接攻击既耗损自己，又会强化敌人抵抗；间接攻击则可在骚扰中，动摇敌人防守力。

德军士兵攻击时，另有一个经常为后人所疏忽，却饶富意义的失败处。德军士兵一向缺乏给养，于是当他们冲入满足补给装备的联军后勤区，发现敌人不论食物与装备远胜于自己之后，这才惊觉，所谓潜艇战的胜利与敌人崩溃的经济，全是谎言。他们一面因眼前一顿饱餐而动弹不得，一面愤恨受骗多时。这种双重效应有许多证据可循。德国诗人兼小说家鲁道夫·宾丁(Rudolf Binding)的战争日记，对此就有发人深思，而且可靠性极强的描述。

3 月 27 日，他记载：

> 现在，我们已到英军的补给区……是流着奶与蜜的地方。我们这些人想为自己套上全世界最好的装备。我们的外表与英国士兵已难以区别。每个人至少一件皮背心，防水的……英国制长靴，或者其他美妙的东西。我们的战马正吃着丰盛的麦料与饲饼……无疑我们的军队正努力

劫掠。

隔一日，他又写下一段颇有意义的描述：

> 今天，我们步兵的攻击突然在阿尔贝附近停止。没人知道为什么。我军曾经报告过，在阿尔贝与亚眠之间没有敌军……我们所走的路应该已完全肃清。我带着命令跳上一辆车，准备找出停止前进的原因。我所属的师，位于攻击线的前端，现在不可能疲累到停步。这事倒很新鲜……
>
> 等我一接近镇上，就看到令人称奇的景象。怪异的身影，完全不像是军人，当然也没有步兵攻击应有的动作，他们只顾夺路往镇外走。有人赶着牛……有人一边手臂夹着母鸡，一边夹了一盒子便条纸。有人将酒瓶夹在手臂下，另一瓶则开着，握在手中……他们蹒跚走着，但几乎走不动。当我进入镇上，满街都是带着酒的人……
>
> 我对形势怀着可怕的想法，开车回到师部。攻势已受阻，要再起步，非得许多小时之后了。

要将这批部队在这一天整顿好重新出发，已是不可能的事，军官已无能为力。但鲁道夫·宾丁记录的这种景象，还有续篇。他写道："第二天，部队举着酒瓶，在互祝愉快，充满胜利气氛，从阿尔贝重新出发。但刚上路，就被英军机枪扫倒在铁路路基旁。"

然而，酒所带来的迷醉，远不如劫掠所引起的兴奋。无论如何，酒与劫掠之所以让德国士兵忘情，基本原因是"普遍存在的长期穷困感"。有一名身负紧急任务的参谋军官，甚至停下车，就是为了从沟道中捡起一件英制雨衣。就在这样的迷醉与兴奋中，德军不仅丧失到达亚眠的机会，而且摧毁了对他们攻势极有用的饮水供给。他们为了一些铜制水龙头，竟至破坏水源。德国士兵这种无意义的渴求物质举止，从他们的想法中就可看出端倪。他们认为，"英国人生产的一切物品，都是用橡胶或铜做的，这两样原料正是我们长期所缺乏的"。"德军士兵在其他事物上，也表现出疯狂、愚蠢与纪律涣散的情形。任何无用的玩具或物品，只要被他们看到，就往袋里放；有用而带不走的，一概摧毁。"

等掠夺光了，士兵情绪低落的反应就更加严重了。在物资上，敌有我无的对比愈强烈，他们就愈发沮丧。当军事胜利的希望逐渐消失时，他们视敌人的补给品为自己肚皮与灵魂的希望所在。于是，德军士气与精神迅速崩溃。

打过仗的人都知道，士兵是如何看待食物与文明世界的舒适。后来，德军由于饥饿情形每况愈下，加上亲眼看到敌人比他们更经得起对战争物资的消耗，于是，德军的最后攻势注定失败。由此可知，德军从7月起，士气骤降到何种程度。

其实，只要交战双方的前线维持壁垒分明，彼此井水不犯河水，任何一方的宣传与新闻封锁，是可以将自己的问题封住的。但德军突破英军防线，踏入英军后勤区之后，真相于是大白。我们如果略过表面的军事统计数字不谈，深入探讨战争心理的深处，1918年3月英军的危机，是否就是一桩塞翁失马故事的开端？倘若真是如此，很遗憾的是，这种方法未及早尝试。英军司令部也许可以安排德国人到他们的后勤区——“流着奶与蜜的地方”参观。或者，至少可以故意释放一些喝足玩够的战俘回去作反面宣传。这样的战略无疑可以弥补英军高层最欠缺的想像力。

第二十二章 弗兰德斯地区的突破

1918年4月9日，刚好是英军企图突破阿图瓦防线失败的周年，德军循着英军一年前的进攻路线，从相反方向发动一次较成功的攻击。这是鲁登道夫自3月21日开始以来的巨大攻势中的第二个动作。德军自新沙佩勒附近跃出。英军在3年前，曾在此地发动首次突破，并突入德军防线有半英里之深。如今德军以正面狭窄的进攻，快速冲破联军防线，击溃防守的葡萄牙部队。9日中午之前，德军已突入联军防线超过3英里。不久防线北段（幸好不是南段）被攻破的侧翼缺口扩大，德军朝英军发动新一轮急攻，占据了更多地方。

隔日，德军已深入联军前线24英里。到了12日，黑格发出他的历史性命令，“我们已无处可走，唯有战斗才有生路。每一据点必须战至最后一兵一卒……我们已无退路，但深信我们应为正义而战，我们每一人必须战斗到底”。对于英国民意，甚至英国军队，这一信息有若当头棒喝，让人们惊觉前线危机之严重。同时等于警告，胜利希望已破灭，所剩下的只是面对敌人时，英军奋战到底的荣誉。

然而到目前，对形势也许感到更不乐观，更沮丧的人不是英军将领，而是身在德军攻击部队后方的鲁登道夫。3月21日以及稍后几天，鲁登道夫已经看出他精心计划的战略，为胜利所作出的最大计划已迷失了方向。目前这种快速进展，并非他所要的。他所要的慢攻，却逼着他穿越索姆河废墟般的旧战场朝向亚眠推进。这并非他最初构思。他原先计划从索姆河进行大回转，然后往北攻。3月28日，他对阿拉斯要塞进行已延搁数日的攻击，结果失败；还迫使他放弃击溃英军侧翼的计划。他曾企图将英军驱赶到海岸边，然后与其他联军隔离。

尽管鲁登道夫的亚眠攻势正面狭窄，有利突破，但由于延误与补给困难，最后并未到达目的地。不过鲁登道夫非但未深思其因，反而不顾一切，想抓回以前被他拒绝的魏采尔计划。他决定针对伊普尔—朗斯地区发动“圣乔治”

攻势。但由于“麦克尔”攻势拖延过久，战线也拉得过远，所以不仅预备队被耗尽，他还必须重新储备补给品与弹药，以及安排重炮兵往北转移等工作。4月1日与2日，德军举行军事会议，认为9日之前进攻无法备妥。而且，原本准备增援的35个师兵力，届时只有11个师能够抵达战场。德军此时尚苦中作乐，将“圣乔治”攻势重新定名为“乔琪特”①。鲁登道夫一开始满幸运的。但这种幸运似有似无令人迷惑。幸运的是，他一开始将攻击置于葡萄牙第二师防守一线。这支部队的防务正准备由两师英军接替。不久，德军已延伸占领范围到原来整个葡军的防区。

战后，有人不同意鲁登道夫这样情形就算是“幸运”的说法，他们甚至有些不客气地批评道，葡萄牙部队的临阵开溜，不但糟蹋了鲁登道夫的计划，而且也救了联军。虽然这次攻击的扩大与发展，都是“依计行事”，但鲁登道夫似乎从未全心贯彻他的计划。以他的战略观点及其利益而言，他不是对于进攻逼得太急，就是逼得不够。

他这种优柔寡断、意志消沉的明显证据，都呈现在被联军及时俘获的德国第四军团文件上。德国第四军团就是负责攻击这一区域的部队。他们被掳获的证据，优于战后经过谨慎拟订的德国正式辩护书。第四军团的文件另有优点，文件未经德军有心篡改，已先一步落入他们的敌人之手。通常为维护高层指挥官名誉，文件会在被敌俘获之前先动手脚。这些记录提示德军参谋本部军官，包括第四军团的罗斯伯格（Lossberg）、集团军的库尔以及参谋本部的鲁登道夫，对他们的直属上司，诸如第四军团司令阿尔尼姆、集团军司令鲁普雷希特王储，以及兴登堡，根本连表面的征询动作都省了，就径将大事确定。文件同时看出，鲁登道夫以极吝啬手法拨出兵力。通常拨出兵力的时机，如为了求取胜利，都嫌过晚，人数也过少。遇到绝佳机会时，他却因噎废食。他过分担心所形成的新突出部是否会变成另一个容易被反攻的袋状地形。于是，他干脆制止了德军的攻势。

但所有这些问题，英军高层与下属都被蒙在鼓里。他们只知道敌人的进攻。至于鲁登道夫的毛病——猜疑与不安，英国人则完全不知。如果说，鲁登道夫怕自己陷入袋状地形，英国人则感觉自己是在一部绞肉机当中——有可能他们会被碎尸万段之后丢进海里。英军背后的这片海，正是他们所不喜欢的一道墙。虽然在索姆河这一边有足够空间可以撤退，在北边，英军士兵、基

① Georgette是法文“乔治”的女性称呼。

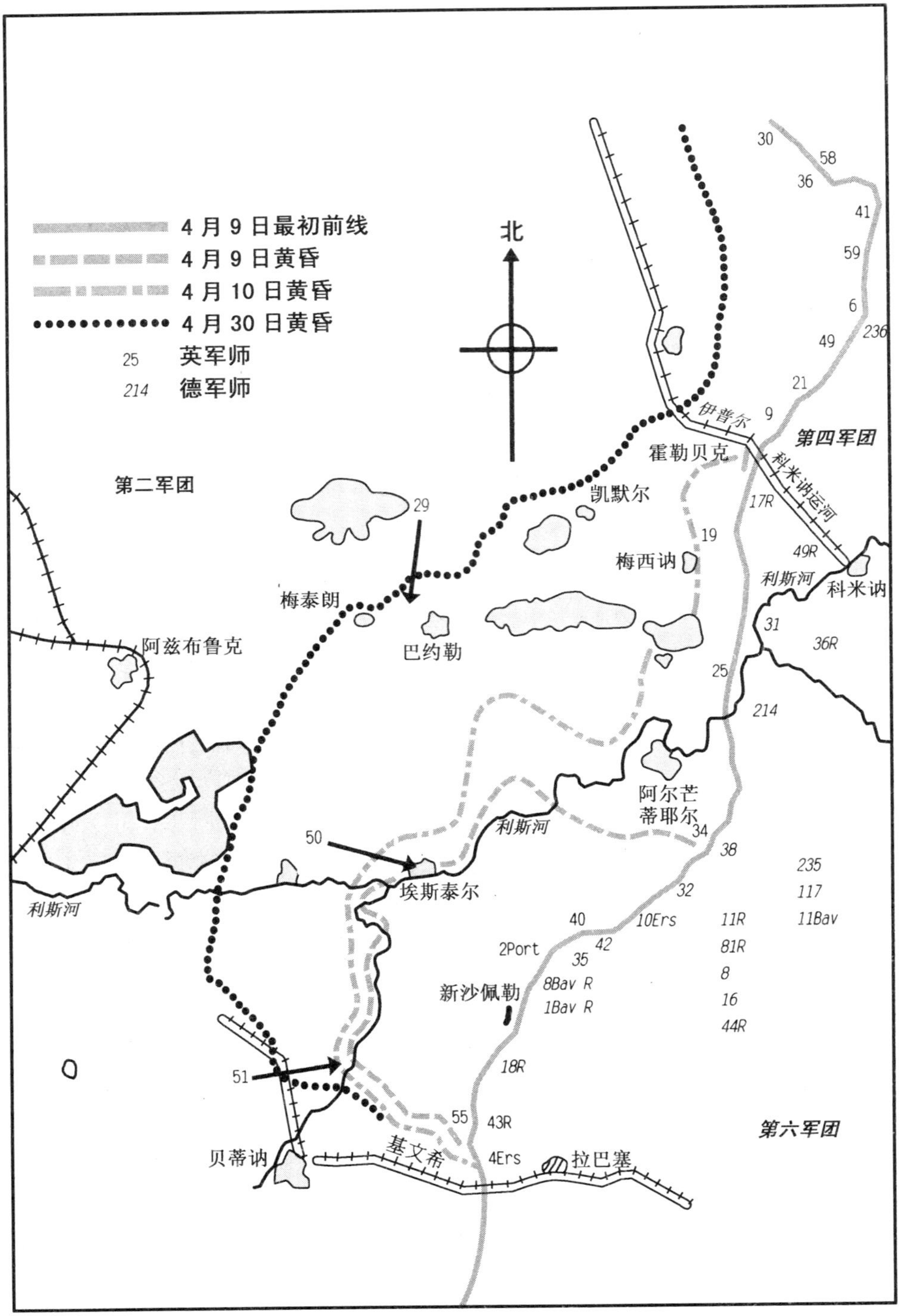

图 20　利斯河(1918 年 4 月)

地、交通网线全都挤在一片狭窄的“咽喉”地带当中。这里即使面对最小的压力都很敏感，很容易一下全被勒死。除了海岸铁路线，唯一从圣波勒(St Pol)经过里尔到阿兹布鲁克的横向铁路，只距离前线战壕 15 英里。因此，4 月 12 日德军突入防线 10 英里所产生的后果，比穿透索姆河 40 英里还具威胁性。所幸当时德军适时停止攻击，未再深入。

由于英军士兵所受压力原本已令他们透不过气，现在压力更大了。撇开葡萄牙部队不谈，从拉巴塞到伊普尔——科米讷运河之间的 6 个师英军，除第五十五师之外，所有部队都因作战而疲惫不堪。他们原先在南边作战，现在为了换防而调到这段防区。他们不但压力沉重，而且简直在搏命工作。由于黑格耗光了预备兵力，而阿拉斯与基文希(Givenchy)高地要塞又极具重要性，使得这些少得可怜的兵力必须分散据守 24 英里长的第一线。最糟的是，兵力散得最开的部队，却是最不堪担当重任的葡萄牙军。葡军防守新沙佩勒两边一条 6 英里长的防线。该部队驻守此段防线已有相当时日。从这支部队的抗命案件不断增加来看，可知他们的士气正在走下坡。英国第一军团司令霍恩将军见状重新调整他的部署。他下令葡军第一师在 4 月 5 日撤出第一线。葡军第二师则在 4 月 9 日夜，由英军某师接替防务，但同时葡军仍需防守整个军防区，虽然葡军第一师的一个旅调至防线后方 5 英里，接近莱斯特勒(Lestrem)处担任预备队①。其间，英军第五十一师曾在这一地区盘桓数日，并且可能已被指派过任务。确实可能如此，该师师长曾提出建议，认为他应该接手坚固又易守的第二线。但是他的请求为上级所拒绝。其实，霍恩的“Q”参谋组(‘Q’ staff)已向他提出警告，由于利斯河地区是铁路集中点，这地区最容易被攻击。唯一问题只是攻击将出现在何处而已。霍恩的参谋组并要求准许在后方 15 英里建立紧急供应品囤积场，以备德军在此地区进行突破时，因应急需，却遭霍恩拒绝。所幸，他们仍在霍恩不知情下展开了准备工作。后来由于这些军需品的存在，方才解除稍后发生的危急局面。

除了霍恩应负责局部地区后勤准备工作之外，我们必须指出，由于他与黑格看法一致，根本没有注意墙上作战地图的注脚。这又是怪事。因为事情已是如此明显，为何霍恩没有反应；或者是否是各种迹象还不够令霍恩惊讶。事实上，德军已经不顾保密，正加速准备他们的攻击行动。自 3 月 31 日以来英

① 有一说法，据守新沙佩勒一带的葡军两个师，在 4 月 9 日德军发动攻势之前已逃亡，且彻底作鸟兽散，被德军俘获的士兵极多。

国飞机已报告,德军预备兵力与炮兵正利用公路、铁路线全面向北移动。4月1日,如英国国家航空史所披露,有一架观测机在一两个小时内,“发现有55列火车,朝向拉巴塞—阿尔芒蒂耶尔(Armentières)前线运补……后数日的空中报告,以及所附的空照,皆可清楚发现德军的集结,属于最庞大的那一种类型”。至于英军总司令部为何无视警告,理由在于他们相信敌人必定坚持其原始计划。下一步的索姆河攻势,会是重新对阿拉斯要塞发动攻击。好像黑格认定鲁登道夫会做出与自己对付巴斯青达一样的蠢事。黑格相信,鲁登道夫的正确进攻路线,是要夺取维米岭的主导地位,即使这是英军防线最坚强的部分。因此他认为,虽然鲁登道夫已有3月28日的失败教训,他必定会再试。

迟至4月7日,英军总司令部所了解的情况,都期望德军要“对维米岭的集中攻击”。然而,我们再看国家航空史的记载:“到4月9日为止,并无空中观测报告与空照支持英军总部所谓德军将集中攻击维米岭的观点。相反,空中情报显示德军正以反方向离开阿拉斯,他们正被运往北边增援。无疑,敌军正从拉巴塞运河往北进行集结。”

对于霍恩延迟撤走葡军的部分,空中情报也有一段记载。“从空中看出,接替葡军的行动开始过迟。4月7日整个上午,空中观测员报告,葡军正面方向的主要道路充满行动中的车辆。而地面观测员则报告,德军携带武器弹药进入德军的补给线。从空中与地面的报告,予人印象是德军战术性集结即将完成。”不过,英军高层对于这种景象好像仍视而不见,或者是,他们反应实在过慢。

9日清晨4时30分,德军沿着拉巴塞到阿尔芒蒂耶尔之间11英里长的战线,开始密集炮轰。在这一地区的侧翼则施放了大量芥子气。有迹象显示联军正在瘫痪中,但德军尚未立即发动攻击。上午7时30分,炮轰气势稍缓,德军小批步兵开始向前移动。随后炮火转烈,8时45分左右在炮轰转强后一小时,德国第六军团以9个师兵力,面对联军的3个师展开攻击。如同3月21日的情形重演,天赐浓雾于德军。在防线的最南端,英军第五十五师(兰开夏〔Lancashire〕本土防卫师)紧守着基文希。英军坚决御敌,不仅破解敌军攻势,而且使敌军指挥官打消继续向南延伸攻势的企图。

但在防线中央部分,德军很快就攻占葡军的据点。葡军这时正据守一段比侧翼的英军第五十五师长一倍的防线。虽然他们的每码兵力与英军比较,相差并不很远,但由于素质相差很大,所以这样的配置有其潜在危机。现在,危机成熟了,葡军也垮了。然而,由于英皇爱德华骑兵队(King Edward's Horse)

与第十一自行车营(11th Cyclist Battalion)的坚强抵抗,不但阻挡了德军的猛烈攻势,并在第五十五师预备旅的支援下,使德军无法击溃英军南侧的防线。这股抵挡势力,后来导致德军攻势转向西北。在西北方向上,德军就比较有作为了。

但是防线北侧被德军攻破之后,守备的第四十师本身的侧翼也暴露于外,在这双重压力下,部分第四十师为德军所制服。第五十一与五十师立即北上填补防线缺口。但他们除了因道路被葡军散兵游勇、毁损的车辆所占据而使行动延误之外,并在半途与德军发生激战。因此无法阻挡德军的攻势。稍后则在7个师的支援下,他们不但达到目的,而且一举越过利斯河与拉威河(Lawe)防线。不过,隔一日,虽然他们因奋力抵抗,阻止德军目前进攻,而使这一部分土地丢失较少之外,北边原先的突出部则完全为德军攻陷。

这天早上,德军将攻击往北延伸到伊普尔—科米讷运河一线,攻击英国第二军团(司令是普默尔将军)的南区。这有点类似先出左拳,再出右拳,虽然右拳比较轻,只有德国第四军团的4个师。这一记轻拳,立即被前一天前来弥补防线缺口的英军3个师的部分兵力所阻挡。然而防线仍被德军攻破,左右拳之间的阿尔芒蒂耶尔被攻占,英军第三十四师奋力逃出袋状地。这一晚,防线缺口已宽达30英里,12日,德军侵入的深度加倍。

这一刻联军面临重大危机。德军距离阿兹布鲁克铁路交会点已不到5英里。13日,英澳军预备队从南边开入,德军冲力则稍缓。他们的理由是,“联军空中攻击增加,造成补给困难”。勉强赶到阿兹布鲁克防守的英军第四禁卫旅,现在终于获得澳军第一师的增援。于是德军将攻击几乎完全放在防线缺口的北半。

除了防线南边外缘,整条英军防线如今全交由普默尔挑大梁。为了缩短战线,阻挡德军延伸新攻势,他不慌不忙从伊普尔突出部开始,将防线刚好撤到这座闻名遐迩的伊普尔市面前。这是既聪明又看得远的动作,即使他放弃了少许烂泥地,也就是去年秋天英军付出重大代价夺得的部分。

虽然敌人于15日已攻占巴约勒(Bailleul)与拉维斯堡岭(Ravelsberg ridge),敌人在梅泰朗(Meteren)与凯默尔高地面前为英军所阻。18日,德军攻势潮渐缓,同时福煦被任命为联军最高统帅。福煦出任统帅,对于黑格似乎并未如预期获得立即的支援。从10日以来,甚至10日之前,黑格即始终要求福煦拨出法军,以为援军,并实际分配作战任务。到了14日,联军在阿布维尔(Abbeville)举行军事会议。众将严厉互批。翌日,黑格痛责福煦。他说,“统帅的军事安排,不足应付局势”。

另一方面,福煦也许感到联军已濒临危机边缘,因此不愿为德军的进攻轻易调出预备兵力。14 日,他曾说出他的看法,“东北方的战事已经完了”。对于许多观察者,这句话好像指英国军队“已经完了”一样。照例,他用比喻来强调他的看法——石头投入水中,水波的力道一圈比一圈小,最后完全静止。对于正承受沉重战火压力的联军而言,这话自然惹人发火。但就如 1914 年与 1915 年的伊普尔战争一样他的预言是正确的,即使英国军队曾受惨烈战火的洗礼。

与传言相反的,有 5 个师法军早在 15 日就已经到达英军防线后方。但就像 1915 年伊普尔战争的情形,他们动用得太晚了。然而平心而论,并就战术视之,英军在这场战争中所发动的反击,所获始终有限,损失却奇重。18 日,法军有一师接替了凯默尔高地防务。翌日,法军其余部队也进入防线。25 日,德军重新发动进攻,但范围只针对某些防线。德军在这轮攻击中,从法军手中夺得著名的凯默尔高地,并且逼退北边的英军。其实有相当一段时间,德军曾掌握最后取胜机会,但由于鲁登道夫的介入,德军终未能扩大战果。29 日,德军再次发动代价重大,却更失败的攻势,然后,一切到此打住。

英国官方军事史家埃德蒙兹将军曾提出一针见血地指出:“我们很容易看出 1918 年 8 月 8 日之后,鲁登道夫崩溃的原因。原来在 4 月 29 日,他已经走上绝望之路了。”

第二十三章　突破马恩河

有4个师的饱经战火的英军，远离军团的其他部队，正在兰斯与苏瓦松之间的埃纳河北岸一块宁静地区中“休息”。他们是在利斯河血战之后，被调至法军防线的。这些英军前来据守这段法军防线，是因为原据守的法军，被北调支援英军去了，当时北边的英军正在进行艰苦卓绝的“背海一战”的后期战事。在宁静的埃纳河边，他们一面得以整补休息，一面仍积极监视着战壕防线的动静。

这里的安祥气氛，简直有些不真实。虽然英军师长与邻近某些法军指挥官为此感到不安，他们的直属上司——法军上级指挥官却未予重视。5月25日，他们从法军总部接获信息，“依我们看，并无迹象显示敌人为明天的攻击做好准备”。第二天早晨，法军俘获两名敌兵，供称德军攻击在即。但是联军高层听了并无应对之策，甚至未对部队作出警告。等这一天稍晚发出警示时，一切已太晚！

1918年5月27日凌晨1时，沿着著名的“贵妇之路”，兰斯与苏瓦松之北之间的法英军防线突遭猛烈炮击；清晨4时30分，大批德军开始潮涌般越过战壕防线；中午，德军越过埃纳河上许多来不及爆破的桥梁。到了5月30日，德军到达马恩河岸，这里就是具有象征意义的1914年大撤退地点。将近4年之后的今天，“马恩河”这一向被认为是协约国失败象征的名字又浮现世间。这次，它变成联军士气沦丧的象征。

所幸，后来证明它对联军士气沦丧的象征意义只“到此为止”。就像德军在3月21日与4月9日发动的大攻击，5月27日的攻击也攻占了不少土地，俘获许多联军战俘。只是德军的战果并未符合其战略目标。虽然进攻之成功，犹胜前两次，却也正为自己的崩溃架桥铺路。这其中的道理，我们必须了解。一个月之前，德军在北边防线所发动的最后一次猛攻，为何无疾而终？德军在此之后，无论为准备另一次攻击，还是以新整合的指挥系统测试作战环境，中间既间隔着长时间的空档，为何仍能发动如此空前的奇袭？这些问题

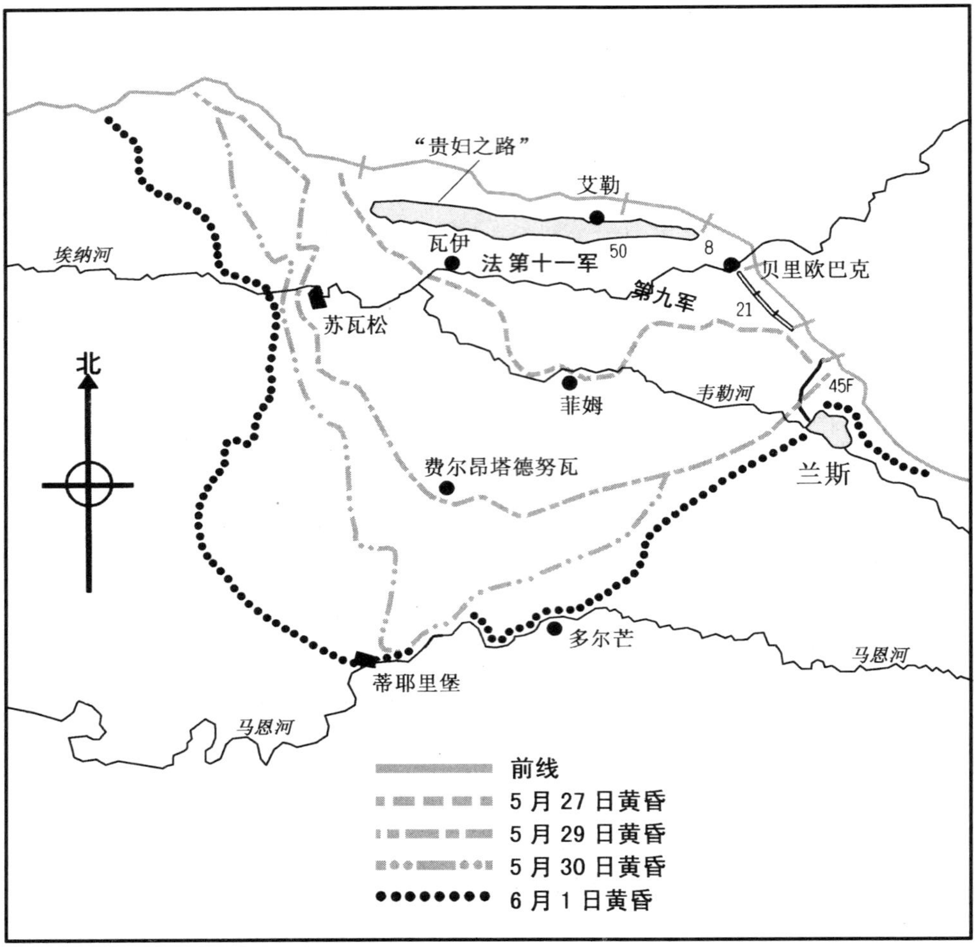

图 21　马恩河的突破

可能是战争中最引人注目的历史性问题。

当然,长久以来我们所了解的是,最关切埃纳河地区安危的法军高层,并不相信德军会在此发动攻击。英军高层则只关心防线北边状况,而且预计德军会在那里再发动一次攻击。即使后来事实并非如此,英军倒真有些理由这么想,就如德国真相公布后所证实的。

但是另一支联军确曾提出警告。不过,尽管提出警告的美军,其防区位置有利于观测,但其警告一直未被重视。5 月 13 日,也即弗兰德斯地区的战斗结束后两周,英军情报组认为,"德军将在阿拉斯到阿尔贝之间的宽阔防线上发动攻击"。第二天,这个议题搬上美国远征军情报组所举行的会议。战情组长哈伯德少校(Major S. T. Hubbard)提出了异议。他坚持德军下一轮攻击将针对“贵妇之路”地区,时间是5月25日至30日之间。他的理由是,由于德军以奇袭为主要战法,此地区则是少数可供发挥奇袭战之处。事实上,由于联军认为此地区较安全,较适合那些正陷于“战争疲乏”的师级部队休养,因此比起其他地点,他认为此地易为德军所青睐;其次,可发动攻击的正面,与德军此刻有限的资源相当符合。至于这方面的假设,从已确知的德军部队位置,特别是某些经精挑细选的师的位置,即可证实。

美军警示的细节送到法军总部之后即成为耳边风。为何不相信作战经验丰富、发展充分的情报单位的信息,却要相信一支由非专业、未经战火洗礼的军队所提出的意见?然而,由于美军警告不断,法军情报组长宽泰上校(Colonel de Cointet)只好接受这些预警情报。但是现在的情形,仍与两年前凡尔登战事相似。法军总部作战组反对自己情报组的情报,等重新审视时,为时已晚。不过这次作战组可少受些指责。因为负责“贵妇之路”守备的法国第六军团司令迪谢纳将军(General Duchêne)正提出的令人欣慰的保证,也严重影响了作战组的做法。

其实,此位大将真该负更重的失败之责。他面对山雨欲来的敌情,坚持采用在前进据点部署大批步兵的方法。这种御敌方式早已过时,因为它不但浪费兵力,而且由于人员集中,很容易成为敌人炮兵的炮靶。一旦守军变成德军炮火下的可怜炮灰,德军步兵将因无局部地区预备兵力的抗阻,而肆无忌惮切入联军后方。同样情形,联军原在后方的指挥部、交通与通讯中心、弹药场、铁路的起讫点,将受到挤压,然后很快在敌炮轰击下失序。

迪谢纳将军对于贝当的弹性纵深防御法,未尝有一丝印象。所以,一些英国下级指挥官向他提出异议而被驳回,就不足为怪了。同时,另一不幸也难以避免的事是,4月底,从北边调防过来的英军,也就是由4个师所组成的第九军(军长汉密尔顿-戈登),由于老兵伤亡殆尽,部队充满刚从英国本土调至战场的新兵。这些新兵一到战地,就匆忙直奔火线。此地竟成他们完训的最佳地点。

埃纳河的防御主体是沿着埃纳河北岸的“贵妇之路”构建而成的。这“猪背”①(hog's back)上的东半部由英军据守。英军第五十师(师长杰克逊〔H. C. Jackson〕)在左,隔壁是第八师(师长赫尼克〔Heneker〕);在这一边山岭终端

① “贵妇之路”长约15英里,宽不到1英里。

之外，从贝里欧巴克沿着埃纳河与马恩河的一片低地上，是由英军第二十一师（师长坎贝尔）与法军共同守护兰斯。英军第二十五师（师长班布里奇〔Bainbridge〕）的步兵为预备队。

总之，法国第六军团防线目前由英法军各 3 个师据守，另外法军有 4 个师，英军 1 个师为预备队。与这群疲累不堪，或新兵充斥的联军相对抗的是 15 个师的德军。他们将从贝里欧巴克方向发动主要攻势。这 15 个师的德军，除了 1 个师是新加入战斗之外，5 个师将担任正面攻击，2 个师从贝里欧巴克与兰斯之间发动侧翼攻击，其余 7 个师则在近距离担任支援。

即使如此，德军的优势兵力的制胜性并不如 3 月与 4 月份的攻势。因为论速度与攻势的规模，这一次攻势比前两次大。幸运的是，上天再次助德军一臂之力。德军这次仍在浓雾中展开战术性奇袭。浓雾遮蔽了德军的初攻。但是若要暗度陈仓，就必须跨越一连串特殊地形障碍。首先，德军须渡过中间地带的艾列特溪（Ailette）。结果，德军战绩辉煌。其成功的原因，一是不论时间与地点，德军这次是一场完全出乎联军意料之外的策略性奇袭；另外则是，联军彻底暴露在足以被瘫痪与瓦解的炮火下。德军沿着 38 英里的防线，部署了 3 719 门火炮。最后要谈奇袭本身。奇袭者，目标在于扰乱敌人士气与心智。对于敌人，不论以欺敌术出其不意袭之，或使之睁着眼自行入瓮，其成效皆同。1918 年 5 月 27 日德军成功之处值得研究。与德军以往其他攻击相比，这次攻击的成功，与奇兵战术有着密切关系。以战争前几年的事，来看战争的最后一年，我们发现了新的证据。奇袭，或说得更精确些，对敌人心智之扰乱，成为战争中任何一场作战的制胜关键。不过这种教训虽然经常出现，也经常被人遗忘。因此，指挥官若因忽视奇袭而使士兵牺牲性命，应受历史的谴责。

让我们再看 5 月 27 日的情形。根据联军具有相当作战经验者的说法，联军这些运气不佳的士兵，曾忍受 3 小时半史无前例的炮轰。在这 3 小时半当中，联军死伤无数，士兵必须带着防毒面具忍受炮火折磨，然后都因畏缩成一团，甚至因半窒息而精疲力竭。之后，灰蒙一片的德军攻势涌现。45 分钟后，德军已到达艾勒（Ailles）附近，“贵妇之路”中央的岭顶。于是，德军使左侧英军第五十师的侧翼暴露于外，生还者退至另一边山坡下。与第五十师相邻的第八师也被迫弃守，虽然该师的两个旅曾坚守埃纳河北岸一段时间。

在此，英军第二德文旅（2nd Devons）的英勇战绩，获得不朽的荣誉，包括法国政府颁授的“当代勋章”。他们几乎牺牲到最后一兵一卒——一个据点一名士兵的地步，但也因此使第二德文旅获得片刻喘息，而在后方为新的抵抗做好准备。德军对于右侧英军,也即第二十一师的攻击发动稍迟。第二十一师的位置虽然很不适当,其战区中央遍布着埃纳河与马恩运河所形成的沼泽地,但该师大部分兵力仍成功脱困,撤至运河之西岸。到了中午,德军已渡过从贝里欧巴克到瓦伊(Vailly)之间埃纳河上的绝大部分渡口。这是因为迪谢纳将军延误下令爆破桥梁所致。到目前为止,德军攻击算是平均发展。但下午开始,防线中央,也就是法英军防区接壤部分被德军攻打得严重凹陷。德军趁势突入,远及韦勒河(Vesle)的菲姆(Fismes)。仅这一天,德军就突破防线12英里。防线中央被德军突破并不令人讶异,一方面是习惯使然,中央部分较易突破,另一方面德军以四比一的优势兵力攻击中央的两师法军以及邻接的左翼英军第五十师。

联军防线的凹陷,加上德军新的进攻压力,迫使防线两侧翼后退。在东侧英军部分,第二十一师后撤动作可圈可点。到了夜间,第二十一师又穿过茂密的山林回到原地。英军在回旋掉头时,始终与法军阿尔及利亚师保持接触。后者担任法国第六军团的右翼。

德军强渡韦勒河,攻占韦勒河南边高地之后,暂时打住,直到鲁登道夫增派的援军到达后重新出发。29日,德军猛然向前跃进,到达中央的费尔昂塔德努瓦(Fère-en-Tardenois),攻占西侧的苏瓦松。这两处都是重要交通点,使他们攫获大量物资。尽管贝当正机敏地发动反攻,直接攻击他们敏感的右侧翼,但德军前进的速度甚至超越进度。30日,德军进攻到达马恩河畔,超过韦勒河15英里。可是从现在起,德军进入了一条窄小的中央狭道。这一天,联军右翼几乎未丧失土地。这右翼部分主要由4个师英军组成,其中第八与第五十师只剩空架子。除此之外,另有第十九师(师长杰弗里斯〔Jeffreys〕)与法军几个师为其增援军。第二天,这4个师英军的剩余部分由法军接替。法军并从英国第九军手中取得指挥权。英军残余兵力则编入第十九师,并继续留在前线作战三周。

但从5月31日起,德军攻势在兰斯附近与马恩河面前停顿下来。然后转向西攻,扩展其庞大的突出部——向南经过乌尔克河与马恩河之间的狭长地带,直扑巴黎。法军为了遏阻德军攻势,等德军到达时,已将预备队投入战场。这种情形通常是,法军预备队被德军追上,然后被逐回。但是6月1日这一回,法军除调集预备兵力之外,贝当调上了更多的预备队。他们先在后方挖掘一道防卫圈,将部队部署于其中。因此,在德军进攻抵达之前,一道巨型半圆防御圈已准备就绪。这道防御圈将拦住已呈强弩之末的德军攻势。当德军在

6月的第一天向此处攻击时，劲头已减弱，因此无甚重大收获。相反，美军第二师在交通要衢蒂耶里堡，发动了壮观且凶猛的反击。美军的出击，不只表现联军间实质的团结，而且对于疲惫的盟友，更具有振奋士气之效。

然而，联军最具价值的盟友，似乎是当地的香槟酒窖，以及法军弃置于途的巨量补给品。在苏瓦松，一穷二白的德军，就为了掠夺战利品而丧失战胜机会。在菲姆，“路上到处可见醉卧的士兵”。在容什里（Jonchery），“某些营只是遇到联军极轻微的抵抗，就不动了。然后，就很难再将他们重新集合。攻击进展非常缓慢，几乎没有真正的战斗。士兵们在村落中，可悲的失序情事连连发生。军官已管不了……一幅士兵狂醉的可怜景象”。

德军在其胜利的冲刺中，曾俘获敌军6.5万人。然而联军这方面的损失，很快为美国增援部队所弥补。在战略上，德军的成功仅为自己制造了一个巨型的突出部。不到两个月，这突出部使得他们步上覆灭之路。就如前两次的攻击，5月27日德军的战术性胜利，证明只是一次战略性失败。因为他们对敌人的奇袭效果，大到令自己的上层惊异，甚至造成慌乱。

根据库尔将军的披露，德军5月27日的攻击，原先只是一场为了引开联军预备兵力的牵制性作战。德军曾准备在阿兹布鲁克向英军防线发动决定性的重大攻击。这些联军预备队就是应付德军攻击的预备兵力。但是作战序幕拉开之后的惊人成功，诱使德军高层将战线愈拉愈长。德军的胜利，竟使自己如同敌人一样，将预备兵力投入战斗之中。尽管如此，如果德军按照原先的命令，即并未延至5月底，而在4月17日在联军完成准备之前即展开这次攻击，我们可以客观推测其结果是什么了。德军将不会在这场功效不彰的，从索姆河与利斯河攻势的延伸行动中，耗费如此多的预备兵力，而同时，联军仍会继续期待在身心上尚无法适应战斗的美军部队的到来。作战上，时间与奇兵乃成功的两大重要因素。首先，德军丧失时机不谈，其次，竟被自己的奇兵战术搅乱方寸。

第二十四章　第二次马恩河之战

马恩河曾是1914年德军入侵西欧的第一次高潮与退潮见证处。4年后，历史竟如此巧合，非常怪异地，马恩河又成为德军最后攻势的高潮点，而后，德军又从此步上大退潮。1918年7月15日，兰斯四周为炮弹所毁的废墟，正是西战场德军发动最终攻势的场景。未几，德军进攻彻底受阻。3天后，在联军大反攻的压力下，德军开始撤退。

德军虽然在第一天奋战不懈，努力争取胜利，然而在德军的实际攻击中，既未尽全力，也不如通常所称另有其决定性目标。鲁登道夫仍坚持自己的原则和想法。他认为，德军应以3、4月间，大规模作战中受重创的英军为目标予以重击。他并认为，英军在弗兰德斯地区的防线，是他制造终极胜利大戏的舞台。

因此如前文所说，虽然5月27日的攻势壮观，德军有如狂潮般淹过“贵妇之路”，涌向埃纳河与马恩河，似乎即将威胁巴黎，其实这仅是一种牵制性作战。德军企图将弗兰德斯地区联军预备兵力吸引至此。只是攻击突破太迅速，不仅福煦为之错愕，连鲁登道夫自己也不免慌乱。于是德军自掘陷阱。德军为扩大战果，保留住意外的收获，竟将预备兵力投入了无底洞。

6月9日的攻击情形亦同，但收获不如5月27日的攻击。这次从贡比涅附近发动的攻击，目的为攻占联军一处区域。这地点恰好在德军3月与5月猛攻时所造成的两个巨大突出部之间。鲁登道夫眼看这次攻击战果不丰，预备队却无止境投入，于是叫停。接着他想到，“弗兰德斯地区敌军仍强，德军仍旧无法在此发动攻势”。因此，他计划另外发动牵制性攻击，准备以49个师兵力进攻兰斯的两侧。他如此计划另有原因。在马恩河突出部的德军，对外交通只有一条拉昂(Laon)至苏瓦松的铁路。这条铁路可说危险重重，因为它暴露在敌人空中与炮兵的攻击范围中。因此德国铁道野战军参谋长坚持必须先攻占兰斯以增进运输力，不然，突出部将难以据守。他认为德军攻击必须有所进展，不然就退出。鲁登道夫选择攻击，而非撤退。

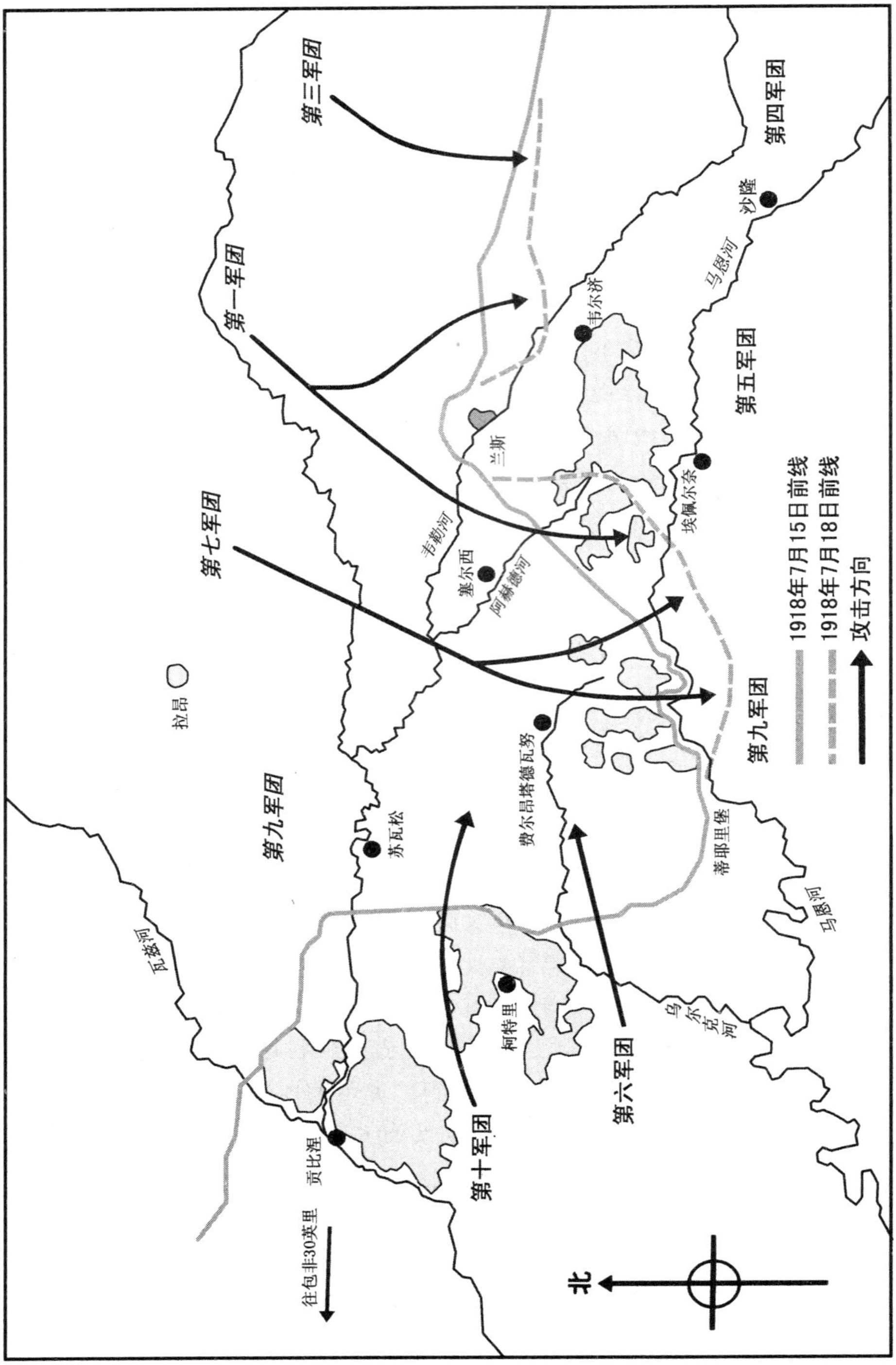

图 22　第二次马恩河之役

攻击计划于6月18日会议中定案。主攻由第一军团（司令穆德拉〔Mudra〕）、第三军团（司令艾内姆〔Einem〕）担任，攻击方向为沙隆（Châlons）。第七军团（司令伯姆〔Boehm〕）将在多尔芒（Dormans）附近渡过马恩河，朝埃佩尔奈（Epernay）方向，掩护主要攻势。

表面上，伯姆的军团似乎遇到重大问题。他们必须面向敌军，渡过180码宽的河，实则策划者是以“史无前例的大胆计划”为蓝本，辅以5月27日胜利中所使用过的隐匿战术。

但是沙漏中的沙，正从德军手中流失；美军的增援多若海沙，正源源不断流入联军的防线，成为破损严重的联军防线的补强混凝土。鲁登道夫了解这点，因此重新想在弗兰德斯地区发动攻击。到了20日，交通重镇阿兹布鲁克再次成为攻击矛头。这光景，距离发动兰斯牵制性攻击仅5日。其实当7月16日兰斯攻击正如火如荼之际，炮兵与飞机已利用火车先被送往弗兰德斯前线。鲁登道夫更亲往图尔奈坐镇，以便督导自己制作的重头大戏。

但是，戏幕从未拉起过。兰斯牵制性攻势的开端，甚至不如以前几次攻击的辉煌程度。7月18日，联军的反击危及德军的情况，使鲁登道夫感到，即使不放弃美梦，至少必须将阿兹布鲁克攻势延期。为何德军在7月15日的攻击会完全不如预期，原因是联军正在兰斯以东大唱空城计。这次大战中的大事之一，是众所周知的“弹性防御战”的表现。德军面对这样阵势，攻击尚未触及法军真正据点就告瓦解。但协约国政治家与将军们却争相赞扬，说德军未战先败是漂亮的“古罗战法”（Gouraud's manoeuvre）的结果。天！这种说法只能视作战争轶闻。

“弹性防御”战法其实全由冷静的现代战争先驱——贝当所策划。贝当是一位精明的“反无谓牺牲论”者。1917年，尼韦勒统领法军大败之后，贝当继尼韦勒出任法军总司令。他有计划地重建法军，稳定法国人力资源，恢复法军的士气。法军从1914年至1917年，由于霞飞与尼韦勒实施高代价攻击政策，几乎耗尽法军。

但贝当并不以重建组织而满足，他进一步设想新的战术，以确保这些问题不再发生。他期望突破节约人力，防止无谓牺牲与士兵的作战焦虑等问题。针对这方面问题，他采取了一种解决方法即弹性纵深防御法。守军先以前进据点的微薄兵力，舒缓敌军的初攻锐势，等敌军逾越本身炮兵的支援射程之后，守军即在后方的坚强据点上重创敌军。

贝当于6月9日德军攻击时，就动用过此法。虽然部分成功，其整体效果却因局部地区的指挥官缺乏兴趣而未充分发挥。这些指挥官当时仍紧抱旧法不放。贝当为了使这些人自愿使用他的新法,曾放弃一些无甚价值的土地。7 月 15 日之前,法军已确知德军即将发动进攻,贝当即耗费一星期时间,以说服猛将古罗(Gouraud)采用他的弹性防御法。古罗此时正担任位于兰斯之东的法国第四军团司令。

即使我们已厘清"古罗战法"的缘由,长期的讹传仍未全然修正。这种战术其实并非革命性新方法。几近 3 年前,德军于 1915 年 9 月 25 日在香槟地区即以此种战术粉碎法军的秋季大攻势。弹性防御的基本概念,甚至可溯及 2 000 年前的坎尼(Cannae)之战。汉尼拔(Hannibal)曾运用独特、诡诈与具有决定性的弹性防御法来对抗罗马军队。

不过,法军在 1918 年使用这种战术时,即使手法较缓和,已足够阻断德军对兰斯以东的攻势。其因是,德军无法发挥 1918 年初的奇袭水平。这等于大幅助长法军的战斗力。法军并且进一步知悉德军另有攻势展开在即。此外,空照中所出现的伪装弹药堆积场,已可证实德军战俘自 7 月 5 日以来的口供内容。之后,法军在 7 月 14 日的傍晚袭击中,逮捕一名携带防毒面具的德军。此战俘透露,德军正确的炮击时间应为凌晨 1 时 10 分。于是法军炮兵将计就计,提前 10 分钟开火。德军步兵未及跃出战壕,就遭法军炮火困住。即使能前进,也多半为法军前哨线上的机枪所射杀。侥幸越过此线者,对法军主要据点则连一条裂缝都打不出来。

但是,法军在兰斯之东的漂亮一仗,其实模糊了事实——它并非这场战役的全部。兰斯之西的法军防线自前次德军发动攻击以来,曾有一个月时间安然无事。然而,由于法军各级指挥官对于弹性防御战术不得要领,新的临时据点位置对于弹性防御的实施反成障碍。他们选择坚守沿河防线的前进据点。因此,当敌军突然发射毒气弹时,法军士兵即猝不及防付出了性命。相反,德军却攻击敌我皆知的最艰难、也最不可行之处。德军证明了这种战法的价值。其步兵趁着黑夜与烟幕渡过韦勒河,然后向前攻击。此时,许多桥梁迅速陷入炮火中,德军战绩斐然。

从此处开始,德军攻势加深了 5 月间所造成的巨大突出部。德军不仅渡过马恩河,而且深入兰斯的后方,这一地区原是联军抵抗之枢纽,德军进攻达到了威胁到此处的态势。然而,即使这种态势影响法军的反击计划甚巨,德军到 7 月 16 日却停止了攻击。虽然德军四处攻击,但毫无用处,攻势已减弱为局部性攻击;同时,法军炮兵与飞机正猛轰马恩河各交通交叉口,使德军难以获得补给。翌日，辽阔的战场充满了令人不安的宁静与期待，因为舞台准备上演联军“大规模报复”的戏码。

这件事甚有历史意义。其引人兴趣之处在于，确定联军“报复”成功的理由为何。联军的成功，其实毋须作军艺（military art）上的研究，只要以典型的一次大战式战争过程分析便知。也就是，我们不妨一看这6个月以来，双方军事“交手”之后的损益表。鲁登道夫展开他的军事行动之初，他拥有207个师兵力的资产，其中82个师为预备兵力。如今，他堪用的预备兵力只剩66个师，其中绝大部分实力已虚，无法视作稳固的资产。

在联军方面，即使这些作战严重损耗法英军的兵力资源，其盟友至少为他们补偿了损失。7月间，兵力充裕，并且源源不断增加的美军，开进了他们的“户头”。就有如本票一般，美军的加入，对于他们信用①——也即士气与信心的复苏是无价的，即使实质上美军尚未开始弥补他们的损失。堪称兵力经济学家的贝当，其实早已了解这项重要因素。他曾说，“只要我们熬得过6月，我们形势将一片大好。到了7月，我们就可以重新发动进攻；之后，胜利将归于我们。”

“福煦反攻论”（Foch counterstroke）曾是一句随兴所发，颇受欢迎的说法。意指福煦使联军从失败边缘中夺得胜利。其实从上述简单的时间与数量的计算，就会贬低“福煦反攻论”。这虽属遗憾，却是事实。不幸的是，后来这种论调连残余部分也逃不过检验。因此这种论调已愈趋没落。战争是一种阳刚活动，所以阴柔性的格言——“为完美而忍受错误”，也许应写成，“为完美而不能忍受错误”。写战争史，要使有关的各方都具有完美形象，是既容易又令人愉快的事。然而，若要从这样战史中发掘真相，不仅困难，而且问题通常将因各种影响而掩盖真相。

1918年7月18日这场仗，其令人费解之处也许恰如从前的一句机智问答，“何时的反攻，才不算是反攻？”福煦心里有一股信念。他相信“克敌决心”是攻击的万能推力。这一点，他早在1914年马恩河之战中即表露无余。那时，他日复一日下令攻击，却未注意到现实情况。当时他疲惫不堪的士兵，最多只能惶然紧守着土地。

然后，同一年在伊普尔，在他猛敲边鼓下，弗伦奇爵士发动了颇负企图心的攻击，虽然英军正单独面对优势的敌军。这些作战的结果证明他对弗伦奇

① 原文credit，也作军人荣誉解。

的一些"指示",在精神层面上远比字面正确。但到了1915年4月,德军在伊普尔进行毒气攻击,使联军防线出现漏洞时,福煦又高弹"进攻"论调,并作出无法兑现的承诺。他答应法军即将发动攻击,结果食言。此举使弗伦奇在一夜间从决心攻击变成撤军,回头整顿自己的防线。史密斯-多林则自始就建议弗伦奇撤军,后来更因此被迫去职。等英军终于依据理智断事时,不只良将史密斯-多林已失,而且已无谓牺牲了许多生命。

当福煦于1917年复出时①,这种唱"进攻"论调的本能仍主导着他。1918年3月,他因联军危机而登上最高统帅位子。之后,他并未着手吃力不讨好的重整联军受损防线的工作。这些工作一直到他想到发动梦寐以求的新攻势,才有眉目。他甚至在5月间,埃纳河防线崩溃之前,已经向黑格与贝当发出攻击指令,要求收复亚眠与阿兹布鲁克附近的横向铁路。

这个攻击计划虽然表现出了他对光复德军占领区的信念,却又显示出他从未设想如何诱敌进入巨大的突出部。其实在这突出部中,他大可以从侧面切断德军。这个想法,后来知名的宣传家们倒屡次提及。相同的,7月18日的大反攻,至少福煦本人从未将它构思成反攻。由于他的"进攻"论调从未中断,因此他的"进攻",迟早总会遇上"最佳时机",一如7月18日的攻击。

同时,鲁登道夫对于"攻击"也有着浓厚兴趣。谨慎的贝当与黑格则亟力阻止联军在兵力补充完毕之前,即彻底投入不该发动的攻击。相反,经常遭人嘲讽为"谨慎者"的兵力经济学家贝当,以战争进行的实际情形,构思出"防御攻击战"(defensive-offensive battle)的计划——首先避免与敌人交锋,伺敌人锐气出尽,即刻发动敏锐反击。贝当在6月4日,为了反击德军任何新攻击的侧翼,曾要求福煦在包非(Beauvais)与埃佩尔奈两地分别集结两组预备队。第一组在芒然指挥下,于6月9日破解德军的攻击。随后,稍微向东移师,据守苏瓦松与兰斯之间的德军突出部西侧的一处据点。这个突出部的方向直指马恩河。

然而,福煦却计划将这支兵力运用在真正攻击目的上。他准备攻击苏瓦松铁路调配中心。正策划之际,法军情报组却明确指出,德军即将在兰斯附近发动新攻势。福煦闻言连反驳都不愿,立即决定在7月12日发动对苏瓦松的攻击。但贝当持相反构想。他希望先拦阻德军进攻,等敌人陷于困境时再予重击。说来也颇怪异,法军到7月12日并未准备妥当,所以后来这场仗是依

① 1916年索穆河之战之后,福煦被迫隐退一段时日。

据贝当想法进行的。不过,也并非完全如此。贝当的计划包含三个阶段:第一,稳住德军的攻击;第二,发动反攻,攻击在兰斯两侧新形成的袋状区的侧边;第三,也就是唯一发动重大反攻的阶段,当德军预备队全部被引往这些袋状地区之后,芒然军团立即朝东沿着敌军后方的主突出部的基线发动强大反攻,将巨大口袋的袋口封死,以便一网打尽埃纳河以南的德军。

实际情形与福煦的理念结合之后,改变了这个构想。如同前文所说,德军攻击兰斯以西,造成一个不利于联军的深长突出部。它直接穿越过马恩河,危及兰斯后方由兰斯山所形成的天然屏障。为了解除此一危机,贝当被迫动用绝大部分预备队。这批预备队原先计划运用在第二阶段的反攻上。贝当另从芒然军团中抽出一部分兵力,取代这批预备队的原定任务,并且决定延后芒然军团即将发动的反攻。事实上福煦已下令7月18日发动反攻。

福煦这时满心渴望攻击,加上黑格也答应若有可能,将派出英军预备队助阵。这更使福煦振奋不已。因此当他听到贝当的动作,即刻撤销了贝当的延后攻势命令。于是,7月18日,虽然法军中央部分与右翼仍进行着防御战,法军左翼①已发起反攻。这表示贝当势必放弃计划中的第二阶段。原计划是,先由右翼向德军开战,吸引德军预备兵力,然后由左翼直攻德军暴露的背部。现在变成先由左翼发动反攻,以舒缓右翼压力。

为了尽量补正右翼的初期被动局面②,已调至当地的英军预备队(第五十一师、第六十二师),正以不定点出击方式为守军解危,并避开了一次直接攻击。至于法军中央部分③,美军预备队也以同样方式协助法军。因此,沿着整个巨大突出部的外围,联军的全面攻势压力开始形成。

---

①　左翼前锋由芒然的第十军团担任。第十军团配置在第一线有10个师兵力,其中包括美军第一、二师。第二线有6个师,以及罗比约〔Robillot〕的骑兵军,预备队则由英军第十五、三十四师担任。18日清晨4时35分,天未破晓,雾气蒙胧一片,炮兵未发一弹,芒然即以冈布雷战术,猛然开出大量坦克。芒然的内侧,是德古特〔Degoutte〕的第六军团的左翼。在炮兵一番预射之后,他们于6时左右也加入战局。德古特虽担任次要角色,工作却吃重。其第一线兵力只有7个师,内含美军第四与第二十六师;第二线兵力更少,仅一师。德古特军团稍后获得美军第四十二师与三十二师的增援。这批兵力后来成为攻向维尔河,攻势最后阶段的主力。芒然正面有5个师德军,德古特当面则有6个师。这两批德军分别有6个师与两师预备队。但战力皆弱,据报半数只有微薄战力,或根本已无战力。

②　以贝特洛第五军团为主,共9个师。当面德军有11个师,预备队一师。

③　以德米特里〔De Mitry〕的第九军团为主,含6师,包括美军第三师。预备队则由美军第二十八师与法军一个师担任。当面有德军6个师,另3个师为预备队。

但是这种向心式攻击压力，要到7月20日才成气候。这时候，初期的奇袭效果，也就是以法军突然杀出大批坦克之举，不但时机已过，而且左翼的冲势已失。原来芒然军团在18日进攻4英里，19日又推前些许之后，已在苏瓦松的一侧，德军突出部最弱之处的附近停顿下来。这一停顿，使奋力求取喘气机会的德军，获得时间从突出部撤出大批兵力。即使如此，德军仍有2.5万人被俘，遗下辎重无数。8月2日，德军安全退至沿韦勒河的一条较短直的防线上。鲁登道夫这时认为，现阶段已能够恢复对弗兰德斯地区，以及蒙迪迪耶以东的攻势了。

6天之后，他的进攻美梦烟消云散。但以历史而言，我们必须了解，这次作战并非是第二次马恩河之战——“福煦伟大的反攻”，使鲁登道夫无法圆梦。7月18日这次由贝当构思，福煦修正的反攻计划，其结果并非具有决定性。原因可能是福煦过于冒进，失去了应有的决定性战果。贝当经常为人批评的谨慎，倒使他获得比福煦更丰硕的成绩。

尽管此役并无明显的决定性效应，对于饱饮失败苦酒，初尝胜利滋味的联军来说此役是无价的精神振奋剂。此役对于德军士气的伤害，更是实质远胜于表面。军队的精神士气本是无法精算的。一向只关心军队精神的福煦，现在可能满意了。他掌握了战争的主动，此后并继续保有着它，这对他很足够了，战果对他倒不重要。福煦的战略简单之至，并非传言中复杂的军事艺术杰作。他对自己的战略观有一段生动的比喻：“战争有如一块斜面。攻击有如向下滚动的圆球。它因继续不断滚动而获得冲劲，并因愈滚愈快而使你无法停止其冲势。若强行制止，你即失去其冲劲。这时你就必须重来”。

第二十五章　德军的“黑日”

1918 年 8 月 8 日在历史学者眼中，是一个愈见其意义的日子。如果需要在西战场找出一场具有决定性意义的会战，这一天发生在亚眠以东的伟大奇袭战便是。尤其重要的是，它的决定性意义证明了精神与士气乃战争之主宰。

虽然 8 月 8 日是颇具盛名的胜利日，也是第一次世界大战中，英军所发动过的，战绩最辉煌的一战，但更值得一提的是，它也是伤亡与损失最轻的一战。不论以其战术，或其明显的战略成果视之，俱不足解释这场会战中，英军精神与士气对战局的影响。比起英军以前的进攻，这次作战最终呈现的是一张炫目的成绩单。开战首日，英军即俘获 1.6 万人，及至会战结束，总计俘虏敌军 2.1 万人。然而以英军兵力而言，远少于当时在西战场所部署的巨大兵力；战胜的规模更小于过去的胜仗，诸如伍斯特（Worcester）、布莱尼姆（Blenheim）、罗斯巴赫（Rossbach）、奥斯特里茨（Austerlitz），以及色当（Sedan）等会战。英军攻击初期突破 6 至 8 英里，最终为 12 英里。这种成绩以 1915 至 1917 年的标准，堪称大胜。但 1918 年 3 月间，德军曾以相反方向对联军防线进行一次 38 英里大突破，虽然后来未获决定性战果。从地图观之，联军 8 月 8 日至 12 日的进攻，仅将阿拉斯—蒙迪迪耶—努瓦永的德军突出部的鼻部与凹凸的颚部，予以“整平”，却完全未触及敌人的交通枢纽，甚至未切断突出部中的德军。

然而，此会战严重打击了德军参谋本部的心智与士气。德皇终于开口，“我知道我们必须妥协了。我们快耗尽国本。战争必须结束了。”德皇的说法，使鲁登道夫也出现相似的失望观点，“战争应该到此为止”。

如果将鲁登道夫对于联军两次成功的反攻——7 月 18 日的马恩河会战与 8 月 8 日会战的印象作出比较，可以发现其中有明显的差异存在。从对比中，我们可以获知这两场会战何者较具决定性。其实 7 月 18 日之后，鲁登道夫并未对进攻失去希望。他似乎将这两场联军反攻，只视为小小的不幸意外。他甚至迟至 8 月 2 日，尚且下令准备 4 个新的进攻，包括他期待已久，对弗兰德斯地区的进击，即使比他原计划有所缩水。

但是到了 8 月 8 日之后，这些希望都破灭了。他放弃任何恢复进攻的念头。更具意义的是，他不准备改变战略。至于他对敌人反攻采取守势抵抗，并不能称之为战略计划。等他计划在法德边界外发动新进攻，并为此准备从法国进行有计划撤军时，一切已为时太晚。此时，德军参谋本部的士气已瓦解，悲观气氛并已蔓延至全德人民身上。

战后，鲁登道夫曾提出他经过熟思的看法。他说："8 月 8 日是德国军队在战争史上的黑日。""黑色"一词倒形容恰当。当人遭受猛烈冲击，随之晕厥的过程中，眼前必先发黑，继之丧失知觉，最后机能瘫痪。因此，8 月 8 日的战事关键之处在于，这一致命的打击是如何发生的。渴望重新发动进攻，却经常受外力影响而展延进攻的福煦，7 月 12 日禁不住又开始动脑筋了。这回，他向黑格建议道：

> 为了使布律埃（Bruay）矿区不受威胁，以及阻绝埃斯泰尔（Estaires）交通中心的功能，从英军防线发起的第一道攻击，位置应在菲斯土伯（Festubert）至勒贝克（Rebecq）之间的防线上……

5 天后，黑格答复说，"看不出在勒贝克与菲斯土伯之间的平坦沼泽地带发动进攻有什么好处"。因此他反而建议——

> 在我看来，一如以前，我曾向你建议过最重要而且应尽速执行的作战，是要将联军防线朝前推进到亚眠之东与东南，以便让这个城镇与其铁路不受威胁。最佳的方法是，法英军联合作战；法军攻击莫勒伊（Moreuil）以南，英军攻击卢斯河以北。
>
> 为实现这个计划，我正在秘密计划进攻卢斯河之北，直指东方……为将计划结合为一，我的意见是，法军应在莫勒伊与蒙迪迪耶之间作战……

这一封信是从旧档案中发现的。它为战后一些重大争议提供了线索。第一，有关进攻的起源，这封信不仅显示完全出自英军的主意，而且是一个"有限"构想。英军只希望以较狭窄的火线，往前推出去一些，使亚眠与其周边铁路获有更大的安全保障。经常引人争论的是，这个构想究竟发自英军总司令黑格，或是英军第四军团司令罗林森，就不得而知了。若从黑格信中的那句

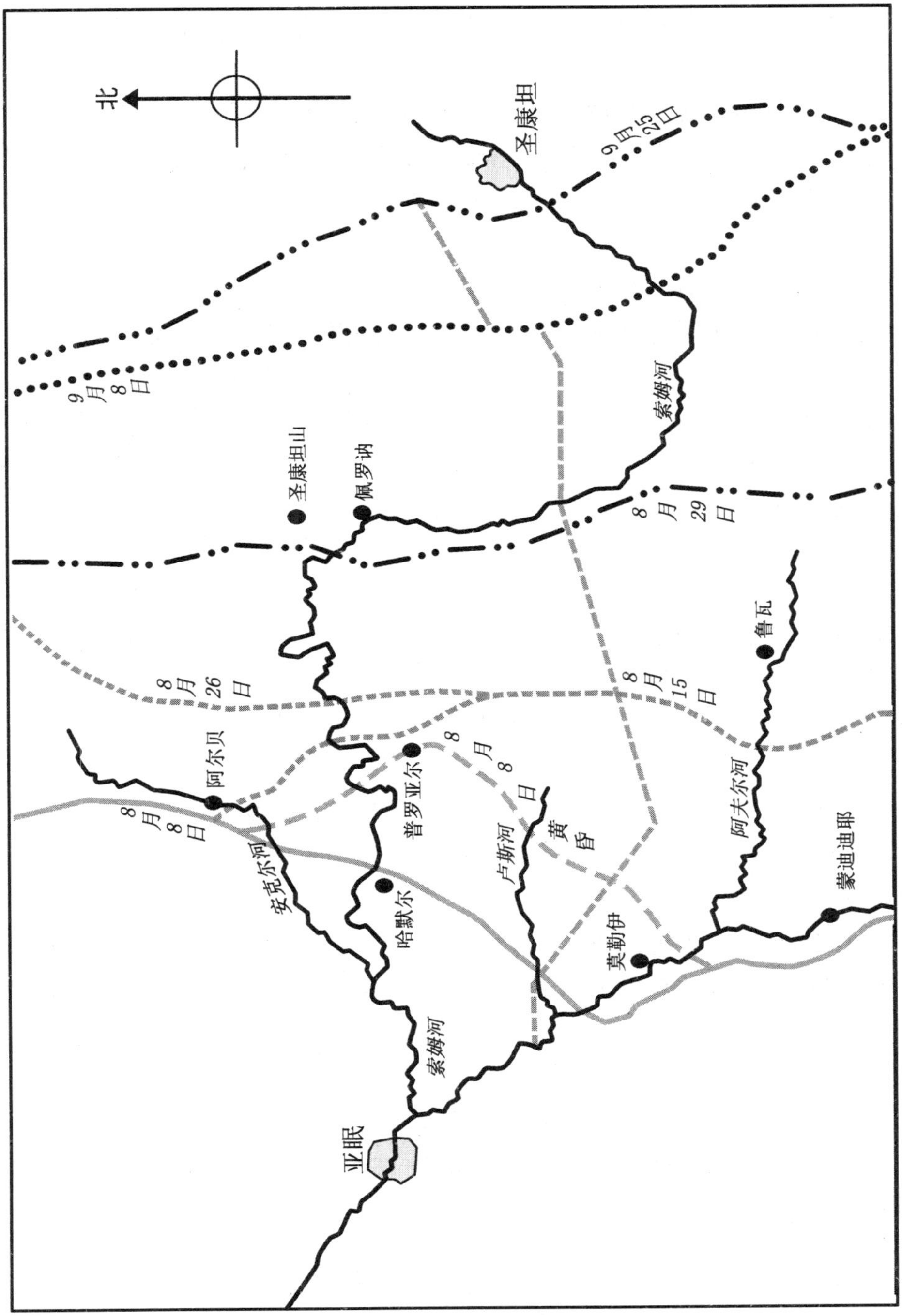

图23　亚眠（1918年8月8日）

“一如以前”来看，表示构想始于黑格，才有7月4日在哈默尔的辉煌小规模奇袭战。由于这一仗暴露了德军士气低迷的真相，方使罗林森考虑发动较宽阔正面的攻击。

然而，英军为避免亚眠被袭而进行的防御性攻击，其防守利益至为明显。因此想法孰先孰后并非问题。从罗林森的攻击念头起于哈默尔的胜利，即可知他对军队精神与士气了解之深。利用敌军士气的崩解而扩大战果，基本上是一种攻击目的。

第二，就以攻击计划而论，黑格这封信似乎与《道格拉斯·黑格爵士之统御》(*Sir Douglas Haig's Command*)一书，以及其他的说法相互矛盾。这些说法显示英军在福煦催促下，做出了违背自己意愿的事——他们让法军轧上一脚，藉以增加克劳塞维茨所谓无可避免的战争“摩擦力”。罗林森必然为此事有所争执，因为“摩擦力”对于他所企求的奇袭战是不利的。

但是，黑格的信却显示，法军的参与是依据他的建议。至于他所提议的法英攻击之间应预留数英里的空档，如今看来也确有其事。他并要求两军应完全保持正面攻击态势；在战略上，则应肩并肩行动。此外，他尚提出颇富前瞻的攻击计划。他指出，也许可以对突出部的两侧——阿尔贝之北，蒙迪迪耶之南分别发动集中式攻击。但前者是一处战壕密布的索姆河旧战场，故攻击发动困难。而后续发生的战事，也证明他的看法有误。他认为其他军团将达到如第四军团在索姆河之南所完成的奇袭。

原始计划后来之所以扩大，是因为福煦在8月5日发出了新指示。他要求，如果初期攻击成功，就继续朝向东南的哈姆(Ham)推进。我们认为，如果安贝尔(Humbert)与芒然两军团分别在8月10日与17日对于突出部南侧所发动的攻击，能够与英军协调一致即可能产生更大的实质利益。事实上，法国德伯内(Debeney)军团对紧邻英军所作出的密集支援，并不能弥补奇袭计划中的缺点。由于英军缺乏坦克，若要维持全面奇袭效果，即不能省却初期炮击。但是法军炮击一直无法开始，后来英军就在无先期炮击下发起攻击。

然而，8月8日德军司令部所出现的精神与士气效应，已不必靠联军的“更大实质利益”来加强。这个效应应来自一种冲击。这个冲击也许是本次大战中计划最周全的奇袭。这个冲击是如何产生的，则是未来军人的研习课题。一如军事史上一些军队精神与士气脱序的著名案例，造成德军士气低落的冲击，是一个包括许多欺敌手法的微妙结合物。奇袭经常以偶发方式处理，信手拈来一个时间与地点即算数，但这次奇袭可不是。

这次奇袭之基础在于大群坦克的突然出现。这群替代初期炮击的坦克，共有456辆①。这种方法，不但英军在前一年11月的康布雷之战中动用过，而且法军在7月18日也再度运用。在亚眠奇袭战发动之前，英军曾以多种欺敌手段来增强奇袭效果。英军保密到家，经常以不同地点集会、运用隐密的侦察搜索技术，以及在准备工作不疏漏情形下，到最后一刻才知会战地指挥官等方式来增加奇袭隐密性。这些指挥官——各师师长直到7月31日方知有此奇袭战计划。至于作战部队就更晚获悉消息了。他们要到攻击前36小时，才接获作战指示。其实连伦敦的战时内阁也始终蒙在鼓里。8月间集会时，澳洲总理休斯（Mr. Hughes）强烈要求澳军应撤出第一线。就在此时，休斯却接获意外消息说，澳军其实远在防线的另一头。同一天早晨，罗林森军团邻近的一位将军在返国途中，随意向罗林森军团指挥部打了一通电话。炮声在话筒中震耳欲聋，但他只顺便问了一句，前线为何有这样的重炮声，这表示他对实情全无所知。

为了欺敌，所有行动都在夜间进行，包括以飞机巡逻，检视任何可能的暴露之处。此外，英军持续增强后方防御力直到攻击前一晚。为使更多的火炮悄悄进入隐密阵地，他们设法调整炮兵射击时间与射速，以使敌人无法觉察这与正常的每日射击量有何区别。于是，从8月1日至8日，英国第四军团就利用这些手段使兵力几乎增加一倍——包括6个新到的师，2个骑兵师，9个坦克营，以及另外1 000门正指向敌人意想不到地区的火炮。这样的调动仅以两条铁路为之，总共输运了290列次火车（其中60列载运军火）。

因此，到8月8日的“零时”（清晨4时20分）止，英国第四军团的实力已经增加到步兵13个师，骑兵7个师，空军17个中队，重坦克10个营，轻坦克2个营（合计重坦克360辆，轻坦克96辆），超过2 000门以上的各式火炮与榴弹炮，包括672门重炮。重炮兵中的三分之二担任“反炮击”，他们有效瘫痪了敌人的炮兵。

扰敌行动也是奇袭战中的重要一环。在这一方面，英军将任务集中于加拿大部队身上。敌人曾将被誉为突击部队（storm troops）的加军出现，视为攻击即将来临的前兆。正当加拿大军（Canadian Corps）在阿拉斯附近时，一小部

① 库尔将军在他的战争分析研究中指出，德国集团军的指挥阶层将英军的压倒性攻击，归因于英军“已学到”如何获取奇袭效果。他并表示，这次奇袭战中，“最重要，以及最具决定性的因素是坦克”。这种说法自有其意义。因为这是战争结束10年之后，经过冷静熟思的意见。

分经过细心挑选的单位，包括两个步兵营、两个伤亡处理站以及他们的无线电班，被派往北边的弗兰德斯地区的凯默尔。在此地，联军尚虚晃一枪，作出令人联想是攻击的动作，包括兴建额外的机场，骑兵无线电站等。同时，加军主力则南下潜入索姆河区，英军部队对于他们的出现，曾引发各种微妙的谣言。

第四军团将主要攻击点部署在索姆河之南。居里(Currie)指挥的加拿大军在右，莫纳什(Monash)指挥的澳洲军在左；隔着河，布特勒(R. H. K. Butler)的第三军朝北前进，掩护主要攻击的侧翼。但是加拿大军直到攻击前数小时方才进入防线；同时，澳洲军则将防线往南延伸，远及亚眠—鲁瓦公路上。由于他们接替了法军防务，以致德军误判状况，以为自己可以高枕无忧。其实，面对正进行防御性分散部署的联军部队，德军能有什么期待?

整条攻击线大约长14英里。在德军这一边，由实力快掏空的6个师(平均每师可战之兵只有3 000人)据守。他们都属于马维茨将军指挥的第二军团。由于防御工事薄弱，加深了人数不足的缺陷。在粗陋的前进防线上，并不见他们常见的，可以支撑士气的深层壕沟。他们简直在等待灾难到来的一刻。

联军发动攻击前5天，德军在一次袭击中攻占一处澳洲军的据点。3天后，一次局部性攻击又挫败了英军第三军的防线，英军被俘200人。但是敌人获得的这些胜仗，只是被进一步迷惑而已。此外，由于英国飞机不断骚扰德机，使后者曾有几星期时间无法侦察英军防线后方的情形。因此，能使德军起疑的，现在只剩下夜间相当多的噪音。在某些地点，德军部队报告称，他们听到坦克开动声。但是，“军团参谋却嘲讽，战壕士兵一向闻坦克而色变”。事实上，部队作出报告的那段时间，这些地区附近倒真无坦克。部队愈自嚷“狼来了”，愈使德军高层不信坦克真会出现。

因此，当8月8日破晓前一小时，英军在坦克与炮弹及步兵同步出击下，如出笼的猛虎般跃出时，确实获得最大奇袭效果。此时地面完全为雾气所笼罩。德军不但困于雾阵，而且因先前未掘壕加强据点防御力而益居劣势。于是实力悬殊的攻势——加军与澳军肆无忌惮地横扫德军几个第一线师。联军唯有在索姆河之北，由于坦克数量较少而使部分进攻受阻。联军为加速进攻，所有预备队都在“零时”蓄势待发，完全是德军3月21日进攻的翻版。不久，装甲车辆驶上道路，骚扰德军防线的后方。在普罗亚尔(Proyart)，装甲车辆甚至射击一名正在早餐的德军军部参谋官。

这一天的最终目标(距离攻击发起线6至8英里)的绝大部分都被攻陷，除了防线极右与极左端。但是第二天进展甚少，只是一阵轻微攻击。此后，联军攻击的消失，一如它狂风暴雨般的突然降临，忽然消逝无踪。为何有如此强烈对比？为何这次突破以虎头蛇尾收场，而非戏剧性地完美落幕？部分原因似乎是，攻击已触及1916年索姆河旧战场的边缘，那里遍地是剪不断，理还乱的生锈铁丝网与废弃战壕。它们迟滞了攻击行动、增援，以及补给的输送。不过我们最好记得，第一次世界大战期间，维持持续攻击始终是悬而未决的问题。再一次，攻击的正面无法拓宽。更重要的是，第一次世界大战中，几乎所有成功的攻击，似乎都无法摆脱一个比率，突入的深度，约为攻击正面宽度之半。

另外原因是，一如康布雷会战，联军这次攻击也欠缺预备兵力。英国第四军团投入其局部预备队，在时间上甚为恰当。但是当13个师兵力全部交战之后，只剩下由黑格集结的3个师兵力可用。相对的，德军却在8月11日从原有的6个师兵力，成功地增援了18个师预备队。这比联军预估多出了10个师。

攻击停止的第四个原因，是基于攻击的传统特性。由于双方系完全正面对垒，愈往后逼退对方，愈容易使对方凝聚抵抗力。这常是正面攻击的缺点，除非有一支组织性兵力能及时介入，出现在对方的后方。这次攻击的战果扩大任务，照例交由骑兵担任。这次作战，骑兵对于掠地、据守现场、等待步兵前来占领的步骤上出了不少力。但是比起骑兵在过去历史中的实际角色，这些工作简直微不足道。在坦克方面，如果96辆轻坦克能与骑兵分开运用，单独穿越缺口，集中力量朝向东南冲刺，攻击面对法军的德军军团后方，联军即可能获得更大战果。英军坦克兵团曾作过这样的建议。

但从较宽广的战略观点看，在缺乏预备队的背后，这次攻击开始后，另有一种作战方式正在形成。8月10日，黑格曾视察这条防线，研究肉搏战的情形。结果，当福煦要求英国第四军团继续加强正面进攻时，黑格即提出异议。他表示这样攻击，是在无谓浪费生命。黑格并在8月14日的信中告诉福煦，他已经停止第二天即将发动的攻击，但他正准备责成第三军团在阿尔贝以北发动攻击。

福煦对于攻击因改变步骤而延期表示反对。但第二天在沙卡斯（Sarcus）的军事会议中，黑格仍坚持己见，而且达到目的。结果，英国第三军团于8月21日出击，第一军团于28日朝向更北边攻击，同时，第四军团趁敌混乱，抓住机会重新发动攻击，澳洲军并在31日占领圣康坦山与佩罗讷。自此，打通了上索姆河（Upper Somme）的障碍。这些作战显示一种新的"前仆后继"式连续攻击战略——在向关系密切的不同据点展开攻击时，当每一攻击中断，初期冲势耗尽之际，立即由一新攻击接续。

许多英国作家认为这样的战略是黑格初创的。这并不正确。其实，接续性攻击战略可清楚溯及源头，是法军率先实施的。法军早在战区南边进行过接续性攻击。8 日，德伯内军团的左翼先发动攻击；9 日，由右翼继之；10 日，安贝尔军团；21 日，则由芒然军团出击。黑格最初是看中其伤亡极少的潜在性。尽管福煦满脑维持攻击压力的想法，黑格却想到如何以最低伤亡，保持攻击。8 月 8 日至 12 日之间，第四军团俘获敌人 2.1 万人，本身伤亡 2 万人。

由于这种接续性攻击战略的成功，不但增加了 8 月 8 日的奇袭成效，而且扩大了加诸德军高层的精神效应。不论实质与精神，德军对于这种冲击的直觉反应是，尽速向被袭据点与阵地投入所有增援兵力。因此，他们彻底掏空了本身的预备兵力。王储鲁普雷希特集团军的预备师，原本据守从海岸到索姆河地区的防线。到 8 月 16 日，却从原先的 36 个师骤减至 9 个师。鲁普雷希特其实已尽力抑制英军的攻击。原来他属下的指挥官受联军攻击震慑之后，决定撤至上索姆河后方。鲁普雷希特闻讯立即加以制止。但是鲁普雷希特的做法也许最终使德军付出了更大代价。

总之，8 月 8 日联军的胜利，是由于联军搅乱整个德军指挥阶层的想法与意志所致。1914 至 1918 年的第一次世界大战，除了联军面对疲乏不堪，士气荡然无存的敌人之外，这段历史只是重复以往所有的历史经验，即奇袭乃唯一决胜之道。奇袭本身则是许多微妙因素的组合。

第二十六章 美吉多之战

1918年9月19日联军所发动的作战,在战争史上算是了断最迅速的战役,也是胜利最彻底的决定性会战之一。几天之内,它使巴勒斯坦的土耳其军完全消逝无踪。一般说将这次以长程追击为主的作战视作会战,或是战役,倒颇受争议。由于开战之初,双方军队曾有所接触,因此似可将这次作战归类为战役。但联军在这次作战中,主要取胜于战略手段,战斗仅是配角。因此,就克劳塞维茨基本教义派观点——“胜利的代价就是流血”或“无血不胜”而言,这个事实简直微不足道。但是,凯撒在伊莱尔达(Ilerda),西庇阿(Scipio)在乌提卡(Utica)附近,克伦威尔(Cromwell)在普雷斯顿(Preston),以及有点像机会主义者,而非刻意求战的毛奇在色当的会战,每一场仗又何尝不都含有相同的“缺血”现象。这些作战的战略效果非常明显,战斗只是附带。但是不论从胜利,或从历史发展的角度来看,无人能否定它们的决定性。有人之所以对于这场巴勒斯坦最后的会战持更强烈的贬抑态度,其因出于英军艾伦比的兵力,不但占有二对一以上之优势,武器优劣的差距则更大。此外,土耳其军的士气在未作战前已极其低迷。因此,常有人认为艾伦比只是像摘下熟透的桃子,伸手推倒土耳其军队而已。这些论点自是铿锵有力,但从伍斯特会战(Worcester)①到色当会战,现代史中绝大部分的“胜利”(crowning mercies),几乎都起因于胜者与败者之实力与士气差距悬殊。其实,1918年的艾伦比,必须以智赢取这些如桑德斯与凯默尔(Mustapha Kemal)等能力高强的指挥官。他们并不像色当会战中,一头冲进普鲁士军包围圈的莽夫。

在推论1918年9月的情况有利于英军之余,结论是,藉着美吉多历史盛名而不朽的英军胜利,是历史上以广阔视野与宽大胸襟经营战事的军事杰作之一。即使这幅画作的主题不难勾勒,这幅胜利之图也是极其独特的。它的

① 1651年,克伦威尔在英格兰的伍斯特,击败由查理二世所率领的苏格兰军。

构思与作画竟是如此之完美。

有一问题经常被提出，胜利究竟出自谁的构思？是有名无实的指挥官？或是一些才气横溢的属下？当兴登堡在俄国前线传出捷报时，甚至街人都说是鲁登道夫的战略克奏奇功。战争史研究者则进一步探讨到霍夫曼，认为兴登堡与鲁登道夫其实受到军事天才霍夫曼难以估量的影响。但说到美吉多之战，从那些重要相关的，内容一致的证据中，我们可以将这样的怀疑祛除。不论艾伦比的助理如何因执行计划的细节而获得赞誉，整体的构思完全出自艾伦比。确实，这构思是“逐渐成形”的。我认为这种说法自比认定这构思来自“突发”，来得恰当，因为原始构想的范围较小。英军原始构想是要突破地中海岸附近的土耳其防线之后，转向内陆，由侧面包抄位于犹太高地的土军。但是有一天，当艾伦比研究过方案，骑马归营后，突然道出内容令人屏息的计划。这计划彻底实现了拿破仑的格言——“战争艺术的秘诀在于如何掌控交通线”。由于艾伦比具有优势实力，他准备掌控的土军的交通线不只一条，而是所有交通线。这个计划成功关键之所在，大部分在于他彻底评估了自己掌控交通线的能力。

3 个土耳其所谓的“军团”，每一个实力比不上一个师强。所有这些部队仅依赖一条补给线生存——从大马士革南下的汉志铁路。这条铁路行至德拉(Deraa)附近即朝西转向，并在吉瑟尔梅加米(Jisr el Mejamie)越过约旦河。此处刚好在贝伊桑(Beisan)北边。铁路大转弯之后，继续向西北行。然后在埃斯德拉隆平原(Plain of Esdraelon)的埃尔阿福列(El Afule)分岔。一条驶向海岸边的海法(Haifa)，另一条转南，再度穿越撒马利亚高地(hills of Samaria)到达梅苏地耶(Messudieh)交会点。这条铁路线专门补给土军凯默尔的第七军团与杰法德(Jevad)的第八军团。这批兵力据守约旦河与地中海之间的防线。至于据守约旦河以东的杰马尔(Jemal)第四军团，则依靠汉志铁路主线补给。

断敌之交通，应使其机能失常。断敌之后路，应使其士气失序。摧毁敌军内部传输命令与报告的联络网线，应使其心智紊乱。其方法就是破坏敌军神经中枢与躯体之间之基本联系。依艾伦比的计划，他使敌人不只一处混乱，而是使敌三重失序。这上述的第三部分，更是计划成功的关键。

德拉、埃尔阿福列以及贝伊桑都是铁路、公路会集点。因此，其中除了贝伊桑重要性稍低之外，它们都是土耳其军后方的关键据点。英军倘若攻占埃尔阿福列与贝伊桑，将切断土军第七与第八军团的对外交通，同时，阻绝了后

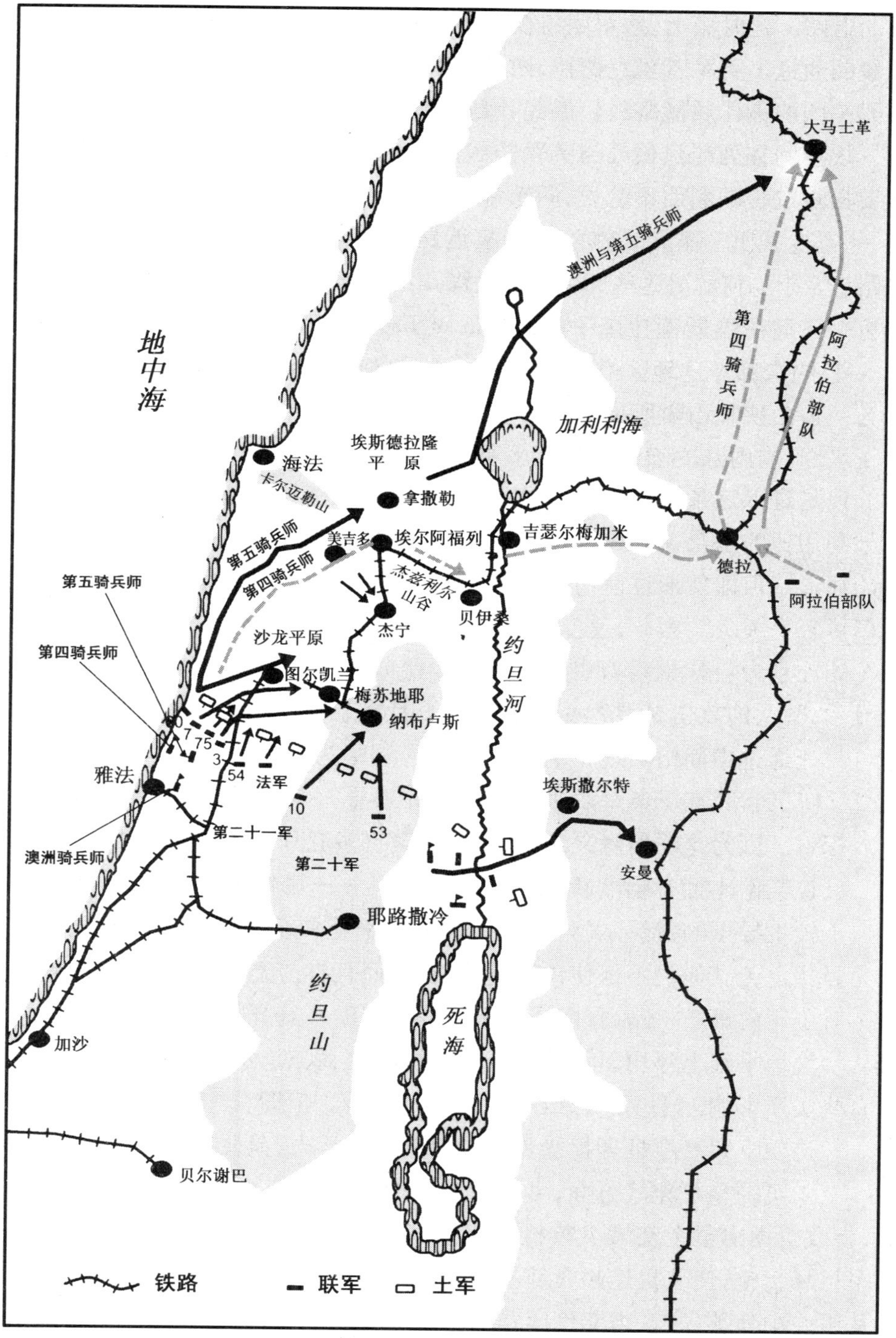

图 24　美吉多(1918 年)

撤的退路。这时第七、八军团将仅剩下一条向东穿越约旦荒芜地区,路途极其险峻的通道。英军若攻克德拉,则将切断土军所有三个军团的对外道路,以及第四军团的最佳后撤路线。但此计划距离英军防线较远。

埃尔阿福列与贝伊桑与英军防线的距离不超过 60 英里。如果进攻这些重要据点过程顺利而不耽误,两镇都将落入英军战略骑兵攻击范围。问题是:第一,需要找出一条无天然险阻的接近路线;第二,需要保证敌人无法切断这条路。至于如何解决这些问题?靠近海岸的平坦的沙龙平原(Plain of Sharon)倒有一条通往埃斯德拉隆平原(Plain of Esdraelon)与杰兹利尔山谷(Vale of Jezreel)的走廊。这地区当中,就有埃尔阿福列与贝伊桑两个市镇。但这条走廊为一道由狭长山隘所形成的单一关口所阻。这条山隘地带并将靠近海岸的沙龙平原,与内陆的埃斯德拉隆平原分隔成两半。之前,关口并无土耳其军把守。但是进入这条走廊的入口处,被土耳其军防线的战壕牢牢闩住。艾伦比计划利用他的步兵,强力朝东北方向闯开这道大门,然后清理出一条让骑兵进击的通道。但即使通过前门,尚须穿越后门。在此,土军如果事先获得预警,后门可轻易关上。因此,速度对于英军骑兵很重要,但这还不够。英军尚须将土军的注意力与预备兵力引开才行。即使如此,英军仍是危机重重。战争经验显示,骑兵的攻击是很容易被遏阻的。因此土军只要以一小撮人马与机枪,即可封死通过中间山隘地带的两处关口。英军为避免危机,必须让土军高层既聋又哑又盲。至于英军后来如何彻底瘫痪土耳其军司令部,我们自然需要深入探讨。因为这不但意义重大,而且是美吉多胜利的历史价值所在。

且说艾伦比拥有相当新颖而特殊的工具——飞机,并有阿拉伯军。在劳伦斯上校主导下的费萨尔阿拉伯军,长期以来就使汉志铁路沿线的土耳其军饱尝骚扰之苦。他们不但使铁路运输受阻,而且打击土军士气。如今,他们为英军对土军的最后一击,作出更直接的贡献。9 月 16 日与 17 日,他们像幽灵般从沙漠地平线上浮出。他们炸断了德拉以北、以南、以西的铁路。这对土军颇有些实质影响。土军的补给线因之暂时中断。但即使"暂时",已经很足够了。它迫使土军高层抽调捉襟见肘的部分预备兵力,前往德拉地区。

至于英国空军作战方面,可分成两部分来谈。英军计划:一、持续空中作战,将敌机逐出整个空域。英机作战极彻底;战斗机整日盘旋在杰宁(Jenin)土军机场上空,使土机连起飞都不成。于是在英军作战准备期间,敌人即已无法从事空中侦测。二、当艾伦比计划付诸实施的一刻,使土军指挥系统既聋又哑。是役中,英国空军强力轰炸土军设在埃尔阿福列的电报与电话通讯中心,也使罗斯-史密斯(Ross-Smith)协助英国创造了历史。罗斯-史密斯后来于1919年因直飞澳洲而闻名于世。此外,土军位于纳布卢斯(Nablus)与图尔凯兰(Tul Keram)的两处军团司令部也遭轰炸。更重要的是,电报电话线路都被严重摧毁。使这两个司令部整日无法获知拿撒勒(Nazareth)与海岸边的各师的消息。英国空军另外尚有一项任务,即使军事性较低,倒可能有更大的战略效果。英机在此不投掷炸弹,却抛下等重的"纸弹"。小册子上尽是土军士兵安于当战俘的图片。这对于处于半饥饿状态与衣衫褴褛的人而言,简直有着无穷的吸引力。

阿拉伯军与空军是英军在敌人行动前,陷敌于错乱的两个重要因素,除此之外,艾伦比的计划另有广泛的、有计划性的多样谋略。它们使计划成为军事史上的隽永杰作。艾伦比以这些策略,冀望敌人的注意力从海岸边转移到约旦河边。事实上,1918年春天的两次极失败的攻击——渡过约旦河东岸,攻向安曼(Amman)与埃斯撒尔特(Es Salt),对艾伦比倒很有帮助。艾伦比后来在整个夏天中,就以定期换防方式,将一支骑兵队留驻在闷热的约旦河谷中。其目的即在吸引敌人注意力。当骑兵最后在暗中渡河到达另一边时,原驻地的营具却不减反增。1.5万具帆布制假马更适得其所安置在腾空的马队位置。骡子则拉着滑撬来回奔驰,地面自是烟尘滚滚;各营一早出发朝河谷行军,晚上却又乘车回营。然后周而复始,以为疑兵。英军另在耶路撒冷占据一间旅馆,精心扮演迎接英军司令部进驻的戏码。此外,尚有架桥,无线电通讯等足以增加敌人错觉的行动。劳伦斯则派出特勤人员搜购粮草,不但声言将用在安曼地区,并且大演杀价戏码。

就这样,愈来愈多的部队藉夜行军偷偷渗入近海岸的另一侧,并且立即隐身橘林或原已设立的营地之中。艾伦比遂以疑兵之计,将前线或重要地区原有二对一之优势,倍增至五对一优势。唯敌人未起疑窦。有一段时间,土军的桑德斯确曾预期英军发动大攻击,也确实想过自动撤至加利利海(Sea of Galilee)附近的后方防线,以使英军攻击计划落空。"我后来放弃自动撤离的想法。因为这样做,我们必须放弃汉志铁路……另外,我们已无法再制止阿拉伯人在我们军团后方不断引发暴乱。由于土耳其士兵行军能力有限,驮兽机动性又非常低,因此我认为,坚守据点,战至最后,要比长距离撤退更有利。事实上,土军这时士气已低迷不堪。"

虽然他畏惧海岸附近的攻击,他更害怕在约旦河东岸的攻击。9月17日,英军攻击已迫在眉睫。一名逃叛的印度兵(英军)曾警告他英军即将攻击海岸地区。然而他更重视另一则情报。情报指出,阿拉伯人正在袭击德拉的重要铁路设施。由于桑德斯的先入为主,使他确信这名叛逃者只是英军的情报工具,所说的故事在于掩饰艾伦比的真正目的而已。桑德斯并拒绝海岸地区守备司令雷费特·贝(Refet Bey)的建议。贝希望将部队后撤 1 英里,以使英军轰炸落空,将炸弹误投空战壕之中。虽然桑德斯不准贝后撤分厘,却为自身安全,等于不顾自己军团的安危或为敌所俘的可能,径返 100 英里外的提尔(Tyre)。

9 月 18 日夜间,英军进行了攻击前最后的疑兵行动,以及真正攻击的最初任务。部署于艾伦比最右侧的英军第五十三师,在沿约旦河谷的高地上发动了攻击。第五十三师准备在英军完成主要包围之后,切断土耳其军的后路。现在的动作就是趋近土耳其军唯一后撤通路的第一步。土军可沿这条后撤通路,东行渡过约旦河而退。

距此远处的海岸边则一片宁静。但到了清晨 4 时 30 分,英军的 385 门火炮在不同正面齐声开火。密集的炮轰维持一刻钟,然后步兵在快速弹幕掩护下开始前进。攻击几未受阻。英军除痛扫错愕中的守军之外,并突破两处战壕。不过以西战场标准而言,这些战壕既浅,铁丝网设置也嫌不足。接着英军有若一扇巨门,以铰链为圆心,作出大回转的开门动作而向内陆挺进。门的铰链处是法军分遣队与英军第五十四师。隔 5 英里,有印度军第三师、第七十五师及第七师。他们的位置有如门的中间嵌板部分。而海岸附近的第六十师则等于门的外缘。后者于入夜时分抵达图尔凯兰。但土军第八军团的混乱残部与车辆早已穿越隘道,退入梅苏地耶。英军见状派出飞机,炸射这些倒霉的乌合之众。

同一时间,英军由肖韦尔(Chauvel)指挥的沙漠骑兵军(Desert Mounted Corps)的 3 个师,策马穿过这道敞开的巨门。到了黄昏,这 3 个师人马已抵达卡尔迈勒山(Carmel Range),也就是“中门”(intermediate door)的位置。他们并派出分遣队,以装甲汽车确保两个隘口的安全。及至翌晨,所有 3 个师都已通过两个隘口。其中一旅并向山下直冲敌军总司令部所在的拿撒勒。由于土军总司令部与所有战斗单位失去联系,因此对于过去 24 小时的状况完全不明。桑德斯则因英军未封死市镇的北面出口而逃脱。英军后经激烈巷战,被迫退却。

然而,英军的真正战略关键地点并非拿撒勒,而是埃尔阿福列与贝伊桑。英军分别在早晨 4 时 30 分与 8 时抵达该两地。其中英军第四骑兵师为了夺取贝伊桑,曾在 34 小时之内行军 70 英里。随后跟至的澳洲骑兵师在通过卡尔麦勒山之后,即向南转入杰宁,并横亘于土军后撤路线之上,形成一道密不透风的障碍。如今敌人唯一生路是向东渡越约旦河。但是约旦河湍急,河流途经少许浅滩,即蜿蜒涌过一处深渊,到达低于海平面 1 300 英尺的死海。由于英军步兵通过高地时,遇上土军后卫顽抗,因此进展缓慢。但土军仍被逼至约旦河边,原因却是为逃避英国空军轰炸。9 月 21 日早晨,英军飞机发现一条大型长蛇阵般的行进队伍——实际上这些人都是土军两个残余军团的幸存者。曲折绵延的队伍,从纳布卢斯直下陡峻的峡谷而至约旦河边。但 4 小时的连续轰炸与机枪扫射,使行进行列动弹不得,炮车与辎重横陈路中,呈现一片了无生气,毫无秩序的景象。幸存者都成了鼠窜的逃兵。至此,土军第七、第八军团可说已完全被击溃。接下来英军骑兵该做的,只是像兜捕牛群般的后事。

土军现在仅剩下位于约旦河东岸的第四军团。但这批部队也因延误过久,到 9 月 22 日方才开始后撤。然而残破的铁路与阿拉伯军,使他们也无法顺利撤往大马士革。4 天之后,英军第四骑兵师从贝伊桑向东移动,准备截击他们。同时,其他两个骑兵师会师后紧追,直取大马士革;这也就是艾伦比的目标所在。土军第四军团逃脱已不可能,但其命运与其他军团不尽相同。他们的军力并非丧失于敌人正规部队,而是在不断的游击式骚扰下,实力迅速耗尽。在这次追逐战中,英国沙漠骑兵军首度与从未照过面的真正沙漠盟友合作。这支沙漠盟军的踪影迄今未被人见过,是一项战局的未定数。他们的现身经过,犹如一名发现他们踪迹的信差所言:“岭上只见一名驾着劳斯莱斯汽车的阿拉伯人,说着漂亮而流行的英语!”原来劳伦斯的满腔热忱,永远凌驾在其阿拉伯军的追逐速度之上。他的阿拉伯军正在他的催促下朝向期望中的大马士革挺进。一名英国骑兵军官则以恰当的词汇,形容他们的行军像是“旧时德比赛马日(Derby Day),在埃普瑟姆(Epsom)路上奔走的马队。只不过他们是怪异的东方版”。不过,他们的速度却赶过了第四骑兵师。

土军第四军团的残部最后终被追上,并在大马士革附近束手就擒。大马士革并于 10 月 1 日为英军攻陷。前一日,澳洲骑兵师曾截击了该城守军。当时守军正试图经巴拉达峡谷(Barada gorge,即圣经上的“阿巴纳”〔Abana〕)逃脱。澳军轻骑兵先从绝壁上以机枪扫射逃亡队伍之首,然后将他们驱回大马士革,使联军的战俘数暴增至两万。

英军下一动作则为这篇历史章节画下完美句点。第五骑兵师与一支阿拉伯部队奉命继续朝阿勒颇前进，有 200 英里距离。英军的装甲车在前开路，驱散轻微的抵抗，于 10 月 23 日抵达阿勒颇郊外。两天之后，先头的骑兵旅也兼程赶到。于是英阿军准备翌晨发动联合攻击，但阿拉伯军却在前一夜就溜进城，并以自己的军力占领了该城。英军则已虚弱到无力驱退守军。正等待大马士革援军间，土耳其已为会战写下完结篇——10 月 31 日，土耳其向联军投降。在短暂的 38 天中，英军前进达 350 英里，俘敌 7.5 万人，本身伤亡则不到 5 000 人。

奇袭与机动乃战争艺术之本。在本次缺乏奇袭与机动的大战中，至少这一场发生在巴勒斯坦地区的作战，明证其价值。奇袭与机动使这场战事，在未发生实质会战下，即真正赢得胜利。值得一提的是，土耳其军虽遭英军攻击，始终有能力阻止英军步兵的攻击，这种情形直到英军在其后方展现“战略性炮击”，对敌制造无可逃避的精神效应为止。

由于巴勒斯坦战场具有战壕战的原始态势，英军有必要先使用步兵与炮兵突破战壕的封锁。但正常作战条件重新显现之后，英军即以机动条件取胜。所谓机动条件包括骑兵、飞机、装甲车辆以及阿拉伯军的运用；不过这些仅是艾伦比全部军力的少数部分。因此，艾伦比的胜利并非来自英军的实力，而是来自瓦解土军士气的机动战力运用方式。拿破仑的格言的新解是，士气以三比一重于实力①。

---

① 艾伦比一生功勋彪炳，并因美吉多一役闻名于世，英政府遂以“美吉多之艾伦比子爵”“Viscount Allenby of Megiddo”，名其爵位。

第二十七章　圣米耶勒之战

4 年来，在从瑞士边界到比利时海岸之间的一条犬牙交错的防线上，就数这块 16 英里深的突出部最显眼，也最丑陋。它深深镶嵌在几个主要法国军团的侧面。在这条长而曲折的战壕防线上，有着各式各样的突出部，但没有一处比得上这块突出部那么令人不快。这块突出部位于沃埃夫尔高地到圣米耶勒边上的默兹河，它的尖端部分甚至延伸过默兹河。从实质与精神层面而言，它每每使法国身心受创。因为虽然它并非德军新攻击的最佳跳板，然而，如果德军朝凡尔登的另一边发动新的楔形攻击，此突出部对于联军即很容易变成重大麻烦。更糟的是，它削弱任何法国进攻洛林的期望。法国对洛林的攻击，不论从凡尔登或南锡地区发动，都将遭遇来自后方圣米耶勒的后顾之忧，以及补给困难等问题。因为圣米耶勒突出部切断了从巴黎到南锡，以及从凡尔登到南锡的铁路。联军所遭遇的这部分问题，早在 1916 年就已显示。当时保卫凡尔登的军团曾拼死守护，方得喘半口气，却永远处于突然被歼的梦魇中。

1916 年以来，对凡尔登守军是两年难熬的日子。他们始终度日如年。然后，终于在 1918 年 9 月 12 日第一小时结束之际，3 000 门大炮齐鸣，传出解救之声。4 小时后，美国第一军团的步兵尽管被自己的炮声震得发聋，却兴奋不已。他们从战壕中跃出，向前攻击，跨过曾经躲藏敌人的战壕区，如今已炸成齑粉的土地。这时，有两支美军部队正分别从突出部两边切入，作钳状攻击。24 小时之后，两支美军的尖兵队伍在中途相遇。这颗丑陋的毒牙从此被拔除。

这是美国第一军团所打的第一场战争，也是他们所赢得的第一次胜利。他们的战绩不但是佳兆，而且特别对潘兴而言，是他们能力的明证。他们的成就，不仅对于正在作战的美军以及作为他们后盾的国家，是一针无价的强心剂，同时，适时使德国醒悟，原来美国的国力确能建立一支有效率的军队。比起美国的盟邦，德国曾更怀疑美国是否有能力建立高效率的军队。

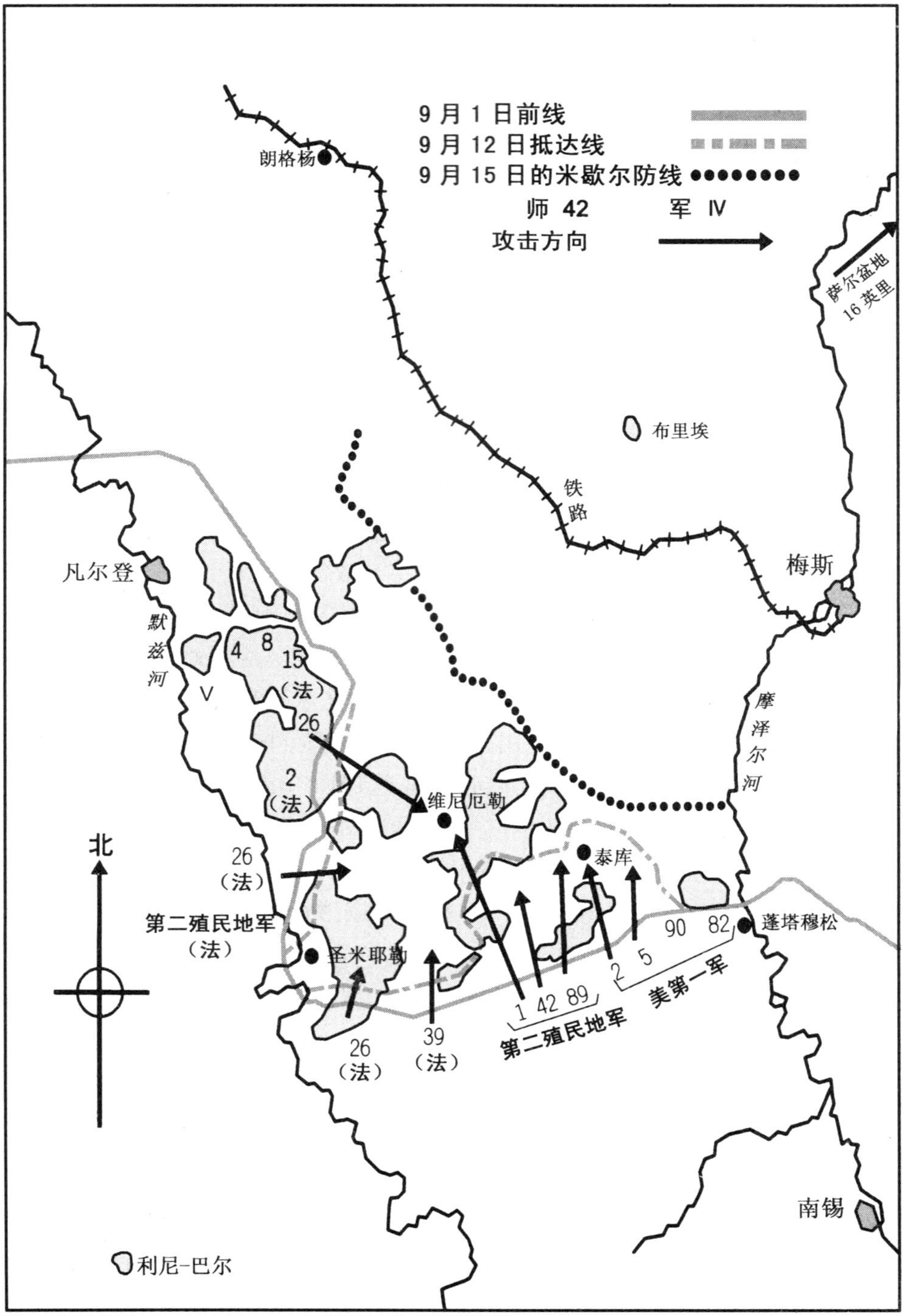
9 月 1 日前线
9 月 12 日抵达线
9 月 15 日的米歇尔防线
师 42
军 Ⅳ
攻击方向
萨尔盆地 16 英里
朗格杨
布里埃
铁路
梅斯
凡尔登
默兹河
摩泽尔河
V
4
8
15（法）
26
2（法）
维尼厄勒
泰库
26（法）
第二殖民地军（法）
圣米耶勒
90
82
蓬塔穆松
2
5
1
42
89
美第一军
第二殖民地军
26（法）
39（法）
北
南锡
利尼-巴尔

图 25　圣米耶勒

显然,拔除圣米耶勒毒牙也是战争史上最完美的战略性牙医术之一。事实上,手术并不全然令人满意,残余牙根稍后还制造了一些问题。部分原因是拔牙钳所造成的,部分是牙医问题,但更重要的是长期以来为人所不知的,牙医手臂曾被撞击过。但是,我们仍要问,即使牙医未曾被干扰,手术会更有效吗?

为寻求解答,我们必须审视手术的原因与经过。这次作战是一次梦想与计谋的现实,它几乎与美国的参战同时发生。事实上,潘兴与他的参谋人员曾于 1917 年 6 月来到欧洲。当时他们就放眼圣米耶勒,而心思更深入圣米耶勒后方的梅斯。他们知道英军的任务区是在弗兰德斯地区与北法。这地区除了一些不利因素,特别是烂泥问题之外,距离英国本土最近,同时与海峡港口之间的交通距离也最短。至于法军发动攻击的地区一向在巴黎以北,原因自然为了集中兵力捍卫他们的首都。

因此美军选择偏东,正侧面对准梅斯地区作战是很自然的事。因为该区与其他联军补给线冲突的机会最少,也最容易接近美军本身设在比斯开湾的港口基地。此外,该区显然是德军最敏感地点。因为只需要发动一次短距离攻击,即可危及德军在法国的整个阵势之稳定性。这里所谓整个阵势,是指德军的一个向南突入于凡尔登与伊普尔之间的巨大突出部。从梅斯到莫伯日有一条价值重大的横向铁路。如果联军将之切断,至少可以限制德军预备兵力的自由调度与补给行动。更重要的是,可以侧面包围所有后续的,可供德军撤入自己边界的短距离后撤路线。进而言之,这样的攻击,对于解放布里埃钢铁区所产生的重要经济意义,以及对萨尔盆地所造成的威胁皆大有可为。德军正极度依赖这两地区的军火工业。因此,攻下圣米耶勒突出部,不仅是确保联军攻击的初步要件,而且是一次非常适合测试新军力的局部性作战。

但是美国远征军有一种保存实力的想法。这种想法犹胜当年的英军计划。他们都曾希望将实力保留到足够强壮时再出场。于是,美军光是为了准备,即花去一年时间。而且在备战完毕之前,又因德军介入其他地区,被迫进一步延后投入战场。这样,一直等到 1918 年 8 月,德军攻击开始退潮之际,方使潘兴有能力收拢分散于各地,仅担任其他联军配角的美军,正式组成第一支纯美军的军团。即使如此,美军大部分的炮兵仍依靠法军支援,部分飞机也倚赖法英军提供。

7 月 24 日,联军各军团司令在邦姆彭(Bombon)集会,商讨未来行动。会议结论却相当谨慎。福煦并未提出远瞻性的想法,仅要求一些能取得横向铁路的局部性攻击。8月8日，联军在亚眠当前发动首次局部进攻。岂料攻击竟对德军产生戏剧性的精神与士气效应，并彻底改变了全局。8月11日，美国第一军团新组成的指挥和参谋人员进入圣米耶勒地区。在此，他们拟订一项作战方案，它远比邦姆彭会议所建议的更具企图心。邦姆彭会议只谈到如何攻占法国横向铁路，如何威胁德军等等，美军的新方案不仅要攻下圣米耶勒突出部，而且要突破它的基线。基线上有一条德军的"米歇尔"防线(Michel line)作为德军内侧屏障，以便阻止第一线突遭联军攻破的可能。美军作战方案由参谋长休·德拉姆将军(General Hugh Drum)拟定。他计划利用15个师美军，4个师法军的力量进行进攻。其实美军每一师的实力都是法英军的两倍。潘兴与福煦分别于15、17日批准计划。福煦除批准之外，不仅增加6个师法军助阵，而且延伸了攻击正面，扩大作战原则，变成了"尽可能进行最沉重攻击，获取最大战果"。

但是到8月30日，福煦携带一份内容迥异的计划，莅临位于利尼-巴尔(Lignyen-Barrois)的美军总部。这项改变缘起于黑格的介入。8月8日的作战以及后续的战况，促使黑格意识到德军的大势将去。于是他不顾英国政府的忠告，计划攻击德军最恶名昭彰，所有防线中最坚强的兴登堡防线，以一试自己的判断，一赌自己的英名。但他对于减轻失败风险、增加战果患得患失。因此敦促福煦改变美军的攻击计划。黑格希望美军从分兵攻击变成集中攻击。他估算如此一来，他正面的德军会作出快速强烈的反应。他认为移转德军的注意力，对他与美军的作战同样有利。

福煦听罢，心中大乐。这岂不正好增强他自己的看法。他如今已感觉到，战争可能在1918年，而非1919年就会结束。他的狂热信心，将他新定的各据点交互攻击，改变为同时总攻击——根据这个想法，他似乎不只希望击破德军的抵抗，甚至希望切断并包围位于他两支螯钳之间的德国军团。这向内夹的两支螯钳，一边是英军，一边是美军。当他向贝当征询对改变计划的意见时，贝当也甚表同意。这个计划事实上可望吸引德军预备兵力到英美军的两侧，却在中央地区留出一条畅行无阻的路径给法军。

因此，当福煦来到利尼-巴尔时，他立即建议必须将圣米耶勒计划更改为先切除突出部即可。美军攻取突出部的任务，原是随后美军主攻的初攻与掩护。美军主攻的原始计划是朝东北直取梅斯，如今却要改变为向西北进击梅济耶尔。福煦又建议，当潘兴军团进攻阿戈讷西边的地势和缓地区时，由法国司令官所指挥的法美联军，应攻打阿戈讷森林与默兹河之间的地势艰险地区。

他进一步表示要派遣法国的德古特将军(General Degoutte)担任潘兴的左右手,意在束缚潘兴,指引潘兴的战术性决定。

潘兴对于计划的改变,大感惊讶。对于其他几项建议则视为侮辱。会谈言词激烈鲜明,气氛也渐趋热烈。福煦暗示,他将向威尔逊总统提出请求。不过这一招威逼犹如以往,对于潘兴不太有效。福煦又暗指潘兴规避应担负的作战部分。潘兴则说,“就一支纯美国军团”,他已完全准备就绪,随时可以作战。福煦讥讽地表示,即使攻击圣米耶勒,潘兴也无法凑齐一个纯美国军团。美军到时候仍需依赖他的盟友提供大炮、坦克与飞机。潘兴则反唇相讥,提醒福煦,当初联军发生春季危机的时候,只要求美军出动步兵,带机枪来欧洲即可。

福煦见争执无益,聪明地就此打住,留下潘兴继续在肚子里做文章。经过一夜长考,翌日,潘兴写信给福煦。他承认集中攻击的潜在价值,但细说了美军参与联军集中攻击的困难。他写道:“自从我们抵达法国之后,我们的计划……是根据部署在圣米耶勒到贝尔福防线的美军组织所拟订的。我们一切相关的补给站、医院、训练区,以及其他设施,皆与这条防线有关。因此改变作战计划并不容易。”然后,他谈到福煦的第二点建议。他坚决表示:“现阶段联军最好对美国军团提供暂时所需的服务与协助。这远比联军眼看美国军团为组军所遭遇的困难,而进一步延期投入战场为佳。”

此外,潘兴并不掩饰对福煦限制美军的圣米耶勒攻击计划表示厌恶。因此他建议,美军不应立即进军默兹河—阿戈讷地区,应该全面展开对圣米耶勒的攻击。然后如果有必要,发动一次新攻击。“地点可选贝尔福地区,或吕内维尔(Lunéville)”。由于此时无法料到秋天即会胜利,因此他在信中表示,这些攻击将完全契合美军该负责的,“1919 年 1 月与 2 月间,从圣米耶勒到瑞士”的最终目标。“然而,”他说,“至于如何对于任务的战略部分作出决策,则是你的职责。我将遵守你的决策。”

有一问题他则坚决不退让。“我不能再同意任何将我的部队分散使用的计划。”“简言之,我们的官兵都一样,有了一次经验之后,不愿再编入其他联军军团作战……如此分散运用美军兵力的做法,极可能使美军的高昂士气陷于崩溃。”“如果你决定利用美军朝梅济耶尔进攻,我接受这个决定,即使此举将使我的补给系统,以及伤员照料的运作复杂化。但是我仍坚持,若动用我们美国军团,须以完整不分割为条件。”

这封信发出后,促成了 9 月 2 日福煦、贝当与潘兴之间的会议。潘兴放弃自己的计划，答应分担福煦的计划，福煦则承认潘兴的美军不可分割论点。福煦的让步是自己对现实认知的结果。他发现如果没有美军，他的右螯力量将疲弱不堪。因此潘兴获准执行自己所选择的攻击阿戈讷以东地区的计划。此地区地势虽较艰险，对潘兴补给则较易。

然而攻击圣米耶勒问题尚未解决。由于福煦要求最迟 9 月 20 日发动联军总攻击，因此建议美军放弃圣米耶勒计划。潘兴与其参谋却决定切除圣米耶勒楔形地，以保障美军默兹河—阿戈讷攻击的后部。福煦再次让步。但这意味美军无法从一个战场适时转战另一个战场。同时，许多经验不足的新成军的师，必须投入默兹河—阿戈讷攻击中。此外，圣米耶勒攻击与默兹河—阿戈讷攻击已分别落后进度两日与六日了。

因此，所有攻击的行动都彼此相抵触，情况自是益发复杂，而非单纯化。首先受到影响的是美军的部署。美军虽然拥有 15 个编制比其他联军与德军大一倍的师，但用在攻击的仅 7 个师。虽然这 7 个师用于攻击已绰绰有余，可以确保以八比一对德军在数量上的优势，实际上兵力的分配却很奇特。美军以 6 个师（包括两个正规师）形成右翼攻击，但仅以一个民兵师（National Guard division）形成左翼攻击。为何会造成如此结果？是因为福煦对于左翼攻击并未作彻底重新部署，他只是将攻击规模大幅精减，并且严格限制了目标。福煦确曾建议，左翼攻击应当放弃。

攻击计划的细节是，美军位于极右翼的最接近关键点的利格特（Liggett）第一军，与迪克曼（Dickman）的第四军，应于清晨 5 时攻击圣米耶勒突出部的东面。在利格特亲领其第八十二师攻击关键点的同时，左翼方向的第九十师、第五师以及第二师朝向突出部的基线推进。在他们左翼相邻执行攻击的是迪克曼的第八十九、第四十二以及第一师。早晨 8 时，卡梅伦（Cameron）的第四军第二十六师应朝突出部西侧进攻，目标是与第一师相会合。同时，法军应在突出部尖端轻度施压，使守军疲于奔命，直到切断他们的后撤路线为止。

但是德军几周以来，早在策划如何在联军攻击前抢先撤出突出部。因此当美军在 9 月 12 日发动突击时，德军已在前一晚开始撤退。为了这件事，后来有人以讥讽口吻将圣米耶勒描述成“美军让德军脱逃的地区”。其实此言仅部分属实。这次德军撤退并不类似 1917 年德军的规模较大的战略性撤退。当时德军是撤向兴登堡防线。但这次撤退是在德军处于不利情况下实施的。虽然德军指挥阶层就如同大部分法国人一样，很清楚联军攻击在即，也未被联军在其他地区的佯攻行动所欺骗，但他们对于撤退的决定却犹豫过久，对于准备工作也太不重视。因此德军由于部分炮兵已先期撤出,部队因得不到炮兵支援而被联军逮个正着。尽管后来美军 2 971 门大炮(几乎都系法军所配属)猛对德军空战壕射击,浪费了许多炮弹,其中远程火炮仍击中在撤退途中的部分德军。美军攻击时,由于利格特坚持奇袭需用炮兵,即使炮击时间短暂,也使德军在撤退之初饱受阻挠。特别值得一提的是,美军第二、第四十二师的快速挺进,也破坏了德军有板有眼的撤退。

中午之前,利格特的师已经抵达首日的最终目标。未几,更到达泰库(Thaiucourt)以北的高地,这是他们第二日的预定目标。这样快速的推进,是因为利格特命令部队尽可能不停地前进,不可为了等待邻军而稍歇。此时被追逐得昏头转向的德军,则因缺乏炮兵支援而几无抵抗。但是潘兴的计划也如同德军一样欠缺弹性。当利格特要求进一步攻击时,由于顾虑福煦的指示,潘兴竟拒绝利格特所请。其实利格特如果继续急攻,可能已击破米歇尔防线。此外,迪克曼与卡梅伦部队也一样轻易到达他们日程中的目标。但是到达目标之后,就被潘兴严加管制。于是他们停住脚步,等待进一步命令。

等潘兴想到利用机会时,时机已错过。即使德军撤出突出部的路被阻,潘兴也一样已无路进入突出部。虽然他下令迪克曼与卡梅伦重新发动攻击,这下一直要等到黑夜来临之后才遇到德军。因此,突出部的 4 万至 5 万德军中,几乎有 4 000 人已溜出突出部。这种情形直至翌晨,美军的两个军在维纽尔(Vigneulles)会师,拉紧袋口之后方止。尽管如此,利格特已俘获敌军超过 5 000 人;其他两个军,外加法军在先前进攻中也掳敌不少。重要的是,虽然德军战俘总数此时已高达 1.5 万人,被联军俘获的火炮也有 443 门,联军仅伤亡 8 000 人。这样的战绩即使无法完全令美军满意,也堪告慰了。他们可以想一想,其他盟友在过去进攻中的初攻,与美军这次初攻其实一样,但却大多鲜有收获。

9 月 13、14 日,迪克曼与卡梅伦部队加上位于其间的法国第二殖民地军,向北转进,与面向米歇尔防线的利格特部队结合。然后战斗突然中止。利格特军是唯一与德军发生过重大战斗的部队。由于该军攻击方向严重威胁德军,曾遭到德军反击。当时德军虽企图撤出突出部,却不愿意见到他们的基线被封死。

如果潘兴的原始计划未被阻挠,得以顺利实施,将会出现何种结果?毫无疑问有两种可能:德军将会大量脱逃,使潘兴不作乘胜追击的打算;或依据美军观点,从这方向继续攻击,因为这将会比阿戈讷攻击的梅济耶尔方向更具威胁性。潘兴自己的看法是蛮引人注目的。他说:“毫无疑问,我们将立即采取继续攻击。这将使我们远远越过兴登堡防线(米歇尔防线是主线兴登堡防线的延伸),而可能已经进入梅斯。”迪克曼说得更辛辣。他说:“以我们占完全优势的数量,却无法从圣米耶勒朝北推进,我认为问题完全出在战略失当。福煦与他的参谋应对此负责任。这又是明显的,限制目标政策失败的例子……”

另一方面,利格特则表示,“如果以原始计划为蓝本进行作战,攻取梅斯与其周边地区的可能性,在我看来需要一种假设。假设我们军队已是一具润滑足够、运作完全协调的机器才行。不过它当时并不是。”利格特是一位从其战绩表现,即知是美军当中,最完美的理性主义者与最坚强的现实主义者。他又指出,“虽然缪斯河与阿尔冈之间的攻击,对德军是一次相当规模的奇袭,不过他们为了将最初的防线缺口补上,到第三天就很快投入了预备队。因此,即使米歇尔防线被我们攻破,我们从圣米赫尔出发的攻击,也将遭遇新一轮的,德军为防守梅斯的抵挡,特别是在梅斯右方。”另外,对手德国军团司令盖尔维兹将军在事后经过深思的观点也颇有意义。他说,“联军超出米歇尔防线作战,是完全不可能的。联军如要攻占米歇尔防线以外地区……我想需要发动一次非常大规模的作战。”十分清楚,潘兴如欲获得重大战果,至少必须到达朗格杨—提昂维尔(Longuyon-Thionville)横向铁路的延伸段。此地已在米歇尔防线以外20英里,已足够使美军切断从朗格杨经过卢森堡回头的铁路线。这样的攻击所需的深度突破与快速行军,其程度应远大于联军迄今在西战场所进行过的。对于一支初试啼声的军队,这显然是不可及的事。

然而,有一个因素是各种评论所忽略的。这种因素可能一度使潘兴的原始计划获得特别有利的作战条件。在本次大战中,几乎每一件突破计划都仅基于一个单一突破。但确有少数例外。其中1915年9月25日,联军同时间发动阿图瓦与香槟地区攻击即可能是一例。但是,形式上该攻击虽属双重突破,效果却如两个单一突破。其原因在于这两个突破相距过远,联军无法迅速攻陷介于两地区中间地带的任何部分。福煦新计划中的阿戈讷与康布雷集中式攻击,也具有双重穿透性,但中间地区比前者更宽阔。

今日战争中,双重突破已是非常基本的制胜条件,但仍被忽视。这点自是令人好奇。我们知道,甚至一位轻量级拳手,也会利用双拳攻击一位擅于单拳出击的对手,因为双拳出击是大家所认知的攻击有利条件。因此作战中,双拳出击所产生的力量也无法估算。一拳佯攻,一拳真击,产生了利益;但是更大的利益在于如何交叉运用。如果对手暴露了自己的弱点,你就应寻找机会转佯攻为真出击。双攻不应受制于军力。双重攻击（舍曼〔Sherman〕是这种战术的导师）可使对手进退维谷，并藉惑敌手段，取得奇袭机会。只要敌人集中兵力守备其中一个目标，攻方即可攫夺另一目标。我们唯有依靠这种弹性攻击，方可应付战争的无常。

言归正传。我们可以了解，圣米耶勒突出部曾在相当理想的条件下，提供了联军迄今尚未尝试过的双重突破战法的机会。倘若联军两股强有力的攻击一举突破突出部的侧面，甚至超过侧面进入其左右翼，位于突出部中央的守军即将陷于混乱与被动的局面。然后，联军可以经由攻陷的中央部分，另派遣一支兵力，在两翼友军掩护下，踏上清理干净的道路，长驱直入敌境。事实上，德军至少在9月12、13日，尚未完成突出部基线上的防御工作。这表示，这段时期德军有可能被歼于广阔的防线上。然而由于实际攻击规模较小，联军攻击虽然成功推进，但两翼仍被德军顶回，于是突出部中央部分即无法让另一支部队通过。

另外尚有一个问题，美军从防线缺口算起，如果继续攻击，其攻势能支撑多久？在此，主要影响美军作战的，已非敌人防御系统或守军战力，而是本身的补给能力。道路封闭与运输困难的情形，事实上已出现在这次有限的攻击中。据此，攻击前景不会看好。实际结果更可能证明利格特的说法，以及拿破仑的原则——“新军可以攻陷坚强阵地，但无法完成计划性或构思性任务”。这次大战最后数周所发生的战事，显示在毫无敌军抗阻下，纵使富有经验的部队也无法解决持续进攻期间的补给问题。因为作战部队的庞杂性，抵消了作战经验。

第二十八章　默兹河—阿戈讷之战

虽然默兹河—阿戈讷之战规模极大，但除了对于实际参战的战士之外，其意义甚小。从战略与历史观点视之，这场战争甚至可以当作未完成的，部分事迹未见诸文字的圣米耶勒会战的附录。

首先我们要谈的是这场战争的最终目标，是在理想主义胜过现实主义情形下制定的。其作战构想，基本在于将阿登视为法国境内巨大的德军突出部上一道无法贯穿的厚墙①。决策者认为，如果联军能够攻下阿登地区，将其东西出口封闭，即能将几个德军军团封死于突出部中。但是有关阿登地形不利作战的论点，曾被过分渲染，特别是在黑格的报告上。实际上，阿登地区有许多道路，数条铁路横贯其中。因此，虽然切断东西之间的通路，可使德军撤退工作复杂化，若要歼灭德军，则除非联军以迅雷不及掩耳的速度攻下目标。就如战争中所经常发生的，所有事情都与时间有关。

从默兹河—阿戈讷地区到达上述的铁路地区，美军必须前进30英里。为了求取效率，他们的动作必须比进击圣米耶勒地区更快速。因为他们的目标，并非如过去计划中的圣米耶勒攻势发生在德国边界附近，而是接近德军几个主力军团位置。因此可以说，这个攻击的企图与期望，基本上并不实际。美军为了越过这30英里艰困地形，他们首先必须突破德军防线；前进大约8英里之后，他们将遇到兴登堡防线中联军从未触及过的克里姆希尔德区段（Kriemhilde section）。潘兴可能对自己未经战火洗礼的军队满怀自信，但他的信心就如同1914年与1915年的法军，将在德军机枪下化为乌有。至于贝当，即使低估其他因素的效果，比较接近现实。他曾预测美军在冬天降临之前，至多攻占上述距离的三分之一。这段距离约略等于美军初攻所达到的距离。至此，美军攻势被阻，直到其他连贝当也未料到的因素介入，方使美军摆脱困境。

---

① 这里所谓的突出部，位置略指从伊普尔到凡尔登之间。

其次要谈的是，默兹河—阿戈讷攻击并未达到联军目前应达到的目标——也即黑格想要的，潘兴被迫放弃自己计划的目标。原来，默兹河—阿戈讷攻势在尚未诱使任何德军撤离英军防线之前，联军左翼攻势已突破兴登堡防线中最坚强的部分——康布雷至圣康坦防线部分。这样结果，虽证明了黑格的信心，却也表示他不够谨慎。他的部队其实能够在缺乏间接支援——其他联军为其开路——的情形下突破敌阵。敌军低迷的士气，已严重折损其防御力。

图 26　默兹河—阿戈讷

这个结果的令人啼笑皆非之处尚不至此。在德军以57个师兵力面对联军左翼攻势的40个师英军与两师美军的同时，德军仅派出20个师对抗联军右翼进攻①的13个师美军，以及31个师法军。联军这批兵力其实至少具有60个普通师的战斗力。这两场作战结果的差异，部分可以解释为经验之差，部分则肇因于两个战场的条件各有不同。英军在靠近兴登堡防线的边缘处，展开左翼攻击。然而，右翼攻击中的美军，由于在向他们所分配到的兴登堡防线区段进行突击之前，必须先攻克德军层层的防御系统，所以美军尚未到达兴登堡防线，攻击冲击力已失。

此后，美军曾冒自身严重损失发动强攻。然而，强攻虽迫使德军在权衡情势之后，进一步从法军前线撤出16个师，战略效果则甚微。因为位居中路的法军以敏锐的战略眼光，察知这次攻击若要取得决定性结果，必须依赖迅速的穿透与两侧螯钳攻击的收拢。因此并未猛逼对面的德军后撤。法军擅长攻击技巧。他们经常在其两侧联军后方维持一步距离。等敌人已经被其他联军逼退，他们方才跃进。战争开始的前两年，他们曾负担战斗的主要重任。他们的指挥阶层确实较慢学会如何减少伤亡，但如今法军指挥官与其更多的部属，已了解减少伤亡之道。当然，他们也许确是学得太精，但这些等战争即将落幕之际方才上阵的菜鸟，绝不能以过分谨慎一语，抱怨那些日出即行，在烈日当空下走了一天的人。

另一方面，有一种批评指出默兹河—阿戈讷之战中攻击中止得太早，是一件令人失望的事。这种说法忽视了美军作战经验不足的不利条件。美军问题不只是士兵作战经验不足，更重要的是欠缺作战规划的经验。美军的真正准备时间仅一星期。这与法英军在1915、1916年，甚至1917年在发动攻击之前，有过几个月备战时间是呈强烈对比的。即使德军战斗力与士气正在衰退，这样匆促上阵，对于任何部队都如一股超强压力上身。但现在却要求一支士兵几无作战经验，内部组织也是全新的军队去承受。一般人可能抱怨这部美军作战机器经常出问题，然而令人惊异的是，美军并未崩溃，相反，很快就修复，重新上路。

同时，另一件令美军司令部值得受到赞誉的是，攻击之初即获高度的奇袭效果。这项前期成功，是由于美军情报组巧妙地在较远的东方，孚日山脉（Vosges）附近制造一次极具巧思的攻击假相。

---

①　即默兹河—阿戈讷攻势。

因此，当真正攻击发动时，攻击正面的20英里前线仅有5个师德军防守。这些部队人人憔悴不堪，其中除了一师之外，其余皆为低等级部队。美军为发动攻击曾投入9个师兵力，另有3个师担任预备兵力。美德军战斗力上优劣势之比约为八比一。此外，美军尚有军团预备队3个师。但是，由于从圣米耶勒撤出与转进困难，因此，可以运用于攻击初期的兵力，只有一个正规师。所有兵力中，只有3个师具有前次作战经验。

攻击前，联军曾以2 700门大炮发动3小时密集炮轰，另外随伴有189辆小型坦克的出击。重要的是，坦克运用的比例远比7月15日与8月8日的联军进攻为低。同时另一件事也应一提。由于潘兴在圣米耶勒作战前，曾向福煦提出武器支援建议，因此目前所有大炮皆系法国制造，半数且由法军操作。美军另有47辆法制坦克。

潘兴的计划目光远大，确实无法视之为视野局促的产物。依据他的计划，攻击部队应于首日到达并突破克里姆希尔德防线。这段攻击距离即超过8英里。该计划并要求在当夜扩大战果，以使部队于翌晨进入开阔野地。这里几乎是在前往色当与横向铁路的半途上。不幸，潘兴的命令遣词极不清楚。

福煦在其私人笔记中，曾暗示美国军团不应让自己受其邻军——古罗的法国第四军团步调的影响。他写道："毫无疑问攻击迟滞不前……防线无新命令就不得越过——简直是限制重重的指示。它会阻止扩大战果的机会……"

不幸的是，潘兴无论目标有多么远大，对其各"军"的命令确有这种词意不明的现象。右翼布拉德（Bullard）的第三军与左翼利格特的第一军，曾奉命切入位于各自两侧、居高临下的蒙福孔（Montfaucon）高地，以便协助中央位置的卡梅伦第五军。第五军此时正在扫荡蒙福孔，却可以在"不必等待第三与第一军的攻击下"，朝向克里姆希尔德防线前进。潘兴的未雨绸缪之计是聪明的。但第三与第一军的攻击，必须"以第五军的状况为本"。这里就埋下后来美军瘫痪的因子。

9月26日清晨5时30分，美军发动攻击。第五军侧翼虽受掩护，进度上除了左翼的第九十一师，远比邻军落后。第五军的右端是布拉德军的正规第四师。在该师深入并通过蒙福孔侧面的同时，默兹河附近的第八十师与第三十三师的进展也很可观。至于军团的左翼方面，虽然面对最艰难的进度与地形，部队在利格特的命令下，开始情况很好。因此第三十五师轻轻绕过了棘手的、在符夸（Vauquois）附近的障碍，然后，与左边的第二十八师一齐深入阿戈讷森林正东的艾尔河谷（Aire Valley）将近4英里。而第七十七师更从森林当中穿越而过。他们曾排除万难，与西面的法军联系上。

然后，潘兴忽然下令停止向目标前进。这命令自然可解释成，他在制止攻击推进。此举不但使美军延误 6 小时的进度，而且进攻的冲击力难以重启。前进中叫停，在包围战中原是正常的。不过利格特的见解认为，面对弱势，甚至暂时丧失士气的敌军时，这种做法是错误的。美军从未接受过有系统的包围战术与编组训练。若要取得决定性战果，最佳机会就在于敌人援军尚未到达之前，趁着第一波奇袭即以人潮将敌人防御力冲垮。如今美军进攻尚未到顶点就踩煞车，攻势从此一蹶不振，变成只能沿着火线，不定时地突然发作一阵而已。于是大炮无法前进支援步兵，指挥系统失控，补给问题层出不穷，而经验的不足，更使困难地形作战之艰难度雪上加霜。

所有这些因素，都有助于德军的"拔刺"战术。原来德军先前已几度进行他们的弹性防御战法——将真正的防御力置于相当距离的后方。因此这些毫无防备的美军，在他们的初攻筋疲力尽、编队失序之后，就闯入这道编织精巧的火网中。虽然第七十九师在第二天攻下蒙福孔，第五军只能跟上在其两侧的友"军"，他们该日进展都很少。随后的日子，美军伟大的攻势实际上已用尽气力。于是，德军在新抵达的援军支援下对美军发起反攻，适时击退已形同脱序的攻击者。不过，美军到了 10 月 4 日又发动了一次总攻击，但除了左翼，进展仍小，而且再次暴露一些愚行。美军既无充分火炮掩护，又不发动奇袭，却企图以区区肉身对抗敌人的机枪。但是，利格特军的正规第一师也显示了训练是有用的。该师曾以相当狭窄的楔形攻势，深入艾尔河东岸。10 月 7 日，利格特更因此尝试独特而大胆的行动。利格特命令属下第八十二师跟着第一师北调，在转攻位于艾尔河西岸的敌军之后，再向北前进。虽然情况并不如理想，第八十二师仅有一小部分进入行动，并且未抓紧在阿戈讷地区内歼敌的机会，但美军的威胁至少使敌人领教到，只要时间允许，就应赶紧撤出森林。到了 10 月 10 日，美军通过防线，肃清此地障碍。

同时，美军明显无法执行原始计划的情形，已引起后方广泛的反应。法总理克列孟梭造访福煦时尖刻批评道："那些美国人会丢掉我们在冬天之前获得大胜的机会。他们自己就将自己搅乱了。你必须让潘兴了解情形。现在让我们把状况向威尔逊总统提出吧"。如果一切要依据计划行事，这样抱怨并不公平，因为法国古罗军团根本远落后于美军。但福煦显得更有肚量，或是已经彻底了解潘兴地位稳固得很。他回答道："美军迟早会学会的。他们正在学，学得很快。"事实上，贝当早已提出过一项正确的战略性建议。他表示，阿戈讷森林地区应在赫萧将军(General Hirschauer)指挥下,交由一个分别由法美两军组成的军团负责。但是潘兴只将它视为一次新的政治性军事行动,因此严拒了这项建议。

然而,潘兴对自己的部队与指挥官,也进行了大改造。他将位于默兹河以东,活动力差的兵力整编为美国第二军团,并派布拉德为该军团司令。他另调派利格特负责第一军团与默兹河—阿戈讷攻势。潘兴自己仍总揽兵符,指挥这两个军团,并命休·德拉姆接替利格特为参谋长,迪克曼接掌原由利格特兼任军长的第一军,海因斯(Hines)接替布拉德,萨默罗尔(Summerall)接替卡梅伦。在潘兴快刀斩乱麻下,其他层级指挥官的"阵亡",与死在德军机枪扫射下一样快。

但一时之间,德军并未注意到美军这些调动。10 月 14 日,美军再次发动总攻击。人员伤亡与将领声誉受损的代价虽沉重,收获却甚小。这一次的失败,甚至连美军高层都认识到进攻已呈胶着。美军在兵疲马乏,交通与通讯紊乱情况下,虽努力以赴,企图打出成绩,却发挥不了足够减轻其他联军压力的功效。另一方面,在盟友的攻击中,包括有美军第二十七师与第三十师参与的英军左翼,已攻破兴登堡防线上的最后一道防御工事,并于 10 月 5 日进入开阔野地。这支联军在进击上,如今仅需克服自然障碍、里程以及兵燹地区了。

美军主将利格特就比较明智。以目前的环境,他已了解最好让他的部队休息整顿,以便尽快恢复战斗力。因为这总比无谓牺牲要好。他不但利用空档补充兵力与军需、改进通讯、整建组织,同时,他仍发动局部攻击,为新一轮攻势取得更佳起跑点。此外,他不仅修正战术,更重拟了作战计划。潘兴曾提议左翼美军应率先出击,接着由其余的"军",朝右翼进攻。这表示美军将先攻击位于阿戈讷之北,充满天险,密林丛生的勃艮第地区(Bois de Bourgogne area)。其实这里也正是敌军实力最坚地区。利格特则希望以宽阔的楔形攻势从中央突入,袭取波瓦德布戈尼,并联合朝西进攻的法国第四军团,以包围波瓦德布戈尼。

这是很好的构思。因为当利格特在 11 月 1 日发动攻击时,这一地区仅出现一支抵抗兵力①。第二天,敌军后卫即消失,并很快从其余的美军防线上撤尽。即使德军仍有零星抗拒,美军追击得非常迅速,甚至赶过在侧翼的法军,几乎造成法军很大压力。这应是美军大整顿的成果证明。第一军团的运作,

① 10 月底,利格特的第一军团突破了德军第三道防线。

如今比前顺畅许多。尽管在追击时，整个军团曾以最艰难移动技巧朝右回转，现在已完成朝东北攻击的准备。美军即将进入默兹河与希耶河（Chiers River）之间，德军已撤退的坚强工事据点。这一次的回转动作是攻取梅斯的先声，但是停战的落幕钟声已响起。

战略上，这个攻击动作比其他动作更重要。原来这时左翼攻击已经到达卡里尼昂—色当（Carignan-Sedan）之间的横向铁路段。但德军对此，不如对联军攻取梅斯的回转动作敏感。这条铁路早于 11 月 3 日即笼罩在联军炮火下。4 天之后，联军步兵进入该区，但德军早已逃出包围圈了。事实上，攻势到此虽是一个令人兴奋的结局，但更重要的是，它显示战争将出现“解放”的结局。潘兴这时就对美军发出一条对法国人似乎失当的信息。他在未顾及法国人的感觉下竟说，他希望美军“有荣幸进入色当”，其实色当这时正在法军的攻击区内。潘兴还加上一句鼓励话，“不必管谁的范围了”。这条消息下传的时候，利格特并不知情。结果在军团左方位置的第四十二师就直取色当。潘兴词意不明的命令，尚引起另一桩荒唐事。潘兴心爱的美军第一师听到潘兴一番话之后，也连夜动身。他们匆匆经过第一军的一些师的位置。由于动作急猛，使其他部队困惑，后来他们竟胡闹到抓了四十二师的师长。利格特立即介入，严责两师的行为，并礼让法军先进入色当，以一扫法国自 1870 年普法战争失败以来的苦涩记忆。

历史学家在细察这场战争范围之后必定了解，这场发生在 11 月 1 日的联军最终攻击，其影响并不重要。因为这时候鲁登道夫已丧失权力，他请求在德国边界重新打一场防御战已被国人所拒。因此在利格特发动攻击之前，敌人已在求和。尽管如此，幸好停战协议的过程拖延很久，使美军有机会发动 11 月 1 日的进攻。因为唯有如此，方使美军能够消除第一阶段，即默兹河—阿戈讷之役的第一仗①的苦涩记忆。并且，11 月 1 日的进攻，证明在战火折磨下的美军，能够产生将才与呈现一流的参谋作业。这足使光荣捐躯的战士——为国牺牲的武装美利坚子民安息矣。

---

① 9 月 26 日。

后　　记

每一年的停战纪念日，都激起我无限的情感与追忆的涟漪。好像一年之中，没有一日是具有如此魔力的。曾分享这四又四分之一年奋战经验的人，不会为重复的纪念感到厌烦。但是纪念的心境已历经了微妙的变化。在最初的停战日子中，大家主要的语调是宽慰的叹息，无尽的叹息。只是，最应感到宽慰的，大部分人情绪压抑而最不了解宽慰者的，大部分人却精神奕奕。

早期的周年纪念集会，受到两种截然不同的情绪主导。一方面有人为自己身旁的空位子感到悲痛，有一种刻骨铭心的感觉。如今，这种激烈的伤痛已过。另一方面是一种成就感，一种仅在少数场合出现的得意感，但也是一种强调敌人已倒下的胜利感。这种情绪也已消逝。

停战日已成值得纪念的日子，它取代了欢庆的意义。消逝的时光已将早年的情绪琢磨与融合。致使我们能一面缅怀故人，沉默感恩，一面能证明我们拥有源源不绝的力量，可以面对比历史上任何事件更严重的危机。我们如今尤其感到战争对世界与文明的整体影响。以这样自省的心境，不仅使我们认知过去敌人的成就与观点，更使我们了解这场战争的成因与过程——与其说，它肇因于人性故意之恶，不如说是起于人性之愚蠢与脆弱。

这场战争虽已步入历史，但它可供后人鉴往知来。其好处是，不论是在国内或国际间，它能深化我们的敦亲睦邻感。好坏皆具的则是，它粉碎了我们对于偶像的信心，我们的英雄崇拜主义——所谓伟人与凡人并不相同的观点。虽然我们仍需要领袖，也许比以前更需要，但是，被唤醒的认知告诉我们，领袖也是凡人。这个认知，是我们对领袖寄于过度期望，或过度信任的一道防护墙。此外，过去10年间大量出现的证据与新发现——文件与传记，对于历史与未来世世代代是有裨益的。仍在世的大部分战争中的重要角色，对于证据真伪的分辨，提供了珍贵的意见。同时，由于历史学家们非常热衷于研究这场战争，使他们在某种程度上，可免作理论的空谈，也使50年以后，戮力于大战历史的研究者可轻易省却一些抽象性推论。我们已了解最近所有应了解的证据与发现。有一项缺点是,这些证据多到唯有专题研究者才能应付此种繁重的调查工作。

是什么原因使德国突然令人惊异地崩溃与投降,并且如同奇迹般将战争梦魇从欧洲挥除?若要获得满意的答复,光分析1918年11月11日之前数周,双方忙得人仰马翻的谈判、交涉,以及联军的军事成功是不够的。即使从纯战争观点,我们也须回到8月8日——德军统帅部确信失败的日子,以及7月18日——可明眼看出形势大逆转的日子谈起。但是,如果我们要回顾,就应进一步回顾到3月21日。德军在1918年春天所展开的一连串伟大攻势中,曾缔造军事巅峰,但也因此耗尽军事资源。因此,若要分析德国军力之衰退,就需论及德军登峰造极与耗尽资源的过程。

然而,我们仍须作出更久远的回顾。事实上,如果未来的史家必须挑选一个第一次世界大战决定性落幕的日子,他可以选择1914年8月2日。这是战前,当时英国甚至尚未行动。这一天凌晨1时25分,丘吉尔下令动员英国海军。虽然英国海军在大战中,不曾缔造与特拉法加海战相提并论的战绩,但是比起任何其他因素,它为协约国赢得战争营造了更多的可能性。英国海军是封锁中欧同盟国的工具。当战争的浓雾在战后岁月中逐渐散去,真相益明之际,海军封锁行动已愈加显示其分量,它在抗敌奋战中的决定性作用也日益彰显。封锁就如同美国监狱动用在倔强犯人身上的"外套",它会逐步钳紧犯人身体,使犯人先无法任意摆动,然后呼吸困难。"外套"加身愈紧,时间愈长,犯人的抵抗力愈弱。收缩感愈强,屈服感也愈强。

无助引发无望。历史曾证明,丧失希望,即使未丧失生命,战争也即可拍板定案。历史学家不会低估德国人民处于半饥饿状态之后的直接影响力。它促成德国"大后方"最终的崩溃。且先撇开德国革命影响军事失败,或军事失败造成革命的程度不谈,不可捉摸、又无所不在的封锁,确实渗入军事成败的每一考量中。

因此,战争最后一年的情况,让大家充满了许多假设空间。如果德国在1918年未投注所有的军事资源,大搞一连串的巨型攻势,继续在西线维持防守角色,在东线强化所赢得的一切,它能避免失败吗?以军事角度视之,似乎不怀疑它能。按照1915年的经验,当时联军与德军在西线的军事力量比为145师对100师,当时德军堑壕系统如与1918年的相比是脆弱而浅陋的,联军在那种情形下尚且未赢,遑论现在情形下就能击溃德军。即使联军等到美军如潮涌般到达欧洲，重获在 1915 年拥有的数量优势之后再发动攻势，也将无所作为。

如果联军在为无用的攻势付出不少代价之余，双方真出现上述状况，联军最后是否会走上达成妥协性和平之路？协约国说不定为了使德国对比利时与北法松手，而让出东线的部分或全部权利给德国。当我们论及这种问题，并且发现协约国在军事上获胜不容乐观时，我们自然会想到协约国是如何利用海上优势了。当协约国见到和平欠缺重大进展之后，其实是英国海军这股强大武力逼迫德国进行自杀式的 1918 年攻势。这慢慢败亡的阴影，后来如梦魇般一直纠缠着德国，直至它崩溃。

如果德国在 1914 年马恩河会战后，对西线采取防守策略，对东线采取进攻策略，甚至 1915 年仍继续这种重东轻西的策略，它无疑可能达成征服中欧之梦。另一方面，当时协约国封锁尚不严密，只要美国置身冲突之外，封锁即无法达到效果。但到了 1918 年，德国获胜的最佳时机已逝。

另一个经常引起争论的重大假设是，即使到了 1918 年秋天，德国是否可以避免投降？如果战争在 11 月 11 日之后仍继续进行，德军防线是否会崩解？投降是否可以避免，或者，德军是否可以成功撤至自己的边界上站稳脚步？大部分德国人对于最后一个问题说“可以”，并且抱怨德军在“本土防线”投降的做法。协约国中，许多无偏见的学者，也从军事观点认为最后问题的答案是可能的。但是我们又要谈到海军封锁了。即使德国军队与人民尽力进行重大的国土保卫战，企图将联军困住，德国投降的结局仍是指日可待的。历史可能仅承认，德国人会勒紧裤带进行长期抗战，使早已疲惫不堪的联军在厌恶这种作战之余，在条件上对德国作出比凡尔赛和约更有利的让步。

历史上，许多国家曾以海上武力作为其终极武器。前文已强调英国海上武力——英国的历史性武器，乃促使第一次世界大战停战的基本原因。在谈论过许多“如果”，与英国海上武力的关键性之后，让我们审视促成停战的近因。协约国的胜利是如何获得的？自然，（陆上）军事行动占其大部分原因。但除了海军因素之外，另有一个因素我们尚未论及。即使我们不完全接受这种因素的说法，我们不应轻视德国对于协约国，特别是对英国的宣传力量所做的不情不愿的赞扬。在战争后期，协约国曾熟练而积极地发展宣传攻势。

然而战时的激情已逝，某些曾被政府利用过的宣传性“事实”，却正困扰我们的“公平竞争”感。这种记忆横亘于我们的心头，令人不快。我们同时了解到，这种宣传方式既不曾鼓舞协约国的人民，也不曾使德国人气馁。事实上,德国人民所领会的,是一些更重大问题的实情之内涵。事实上是这些事,方使德国人民质疑其领袖的诚信,以及成功的希望,并且削弱了德国人民继续为国牺牲的意志。

尽管如此,虽然我们应当承认那些较易区别真伪的宣传的价值,它们的效果其实仅使协约国军事行动的收场更加圆满,而非为军事行动开道。这也是现在德国政府发言人所经常争辩的。在此,我们可以从马克斯亲王(Prince Max of Baden)的回忆录中,发现一些重要证据。马克斯亲王人品高洁,他的爱国情操与真诚,为敌友双方所尊敬。他的战争回忆录是迄今最具价值的战争回忆录之一。他无意间在字里行间淡淡透露一些容易被忽略的信息,诸如德国军事力量暂居优势时,德国人如何在欢腾中忘情,即使情绪较沉稳者亦是如此。

对1918年3月的德军暂居优势的战事,他引述一段话,显示甚至一名和平主义者也欢呼道:"不必再担心了!……好一个作战经验!……让德国支配这世界。"从这一位温和派代表者在沉思中,所不经意露出的,与布里埃(Briey)与隆维(Longwy)①两地有关的说法,更透露了德国人在精神上对于支配世界的迷醉。这种精神层次的迷醉,比不良意图更应为德国的战争罪行负责。

面对德国如此普遍的战争狂热,协约国的宣传比起军事行动当然只能算是第二线的力量了。因此,我们可以确定地下结论,协约国在军事上的成功,才是德国在11月11日投降的诸多近因中最主要者。

不过这样的结论并不必然表示停战协议达成之时,德国军队正濒临崩溃边缘。但停战协议也不是一项错误的让步。有些经常靠嘴作战的协约国成员,抗议让步声倒颇大。

反倒是关于最后"百日"的记录,经过彻底筛滤之后,证实了亘古不变的教训——战争目标并非敌之军队本体,而是敌军高层与其政府之心智;胜利与失败之分际在于心智,而非肉体。诚如拿破仑所言:"影响战局的是个人,而非群体。"此言福煦也说过。

这句伟大的真言,就重现于战争最后阶段。1918年7月间,鲁登道夫虽因联军反攻马恩河显著成功而受到刺激,却仍计划进行他的新攻势。即使他为此感到懊恼,也不如他在4月间的表现。当时,他在发动表面看来成功的利

---

① 两地原属法国。德国占据后,成为德国钢铁及军火工业区。

斯河攻势之后，几乎万念俱灰。

但是英国第四军团在8月8日对亚眠的奇袭，对德军是一记失序性的心理打击。马克斯亲王将8月8日定义为“转折点”，是从心理角度解释的。即使如此，若要从坚信自己失败到最后走上投降，除了深信自己无望的心态之外，尚有外在的助力。这助力并非来自西战线，而是被轻视的萨洛尼卡。此地的军事地位，不但联军长期非难，德军更曾不屑一顾称之为联军的“最大集中营”。然而，当保加利亚战败之后，这道通往奥地利与土耳其的后门，以及经奥地利通往德国的后门已经敞开。

到了9月29日，德军参谋本部的心智已决定这场战争的何去何从。鲁登道夫与他的参谋群已经不支倒地，悲声回荡，最后响彻整个德国。其崩解之势莫之能御。参谋本部或许可恢复镇定，军事态势或许可以有所进展，但如同其他战争，心理法则决定了一切。

但是，让我们再次强调，决定德国战败的基本潜在因素，多于实际造成战败的行为。

真正情形是，没有一项原因具有决定性，或可能成为决定性。西战场、巴尔干战场、坦克、封锁与宣传，皆可称协约国制胜的理由。虽然“封锁”这一项在制胜理由中排名第一，也最早发动，其他所有说法却都言之成理，但也没有一项是全对的。在这场许多国家参与的战争中，胜利是累积而成的。在此，所有武器包括军事、经济以及心理皆有所贡献。胜利的获得，唯靠善用与整合现代国家中一切既存资源。成功则需依赖各种行动的圆满协调。

此外，问谁赢得这场战争更是空话。法国未赢得战争。但当英国准备派兵，美国出兵仍是梦想之际，如果法国未曾坚守岗位，那么从军国主义梦魇中解救文明是不可能的事。英国未赢得战争，但如果缺乏英国的制海权、财政支持，以及1916年之后，英国未曾接下主要战争重担，协约国战败是无可避免的。美国未赢得战争。但如果欠缺其经济援助，未派兵使联军在数量上居优势，尤其，在精神上使联军受到鼓舞，胜利亦复不可能。我们更不能遗忘多次牺牲自己，拯救盟邦的俄国，他们为其国家最终胜利所做的准备，正好使自己走向解体。最后，不论历史如何审判德国的政策，我们对其无与伦比的耐力与本领表示无限敬意。因为德国以远超过自己的能力，在逆境中对抗数量占优势的敌人而保卫自己达4年之久。

图书在版编目(CIP)数据

第一次世界大战战史/(英)哈特(Hart, L.)著;
林光余译. —上海:上海人民出版社,2014
书名原文:History of the first world war
ISBN 978-7-208-12466-0

Ⅰ.①第… Ⅱ.①哈… ②林… Ⅲ.①第一次世界大
战-战争史 Ⅳ.①K143

中国版本图书馆CIP数据核字(2014)第156436号

责任编辑 张晓玲
封面装帧 胡 斌
插图文字 石左虎
插页设计 胡 斌

第一次世界大战战史
[英]李德·哈特 著
林光余 译

出 版 上海人民出版社
(200001 上海福建中路193号)
发 行 上海人民出版社发行中心
印 刷 江阴市机关印刷服务有限公司
开 本 720×1000 1/16
印 张 27.5
插 页 13
字 数 458,000
版 次 2014年8月第1版
印 次 2021年1月第4次印刷
ISBN 978-7-208-12466-0/K·2264
定 价 88.00元